Beiträge zur historischen Theologie

Herausgegeben von
Albrecht Beutel

136

Anne Käfer

»Die wahre Ausübung der Kunst ist religiös«

Schleiermachers Ästhetik im Kontext
der zeitgenössischen Entwürfe Kants,
Schillers und Friedrich Schlegels

Mohr Siebeck

ANNE KÄFER, geboren 1977; 1997–2001 Studium der evangelischen Theologie in Tübingen; 2005 Promotion; 2005 Verleihung des Promotionspreises der Fakultät; seit 2006 Habilitationsprojekt auf Eigener Stelle der DFG.

ISBN 3-16-1489037-1
ISBN-13 978-3-16-149037-8
ISSN 0340-6741 (Beiträge zur historischen Theologie)

Die Deutsche Bibliothek verzeichnet diese Publikation in der Deutschen Nationalbibliographie; detaillierte bibliographische Daten sind im Internet über *http://dnb.ddb.de* abrufbar.

© 2006 Mohr Siebeck Tübingen.

Das Buch wurde von Martin Fischer in Tübingen aus der Bembo-Antiqua gesetzt, von Gulde-Druck in Tübingen auf alterungsbeständiges Werkdruckpapier gedruckt und von der Buchbinderei Joseph Spinner in Ottersweier gebunden.

Meinen Eltern und Schwestern

»Ich glaube […] an die Würde der Kunst
und den Reiz der Wissenschaft«.

(Friedrich Schleiermacher, Idee zu einem
Katechismus der Vernunft für edle Frauen)

Vorwort

Die vorliegende Untersuchung wurde im Juni 2005 an der Evangelisch-theologischen Fakultät der Eberhard-Karls-Universität Tübingen als Dissertation angenommen und mit dem Promotionspreis der Fakultät ausgezeichnet. Für die Drucklegung wurden Anregungen der Gutachter eingearbeitet. Herrn Prof. Dr. Eilert Herms sowie Herrn Prof. Dr. Dr. h. c. mult. Eberhard Jüngel D. D. danke ich für ihre Gutachten.

Herrn Prof. Herms danke ich zudem ganz besonders, weil er mein Interesse an der Systematischen Theologie erkannte und förderte, weil er mich selbständig forschen ließ und bei Fragen stets hilfsbereit zur Seite stand, und überhaupt, weil er mir den Blick für die Sache der Theologie immer wieder schärfte.

Herrn Prof. Jüngel danke ich unter anderem für ein lehrreiches Seminar zur Ästhetik Schleiermachers, für seine Unterstützung meiner wissenschaftlichen Tätigkeit und für sein Bemühen um meinen Aufsatz in der ZThK.

Herrn Prof. Dr. Dr. h. c. mult. Martin Hengel D. D. danke ich sehr für lange und gute Gespräche über meine theologischen Vorhaben sowie für neutestamentliche Weiterbildung.

Für finanzielle Unterstützung danke ich dem Land Baden-Württemberg und der Lina-Zimmermann-Stiftung. Der evangelischen Landeskirche in Württemberg, der Landeskirchlichen Stiftung für Evangelische Theologen sowie der Vereinigten Evangelisch-Lutherischen Kirche Deutschlands danke ich für einen großzügigen Druckkostenzuschuß.

Frau Vikarin Dipl. theol. Heike Matthis sowie dem Promovenden und Assistenten der Kirchengeschichte Herrn Dipl. theol. Lukas Lorbeer MA danke ich für Scharfblick und Ausdauer, sprachliches Feingefühl und außerordentlichen Spürsinn, welchen sie beim Korrekturlesen der Arbeit zeigten. Den Teilnehmerinnen und Teilnehmern des Doktorandenkolloquiums von Herrn Prof. Herms danke ich für kritisches Hören und ergiebiges Diskutieren vorgestellter Arbeitsabschnitte.

Herrn Prof. Dr. Albrecht Beutel danke ich für die Aufnahme der Arbeit in die Reihe „Beiträge zur Historischen Theologie". Herrn Dr. Henning Ziebritzki danke ich sehr für sein engagiertes Entgegenkommen. Für die gute Betreuung und die freundliche Zusammenarbeit bei der Herstellung des Buches danke ich der Herstellerin des Mohr-Siebeck-Verlags Frau Tanja Mix.

Meiner Familie, meinen Eltern, Gisela und Dr. Otto Käfer, sowie meiner Schwester Lotte und meiner Schwester Margret Käfer, die auf mein theologisches Reden immer mit Eifer und Bewegung hörte und so die Verfertigung der Gedanken vorantrieb, sei dieses Buch in Liebe gewidmet.

Tübingen, Ostern 2006   Anne Käfer

Inhaltsverzeichnis

Vorwort VII
Abkürzungsverzeichnis XV

Einleitung 1

Kapitel I: Zur ästhetischen Theorie Immanuel Kants 5

I. Einführung 5
II. Ästhetische und teleologische Urteilskraft: Zwei Hälften
    eines Übergangs 8
    1. Zweckmäßigkeit der Natur 8
    2. Die ästhetische Blickrichtung 8
        2.1. Vergleich des Schönen mit dem Angenehmen
             und dem Guten 9
        2.2. Das Schöne in verschiedener Hinsicht 10
        2.3. Zweckmäßigkeit ohne Zweck und Interesse 11
        2.4. Zusammenstimmung zur Erkenntnis überhaupt 12
        2.5. Allgemeine und notwendige Lust 13
        2.6. Freies Spiel der Erkenntniskräfte 14
        2.7. Sensus communis 15
        2.8. Das Erhabene 17
        2.9. Zwischenergebnis 20
    3. Endzweck 21
    4. Die teleologische Blickrichtung 22
    5. Kunst und Genie 25
    6. Ideal 28
III. Ästhetische und teleologische Urteilskraft: Ein Übergang 29
    1. Der sittlichgute und der schöne Mensch 30
    2. Schöne Kunst 30
    3. Erhabenheit 31
    4. Naturschönheit 32

5. Übersinnliches Urteilsprinzip   36
6. Ästhetische und moralische Freiheitsförderung   38
IV. »Ästhetik«?   40
V. Kritik   41

Kapitel II: Zur ästhetischen Theorie Friedrich Schillers   45

I. Einführung   45
II. Ästhetische Variationen   50
1. »Ueber Anmuth und Würde«   50
  1.1. Naturschönheit   51
  1.2. Anmut   53
  1.3. Würde   57
2. Briefe an Friedrich Christian von Augustenburg   59
3. »Ueber das Erhabene«   66
4. »Ueber die ästhetische Erziehung des Menschen in einer Reihe
   von Briefen«   70
  4.1. Stofftrieb und Formtrieb   72
  4.2. Übergang   74
  4.3. Spieltrieb   74
  4.4. Ästhetischer Zustand   76
  4.5. Idealschönheit   79
  4.6. Zwei Schönheiten   81
     4.6.1. Schmelzende Schönheit   81
     4.6.2. Energische Schönheit   82
  4.7. Betrachtung des Schönen   85
  4.8. Veredelung des Menschen   88
  4.9. Die Kunst – ihre Werke und ihr Schöpfer   92
     4.9.1. Schein 100
     4.9.2. Idealisierung 103
     4.9.3. Spiel und Ernst 106
     4.9.4. Der Künstler 107
  4.10. Ästhetischer Staat – ethischer Staat 109
  4.11. Objektivität des Schönen 113
III. Kritik 114

Kapitel III: Zur ästhetischen Theorie Friedrich Schlegels 117

I. Einführung 117
 1. Schlegels Fichte-Studium 119
 2. Schlegel und Schleiermacher 122
 3. Schlegel und Dorothea 123
II. 1795–1797 (»Über das Studium der Griechischen Poesie«
 und Fragmente zur Poesie und Literatur) 125
 1. Natürliche und künstliche Bildung 125
 2. Das höchste Schöne der griechischen Poesie 127
 3. Die Krise des Interessanten in der Moderne 129
 4. Das Schöne 130
 5. Das Gute 131
 6. Geschmacksurteile 133
 7. Der Künstler als Sprecher der Gottheit 134
III. 1798–1800/01 136
 1. Ironie 136
 2. Philosophie und Liebe (»Über die Philosophie. An Dorothea«) 138
  2.1. Philosophie 139
  2.2. Liebe 141
  2.3. Religion 141
  2.4. Mittelpunkt des Wechsels 143
  2.5. Poesie 143
  2.6. Philosophie – Religion – Poesie 145
 3. Liebe und Poesie (»Lucinde«) 147
  3.1. Offenbarung des Universums 147
  3.2. Denken des Universums 151
  3.3. Dichten des Universums 154
 4. Romantische Universalpoesie (»Gespräch über die Poesie«) . . . 155
  4.1. Kunstgeschichte 155
  4.2. »Poesie der Poesie« 157
  4.3. »Progressive Universalpoesie« 170
  4.4. Kunstkritik 172
  4.5. Der erotische Mittler als Sprecher der Gottheit 174
IV. Kritik 176

Kapitel IV: Zur ästhetischen Theorie Friedrich Schleiermachers 179

I. Einführung 179
II. Unmittelbares Selbstbewußtsein – das »Selbst« 180
    1. Das Gefühl für das Erhabene und das Schöne der Natur 181
    2. Die Gegensätze und der höchste Gegensatz 184
    3. Das Gefühl 186
    4. Religiosität/Frömmigkeit 189
    5. Organisieren und Symbolisieren 191
        5.1. Zum identischen Symbolisieren – »Gedankenspiel« 194
        5.2. Zum individuellen Symbolisieren 195
            5.2.1. Phantasiespiel 195
            5.2.2. Allgemeinmenschliche Verständlichkeit 197
    6. Begründung der Möglichkeit
       religiösen/sittlichen Organisierens und Symbolisierens 199
    7. Ethischer Prozeß – tugendhafte, pflichtgemäße Güterrealisation 201
        7.1. Tugend 202
III. Kunsttätigkeit – Die »Manifestation« 208
    1. Das höchste Gut 208
    2. Das sittliche Gebiet der Kunst – Religion und Kunst 211
    3. Kunsttätigkeit im Himmel 213
    4. Gottes Kunsttätigkeit 215
    5. Ästhetische Vollkommenheit des Kunstwerkes Gottes 217
    6. Menschliche Kunsttätigkeit 221
        6.1. Nachahmung 221
        6.2. Kunstsinn und Kunsttrieb 223
        6.3. Der Prozeß menschlicher Kunsttätigkeit 227
            6.3.1. Erregung 228
            6.3.2. Urbildung 228
                a.) Besinnung 228
                b.) Stimmung 230
                c.) Begeisterung/Begeistung 232
                d.) Phantasieproduktion 234
                e.) Elementarische Vollkommenheit – Zum Ideal ... 237
                    (α) Das »Allgemeine« des Ideals 237
                    (β) Das »Besondere« des Ideals 238
                    (γ) Ergänzung der Wirklichkeit 240
                f.) Organische Vollkommenheit 241
            6.3.3. Ausbildung 243
        6.4. Das Einzelne und das Allgemeine 244
        6.5. Religiöse und gesellige Kunst 246

6.6. Antike und moderne Kunst/hellenische und italisch-
christliche Kunst 248
6.7. Spiel und Ernst 249
6.8. Kunstkriterium und Kunstkritik 253
6.9. Wahr und gut 254
6.10. Wirkung der Kunst 256
IV. Zusammenfassende Zusammenfassung: Selbst-Manifestation 257

Kapitel V: Radikale Totalästhetik. Vergleichende
Wurzelscheidung 261

I. Übergang 262
II. Gott und Welt 265
III. Schönheit – Vollkommenheit 267
IV. Erhabenheit 270
V. Ästhetisches Spiel 271
VI. »Nachahmung« des Kunsttätigen 273
VII. Stimmung, Empfindung und Gefühl 276
VIII. Phantasie – Einbildungskraft 278
IX. Schein und Symbol 279
X. Ideal der Kunst und des Schönen 280
XI. Schön, gut und wahr 281
XII. Ort der Kunst und des Schönen 282
XIII. Letzte Kritik 283
XIV. Früchte der Forschung – »Verwurzelung« 286

Kapitel VI: Ästhetisch-theologische Anknüpfungen
an Schleiermachers Ästhetik 289

I. Schönheit und Liebe 289
II. Schön, nicht schön, häßlich 291
III. Geburt der Venus 293

Literaturverzeichnis 297
Personenregister 307
Sachregister 309

Abkürzungsverzeichnis

Alle Abkürzungen, die im Abkürzungsverzeichnis nicht gesondert aufgeschlüsselt sind, werden verwendet gemäß Theologische Realenzyklopädie, Abkürzungsverzeichnis, zusammengestellt von Siegfried Schwertner, Berlin/New York [2]1994.

ÄE   F. Schiller, Ueber die ästhetische Erziehung des Menschen in einer Reihe von Briefen, NA 20

A-F   F. Schlegel, Athenäum-Fragmente, KA II

A-I   F. Schlegel, Athenäum-Ideen, KA II

AkR 1   F. Schleiermacher, Über den Umfang des Begriffs der Kunst in bezug auf die Theorie derselben. Akademierede 1, in: Ders., Ästhetik (1819/25). Über den Begriff der Kunst (1831/32)

AkR 2   F. Schleiermacher, Über den Umfang des Begriffs der Kunst in bezug auf die Theorie derselben. Akademierede 2, in: Ders., Ästhetik (1819/25). Über den Begriff der Kunst (1831/32)

AkR 3   F. Schleiermacher, Über den Umfang des Begriffs der Kunst in bezug auf die Theorie derselben. Akademierede 3, in: Ders., Ästhetik (1819/25). Über den Begriff der Kunst (1831/32)

ÄLe   F. Schleiermacher, Ästhetik, hg. v. Th. Lehnerer

ÄLo   F. Schleiermacher, Vorlesungen über die Aesthetik, SW III, 7, hg. v. C. Lommatzsch

ÄO   F. Schleiermacher, Ästhetik, hg. v. R. Odebrecht

AW   F. Schiller, Ueber Anmuth und Würde, NA 20

Br   F. Schleiermacher, Brouillon zur Ethik (1805/06)

BrA   F. Schiller, Briefe an Friedrich Christian v. Augustenburg, NA 26

BüKr   F. Schiller, Über Bürgers Gedichte, NA 22

CS   F. Schleiermacher, Die christliche Sitte nach den Grundsäzen der evangelischen Kirche im Zusammenhange dargestellt, SW I, 12

Dial1   F. Schleiermacher, Dialektik, KGA II, 10/1

Dial2   F. Schleiermacher, Dialektik, KGA II, 10/2

DialO   F. Schleiermacher, Dialektik, hg. v. M. Frank nach der Ausg. v. R. Odebrecht

E   F. Schleiermacher, Ethik, zitiert nach der Ausgabe von H.-J. Birkner; in Klammern ist auf Bd. 2 der Werke-Auswahl in vier Bänden, hg. v. O. Braun verwiesen

EE   I. Kant, Erste Einleitung in die Kritik der Urteilskraft, Bd. X der zwölf-bändigen Werkausgabe

GL   F. Schleiermacher, Der christliche Glaube nach den Grundsätzen der Evangelischen Kirche im Zusammenhange dargestellt (1830/31)

GMS   I. Kant, Grundlegung zur Metaphysik der Sitten

GP   F. Schlegel, Gespräch über die Poesie, KA II

GWL	J. G. Fichte, Grundlage der gesammten Wissenschaftslehre als Handschrift für seine Zuhörer (1794)
KA	Kritische Friedrich-Schlegel-Ausgabe
KaBr	F. Schiller, Kallias-Briefe, NA 26
KGA	F. Schleiermacher, Kritische Gesamtausgabe
KpV	I. Kant, Kritik der praktischen Vernunft
KrV	I. Kant, Kritik der reinen Vernunft
KU	I. Kant, Kritik der Urteilskraft (B-Fassung)
L	F. Schlegel, Lucinde, KA V
L-F	F. Schlegel, Lyceum-Fragmente, KA II
MaKr	F. Schiller, Über Matthissons Gedichte, NA 22
NA	Schillers Werke, Nationalausgabe
PhBr	F. Schiller, Philosophische Briefe, NA 20
PhLj	F. Schlegel, Philosophische Lehrjahre, KA XVIII.XIX
PsyA	F. Schleiermacher, Psychologie (1818), SW III, 6
PsyB	F. Schleiermacher, Psychologie (1830), SW III, 6
PsyC	F. Schleiermacher, Psychologie (1833), SW III, 6
PsyN	F. Schleiermacher, Psychologie-Nachschrift, SW III, 6
R	F. Schleiermacher, Über die Religion. Reden an die Gebildeten unter ihren Verächtern, nach der Ausgabe v. R. Otto
RS	I. Kant, Die Religion innerhalb der Grenzen der bloßen Vernunft
SGP	F. Schlegel, Über das Studium der Griechischen Poesie, KA I
SW	F. Schleiermacher, Sämtliche Werke
ÜdPh	F. Schlegel, Über die Philosophie. An Dorothea, KA VIII
UE	F. Schiller, Ueber das Erhabene, NA 21
UG1	F. Schleiermacher, Über den Begriff des höchsten Gutes. Erste Abhandlung, KGA I, 11
UG2	F. Schleiermacher, Über den Begriff des höchsten Gutes. Zweite Abhandlung, KGA I, 11
ÜGM	F. Schlegel, Über Goethes Meister, KA II
ULE	F. Schleiermacher, Über die Lehre von der Erwählung, KGA I, 10
UNS	F. Schleiermacher, Über den Unterschied zwischen Naturgesetz und Sittengesetz, KGA I, 11
UT	F. Schleiermacher, Über die wissenschaftliche Behandlung des Tugendbegriffes, KGA I, 11
VT	F. Schlegel, Vorlesung über Transcendentalphilosophie, KA XII

(Zur Zitierweise vgl. im einzelnen die Angaben im Literaturverzeichnis.)

Einleitung

Die Behandlung von Ästhetik in einer evangelisch-theologischen Arbeit hat nicht nur ihr gutes Recht, sondern recht eigentlich hier ihren Platz. Daß dem so ist, zeigt der Vergleich der Ästhetik Friedrich Schleiermachers mit den ästhetischen Entwürfen seiner Zeitgenossen Friedrich Schlegel, Friedrich Schiller und Immanuel Kant.

Der in vorliegender Arbeit durchgeführte Vergleich ästhetischer Theorien, die etwa zwischen 1793 und 1819 entstanden sind, ist entscheidend bestimmt durch die Bezugnahme auf das Weltverständnis, das Gottesbild und vor allem die anthropologischen Voraussetzungen der genannten Autoren. Gerade ihre jeweiligen Ansichten über das Wesen des Menschen bedingen die jeweiligen Einsichten in die Beschaffenheit von Natur oder Schöpfung, die Beschreibung menschlicher und göttlicher Kunsttätigkeit sowie die Definition des Schönen, des Erhabenen und des Vollkommenen maßgeblich. Auch wenn die hier behandelten Theorien von ihren Urhebern nicht generell als Theorien zur Ästhetik erachtet werden, sind sie doch sämtlich und grundsätzlich orientiert an einem jeweils bestimmten Verständnis dessen, was der Begriff »Ästhetik« impliziert.

»[Z]um ersten Mal in der Geschichte der Philosophie« wird 1742 von Alexander Gottlieb Baumgarten »Ästhetik« »als Vorlesung vorgetragen«. Aus dieser Vorlesung geht Baumgartens »Aesthetica« (1750) hervor.[1] In einer Vorlesungsnachschrift zum ersten Paragraphen der »Aesthetica« ist der Begriff der Ästhetik etymologisch hergeleitet:

Das Wort Ästhetik »kommt eigentlich von αισθανομαι her; dieses Wort bezeichnet das, was sentio im Lateinischen bezeichnet, nämlich alle klaren Empfindungen. Da die Empfindungen in äußerliche und innerliche eingeteilt werden, in solche, die in meinem Körper als mir bewußt vorgehen und sich auf alle Sinne beziehen, oder in solche, die nur in meiner Seele vorgehen, so wird dieses Wort, das klare Empfindungen überhaupt bezeichnet, auf beides gehen.«[2]

---

[1] S. J. RITTER, Art. Ästhetik, ästhetisch, in: HWP, Bd. I, 555f. Im Jahr 1735 ist in Baumgartens »Meditationes de nonnullis ad poema pertinentibus« (§ 116) »zum ersten Mal in der Philosophie« das Wort »Ästhetik« verwendet (HANS RUDOLF SCHWEIZER, Einführung, in: ALEXANDER GOTTLIEB BAUMGARTEN, Theoretische Ästhetik, VIII).

[2] ALEXANDER GOTTLIEB BAUMGARTEN, Kollegium über die Ästhetik, § 1, in: DERS., Texte zur Grundlegung der Ästhetik, 79. Allerdings beschränkt Baumgarten seine eigene Ästhetik

Zwar scheint die Begriffsklärung eindeutig zu sein. Doch sind die in vorliegender Arbeit analysierten Theorien zur Ästhetik, die der »Aesthetica« Baumgartens zeitlich nachfolgen, von großer Verschiedenheit. Denn nicht nur das Verhältnis zwischen »äußerlichen« und »innerlichen« Empfindungen, auch Sinnlichkeit und »Seele« selbst werden jeweils different bestimmt. Es findet sich Geringschätzung menschlicher Sinnlichkeit verbunden mit der Annahme eines dem Menschen innerlichen und freien Vernunftvermögens, mit der Annahme menschlicher *Freiheit*, welche die ästhetischen Empfindungen des Menschen grundsätzlich bewirke. Dahingegen bedeutet die Gewißheit allgemeinmenschlicher *Abhängigkeit* grundsätzliche Kompatibilität von Sinnlichkeit und Vernunft.

Die Variationen zur »Ästhetik«, die von den vier Autoren beschrieben werden, sollen ihrer jeweiligen Konzeption und ihrem Hauptanliegen gemäß dargestellt werden (Kapitel I–IV). Der anschließende Vergleich zeigt nicht nur die Unterschiede zwischen den Theorien auf, sondern prüft auch deren phänomenologische Angemessenheit, deren Übereinstimmung mit menschlichem Erleben (Kapitel V). Ein abschließendes sechstes Kapitel knüpft an Schleiermachers Ästhetik evangelisch-theologische Fortführungen an (Kapitel VI).

»Von nichts wimmelt unsere Zeit so sehr als von Aesthetikern.«[3] – Daß aus diesem Gewimmel in den Jahren der Aufklärung, des Idealismus und der Romantik für die vorliegende Arbeit die ästhetische Theorie Kants, wie sie in der Kritik der Urteilskraft festgehalten ist, ausgesucht wurde, liegt in ihrem weitreichenden Einfluß begründet. Wie Schiller, so war sie auch Schlegel und Schleiermacher vor Abfassung ihrer eigenen ästhetischen Schriften bekannt. Schillers Texte sind ihr am engsten verbunden; doch auch der dichtende Künstler gelangt im Verlauf seiner philosophischen Schriftstellerei zu einer Abgrenzung gegen die anthropologischen Prämissen der kritizistischen Position, welche seiner ästhetischen Theorie ihre Eigenart verleiht. Ihre Eigenart kommt in Schillers Briefen über die ästhetische Erziehung des Menschen deutlich zum Ausdruck. Auf Einsichten in Ursprung, Verfassung und Ziel menschlichen Daseins, die denjenigen Kants entgegengesetzt sind, beruht die Ästhetik Schleiermachers. Entsprechend ist die ästhetische Theorie des Theologen grundlegend bestimmt durch die Gewißheit schlechthinniger Abhängigkeit von Gott (christliche Daseinsgewißheit). Um die Spezifika der Schleiermacherschen Theorie besonders nuanciert zu zeigen, sind Texte von Friedrich Schlegel, seinem langjährigen Freund und Symphilosophen,

---

auf »cognitio *sensitivae*«/»sinnliche Erkenntnis« der »unteren Erkenntnisvermögen«, s. DERS., Aesthetica, §§ 1.12, 1.5. S. dazu die Kritik von EILERT HERMS, Der Ort der Aesthetik in der Theologie, 134.

    [3] JEAN PAUL, Vorschule der Aesthetik (1804), 13.

herangezogen. Die Interpretation der Schlegelschen Schriften weist nicht nur den Einfluß Schleiermachers auf, der sich nach Schlegels Aufsatz über das Studium der griechischen Poesie ab 1797/98 bemerkbar macht. Sie zeigt auch, daß Schlegel und Schleiermacher bei aller Nähe in der Wortwahl, Begriffe unterschiedlich verwenden und verstehen.

Weil den ästhetischen Theorien Schillers, Schlegels und Schleiermachers die Lektüre der Kantschen Kritik der Urteilskraft zugrunde liegt, bildet sie auch in der vorliegenden Arbeit die Basis, auf der der Vergleich stattfinden soll. Gemäß der zeitlichen Reihenfolge ihrer Entstehung sind im Anschluß an das Kant-Kapitel Texte Schillers, Schlegels und Schleiermachers interpretiert. Der darauf folgende direkte Vergleich aller vier Theorien hebt nicht nur die Besonderheiten der Schleiermacherschen Ästhetik hervor, sondern läßt auch zu, daß ihre Vorzüge, die sie ihrer phänomenologischen Treue wegen besitzt, einsichtig werden.

Die Analyse der ästhetischen Theorie Schleiermachers wird zeigen, daß Ästhetik der Sache nach gerade nicht die Disziplin ist, »die sich mit der reflektierten Sinneswahrnehmung […] befaßt«.[4] Vielmehr entspricht es dem Theorieunternehmen »Ästhetik«, unmittelbare Empfindung, äußerliche und innerliche, zu reflektieren und zu verstehen. Denn »›Aisthesis‹ bezeichnet jedenfalls ein Geschehen, das unser Menschsein grundlegend und schlechterdings durchgehend, ohne jede Unterbrechung, bestimmt. […] Darin stimmen alle Überlieferungsstränge des westlichen Menschenverständnisses überein. Sie sind sich auch darin einig, daß dieses alle Menschen betreffende Geschehen der Aisthesis einen von Grund auf passionalen Charakter hat«.[5] Aisthesis bezeichnet das Kontinuum unmittelbar *gegebener* »Verstehenszumutungen«, die den Menschen auf Grund der organischen (äußerlichen) und geistigen (innerlichen) »Empfindungen«, die er erleidet und vor allem erlebt, unabweisbar treffen und die ihn unweigerlich angehen.[6] Durch sein schlechthin passives Erleben ist die Tätigkeit eines jeden Menschen immer schon *bedingt*. Und durch die Bestimmtheit des Erlebens ist menschliches Erkennen und Produzieren grundlegend *qualifiziert*. Nicht nur das Verständnis des Wahren und des Guten, auch *die Erkenntnis des Schönen und die Produktion schöner Kunst*, die alle vier Autoren in ihren ästhetischen Schriften vornehmlich behandeln, sind stets schlechthin abhängig von denjenigen Überzeugungen, die dem Menschen auf Grund seines Erlebens gewiß geworden sind. Gerade die Ästhetik des Theologen Friedrich Schleiermacher nimmt diese Abhängigkeit

---

[4] So aber BIRGIT RECKI, Art. Ästhetik, I. Philosophisch, RGG⁴, Bd. 1, 851.

[5] EILERT HERMS, Der Ort der Aesthetik in der Theologie, 117.

[6] Vgl. a. a. O., 135: »Gegenstand der Aesthetik ist die Aisthesis als das passionale Kontinuum des Erlebens, durch das alle Bedingungen des Dauerns der Gegenwart unseres leibhaften Personseins gesetzt und erschlossen sind.«

ernst, und sie erweist sich als eine Ästhetik, die die Bedeutung der schlechthinnigen Bedingtheit und Bestimmtheit allen Lebens positiv zur Geltung
bringt. Schleiermachers Ästhetik erweist sich als »unverzichtbar«, weil sie »den
Schein des autonomen Subjekts durchbricht und die irreduzible Rezeptivität
des Lebens zur Erfahrung bringt«[7].

---

[7] Wolfgang Schoberth, Art. Ästhetik, II. Theologisch, RGG[4], Bd. 1, 854. Die von
Schoberth gewählte Wendung »zur Erfahrung bringt« ist allerdings nicht zutreffend. Denn
die Disziplin »Ästhetik« bringt »die irreduzible Rezeptivität des Lebens« nicht zur Erfahrung,
sondern ist in der Erfahrung bzw. in dem Bewußtsein irreduzibler Rezeptivität begründet. Als
Theorieunternehmen bringt sie die Bedeutung und die Wirkung des Bewußtseins schlechthinniger Passivität, welches u. a. durch Kunst und Schönes zur Erfahrung kommt, auf beschreibende
Weise zum Ausdruck.

Kapitel I

Zur ästhetischen Theorie Immanuel Kants

> »Nun aber kam die *Kritik der Urteilskraft* mir zuhanden
> und dieser bin ich eine höchst frohe Lebensepoche schuldig.«
>
> »Als ich die Kantische Lehre wo nicht zu durchdringen
> doch möglichst zu nutzen suchte, wollte mir manchmal
> dünken, der köstliche Mann verfahre schalkhaft ironisch,
> indem er bald das Erkenntnisvermögen aufs engste ein-
> zuschränken bemüht schien, bald über die Grenzen, die er
> selbst gezogen hatte, mit einem Seitenwink hinausdeutete.«[1]
>
> (Johann Wolfgang von Goethe, Naturwissenschaftliche Schriften)

I. Einführung

»Unser gesamtes Erkenntnisvermögen hat zwei Gebiete, das der Naturbegriffe,
und das des Freiheitsbegriffs; denn durch beide ist es a priori gesetzgebend.
Die Philosophie teilt sich nun auch, diesem gemäß, in die theoretische und
die praktische.« (KU XVII)

Zwei Gebiete hat nach Kant nicht nur das Erkenntnisvermögen, das das
»Seelenvermögen«[2] des Menschen ausmacht. Auch der Mensch selbst ent-
stamme einerseits dem Reich der Natur und sei andererseits durch Kausalität
nach dem Vernunftgesetz bestimmt.[3]

Der »Zweiteilung« des Erkenntnisvermögens entspricht Kants Differenzierung der menschlichen Vernunft in eine praktische und eine theoretische
bzw. seine Unterscheidung von Vernunft und Verstand. Der Verstand des
Menschen gebe a priori der Natur bzw. dem Bereich des Sinnlichen Gesetze
durch Naturbegriffe; er gehe dabei aus vom Mechanismus der Natur. Die
Vernunft dagegen sei auf dem Gebiet des Übersinnlichen a priori gesetzgebend durch den Freiheitsbegriff.[4] Die praktischen Gesetze der Vernunft
legten unabhängig von den mechanischen Gesetzen der Natur fest, welches
Handeln sittlich und vom Menschen als geistigem, intelligiblem Freiheits-

---

[1] JOHANN WOLFGANG VON GOETHE, Zur Naturwissenschaft im allgemeinen, in: Goethes
Werke, Bd. XIII, Naturwissenschaftliche Schriften, Erster Teil, 27.30.
[2] S. KU XXII.
[3] Vgl. KpV 188 f.
[4] S. KU XVIII.XIX.LIII.

wesen verlangt sei. Sittlichkeit sei gerade dadurch bestimmt, daß die Gesetze
der praktischen Vernunft frei von jeglichem sinnlichen Einfluß, eben in
Freiheit aufgestellt würden. Sie sei allein in der Achtung vor dem Vernunftgesetz begründet, das entsprechend rein aus Pflicht erfüllt werde.[5] Die Pflicht
nötige den Menschen zur Sittlichkeit, zur Moralität. Zwar sei das Gesetz der
praktischen Vernunft, das moralische Gesetz, vom freien Willen frei gewählt
und anerkannt. Doch sei »[d]as Bewußtsein einer *freien* Unterwerfung des
Willens unter das Gesetz [...] mit einem unvermeidlichen Zwange, der allen
Neigungen, aber nur durch eigene Vernunft angetan wird, verbunden« (KpV
142/143). Überhaupt seien die Menschen »zwar gesetzgebende Glieder eines
durch Freiheit möglichen, durch praktische Vernunft uns zur Achtung vorgestellten Reichs der Sitten, aber doch zugleich Untertanen, nicht das Oberhaupt desselben, und die Verkennung unserer niederen Stufe als Geschöpfe
und Weigerung des Eigendünkels gegen das Ansehen des heiligen Gesetzes
ist schon eine Abtrünnigkeit von demselben dem Geiste nach, wenngleich
der Buchstabe desselben erfüllt würde« (KpV 147).

Zwischen dem Bereich des Natur- und dem des Freiheitsbegriffes liegt
nach Kant eine »unübersehbare Kluft«, denn der Mechanismus der Natur
könne keinen Einfluß auf die Freiheit des Menschen haben, umgekehrt bestimme der Freiheitsbegriff »nichts in Ansehung der theoretischen Erkenntnis
der Natur« (KU XIX.LIII). Weil jedoch der Mensch, der selbst einerseits
dem Gebiet des Naturbegriffes und andererseits dem des Freiheitsbegriffes
angehörig sei, als ein einheitliches Wesen in *sinnlich-vernünftiger Ganzheit*
bestehen soll,[6] sucht Kant nach einem verbindenden Glied zwischen theoretischer und praktischer Vernunft. Dieses soll die Annahme, daß der Freiheitsbegriff auf den Bereich der Natur Einfluß haben und »den durch seine
Gesetze aufgegebenen Zweck in der Sinnenwelt wirklich machen« könne,
bejahen. Dazu müsse wiederum die Natur »so gedacht werden können, daß
die Gesetzmäßigkeit ihrer Form wenigstens zur Möglichkeit der in ihr zu
bewirkenden Zwecke nach Freiheitsgesetzen zusammenstimme« (KU XX).
Fänden beide Annahmen Bestätigung, sei ein »Übergang vom Gebiete des
Naturbegriffs zu dem des Freiheitsbegriffs« und umgekehrt eine Wirkung des
Freiheitsbegriffes auf den Bereich des Sinnlichen als möglich erwiesen (KU
LVI).[7] Nach Kant beweist die Vernunftidee der Freiheit zwar immer schon
ihre »objektive Realität [...] an der Natur« (KU 467). Doch sei die Wirkung

---

[5] S. KpV 144f. Nach Kant ist »zum Behuf des moralischen Gesetzes, und um ihm Einfluß
auf den Willen zu verschaffen«, keine andere Triebfeder als die Achtung erforderlich. Es sei sogar
»*bedenklich* [...], auch nur *neben* dem moralischen Gesetze noch einige andere Triebfedern (als
die des Vorteils) mitwirken zu lassen« (KpV 127f.139).
[6] Die sinnlich-vernünftige Ganzheit des Menschen ist nach Kant mit der Realisation des
Endzwecks gewährleistet, die ihm als höchstes Ziel gilt. S. dazu v. a. II.3.
[7] S. dazu u. III.5. und III.6.

nach dem Freiheitsbegriff nicht stetig und gewiß; das Übel der Welt stehe dem entgegen.[8] Vollkommen wirksam zeigt sich nach Kant die menschliche Freiheit erst bei Verwirklichung des Endzwecks, der die sinnlich-geistige Ganzheit des Menschen bedeutet und dessen Möglichkeit in Kants dritter Kritik aufgezeigt werden soll.

Das verbindende Vermögen zwischen den beiden voneinander getrennten Gebieten findet Kant in der Urteilskraft, und zwar in der *reflektierenden Urteilskraft*, die im folgenden verkürzt nur Urteilskraft genannt ist. Sie gilt als das »Mittelglied zwischen dem Verstande und der Vernunft« (KU XXI); sie ist nach Kant das menschliche Erkenntnisvermögen, das den Übergang über die Kluft zwischen dem Gebiet des Natur- und dem des Vernunftbegriffes und damit den Endzweck als möglich zeigt.[9]

Dem *Übergang*, den die dritte Kritik zum *Thema* hat, muß nach Kant der Begriff einer »*Zweckmäßigkeit* der Natur« zugrunde liegen (KU LV). Über diesen soll die Urteilskraft zwischen dem Mechanismus der Natur und der Zweckgerichtetheit des Freiheitsbegriffes vermitteln. Entsprechend erweist sich der Begriff der *Zweckmäßigkeit* als der *Schlüsselbegriff* der gesamten dritten Kritik.

Das transzendentale, apriorische Prinzip[10] der Zweckmäßigkeit der Natur könne »die reflektierende Urteilskraft sich nur selbst als Gesetz geben, nicht anderwärts hernehmen« (KU XXVII).[11] Es beruhe auf der *Heautonomie* des Urteilenden selbst, auf dessen Unabhängigkeit von natürlich Gegebenem; *der Übergang*, den Kant zwischen dem Gebiet des Natur- und des Freiheitsbegriffes als möglich aufzuweisen sucht, *gründet* demnach prinzipiell und einseitig *im menschlichen Freiheitsgebrauch.* Daß die Möglichkeit des Übergangs, die Kant darlegt, insgesamt auf der von ihm postulierten menschlichen Freiheit beruht und durch seine Hochschätzung derselben bedingt ist, zeigt vorliegende Untersuchung.

---

[8] S. KU 426 f.

[9] KU LVff.; vgl. dazu KU XIX.LIIIf.

[10] »Ein transzendentales Prinzip ist dasjenige, durch welches die allgemeine Bedingung a priori vorgestellt wird, unter der allein Dinge Objekte unserer Erkenntnis überhaupt werden können.« (KU XXIX).

[11] Das Prinzip der Zweckmäßigkeit der Natur werde nicht der Natur vorgeschrieben (Autonomie), auch sei es kein Gesetz der Natur, das »von ihr durch Beobachtung« gelernt werde, vielmehr gebe sich die Urteilskraft dieses selbst (Heautonomie) (KU XXXVII).

II. Ästhetische und teleologische Urteilskraft:
Zwei Hälften eines Übergangs

1. Zweckmäßigkeit der Natur

Für den Übergang kommt nach Kant nur die reflektierende, nicht die bestimmende Urteilskraft in Frage.[12] An dieser unterscheidet er die ästhetische
Urteilskraft (Geschmack) und die teleologische Urteilskraft. Entsprechend
gliedert sich Kants dritte Kritik in eine Kritik der ästhetischen und eine Kritik
der teleologischen Urteilskraft.[13]

Weil die reflektierende Urteilskraft zum Besonderen in der Natur das Allgemeine suche, bedürfe sie eines *nicht empirischen* Prinzips, das ein System der
Naturgegenstände begründen kann. Darum gebe sie sich selbst *in Freiheit* das
transzendentale Prinzip der Zweckmäßigkeit der Natur als Gesetz. Der Begriff der Zweckmäßigkeit der Natur beansprucht also keine Realität, sondern
wird für die Reflexion über die Gegenstände der Natur bloß angenommen.
»D. i. die Natur wird durch diesen Begriff so vorgestellt, als ob ein Verstand
den Grund der Einheit des Mannigfaltigen ihrer empirischen Gesetze enthalte« (KU XXVIII).

Der zwischen dem Gebiet des Natur- und dem des Freiheitsbegriffes vermittelnde Begriff der Zweckmäßigkeit der Natur ist nach Kant in zweierlei
Hinsicht von Bedeutung. Die Natur kann nach Kant auf zwei Weisen als
zweckmäßig betrachtet werden:

In *ästhetischer Hinsicht* werde von der ästhetischen Urteilskraft allein »die
formale Zweckmäßigkeit (sonst auch subjektive genannt) durch das Gefühl
der Lust oder Unlust« beurteilt. In *teleologischer Hinsicht* hingegen sei »die
reale Zweckmäßigkeit (objektive) der Natur durch Verstand und Vernunft«
im Blick. Es ist also in teleologischer Hinsicht nicht die Zweckmäßigkeit des
Gegenstandes, die für das urteilende Subjekt besteht, sondern diejenige, die
dem Gegenstand selbst zukommt, von Bedeutung (KU L).[14]

2. Die ästhetische Blickrichtung

Das Urteil der ästhetischen Urteilskraft bezieht sich nach Kant auf *das Schöne*
und *das Erhabene*, welches angesichts von Naturgegenständen mit Wohl-

---

[12] Vgl. KU XXVIff.: Die *bestimmende* Urteilskraft ordne das Besondere in der Natur dem
Allgemeinen unter, und zwar nach Gesetzen, die der Verstand ihr gebe. Die *reflektierende* Urteilskraft hingegen steige von dem Besonderen zum Allgemeinen auf nach dem Prinzip der
Zweckmäßigkeit der Natur.
[13] Die ästhetische Urteilskraft sei ein besonderes Vermögen der Beurteilung. Die teleologische dagegen sei »die reflektierende Urteilskraft überhaupt« (KU LII).
[14] Vgl. dazu KU § 58 und § 62.

gefallen und Lust empfunden wird (zum Geschmacksurteil über *Kunst*gegenstände s. insbesondere II.5.). Schönheit und Erhabenheit könnten nicht durch Verstand und nicht durch Vernunft beurteilt werden. Denn ein Urteil über das Schöne oder das Erhabene müsse »der *Quantität* nach allgemeingültig, der *Qualität* nach ohne Interesse, der *Relation* nach subjektive Zweckmäßigkeit, und der *Modalität* nach die letztere als notwendig, vorstellig machen« (KU 79). Der Verstand aber beurteile einen Naturgegenstand als Resultat des Mechanismus der Natur, weshalb er ihn nicht für zweckmäßig oder gar für zweckgerichtet halten kann. Die Vernunft wiederum beurteile ihn nach seinem Zweck und schließe somit rein subjektive Zweckmäßigkeit aus.[15]

Weil sich nach Kant das Schöne und auch das Erhabene durch *subjektive Zweckmäßigkeit* auszeichnen und das Wohlgefallen am Schönen und am Erhabenen interesselos, allgemein und notwendig ist, müssen das Erhabene und vor allem das Schöne vom Angenehmen und vom Guten unterschieden sein. Das Schöne situiert Kant mitten zwischen dem Angenehmen und dem Guten, denn es errege weder Neigung noch bereite es Achtung.[16] Es hat folglich seinen eigenen Bereich zwischen dem Gebiet des Sinnlichen und dem des Freiheitsbegriffes.

2.1. Vergleich des Schönen mit dem Angenehmen und dem Guten

Angenehm genannt werden kann nach Kant nur derjenige Gegenstand, der als rein *mechanisch* erzeugt, als von Zweckmäßigkeit und Zweck gänzlich unabhängig zustandegekommen, betrachtet wird. Nur dieser ist angenehm, weil er ein ganz unbestimmtes, stets rein individuelles, sinnliches Gefallen finden läßt.

Werde das Angenehme, das, »als ein solches, den Gegenstand lediglich in Beziehung auf den Sinn vorstellt, [...] durch den Begriff eines Zwecks unter Prinzipien der Vernunft gebracht«, sei es, »als Gegenstand des Willens, gut zu nennen« (KU 11). *Gut* heißt nach Kant derjenige Gegenstand, der von der Vernunft als objektiv zweckmäßig beurteilt wird, weil er sich mit dem Begriff übereinstimmend zeigt, der seinen Zweck bestimmt, welcher wiederum festhält, »was der Gegenstand für ein Ding sein solle« (KU 10).[17] Weil der gute Gegenstand sich durch reale objektive Zweckmäßigkeit auszeichnet, bereitet er gleich dem schönen allgemeines und notwendiges Wohlgefallen. Vom schönen Gegenstand unterscheide sich der gute darin, daß seine objektive Zweckmäßigkeit ein Interesse an seiner Nützlichkeit oder Vollkommenheit

---

[15] Vgl. KU 314 ff.

[16] S. KU 15.

[17] Zweck ist »der Gegenstand eines Begriffs, sofern dieser als die Ursache von jenem (der reale Grund seiner Möglichkeit) angesehen wird« (KU 32; vgl. 45).

hervorrufe;[18] ebenso führe das moralisch Gute ein Interesse bei sich, und zwar das höchste, weil es »das Objekt des Willens« sei (KU 13/14).[19]

Das *Schöne* bereitet nach Kant im Unterschied zum Angenehmen keine bloß interessegebundene Empfindung. Anders als der gute sei der schöne Gegenstand nicht auf den Begriff eines interessierenden Zwecks bezogen. Das Wohlgefallen am Schönen sei vielmehr interesselos, allgemein, notwendig und zweckmäßig, es gründe aber nicht in einem Zweck.

2.2. Das Schöne in verschiedener Hinsicht

In teleologischer Hinsicht kann nach Kant »Schönheit der Natur [...] als objektive Zweckmäßigkeit der Natur in ihrem Ganzen, als System, worin der Mensch ein Glied ist, betrachtet werden«; sie kann angesehen werden »als eine Gunst, die die Natur für uns gehabt hat«, »um uns eine Lust zu erwecken« (KU 303.303 Anm.*).

Schönheit komme einzelnen Naturgegenständen allerdings nur dann zu, wenn sie rein aus Gunst als schön beurteilt würden. Die Schönheit eines Gegenstandes verdanke sich der »Gunst [...], womit wir die Natur aufnehmen« (KU 253). Denn Schönheit sei niemals eine *Eigenschaft*; Schönheit ist nach Kant »keine Beschaffenheit des Objekts, für sich betrachtet« (KU 247).[20]

Die Schönheit eines Naturgegenstandes wird nach Kant nur in ästhetischer Hinsicht erkannt bzw. einem Gegenstand zuerkannt. Es soll jedoch, wie die Interpretation zeigen wird, im Anschluß an das Geschmacksurteil in teleologischer Perspektive angenommen werden können, daß die Naturschönheit der Natur verdankt oder vielmehr von einem höchsten Wesen zu einem bestimmten Zweck geschaffen ist. In teleologischer Hinsicht soll also nachträglich von einem Zweck und einem Urheber der Naturschönheit ausgegangen und das Schöne konsequenterweise für objektiv zweckmäßig und damit für gut befunden werden können.[21]

Im Gegensatz zu einem Urteil über das Gute verlangt nach Kant ein Urteil über die Schönheit des Schönen, daß von einem möglichen *Urheber*, der *Gegebenheitsweise* und sogar der *Existenz* des zu beurteilenden Gegenstandes abgesehen wird.[22] Denn die Schönheit von Gegenständen verdankt sich nach Kant prinzipiell allein der Gunst der Urteilenden und somit ausschließlich der Art, »wie wir sie aufnehmen« (KU 252). Entsprechend besteht die »Freiheit, uns selbst irgend woraus einen Gegenstand der Lust zu machen« (KU 15).

---

[18] »Die objektive Zweckmäßigkeit ist entweder die äußere, d.i. die *Nützlichkeit*, oder die innere, d.i. die *Vollkommenheit* des Gegenstandes.« (KU 44).
[19] Vgl. KU 44.
[20] Vgl. KU 136.
[21] S.u. II.4. und III.4.
[22] S. nächster Abschnitt.

2.3. Zweckmäßigkeit ohne Zweck und Interesse

Die Gunst des Urteilenden sei es, derentwegen dieser einen Gegenstand derart aufnehme und vorstelle, daß jener unabhängig von seiner Existenz, die nur für Sinnlichkeit und Vernunft von Interesse sei, schön genannt zu werden verdiene.[23] Sie sei weder auf die Annehmlichkeit noch auf die Vollkommenheit des Gegenstandes gerichtet, weswegen dem Geschmacksurteil weder eine bloß individuelle, ganz und gar subjektive Empfindung, die die Annahme einer mechanischen Natur voraussetzt, noch ein objektiver Zweck zugrunde liegen kann. Vielmehr »kann nichts anders als die subjektive Zweckmäßigkeit in der Vorstellung eines Gegenstandes, ohne allen (weder objektiven noch subjektiven) Zweck, folglich die bloße Form der Zweckmäßigkeit in der Vorstellung, wodurch uns ein Gegenstand *gegeben* wird, sofern wir uns ihrer bewußt sind, das Wohlgefallen, welches wir, ohne Begriff, als allgemein mitteilbar beurteilen, mithin den Bestimmungsgrund des Geschmacksurteils, ausmachen« (KU 35).[24]

Zweckmäßig heißt nach Kant »ein Objekt, oder Gemütszustand, oder eine Handlung […] bloß darum, weil ihre Möglichkeit von uns nur erklärt und begriffen werden kann, sofern wir eine Kausalität nach Zwecken, d. i. einen Willen, der sie nach der Vorstellung einer gewissen Regel so angeordnet hätte, zum Grunde derselben annehmen«. Dieser ursächliche Wille und sein Zweck würden bei *ästhetischer* Beurteilung von Naturschönheit jedoch nicht berücksichtigt. Es werde davon abgesehen, daß ein Künstler oder gar ein höchstes Wesen den schönen Gegenstand geschaffen hat. Deshalb ist er von bloß *formaler* Zweckmäßigkeit, er ist zweckmäßig *ohne Zweck*. »Die Zweckmäßigkeit kann also ohne Zweck sein, sofern wir die Ursachen dieser Form nicht in einem Willen setzen, aber doch die Erklärung ihrer Möglichkeit, nur indem wir sie von einem Willen ableiten, uns begreiflich machen können.« (KU 33)

In *teleologischer* Hinsicht hingegen seien der Wille, der den Zweck des Gegenstandes gesetzt habe, und vor allem der Zweck selbst von Interesse. Im »bloßen Geschmacksurteile wird gar nicht darauf Rücksicht genommen,

---

[23] S. KU 16.

[24] Das »Richtmaß« der ästhetischen Urteilskraft ist nach Kant »das Prinzip der *Idealität* der Zweckmäßigkeit« (KU 252). Dies Prinzip verwehre, daß sich ästhetische Beurteilung nach empirischen Bestimmungsgründen richtet, denn dann wäre das Schöne vom Angenehmen nicht zu unterscheiden (s. KU 246). Wenn wiederum dieses Prinzip auf Realität Anspruch erhöbe, müßte ein zugrundeliegender Zweck gedacht werden, und das stets zweckbestimmte Gute und das Schöne wären verwechselbar (s. KU 252). – Kant begründet seine Annahme, daß das Schöne zweckmäßig ohne Zweck ist, mit der Allgemeinheit des Wohlgefallens am Schönen (s. KU 35). Eigentlich aber ist sein Anliegen, das Schöne als weder an die Vorstellung des Mechanismus noch an die einer Technik der Natur gebunden aufzuweisen, es vielmehr als vermittelnde Größe dazwischen zu zeigen; und dies Anliegen scheint die eigentliche Begründung dafür zu sein, daß nach Kant das Schöne als zweckmäßig ohne Zweck bestimmt sein muß.

zu welchem Zwecke diese Naturschönheiten existieren: ob, um uns eine
Lust zu erwecken, oder ohne alle Beziehung auf uns als Zwecke. In einem
teleologischen Urteile aber geben wir auch auf diese Beziehung Acht« (KU
303 Anm.*).

2.4. *Zusammenstimmung zur Erkenntnis überhaupt*

Der Geschmack beurteilt nach Kant die subjektive Zweckmäßigkeit, die
Zweckmäßigkeit, welche der schöne Gegenstand nicht als Objekt der Erkenntnis, sondern für das urteilende Subjekt in dessen ästhetischer Vorstellung hat.[25]
Subjektiv zweckmäßig werde die Vorstellung eines Gegenstandes empfunden,
wenn sie die Vorstellungskräfte zu einer »*Erkenntnis überhaupt*« zusammenstimmen lasse (KU 28). Ein ästhetisches Urteil vermittle im Gegensatz zu einem
logischen Urteil keine Erkenntnis von einem Objekt, versetze aber in den
Gemütszustand, der bei einer jeden Erkenntnis vorhanden sei. Der Geschmack
lasse keinen bestimmten Begriff erkennen, sondern beurteile den Zustand, in
dem die Erkenntniskräfte zu einer Erkenntnis zusammenstimmen, ohne eine
Erkenntnis zu bewirken, nach seiner subjektiven Zweckmäßigkeit.

Die Erkenntnisvermögen, die in der ästhetischen Vorstellung zusammenstimmten, seien Einbildungskraft und Verstand.[26] Die Einbildungskraft sei zu-
ständig »für die Anschauung und die Zusammensetzung des Mannigfaltigen
derselben« (KU 145).[27] Der Verstand liefere zur Einheit des Zusammenge-
setzten den Begriff, der jedoch nicht erkannt werde.[28]

Zweckmäßig erweise sich ein Gegenstand, wenn bei seiner Vorstellung
die Auffassung der Einbildungskraft auf einen unerkannten Begriff des Verstandes bezogen werde, wenn »die Einbildungskraft […] zum Verstande […]
durch eine gegebene Vorstellung unabsichtlich in Einstimmung versetzt und
dadurch ein Gefühl der Lust erweckt wird« (KU XLIV). Der Geschmack
lasse diese Beziehung zwischen den Vorstellungskräften zustande kommen.
Denn er »enthält ein Prinzip der Subsumtion […] des *Vermögens* der Anschauungen oder Darstellungen (d. i. der Einbildungskraft) unter das *Vermögen* der
Begriffe (d. i. den Verstand), sofern das erstere *in seiner Freiheit*[29] zum letzteren
in seiner Gesetzmäßigkeit zusammenstimmt« (KU 146).[30] Weil der Geschmack

---

[25] Vgl. KU XLIV.47.
[26] S. KU 28.
[27] Vgl. KU 65.
[28] S. KU 65.146.
[29] Darin, daß die Einbildungskraft ohne Begriff schematisiert, besteht ihre Freiheit; s. KU
146.
[30] WOLFGANG BARTUSCHAT, Zum systematischen Ort, 99 behauptet dagegen, daß bei einem
Geschmacksurteil »nicht die Einbildungskraft unter das Vermögen des Verstandes subsumiert
wird«. Aber eben diese Subsumtion ist nach Kant notwendig für das Zustandekommen eines
Zustandes zur Erkenntnis überhaupt (vgl. KU 28.146).

die Einbildungskraft unter den Verstand, nicht aber Anschauungen unter Begriffe subsumiert, so ist im ästhetischen Urteil keine bestimmte Erkenntnis vorhanden, es wird vielmehr der Zustand zur Erkenntnis überhaupt erreicht, in welchem die Einbildungskraft als »das größte Vermögen der Sinnlichkeit« in freiem Spiel zur Gesetzmäßigkeit des Verstandes zusammenstimmt (KU 97).[31]

2.5. Allgemeine und notwendige Lust

Den Grad der Zweckmäßigkeit beurteile der Geschmack nach der Proportion der Stimmung von Einbildungskraft und Verstand, die allerdings *je nach Gegenstand* eine andere sei. Sie belebe mehr oder weniger den Gemütszustand zu einer Erkenntnis überhaupt.[32] Nach Kant wird sie durch das glückseligmachende Gefühl der Lust vermittelt, das der jeweiligen Vorstellung *folge*.[33] Das Gefühl der Lust gründe »in keiner Empfindung des Gegenstandes« und sei »ohne Beziehung auf einen Begriff« (KU XLV). Mit Lust werde vielmehr die *allgemeine Mitteilbarkeit* empfunden, die durch die Proportion der Vorstellungskräfte zu einer Erkenntnis überhaupt bedingt sei. Weil eine jede Erkenntnis allgemein mitteilbar sei, muß nach Kant auch der Gemütszustand zur Erkenntnis überhaupt allgemein mitteilbar sein. Es müsse sich »diejenige Proportion, welche sich für eine Vorstellung [...] gebührt, um daraus Erkenntnis zu machen, allgemein mitteilen lassen: weil ohne diese, als subjektive Bedingung des Erkennens, das Erkenntnis, als Wirkung, nicht entspringen könnte« (KU 65).[34] Entsprechend der allgemeinen Mitteilbarkeit der *ästhetischen Stimmung* ist nach Kant auch das Wohlgefallen am Schönen allgemein, und schön ist, »was ohne Begriff allgemein gefällt«; gleich dem Sittlichguten bereite das Geschmacksurteil allgemeines Wohlgefallen (KU 32).[35] Deshalb dürfe und werde ein jeder, der einen schönen Gegenstand mit Geschmack beurteile, »sein Wohlgefallen am Objekte jedem andern ansinnen« (KU 156).[36]

---

[31] Vgl. KU 347.

[32] S. KU 66 f. Nicht die Stimmung selbst, aber ihre Proportion ist nach Kant durch den jeweiligen Gegenstand bedingt.

[33] S. KU 27 f. Kant betont, daß das Gefühl der Lust stets Folge des ästhetischen Urteilens sei und nicht wie beim Angenehmen vorausginge (s. KU § 9). Doch wie soll dieses »Folgen« vorgestellt werden, wenn es sich um ein Gefühl nicht um begriffliche Reflexion handelt? Es muß *unmittelbare* Folge sein (s. KU XLIII). Vgl. dazu JENS KULENKAMPFF, Kants Logik des ästhetischen Urteils, 177.203.

[34] Vgl. KU 29.

[35] Vgl. KU 66.167/168. Indiz dafür, daß angesichts schöner Gegenstände allgemeines Wohlgefallen bestehe, sei »die Einhelligkeit, so viel möglich, aller Zeiten und Völker« bei ästhetischer Beurteilung (KU 53).

[36] Vgl. KU 26.63.

Ob das Urteil über die Schönheit eines Gegenstandes zutreffend und also allgemeingültig ist, prüft nach Kant der »Gemeinsinn« bzw. der »sensus communis«[37], den Kant *allgemein* voraussetzt und der aufgrund seiner Allgemeinheit das Wohlgefallen an einem schönen Gegenstand *notwendig* macht.[38]

Wie die Untersuchung zeigt, beruhen alle vier ästhetischen Bestimmungen Kants – Zweckmäßigkeit ohne Zweck sowie interesseloses, allgemeines und notwendiges Wohlgefallen – auf der *Freiheit* des urteilenden Menschen. Nur derjenige Gegenstand, der unabhängig von bloß individuellen Neigungen, rein aus Gunst die Einbildungskraft in ihrer Freiheit mit dem Verstand zusammenstimmen läßt, wird in Übereinstimmung mit dem heautonom gegebenen Prinzip der Zweckmäßigkeit der Natur als subjektiv zweckmäßig mit Lust empfunden; nur wenn die ästhetische Urteilskraft in ihrer Freiheit über einen Gegenstand ihr Urteil fällt, kann dieser schön genannt werden. Die Lust am Schönen beruht nach Kant auf der Freiheit, von der eine zweckmäßige Stimmung der Vorstellungskräfte abhängig ist.

Kant geht davon aus, ein ästhetisches Urteil gründe in der Gunst des Urteilenden, der die Freiheit habe, sich selbst »irgend woraus einen Gegenstand der Lust zu machen«[39]. Dabei könne ein jedes Geschmacksurteil Anspruch auf notwendige Allgemeingültigkeit erheben, weil es am sensus communis gemessen sei. Diese beiden Annahmen erweisen sich als vereinbar, wenn die Interpretation berücksichtigt, daß es eben gerade die Freiheit ist, die sowohl einen Gegenstand der Lust hervorbringt als auch ein allgemeingültiges Geschmacksurteil fällt.[40]

2.6. Freies Spiel der Erkenntniskräfte

Den Zustand, in dem sich Einbildungskraft und Verstand angesichts eines schönen Gegenstandes befinden, nennt Kant den Zustand des *freien Spiels*. Als freies Spiel bezeichnet er die harmonische Zusammenstimmung von Einbildungskraft und Verstand zu einer Erkenntnis überhaupt (KU 28). *Frei* ist sie, weil durch das Spiel kein Begriff erkannt, kein Zweck erlangt wird. *Spiel* nennt Kant die zweckmäßige Zusammenstimmung im Gegensatz zu demjenigen Verhältnis, in welchem die geistige und die sinnliche Seite des Menschen auf dem Gebiet des Sittlichen zueinander ständen; hier sei die Freiheit »unter einem gesetzlichen *Geschäfte* vorgestellt: welches die echte Beschaffenheit der Sittlichkeit des Menschen ist, wo die Vernunft der Sinnlichkeit Gewalt antun muß« (KU 116).

---

[37] S. u. II.2.7.
[38] S. KU 67 ff.
[39] S. o. II.2.2.
[40] Allerdings soll das Maß der Lust im Gegenstand selbst begründet sein, weil »nach Verschiedenheit der Objekte, die gegeben werden«, die Proportion in der Stimmung der Erkenntniskräfte variiere (KU 65; s. dazu KU 28) – begünstigt die Natur also das ästhetische Urteil?

Der Gegensatz, welcher zwischen freiem Spiel und ernster Geschäftstätigkeit besteht und welchem die Differenzierung zwischen schön und gut/sittlich entspricht, ist an Kants zweifache Verwendung des Begriffes »Zweckmäßigkeit« gebunden und macht die Relevanz dieses Begriffes deutlich. Der Bereich gesetzlichen Geschäfts und sittlichen Handelns umfaßt diejenigen Tätigkeiten des Menschen, die objektiv zweckmäßig sind. Freies Spiel hingegen beruht auf subjektiver Zweckmäßigkeit. Beide Gebiete, obwohl sie einander entgegengesetzt sind, sind doch über den einen Begriff der Zweckmäßigkeit miteinander verbunden.

Die Zweiseitigkeit des einen Begriffs, ist nach Kant bedingt durch die beiden einander ausschließenden Blickrichtungen, die ästhetische und die teleologische, welche zur Beurteilung subjektiver oder objektiver Zweckmäßigkeit eines Gegenstandes führen. Der Gegensatz zwischen subjektiv und objektiv Zweckmäßigem, den die Begriffe Spiel und Geschäft betonen, muß demnach als Gegensatz der Blickrichtung in bezug auf den einen Begriff der Zweckmäßigkeit verstanden werden. Den Gegensatz der Blickrichtungen erweist vorliegende Interpretation im folgenden als mit Kants Hochschätzung menschlicher Freiheit verbunden und als maßgeblich für Kants Absicht, einen Übergang zwischen dem Gebiet des Natur- und des Freiheitsbegriffes als möglich aufzuzeigen.

2.7. *Sensus communis*

Die Annahme eines Gemeinsinns, dem Allgemeinheit und Notwendigkeit ästhetischen Wohlgefallens zuzuschreiben sind, begründet Kant mit der »Anmaßung« des Menschen, Geschmacksurteile zu fällen, die allgemeine Zustimmung verlangen (KU 67). Die Allgemeinheit eines ästhetischen Urteils prüfe der Geschmack bzw. der »sensus communis«, indem er »in seiner Reflexion auf die Vorstellungsart eines jeden andern in Gedanken (a priori) Rücksicht nimmt«. Er halte sein Urteil »*gleichsam* an die gesamte Menschenvernunft« (KU 157).[41] Demnach urteilt der Geschmack analog der praktischen Vernunft, die nach Kant ihre Maximen an die gesamte Menschenvernunft hält und am kategorischen Imperativ prüft; dieser gebiete zwar nicht, auf die Vorstellungsart anderer Menschen, jedoch auf deren Maximen Rücksicht zu nehmen.[42] Das ästhetische Urteil des Geschmacks und das moralische der praktischen Vernunft gründen nach Kant in einem allgemeinmenschlichen

---

[41] Vgl. dazu KANT's gesammelte Schriften, Bd. VII, Anthropologie in pragmatischer Hinsicht, 244: »Nun ist das Wohlgefallen, [… das] als allgemeingültig betrachtet werden kann, […] ein Wohlgefallen an der Übereinstimmung der Lust des Subjects mit dem Gefühl jedes Anderen nach einem allgemeinen Gesetz«.

[42] GMS 52.

apriorischen Prinzip, im sensus communis oder im kategorischen Imperativ bzw. in der menschlichen Vernunft.[43]

Geschmack und praktische Vernunft beurteilen nach Kant, ob etwas allgemeines und notwendiges Wohlgefallen bereitet, ob etwas schön oder moralisch gut ist.[44] Denn die Urteile beider Erkenntnisvermögen werden, indem sie am sensus communis oder am kategorischen Imperativ gemessen werden, in und aus Freiheit, unabhängig von individuellen Interessen und Neigungen, gefällt;[45] dabei handelt es sich bei beiden Urteilsarten um »ein und denselben *Begriff* von Freiheit«[46].

Auf Grund der Entsprechungen zwischen dem Urteil über das Schöne und dem über das Gute[47] besteht nach Kant zwischen Schönem und Gutem eine *Analogie*[48], »welche nicht etwa, wie man das Wort gemeiniglich nimmt, eine unvollkommene Ähnlichkeit zweener Dinge, sondern eine vollkommne Ähnlichkeit zweener Verhältnisse zwischen ganz unähnlichen Dingen bedeutet«[49]: Das Gute und das Schöne, das objektiv und das subjektiv Zweckmäßige, sind einander geradezu entgegengesetzt. Doch ebenso wie die praktische Vernunft frei von aller Sinnlichkeit das sittlich Gute bestimmt, so urteilt auch der Geschmack in Freiheit über das Schöne; hierin, in dem vollkommen ähnlichen Verhältnis, das durch den zweifachen Gebrauch der einen Freiheit zwischen der Vernunft und dem Guten sowie dem Geschmack und dem Schönen besteht, liegt, wie die Interpretation im folgenden zeigen wird, die Möglichkeit des gesuchten Übergangs begründet. Weil Kant die Blickrichtung auf das objektiv Zweckmäßige von der auf das subjektiv Zweckmäßige für vollkommen verschieden, die Betrachtungs- und Beurteilungsweise des Guten wie des Schönen jedoch für vollkommen ähnlich hält, besteht für ihn die Möglichkeit, Naturbetrachtung und Beurteilung des Sittlichguten, den Bereich des Natur- und den des Freiheitsbegriffes aufeinander zu beziehen.

---

[43] Vgl. UWE JUSTUS WENZEL, Moral im Abstand, 444/445: Wenzel stellt fest, »die Idee des sensus communis und der kategorische Imperativ seien konvertibel«. Zusätzlich muß die Analogie im Blick auf Geschmack und praktische Vernunft bemerkt werden. – Zum Begriff der Analogie s. im folgenden.

[44] S. KU 168/169.

[45] Vgl. KU 259.

[46] BIRGIT RECKI, Ästhetik der Sitten, 170.

[47] Angemerkt sei, daß nach Kant ein Gegenstand als gut bzw. als nützlich oder vollkommen beurteilt wird, wenn er sich als mit dem Zweck, der dem Willen seines Urhebers entspricht – gleichgültig, ob der Zweck moralisch gut ist oder nicht –, übereinstimmend erweist (s. KU 44.188; vgl. 33). *Moralisch* gut hingegen ist nach Kant, was mit dem Willen aller übereinstimmt und also dem Zweck des Gemeinwohls entspricht (vgl. KU 259).

[48] S. dazu KU 259. Zum Begriff der Analogie vgl. auch KU 256f.449 Anm.*.

[49] IMMANUEL KANT, Prolegomena, A 176.

2.8. Das Erhabene

Vom Schönen unterscheidet Kant auch das Erhabene. Obwohl Schönheit »keine Beschaffenheit des Objekts, für sich betrachtet«[50] sei, könne ein Naturgegenstand doch schön, niemals aber erhaben genannt werden.[51] Denn es könne »wahre Erhabenheit nur im Gemüte des Urteilenden« gefunden werden (KU 95). Der Begriff des Erhabenen der Natur mache nämlich »eine von der Natur ganz unabhängige Zweckmäßigkeit in uns selbst fühlbar« (KU 78). Diese subjektive Zweckmäßigkeit werde bei Beurteilung des Erhabenen nicht durch harmonisches Zusammenspiel von Einbildungskraft und Verstand, sondern durch den Widerstreit von Einbildungskraft und Vernunft hervorgebracht.[52] Dieser Widerstreit stelle sich ein bei der Anschauung des Schlechthin-Großen, des »Mathematisch-Erhabenen«, und des Furchtbaren, des »Dynamisch-Erhabenen«, welches beides das *Sinnlichfaßbare* übersteige.[53]

Bei Anschauung des *Schlechthin-Großen* sei die Einbildungskraft gefordert, einen Gegenstand von äußerster Quantität sowohl aufzufassen als auch zusammenzufassen. Denn die Vernunft mache »die Idee der Zusammenfassung einer jeden Erscheinung«, die »Idee des absoluten Ganzen« zum Gesetz (KU 96.101). Sie verlange von der Einbildungskraft, dieser Idee entsprechend die jeweilige schlechthin-große Vielheit (nicht Mannigfaltigkeit)[54] und sogar das Unendliche in eine Anschauung zusammenzufassen.[55] Doch sei die menschliche Einbildungskraft unfähig, diesbezüglich der Vernunft Gehorsam zu leisten.[56] Es gelinge der Einbildungskraft zwar, die jeweiligen Gegenstände sukzessive aufzufassen, nicht jedoch das Sukzessiv-Aufgefaßte auf einmal zusammenzufassen.[57]

Als Beispiele für Schlechthin-Großes nennt Kant die Pyramiden, den Petersdom und den bestirnten Himmel.[58] Sie seien jeweils zu groß, zu reich an Vielheit, um in einem Moment

---

[50] S. o. II.2.2.

[51] S. KU 76.

[52] S. KU 99.

[53] Zum »Mathematisch-Erhabenen« s. KU 80 ff.; zum »Dynamisch-Erhabenen« s. KU 102 ff. Weil das Erhabene das Sinnlichfaßbare übersteige, sei es auch nicht durch einen Begriff des Verstandes zu begreifen; »das eigentliche Erhabene kann in keiner sinnlichen Form enthalten sein, sondern trifft nur Ideen der Vernunft« (KU 76/77).

[54] Zur Unterscheidung von Vielheit und Mannigfaltigkeit vgl. Rudolf Makkreel, Einbildungskraft und Interpretation, 101.

[55] S. KU 92.

[56] S. KU 75.96/97.

[57] S. KU 87.99 f. Zur Differenz zwischen Zusammensetzung und Zusammenfassung vgl. Jean-François Lyotard, Die Analytik des Erhabenen, 120 ff.

[58] KU 87/88.118. Zum »bestirnten Himmel« vgl. KpV 288/289: »Zwei Dinge erfüllen das Gemüt mit immer neuer und zunehmende[r] Bewunderung und Ehrfurcht, je öfter und anhaltender sich das Nachdenken damit beschäftigt: *Der bestirnte Himmel über mir, und das moralische Gesetz in mir.* [...] Das erste fängt von dem Platze an, den ich in der äußern Sinnenwelt

in einer Einheit angeschaut werden zu können. Ihre Quantität übersteige das Vermögen der Einbildungskraft. Es gelinge ihr nicht, eine Pyramide von ihrer Grundfläche bis zu ihrer Spitze progressiv aufzufassen und die dabei eingebildeten einzelnen Steine regressiv in ein Ganzes zusammenzufassen. Sobald der Blick weiterschweife, würden »die zuerst aufgefaßten Teilvorstellungen der Sinnenanschauung in der Einbildungskraft schon zu erlöschen anheben« (KU 87). Zu einem »Regressus, der die Zeitbedingung im Progressus der Einbildungskraft wieder aufhebt, und das *Zugleichsein* anschaulich macht«, sei die Einbildungskraft nicht fähig (KU 99).

Weil die Vernunft angesichts des Schlechthin-Großen unerfüllbare Forderungen an die Einbildungskraft stelle, streite diese wider jene, wobei sie auf die Sinnlichkeit des urteilenden Subjekts, eben auf Grund der Vernunftvorschriften, Gewalt ausübe.[59] Doch gerade die Gewalt, »die dem Subjekte durch die Einbildungskraft widerfährt«, werde »*für die ganze Bestimmung* des Gemüts als zweckmäßig beurteilt« (KU 100). Denn das Unvermögen der Einbildungskraft gegenüber dem Gesetz der Vernunft läßt nach Kant »die Überlegenheit der Vernunftbestimmung« bewußt werden (KU 97). Gerade der Widerstreit lasse den Urteilenden fühlen, daß ihm »ein übersinnliches Substrat […], welches über allen Maßstab der Sinne groß ist«, und damit »reine selbständige Vernunft« zu eigen ist (KU 94.99).

Auch bei Anschauung des *Furchtbaren* der Natur erfahre der in Sicherheit befindliche Mensch sowohl seine eigene physische Ohnmacht als auch seine intellektuelle Überlegenheit, und darum stelle sich das Gefühl der Erhabenheit ein.[60]

Beim Anblick eines hohen Wasserfalls aus Distanz erkenne der Mensch die Macht der Natur, der er physisch unterlegen sei. Doch mit der Erkenntnis seiner Ohnmacht gegenüber den gewaltigen Wassermassen entdecke er zugleich sein intellektuelles Vermögen, sich von der Natur unabhängig zu beurteilen.[61]

Beim Anblick des Furchtbaren der Natur wie beim Anblick des Schlechthin-Großen fühle der Mensch seine *eigene* Erhabenheit, seine Erhabenheit gegenüber der Natur. Denn beides mache ihm deutlich, daß die Natur über das Vermögen der Vernunft keine Gewalt besitze. Keine Natur sei so stark, daß sie die höchsten, vernünftigen Grundsätze des Menschen zunichte werden lassen könne.[62]

Bei beiden Arten des Erhabenen wird nach Kant der Sinnlichkeit des urteilenden Subjekts Gewalt angetan; beim Mathematisch-Erhabenen auf Grund

---

einnehme, und erweitert die Verknüpfung, darin ich stehe, ins unabsehlich-Große mit Welten über Welten und Systemen von Systemen, überdem noch in grenzenlose Zeiten ihrer periodischen Bewegung, deren Anfang und Fortdauer.«
[59] S. KU 99/100.
[60] S. KU 105.
[61] S. KU 104f.
[62] S. KU 105.

der Ideen der Vernunft, beim Dynamisch-Erhabenen auf Grund der physischen Übermacht der Natur. Jeweils werde die Erfahrung der unterlegenen Sinnlichkeit mit Unlust gefühlt, zugleich aber die vernünftige Erhabenheit mit Lust empfunden.[63]

Wie das Erhabene gleichzeitig ein Gefühl der Unlust und der Lust verspüren lasse, so verursache auch das moralische Gesetz zugleich eine negative und eine positive Wirkung aufs Gefühl. Analog zum moralischen Urteil werde auch beim Urteil über das Erhabene der Sinnlichkeit auf demütigende Weise Gewalt angetan,[64] wodurch das Vernunftvermögen zur Geltung komme, was ein »positives Gefühl« bewirke, welches »nicht pathologisch«, sondern *praktisch gewirkt«* sei (KpV 140.134). Doch werde »im ästhetischen Urteile über das Erhabene diese Gewalt durch die Einbildungskraft selbst, als einem Werkzeuge der Vernunft, ausgeübt vorgestellt« (KU 116/117).

Die Theorie des Erhabenen ist nach Kant im Gegensatz zu der des Schönen im Blick auf die *ästhetische* Beurteilung der Natur nicht von Bedeutung, weshalb er sie als »einen bloßen Anhang zur ästhetischen Beurteilung der Zweckmäßigkeit der Natur« bezeichnet. Denn beim Gefühl des Erhabenen sei die Natur nur *im Gebrauche* (nur mittelbar) zweckmäßig; sie diene dazu, »eine von der Natur ganz unabhängige Zweckmäßigkeit in uns selbst fühlbar zu machen« (KU 78).

Die Theorie des Erhabenen erweist sich jedoch als relevant in Hinsicht auf die Verbindung von ästhetischer und teleologischer Betrachtung und Beurteilung der Natur, welche den gesuchten Übergang und die Realisation des Endzwecks bedingt.[65] Denn das Erhabene bzw. das Gefühl des Erhabenen mache die intellektuelle Bestimmung des Menschen, die Idee der Erhabenheit in ihm bewußt,

»und nur unter Voraussetzung dieser Idee in uns, und in Beziehung auf sie, sind wir fähig, zur Idee der Erhabenheit desjenigen Wesens zu gelangen, welches nicht bloß durch seine Macht, die es in der Natur beweiset, innige Achtung in uns wirkt, sondern noch mehr durch das Vermögen, welches in uns gelegt ist, jene ohne Furcht zu beurteilen, und unsere Bestimmung als über dieselbe erhaben zu denken.« (KU 109)

Die zitierten Ausführungen geben zu verstehen, daß dem Menschen durch das »Dynamisch-Erhabene« wie das »Mathematisch-Erhabene« seine intellektuelle Fähigkeit deutlich zu Bewußtsein kommt und er somit befördert wird, die Idee eines höchsten, erhabenen Wesens vorzustellen. Dieses höchste Wesen muß nicht nur die mächtigsten Naturgewalten hervorgebracht, sondern zugleich in den Menschen das Vermögen gelegt haben, mit welchem dieser

---

[63] S. KU 97.
[64] S. KpV 133. S. dazu o. I. und II.2.6.
[65] Entsprechend der Relevanz, die dem Erhabenen in Hinsicht auf die *Kritik der Urteilskraft* im ganzen zukommt, widmet Kant dem Erhabenen wie dem Schönen ein eigenes »Buch« (s. KU § 1 ff.; vgl. § 23 ff.).

seine eigene Erhabenheit wie die Erhabenheit des höchsten Wesens erkennen kann. Denn nur, wer sich selbst als erhaben erkannt hat, gelangt nach Kant zu der Idee des höchsten Wesens; nur er vermag die Idee der Erhabenheit, die vernünftige Überlegenheit, zu denken, die das höchste Wesen in *eminentem* Maße auszeichnet.[66]

2.9. Zwischenergebnis

Das Urteil über das Naturschöne und dasjenige über das Erhabene sind nach Kant dem moralischen Urteil über das Sittlichgute, welches, weil es stets zweckgerichtet ist, auch teleologisch genannt werden kann,[67] *analog*. Es haben nämlich das moralische Urteil und die beiden ästhetischen Urteile ihre Grundlage in der menschlichen Natur, in einer natürlichen Anlage des Menschen, im sensus communis, der allgemeinen menschlichen Vernunft oder eben »in der Anlage zum Gefühl für (praktische) Ideen, d. i. zu dem moralischen« (KU 112). Jede dieser Anlagen ist gebunden an den von aller Sinnlichkeit reinen Freiheitsgebrauch; durch ihn kommt ein allgemeines und notwendiges Urteil über das Schöne, das Gute und das Erhabene zustande. Auf Allgemeinheit und Notwendigkeit können nach Kant alle drei Urteils-arten in analoger Weise Anspruch erheben,[68] weil die Verhältnisse, in denen das jeweils zu Beurteilende und die urteilende Instanz (Vernunft/Geschmack) zueinanderstehen, jeweils in vollkommener Ähnlichkeit durch die *Freiheit* des Urteilenden als das Urteils-*Prinzip a priori* schlechthin bestimmt sind.[69]

Dabei weist das Urteil über das Naturschöne, das ein harmonisches Spiel der Erkenntnisvermögen impliziert, auf die Zweckmäßigkeit der Natur. Das Gefühl des Erhabenen, das auf einem Widerstreit zwischen Einbildungskraft und Vernunft beruht, läßt den Menschen empfinden, daß ihm eine von der Natur unabhängige Zweckmäßigkeit zu eigen ist, die ihrerseits die Idee

---

[66] S. dazu u. II.3. und III.3.

[67] S. dazu u. II.4.

[68] Ästhetische Urteile und die Urteilskraft selbst müssen nach Kant der *Transzendentalphi-losophie* zugerechnet werden. Diese umfasse die Klasse der Urteile, die Prinzipien a priori zum Grunde hätten und darum *notwendig* sind (s. KU 113). Die Transzendentalphilosophie erforsche »den Ursprung der Erkenntnis a priori von Gegenständen« (KANT's gesammelte Schriften, Bd. VIII, Über eine Entdeckung, 244). Die Aufgabe der *Kritik der Urteilskraft* gehöre »unter das allgemeine Problem der Transzendentalphilosophie: Wie sind synthetische Urteile a priori mög-lich?« (KU 149). Es ist die Frage nach dem X, durch das A und ein ihm fremdes B – eigentlich ein Begriff und ein Prädikat – a priori verbunden werden (vgl. zu synthetischen Urteilen a priori KrV B 20 ff.). Das Geschmacksurteil beziehe sich auf die Verbundenheit einer Anschauung mit dem Gefühl der Lust als empirischem Prädikat (s. KU 148); durch welches apriorale X ist aber die wohlgefällige Erkenntnis überhaupt möglich? Dies X muß ein transzendentales Prinzip sein. »Ein transzendentales Prinzip ist dasjenige, durch welches die allgemeine Bedingung a priori vorgestellt wird, unter der allein Dinge Objekte unserer Erkenntnis überhaupt werden können.« (KU XXIX; s. dazu u. III.6.).

[69] Vgl. dazu auch o. II.2.7.

eines höchsten erhabenen Wesens eröffnet. Wie die Interpretation zeigen wird, sind die *Zweckmäßigkeit der Natur* und die *Zweckmäßigkeit des Menschen* in der Bestimmung des Endzwecks aufeinander bezogen, den die Vernunft zu erreichen gebietet und zu dessen Realisation sie ein höchstes, erhabenes Wesen postuliert.

3. Endzweck

Nach Kant ist »*der Mensch* […] *unter moralischen Gesetzen*« Endzweck der Schöpfung (KU 421).[70] »Von dem Menschen nun […], als einem moralischen Wesen, kann nicht weiter gefragt werden: wozu (quem in finem) er existiere. Sein Dasein hat den höchsten Zweck selbst in sich« (KU 398). Das moralische Gesetz (bzw. die praktische Vernunft) aber »bestimmt uns doch auch, und zwar a priori, einen Endzweck, welchem nachzustreben es uns verbindlich macht: und dieser ist das *höchste* durch Freiheit mögliche *Gut in der Welt*«, nämlich die Glückseligkeit des Menschen entsprechend seiner »Würdigkeit glücklich zu sein« (KU 424)[71] – es ist in Hinsicht auf das moralische Gesetz nicht nur die teleologische Perspektive auf das jeweils Gute mitgegeben, sondern sogar die Ausrichtung auf den Endzweck als das höchste Gut. Der Endzweck, der durch die Gesetze des Freiheitsbegriffes aufgegebene Zweck,[72] ist erlangt, wenn der Mensch seiner Sittlichkeit gemäß mit dem physischen Gut der Glückseligkeit entlohnt wird, wenn ihm seine sinnlich-geistige Ganzheit – die Zusammenstimmung seiner geistigen mit seiner sinnlichen Seite nach der Beschaffenheit von jener – gegeben ist, weil sein Handeln nach dem Freiheitsbegriff sich im Gebiet des Naturbegriffes effektiv auswirkt.[73] Dabei sei die Möglichkeit der Glückseligkeit »von der Beschaffenheit der Natur (ob sie zu diesem Zwecke übereinstimme oder nicht) abhängig« (KU 429).[74] Nur dann kann nach Kant die Natur als zur Übereinstimmung mit dem letzten moralischen Zweck fähig angesehen werden, wenn sie nicht

---

[70] Es ist nicht von einem Zweck der Natur (von einem Zweck innerhalb derselben), sondern von einem letzten Zweck der *Schöpfung* die Rede (KU 413; vgl. 422 Anm.*).

[71] »[D]as höchste in der Welt mögliche, und, so viel an uns ist, als Endzweck zu befördernde, physische Gut ist *Glückseligkeit*: unter der objektiven Bedingung der Einstimmung des Menschen mit dem Gesetze der *Sittlichkeit*, als der Würdigkeit glücklich zu sein« (KU 424). – Die Natur soll sich also als auf den Menschen ausgerichtet erweisen, der sich selbst als Zweck an sich, als Endzweck der Schöpfung, erkennt.

[72] »Endzweck« sei »bloß ein Begriff unserer praktischen Vernunft […]. [Und] [e]s ist kein Gebrauch von diesem Begriffe möglich, als lediglich für die praktische Vernunft nach moralischen Gesetzen« (KU 418).

[73] S. dazu o. I.

[74] Glückseligkeit ist nach Kant ein Zweck, der nur »durch die Natur in ihrer Wohltätigkeit befriedigt werden kann« und nicht in der Hand des Menschen liege (KU 388; s. auch 429/430). Gesetzmäßige Sittlichkeit dagegen bedeutet ein Handeln »nicht als Naturglied, sondern in der *Freiheit* seines [des Menschen] Begehrungsvermögens […]; d. h. ein guter Wille ist dasjenige,

bloß rein mechanisch und zweckfrei, sondern auch als technisches und damit zweckbestimmtes, teleologisch verfaßtes Produkt vorgestellt wird.

Die Erfüllbarkeit dieser Bedingung hängt ab von der bereits hervorgehobenen Annahme Kants, es gebe in Hinsicht auf den einen Begriff der Zweckmäßigkeit zwei einander ausschließende Blickrichtungen, die ästhetische und die teleologische.

4. Die teleologische Blickrichtung

Nach Kant können Naturgegenstände sowohl in ästhetischer als auch in teleologischer Hinsicht betrachtet werden. In ästhetischer Hinsicht wird ein Naturgegenstand als schön beurteilt, wenn er abgesehen von seinem Zweck sich als zweckmäßig erweist und ein allgemeines und notwendiges Wohlgefallen bereitet. In teleologischer Hinsicht hingegen wird die Übereinstimmung eines Gegenstandes zu seinem Zweck beurteilt.[75] Es ist also seine Güte, seine Nützlichkeit oder Vollkommenheit, im Blick. Wird nun der in ästhetischer Hinsicht als schön erkannte Gegenstand in teleologischer Hinsicht betrachtet, wird folgerichtig beurteilt, ob er und seine Schönheit für gut gehalten werden können; seine Schönheit wird dabei auf ihre objektive Zweckmäßigkeit hin überprüft. Daß Kant von der Möglichkeit objektiver Zweckmäßigkeit des subjektiv Zweckmäßigen ausgeht, zeigt vorliegende Interpretation im folgenden.[76]

Einerseits können nach Kant Produkte und Ereignisse der Natur durch den menschlichen Verstand *mechanisch* erklärt werden. Andererseits aber können sie von der Vernunft nach dem »Prinzip der Endursachen« betrachtet werden (KU 316).[77] Dieser vernünftigen Annahme einer *teleologisch* und *technisch* verfaßten Schöpfung steht »der bloße Mechanism der Natur« entgegen (KU 317).

Der »Antinomie« zwischen Verstandes- und Vernunftannahme begegnet Kant mit einer Kombination beider, deren Vereinbarkeit »in dem übersinnlichen Prinzip der Natur (so wohl außer uns als in uns)« begründet liege (KU

---

wodurch sein Dasein allein einen absoluten Wert und in Beziehung auf welches das Dasein der Welt einen *Endzweck* haben kann« (KU 412).

[75] So wie die ästhetische Urteilskraft die Zweckmäßigkeit der Natur sich selbst zum Reflexions-Leitfaden macht, so nimmt sich nun die teleologische Urteilskraft »aus sich selbst ein Prinzip der Beziehung des Naturdinges auf das unerkennbare Übersinnliche« (KU VIII). Ihr Prinzip ist ebenfalls die Zweckmäßigkeit der Natur, doch unter Berücksichtigung ihres Zweckes und dessen übersinnlichen Urhebers.

[76] S. v. a. III.4.

[77] Vgl. KU 314.

315.387).[78] Die Kombination mechanischer und technischer Welterklärung bedeutet nach Kant,

»alle Produkte und Ereignisse der Natur, selbst die zweckmäßigsten, so weit mechanisch zu erklären, als es immer in unserm Vermögen […] steht, dabei aber niemals aus den Augen zu verlieren, daß wir die, welche wir allein unter dem Begriffe vom Zwecke der Vernunft zur Untersuchung selbst auch nur aufstellen können, der wesentlichen Beschaffenheit unserer Vernunft gemäß, jene mechanischen Ursachen ungeachtet, doch zuletzt der Kausalität nach Zwecken unterordnen müssen.« (KU 363)

Die Subsumtion des »Mechanism der Natur« unter die »Kausalität nach Zwecken« setzt nach Kant die technische Verfaßtheit der Welt voraus. Die Subsumtion verlangt im Blick auf die Welt die Annahme »der Architektonik eines verständigen Welturhebers«, eines »höchsten Künstlers« (KU 402). Allerdings genüge das Postulat eines bloß verständigen höchsten Wesens nicht, auch die *moralisch-teleologische*[79] Beschaffenheit der Welt, nämlich ihre Ausrichtung auf die Verwirklichung des höchsten Guts, als möglich zu erklären. Es müsse deshalb »in praktischer Absicht« »ein zugleich *moralisches* Wesen, als Welturheber, mithin ein *Gott* angenommen werden«, wobei das Postulat des moralischen Wesens keine Ergänzung der technischen Weltdeutung bedeute, sondern in der moralischen Veranlagung des Menschen prinzipiell begründet liege (KU 428.433).[80]

Die moralische Welturasache zu bestimmen, sei Aufgabe der *Ethikotheologie*; Physikotheologie genüge nicht. »Die *Physikotheologie* ist der Versuch der Vernunft, aus den *Zwecken* der Natur (die nur empirisch erkannt werden können) auf die oberste Ursache der Natur und ihre Eigenschaften zu schließen.« Die Moraltheologie oder Ethikotheologie hingegen sei »der Versuch, aus dem moralischen Zwecke vernünftiger Wesen in der Natur (der a priori erkannt werden kann) auf jene Ursache und ihre Eigenschaften zu schließen« (KU 400).

Nur ein zugleich verständiger und vernünftiger Welturheber, ein höchster Künstler und moralischer Gesetzgeber, ein weiser Techniker, auf den die Idee der Erhabenheit zutrifft, kann nach Kant die Natur auf die Realisation des Endzwecks hin geschaffen haben und dessen ›moralisch gerechte‹ Verwirklichung garantieren.[81]

---

[78] S. dazu u. III.5.

[79] Zur Unterscheidung der technischen von der moralischen Beschaffenheit des auf einen Zweck hin ausgerichteten Handelns s. auch o. Anm. 47. Technische Güte ist vorhanden, wenn der Zweck eines bestimmten Gegenstandes erfüllt wird, moralisch gut ist, was zur Verwirklichung des Endzwecks beiträgt.

[80] S. auch KU 472 f.

[81] S. KU 429 ff. Damit der Mensch »sich wenigstens von der Möglichkeit des ihm moralisch vorgeschriebenen Endzwecks einen Begriff« machen kann, bedarf es nach Kant »einer moralischen Intelligenz, um für den Zweck, wozu er existiert, ein Wesen zu haben, welches diesem gemäß von ihm und der Welt die Ursache sei« (KU 428.416). Das höchste Wesen muß nicht nur »gesetzgebend für die Natur, sondern auch als gesetzgebendes Oberhaupt in einem moralischen Reiche der Zwecke« tätig sein (KU 413/414; vgl. 433/434; vgl. KrV B 832 ff.).

Das höchste Wesen, das die Welt auf die Verwirklichung des Endzwecks hin in kunstvoller Weise geschaffen haben soll, muß in höchstem Maße vernünftig und verständig sein. Nur so kann es zum einen den Menschen mit dem erhabenen Vernunftvermögen ausgestattet haben, das diesem die Verbindlichkeit des Endzwecks zu erkennen gibt, dessen Erfüllung letztlich nur das erhabene Wesen selbst zu vollbringen vermag.[82] Zum anderen kann es nur dann die Beschaffenheit der Natur gewirkt haben, die die Erfüllung des Endzwecks gewährt. Drittens vermag es nur so, die Verfaßtheit der Natur und die Sittlichkeit des Vernunftwesens in Übereinstimmung zu bringen. Das höchste Wesen muß also in Analogie zu einem menschlichen Richter und in Analogie zu einem kunstschaffenden Menschen als ein eminent vernünftiger höchster Künstler vorgestellt werden. Die Eigenschaften Gottes kann nach Kant der Mensch, den die Idee der eigenen Erhabenheit erfüllt, »nur nach der Analogie *denken*« (KU 435). In Analogie zum Menschen aber müsse Gott als nicht« nur verständig, sondern vor allem auch als vernünftig vorgestellt werden.[83]

Welcher Art die Kunst und die Kunsttätigkeit Gottes sind, macht die Interpretation menschlicher Kunst und Kunsttätigkeit deutlich.[84] Es müssen zumindest vollkommen ähnliche Eigenschaften sein, die das Verhältnis zwischen dem Menschen und seinen Werken sowie zwischen Gott und seiner Tätigkeit bestimmen.

Das höchste Wesen ist nach Kant ebenso bloß ein bloßes Postulat wie die *Unsterblichkeit der Seele*,[85] die vorausgesetzt werden müsse, damit die Möglichkeit bestehe, daß der Endzweck, der Leid und Übel wegen auf Erden nicht verwirklicht werden könne, im Jenseits zur Realisation gelange.[86] – Kant läßt ungeklärt, warum nicht auch das Übel als schön beurteilt werden kann, obwohl doch der Mensch die Freiheit haben soll, sich selbst »irgend woraus einen Gegenstand der Lust zu machen«[87]. Nach Kant kann das Übel nicht schön sein, jedoch besitzt es einen guten Zweck; es bewirkt die Stärkung der Seelenkräfte und läßt dadurch (ähnlich dem Erhabenen) den Menschen

---

Das Dasein eines moralischen Gottes ist nach Kant jedoch ein bloßes Postulat, das sich aus der vernünftigen Forderung nach Erfüllung des Endzwecks ergibt (moralischer Gottesbeweis). »Die Wirklichkeit eines höchsten moralisch-gesetzgebenden Urhebers ist also bloß *für den praktischen Gebrauch* unserer Vernunft hinreichend dargetan, ohne in Ansehung des Daseins desselben etwas theoretisch zu bestimmen.« (KU 434).

[82] So führt den Menschen nur die Idee der eigenen Erhabenheit zur Erhabenheit des höchsten Wesens, s. o. II.2.8.

[83] Vgl. KU 257.448 ff.

[84] S. folgender Abschnitt.

[85] Nach Kant gibt es drei Postulate der praktischen Vernunft, das »der Unsterblichkeit, der Freiheit [...] und des Daseins Gottes« (KpV 238). Als Postulaten kommt nach Kant den drei Vernunftideen Realität nur »in praktischer Absicht« zu (KU 467).

[86] S. KU 389.459.

[87] S. o. II.2.2.

»eine Tauglichkeit zu höheren Zwecken, die in uns verborgen liegt, fühlen« (KU 395).[88]

5. Kunst und Genie

Wie bei Urteilen über Gegenstände der Natur, so ist auch bei Kants Bestimmung von Kunst die Differenz zwischen schön und gut relevant. Kant unterscheidet *Kunst überhaupt* von *schöner Kunst*.[89] Kunst *überhaupt* sei ein Produkt, das aus *Freiheit*, also von einem vernünftigen Willen zu einem bestimmten Zweck geschaffen sei; entspricht es diesem Zweck, ist es nach Kant vollkommen bzw. gut zu nennen.[90] *Schöne* Kunst dagegen »muß als Natur *anzusehen* sein, ob man sich ihrer zwar als Kunst bewußt ist« (KU 180). Von schöner Kunst verlangt Kant, daß sie, obwohl sie wie Kunst überhaupt zu einem Zweck geschaffen sei, doch auch als nicht zweckbezogen erscheine, in freies Spiel versetze und das Gefühl ästhetischer Lust vermittle. Insofern schöne Kunstwerke also als schöne Naturgegenstände anzusehen sein sollen, müssen sie nach Kant als zweckmäßig ohne Zweck beurteilt werden können (formale subjektive Zweckmäßigkeit). Zugleich jedoch, weil sie eben Werke der Kunst sind, müßten sie sich mit einem Zweckbegriff in Übereinstimmung befinden (reale objektive Zweckmäßigkeit). Und deshalb sei schöne Kunst an *Genie* gebunden; »die schöne Kunst ist nur als Produkt des Genies möglich« (KU 182). Denn das Genie ist nach Kant einerseits selbst ein Naturprodukt (»Naturgabe«), sein Vermögen ist ihm angeboren,[91] andererseits sei es in besonderer Weise unabhängig und frei.[92]

Schöne Werke bringt das Genie als »Naturgabe« hervor. Denn in seiner Bedingtheit durch die Natur gestaltet es Werke, die gleich Naturprodukten in ästhetischer Hinsicht frei von Zwecken sind (KU 181). Seinen Werken, die es als »Naturgabe« fertigt, liegt somit kein Wille zugrunde, »der sie nach der Vorstellung einer gewissen Regel so angeordnet hätte«[93]. Es kann vielmehr davon ausgegangen werden, daß es ausschließlich »die Natur im Subjekte« ist, die der schönen Kunst die Regel gibt (KU 182).

---

[88] Doch selbst die Erkenntnis der eigenen Erhabenheit bedeutet nach Kant keine Erlösung vom Übel. Der Mensch kann sich auch dort, »wo er nicht schon sinnfällig in sie zu passen scheint, die Welt durch sein Denken und Handeln« im Blick auf das Übel *nicht* »passend« machen (gegen Birgit Recki, Ästhetik der Sitten, 214).

[89] S. KU §§ 43.44.

[90] S. KU 174 vgl. KU 44.188.

[91] Weil sein Vermögen von Natur gegeben sei, wisse das Genie bei Fertigung eines Werkes nicht, »wie sich in ihm die Ideen dazu herbei finden«. Auch habe es nicht in seiner Gewalt, »dergleichen nach Belieben oder planmäßig auszudenken, und anderen in solchen Vorschriften mitzuteilen, die sie in Stand setzen gleichmäßige Produkte hervorzubringen« (KU 182).

[92] S. KU 181.193 ff.

[93] S. o. II.2.3.

Weil jedoch nach Kant Kunst *überhaupt* in einem Willen gegründet ist und demnach »Kunst immer einen Zweck in der Ursache (und deren Kausalität) voraussetzt«, soll das Kunstwerk des Genies, das sich doch auch dem Willen und der Freiheit des Genies verdanke, nicht nur auf Schönheit, sondern auch auf Vollkommenheit hin beurteilt werden. Die Beurteilung von Kunstprodukten verlangt also, daß auch deren Vollkommenheit (reale objektive Zweckmäßigkeit) berücksichtigt wird (KU 188). Nach dieser Vollkommenheit wird bei ästhetischer Beurteilung einer Naturschönheit gerade nicht gefragt.[94] Denn andernfalls würde die Natur beurteilt, als ob sie »wirklich (obzwar übermenschliche) Kunst *ist*«, und dann werde ein teleologisches, kein ästhetisches Urteil über sie gefällt (KU 189).[95]

Vollkommenheit und Schönheit von Kunstwerken beruhen nach Kant auf dem natürlichen Vermögen des Genies, auf Einbildungskraft, Verstand und Geist, und zudem auf Geschmack. Die Einbildungskraft des Genies bringe in Freiheit Vorstellungen zu Begriffen hervor, die der Verstand des Genies aufgestellt habe. Der Geist des Genies lasse den Gemütszustand, der mit den Vorstellungen der freien Einbildungskraft vorhanden sei, auf allgemeine Weise zum Ausdruck kommen. Vor allem der Geschmack bewirke, daß die Einbildungskraft dem Verstand zweckmäßig angepaßt sei. Das *Genie* besteht nach Kant

»eigentlich in dem glücklichen Verhältnisse [von Einbildungskraft und Verstand], welches keine Wissenschaft lehren und kein Fleiß erlernen kann, zu einem gegebenen Begriffe Ideen aufzufinden, und andrerseits zu diesen den *Ausdruck* zu treffen, durch den die dadurch bewirkte subjektive Gemütsstimmung, als Begleitung eines Begriffs, anderen mitgeteilt werden kann. Das letztere Talent ist eigentlich dasjenige, was man Geist nennt« (KU 198).

Die Gemütsstimmung des Genies ist nach Kant nicht der Anlaß oder gar Grund künstlerischer Tätigkeit, sondern sie ist durch die von der Einbildungskraft zum Begriff des Verstandes hervorgebrachten Vorstellungen bewirkt und damit diejenige Gemütsstimmung, die beim freien harmonischen Spiel der Vorstellungskräfte entsteht und mit Lust empfunden wird. Für Kant ist es in seiner *Kritik der Urteilskraft* »von keiner Wichtigkeit«, daß das Schöne dazu verwendet wird, menschliche Empfindung auf allgemeine Weise mitzuteilen (KU 164).

Weil dem Genie sowohl Geist als auch ein glückliches Verhältnis von Verstand und Einbildungskraft zu eigen sei, gelinge es ihm, »die ungesuchte unabsichtliche subjektive Zweckmäßigkeit in der freien Übereinstimmung der

---

[94] Als Naturschönheit werde ein Gegenstand beurteilt, wenn »die Zusammenstimmung des Mannigfaltigen zu Einem (unbestimmt was es sein solle)« vorhanden sei, nicht aber »die Zusammenstimmung des Mannigfaltigen in einem Dinge, zu einer innern Bestimmung desselben als Zweck« (KU 45/46.188; s. dazu o. II.2.4.).
[95] S. dazu u. III.4.

Einbildungskraft zur Gesetzlichkeit des Verstandes«, die »bloß die Natur des Subjekts hervorbringen kann«, zum Ausdruck zu bringen (KU 199/200).

Doch nicht nur in der glücklichen Natur, sondern auch und vor allem im Geschmack des Genies liegt nach Kant die subjektive Zweckmäßigkeit von Kunstwerken begründet. Geschmack aber sei keine bloße Gabe der Natur. Vielmehr müsse er »geübt und berichtigt« werden, damit er die subjektive Zweckmäßigkeit und das allgemeine wie notwendige Wohlgefallen eines Werkes gewährleiste (KU 190).

Kant hält die glückliche Natur des Genies – bei aller »Glücklichkeit« – für unzureichend zur Produktion schöner Kunst und fordert darum den Einsatz von Geschmack. Dabei wertet er die Bedeutung des Geschmacks sogar höher als die des von Natur begünstigten Genies und insbesondere höher als die der Einbildungskraft.[96]

Nach Kant bedarf das Genie notwendig des Geschmacks, um schöne Kunst zu produzieren. Geschmack ohne Genie sei allerdings auch nicht zureichend. Denn der Geschmack ist »bloß ein Beurteilungs- nicht ein produktives Vermögen« (KU 191). Produktiv sei vornehmlich die Einbildungskraft; in ihrer Freiheit bringe sie Ideen hervor, die das Gemüt der Urteilenden besonders belebten und in freies Spiel versetzten, weil sie mehr zu denken veranlaßten als der Verstandesbegriff selbst.[97] Bei ihrer Produktion ästhetischer Vorstellungen sei sie »mächtig in Schaffung gleichsam einer andern Natur«. Zwar benutze sie den Stoff, den die Natur ihr leihe. Doch verarbeite sie diesen »zu etwas ganz anderem, nämlich dem, was die Natur übertrifft« (KU 193). Dergleichen Vorstellungen der Einbildungskraft könnten auch als »Ideen« bezeichnet werden, weil sie nämlich »zu etwas über die Erfahrungsgrenze hinaus Liegendem wenigstens streben« und ihnen »kein Begriff völlig adäquat sein kann« (KU 193/194).[98] Das Genie wage es, dasjenige, »was zwar Beispiele in der Erfahrung findet, […] in einer Vollständigkeit sinnlich zu machen, für die sich in der Natur kein Beispiel findet«. Es »versinnliche« sogar Vernunftideen, Ideen, die auf transzendente Begriffe bezogen seien.[99] So gilt nach Kant das Genie, das »dem *Nachahmungsgeiste* gänzlich entgegen zu setzen sei«, als künstlerischer Schöpfer einer die vorhandene Natur weit überragenden zweiten Welt (KU 183). – Einen menschlichen Schöpfer mathematisch oder gar dynamisch erhabener Gegenstände nennt Kant nicht.[100]

Analog zum schöpferischen Genie ist nach Kant das postulierte höchste Wesen künstlerisch tätig. Doch bezeichnet Kant weitgehend nur das höchste

---

[96] S. KU 202f.
[97] S. KU 192ff.
[98] Vgl. KU 240.
[99] Vgl. KU 194; s. dazu 239.
[100] Wie sind wohl die Architekten und Bauleiter des Petersdoms in Rom zu nennen? S. o. II.2.8.

Wesen als »Künstler«, weil es im Gegensatz zum »Genie« ohne natürliches Talent und ohne den Stoff der Natur die Welt geschaffen hat; das höchste Wesen ist nicht nur in eminentem Sinn vernünftig, in gleichem Maße übertrifft seine künstlerische Tätigkeit die Kunstproduktion des Menschen.

6. Ideal

Das glückliche Verhältnis der Gemütskräfte, welches das Genie bestimmt, ist nach Kant sichtbar an dessen Gesicht.[101] Doch nicht nur Genialität auch Sittlichkeit komme an der Gestalt des Menschen zum Ausdruck; »in dem Ausdrucke des *Sittlichen*« besteht nach Kant das *Ideal des Schönen*. Dabei bezeichnet Kant als *Ideal* »die Idee, nicht bloß in concreto, sondern in individuo, d. i. als ein einzelnes, durch die Idee allein bestimmbares, oder gar bestimmtes Ding« (KrV B 596).[102]

Der Ausdruck des Sittlichen dürfe nur an der »*menschlichen Gestalt*« erwartet werden. Nur der Mensch, der Mensch als einzelnes moralisches Wesen, ist nach Kant »eines Ideals der *Schönheit*« fähig. Denn ideal könne nur die »durch einen Begriff von objektiver Zweckmäßigkeit *fixierte* Schönheit« sein (KU 59/60.56.55).

Kant unterscheidet fixierte Schönheit (pulchritudo adhaerens) von freier Schönheit (pulchritudo vaga).[103] Im Gegensatz zur freien Schönheit, die sich durch reine subjektive Zweckmäßigkeit auszeichne, liege der anhängenden Schönheit ein bestimmter Zweckbegriff zugrunde, mit welchem der schöne Gegenstand zusammenstimme.[104] Und eben diese Zweckbestimmtheit ist nach Kant die Bedingung dafür, daß ein Gegenstand von idealer Schönheit sein kann.

Einzig der Mensch sei durch einen Zweckbegriff vollkommen bestimmt und fixiert, denn er habe »den [moralischen] Zweck seiner Existenz in sich selbst« und könne sich diesem entsprechend »durch Vernunft seine Zwecke selbst bestimmen« (KU 55).[105] Die Begriffe aber, die der Mensch anderen Gegenständen zuschreibe, könnten deren Zwecke niemals adäquat erfassen, so daß deren Zweckmäßigkeit ähnlich wie bei vager Schönheit von einem bestimmten festgelegten Zweck zumindest relativ frei sei. Weil nur dem

---

[101] S. KU 59 Anm.*.

[102] »*Idee* bedeutet eigentlich einen Vernunftbegriff, und *Ideal* die Vorstellung eines einzelnen als einer Idee adäquaten Wesens.« (KU 54).

[103] S. KU 48.

[104] S. KU 55.

[105] Vgl. KU 398: »Von dem Menschen nun […], als einem moralischen Wesen, kann nicht weiter gefragt werden: wozu (quem in finem) er existiere. Sein Dasein hat den höchsten Zweck selbst in sich«; dem Menschen kann kein bloß vager Begriff zugeschrieben werden, denn er hat eben seinen Zweck in sich selbst.

Menschen wahrhaft fixierte Schönheit, zweckgebundene Schönheit, eben die Verbundenheit von Vollkommenheit und Schönheit möglich sei, sei auch nur er eines Ideals der Schönheit fähig.

Die (moralische) Vollkommenheit des Menschen, der mit Vernunft seine Zwecke selbst bestimmt und ihnen gemäß handelt, zeigt sich nach Kant an seiner ideal-schönen Gestalt. Denn seine Gestalt mache die sittlichen Ideen, die ihn »innerlich beherrschen«, sichtbar (KU 60).[106] Der Mensch von ideal-schöner Gestalt bringe mit Schönheit seine sittliche Güte zum Ausdruck; das Sittlichgute zeigt also Wirkung im Bereich des Physischen – dies Verständnis des Kantschen Schönheitsideals trägt bei zum Hauptanliegen der dritten Kritik.[107]

III. Ästhetische und teleologische Urteilskraft: Ein Übergang

In der *Kritik der Urteilskraft* ist es Kants Hauptanliegen, zwischen dem Gebiet des Naturbegriffes und dem Gebiet des Freiheitsbegriffes einen »Übergang« aufzuweisen, der die Realisation des Endzwecks als möglich erweist. Die Hauptthese, die Kant darum zu begründen sucht, hat er ins Zentrum seiner Kritik gestellt. Sie steht am Übergang von der Kritik der ästhetischen zur Kritik der teleologischen Urteilskraft: »Nun sage ich: das Schöne ist das Symbol des Sittlichguten« (KU 258).[108]

Vor allem das Schöne der Natur ist Zeichen des sittlichguten Menschen. Denn vornehmlich das Naturschöne verweist nach Kant nicht nur auf den sittlichen Freiheitsgebrauch, der ein jedes ästhetisches Urteil bedingt. Vielmehr symbolisiert das Schöne der *Natur* in gewisser Hinsicht auch die Möglichkeit derjenigen Einflußnahme des Sittlichguten auf den Bereich des Naturbegriffs, die eben dem Interesse des Sittlichguten entspricht, der die Realisation des Endzwecks erstrebt.[109] Aber auch das Ideal des Schönen, das Kunstschöne und sogar das Erhabene bestätigen auf ihre Weise die Möglichkeit des Übergangs, der über die – ästhetische und teleologische – Urteilskraft geschehen soll.

Die Interpretation zeigt, daß Kant die Verbindung zwischen dem Gebiet des Natur- und dem des Freiheitsbegriffes, die durch die Urteilskraft möglich sein soll, nicht allein durch das Urteil über das Erhabene oder das Schöne

---

[106] Diesen Gedanken führt Schiller in »Ueber Anmuth und Würde« weiter aus (s. u. Schiller-Kapitel, II.1.2.).

[107] S. u. III.1.

[108] Das Schöne ist für Kant bedeutsam als »Symbol des Sittlichguten«, nicht als »Symbol der Freiheit«; so aber Birgit Recki, Ästhetik der Sitten, 155 ff. Die Freiheit ist das tertium comparationis des Vergleichs von Schönem und Sittlichgutem, oder genauer: Die Freiheit begründet die vollkommen ähnlichen Verhältnisse, die o. in II.2.7. beschrieben sind.

[109] S. dazu u. III.4.

bestätigt findet. Alle Bereiche des »Ästhetischen«, die er im ersten Teil seiner Kritik, in der Kritik der *ästhetischen Urteilskraft* vorstellt, weisen mehr oder weniger auf die Möglichkeit des Übergangs.

1. Der sittlichgute und der schöne Mensch

Als Symbol des Sittlichguten gilt nach Kant nicht nur das Naturschöne, sondern auch das Ideal des Schönen. Denn eine ideal-schöne Gestalt sei Zeichen der Wirkung, die die Sittlichkeit auf das Gebiet des Physischen habe. Dabei sei der sittlichgute Mensch nicht nur selbst schön anzusehen, nach Kant ist er zudem fähig, die Schönheit von Natur- und Kunstgegenständen zu beurteilen. Denn seine Unabhängigkeit vom Bereich des Sinnlichen sowie sein ausgeprägtes moralisches Gefühl, das dem sensus communis gleicht, ermöglichen ihm, rein aus Gunst einen Gegenstand als allgemein und notwendig schön zu beurteilen.

Indem Kant davon ausgeht, daß die Sittlichkeit eines Menschen, seine freie, reine Vernunfttätigkeit, in idealschöner sinnlicher Gestalt zum Ausdruck kommt, zeigt er die Möglichkeit des Übergangs vom Gebiet des Freiheitsbegriffes zu dem des Naturbegriffes auf. Um diese Möglichkeit des Übergangs im Blick auf das Ideal des Schönen aufzuweisen, weicht er allerdings ab von rein ästhetischer Beurteilung.[110] Mit der Annahme einer fixierten, einer zweckbestimmten Schönheit schiebt Kant zwischen Schönheit und Vollkommenheit, zwischen das Schöne und das Gute, eine vermittelnde Größe, die deutlich macht, daß insbesondere der Begriff der Zweckmäßigkeit beim Übergang eine entscheidende Rolle spielt.

2. Schöne Kunst

Menschliche Kunstwerke sollen nach Kant sowohl ästhetisch als auch auf ihre Vollkommenheit hin beurteilt werden. Zeigen sie sich als zweckmäßig ohne Zweck und doch auch ihrem Zweck entsprechend, sind sie einerseits schön, andererseits vollkommen bzw. gut. Sie gelten folgerichtig als Beweis dafür, daß schöne Gegenstände sowohl in ästhetischer wie teleologischer Hinsicht beurteilt und entsprechend schön und gut genannt werden können.

Ihre Schönheit verdanken die menschlichen Kunstwerke Genie und Geschmack. Dabei bewirkt jedoch vor allem die ästhetische Urteilskraft die subjektive Zweckmäßigkeit der schönen Kunst und notwendiges wie allgemeines Wohlgefallen. Die Naturgabe allein ist ungenügend. Die Fähigkeit, in Freiheit mit dem sensus communis die Zweckmäßigkeit des Kunstwerks

---

[110] Vgl. dazu auch Birgit Recki, Ästhetik der Sitten, 149.

zu bewirken, ist vornehmlich notwendig. Daran, daß Kant dem Geschmack eindeutig den Vorzug gibt, zeigt sich seine Hochschätzung menschlicher Freiheit deutlich.

Die ästhetische Urteilskraft in ihrer Freiheit kann und soll nach Kant auf die Naturgaben des genialen Schöpfers wirken; vornehmlich ihr Einfluß bedingt schöne Kunst. Schöne Kunst zeigt demnach die Möglichkeit der Einflußnahme menschlicher Freiheit auf das Gebiet des Naturbegriffes, und zwar zu einem wohlgefälligen, glückseligmachenden Effekt.

3. Erhabenheit

Das durch die Natur bereitete Gefühl des Erhabenen macht, wie gezeigt, dem Menschen das ihm eigene Vernunftvermögen, seine Unabhängigkeit von der Natur wie seine Erhabenheit über diese bewußt. Das Bewußtsein der eigenen Freiheit und intellektuellen Überlegenheit ist nach Kant der Grund dafür, daß der Mensch den Endzweck der Schöpfung erkennt und ein höchstes verständiges und moralisches Wesen postuliert. Entsprechend hält Kant fest, daß der Mensch nur über die Idee der eigenen Erhabenheit zur Idee Gottes gelangt;

»nur unter der Voraussetzung dieser Idee in uns, und in Beziehung auf sie, sind wir fähig, zur Idee der Erhabenheit desjenigen Wesens zu gelangen, welches nicht bloß durch seine Macht, die es in der Natur beweiset, innige Achtung in uns wirkt, sondern noch mehr durch das Vermögen, welches in uns gelegt ist, jene ohne Furcht zu beurteilen, und unsere Bestimmung als über dieselbe erhaben zu denken.«[111]

Das über alle Sinnlichkeit erhabene Vernunftvermögen führt nach Kant den Menschen zur Idee des höchsten erhabenen Wesens. Denn nur in Beziehung auf die Idee der eigenen über alle Sinnlichkeit erhabenen Vernunft, kann der Mensch sich selbst als Zweck an sich bzw. den Endzweck erkennen, zu dessen Realisation ein in analoger Weise und in höchstem Maße verständiges und vernünftiges Wesen nötig ist, das als solches die mächtige Natur wie auch das Vernunftvermögen in den Menschen »gelegt« haben muß.

Dadurch, daß die große und mächtige Natur das Gefühl des Erhabenen vermittelt, *befördert* und *bestärkt* sie sowohl die Annahme des Endzwecks als auch die des Wesens, das einzig die Realisation des Endzwecks bewirken kann, und somit *die teleologische, endzweckgerichtete Perspektive auf die Natur*.[112] Dadurch, daß das Erhabene diese teleologische Blickrichtung als angemessen

---

[111] S. o. II.2.8., KU 109.

[112] Die Natur, die dem Menschen ein erhabenes Gefühl vermittelt, trägt nach Kant nur bei zur Erkenntnis der immer schon im Menschen vorhandenen moralischen Anlage. Die praktische Vernunft allein bestimme den Endzweck als Gesetz und postuliere ein höchstes moralisches Wesen.

erweist und bestärkt, trägt es dazu bei, die Möglichkeit des Übergangs zu bestätigen. Doch *einzig durch das Naturschöne* wird nach Kant die Möglichkeit der Verwirklichung des Übergangs tatsächlich *bestätigt*.[113]

4. Naturschönheit

Der schöne Naturgegenstand zeichnet sich nach Kant in ästhetischer Hinsicht aus durch Zweckmäßigkeit ohne Zweck, und das ästhetische Wohlgefallen an ihm ist frei von Interesse. Der sittlichgute Mensch jedoch habe »ein unmittelbares und zwar intellektuelles Interesse an der Schönheit der Natur. D. i. nicht allein ihr Produkt der Form nach, sondern auch das Dasein desselben gefällt ihm« (KU 167). Dieses Interesse habe er, weil er »vorher schon sein Interesse am Sittlichguten wohlgegründet hat« (KU 169).[114] Sein Interesse sei darum »ein Kennzeichen einer guten Seele« (KU 166).

Zu einem Urteil über das Schöne ist nach Kant der Sittlichgute besonders befähigt auf Grund der Analogie zwischen moralischem und ästhetischem Urteil.[115] Das Urteil über Naturschönheit verlangt ebenso wie dasjenige über das Moralischgute seine sittliche Freiheit. Das Schöne selbst, das eben der Freiheit und der Gunst des Urteilenden entstammt, ist darum Symbol des Sittlich-

---

[113] Gegen CHRISTINE PRIES, Übergänge ohne Brücken, 105, die den Übergang als einzig durch das Erhabene möglich beschreibt: »Das ästhetische Urteil bleibt beim Übergang nur ästhetisch, wenn man es als <erhaben>, nicht aber, wenn man es als schön vorstellt [...]. Das Schöne mag zwar gewissermaßen ein Übergang [...] zwischen dem ›Sinnenreiz‹ und dem ›habituellen moralischen Interesse ohne einen zu gewaltsamen Sprung‹ sein und [einen solchen] möglich machen (vgl. *KU*, B 260) (ein Übergang, den Kant vorher noch ›zweideutig‹ genannt hatte, *KU*, B 165), aber das gelingt ihm nur, indem es entweder seine Ästhetizität und damit seine Autonomie verliert oder indem es sich dem Erhabenen annähert.«

Nach Kant jedoch bereitet gerade und vornehmlich das Naturschöne, nicht das Erhabene den Übergang, und zwar auf Grund der Autonomie des Urteils über das Naturschöne sowie ohne einen *gewaltsamen* Sprung. Im Urteil über das Erhabene hingegen wird der Sinnlichkeit Gewalt angetan (s. KU 116/117). Überhaupt besteht beim Urteil über das Erhabene keine Beziehung zum Gebiet des Naturbegriffes, der einen Seite des Übergangs; zweckmäßig ist die Natur in Hinsicht auf den Begriff des Erhabenen nur in ihrem »*Gebrauche*« (KU 78). Zudem nennt Kant nur den Übergang »zweideutig«, der nicht durch den Geschmack »in seiner Reinigkeit« vollzogen wird (KU 165).

Gegen jegliche Übergangsfunktion des Erhabenen sprechen sich Recki und Lyotard aus: BIRGIT RECKI, Ästhetik der Sitten, 216 argumentiert gegen Pries: »Kant thematisiert das Erhabene selbst nicht unter dem Gesichtspunkt dieses Übergangs«. Denn das Urteil über das Erhabene zeige einen »Verlust an positivem Weltbezug«. JEAN-FRANÇOIS LYOTARD, Die Analytik des Erhabenen, 68 behauptet, sogar die Bemühung um »kritische Ausarbeitung des Erhabenen« »leistet keinerlei Beitrag zum allgemeinen Projekt der Versöhnung von Natur und Freiheit«; s. dagegen die Ausführungen im fortlaufenden Text.

[114] Vgl. KU 439.

[115] S. o. II.2.7.

guten.[116] Zudem habe der Sittlichgute, der nicht nur Naturgegenstände in Freiheit als schön zu beurteilen vermag, sondern auch die Realisation des Endzwecks und damit die wohlgefällige, glückseligmachende Belohnung seines vernünftigen Freiheitsgebrauchs erstrebt, »auch ohne deutliches, subtiles und vorsätzliches Nachdenken« ein Interesse daran, daß die Natur »eine gesetzmäßige Übereinstimmung ihrer Produkte zu unserm von allem Interesse unabhängigen [moralischen] Wohlgefallen« zeige (KU 170.169). Die Produkte der Natur betrachte er darauf hin, ob sie ihm Zeichen sind für die Möglichkeit der Realisation des Endzwecks.

Die Interpretation führt zu dem Ergebnis, daß nach Kant dem Sittlichguten die Produkte der Natur, die dieser als *schön* beurteilt, tatsächlich als Zeichen gesetzmäßiger Übereinstimmung gelten können und gelten. Nach Kant bedeuten sie dem Sittlichguten wohlgefällige »Zustimmung« zu seinem sittlichguten Freiheitsgebrauch, weil dieser dem ästhetischen nicht nur vollkommen ähnelt, sondern nun zudem Glückseligkeit empfinden lasse. Die schönen Naturgegenstände sind dem Sittlichguten die Bestätigung der Realisationsmöglichkeit des Endzwecks; sie sind ihm Zeichen und »Wink«, daß die Natur »zu diesem Zwecke übereinstimme«, weil sie ihm als einem sittlichguten Menschen ein Lust- und Glücksgefühl vermitteln, dessen Vollkommenheit er mit der Verwirklichung des Endzwecks als die physische Wirkung seiner Sittlichkeit erwartet (KU 439).

So gilt das Naturschöne, das nach Kant Symbol des Sittlichguten ist, dem Sittlichguten wiederum als Zeichen für den Endzweck (das höchste sittliche Gut) und als *Vorschein* auf dessen Vollendung[117] – das Schöne als Symbol des Sittlichguten erweist sich als Symbol für die Möglichkeit des Übergangs.[118]

Der sittlichgute Mensch spürt nach Kant beim wohlgefälligen Anblick von Naturschönheit schon im Diesseits etwas von dem Glück, das ihm seiner Sittlichkeit wegen zumindest im »Jenseits« zukommen soll. Im »Jenseits« soll der auf Grund der eigenen Erhabenheit erkannte und von der praktischen Vernunft postulierte verständige und moralische Weltschöpfer den postulierten

---

[116] Vgl. BIRGIT RECKI, Ästhetik der Sitten, 171: Dadurch ist das Schöne Symbol des Sittlichguten, »daß die an ihm erlebte Freiheit der Gefühlsreflexion im Medium der Anschaulichkeit die Idee der Freiheit exemplifiziert, die das Sittlichgute ausmacht und die Voraussetzung (›Regel‹) aller moralischen Urteile ist«.

[117] Wird der Genitiv in der Wendung »das Schöne ist das Symbol des Sittlichguten« als Genitivus obiectivus verstanden, ist es das Schöne, das den Sittlichguten ausweist. Wird er hingegen als Genitivus subiectivus gelesen, ist es der Sittlichgute, dem das Schöne als Zeichen, und zwar als Zeichen für den moralisch gebotenen, sittlich guten Endzweck gilt.

[118] Vgl. KANT's gesammelte Schriften, Bd. XVI, Nr. 1820a: »Die Schöne Dinge zeigen an, daß der Mensch in die Welt passe«. – Vgl. auch BERND KÜSTER, Transzendentale Einbildungskraft und ästhetische Phantasie, 27: Die Lust am Naturschönen sei dem Sittlichguten »Vorschein einer zweckmäßigen Einheit von Vernunft- und Naturbegriff, die in der Idee der Glückseligkeit [!] als dem Endzweck der Vernunft ihren höchsten Ausdruck findet.«

unsterblichen Seelen ›gerechten‹ Ausgleich schaffen und die Sittlichguten mit Glückseligkeit belohnen.[119]

Ausschließlich die Schönheit der *Natur* kann nach Kant dem Sittlichguten Bestätigung dafür sein, daß der Endzweck verwirklicht werden kann. Denn nur die Bewunderung von *Natur*schönheit erregt dem unmittelbar interessierten Sittlichguten »ein Bedürfnis, irgend jemand dafür dankbar zu sein«, und weist ihn auf das verständige und vernünftige höchste Wesen, das als Ursache des Schönen auch die Realisation des Endzwecks bedingt (KU 416).[120]

Der unmittelbar interessierte, von Bewunderung für die Naturschönheit erfüllte Sittlichgute achtet – wie gezeigt – nicht nur auf die Schönheit der Naturgegenstände (formale subjektive Zweckmäßigkeit), vielmehr erachtet er sie und ihre Schönheit als *zu einem Zweck hervorgebracht* (reale objektive Zweckmäßigkeit) und als *einem schöpferischen Willen verdankt*. Die Naturgegenstände in ihrer Schönheit sind ihm nicht mehr zweckmäßig ohne Zweck, sondern erscheinen ihm als durch Gottes Willen auf den Endzweck hin geschaffen. Vor allem dem Sittlichguten zeigt sich die Natur »an ihren schönen Produkten als Kunst, nicht bloß durch Zufall, sondern gleichsam absichtlich, nach gesetzmäßiger Anordnung« (KU 170).[121] Weil jedoch nicht nur einzelne Gegenstände, sondern, nach dem Postulat der praktischen Vernunft, die ganze Natur von Gott auf den Endzweck hin ausgerichtet sein soll, muß demgemäß die Welt insgesamt als Kunst Gottes, als sein Kunstwerk betrachtet werden. Die »selbständige Naturschönheit« »erweitert also [...] unsern Begriff von der Natur, nämlich als bloßem Mechanismus, zu dem Begriff von eben derselben als Kunst«, als Kunst überhaupt,[122] die der göttliche Künstler derart geschaffen hat, daß sie die Realisation des bloß postulierten Endzwecks möglich sein läßt (KU 77).

Der unmittelbar interessierte Sittlichgute beurteilt Naturgegenstände nicht mehr nur in ästhetischer, sondern auch in teleologischer Blickrichtung, das heißt in Hinsicht auf ihren Zweck und also in Hinsicht auf ihre Güte, ihre Nützlichkeit und Vollkommenheit. Nach Kant vermag er, einen Gegenstand

---

[119] Dem intellektuell Interessierten gibt nach Kant die schöne Natur Antwort auf die Frage der Religion, was wir hoffen dürfen, und sie bestätigt, daß auf das höchste Gut gehofft werden darf (KANT's gesammelte Schriften, Bd. IX, Logik, 25); vgl. BIRGIT RECKI, Ästhetik der Sitten, 132 ff. Entsprechend haben nach Kant »[d]ie Bewunderung der Schönheit sowohl, als die Rührung durch die mannigfaltigen Zwecke der Natur [...] etwas einem *religiösen Gefühl* Ähnliches an sich« (KU 478).

[120] Vgl. 478 Anm.*.

[121] Unter Berücksichtigung der Zwecke der Natur werde diese »nicht mehr beurteilt, wie sie als Kunst erscheint, sondern sofern sie wirklich (obzwar übermenschliche) Kunst *ist*« (KU 189).

[122] S. dazu ANNE KÄFER, Kant, Schleiermacher und die Welt als Kunstwerk Gottes, 27/28.

und seine *Schönheit*, die er in ästhetischer Hinsicht erkannt hat, als *gut* zu beurteilen. Dazu schreibt er einem Naturgegenstand, dem er seine Gunst erteilt hat, nachträglich zu, die Natur habe ihm mit diesem eine Gunst erwiesen. Er gibt dem Gegenstand, den er für zweckmäßig ohne Zweck erachtet, somit einen Zweck. Den Zweck des schönen Naturgegenstandes findet er »in demjenigen, was den letzten Zweck unseres Daseins ausmacht, nämlich der moralischen Bestimmung«, die ihn selbst als den Endzweck der Schöpfung bestimmt (KU 171).

Es ist nach vorliegender Interpretation im wesentlichen das Naturschöne, das als Symbol des Sittlichguten geltend den Übergang zwischen dem Gebiet des Natur- und dem des Freiheitsbegriffes durch die ästhetische und teleologische Urteilskraft für möglich halten läßt. Denn das Gefühl des Erhabenen beruht zwar auf der Einsicht in die Mächtigkeit und Größe der Natur. Doch wird nach Kant keineswegs die Natur mit Wohlgefallen empfunden, vielmehr die eigene Erhabenheit; die Natur ist zweckmäßig nur »im Gebrauche«, und zwar, um »eine von der Natur ganz unabhängige Zweckmäßigkeit in uns selbst fühlbar zu machen«.[123] So fehlt im Blick auf das Erhabene der für die Realisation des Übergangs nötige Bezug zwischen Vernunft und Natur. Den Werken des Genies mangelt ebenfalls die erforderliche Beziehung zur Natur. Denn das Genie bringt keine *Natur*gegenstände, sondern Werke der Kunst hervor, die vor allem der Geschmack zweckmäßig gestaltet. Auch, was menschliche Idealschönheit anbelangt, ist die notwendige Beziehung zur Natur nicht vorhanden; menschliche Idealschönheit ist als vollkommene fixierte Schönheit gerade keine *Natur*schönheit.

Das ästhetische Urteil über das Naturschöne, das angesichts eines Naturgegenstandes aus Freiheit gemäß dem sensus communis und damit vollkommen ähnlich wie ein moralisches Urteil zustande kommt, bewirkt nach Kant das Gefühl der Lust. Wird nun der naturschöne Gegenstand aus sittlichem Interesse in teleologischer Hinsicht beurteilt, muß der Natur, die in Freiheit und rein aus Gunst als schön beurteilt wird, zugleich der Zweck zugeschrieben werden, dem urteilenden sittlichguten Menschen ein Gefühl von Glückseligkeit zu bereiten. Und so bestätigt die ästhetische *und* teleologische Urteilskraft angesichts des Naturschönen die Möglichkeit der Realisation des Endzwecks, die Möglichkeit der Übereinstimmung von Sittlichkeit und Glückseligkeit. Nur die Verbundenheit von ästhetischem und teleologischem Urteil über das Naturschöne zeigt nach Kant die Möglichkeit des Übergangs auf, der mit der Verwirklichung des Endzwecks vollendet sein soll.

---

[123] S. o. II.2.8.

5. Übersinnliches Urteilsprinzip

Wie in der Einleitung aufgezeigt, setzt der Übergang über die »unübersehbare Kluft« die Bestätigung zweier Annahmen voraus.[124] Vorliegende Untersuchung hat bereits aufgewiesen, daß nach Kant das Schöne als Symbol des Sittlichguten Symbol dafür ist, daß vom Gebiet des Freiheitsbegriffes auf das des Naturbegriffes eine Wirkung und damit ein effektiver Übergang von jenem Gebiet zu diesem über die Urteilskraft möglich ist. Daß zudem die Natur so gedacht werden kann, »daß die Gesetzmäßigkeit ihrer Form wenigstens zur Möglichkeit der in ihr zu bewirkenden Zwecke nach Freiheitsgesetzen zusammenstimme« und also ein Übergang vom Bereich der Natur zu dem des Freiheitsbegriffes gangbar ist, das erweist nach Kant ebenfalls die Urteilskraft (KU XX).[125] Denn die Urteilskraft macht nach Kant *bestimmbar*, was auf dem Gebiet des Naturbegriffes durch den Verstand, der die Natur als mechanisch verfaßt betrachtet, *unbestimmt* gelassen wird und nur im Bereich des Freiheitsbegriffes durch die praktische Vernunft *bestimmt* ist: »Die Urteilskraft verschafft durch ihr Prinzip a priori der Beurteilung der Natur, nach möglichen besonderen Gesetzen derselben, ihrem übersinnlichen Substrat (in uns sowohl als außer uns) *Bestimmbarkeit durch das intellektuelle Vermögen*« (KU LVI).[126]

Die teleologische Urteilskraft ist es, die als das »intellektuelle Vermögen« der Urteilskraft[127] unter der Voraussetzung des apriorischen Prinzips der Zweckmäßigkeit der Natur im Blick auf einen schönen Naturgegenstand ein übersinnliches Substrat sowohl in uns als auch außer uns annimmt. Auf diesem übersinnlichen Substrat muß nach Kant das ästhetische Urteil über den schönen Naturgegenstand beruhen. Denn damit das Geschmacksurteil notwendige Allgemeingültigkeit beanspruchen kann, muß es auf einen Begriff bezogen sein. »Auf irgend einen Begriff muß sich das Geschmacksurteil beziehen; denn sonst könnte es schlechterdings nicht auf notwendige Gültigkeit für jedermann Anspruch machen.« (KU 234/235) Keinesfalls aber darf nach Kant dieser Begriff ein Zweckbegriff des Verstandes sein,

---

[124] S. o. I.

[125] Allerdings hält Kant ausschließlich für möglich, daß vom Gebiet des Freiheitsbegriffes eine *Wirkung* auf das Gebiet des Naturbegriffes geschehen könne; die Natur hat nach Kant keinesfalls wirkmächtigen Einfluß auf die menschliche Freiheit!

[126] Vor allem und gerade das Schöne bedinge, daß die Urteilskraft sich »auf etwas im Subjekte selbst und außer ihm […], in welchem das theoretische Vermögen mit dem praktischen, auf gemeinschaftliche und unbekannte Art, zur Einheit verbunden wird«, bezogen sehe (KU 258/259).

[127] Die teleologische Urteilskraft ist das eigentliche »*intellektuelle Vermögen*« der Urteilskraft. Denn im Unterschied zur ästhetischen Urteilskraft beurteilt sie nicht »durch das Gefühl der Lust oder Unlust«, sondern »durch Verstand und Vernunft«, und zwar indem sie die Mechanik der Natur der Technik der Natur unterordnet (KU L.363).

sonst zeichnete sich der schöne Gegenstand gerade nicht durch subjektive Zweckmäßigkeit aus. Es müsse vielmehr »die unbestimmte Idee des Übersinnlichen in uns« sein (KU 238);[128] es muß der *unbestimmte Begriff der Freiheit* sein, der einem jeden Geschmacksurteil zugrunde liegt und dieses allgemein und notwendig sein läßt. Und es muß die teleologische Urteilskraft sein, die diesen Begriff ebenso wie die übersinnliche Idee außer uns *bestimmbar* macht. Sie stellt unter Voraussetzung der Zweckmäßigkeit der Natur, welche sich im ästhetischen Urteil bestätigt, gerechtfertigter Weise die Frage nach dem Zweck und dem Schöpfer der Natur und ihrer schönen Gegenstände. Daß das Übersinnliche in uns als Freiheit und das Übersinnliche außer uns als höchstes Wesen und als Seelenunsterblichkeit *bestimmt* ist, das schreibt Kant der praktischen Vernunft zu.

Die praktische Vernunft postuliere, und zwar gänzlich unabhängig von der Schönheit der Natur, rein aus Freiheit drei Vernunftideen, das höchste Wesen, die Unsterblichkeit der Seele und die menschliche Freiheit selbst.[129] Es sei dabei merkwürdig, daß die Idee der Freiheit

»der einzige Begriff des Übersinnlichen ist, welcher seine objektive Realität [...] an der Natur, durch ihre in derselben mögliche Wirkung, beweiset, und eben dadurch die Verknüpfung der beiden andern mit der Natur, aller dreien aber unter einander zu einer Religion möglich macht; und daß wir also in uns ein Prinzip haben, welches die Idee des Übersinnlichen in uns, dadurch aber auch die desselben außer uns, zu einer, ob gleich nur in praktischer Absicht möglichen, Erkenntnis zu bestimmen vermögend ist, woran die bloß spekulative Philosophie [...] verzweifeln mußte: mithin der Freiheitsbegriff [...] die Vernunft über diejenigen Grenzen erweitern kann, innerhalb deren jeder Naturbegriff (theoretischer) ohne Hoffnung eingeschränkt bleiben müßte.« (KU 467/468)

Nach Kant ist die Freiheit selbst ein übersinnliches Prinzip und zugleich der Grund der Bestimmung des Übersinnlichen in uns wie außer uns; sie bestimmt die übersinnlichen Prinzipien »*in* uns, *über* uns, und *nach* uns«[130], und das sind eben die Freiheit selbst, die Idee Gottes und die Unsterblichkeit der Seele.[131] Weil die Urteilskraft diese drei Ideen der Vernunft *im Blick auf die*

---

[128] Die Antinomie des Geschmacks, die darin besteht, daß das Geschmacksurteil einerseits auf einem Begriff gründen muß, andererseits sich nicht auf einen Begriff beziehen darf, wird von Kant dadurch gelöst, daß er die Verwendung des Begriffs »Begriff« als doppeldeutig und den Begriff, auf dem das Geschmacksurteil beruht, als *unbestimmt* entdeckt (s. KU 234 ff.): Dem Geschmacksurteil müsse der unbestimmte Begriff des übersinnlichen Prinzips zugrunde liegen; das Geschmacksurteil dürfe sich aber nicht auf den bestimmten Verstandesbegriff des jeweiligen Gegenstandes gründen.

[129] Nach Kant hätte der moralische Gottesbeweis auch Geltung, wenn die Natur keine Schönheit sehen ließe (vgl. KU 473 f.).

[130] IMMANUEL KANT, Welches sind die wirklichen Fortschritte, die die Metaphysik seit Leibnizens und Wolf's Zeiten in Deutschland gemacht hat?, 106.

[131] Vgl. dazu BIRGIT RECKI, Ästhetik der Sitten, 173, die das »übersinnliche Substrat« mit dem »*Begriff der transzendentalen Freiheit*« identifiziert. – Obiger Interpretation entgegen äußert WOLFGANG BARTUSCHAT, Zum systematischen Ort, 258: »Das übersinnliche Substrat sei in uns

Natur bestimmbar sein läßt, können diese auch als für das Gebiet des Naturbegriffs gültig angesehen werden. Die Urteilskraft legitimiert demnach die
Ideen des Übersinnlichen angesichts der Natur.[132] Weil die Beschaffenheit
der Natur somit als dem Freiheitsbegriff entsprechend vorgestellt wird, muß
sie auch als mit den »in ihr zu bewirkenden Zwecken nach Freiheitsgesetzen«
kompatibel sein. Und so erweist vorliegende Interpretation die Urteilskraft,
die das übersinnliche Substrat bestimmbar macht, als verbindende Größe im
Übergang vom Gebiet des Naturbegriffs zu dem des Freiheitsbegriffs.

Die Urteilskraft läßt den Übergang möglich sein, der durch die Freiheit,
durch das übersinnliche apriorische Prinzip in uns begründet ist. Es ist die
Freiheit, welche Naturgegenstände als schön beurteilt und welche diejenigen
Ideen bestimmt, die auch der Natur zugrunde liegen sollen. Freiheit ist nach
Kant die Bedingung der Ideen der praktischen Vernunft sowie des ästhetischen
Urteils, das sich auf das heautonom gegebene Prinzip der Zweckmäßigkeit
der Natur bezieht.[133] Folglich beruht der Übergang insgesamt, den Kant in
seiner *Kritik der Urteilskraft* zwischen dem Gebiet des Natur- und dem des
Freiheitsbegriffes durch die Urteilskraft aufzuweisen sucht, auf der Freiheit
des Menschen schlechthin.[134] Mit der Prämisse, daß der Mensch frei sei in
seinem Vernunftgebrauch und auch frei dazu, sich »selbst irgend woraus einen
Gegenstand der Lust zu machen«, steht und fällt der Kantsche Übergang.

6. Ästhetische und moralische Freiheitsförderung

Nach Kant wird der Übergang zwischen dem Bereich der Natur und dem
Gebiet des Freiheitsbegriffs als durch die Urteilskraft in zwei Richtungen
möglich vorgestellt. Einerseits erweist die Urteilskraft die Möglichkeit einer
Wirkung vom Gebiet des Freiheitsbegriffs auf das des Naturbegriffs (Endzweck). Andererseits macht sie bestimmbar, was dem Bereich der Natur
unbestimmt zugrunde liegt, und so verbindet sie das Gebiet der Natur mit
dem der Freiheit. Zudem eignet nach Kant der Urteilskraft *im Menschen selbst*
eine Übergangsfunktion. Sie erleichtere die sittliche Tätigkeit des sinnlich
bestimmten Menschen; allerdings aber vermöge nur der sittlich gebildete
Mensch, Naturgegenstände wahrhaft ästhetisch zu beurteilen.

---

sowohl als außer uns, meint, es sei ein solches, das die Beziehung differenter Glieder aufeinander, wie sie sich im ›in uns‹ und ›außer uns‹ manifestieren, ermöglicht.« Das Glied »in uns«
ist nach Bartuschat das subjektive Urteilsvermögen. Eine Natur, »die mit diesem Vermögen zur
Zusammenstimmung zu bringen ist, aber nicht als durch dieses Vermögen setzbare verstanden
werden kann«, sei als eben solche »außer uns«.

[132] Vgl. dazu WOLFGANG BARTUSCHAT, Zum systematischen Ort, 220 f.

[133] Vgl. o. I.

[134] Mit der Freiheit als dem Urteils-Prinzip a priori fällt nach Kant der Mensch seiner apriorischen Anlage, seinem sensus communis oder seiner moralischen Anlage, gemäß ästhetische
und moralische Urteile.

Durch die Freiheit des Geschmacksurteils, durch die »Spontaneität im Spiele der Erkenntnisvermögen«, werde »die Empfänglichkeit des Gemüts für das moralische Gefühl befördert« (KU LVII). Denn beim Urteilen mit Geschmack wird nach Kant das Urteilen unabhängig von Interesse und Neigungen, eben die »*Liberalität* der Denkungsart, d. i. Unabhängigkeit des Wohlgefallens vom bloßen Sinnengenusse«, und zwar »an Gegenständen der Sinne« *im gewaltfreien Spiel und mit Lust gelehrt und geübt* (KU 116.260). Angesichts des Schönen wird also ein Wohlgefallen empfunden, das nicht mit einer »Beraubung der Freiheit der Einbildungskraft« (so beim Erhabenen) oder gar mit vernünftiger Gewalt gegen die Sinnlichkeit (so beim moralischen Urteil) einhergeht (KU 117).[135] Vielmehr stimmt die Sinnlichkeit bzw. die Einbildungskraft als »das größte Vermögen der Sinnlichkeit«[136] mit der Gesetzmäßigkeit des Verstandes bzw. mit dem menschlichen Erkenntnisvermögen in Freiheit überein, was ein Wohlgefallen frei von Sinnenreiz bedeutet. Und so ist der Übergang vom Gebiet des Naturbegriffes zu dem des Freiheitsbegriffes, »vom Sinnenreiz zum habituellen moralischen Interesse, ohne einen zu gewaltsamen Sprung«, vielmehr auf spielerische und lustvolle Weise dem Menschen möglich gemacht und nahegebracht (KU 260). Das Schöne, vornehmlich das Naturschöne,[137] führt demnach dazu, daß der Mensch gerne und freiwillig seine Sinnlichkeit der Vernunft unterordnet.[138]

Dabei muß allerdings berücksichtigt werden, daß nach Kant der Zustand des Spiels, der mit Lust empfunden wird, sich der Blickrichtung und der Betrachtungsweise des Spielenden verdankt.[139] Um aber zu der geforderten Betrachtungsweise zu gelangen, muß die sittliche Freiheit des Spielenden bereits soweit gebildet sein, daß er von Sinnenreizen abzusehen vermag. Darum geht Kant zwar einerseits davon aus, daß vor allem das Schöne die Freiheit des Menschen, seine Unabhängigkeit von Sinnenreizen, fördert und dadurch zu seiner Sittlichkeit beiträgt. Andererseits nimmt Kant jedoch konsequenterweise an, »daß die wahre Propädeutik zur *Gründung* des Geschmacks die Entwickelung sittlicher Ideen und die Kultur des moralischen Gefühls sei«[140]

---

[135] Zwar sei auch das moralische Gefühl mit Lust verbunden (s. KU 168/169). Doch um dem Einfluß sich widersetzender Neigungen zu entgehen, müsse »die Vernunft der Sinnlichkeit Gewalt antun« – wie beim Urteil über das Erhabene (KU 116.110). Die menschliche Natur stimme nicht von selbst, »sondern nur durch Gewalt, welche die Vernunft der Sinnlichkeit antut«, zum Guten zusammen (KU 120). Vgl. dazu bzw. dagegen Birgit Recki, Ästhetik der Sitten, 280 Anm. 2: »Die Unterdrückung der Neigung ist, ganz gleich was das Vorurteil will, *nicht* das Kriterium der Kantischen Moralkonzeption.«
[136] S. o. II.2.4.
[137] Aber auch die schöne *Kunst* bereite den Menschen dazu, befreit von der Herrschaft der Sinnlichkeit allein der Gewalt der Vernunft bzw. dem Sittengesetz untertan zu sein (s. KU 395; vgl. KpV 147).
[138] S. dazu o. I.
[139] S. o. II.2.6.
[140] Hervorhebung A. K.

(KU 264). Denn nur der sittlich gebildete Mensch vermag allgemeingültige Urteile zu fällen. Auch schöne Kunst setze eine Einführung in die »Kultur der Gemütskräfte« voraus. Durch diese werde der Mensch zu allgemeiner Anteilnahme und zu allgemein wohlgefälliger Mitteilung erzogen. Die »Entwickelung sittlicher Ideen und die Kultur des moralischen Gefühls« bildet nach Kant erst den Geschmack, den »allgemeinen Menschensinn«, und nur daraufhin sind schöne Kunst und Geschmacksurteile möglich (KU 262.264).

IV. »Ästhetik«?

Kants Hochschätzung menschlicher Freiheit, vor allem angesichts schöner Naturgegenstände, wirft die Frage auf, inwieweit seine *Kritik der Urteilskraft* eine »Ästhetik« genannt zu werden verdient. Kant selbst bezeichnet als Ästhetik bzw. als *transzendentale Ästhetik* eine »Wissenschaft von allen Prinzipien der Sinnlichkeit a priori«.[141] In der transzendentalen Ästhetik der Kritik der reinen Vernunft behandelt Kant entsprechend Raum und Zeit als die nicht in der Erfahrung gründenden Voraussetzungen der Sinnlichkeit.

In seiner *Kritik der Urteilskraft* aber thematisiert Kant nicht die apriorischen Prinzipien der Sinnlichkeit, vielmehr die ästhetische Urteilskraft als das Vermögen, das in Freiheit über Schönheit urteilt. Deshalb grenzt Kant seine dritte Kritik ausdrücklich gegen »Ästhetik« ab:

»Die Deutschen sind die einzigen, welche sich jetzt des Worts *Ästhetik* bedienen, um dadurch das zu bezeichnen, was andre Kritik des Geschmacks heißen. Es liegt hier eine verfehlte Hoffnung zum Grunde, die der vortreffliche Analyst Baumgarten faßte, die kritische Beurteilung des Schönen unter Vernunftprinzipien zu bringen, und die Regeln derselben zur Wissenschaft zu erheben. Allein diese Bemühung ist vergeblich.«[142]

Nach Kant kann es »eine *Wissenschaft* des Schönen«[143] nicht geben, weil die Schönheit eines Gegenstandes nicht an einen bestimmten Begriff gebunden sei und also nicht »durch Beweisgründe ausgemacht werden [könne]« wie eine Erkenntnis (KU 176/177). Urteile des Geschmacks seien subjektiv und trügen »gar nichts zum Erkenntnisse der Gegenstände« bei (KU 35 EE). Vielmehr beurteile der Geschmack das Verhältnis von Einbildungskraft und Verstand, in welchem diese Vorstellungskräfte zu einer Erkenntnis überhaupt zusammenstimmten.[144]

---

[141] KrV B 35.
[142] KrV B 35 Anm. 1. Vgl. ALEXANDER GOTTLIEB BAUMGARTEN, Aesthetica, § 1, 1: »*Aesthetica* […] est *scientia* cognitionis sensitiuae.« (zweite Hervorhebung A. K.).
[143] Hervorhebung A. K.
[144] Vgl. dazu WOLFGANG WIELAND, Urteil und Gefühl, 45 f.: »Dieser Verzicht [auf den Begriff Ästhetik] zeigt einmal eine bewußte Distanzierung gegenüber einem verbreiteten Sprachgebrauch an. Mit ihr will Kant dem Mißverständnis zuvorkommen, Aussagen über Gegenstände

Nach Kant ist die Beurteilung des Schönen auch keine Angelegenheit der empirischen Psychologie und eines »*feinern* Gefühls« (KU 113). Schließlich hätten ästhetische Urteile Anspruch auf Notwendigkeit; diese ihre Modalität weist nach Kant auf ein Prinzip a priori »und hebt sie aus der empirischen Psychologie« (KU 112).[145]

Nach Kant ist ein Geschmacksurteil weder in einem bestimmten Begriff noch in einem besonderen Gefühl begründet, sondern in der Stimmung der Vorstellungskräfte zu einer Erkenntnis überhaupt, die mit einem Gefühl der Lust oder Unlust verbunden sei. Um diese Verbundenheit von Gefühl und Erkenntnis überhaupt, von Subjektivität und notwendiger Allgemeingültigkeit zum Ausdruck zu bringen, verwendet Kant die in sich eigentlich widersprüchliche Wendung »ästhetisches Urteil« (KU 35 EE).[146] »Durch die Benennung eines ästhetischen Urteils über ein Objekt wird [...] angezeigt, daß eine gegebene Vorstellung zwar auf ein Objekt bezogen, in dem Urteile aber nicht die Bestimmung des Objekts, sondern des Subjekts und seines Gefühls verstanden werde.« (KU 36 EE) Mit dem Begriff »ästhetisches Urteil« betont Kant, daß das Urteil über das Schöne sowohl von einem Urteil über das Gute als auch von einer bloß individuellen Empfindung unterschieden ist.[147]

V. Kritik

Aller Kritik, die gegen Kants *Kritik der Urteilskraft* im Rahmen einer Arbeit zur Ästhetik vorgebracht wird, kann zunächst entgegnet werden, daß diese gar keine Ästhetik sein will. Kants Anliegen ist, die Möglichkeit des Übergangs zwischen dem Gebiet des Naturbegriffes und dem des Freiheitsbegriffes durch die Urteilskraft und über den Begriff der Zweckmäßigkeit

---

und Inhalte, die das Geschmacksvermögen beschäftigen können, ließen sich innerhalb einer ›Ästhetik‹ auf eine Weise bündig begründen und systematisieren, die den Anforderungen genügt, die an eine Wissenschaft zu stellen sind. Zum anderen trägt er mit seinem Verzicht der Entscheidung Rechnung, mit der er diesen Ausdruck im Rahmen der kritischen Philosophie schon früher ausschließlich für die Bezeichnung der Lehre von der Sinnlichkeit reserviert hatte.«

[145] Auch in diesem Punkt grenzt sich KANT unter anderem gegen BAUMGARTEN ab, der Ästhetik als »scientia cognitionis *sensitiuae*«, als Wissenschaft *sinnlicher* Erkenntnis bezeichnet (Hervorhebung A. K.). BAUMGARTEN betont sogar, Aesthetica, § 6, 3: »Obiici posset nostrae scientia 4) indigna philosophis et infra horizontem eorum esse posita sensitiua, phantasmata, fabulas, affectuum perturbationes e. c. Rsp. a) philosophus homo est inter homines, neque bene tantam humanae cognitionis partem alienam a se putat«.

[146] Vgl. KU 46.

[147] BIRGIT RECKI, Ästhetik der Sitten, 58 Anm. 35 muß gemäß obigen Ausführungen widersprochen werden. Sie behauptet, indem Kant das Prädikat »ästhetisch« verwende, trage er »maßgeblich zur Klärung unseres Begriffs vom Charakter des Ästhetischen« bei. Wir dürften »aus heutiger Sicht keinen *sachlichen* Grund mehr haben, dem ersten Buch der *Kritik der Urtheilskraft* den Titel einer *Ästhetik* zu versagen«. »Ästhetik« und »ästhetisch« verwendet Kant aber gerade, wie gezeigt, in verschiedener Weise – und was ist die »heutige Sicht«?

aufzuzeigen. Vornehmlich die zweifache Blickrichtung auf die Natur erweist nach Kant den Übergang als möglich. Dazu ist der Gebrauch menschlicher Freiheit unbedingt vorausgesetzt.

Jedes ästhetische Urteil und vor allem dasjenige, das über die Natur gefällt wird, soll sich nach Kant ausschließlich der Gunst des Urteilenden verdanken. Wie gezeigt, beurteilt die ästhetische Urteilskraft Gegenstände gerade dann als schön, wenn sie von deren Schöpfer und Geschaffensein absieht. Allerdings führt die ästhetische Beurteilung der Natur den Sittlichguten dazu, im Blick auf das Prinzip der Zweckmäßigkeit, nach dem Zweck und Grund der schönen Naturgegenstände zu fragen. Zweck und Grund der Natur sind nach Kant immer schon durch die praktische Vernunft bestimmt.

Die praktische Vernunft postuliert, rein aus Freiheit, das übersinnliche Prinzip außer uns als ein höchstes Wesen, das sämtliche Gegenstände der Natur geschaffen hat und den Endzweck verwirklichen kann. Als verständiger und vernünftiger Schöpfer hat dieses Wesen in seine menschlichen Geschöpfe die Fähigkeit und Freiheit gelegt, die dem Menschen gewährt, vom Geschaffensein der Welt und damit auch von der eigenen Geschöpflichkeit abzusehen. Gerade dadurch, daß der Mensch in ästhetischer Hinsicht vom Geschaffensein der Natur absieht, vermag er, diese als schön, als subjektiv zweckmäßig, zu beurteilen. In teleologischer Hinsicht wiederum ist ihm die objektive Zweckmäßigkeit schöner Naturgegenstände wie der gesamten Welt bewußt.

Die teleologische Betrachtung der Zweckmäßigkeit der Natur führt dazu, daß dem Sittlichguten das Naturschöne als Zeichen für die mögliche Verwirklichung des Endzwecks gilt. Dabei erkennt der Sittlichgute die Schönheit der Natur als objektiv zweckmäßig, weil er der Natur seine Gunst erteilt und daraufhin der Natur zuschreibt, sie habe ihm eine Gunst erwiesen. Er nimmt also an, daß auch die schönen Naturgegenstände, die ihre Schönheit allein der postulierten Freiheit des urteilenden Menschen und ihr Geschaffensein dem von der Freiheit postulierten höchsten Wesen verdanken, gerade in ihrer *Schönheit* zu dem Zweck *gut* sind, den nur das höchste Wesen verwirklichen kann – so vereinigt Kant das Schöne und das Gute, das er voneinander unterschieden wissen will, im schönen Naturgegenstand.

Nach Kant findet die Möglichkeit der Realisation des postulierten Endzwecks gerade dadurch ihre Bestätigung, daß einerseits in ästhetischer Hinsicht die Zweckmäßigkeit der Natur unabhängig vom höchsten Schöpfer beurteilt wird, andererseits bei teleologischer Betrachtung der Zweckmäßigkeit der Natur ein letzter Zweck und ein höchster Wille zugrunde gelegt wird. Die zweiseitige Betrachtung des einen zweckmäßigen Gegenstandes verlangt vom Urteilenden in ästhetischer Hinsicht die Verneinung jeglicher Abhängigkeit, die Leugnung der eigenen Geschöpflichkeit und des Geschaffenseins der gesamten Natur, welche er in teleologischer Hinsicht bejaht.

Der teleologischen Betrachtung der Natur als der Schöpfung eines verständigen und vernünftigen Wesens steht deren ästhetische Beurteilung entgegen. Gerade aber die zwei einander ausschließenden Blickrichtungen auf
die Natur sollen um der Freiheit des Menschen willen beweisen, daß die
Verwirklichung des Endzwecks, die Übereinstimmung von Vernunft und
Natur, möglich ist. Dabei verlangen die beiden einander ausschließenden
Blickrichtungen, daß der Mensch einerseits vom Geschaffensein der gesamten Schöpfung absieht, andererseits seine eigene angeblich unbedingte
Freiheit ausblendet.

Trotz der Absicht, aufzeigen zu wollen, daß und wie die sinnlich-vernünftige »Ganzheit« des Menschen realisierbar ist, kann Kant von der Freiheit des
Menschen nicht lassen. Er kann von ihr nicht lassen, obwohl sein Festhalten
an ihr gerade die »Zweiteilung« des Menschen fordert.

Kant hält an der Freiheit fest, obwohl er doch gerade die Freiheit der
Vernunft, die auf demütigende Weise gegen die Sinnlichkeit Gewalt anwendet, als der menschlichen Ganzheit entgegengesetzt erkennen müßte.
In Hinsicht auf das Schöne soll zwar Gewalt gegen die Sinnlichkeit nicht
nötig und dadurch ein habituelles moralisches Interesse ohne einen »zu gewaltsamen Sprung«[148] möglich sein. Doch ist eben diese Möglichkeit nach
Kant wiederum nur demjenigen gegeben, dessen moralisches Gefühl schon
entwickelt ist und ihn zu Urteilen über das Schöne befähigt.

Die Untersuchung zeigt, daß Kant gerade nicht zugestehen will, daß
jeglicher Freiheitsgebrauch des Menschen durch einen Schöpfer bedingt und
von diesem abhängig ist. Durch keinerlei Gegebenheit sei die Freiheit des
Menschen bestimmt. Vielmehr bestimme sie das Gegebene – als schön und
gut.[149] Weder das Schöne noch das Gute oder auch das Wahre werden nach
Kant durch das Erleben des Vorgegebenen und der Natur erfahren.

Dem Verständnis von Ästhetik, das sich auf das phänomenologisch gerecht-
fertigte passionale Kontinuum des Erleidens und Erlebens der Gegenwart
bezieht, steht die Kantsche Theorie entgegen. Entsprechend muß betont
werden, daß Kant seine dritte Kritik selbst nicht als »Ästhetik« bezeichnet;
sie ist keine.

---

[148] S. o. III.6.
[149] Kants Theorie der ästhetischen Urteilskraft bestärkt noch die bei Kant ohnehin vorhandene »Bodenlosigkeit« der praktischen Vernunft; s. EILERT HERMS, Der Ort der Aesthetik
in der Theologie, 134.

Kapitel II

Zur ästhetischen Theorie Friedrich Schillers

> »Sie priesen ihn sehr, die guten Leute, für die Kraft
> der Gesinnung, mit welcher er die oder jene Taste
> schlug. Und sein Lieblingswort, sein letztes Pathos,
> die große Glocke, mit der er zu den höchsten Festen
> der Seele rief, sie lockte viele herbei ... Freiheit ...
> Mehr und weniger, wahrhaftig, begriff er darunter
> als sie, wenn sie jubelten. Freiheit – was hieß das?«[1]
>
> (Thomas Mann, Schwere Stunde)

I. Einführung

Der Übergang zwischen dem Gebiet des Freiheitsbegriffes und dem des
Naturbegriffes wird von Kant als durch die ästhetische und teleologische
Urteilskraft möglich gedacht. Schiller hingegen gelangt in seinen philoso-
phischen Schriften zu der Überzeugung, daß ein Übergang zwischen dem
Bereich der Natur und dem der Vernunft nicht nur erkennbar und möglich,
sondern *notwendig* ist, notwendig zur *Menschwerdung* des Menschen, zu seiner
Veredelung; nur durch einen *ästhetischen Übergang* werde der ganze und wahre
Mensch von der bloßen Sinnlichkeit zur Moralität erzogen und damit die
Kluft zwischen dem Bereich des Sinnlichen und dem der Vernunft überwunden.[2] Der Übergang ist nach Schiller nicht nur mit dem Geschmacksurteil
über das *Natur*schöne verbunden, vor allem durch menschliche Kunst soll
er vollzogen werden. Im Gegensatz zu Kant haben für den Künstler Schiller
menschliche Kunstwerke einflußreichere Bedeutung als schöne Naturgegenstände. Kant bleibt – so hält Schleiermacher fest – »bei dem Eindruck [den
Schönheit im Betrachtenden hinterläßt] stehen, d. i. dem Geschmack, nicht
aber bei dem, was wir Kunst nennen.« Dagegen fragt Schiller als selbst
tätiger Künstler »nach dem Grunde der Productivität [...], und dies ist der
eigentliche Wendepunkt für die Aesthetik geworden, sich von der einen auf
die andre Seite zu richten.« Es bleibt Schiller, bei aller Kritik, »das Verdienst,
daß er die Untersuchung zuerst auf das Moment der Spontaneität gerichtet
hat, woraus die Kunst hervorgeht.«[3]

---

[1] THOMAS MANN, Schwere Stunde, in: Gesammelte Werke, Bd. VIII, (371–379) 378.
[2] Vgl. BrA 310; s. ÄE 315.369.383.397.
[3] ÄLo 10.11. Vgl. dazu Schiller selbst, BrA 185: »Zu Gründung einer Kunsttheorie ist es,

Trotz seiner differenten Herangehensweise ist und bleibt Kant für Schiller das große philosophische Vorbild, gerade auch in bezug auf seine ästhetische Theorie. »Die ästhetischen Schriften und viele Gedichte setzen eine genaue Lektüre der wichtigsten Werke Kants, ein jahrelanges, zähes Ringen voraus. Der Wille, sich gegen eine so einzigartige Autorität zu behaupten, und unbedingte Verehrung und Liebe liegen miteinander im Streit und einigen sich zuletzt in wohlumgrenzter tiefer Bewunderung, an der nicht mehr zu rütteln ist.«[4] Bei aller Bewunderung sucht Schiller jedoch mittels der Kantschen Philosophie über dessen ästhetische Theorie hinaus, den »Knoten, dessen Auflösung leider selbst Kant für unmöglich hält«, zu entbinden (BrA 186). Entsprechend geht Schiller in seinem ersten Augustenburgerbrief davon aus, für die Schönheit »einen allgemein geltenden Grundsatz« finden zu können. »Auch die Schönheit, dünckt mir, muß wie die Wahrheit und das Recht auf ewigen Fundamenten ruhn« (BrA 185). Gegen Kant, der für »unvermeidlich« halte, daß »der Geschmack immer empirisch bleiben« müsse, strebt Schiller – wie er in seinem ersten »Kalliasbrief« ankündigt –, »einen Begriff der Schönheit objectiv aufzustellen und ihn aus der Natur der Vernunft völlig a priori zu legitimiren so daß die Erfahrung ihn zwar durchaus bestätigt, aber daß er diesen Ausspruch der Erfahrung zu seiner Gültigkeit gar nicht nöthig hat« (KaBr 175). Was das Schöne ist, soll nach Schiller nicht »bloß ein Erfahrungsurtheil« und empirisch ermittelt sein, sondern rein spekulativ allgemeingültig bestimmt und durch die Erfahrung nur bestätigt werden. Schiller nimmt an, daß das Schöne, obwohl es in den Bereich des *Sinnlichen* gehöre,[5] weil »wir die Schönheit *fühlen* und nicht erkennen«, *objektiv* zu bestimmen ist (BrA 185). Seine Theorie soll entsprechend nicht »sinnlich subjectiv […] oder subjectiv rational (wie Kant) oder rational objectiv […]«, sondern »sinnlich objectiv« sein (KaBr 176).

Schillers ästhetische Schriften, seine *Briefe an den Prinzen Friedrich Christian von Augustenburg* (begonnen im Februar 1793), sein Aufsatz *Ueber Anmuth und Würde* (erschienen im Juni 1793), der »seinen ästhetischen Erkenntnisstand nach den ›Kallias‹-Briefen« zusammenfaßt,[6] seine Abhandlung *Ueber das Erhabene* und vor allem sein Werk *Ueber die ästhetische Erziehung des Menschen in einer Reihe von Briefen* (erschienen ab Januar 1795), sind unter anderem das Ergebnis seiner Auseinandersetzung mit Schriften Kants. »Da wo ich bloß

---

däucht mir, nicht hinreichend, Philosoph zu seyn; man muß die Kunst selbst ausgeübt haben, und dieß, glaube ich, gibt mir einige Vortheile über diejenigen, die mir an philosophischer Einsicht ohne Zweifel überlegen seyn werden.«

[4] EMIL STAIGER, Friedrich Schiller, 65/66. Vgl. auch Anmerkungen NA 26, 675: »Die ›Kritik der Urtheilskraft‹ (1790) hatte Schiller als erstes der philosophischen Hauptwerke Kants seit Anfang 1791 studiert«. Er begrüßte sie »als eine Art Heilsbotschaft« (EMIL STAIGER, a. a. O., 65).

[5] Vgl. KaBr 269.

[6] Anmerkungen NA 26, 745.

niederreisse und gegen andre Lehrmeynungen offensiv verfahre, bin ich
streng kantisch; nur da wo ich aufbaue, befinde ich mich in Opposition gegen
Kant. Indeßen schreibt er mir, daß er mit meiner Theorie ganz zufrieden sey:
ich weiß also doch noch nicht recht, wie ich gegen ihn stehe.«[7] Die Nebeneinanderstellung der Einsichten Kants und Schillers macht allerdings deutlich,
daß Schillers philosophische und ästhetische Theorie bei aller Verehrung
Kants letztlich zu einer entscheidenden Differenz gegenüber derjenigen
des Philosophen gelangt ist. Der Vergleich der Schriften untereinander,
die zwischen 1793 und 1795 entstanden sind, hebt die Besonderheiten des
ästhetischen Ergebnisses klar hervor, das Schiller in seiner Erziehungsschrift
formuliert, die hier als End- und Zielpunkt seiner ästhetischen Theorie-
bildung behandelt wird und die er selbst »für das beßte erklären [muß], was
ich je gemacht habe und was ich überhaupt hervorbringen kann«[8].

Mit Kant verbindet Schiller vor allem die Hochschätzung menschlicher
Freiheit; Freiheit ist nach Schiller das »wichtigste aller Güter« (ÄE 330).[9]
Doch gerade an dem Begriff der Freiheit wird Schillers Abgrenzung gegen
Kant deutlich. Denn Schiller bezeichnet als Freiheit nicht nur die Freiheit der
Person, die nach Kant einem jeden Menschen notwendig a priori zukommt
und ihn vernünftig handeln läßt.[10] In seiner ästhetischen Erziehung gelangt
Schiller vielmehr zu einer Verwendung des Begriffes Freiheit, die als Pointe
seiner philosophischen Entwicklung gelten muß;[11] dies wird vorliegende
Untersuchung deutlich machen.

Die hochgeschätzte menschliche Freiheit erkennt Schiller in seiner eigenen Gegenwart als nur eingeschränkt oder gar nicht vorhanden. Die
gegenwärtigen gesellschaftspolitischen Verhältnisse, vor allem diejenigen
Frankreichs zur Zeit der Französischen Revolution, seien geprägt von einer
zweifachen »Entartung« der Menschheit, die in einer verfehlten Beziehung
zwischen der sinnlichen und der geistigen Natur des Menschen begründet
liege und Freiheit versage. In seinen Briefen an den Augustenburger wie in

---

[7] Friedrich Schiller, Brief an Friedrich Heinrich Jacobi, 29. Juni 1795, NA 27, Nr. 169,
206. Die Ungewißheit Schillers ist nicht der Beweis für Widersprüche, denen Schiller in seiner
ästhetischen Erziehung aufgesessen sein soll; gegen Rolf-Peter Janz, Über die ästhetische
Erziehung des Menschen in einer Reihe von Briefen, 623 f.

[8] Friedrich Schiller, Brief an Cotta, 9. Januar 1795, NA 27, 119.

[9] Zu Schillers Hochschätzung menschlicher Freiheit vgl. Emil Staiger, Friedrich Schiller,
67 f. Zu Schillers Gebrauch des Begriffes »Freiheit« vgl. a. a. O., 89.

[10] S. ÄE 373 Anm.*); vgl. 342.

[11] »Die eigentliche Schwierigkeit lag für Schiller darin, daß für ihn als Kantianer das Schöne,
der Form nach, auf die praktische Vernunft bezogen blieb, Schiller aber trotzdem ein objektives
Prinzip des Schönen suchte, innerhalb dessen der Gedanke der Freiheit auch auf die sinnliche
Natur angewandt werden konnte. Den Durchbruch zu einem ästhetischen Freiheitsbegriff, der
erst in den Briefen ›Ueber die ästhetische Erziehung ...‹ endgültig gelingt, bereiten die ›Kallias‹-
Briefe von 1793 bereits vor« (Anmerkungen NA 21, 193).

seiner ästhetischen Erziehung differenziert Schiller zwischen zwei entarteten Menschentypen, zwischen dem *Wilden* und dem *Barbaren*.[12] Der Wilde handle unter der Herrschaft seiner Sinnlichkeit, und »mit unlencksamer Wut« eile er seiner »thierischen Befriedigung« zu (BrA 263). Ein Barbar sei der, der sich der »Aufklärung des Verstandes [...] nicht ganz mit Unrecht« rühme (ÄE 320). Doch vor allem seine »Geistesschwäche«, die »Schlaf[f]heit des Geistes« führt nach den Augustenburgerbriefen bei ihm zu abscheulicher Verderbnis (BrA 263.300). Dagegen wird in Schillers ästhetischer Erziehung vor allem ein Mangel an sinnlicher Empfindsamkeit verantwortlich gemacht für einen barbarischen Egoismus, der sich auf aufgeklärte Vernunft beruft, aber aller Geselligkeit entgegensteht.[13]

»Verwilderung« und »Rohigkeit«, »Erschlaffung und Verkehrtheit« seien die Übel der Zeit, die *Unfreiheit* bedeuteten.[14] Der Wilde werde von der Natur beherrscht. Der Geist des Barbaren vermag sich nach den Augustenburger-briefen gegen die Sinnlichkeit, gegen »eine strafbare Weichlichkeit«, nicht zu behaupten (BrA 299). Nach Schillers ästhetischen Briefen fährt der Barbar, obwohl er die Natur entehrt und versklavt, »häufig genug fort, der Sklave seines Sklaven zu seyn« (ÄE 318); auch er, obwohl er sie zu Gunsten seiner Vernunft und seines Verstandes verwirft, ist keineswegs Herr der Natur und der eigenen Sinnlichkeit. Denn vor allem fehle ihm »ein geselliges Herz« (ÄE 320). »Stolze Selbstgenügsamkeit zieht das Herz des Weltmanns zusammen, das in dem rohen Naturmenschen noch oft sympathetisch schlägt« (ÄE 320). Dieser Mangel an mitmenschlicher Empfindungsfähigkeit und die Tyrannei eines barbarischen Egoismus, welchen die ästhetischen Briefe konstatieren,

---

[12] S. BrA 295 ff.; ÄE 318. In seinem Brief vom Juli 1793 unterscheidet Schiller noch zwischen »Barbarey und Schlaffheit« (BrA 264) statt zwischen Wildheit und Barbarei. Mit »Schlaffheit« bezeichnet er den geistig Schwachen. Den Begriff der Schlaffheit übernimmt er in seine ästhetische Erziehung, differenziert aber hier wie in den Augustenburgerbriefen vom November (BrA 295 ff.) zwischen dem Wilden und dem Barbaren, wobei »Barbar« in der ästhetischen Erziehung nicht mehr die Schlaffheit des Geistes, sondern die Schlaffheit der Sinnlichkeit impliziert. Als »Erschlaffung« wird in Schillers ästhetischer Erziehung die Schlaff-heit der geselligen Empfindungsfähigkeit bezeichnet (ÄE 319 f.). Es wird sinnliche wie geistige Energielosigkeit »Schlaffheit« genannt (ÄE 364; s. u. II.4.5.).

[13] S. ÄE 320. Vgl. zur Differenz zwischen den Augustenburgerbriefen und Schillers Erzie-hungsschrift BrA 298: »Ermanne Dich, weise zu seyn. Kraft und Energie des Entschlußes gehört also dazu, die Hindernuße zu besiegen, welche theils die natürliche Trägheit des *Geistes* theils die Feigheit des Herzens der Aufnahme der Wahrheit entgegen setzen.« Dagegen ÄE 331: »Erkühne dich, weise zu seyn. Energie des Muths gehört dazu, die Hindernisse zu bekämpfen, welche sowohl die Trägheit der *Natur* als die Feigheit des Herzens der Belehrung entgegen setzen.« (Hervorhebung A. K.) Schon der Gebrauch des Ausdrucks »ermannen« weist darauf, daß Schiller im Gegensatz zur ästhetischen Erziehung in seinen Augustenburgerbriefen *würde*volle Stärke des Geistes fordert, noch nicht aber ein vernünftiges Handeln in Übereinstimmung mit der Sinnlichkeit intendiert; s. dazu PETER-ANDRÉ ALT, Schiller, 109.

[14] ÄE 319.321.336; BrA 298 ff.

stehen der Erfüllung des geselligen Gesetzes der Vernunft (kategorischer Imperativ) entgegen.[15]

Der Wilde stehe unter der Macht der Sinnlichkeit und den Gesetzen der Natur, die den »Naturstaat« regierten (ÄE 314). Der Barbar hingegen sei dem Gesetz der Vernunft unterworfen. Dies sei bestimmend im sittlichen Staat. In beiden Staaten habe der »entartete« Mensch die Rolle eines Sklaven der Gesetze, »sogar dann noch, wenn er sich diese Gesetze selbst aus Vernunft gegeben hat«[16]; gerade das Moralgesetz macht ihm seine physischen Bedürfnisse, seine sinnlichen Schwächen und sein egoistisches Fehlverhalten bewußt und stellt sich verbietend gegen diese.[17]

Der zeitgenössische Mensch, der als Sklave seiner Sinnlichkeit und seiner Vernunft entartet ist, muß nach Schiller zu idealem Menschsein *ästhetisch erzogen* und sein Charakter muß *veredelt* werden, damit er *dauerhaft* in einem Reich der *Freiheit* lebe.[18] Zur Veredelung des Charakters fordert Schiller in den Briefen an den Augustenburger sowie in seiner ästhetischen Erziehung Ausbildung und Veränderung des »Empfindungsvermögens« durch ästhetische Kultur.[19] Weil nach den Augustenburgerbriefen hauptsächlich ein Überwiegen der Sinnlichkeit die Entartung des Menschencharakters begründet, soll hier die sinnliche Einstellung und Empfindung gegenüber dem Gesetz der Vernunft verändert werden. Dazu müsse der Geschmack, das ästhetische Empfindungsvermögen für das Schöne und für das Erhabene ausgebildet werden;[20] das Empfinden für das Schöne und das Erhabene veredelt nach Schillers Briefen an den Prinzen das Empfinden der sinnlichen Natur. Der verfeinerte Geschmack befreie das menschliche Gemüt von instinktiven rohen Neigungen und pflanze »an ihrer Statt edlere und sanftere Neigungen«, die den Geboten der Vernunft gerne ihre Zustimmung erteilten (BrA 326); der ästhetisch erzogene Mensch werde also »das *mit* Neigung thun, was er ohne diese zarte Empfänglichkeit für das Schöne *gegen* die Neigung hätte durchsetzen müssen« (BrA 328). Jedoch befreie der Geschmack »das Gemüth bloß darum von dem Joch des Instinckts, um es in *seinen* Feßeln zu führen [...]. Der Geschmack nemlich regiert das Gemüth auch bloß durch den Reiz des Vergnügens [...]

---

[15] Vgl. ÄE 330.320.
[16] BENNO VON WIESE, Die Utopie des Ästhetischen bei Schiller, 88.
[17] Vgl. ÄE 392.
[18] »Politische und bürgerliche Freiheit bleibt immer und ewig das Heiligste aller Güter, [...] aber man wird diesen herrlichen [staatlichen] Bau nur auf dem festen Grund eines veredelten Karakters aufführen« (BrA 265); »nur das Uebergewicht eines solchen [veredelten] Charakters bey einem Volk kann eine Staatsverwandlung nach moralischen Principien unschädlich machen, und auch nur ein solcher Charakter kann ihre Dauer verbürgen.« (ÄE 315).
[19] S. ÄE 332; vgl. 405; BrA 266.
[20] Vgl. BrA 305.

aber wo das Vergnügen den Willen bestimmt, da ist noch keine Moralität, da ist bloß ein Tausch der Ketten vorgegangen.« (BrA 326)

Die ästhetischen Briefe hingegen verlangen die »Ausbildung des Empfindungsvermögens […], nicht bloß weil sie ein Mittel wird, die verbesserte Einsicht für das Leben wirksam zu machen, sondern selbst darum, weil sie zu Verbesserung der Einsicht erweckt« (ÄE 332). Nicht nur der Weg vom Kopf zur sittlichen Tat, vielmehr der Weg vom Herzen zum Kopf soll bereitet werden, weil nur dann das Sittliche wie das Wahre tatsächlich eingesehen werden könnten und die Verwirklichung des Guten daraufhin und deshalb nahezu automatisch der verbesserten Einsicht folgen werde. Der Weg vom Herzen zum Kopf wird nach Schillers ästhetischen Briefen durch die Empfindung des Schönen gewiesen. Der Geschmack, der das Schöne empfinden lasse, befreie den Menschen nämlich zu sinnlich-geistiger Ganzheit und damit von aller Nötigung, aus allen Fesseln und Ketten. Der ästhetisch gebildete Mensch handele daraufhin nicht nur *mit* Neigung moralisch, sondern *aus* ästhetischem Wohlgefallen; auf Grund der Liebe, die nun sein Sein bestimme, könne und werde er das sittlich Gesollte erkennen und erfüllen.

Wie dieser einleitende Vergleich bereits zeigt, verändern sich von 1793 bis 1795 mit dem Menschenbild Schillers und seiner Einstellung gegenüber Sinnlichkeit und Vernunft auch sein Verständnis von Geschmack und Schönheit sowie seine ästhetische Theorie. Die Entwicklung seiner ästhetischen Einsichten wird im folgenden anhand seiner hierfür relevanten Schriften aufgezeigt. Anhand der ästhetischen Variationen, von welchen vorliegende Untersuchung ausgeht, wird Schillers ästhetisch-philosophische Entwicklung interpretiert und das Ergebnis des Werdegangs detailliert deutlich gemacht.

II. *Ästhetische Variationen*

Der Ankündigung, die sich in seinem ersten Augustenburgerbrief vom Februar 1793 und im ersten »Kalliasbrief« (Januar 1793) findet, nämlich das Schöne »sinnlich objectiv« erklären und die ewigen Fundamente des Schönen aufweisen zu wollen, kommt Schiller zunächst in seinem Aufsatz »Ueber Anmuth und Würde« (Juni 1793) nach.

1. *»Ueber Anmuth und Würde«*

In *Ueber Anmuth und Würde* unterscheidet Schiller *Naturschönheit* von *Anmut* wie die Schönheit der Venus von ihrem Anmutsgürtel.[21] »Anmuth ist eine

---

[21] S. AW 251. Vgl. HOMER, Ilias, 14. Gesang, 214 ff.

bewegliche Schönheit [...]. Dadurch unterscheidet sie sich von der *fixen* Schönheit, die mit dem Subjekte selbst nothwendig gegeben ist. Ihren Gürtel kann Venus abnehmen und der Juno augenblicklich überlassen; ihre Schönheit würde sie nur mit ihrer Person weggeben können.« (AW 252)

1.1. Naturschönheit

Die fixe Schönheit (»architektonische Schönheit«), die nicht nur bei einer menschlichen Gestalt, sondern auch bei Tieren und in der gesamten Natur gefunden werde, sei ausschließlich von Kräften der Natur gestaltet, und sie verdanke sich dem Glück.[22] Ein »Ideal der Schönheit« nennt Schiller das glücklichste Produkt der Natur. – Die Schönheitsgöttin »repräsentirt uns das Ideal der Schönheit« (AW 255). »Diese Venus steigt schon *ganz vollendet* aus dem Schaume des Meers empor«.[23] Dabei zeigt sich ihre architektonische Schönheit demjenigen, der sie von jeglichem Zweck ihrer Erscheinung absehend beurteilt.

Von der architektonischen Schönheit muß nach Schiller die technische Vollkommenheit eines Gegenstandes unterschieden werden.[24] Technisch vollkommen sei dasjenige sinnliche Objekt zu nennen, das seinen Zwecken, den Ideen der Vernunft, die mit seiner Erscheinung gegeben sind, entspricht.[25] Bei technischer Vollkommenheit sei »die Idee mit dem Gegenstande objektiv nothwendig«. Was die architektonische Schönheit anbelangt, müsse einerseits von jeglichem Zweck abgesehen werden, weswegen nach Schiller eine Vernunftidee mit dem schönen Gegenstand nur »subjektiv nothwendig verknüpft« ist. »Wiewohl es aber – in Ansehung des Gegenstandes selbst – zufällig ist, ob die Vernunft mit der Vorstellung desselben eine ihrer Ideen verbindet«, so ist es doch andererseits für das Subjekt, das eine Vorstellung von diesem Gegenstand hat, »nothwendig, mit einer solchen Vorstellung eine solche Idee zu verknüpfen« (AW 260).

Schiller nimmt an, daß ein Naturgegenstand nur dann als schön beurteilt wird, wenn er der Vernunft gefällt, weil sie mit der Vorstellung von ihm eine ihrer Ideen verbinden kann. Zugleich ist er aber überzeugt, daß das Wohlgefallen am Naturschönen »auf keiner solchen Eigenschaft des Objektes beruht, die nur durch Vernunft zu entdecken wäre« (AW 259). Vielmehr sei dem Gegenstand von Natur eine »objektive Eigenschaft« zu eigen (AW

---

[22] S. AW 256.

[23] Diese Venus sei nichts anderes »als ein schöner Vortrag der Zwecke, welche die Natur mit dem Menschen absichtet« (AW 256), vgl. dazu IMMANUEL KANT, KU 189: »[W]enn z. B. gesagt wird: ›das ist ein schönes Weib‹, [denkt man] in der Tat nichts anders, als: die Natur stellt in ihrer Gestalt die Zwecke im weiblichen Baue schön vor«. – Zur Venus Anadyomene s. u. Kapitel VI, III.

[24] S. AW 256.

[25] S. AW 259.

261).[26] Es ist nach Schiller das »sinnliche Merkmal an dem Objekte«, das
Wohlgefallen bewirkt, allerdings nur wenn die Vernunft eine mit diesem
Merkmal übereinstimmende Idee vorstellt (AW 260). »In der Vernunft selbst
muß also der Grund liegen, warum sie ausschließend nur mit einer *gewissen*
Erscheinungsart der Dinge eine bestimmte Idee verknüpft, und in dem Objekte muß wieder der Grund liegen, warum es ausschließend nur *diese* Idee
und keine andre hervorruft.« (AW 260/261) Diese zweiseitige Bestimmtheit
macht nach Schiller die *Natur*schönheit zu einer »Bürgerin zwoer Welten«;

> »sie empfängt ihre Existenz in der sinnlichen Natur, und *erlangt* in der Vernunftwelt das
> Bürgerrecht. Hieraus erklärt sich auch, wie es zugeht, daß der Geschmack, als ein Beur-
> theilungsvermögen des Schönen, zwischen Geist und Sinnlichkeit in die Mitte tritt, und
> diese beyden, einander verschmähenden Naturen, zu einer glücklichen Eintracht verbindet
> – wie er dem *Materiellen* die Achtung der Vernunft, wie er dem *Rationalen* die Zuneigung
> der Sinne erwirbt – wie er Anschauungen zu Ideen adelt, und selbst die Sinnenwelt
> gewißermaßen in ein Reich der Freyheit verwandelt.« (AW 260)

Gegen Kant ist es nach Schiller nicht die Gunst des Vernunftwesens, die
einem Gegenstand Schönheit zuspricht, vielmehr soll seine Schönheit auch
in einer sinnlich-objektiven Eigenschaft begründet sein. Mit dem Verweis
auf das sinnlich-objektive Merkmal, das einer Vernunftidee korrespondiert
und darum einen Gegenstand schön erscheinen läßt, bekräftigt Schiller seine
These, im Gegensatz zu Kant das Schöne »sinnlich objectiv« erklären zu
können.

Im Unterschied zu Kant sind nach Schiller nicht Einbildungskraft und
Verstand,[27] sondern Sinnlichkeit und *Vernunft*, diese zwei »einander verschmähenden Naturen«, angesichts eines schönen Gegenstandes durch den
Geschmack zu einer »glücklichen Eintracht« verbunden. Zweitens widerspricht Schillers Rede von der subjektiv notwendigen Verknüpfung der
Vorstellung eines schönen Gegenstandes mit einer Vernunftidee (Zweck)
dem Kantschen Schönheitskriterium der »Zweckmäßigkeit ohne Zweck«.
Drittens muß nach Kant das Urteil über das Schöne von Neigung und Achtung geschieden sein. Weder dürfe das Schöne angenehm noch einem Zweck
verbunden sein. Schillers These der »glücklichen Eintracht« von Sinnlichkeit
und Vernunft oder von Achtung und Neigung/Zuneigung, die angesichts des
sinnlich-objektiv Schönen gegeben sein soll, zeigt ihre spezifische Bedeutung
vor allem in Schillers Erziehungsschrift.[28]

Eine Antwort auf die Frage, was für eine Idee das denn sei, die die Vernunft
mit der Vorstellung verbindet, und »durch welche objektive Eigenschaft der

---

[26] Gegen IMMANUEL KANT, KU 247; nach Kant ist Schönheit »keine Beschaffenheit des
Objekts«.
[27] Vgl. v. a. KU 146.
[28] S. u. II.4.

schöne Gegenstand fähig sey, dieser Idee zum Symbol zu dienen«, bleibt Schiller schuldig (AW 261).[29]

Nach seiner »Theosophie des Julius« von 1788 liegen »die Ideen des ewigen Schöpfers« in den Dingen (PhBr 126). Gott, den ewigen Schöpfer, setzt Schiller gleich mit der Natur.

»Gott und Natur sind zwo Größen die sich vollkommen gleich sind. Die ganze Summe von harmonischer Thätigkeit, die in der göttlichen Substanz *beisammen* existirt, ist in der Natur, dem Abbilde dieser Substanz, zu unzählige[n] Graden und Maaßen und Stuffen *vereinzelt.* Die Natur [...] ist ein unendlich getheilter Gott.« (PhBr 123/124)

Auch in *Ueber Anmuth und Würde* nennt Schiller außer der Natur den vernünftigen »Urheber der Natur«, und dieser gilt ihm als der Grund architektonischer Schönheit (AW 264). Er sei die »höchste Vernunft« und als solche die »Gesetzgeberinn« der Natur, und die Natur wiederum sei die »Ausrichterinn ihrer Gesetze« (AW 276.261). Wie in Schillers vorkantischer Epoche könnten demnach dem vernünftigen Urgrund die Ideen zu verdanken sein, die nach *Ueber Anmuth und Würde* bei Betrachtung von schönen Naturgegenständen gefunden werden.

1.2. Anmut

Im Gegensatz zur Naturschönheit ist nach Schiller »Anmut« bzw. »Grazie« »nur ein Vorrecht der Menschenbildung«, sie zeigt sich nur am Menschen (AW 254). Als »Schönheit der Bewegung« ist sie nach Schiller erstens »objectiv und kommt dem Gegenstande [d. i. dem Menschen] selbst zu, nicht bloß der Art, wie wir ihn aufnehmen«. Zweitens hält er sie für »etwas zufälliges an demselben, und der Gegenstand bleibt übrig, auch wenn wir diese Eigenschaft [wie den Gürtel der Venus] von ihm wegdenken« (AW 253).[30] Weil sie nicht von Natur dem Menschen angeboren sei wie die architektonische Schönheit, sei Anmut etwas »zufälliges« an ihm. Zugleich sei sie objektiv, denn sie sei eine Eigenschaft des Menschen, aber eben keine von Natur bedingte, sondern eine im Person-Sein des Menschen begründete.[31]

Mit Anmut kommt nach Schiller die vernünftige Freiheit des Menschen auf sinnliche Weise zum Ausdruck.[32] »Anmuth ist die Schönheit der Gestalt

---

[29] Vgl. Anmerkungen NA 21, 223.

[30] Allerdings könnten bei mehrfacher Wiederholung Bewegungen habituell werden (AW 264). Sogar könne sein, daß der gesamte Körperbau so von Anmut bestimmt werde, »daß sich die Anmut zuletzt nicht selten in architektonische Schönheit verwandelt« (AW 265).

[31] Weil Schiller das *Personsein* des Menschen für »zufällig« erachtet, ist er v. a. in seiner ästhetischen Erziehung darauf aus, ein »Mittel« zu finden, welches ermöglicht, daß auf sittliches Handeln wie auf natürliche Erfolge gerechnet werden kann; s. dazu u. II.4.

[32] Der anmutige Ausdruck ist nach Schiller objektiv und sinnlich zugleich und darum schön wie ein sinnlich-objektiv schöner Naturgegenstand.

unter dem Einfluß der Freyheit; die Schönheit derjenigen Erscheinungen, die die Person bestimmt.« Die im Personsein eines Menschen begründeten vernünftigen Gemütsbewegungen könnten sich »nur als Bewegung in der Sinnenwelt offenbaren« (AW 264). Entsprechend erscheint nach Schiller eben die von Vernunftfreiheit bestimmte *Bewegung* eines Menschen in anmutiger Schönheit und Grazie. »Grazie ist immer nur die Schönheit der *durch Freyheit bewegten Gestalt*« (AW 265).[33]

Die Freiheit, mit welcher sich die Gestalt eines anmutigen Menschen bewegt, verdanke sich dessen Vernunft, die der Sinnlichkeit diese Freiheit zugestehe und anvertraue; nach Schiller setzt Anmut »eine Zulassung von Seiten des Geistes« voraus. »Man kann also sagen, daß die Grazie eine *Gunst* sey, die das Sittliche dem Sinnlichen erzeigt« (AW 278). Die Vernunft des Menschen lasse der Sinnlichkeit jedoch nur so weit Freiheit zu, als sich diese in Zusammenstimmung mit der Vernunft bewege, denn eben die Sittlichkeit soll auf freie Weise zum Ausdruck kommen. Demnach muß »derjenige Zustand des Gemüths, *wo Vernunft und Sinnlichkeit* – Pflicht und Neigung – *zusammenstimmen*, die Bedingung seyn, unter der die Schönheit des Spiels[34] erfolgt« (AW 282). Wo Pflicht und Neigung harmonieren, da ist also Anmut gegeben. Und die spielenden, freien, anmutigen Bewegungen eines Menschen zeigen wiederum, daß in ihm Vernunft und Sinnlichkeit, Pflicht und Neigung ebenso wie bei Betrachtung von Naturschönheit zusammenstimmen.[35]

Damit die Sinnlichkeit sich der Vernunft entsprechend erweist, müssen nach Schiller Sinnlichkeit und Vernunft in *versöhnte Einheit* gebracht sein; nur dann könne bei einem Menschen darauf gerechnet werden, daß er der Gesetzgebung der Vernunft mit Neigung nachkommt.

»Erst alsdann, wenn sie *aus seiner gesammten Menschheit* als die vereinigte Wirkung beyder Principien, hervorquillt, *wenn sie ihm zur Natur geworden ist*, ist seine sittliche Denkart geborgen,[36] denn so lange der sittliche Geist noch *Gewalt* anwendet, so muß der Naturtrieb ihm noch *Macht* entgegenzusetzen haben. Der bloß *niedergeworfene* Feind kann wieder aufstehen, aber der *versöhnte* ist wahrhaft überwunden.« (AW 284)

Die Versöhntheit von sinnlicher und geistiger Seite, die Zusammenstimmung von Sinnlichem und Sittlichem hält Schiller für »das Siegel der vollendeten Menschheit« und nennt sie »das Ideal vollkommener Menschheit« (AW 287.298). Demjenigen, der »dem Affekt die Leitung des Willens ohne Scheu

---

[33] Jeder anmutige Mensch offenbare, »in wie weit er in seiner Freyheit dem Naturzweck [dem Menschsein] entgegenkam« (AW 273). Vgl. dazu IMMANUEL KANT, KU 59 ff.

[34] Vgl. AW 279.

[35] Die Zusammenstimmung von Vernunft und Sinnlichkeit bedeutet nach Schiller das, »was man unter einer *schönen Seele* verstehet« (AW 287). Und Anmut ist nach Schiller »der Ausdruck einer schönen Seele« (AW 289).

[36] Sittlichkeit ist nach Schiller garantiert, wenn dem Menschen »*die Pflicht zur Natur geworden ist*« (Brief an Körner vom [18. und] 19. Feb. 1793, NA 26, Nr. 154, 198); vgl. dazu u. II.4.

überlassen darf«, weil Vernunft und Sinnlichkeit zusammenstimmen, mißt er Hochachtung zu (AW 287).

Damit es jedoch zur versöhnten Übereinstimmung komme, müsse es »die Vernunft selbst« gewesen sein, die »die Neigungen *in Pflicht nahm*«, und dann »der Sinnlichkeit das Steuer *nur anvertraute*« (AW 294). Der Sinnlichkeit dürfe nur Vertrauen entgegengebracht, nur Freiheit zugelassen, nie aber die Herrschaft übergeben sein; stets dürfe ihr nur ein »Schein von Freywilligkeit« gelassen werden, und zwar solange sie der Vernunft *folgt* und *gehorsam ist*, ohne dazu »vor dem Grundsatze der Moral« extra abgehört werden zu müssen (AW 297.287). Bei einem Menschen, bei dem die Sinnlichkeit der Vernunft gerne gehorsam ist, bei einem anmutigen Menschen also, regiere der Geist »mit *Liberalität*, weil *er* es hier ist, der die Natur in Handlung setzt, und keinen Widerstand zu besiegen findet. Nachsicht verdient aber nur der Gehorsam« (AW 297).

Es zeigt sich deutlich, daß nur dann, wenn Neigung zur Pflicht besteht, der Sinnlichkeit zum Schein die *Führung* anvertraut sein darf und soll; somit aber *folgt* diese eigentlich dem freien Willen, der sich für die moralischen Gebote der Vernunft entschieden hat, und eben so läßt sie folgerichtig die Pflicht gerne erfüllen.[37]

Gleich Kant hält auch Schiller in *Ueber Anmuth und Würde* für sittlich notwendig, daß bei moralischer Gesetzgebung der freie Wille ausschließlich der Vernunft verbunden ist. Zwar stehe er zwischen Neigung und Pflicht und habe »vollkommen freye Wahl« zwischen beiden (AW 290); »aber er steht nicht in gleichem Verhältniß gegen beyde.« Als »Naturkraft« sei er zwar weder an die Sinnlichkeit noch an die Vernunft *gebunden*. Doch als »moralische Kraft« sei er dem Vernunftgesetz »*verbunden*«. »Er gebraucht also seine Freyheit wirklich, wenn er gleich der Vernunft widersprechend handelt, aber er gebraucht sie *unwürdig*, weil er ungeachtet seiner Freyheit doch nur *innerhalb der Natur* stehen bleibt« (AW 291).

---

[37] Nach EMIL STAIGER, Friedrich Schiller, 77 bestimmt ein »für Schillers ästhetische Schriften charakteristischer Widerspruch« auch den Aufsatz *Ueber Anmuth und Würde*. Der angebliche Widerspruch soll nach Staiger darin bestehen, daß Schiller in bezug auf *anmutiges* Betragen einerseits die versöhnte Übereinstimmung von Sinnlichkeit und Vernunft annehme (AW 287), andererseits dann jedoch wieder die Vorherrschaft der Vernunft verlange (AW 297). Dieser Widerspruch läßt sich nach Staiger »nicht heilen, aber verzeihen aus seiner [Schillers] unablässigen Sorge um das höchste Gut, die Freiheit, die er als Selbsttätigkeit versteht und die ihn unerbittlich zurückruft, wenn er hin und wieder, wie hier, zu sehr gelöstes Vertrauen empfiehlt.« Allerdings begründet Schiller von Anbeginn seiner Schrift die Zusammenstimmung von Sinnlichkeit und Vernunft, also *anmutiges* Handeln damit, daß die Vernunft der Sinnlichkeit Freiheit zugelassen haben müsse. Die Versöhnung von Sinnlichkeit und Vernunft beruht von Anfang an auf einer »Zulassung von Seiten des Geistes«, und nur die mit der Vernunft in Übereinstimmung gebrachte und übereinstimmende Tätigkeit der Sinnlichkeit wird *anmutig* genannt (AW 278).

Wie nach Kant, so müssen auch nach Schiller bei moralischer Gesetzgebung sinnliche Ansprüche »völlig zurückgewiesen« sein. Weil aber nach
Schiller der Mensch nicht nur einzelne sittliche Handlungen unabhängig
von seiner Natur oder gar wider sie verrichten soll, vielmehr »ein sittliches
Wesen«, ein tugendhafter Mensch, sein soll, so muß er *generell* eine Neigung
zur »wirklichen Ausübung der Sittenpflicht« verspüren, um wahrhaft sittlich
genannt werden zu können. »Nicht *Tugenden* sondern *die Tugend* ist seine
Vorschrift, und Tugend ist nichts anders ›als eine Neigung zu der Pflicht‹.
[…] der Mensch *darf* nicht nur, sondern *soll* Lust und Pflicht in Verbindung
bringen; er soll seiner Vernunft mit Freuden gehorchen.« Und derjenige, der
im allgemeinen der Pflicht mit Wohlgefallen nachkommt, ist nach Schiller
eben der anmutige Mensch (AW 283).

Nach Kant ist moralisches Handeln von jeglicher *Neigung* frei.[38] Doch nimmt
er an, daß moralische Pflicht*ausübung* mit Wohlgefallen, mit einem positiv
beeinflußten Gefühl verbunden ist.[39] Es müsse nämlich »die Achtung fürs
moralische Gesetz auch als positive aber indirekte Wirkung desselben aufs
Gefühl […] angesehen werden.« (KpV 140)[40] Und deshalb sei im Blick auf
einen handelnden Menschen gerade »das fröhliche Herz in *Befolgung* seiner
Pflicht […] ein Zeichen der Echtheit tugendhafter Gesinnung« (RS B 11/12
Anm.*)).[41] Mit Wohlgefallen soll also nach Kant wie nach Schiller der Vernunft Gehorsam geleistet werden.
   Allerdings bezeichnet Schiller, ganz im Gegensatz zu Kant, dieses Wohlgefallen als »Neigung«. Diese Differenz in der Benennung eröffnet ihm die
Unterscheidung von anmutigem und würdevollem Betragen. Dadurch, daß
er mit dem Ausdruck Neigung nicht nur sinnliches Begehren, sondern auch
die Zustimmung des Gefühls zur Pflicht benennt, ist ihm die Differenzierung
zwischen einem Handeln, das auf harmonischer Zusammenstimmung von
Sinnlichkeit bzw. Neigung und Vernunft (Pflicht) beruht und einem, das auf
ihrer Entgegensetzung basiert, möglich.
   Nach Kant impliziert der Begriff der Moralität ein Handeln, das allem Anspruch der Sinnlichkeit, jeder Neigung und Abneigung entgegengesetzt, in
der Vernunft begründet und durch das positiv bestimmte moralische Gefühl
veranlaßt ist.[42] Schiller nun nennt das von der Vernunft gebotene Handeln,
das mit einem positiv bestimmten Gefühl vollzogen wird, anmutig; dabei
bezeichnet er das positive Gefühl als »Neigung« zur Pflicht. Würdevoll hin-

---

[38] Vgl. KpV 144.
[39] Vgl. KU 169.
[40] S. dazu Kant-Kapitel, II.2.8. und unter I.
[41] Entsprechend äußert KANT in seiner Religionsschrift seine Zustimmung zu SCHILLERS
Aufsatz *Ueber Anmuth und Würde*: »ich kann […] keine Uneinigkeit statuieren« (RS B 10
Anm.*)).
[42] Vgl. KpV 139 ff.

gegen nennt er dasjenige Handeln, das der Neigung zuwider geschieht, wenn sich diese dem Vernunfturteil widersetzt. In bezug auf anmutiges Betragen geht Schiller entsprechend davon aus, daß Vernunft und Sinnlichkeit, Pflicht und »Neigung« in Übereinstimmung gebracht sind und sich also in harmonischer Zusammenstimmung befinden. Bei würdevollem Handeln müssen Vernunft und Neigung einander stets entgegengesetzt sein.

Schillers Gebrauch der Begriffe Anmut und Würde, mit denen er im Gegensatz zu Kant die Sittlichkeit des Menschen als »zweiseitig« beschreibt, paßt zusammen mit Kants Verwendung der Begriffe *schön* und *erhaben*. Die Untersuchung zeigt, daß Schiller, parallel zu Kants ästhetischer Differenzierung zwischen Schönem und Erhabenem, anmutiges (schönes) Handeln von würdevollem (erhabenem) Betragen unterscheidet. Nach Kant beruht ein Geschmacksurteil über das Schöne darauf, daß die Einbildungskraft mit dem Gesetz des Verstandes zusammenstimmt; nach Schiller zeichnet sich – wie gezeigt – Anmut durch die Übereinstimmung von Vernunft und Sinnlichkeit aus.[43] Beim Urteil über das Erhabene wird nach Kant der Einbildungskraft durch die Vernunft Gewalt angetan; nach Schiller verlangt würdevolles Betragen die Entgegensetzung der Vernunft gegen die Sinnlichkeit (KU 116/117).

1.3. Würde

»Es ist dem Menschen zwar aufgegeben, eine innige Übereinstimmung zwischen seinen beyden Naturen zu stiften, immer ein harmonirendes Ganze zu seyn, und mit seiner vollstimmigen ganzen Menschheit zu handeln. Aber diese Charakterschönheit, die reifste Frucht seiner Humanität, ist bloß eine Idee, welcher gemäß zu werden, er mit anhaltender Wachsamkeit streben, aber die er bey aller Anstrengung nie ganz erreichen kann.« (AW 289)

Nach Schillers *Ueber Anmuth und Würde* kann auf die Sittlichkeit eines Menschen nicht beständig und zuverlässig gerechnet werden. Es gebe Fälle, in denen die der Vernunft widersprechende Neigung menschliches Handeln dominieren wolle. In diesen Fällen, vornehmlich dann, wenn der Mensch von Schmerzen oder Begierde weckenden Affekten bedrängt ist,[44] könne sich »die Sittlichkeit des Charakters nicht anders, als durch *Widerstand* offenbaren«; und der vernünftige Mensch muß sich folglich der ihm eigenen Sinnlichkeit *entgegensetzen* (AW 293). Zwar vertrage das Ideal vollkommener Menschheit »keinen Widerstreit«, doch gebe es Fälle, in denen Kampf notwendig sei (AW 298). Die Zwangsanwendung gegen die Sinnlichkeit im Falle ihrer widerstrebenden Dominanz bedürfe einer *erhabenen Gesinnung*, »und *Würde* heißt ihr Ausdruck in der Erscheinung« (AW 294). »So wie die Anmuth der

---

[43] S. KU 145.
[44] Vgl. dazu AW 290f. und UE 44f.

Ausdruck einer schönen Seele ist, so ist *Würde* der Ausdruck einer erhabenen Gesinnung.« (AW 289)

Erhabenes, würdevolles Handeln geschieht nach Schiller entgegen der Neigung des Tätigen und unabhängig von ihr. Die Sinnlichkeit des würdevoll Handelnden vermittele diesem wohl Empfindungen, und zwar solche, die zu unsittlichem Verhalten reizen. Aber seine vernünftige Seite achte darauf nicht; »der starkmüthigste Stoiker fühlt den Hunger eben so empfindlich und verabscheut ihn eben so lebhaft, als der Wurm zu seinen Füßen.« Doch: »Das Thier *muß* streben den Schmerz los zu seyn, der Mensch kann sich entschließen, ihn zu behalten.« (AW 290) Schiller nimmt an, das Tier stillte seinen Hunger auch unter unsittlichen, vernunftwidrigen Bedingungen, der Stoiker hingegen könnte den Hunger sogar wollen. Und allemal »wenn der [sinnliche] Trieb zu seiner Befriedigung eine Handlung fodert, die dem moralischen Grundsatz zuwider läuft«, verweigere sich der Stoiker und zeige seine Würde (AW 291).[45]

Würde kommt also zum Ausdruck, wenn im Notfall und Affekt der Sinnlichkeit die ihr zu anmutigem Verhalten »*nur anvertraute*« Leitungsbefugnis von der Vernunft wieder entzogen wird. Dabei verwandele sich die schöne Seele in eine erhabene und beweise, daß sie auf reiner Vernunftherrschaft gründe und sich tatsächlich dem Wirken der Vernunft verdanke.[46] »Die *schöne* Seele muß sich also im Affekt in eine *erhabene* verwandeln, und das ist der untrügliche Probierstein, wodurch man sie von dem *guten Herzen* oder der *Temperamentstugend* unterscheiden kann.« (AW 294) Umgekehrt verbürge anmutiges Verhalten bei erhabener Gesinnung eine »Empfänglichkeit des Gefühlvermögens«; es versichere, daß tatsächlich Begierden beherrscht würden und die Dominanz der Vernunft nicht auf Gefühllosigkeit beruhe. Die Würde mache gewiß, daß die Anmut nicht auf »Schlaffheit des Geistes« basiere, und die Anmut garantiere, daß die Würde nicht in der »Stumpfheit des Empfindungsvermögens« gründe. Es sei »nur die Anmuth, von der die Würde ihre Beglaubigung, und nur die Würde, von der die Anmuth ihren Werth empfängt«. Demnach läßt nur die Einheit von Anmut und Würde einen Menschen wahrhaft vollkommen sein. »Sind Anmuth und Würde [...] in derselben Person *vereinigt*, so ist der Ausdruck der Menschheit in ihr vollendet, und sie steht da, gerechtfertigt in der Geisterwelt, und freygesprochen in der Erscheinung.« (AW 300)

---

[45] Nach KANT ist es *moralisch*, Schmerzen zu ertragen, wenn das Vernunftgesetz dies fordert, nach SCHILLER ist es *erhaben*, Schmerzen zu *wollen*.

[46] S. AW 294.

Demjenigen, der sich weder als anmutig noch als erhaben erweist, der sich also in keiner Weise moralisch, sondern bloß als Naturprodukt verhält, muß entsprechend *Schuld* zugerechnet werden.[47]

Anmut und Würde können nach Schiller in einer Person und sogar »in demselben Zustand einer Person« zusammen bestehen, weil ihnen *verschiedene Einsatzbereiche* zugehörten (AW 300). »Würde wird […] mehr im *Leiden* (παθός); Anmuth mehr im *Betragen* (ῆθος) gefodert und gezeigt; denn nur im Leiden kann sich die Freyheit des Gemüths, und nur im Handeln die Freyheit des Körpers offenbaren.« (AW 297) Zudem solle der Mensch mit Anmut ausüben, »was er innerhalb seiner Menschheit verrichten kann, und alles mit Würde, welches zu verrichten er über seine Menschheit hinaus gehen muß«. Übermenschliches sinnliches Leiden verlangt nach Schiller erhabenes Verhalten. Spontane Tätigkeiten, die »die Schranken der Menschheit« nicht überschritten, sollten anmutig vollzogen werden (AW 298).

Gleichzeitig anmutig und erhaben beträgt sich folgerichtig ein Mensch, der unter unmenschlichem Schmerz leidend, diesen mit erhabener Gesinnung erträgt und zugleich seine allgemeinmenschlichen Tätigkeiten mit Anmut besorgt. Dabei ist von Schiller allerdings nicht geklärt, inwieweit ein Mensch sich tatsächlich derart »aufteilen« kann, daß er sich auf zweierlei Weise gleichzeitig verhält. Daß Schiller diese Schwierigkeit in seiner Schrift über die ästhetische Erziehung des Menschen zu überwinden sucht, zeigt die Interpretation im folgenden.[48]

2. Briefe an Friedrich Christian von Augustenburg

Die Reihe seiner ästhetischen Briefe an Friedrich Christian von Augustenburg beginnt Schiller im Februar 1793. Ein zweites Schreiben sendet er erst im Juli desselben Jahres, vier weitere Briefe folgen im November und Dezember. Das Eröffnungsschreiben kündigt an, daß in den folgenden Briefen für das Schöne *ein allgemein geltender Grundsatz* aufgestellt werden soll. Denn ein Urteil über Schönheit kann für Schiller nicht »bloß ein Erfahrungsurtheil« sein.[49] Dieser Aufgabenstellung widmet sich Schiller dann allerdings in seinem Aufsatz *Ueber Anmuth und Würde*. Hier geht er davon aus, daß sowohl die Schönheit eines Naturgegenstandes als auch die Schönheit menschlicher Bewegung durch eine objektive Eigenschaft bedingt ist. Nach Schiller ist die objektive

---

[47] S. AW 276 f.
[48] S. v. a. II.4.7. – KÄTE HAMBURGER, Schillers Fragment »Der Menschenfeind« und die Idee der Kalokagathie, 114 f. bezweifelt die von Schiller behauptete Vereinbarkeit von Anmut und Würde völlig. Vgl. zur Vereinbarkeit von Anmut und Würde auch: Anmerkungen NA 21, 230.
[49] S. o. I., BrA 185.

Eigenschaft eines Naturgegenstandes ein sinnliches Merkmal, zu welchem die Vernunft des Betrachtenden eine übereinstimmende Idee hervorbringt. Bei anmutigem Handeln hingegen komme das menschliche Vernunftwesen mit einer ihm entsprechenden objektiven Eigenschaft auf sinnliche Weise zum Ausdruck. Jeweils ist also die objektive Eigenschaft nur dann ersichtlich, wenn sich Sinnlichkeit und Vernunft des Betrachtenden bzw. Handelnden in Übereinstimmung befinden. Die Notwendigkeit dieser *ästhetischen Übereinstimmung* von Sinnlichkeit und Vernunft ist nach Schiller der *Grundsatz* der in Hinsicht auf das Schöne allgemein gilt. Schiller läßt jedoch in Hinsicht auf das Naturschöne offen, welcher Art die objektive Eigenschaft ist, und damit bleibt unklar, wie die Übereinstimmung von Neigung und Pflicht begründet ist. Ebenso ist im Blick auf die Anmut menschlichen Betragens nicht geklärt, wie es dem Menschen möglich ist, seine Sinnlichkeit mit seiner Vernunft zu versöhnen.

In seinen Augustenburgerbriefen nennt Schiller als den *Ermöglichungsgrund der Zusammenstimmung von Neigung und Pflicht* den Geschmack für das Schöne und das Erhabene. Wie der Mensch für das Schöne überhaupt empfänglich wird, beschreibt Schiller allerdings erst in seiner ästhetischen Erziehung. Doch, wie die Untersuchung im folgenden zeigt, wird auch in dieser Schrift der letzte Grund der Übereinstimmung von Sinnlichkeit und Vernunft nicht beachtet.

Seine Briefe an den Augustenburger verfaßt Schiller unter dem Eindruck menschlicher Grausamkeit, den die französische Revolution auf ihn macht.[50] Als Mittel, die »entarteten« Menschen, die Wilden und die Barbaren, die er vor allem in Frankreich findet, zu Anmut und Würde zu bilden, verkündigt er das Schöne und das Erhabene. In *Ueber Anmuth und Würde* verlangt Schiller, daß der Mensch seine Vernunft gebrauche, sich anmutig und würdevoll zu erweisen; in den Augustenburgerbriefen stellt er dar, wie der entartete Mensch überhaupt erst zu vernünftiger Selbsttätigkeit gelangt. Und was er in *Ueber Anmuth und Würde* über das Wesen des Schönen ausgeführt hat, weicht nun seiner Absicht, das Schöne und den Geschmack »in seinem Einfluß auf den Menschen und auf die Gesellschaft« zu betrachten.[51] Dabei wertet er, wohl angesichts der französischen Zustände,[52] die Sinnlichkeit des Menschen im Unterschied zu *Ueber Anmuth und Würde* deutlich negativer. Ausschlaggebende positive Bedeutung mißt er, nach vorliegender Interpretation, der Sinnlichkeit erst in seiner ästhetischen Erziehungsschrift zu.[53]

---

[50] Zur Zeit der Veröffentlichung dieser Abhandlung verschärft sich die Gewaltherrschaft des Wohlfahrtsausschusses in Frankreich; s. PETER-ANDRÉ ALT, Schiller, 112.

[51] FRIEDRICH SCHILLER, Brief an Körner, 10. Dezember 1793, NA 26, Nr. 212, 336.

[52] Der Bezug auf die politische Lage Frankreichs rahmt die mittleren vier Briefe (s. BrA 262.333).

[53] S. u. II.4.

Für die Übereinstimmung von Sinnlichkeit und Vernunft sowie für die Tugend überhaupt gebe es keine Gewähr,[54] so daß auf sittliches Betragen niemals zuverlässig gerechnet werden könne. Deshalb sei es dem Menschen nötig, sich »durch Religion und durch aesthetische Tugend zu binden, damit unsre Leidenschaft nicht in den Perioden ihrer Herrschaft gegen die Weltordnung rase« (BrA 330). *Religion* wie *Geschmack* sollen nach Schillers Augustenburgerbriefen als »Surrogat der wahren Tugend« dienen und die Macht der Sinnlichkeit einschränken (BrA 331). »An einer dieser beiden Stützen […], wo nicht lieber an beide, *müssen* wir uns halten, so lange wir keine Götter sind.« (BrA 332)

Die Religion sei allen Menschen nötig, jedoch dem rohen Menschen »unaufhörlich«, dem verfeinerten »nur Momentweise«. Die Religion sei bestimmt durch »den Glauben an eine Vorsehung und Unsterblichkeit«, der für Opfer der Sinnlichkeit, die der Tugend zugute kämen, Entschädigung bedeute (BrA 331). Vor allem in den Momenten, in denen es um »*Leben und Daseyn*« gehe, müßten diese »Religionsideen« vermittelt werden, »um dem unabweisbaren Lebenstrieb in einer andern Ordnung der Dinge eine Befriedigung versichern zu können« (BrA 332). Die Religion hat also die Aufgabe, auf ein jenseitiges, irdische Mühsal ausgleichendes und sogar den Tod entlohnendes Reich zu verweisen. Der Geschmack hingegen bereite den Ausgleich vernünftiger Anstrengungen bereits auf Erden. »Eine Seele nemlich, welche angefangen hat, das edlere Vergnügen an Formen zu kosten, und aus dem reinen Quell der Vernunft ihre Genüße zu schöpfen, scheidet ohne Kampf von den gemeinen Freuden des Stofs, und hält sich für die Entbehrungen des äußern Sinns durch die Vergnügungen des innern [ästhetischen Sinns] unendlich entschädigt.« (BrA 331)

Zwar schätzt Schiller denjenigen am höchsten, der sich – wie in *Ueber Anmuth und Würde* dargestellt – aus reiner Vernunftfreiheit würdevoll beträgt und weder der Schönheit noch der Religion bedarf, um sich stets pflichtgemäß zu verhalten. Doch die »Schranken der Menschheit«, Not, Leid und Tod, nötigen nach Schillers Augustenburgerbriefen »selbst den rigidesten Ethiker«, das Wohl von Menschheit und Welt durch Geschmack und Religion zu sichern (BrA 331). Schiller betont den Nutzen von Geschmack und Religion für denjenigen Menschen, dessen vernünftige Freiheit zu eingeschränkt ist, um ertragen zu können, was die Schranken der Menschheit übersteigt. Dabei erachtet er in Hinsicht auf erhabenes, würdevolles Betragen die Religion für einflußreicher als den Geschmack. In seiner Schrift *Ueber das Erhabene* hingegen wird der Einfluß von Religion nicht länger bedacht; Schiller hält es nun für angemessen und notwendig, den Menschen mit pathetischer und tragischer Kunst zu würdevollem Verhalten zu erziehen. Auch in Schillers

---

[54] Vgl. BrA 331.

ästhetischer Erziehung von 1795 kommt der Religion keinerlei Bedeutung mehr zu; hier wird, wie die Interpretation zeigt, die ideale Schönheit als einzige Bedingung erhabenen und anmutigen Betragens dargestellt.

Weil der Geschmack wie die Religion für Entbehrungen der Sinnlichkeit entschädige, befördere er die Erfüllung des Vernunftgesetzes. Dabei trage er nicht nur bei zur Legalität menschlichen Handelns,[55] vielmehr würde er auch »die Moralität des Betragens *begünstigen*« (BrA 322).[56] Denn der Geschmack befreie den Menschen von ausschließlich sinnlicher Bestimmtheit, indem er leidenschaftliche und »rohe Begierden« durch »edlere und sanftere Neigungen« ersetze und ihn somit *veredle*. Wenn daraufhin die Vernunft gebiete, »so findet sie nicht nur keinen Wiederstand, sondern vielmehr den lebhaften und feurigen Beyfall der Natur« (BrA 326). Der veredelte Mensch mit gebildetem Geschmack und Schönheitssinn werde »das *mit* Neigung thun, was er ohne diese zarte Empfänglichkeit für das Schöne *gegen* die Neigung hätte durchsetzen müssen«; wenn »die Vernunft ihren Ausspruch thut«, werde »auch die Sinnlichkeit zu ihr übertreten«. Der durch Schönheit veredelte Mensch wird also sein Handeln »nach einer Vorschrift der Vernunft« vollziehen. Nur wird er nun die Vernunftvorschrift *mit* Neigung befolgen, was »der sittlichen Reinheit seiner That keinen Abbruch thun« kann (BrA 328). Wenn die Wahl des Willens auf das Vernunftgesetz gefallen ist, kann nach Schiller der Geschmack bewirken, daß die Sinnlichkeit sich der Pflichterfüllung geneigt erweist und mit der Vernunft zusammenstimmt, was nach *Ueber Anmuth und Würde* anmutiges Handeln bedeutet.

   Zwar löst nach Schiller der Geschmack von dominanter widervernünftiger Sinnlichkeit, doch die *Moralität* selbst gründe ausschließlich in der Achtung für das Vernunftgesetz und also allein in der Freiheit der Vernunft.[57] Mit Kant ist Schiller davon überzeugt, »daß nur diejenigen unsrer Handlungen *sittlich* heißen, zu denen uns bloß die Achtung für das Gesetz der Vernunft und nicht Antriebe bestimmten« (BrA 322). Diese Annahme schließt die Mitwirkung des Geschmacks an einer reinen sittlichen Willensentscheidung aus; der Geschmack kann und darf nur von der Entgegensetzung der Sinnlichkeit gegen die Vernunft befreien. Dabei befreit er

»das Gemüth bloß darum von dem Joch des Instinckts, um es in *seinen* Feßeln zu führen, und indem er den ersten und offenbaren Feind der sittlichen Freiheit entwaffnet, bleibt er

---

[55] Für die Legalität menschlichen Betragens, obwohl »sie keinen moralischen Werth hat«, müßten »Vorkehrungen« getroffen werden. Denn ihre »leichtsinnige oder stolze Versäumniß […] würde uns moralisch zu gerechnet werden können« (BrA 330).

[56] Mit dieser Aussage äußert sich Schiller nicht gegen Kant. Denn auch nach KANT führt der Geschmack dazu, daß »die Empfänglichkeit des Gemüts für das moralische Gefühl befördert« wird (KU LVII); gegen Anmerkungen NA 26, 795.

[57] Vgl. BrA 309.

selbst nicht selten als der zweyte noch übrig, der unter der Hülle des Freundes nur desto gefährlicher seyn kann.[58] Der Geschmack nemlich regiert das Gemüth auch bloß durch den Reiz des Vergnügens [...] aber wo das Vergnügen den Willen bestimmt, da ist noch keine Moralität, da ist bloß ein Tausch der Ketten vorgegangen« (BrA 326).[59]

Sogar als »Wolf im Schafspelz« kann sich nach Schillers Briefen an von Augustenburg der Geschmack gebärden.[60] Keineswegs befreit er zu Sittlichkeit und reiner Vernunfttätigkeit. Diese Fähigkeit schreibt Schiller allerdings in seiner ästhetischen Erziehung dem Idealschönen zu.[61]

In den Augustenburgerbriefen begründet der Geschmack zwar nicht die Sittlichkeit des Menschen. Doch wird nach Schiller die durch den Geschmack gebildete Sinnlichkeit der Vernunftvorschrift leichter und gerne Folge leisten, weil der Geschmack das Mittel ist, den sinnlichen Menschen durch »freie Betrachtung« zu reiner Vernunfttätigkeit, »zu der Freiheit reiner Geister«, vorzubereiten (BrA 313). Er gilt als das Instrument der »aesthetischen Kultur«, das Verwilderung und Barbarei entgegenwirkt, indem es den Menschen auf die zweite Stufe seiner Entwicklung, in den Zustand der »freien Betrachtung« (Reflexion), führt und dadurch den Übergang von sinnlicher Abhängigkeit zu moralischer Freiheit ermöglicht.[62]

»Anfangs war ich nichts, als ein Instrument, auf dem die physische Nothwendigkeit spielte. Weil auf mich gewirkt wurde, empfand ich; weil ich empfand, so begehrte ich. Hier also waren Ursach und Wirkung physisch. Jetzt auf der zweyten Stuffe *mische ich mich selbst*, als ein freies Principium und als Person, *in meinen Zustand*. Ich erleide zwar noch, denn ich empfinde, aber *ich erleide, weil ich handelte*. Hier ist also zwar die Wirkung (die Empfindung) aber nicht die Ursache dieser Empfindung physisch. Es ist kein Stoff von aussen, sondern ein Stoff von innen, eine Vernunftidee, was mein Gefühlvermögen affiziert.« (BrA 312/313)[63]

Auf der zweiten Stufe menschlicher Entwicklung widmet sich nach Schiller der Mensch den Gegenständen der Welt in *freier* Betrachtung. Diese Betrachtung ist als frei bezeichnet, weil sie vollständig unabhängig vom Gegebenen vollzogen wird. Der Geschmack soll es sein, der sie ausführt. Er betrachte unabhängig vom sinnlichen Einfluß der Gegenstände eben diese und rufe dadurch ästhetisches Wohlgefallen (Lust) hervor. Eine wohlgefällige ästhetische Empfindung *folge vernünftiger Selbsttätigkeit nach*, und der Mensch

---

[58] Vgl. dazu UE 45: Die Sinnlichkeit vermag sich nach Schiller, »in der verführerischen Hülle des geistigen Schönen in den innersten Sitz der moralischen Gesetzgebung einzudrängen, und dort die Heiligkeit der Maximen an ihrer Quelle zu vergiften«.

[59] S. o. I.

[60] Der Geschmack schütze nicht nur nicht »vor neuer, sinnlich begründeter Unfreiheit«, sondern führe vielmehr in andere Fesseln (PETER-ANDRÉ ALT, Schiller, 128).

[61] S. u. II.4.5.f.

[62] S. BrA 301.312.310.

[63] Hervorhebung A. K.

erleide Lust, nachdem er selbsttätig gehandelt habe; »das aesthetische Wohl-
gefallen en[t]springt aus der Form, die ich einem empfangenen Stoff ertheile«
(BrA 312).[64] Nicht ein sinnliches Merkmal, wie in *Ueber Anmuth und Würde*
beschrieben, vielmehr allein eine dem betrachteten Gegenstand zuerteilte
Vernunftidee soll nach Schillers Augustenburgerbriefen die Schönheit des
Gegenstandes bedingen.[65]

Die Untersuchung zeigt, daß sich Schiller mit seiner Beschreibung des
Geschmacksurteils in den Augustenburgerbriefen auf die entsprechenden
Ausführungen Kants bezieht. Gleich Kant ist Schiller überzeugt, ein ästhetisches Urteil müsse sich der Freiheit des betrachtenden Menschen verdanken. Allerdings geht Schiller in seinen Briefen an von Augustenburg
– wie in *Ueber Anmuth und Würde* – davon aus, es sei die *Vernunft*, die über
das Schöne ein Urteil fällt. Im Unterschied zu Kant ist es nach Schiller nicht
das Zusammenspiel von Einbildungskraft und Verstand, das die Schönheit
eines Gegenstandes bedingt. Die Bedeutung dieser Differenz macht sich in
Schillers ästhetischer Erziehung bemerkbar. Denn wenn die Vernunft selbst
das Geschmacksurteil bestimmt, ist ein ästhetisches Urteil einem moralischen
nicht mehr bloß analog, sondern mit diesem direkt verbunden, und der in der
ästhetischen Erziehung gesuchte Übergang möglich.[66]

Weil also nach Schillers Augustenburgerbriefen ästhetisches Wohlgefallen
nicht vom Naturgegenstand selbst, sondern von der Tätigkeit des Betrachtenden abhängig ist, bereitet auch die natürliche Schönheit einer Frau oder
Venus nur dann ästhetisches Wohlgefallen, wenn der Betrachter bei ihrem
Anblick weder sie zu besitzen strebt noch sinnlichen Genuß begehrt.[67]
Wenn er zufrieden ist »mit der bloßen Vorstellung« und ihm der »Stoff von
innen« genügt, sieht er sie in ihrer Schönheit und empfindet mit ästhetischem
Wohlgefallen ihren von Vernunft geformten Anblick (BrA 312/313). Ent-
sprechend kann nach Schiller sogar das Häßliche als schön beurteilt werden.
Im Gegensatz zu Kant ist es nach Schiller konsequenterweise möglich, durch
freie Betrachtung auch das Häßliche und Üble schön zu finden; gerade am
Häßlichen beweist sich »die Thätigkeit eines freyeren Vermögens, ein Wohlgefallen ohne Sinneninteresse« (BrA 315).

In seinen Augustenburgerbriefen beabsichtigt Schiller aufzuzeigen, wie
der »entartete« Mensch zur Sittlichkeit erzogen werden kann. Er nimmt
an, daß Sinnlichkeit und Vernunft auf der zweiten Stufe menschlicher Entwicklung und also durch den Geschmack auf ästhetische und wohlgefällige

---

[64] Vgl. dazu KU v. a. § 9.
[65] Vermutlich beruht dieser Wandel in Schillers Ästhetik auf einem engeren Anschluß an die
Philosophie Kants – wahrscheinlich ist dieser auch durch die französischen Unruhen bedingt,
vgl. BrA 258.
[66] S. u. II.4.7.
[67] S. BrA 311/312.

Weise zu habitualisierter Zusammenstimmung gebracht werden können. Der Geschmack, auch wenn er nicht selbst zur Sittlichkeit befreit, macht doch die Sinnlichkeit der Vernunfttätigkeit geneigt. Indem der Geschmack immer wieder durch vernünftige Betrachtung sinnliches Wohlgefallen verursacht, veredelt er die Neigungen des Menschen derart, daß die Sinnlichkeit auch dann, wenn die Vernunft das moralische Gesetz gebietet, Beifall spendet. Nach den Augustenburgerbriefen ist diese Veredelung der Sinnlichkeit allerdings durch deren Schwächung bedingt.

Im Blick auf das Schöne wird die Sinnlichkeit geschwächt, weil der sinnliche Einfluß, den ein schöner Gegenstand ausübt, hinter der freien Vernunfttätigkeit des Geschmacks zurücktreten muß. Dabei schreibt Schiller diese »schmelzende« und »erschlaffende Wirkung«, von der die menschliche Sinnlichkeit betroffen ist, nicht dem Geschmack allein, vielmehr auch dem Schönen selbst zu. Das Schöne selbst führe dazu, daß die »blinde Macht der Natur« und die »blos *sinnliche Energie*«, die vornehmlich den Wilden beherrsche, »gebrochen« wird. »Der erschlaffende Einfluß des Schönen ist [...] unstreitig eine Wohlthat, *in so fern, er sich nur an der Sinnlichkeit äussert*«; er helfe, »die Anlage zur Rationalität in dem sensualen Menschen entwikeln« (BrA 304.306). Daß Schiller sowohl dem Geschmack als auch dem Schönen selbst die Erschlaffung und Auflösung der Sinnlichkeit zuschreiben kann, hängt daran, daß er das Schöne eben als Produkt des Geschmacks versteht.

Dem Schönen stellt Schiller das Erhabene entgegen. Das Erhabene wirke vornehmlich gegen die Erschlaffung und Erschöpfung der geistigen Seite, welche bei geistesschwachen Barbaren zu finden und bei zuviel Schönheit die Folge sei. Doch »weil die Wirkung des Erhabenen ist, das Gemüth zu spannen und seine Schnellkraft zu vermehren, so geschieht es nur allzuleicht, daß mit dem Karakter auch die Affeckte erstarken, und die sinnliche Natur an einem Kraftgewinn Theil nimmt, der nur der Geistigen gelten solte; daher findet man in den heroischen Weltaltern die erhabensten Tugenden oft mit den rohesten Lastern gepaart« (BrA 305).

Die Untersuchung führt zu dem Ergebnis, daß nach Schillers Augustenburgerbriefen sowohl das Schöne wie das Erhabene ausschließlich der Schwächung der Sinnlichkeit und der Stärkung der Vernunftkraft dienen sollen: »Der sinnliche Mensch kann nicht genug aufgelöst, der rationale nicht genug angespannt werden, und alles, was zur Kultur der Menschlichkeit gethan werden kann, läuft auf diese Regel hinaus ›die sinnliche Energie durch die geistige zu beschrancken‹« (BrA 304).

Weil ein Zuviel des Schönen wie ein Übermaß an Erhabenem negative Wirkungen zur Folge habe, bedürfe es möglichst »das genaueste Gleichgewicht beider Empfindungsarten«. Ein Gleichgewicht des Gefühls für das Schöne und des Gefühls für das Erhabene »vollendet den Geschmack« (BrA 305). Und der Geschmack läßt dann, eben weil er die Sinnlichkeit schwächt und die Rationalität des Menschen stärkt, von der »sinnlichen Abhängigkeit zu der moralischen Freiheit« übergehen (BrA 310).

Der Geschmack für das Schöne und das Erhabene, der die Sinnlichkeit des Menschen auflöst und beschränkt, muß nach Schillers Augustenburgerbriefen als notwendiges Mittel gegen Wildheit und Barbarei verstanden werden. Auf den bildenden Einfluß des Erhabenen geht Schiller jedoch erst in seinem Aufsatz »Ueber das Erhabene« ausführlich ein. In ihm weist er auch auf den Vorzug von *Kunst*gegenständen gegenüber dem Schönen und Erhabenen der Natur. Um den Menschen zu erhabenem Handeln zu bereiten, reichen erhabene Landschaften der Natur nicht aus. Es bedürfe des Tragischen und des Pathetischen; erhabene Kunst sei nötig, den Menschen vollständig ästhetisch zu erziehen. In Schillers ästhetischen Briefen schließlich kommt dem *Künstler* entscheidende Funktion bei der Erziehung des Menschen zu. Er solle und könne bewirken, wozu seine Mitmenschen und auch die Natur sich nicht bereit erwiesen. Er muß gewissermaßen die Lücke füllen, die sich auftut, wenn nach dem letzten Grund gefragt wird, auf dem die Möglichkeit des Schönen und des Übergangs zwischen Sinnlichkeit und Selbsttätigkeit beruht.

3. »*Ueber das Erhabene*«[68]

Erhaben ist nach Schiller, was zugleich ein »*Wehseyn*« und ein »*Frohseyn*« spüren läßt. Denn der »erhabene Gegenstand« vermittele zum einen »das peinliche Gefühl unserer Grenzen«, und zwar in bezug auf den Bereich des Sinnlichen; das Erhabene weise den Menschen auf die Beschränktheit seiner Einbildungskraft und auf die Grenzen des Verstandes.[69] Doch gerade dabei und dadurch werde der Mensch andererseits auf sein von aller Sinnlichkeit unabhängiges, freies und »selbstständiges Prinzipium« gewiesen (UE 42). »Diese Entdeckung des absoluten moralischen Vermögens, welches an keine

---

[68] Die Datierung des Aufsatzes »*Ueber das Erhabene*« ist umstritten. Zum einen wird angenommen, daß Schiller diesen Aufsatz ergänzend zu den Briefen *Über die ästhetische Erziehung* schrieb. Denn, was in der ästhetischen Erziehung mehr indirekt zur Sprache komme, führe Schiller in »*Ueber das Erhabene*« aus: »Der Aufsatz darf zum Teil als ein direkter Ersatz für nicht mehr ausgeführte Partien der Briefe ›Ueber die ästhetische Erziehung …‹ angesehen werden, da er die dort vorgetragene Darlegung der *schmelzenden* Schönheit, d.h. der Schönheit im engeren Sinne, nunmehr durch die der *energischen* ergänzt.« (Anmerkungen NA 21, 330; vgl. 328 ff.) S. dazu auch BENNO VON WIESE, Friedrich Schiller, 496. S. dagegen die Zeittafel, erstellt von MANFRED HOPPE, in: EMIL STAIGER, Friedrich Schiller, 436. Hier wird die Entstehung von *Ueber das Erhabene* auf 1793 datiert. Mit der Frühdatierung stimmt die vorliegende Interpretation überein; s. dazu im folgenden.

[69] S. UE 47. Vgl. dazu KANTs Unterscheidung von mathematisch und dynamisch Erhabenem (KU 80 ff. 102 ff.).

Natur-Bedingung gebunden ist, gibt dem wehmüthigen Gefühl [...] den ganz eignen unaussprechlichen Reiz, den keine Lust der Sinne, so veredelt sie auch seyen, dem Erhabenen streitig machen kann.« (UE 45)

In Hinsicht auf das Erhabene sind nach Schiller die beiden Seiten des Menschen, seine sinnliche und seine vernünftige, »auf ganz *entgegengesetzte* Art interessiret«[70] (UE 42). Beide Seiten seien gefordert und angespannt. Gerade weil beide Seiten beim Anblick des Erhabenen in entgegengesetzter Richtung unter energischer Anspannung ständen, könnten sie nicht zusammenkommen; beim Erhabenen wie bei würdevollem Betragen »stimmen Vernunft und Sinnlichkeit *nicht* zusammen« (UE 43).[71]

Im Gegensatz zu Kant geht Schiller aus vom Vorhandensein erhabener *Gegenstände*. Nach Kant ist »die Erhabenheit in keinem Dinge der Natur, sondern nur in unserm Gemüte enthalten« (KU 109).[72] Nach Schiller aber ist es der Gegenstand, der das erhabene Gefühl bereitet. Und das ist – dazu führt die Interpretation – für den Künstler Schiller von eben solcher Bedeutung wie eine objektive Eigenschaft des Schönen. Denn nur, wenn das Erhabene an sinnlichen Gegenständen haftet und das Schöne objektiv faßbar ist, besteht die Möglichkeit, daß der menschliche Künstler Gegenstände bilden kann, mit denen er, eben weil sie schön oder erhaben *sind*, auf seine Mitmenschen wirkt; nur dann ist es nicht nötig, daß seine Mitmenschen, wie Kant voraussetzt,[73] bereits sittlich gebildet sein müssen, um in Freiheit einen Gegenstand als schön beurteilen zu können.

Nicht nur furchtbare Naturschauspiele, sondern sogar erhabene Menschen sind nach Schiller Gegenstände, durch die das Gefühl des Erhabenen vermittelt wird.[74]

Erhabene Gesinnung zeigt nach Schiller derjenige Mensch, der seine Schmerzen geradezu behalten wolle, weil ihn die Kraft seines moralischen Vermögens befähige, »das wirkliche Leiden in eine erhabene Rührung aufzulösen« (UE 51).[75] Kant hingegen ordnet keineswegs die Erfahrung von Leid, weder die Erfahrung von eigenem noch von fremdem, dem Bereich des Erhabenen zu. Das Gefühl des Erhabenen setze gerade voraus, daß »wir uns nur in Sicherheit befinden« (KU 104).

Ein erhabener Mensch, ein stoischer Hiob ist nach Schiller derjenige, der seinen Betrachter das absolute moralische Vermögen entdecken läßt, das sowohl ihm wie auch diesem zu eigen ist. Dadurch werde der Betrachter

---

[70] Hervorhebung A. K.
[71] S. o. II.1.3.
[72] Vgl. KU 76/77.
[73] S. Kant-Kapitel, III.6.
[74] S. UE 47 f.
[75] Vgl. AW 290.

befreit von *der Natur als Macht*, an welche das Schöne ihn bindet.[76] »Das
Erhabene verschafft uns also einen Ausgang aus der sinnlichen Welt, worinn
uns das Schöne gern immer gefangen halten möchte.« Nicht durch die eigene
Vernunft und auf selbsttätige Weise, sondern durch einen erhabenen Gegenstand werde dem Betrachtenden das Gefühl des Erhabenen »verschafft«. Und
mit einer erhabenen Rührung werde der gefesselte Geist der Sinnlichkeit
entrissen, was ihn befreie, das moralische Gesetz zu erfüllen (UE 45). Der
Anblick des Erhabenen bewirkt nach Schiller die Erziehung des Menschen
zur Sittlichkeit. Denn »erhabene Rührungen und ein öfterer Umgang mit
der zerstörenden Natur, sowohl da wo sie ihm ihre verderbliche Macht bloß
von Ferne zeigt, als wo sie sie wirklich gegen seine Mitmenschen äußert«,
brächten dem Betrachtenden immer wieder sein sittliches Vermögen zu
Bewußtsein und stärkten ihn für den Fall, daß er selbst in Unglück gerate und
seine Sittlichkeit zu bewähren habe (UE 51).

Schon die Natur gebe die Möglichkeit, das Empfindungsvermögen für
das Erhabene und auch das Schöne zu üben und dadurch den Menschen zur
Sittlichkeit zu bereiten. »Das Erhabene, wie das Schöne, ist durch die ganze
Natur verschwenderisch ausgegossen, und die Empfindungsfähigkeit für
beides in alle Menschen gelegt; aber der Keim dazu entwickelt sich ungleich,
und durch die Kunst muß ihm nachgeholfen werden.« (UE 46) Durch die
Kunst solle Nachhilfe geleistet werden, weil sie frei sei von der Unreinheit
des natürlichen Wirklichen; »weil sie nur den *Schein* und nicht die *Wirklichkeit*
nachahmt«, sei der Empfang von ästhetischen Gefühlen beim Anblick künstlerischer Werke leichter als angesichts der Natur (UE 54).

Um dem Menschen Fertigkeit im Umgang mit möglichem Unglück und
seinem Geist »Vorsprung […] vor dem sinnlichen Trieb« zu vermitteln, dazu
kann und soll nach Schiller das »Pathetische« dienen (UE 51). Das Pathetische
sei »ein künstliches Unglück« und *übe* die »Empfindungsfähigkeit« für das
Erhabene bei demjenigen Menschen, der von großem Unglück bisher unbe-
rührt geblieben sei (UE 53). Die gesamte »tragische Kunst«, unter anderem
»das furchtbar herrliche Schauspiel« und »die pathetischen Gemählde«, mach-
ten den Menschen bekannt mit sinnlichen Gefahren. Dadurch, daß sich beim
Anblick des Pathetischen mögliche Gefahren zeigten, werde ihm, und zwar
noch deutlicher als durch die Natur, sein absolutes moralisches Vermögen
bewußt, das alle Gefahren »*dem Begriff nach*« zunichte sein lasse (UE 39).
Nach Schiller wird derjenige, dem von der »ewigen Untreue alles Sinnlichen«
kunstvolle Darstellung gegeben wird, nicht anders können, als »nach dem
Beharrlichen in seinem Busen zu greifen« (UE 52). Weil nun derjenige, dem
das Erhabene in Form von Kunst begegnet ist, das eigene über alles sinnliche
Leid erhabene Vernunftvermögen erkannt hat, ist er gewappnet für jede

---

[76] S. UE 40.

erhabene Situation, die ihn möglicherweise ereilt. In seinem Aufsatz *Ueber das Erhabene* weist Schiller anders als in den Briefen an den Augustenburger nicht auf die Ideen der Religion, die in lebensbedrohlichen Situationen auf jenseitige Entschädigung vertrösten, vielmehr der tragischen Kunst mißt er Heilsbedeutung zu.

»Das höchste Ideal, wornach wir ringen, ist, mit der physischen Welt, als der Bewahrerinn unserer Glückseligkeit, in gutem Vernehmen zu bleiben, ohne darum genöthigt zu seyn, mit der moralischen zu brechen, die unsre Würde bestimmt. Nun geht es aber bekanntermaßen nicht immer an, beyden Herren zu dienen, und wenn auch (ein fast unmöglicher Fall) die Pflicht mit dem Bedürfnisse nie in Streit gerathen sollte; so geht doch die Naturnothwendigkeit keinen Vertrag mit dem Menschen ein, und weder seine Kraft noch seine Geschicklichkeit kann ihn gegen die Tücke der Verhängnisse sicher stellen.« (UE 50/51)

Wie in *Ueber Anmuth und Würde* beschreibt Schiller auch hier die Einheit von Anmut[77] und Würde als das Ideal, das den Menschen bestimmen soll. Weil jedoch »die Tücke der Verhängnisse« niemals auszuschließen ist, soll der Mensch sogar befähigt sein, »sich moralisch zu entleiben«; für den Fall, daß von ihm gefordert ist, was »die Schranken der Menschheit«[78] übersteigt, soll er das Vermögen besitzen, sich seiner Sinnlichkeit radikal entgegenzusetzen, auch wenn er seine Anmut dabei preisgibt (UE 51). Entsprechend fordert die Abhandlung *Ueber das Erhabene* zur ästhetischen Erziehung des Menschen nicht bloß das Schöne, sondern unbedingt auch das Erhabene. Erst das Erhabene mache »die ästhetische Erziehung zu einem vollständigen Ganzen«, weil es »die Empfindungsfähigkeit des menschlichen Herzens nach dem ganzen Umfang unsrer Bestimmung, und also auch über die Sinnenwelt hinaus« erweitere (UE 52). Erst unter dem Einfluß des Erhabenen wird der Mensch fähig, mit Würde zu ertragen, was die Schranken der sinnlich-vernünftigen Menschheit übersteigt.

Obwohl Schiller in seiner Abhandlung *Ueber das Erhabene* den Wert des Erhabenen gegenüber dem Schönen und die Bedeutung der Würde gegenüber der Anmut heraushebt, hält er fest: »Nur wenn das Erhabene mit dem Schönen sich gattet, und unsre Empfänglichkeit für beydes in gleichem Maaß ausgebildet worden ist, sind wir vollendete Bürger der Natur, ohne deswegen ihre Sklaven zu seyn, und ohne unser Bürgerrecht in der intelligibeln Welt zu verscherzen.« (UE 53)[79] Nur derjenige, der Würde und Anmut in sich

---

[77] Anmut zeichnet sich aus durch »gutes Vernehmen« zwischen Sinnlichkeit und Vernunft, zwischen physischer Bestimmung und Vernunftbestimmung (s. o. II.1.2.).

[78] S. o. II.1.3., AW 298.

[79] Vgl. SCHILLERS Gedicht »Schön und Erhaben«, NA 1, 272; über den Genius des Schönen und den des Erhabenen dichtet Schiller: »Nimmer widme dich Einem allein. Vertraue dem ersten // Deine *Würde* nicht an, nimmer dem andern dein *Glück*.«

vereint, weil er dazu durch erhabene und schöne Kunst erzogen ist, »steht da, gerechtfertigt in der Geisterwelt, und freygesprochen in der Erscheinung.«[80] Wie die Interpretation zeigt, stimmen die drei bisher behandelten Textkorpora darin überein, daß sie die Verbundenheit von Anmut und Würde fordern; nach den Briefen an den Augustenburger und nach *Ueber das Erhabene* ist diese Verbundenheit durch die Erziehung des Menschen mit Schönem und Erhabenem bedingt. Alle drei Schriften, vor allem die beiden letztgenannten, zeichnen sich aus durch Hochschätzung eines Betragens, das auf der vernunftgewirkten Auflösung und Ausschaltung menschlicher Sinnlichkeit beruht, die im Unglücksfall sogar zu »moralischer Entleibung« führen soll.

Wie die Untersuchung im folgenden deutlich macht, nehmen Schillers Briefe »Ueber die ästhetische Erziehung des Menschen« Bezug auf *Ueber Anmuth und Würde*, die Briefe an den Augustenburger liegen ihnen zugrunde und auch Ausführungen aus *Ueber das Erhabene* haben Einfluß. Doch in Schillers ästhetischer Erziehung ist das Erhabene nahezu bedeutungslos, der Geschmack führt keineswegs mehr in fesselnde Ketten, die Sinnlichkeit kommt zu Würden und das Schöne, vornehmlich das Kunstschöne, gilt als unabdingbare Bedingung gerechtfertigten, schuldlosen Seins.

4. »*Ueber die ästhetische Erziehung des Menschen in einer Reihe von Briefen*«

Wie in den Briefen an von Augustenburg hält Schiller auch in seiner ästhetischen Erziehung den Übergang vom Bereich des Sinnlichen zu reiner Vernunftfreiheit durch ästhetische Kultur für möglich.[81] Doch im Gegensatz zu diesen Briefen schließt Schiller in seiner ästhetischen Erziehung aus, daß es einzelne gebe, die den Übergang über die Schönheit nicht nötig hätten. Es sei dieser Übergang eine *notwendige* Stufe in der Entwicklung der Menschheit insgesamt sowie der einzelnen Menschen, die drei Stufen oder Zustände »in einer bestimmten Ordnung durchlaufen müssen, wenn sie den ganzen Kreis ihrer Bestimmung erfüllen sollen« (AE 388).[82] Der Mensch und die Menschheit könnten aus dem Zustand bloßen Empfindens und rein sinnlicher Gewaltherrschaft nur über eine ästhetische Zwischenstufe zu vollendeter vernünftiger Selbsttätigkeit und in das *Reich der Freiheit* gelangen, mit dem nach Schiller die menschliche Bestimmung zur Erfüllung kommt.

---

[80] S. o. II.1.3.

[81] Auch der »Rückgang« vom Denken zum Empfinden sei nur durch Schönheit möglich (ÄE 365).

[82] »Der Mensch in seinem *physischen* Zustand erleidet bloß die Macht der Natur; er entledigt sich dieser Macht in dem *ästhetischen* Zustand, und er beherrscht sie in dem *moralischen*.« (ÄE 388).

Damit das Reich der Freiheit, der einzig dem Wesen des Menschen entsprechende ethische Freiheitsstaat[83], wirklich werde, müsse ein Übergangsstaat und -zustand, ein »Zwischenreich«, gefunden werden zwischen dem ursprünglichen Staat der Natur, in dem die Sinnlichkeit herrsche, und dem Staat der Sittlichkeit, in welchem die Vernunft regiere. Der Durchgang durch dieses Reich soll dem sinnlich bestimmten Menschen das Gesetz der Vernunft nicht mehr als Nötigung erscheinen lassen, sondern »die unendliche Befreyung«, die ihm durch dieses eigentlich gegeben sei, zur Empfindung bringen; dann werde er dies Gesetz auch tatsächlich erfüllen und der Vernunftstaat wird wahrhaft ein Freiheitsstaat sein.

Folgerichtig muß festgehalten werden, daß nach Schiller genau der Staat, als das höchste Ziel der menschheitlichen Entwicklung gilt, in dem das Moralgesetz der Vernunft, »das Heilige im Menschen«, *zuverlässig und freiwillig* befolgt wird (ÄE 392). Die ästhetische Erziehung, die Schiller propagiert, ist darauf ausgerichtet, daß der Vernunftstaat zum Freiheitsstaat werde, was dann geschehen sei, wenn in menschlicher Gemeinschaft auf die freiwillige Befolgung des Vernunftgesetzes »wie auf *natürliche* Erfolge gerechnet werden« kann, wenn sie also instinktiv zuverlässig erfolgt. Als Ort der Erziehung gilt das ästhetische Zwischenreich, in dem die sinnlich-vernünftige Natur des Menschen ästhetisch erzogen und veredelt wird (ÄE 315).[84]

Die Interpretation macht deutlich, daß Schiller im Gegensatz zu Kant nicht davon ausgeht, es sei immer schon neben dem Gebiet des Naturbegriffes ein Gebiet des *Freiheits*begriffes vorhanden. Vielmehr nimmt Schiller an, daß dem Bereich der Natur das Gebiet des zwingenden Vernunftgesetzes entgegensteht. Um das Gebiet der Vernunft als das Gebiet des Freiheitsbegriffes zu erschließen, ist ein Übergangsbereich notwendig, in dem derart zwischen Natur und Vernunft vermittelt wird, daß letztlich Natur und Vernunft nicht länger Zwang ausüben.

Ein ästhetisches Reich der Mitte muß nach Schiller den Übergang vom Naturstaat in den Freiheitsstaat überbrücken, indem es Sinnlichkeit und Vernunft zur Zusammenstimmung bringt. Andernfalls, wenn die Realisation des Vernunftstaates in der Auflösung und Vernichtung der physischen Natur

---

[83] Mit dem »Staat der Freyheit« muß der durch den Übergang ermöglichte Vernunftstaat gemeint sein (ÄE 318). Zum einen wird er auf Seite 318 dem auf den Seiten zuvor schon als »Nothstaat« bezeichneten Naturstaat entgegengesetzt. Zum anderen ist es nach Schiller die Vernunft, die dem Menschen »unendliche Befreyung« verschafft (ÄE 392). Vgl. auch BrA 258: »Das Reich der Vernunft ist ein Reich der Freiheit«. WALTER HINDERERS Interpretation: »Dieser ›Staat der Freiheit‹ ist der ästhetische Staat« (Von der Idee des Menschen. Über Friedrich Schiller, 139) muß darum widersprochen werden.

[84] Schillers Erziehungsziel, daß »auf das sittliche Betragen des Menschen wie auf *natürliche* Erfolge gerechnet werden« kann (ÄE 315), daß also das *Sollen aus* dem *Sein* hervorgeht, wird nach Schillers ästhetischer Erziehung durch ästhetische Veredelung erreicht. Vgl. dazu GERHARD FRICKE, Der religiöse Sinn der Klassik Schillers, 336 ff.

des Menschen begründet läge, würde den Bürgerinnen und Bürgern des ethischen Reiches eine Seite ihres Menschseins und also ihre *Ganzheitlichkeit* genommen sein. Die Sinnlichkeit dürfe dem Menschen nicht genommen werden, doch soll ihre tyrannisierende Kraft, die den Naturstaat ausmache, gebrochen werden. »Man muß also für die Fortdauer der Gesellschaft eine Stütze aufsuchen, die sie von dem Naturstaate, den man auflösen will, unabhängig macht.« (ÄE 314/315) Nach Schillers ästhetischer Erziehung soll zwar der Naturstaat, der Zustand sinnlicher Dominanz, aufgelöst werden, die Sinnlichkeit selbst müsse aber bewahrt bleiben. Eben dazu sei ein stützendes Übergangsreich, das »zu einem sinnlichen Pfand der unsichtbaren Sittlichkeit« dient und den *ganzheitlichen Charakter des Menschen* bedingt, notwendig (ÄE 315).

4.1. Stofftrieb und Formtrieb

Der sinnlichen und der vernünftigen Natur des Menschen schreibt Schiller in seiner ästhetischen Erziehung einerseits den sinnlichen, andererseits den vernünftigen Trieb zu.

Der *sinnliche Trieb/Stofftrieb*, der für die physische Seite des Menschen steht, empfange und vermittele wechselnde Empfindungen, Materie und Stoff.[85] Empfindung heiße der »Zustand der bloß erfüllten Zeit [...], und er ist es allein, durch den sich das physische Daseyn verkündigt.« (ÄE 344) Sei der Mensch bestimmt durch den Empfang einer bestimmten Empfindung, sei die Möglichkeit seiner unendlichen Bestimmbarkeit, die vor jeglichem Empfinden gegeben sei, »auf diese einzige Art des Daseyns beschränkt. Wo also dieser Trieb ausschließend wirkt, da ist nothwendig die höchste Begrenzung vorhanden« (ÄE 345).

Der *Formtrieb*, das selbsttätige Vernunftvermögen des Menschen, sei erst dann zu wirken fähig, wenn über den sinnlichen Trieb Materie, wirklicher Inhalt, empfangen worden sei; solange der Mensch »nicht anschaut und nicht empfindet, ist er noch weiter nichts als Form und leeres Vermögen« (ÄE 343).[86] Sein Vernunftvermögen realisiere er, indem er der empfangenen Materie Form erteile, so daß diese wieder als geformte Materie empfangen werden könne – »ohne Form keine Materie, ohne Materie keine Form« (ÄE 348 Anm.*)).

Der Formtrieb »dringt auf absolute *Formalität*«, und der vernünftige Mensch sei darum bestrebt, alle Materie zu »vertilgen«, d.h. seiner Person entsprechend mit Form zu gestalten und also vernünftig zu machen (ÄE 344). Um der Materie Form zu erteilen, hebe der Mensch die zeitliche und

---

[85] S. ÄE 342.
[86] S. ÄE 374.

die subjektbedingte oder »räumliche«[87] Beschränktheit des empfangenen Stoffes wieder auf.[88] Sein Formtrieb entscheide und gebiete im Jetzt, was er »für alle Menschen und alle Zeiten« entscheide und gebiete, denke und wolle; er verlange von einem jeden Empfindungszustand »Allgemeinheit und Nothwendigkeit« in alle Ewigkeit. Nicht nur beschließe er, daß das Wirkliche notwendig und ewig und somit geformt sei, auch verlange er, daß das Notwendige und Ewige wirklich werde, denn »er dringt auf Wahrheit und auf Recht« (ÄE 346).[89] Er fordere notwendige, allgemeingültige Erkenntnis und die Realisation allgemeiner Sittlichkeit. Darum befolge er »das Heilige im Menschen, das Moralgesetz«, das vor dem Ewigen, Notwendigen und Allgemeinen Achtung gebiete (ÄE 392). Er strebe nach dem Wahren und dem Guten, das von aller sinnlichen Beschränktheit und so von aller raumzeitlichen Einschränkung losgelöst sei. »Wo also der Formtrieb die Herrschaft führt, […] da ist die höchste Erweiterung des Seyns, da verschwinden alle Schranken« (ÄE 347).

Wenn die Triebe, deren »*Tendenzen*« einander widersprächen, »aber was wohl zu bemerken ist, nicht in *denselben Objekten*«, sich je auf das Objekt des jeweils anderen Triebes richteten, verfehle der Mensch seine Bestimmung. Denn dann verlange der sinnliche Trieb den Wechsel der vernünftigen Grundsätze und der Formtrieb fordere die »Identität der Empfindung« (ÄE 347). Dies bedeute die doppelte Entartung des Menschen; er verhalte sich entweder wie ein Wilder oder verdiene, ein Barbar genannt zu werden.

Der Wilde halte sich auf Grund der Dominanz seines sinnlichen Triebes nicht an das Vernünftige und Notwendige, sondern behandle die Gesetze der Vernunft nach seinen wechselnden Empfindungen. Der gefühlkalte Barbar hingegen stellt nach Schillers ästhetischer Erziehung dem Wandel der Gefühle seinen Trieb nach Ewigkeit und Allgemeinheit entgegen und verhindert so den Empfang der bloß zufälligen Materie, ohne die doch keine Form sein könne. »Der Mensch kann sich aber auf eine doppelte Weise entgegen gesetzt seyn: entweder als Wilder, wenn seine Gefühle über seine Grundsätze herrschen; oder als Barbar, wenn seine Grundsätze seine Gefühle zerstören.« (ÄE 318) Das eine wie das andere führe »zuletzt nothwendig zur Erschöpfung, weil der Stoff nicht lange der bildenden Kraft, weil die Kraft nicht lange des bildsamen Stoffes entrathen kann« (ÄE 380).

---

[87] Als »räumlich« wird die Beschränktheit der Materie interpretiert, die dadurch bedingt ist, daß sie stets nur für einen Menschen, für ein Subjekt und Individuum Gültigkeit hat. So wie Schiller die zeitliche Beschränktheit des Stoffes der Ewigkeit der Form entgegensetzt, so stellt vorliegende Interpretation die »räumliche« Bestimmtheit von Materie dem allgemeinen und universalen Geltungsanspruch der Form entgegen; s. dazu u. II.4.10.

[88] S. ÄE 343.346.

[89] Vgl. UE 40/41.

Die Interpretation läßt erkennen, daß der »Wilde« den Naturstaat per-
sonifiziert und gleich diesem von der Dominanz seiner Sinnlichkeit erlöst
zu werden nötig hat. Umgekehrt steht der »Barbar« für den Vernunftstaat,
der mit Gewalt seine Gesetze durchzusetzen sucht, was niemals zu wahrer
Befreiung führen kann. Die Abhilfe, die Schiller nennt, um den Wilden wie
den Barbaren von seiner einseitigen Triebbestimmtheit zu befreien, ist ein
ausgleichender Übergangszustand.

4.2. Übergang

Ein unmittelbarer Übergang vom Naturstaat zum Freiheitsstaat, vom Empfinden zum Denken, vom Leiden zur Tätigkeit, von der Materie zur Form ist
nach Schiller durch die unendliche »Kluft« zwischen dem Bereich des Sinnlichen und dem Gebiet der Vernunft verhindert (ÄE 369).[90] Der Wille, der
mitten zwischen dem Streben des vernünftigen und des sinnlichen Triebes
stehe, könne nur dann, wenn »die Wirkungen jener beyden Triebfedern
im Reich der Erscheinungen vollkommen gleich ausfallen«, sich völlig frei
für das Wahre und Gute entscheiden und so von bloßer Sinnlichkeit zu
absoluter und freiwilliger Vernunfttätigkeit übergehen (ÄE 316).[91] Er könne
sich nur dann frei entscheiden, wenn er zugleich und gleichermaßen durch
den Stoff- und den Formtrieb, durch Neigung und Achtung genötigt werde.
Dann nämlich hebe sich das entgegengesetzte Streben der beiden Triebe
gegenseitig auf und den Willen nötigten nun weder sinnliche Macht und
Begierden noch das Gesetz der Vernunft.

4.3. Spieltrieb

Das gleichzeitige und zudem gleichgewichtige Miteinander von Form- und
Stofftrieb ist nach Schiller im dritten Trieb des Menschen, im »Spieltrieb«
gegeben (ÄE 353). Im Spieltrieb wirkten der sinnliche Trieb, der nach
Wechsel, Veränderung und Materie strebe, sowie der Formtrieb, der das
Ewige, Notwendige und Allgemeine wolle, zugleich. Demnach ist das Objekt
seines Strebens zwar nicht losgelöst von Materie und somit nicht vollständig
räumlich entgrenzt, doch ist es allgemein zugänglich. Auch ist es nicht der
Zeit enthoben, vielmehr hebt der Spieltrieb die Zeit »in der Zeit« auf (ÄE
353). Er hebt die raum-zeitliche Bestimmtheit der Materie auf, die Materie
selber aber nicht. Er vertilgt den Stoff, indem er ihn im Augenblick mit zeit-

---

[90] Der »Abstand zwischen Materie und Form, zwischen Leiden und Thätigkeit, zwischen
Empfinden und Denken« ist nach Schiller »*unendlich*« (ÄE 366).
[91] Die freie Wahl zwischen Sinnlichkeit und Vernunft, die dem Willen in *Ueber Anmuth und
Würde* zugeschrieben ist, muß nach Schillers ästhetischen Briefen durch einen Gleichgewichtszustand erst ermöglicht sein.

loser und allgemeiner Form vereint, ohne ihn dadurch radikal zu vernichten, worauf allerdings die einseitige Tätigkeit des Formtriebs zielt. Im Augenblick faßt er die Ewigkeit ein und läßt ewig sein in einem Augenblick.[92]

Im Spieltrieb wirkten Stoff- und Formtrieb zugleich zusammen, weshalb die Nötigungen beider Triebe aufgehoben seien und der Mensch sich in Freiheit befinde.[93] »Jede *ausschliessende* Herrschaft eines seiner beyden Grundtriebe ist für ihn ein Zustand des Zwanges und der Gewalt; und Freyheit liegt nur in der Zusammenwirkung seiner beyden Naturen.« (ÄE 365)

Gleich wie die Nötigung der Triebe, der vernünftige wie der sinnliche Zwang zu Achtung oder Neigung, aufgehoben sei, so sei auch die doppelte Bestimmtheit des Menschen, seine materiale und seine formale Beschaffenheit nicht mehr zufällig gelassen. Im abgegrenzten Bereich der Natur sei es zufällig, ob mit der jeweils gegebenen Glückseligkeit die jeweilige menschliche Vollkommenheit übereinstimmend sei. Und auf dem Gebiet der Vernunft sei es dem Zufall überlassen, ob der umgekehrte Fall bestehe. Entsprechend werde der Spieltrieb, in dem die Triebe beider Bereiche vereinigt seien, »zugleich unsre formale und unsre materiale Beschaffenheit, zugleich unsre Vollkommenheit und unsre Glückseligkeit zufällig machen«. Doch werde er,

»eben weil er *beyde* zufällig macht, und weil mit der Nothwendigkeit auch die Zufälligkeit verschwindet, die Zufälligkeit in beyden wieder aufheben, mithin Form in die Materie und Realität in die Form bringen. In demselben Maaße als er den Empfindungen und Affekten ihren dynamischen Einfluß nimmt, wird er sie mit Ideen der Vernunft in Uebereinstimmung bringen, und in demselben Maaße, als er den Gesetzen der Vernunft ihre moralische Nöthigung benimmt, wird er sie mit dem Interesse der Sinne versöhnen.« (ÄE 354/355)[94]

Indem der Spieltrieb zwischen Empfindungen und Vernunftideen Versöhnung stiftet, bewirkt er nach Schiller den *Zustand des Spiels*,[95] der ausgezeichnet ist durch das Fehlen von Nötigung und Zufälligkeit, was die Verbundenheit von Vollkommenheit und Glückseligkeit bedeutet.

Die Funktion des Spieltriebs formuliert Schiller parallel dem Wirken des Geschmacks, das er in *Ueber Anmuth und Würde* beschreibt. Auch der Geschmack verbindet die »beyden, einander verschmähenden Naturen [die sinnliche und die vernünftige Natur], zu einer glücklichen Eintracht«, und zwar indem er »dem Materiellen die Achtung der Vernunft« und »dem Rationalen die Zuneigung der Sinne erwirbt« (AW 260). Mit dem Begriff des Spieltriebs betont Schiller, daß dieser Trieb den Menschen in den Zustand des Spiels und also in ästhetische Freiheit versetzt. Gegenüber Kant macht Schiller mit dem Begriff des

---

[92] S. ÄE 353; vgl. 374f.380. – Zum »Ewigsein im Augenblick« s. u. Kapitel VI, I.
[93] S. ÄE 354.
[94] S. auch ÄE 390.
[95] Vgl. ÄE 357.

Spieltriebs deutlich, daß der Geschmack kein gesondertes drittes menschliches Vermögen ist und daß der Übergang zwischen Sinnlichkeit und Vernunft nur über die gleichzeitige Verbundenheit beider verläuft, weil sonst die Ganzheit des Menschen übergangen wird.

Daß der Spieltrieb in sich den sinnlichen Trieb und den Formtrieb *zugleich* vereint, betont Schiller durch eindringliche Wiederholung der Partikel »zugleich« (ÄE 354). Nur und gerade das Zugleich beider Triebe ermöglicht nach Schiller die freie Wahl des Willens. Das Zugleich, das ihn von einseitiger Nötigung befreie, überlasse dem Willen die freie und *ganzheitliche* Entscheidung für das Wahre und Gute. Eben *daß der Mensch sich ganzheitlich,* mit Sinnen und Vernunft *für reine Vernunfttätigkeit entscheide,* ist das Anliegen der Schillerschen Erziehungsschrift, und dieses ist im Begriff des Spieltriebs ausgedrückt. Der Spieltrieb muß folgerichtig interpretiert werden als der Trieb, den Vernunft und Wahrheit »zu ihrem Sachführer im Reich der Erscheinungen« aufstellen müssen, wenn sie »im Streit mit Kräften den Sieg erhalten« wollen (ÄE 330). Er ist der Trieb, dessentwegen der Mensch frei wird zur höchsten Erweiterung des Seyns, zu absoluter Formtriebtätigkeit. Denn er macht dem Menschen möglich, »*von Natur wegen* […] aus sich selbst zu machen, was er [d. i. der Mensch] will« und was er *als Mensch* »soll« (ÄE 377/378). Er gewährt Einsicht in das Sittlichgute und das Wahre und läßt die Verwirklichung des Guten der Einsicht nahezu automatisch folgen.[96]

4.4. Ästhetischer Zustand

Den Zustand, in den der Spieltrieb führt und in dem der Übergang von ausschließlicher Sinnlichkeit zu Wahrheit und Sittlichkeit eröffnet ist, bezeichnet Schiller als *ästhetischen Zustand.* Es sei dieser der Zustand, in dem der Mensch sich, weil ihn weder sinnliche noch vernünftige Nötigung treffe und doch auch keine Zufälligkeit bestimme, in ästhetischer Stimmung befinde und spiele. Hier in seiner sinnlich-vernünftigen Ganzheit sei der Mensch »*ganz Mensch*«, denn »*er ist nur da ganz Mensch, wo er spielt*«, und »der Mensch spielt nur, wo er in voller Bedeutung des Worts Mensch ist« (ÄE 359).

Im ästhetischen Zustand als dem Zustand des Spiels, in dem keine Bestimmtheit zu diesem oder jenem Verhalten vorhanden ist, ist nach Schiller dem Willen die freie Wahl eines jeden anderen Zustands freigegeben. Der ästhetische Zustand nehme »keine einzelne Funktion der Menschheit ausschließend in Schutz«, sondern sei »der Grund der Möglichkeit von allen« und damit der »Zustand der realen und aktiven Bestimmbarkeit« (ÄE 379.375). Im Gegensatz zur bloßen Bestimmungslosigkeit und »bloßen Bestimmbarkeit«, die dem Menschen vor aller materiellen Bestimmung gegeben sei, beruhe der Zustand der realen und aktiven Bestimmbarkeit oder eben die »ästhetische

---

[96] S. dazu o. unter I. und u. Abschnitt II.4.9.4. und II.4.10.

Bestimmungsfreyheit« auf einer Determination durch Materie, der durch den Formtrieb eine vernünftige Bestimmung entgegengesetzt ist (ÄE 377); so ist die Materie nicht radikal vernichtet, vielmehr ist sie durch den Formtrieb gestaltet und in der Form *aufgehoben*.[97] Die materielle Determination ist die notwendige Bedingung dafür, daß der Formtrieb den Menschen überhaupt durch Form bestimmen kann – »ohne Materie keine Form«. Die *Entgegensetzung der Form gegen die Materie* bedingt wiederum die Befreiung von jeglicher Bestimmtheit, welche die Freiheit des Willens bedeutet.

»Die Aufgabe ist also, die Determination des [sinnlich bestimmten] Zustandes zugleich zu vernichten und beyzubehalten, welches nur auf die einzige Art möglich ist, daß man ihr *eine andere entgegensetzt*. Die Schalen einer Wage stehen gleich, wenn sie leer sind; sie stehen aber auch gleich, wenn sie gleiche Gewichte enthalten.« (ÄE 375)[98]

Die *erste* ästhetische Stimmung im Leben eines Menschen hält Schiller für ein »Geschenk der Natur«[99], für eine *Gunst* derselben (ÄE 398). Denn zu Beginn menschlichen Lebens sei es eine naturbedingte »Notwendigkeit außer uns«, die den Menschen durch eine Sinnenempfindung bestimme und den Stofftrieb wecke. Eine »Nothwendigkeit *in uns*« eröffne »auf Veranlassung jener Sinnenempfindung, und durch Entgegensetzung gegen dieselbe« das Person-Sein, das Selbstbewußtsein des Menschen, das »übersinnlichen Ursprungs« sei, und belebe dadurch den Formtrieb (ÄE 372).[100] Wenn Stoff- und Formtrieb zugleich und gleichgewichtig vorhanden seien und also der Spieltrieb »nach dem Gesetz der Nothwendigkeit« erweckt worden sei, sei der Mensch in ästhetische Freiheit gesetzt und so zu seiner »Menschheit« gelangt. Dabei kann die Notwendigkeit, auf Grund deren der Mensch zu Beginn seines Lebens seine sinnlich-vernünftige Ganzheit erhält, keineswegs verstanden werden als eine Notwendigkeit, die gewiß ist »als Faktizität von *dauernden*

---

[97] ÄE 369.376f.; s. dazu u. II.4.5.

[98] Daß Schiller nicht notwendig in eine Aporie gerät, wenn er in der Kunst das gleichzeitige Vernichten und Beibehalten von Sinnlichkeit und Stoff fordert, zeigt obige Interpretation im folgenden (s. u. II.4.9.). Entscheidend ist Schillers Gebrauch der Worte »vernichten« und »vertilgen« im Blick auf die Kunst. Auch bei Schleiermacher ist der Begriff des Vernichtens von Bedeutung, s. Schleiermacher-Kapitel, III.6.4. Zu den Schwierigkeiten, die Schillers Wortgebrauch allerdings bereitet, s. u. II.4.8.

[99] Gegen EMIL STAIGER, Friedrich Schiller, 75 f.: Staiger zitiert zwar Schillers Erkenntnis, daß die ästhetische Stimmung ein »Geschenk der Natur« sein müsse (ÄE 398). Doch behauptet Staiger, die Bedeutung dieser Einsicht Schillers sei gemindert durch Sätze, die er (Staiger) aus *Ueber Anmuth und Würde* anführt. *Ueber Anmuth und Würde* ist jedoch zwei Jahre vor der ästhetischen Erziehung verfaßt worden; zwischen 1793 und 1795 hat Schillers ästhetische Theorie Änderungen erfahren!

[100] *Empfindung* und *Selbstbewußtsein* entsprängen »völlig ohne Zuthun des Subjekts, und beyder Ursprung liegt eben sowohl jenseits unseres Willens, als er jenseits unseres Erkenntniß-kreises liegt« (ÄE 373).

Bedingungen des Weltgeschehens und Personenseins«[101]. Denn nachdem die beiden Triebe dem Menschen erweckt worden sind, sei es »*seine* Sache, die Menschheit zu behaupten« (ÄE 373).

»In dem ästhetischen Zustande ist der Mensch also *Null*, insofern man [...] den Mangel jeder besondern Determination in ihm in Betrachtung zieht.« (ÄE 377) Doch sei die ästhetische Stimmung des Gemüts »in anderer Rücksicht wieder als ein Zustand *der höchsten Realität* anzusehen, insofern man dabey auf die Abwesenheit aller Schranken, und auf die Summe der [beiden] Kräfte achtet, die in derselben gemeinschaftlich thätig sind.« (ÄE 379) Entsprechend hält Schiller den ästhetischen Zustand »in Rücksicht auf *Erkenntniß* und *Gesinnung* für völlig indifferent und unfruchtbar«, zugleich aber nennt er ihn »den fruchtbarsten in Rücksicht auf Erkenntniß und Moralität« (ÄE 377.379). Weil in ihm die Gewalt sinnlicher Begierden aufgehoben, die Sinnlichkeit selbst jedoch keineswegs vernichtet, vielmehr mit der Vernunft in gleichgewichtige Zusammenstimmung gebracht ist, ist er der fruchtbarste in Rücksicht auf Erkenntnis und Moralität: Er befreit zur Erkenntnis der Wahrheit, zur Einsicht in das Gute und läßt auf das sittliche Betragen des Menschen wie auf natürliche Erfolge rechnen. Und weil er ermöglicht, daß die Befolgung der Vernunftgesetze vom sinnlich-vernünftigen, vom *ganzen* Menschen und damit auf natürlich-zuverlässige Weise gewollt werden kann, muß er folgerichtig den unumgänglichen Übergangsstaat, die Übergangsstütze vom Natur- zum Freiheitsstaat, bestimmen.

Mit dem ästhetischen Zustand ist dem Menschen die Möglichkeit zuteil, seine menschliche Bestimmung zu erfüllen; es ist ihm »die Freyheit, zu seyn, was er seyn soll, vollkommen zurückgegeben« (ÄE 378); »der ästhetisch gestimmte Mensch wird allgemein gültig urtheilen, und allgemein gültig handeln, sobald er es wollen wird.« (ÄE 385) Sobald der Wille dazu gegeben sei, könne auf das vernünftige Handeln des ästhetisch gestimmten Menschen verläßlich gerechnet werden, und der Freiheitsstaat wird alsdann verwirklicht werden.

Anders als in *Ueber Amuth und Würde* zielt nach Schillers Erziehungsschrift die Versöhnung von Sinnlichkeit und Vernunft nicht darauf, daß möglichst mit Neigung dem Gesetz der Vernunft *Folge* geleistet werde. Vielmehr führt die Untersuchung zu dem Ergebnis, daß nur *auf Grund* des ästhetischen Zustands, in welchem dem Menschen seine sinnlich-vernünftige Ganzheit gegeben ist, sittliches Handeln überhaupt erst erfolgen kann.

---

[101] EILERT HERMS, Art. Notwendigkeit, III. Systematisch-theologisch, RGG⁴, 411/412 (Hervorhebung A. K.).

Nachdem die Natur den Menschen das erste Mal in seinem Leben in den ästhetischen Zustand geführt hat, ist es nach Schiller Sache des Menschen, seine Menschheit, seine sinnlich-vernünftige Ganzheit bzw. seine ästhetische Freiheit zu behaupten. Dabei sind das Idealschöne bzw. der schöne Naturgegenstand und vor allem das schöne Kunstwerk von entscheidender Bedeutung. Denn der schöne Gegenstand interessiere zugleich Neigung und Achtung und führe den Menschen dazu, »ihn zu lieben, d. h. zugleich mit unsrer Neigung und mit unsrer Achtung zu spielen« (ÄE 354). Weil dem Menschen in der Liebe zum Schönen das Gleichgewicht des Stoff- und des Formtriebs, und damit ästhetische Freiheit zuteil ist, gilt Schiller das Schöne und vor allem die schöne Kunst als Mittel, mit welchem der Mensch immer wieder zu sinnlich-vernünftiger Ganzheit gelangt und seine ästhetische Freiheit behauptet.

4.5. Idealschönheit

Nach Schillers ästhetischer Erziehung besteht das »Idealschöne« »in dem möglichstvollkommensten Bunde und *Gleichgewicht* der Realität und der Form« (ÄE 360). Idealschönheit zeige ein Gegenstand, der in gleichgewichtiger Weise vereine, worauf sich die Neigung des sinnlichen Triebes und die Achtung des Formtriebes richte.[102] Dieser Gegenstand, der also Realität (Materie) und Form oder mit anderen Worten *Leben* und *Gestalt* verbindet, heißt »*lebende Gestalt*«[103] und ist der »Gegenstand des Spieltriebes« (ÄE 355).[104] Die lebende Gestalt verkörpert nach Schiller das Schöne, denn »das Schöne soll nicht bloßes Leben und nicht bloße Gestalt, sondern lebende Gestalt, das ist, Schönheit seyn«. Ihr gegenüber läßt der Spieltrieb Liebe empfinden, denn »der Mensch soll mit der Schönheit *nur spielen*, und er soll *nur mit der Schönheit* spielen«; das Spiel mit dem Schönen aber ist die Liebe zu demjenigen Gegenstand, der Neigung und Achtung versöhnt (ÄE 358/359).[105]

---

[102] »Aus der Wechselwirkung zwey entgegengesetzter Triebe, und aus der Verbindung zwey entgegengesetzter Principien [Stoff und Form] haben wir das Schöne hervorgehen sehen« (ÄE 360). – Zum Begriff der Wechselwirkung s. u. Schlegel-Kapitel.

[103] Für Käte Hamburger, Schillers Fragment »Der Menschenfeind« und die Idee der Kalokagathie, 120 macht sich in Schillers Bestimmung dessen, was schön ist, eine »unechte Dialektik« bemerkbar. Die Synthese des Begriffs »lebende Gestalt« ergebe sich »aus einer bloßen Addition von Begriffen zu einem neuen Begriff, wobei die addierten Begriffe schon im vornherein zu dem Zwecke des neuen Begriffs geprägt sind«. Daß die Einzelbegriffe zur Definition der Schönheit zusammenpassen, könnte ebenso als Beweis für Schillers korrekte Beschreibung des empirisch und spekulativ betrachteten Schönen gelten.

[104] »Leben« sei der Gegenstand des sinnlichen Triebes und bezeichne »alles materiale Seyn, und alle unmittelbare Gegenwart in den Sinnen«. »Gestalt« sei der Gegenstand des Formtriebes und »ein Begriff, der alle formalen Beschaffenheiten der Dinge und alle Beziehungen derselben auf die Denkkräfte unter sich faßt« (ÄE 355).

[105] S. ÄE 354/355.

Nur im Blick auf das Schöne ist dem Mensch zu spielen erlaubt und ermöglicht, denn nur dem Schönen könne der Mensch seine Liebe geben.
Folglich ist einzig das Schöne Gegenstand des Spieltriebs; am Schönen zeigt
sich seine verbindende Tätigkeit, die durch die Schönheit bedingt ist. Denn
erstens verknüpft die Schönheit als die Verbindung von Stoff und Form
»zwey Zustände miteinander, *die einander entgegengesetzt sind*, und niemals Eins
werden können. [...] Zweytens heißt es: jene zwey entgegengesetzten Zustände *verbindet* die Schönheit, und hebt also die Entgegensetzung auf. Weil
aber beide Zustände einander ewig entgegengesetzt bleiben, so sind sie nicht
anders zu verbinden, als indem sie aufgehoben werden.« (ÄE 366)[106]
    Schiller beschreibt das Schöne als Verbindung von Materie und Form oder
als Verbundenheit der beiden Zustände des Empfindens und des Denkens;
beide Paare sind jeweils derart miteinander verbunden, daß ihre beiden Seiten
zugleich vorhanden und doch aufgehoben sind. Wie beim *schönen Gegenstand*
die Materie durch Form vertilgt ist, ohne daß die Materie gänzlich vernichtet
wäre, so wird bei *Betrachtung des Schönen*[107] mit dem Spieltrieb der sinnlichen
Determination eine vernünftige Bestimmung entgegengesetzt, wobei jene
beibehalten wird.[108]

Das Idealschöne leitet Schiller gemäß seiner Annahme, daß der »reine *Vernunftbegriff* der Schönheit [...] schon aus der Möglichkeit der sinnlichvernünftigen
Natur [des Menschen] gefolgert werden« und sich also die Schönheit »als eine
nothwendige Bedingung der Menschheit« aufzeigen lassen müsse, von seinem
Begriff der *Menschheit* ab (ÄE 340).[109] So wie nun aber der wirkliche Mensch
nur eingeschränkt dem Begriff der Menschheit entspreche, so werde auch die
Schönheit in Wirklichkeit nicht in ihrer Idealität gefunden.
    Es ist deutlich, daß nach Schillers ästhetischer Erziehung wie nach seinem
Aufsatz *Ueber Anmuth und Würde* das *Ideal des vollkommenen Menschen* »in der
übereinstimmenden Energie seiner sinnlichen und geistigen Kräfte« besteht

---

[106] Dieses Zitat steht im 18. Brief, den Schiller als sehr wichtig betont (so im Brief an Körner,
21. September 1795, NA 28, Nr. 49, 60). Dieser Brief steht am Übergang vom zweiten Drittel
der Briefreihe zu ihrem dritten Drittel. Das erste Drittel nutzt Schiller, ein »Gemählde« der
gegenwärtigen Zeit zu malen (ÄE 319); es kann betitelt werden: »Der Mensch ohne Schönheit«.
Im zweiten Drittel beschreibt er die Triebe des Menschen, ihre Konstellation bei Anschauung
des Schönen und die Wirkung der Schönheit auf die Triebe; als Überschrift ist passend: »Der
Mensch mit Schönheit«. Das dritte Drittel beginnt mit dem 18. Brief und behandelt vertiefend
die Schönheit als Erziehungsmittel sowie ihren bildenden Effekt; entsprechend kann es heißen:
»Der ästhetische/schöne Mensch«. – Philosophische Streitigkeit über die »Schönheit« gebe es,
weil ein Teil der Philosophen auf Grund ausschließlich sinnlicher Wahrnehmung die *aufgehobene
Entgegensetzung* nicht bemerke. Andere Philosophen, die nur dem Verstand vertrauten, sähen die
aufgehobene Totalität nicht. Die Beurteilung durch das Gefühl sei beschränkt, die des Verstandes
zergliedere, schränke ein (ÄE 367).
[107] S. dazu u. II.4.7.
[108] Vgl. o. II.4.4.
[109] Vgl. ÄE 363.

(ÄE 363).[110] Allerdings hält Schiller in seinem Aufsatz die anmutige Zusammenstimmung von Sinnlichkeit und Vernunft allein für nicht ausreichend
zu vollkommenem Menschsein. Auch Würde müsse der Mensch zeigen
können, und diese setze die Entgegensetzung der Vernunft gegen die Sinnlichkeit voraus. Wie die Interpretation im folgenden zeigt, weist Schiller in
seiner Erziehungsschrift hingegen auf, daß und wie Anmut und Würde, die
doch selbst einander entgegengesetzt sind, in einem Menschen miteinander
vereint sein können, und zwar gerade dann, wenn Sinnlichkeit und Vernunft
zu versöhnter Übereinstimmung gebracht sind.[111]

Seine Vollkommenheit könne ein Mensch »nur entweder durch einen
Mangel an Uebereinstimmung oder durch einen Mangel an Energie ver-
fehlen.« (ÄE 363) Der Mangel an Übereinstimmung liege in der einseitigen
Dominanz von Sinnlichkeit oder Vernunft begründet; ein Mangel an Energie
bedeute die »gleichförmige Erschlaffung« der sinnlichen wie der geistigen
Kräfte (ÄE 364). Diese Formen menschlicher Entartung und Einseitigkeit
bedingen nach Schiller die Betrachtung des Schönen.[112] Entsprechend den
zwei Arten menschlicher Verfehlung, gebe es in Wirklichkeit zwei Schönheiten, die in den ästhetischen Gleichgewichtszustand führten. Die beiden realen
Schönheiten bezeichnet Schiller als die schmelzende und die energische, und
beide zusammengenommen zeigten Idealschönheit.[113]

4.6. Zwei Schönheiten

Beide Schönheiten, die schmelzende wie die energische, sind nach Schiller
nötig zur ästhetischen Erziehung. Indem sie einseitiger Anspannung oder
gleichförmiger Erschlaffung entgegenwirkten, befreiten sie den Menschen
von seiner jeweiligen Entartung zur Ganzheitlichkeit[114]. Dabei müssen sie
sich gegenseitig zum Ausgleich übermäßiger Wirkungen ergänzen.[115]

4.6.1. Schmelzende Schönheit

Befreiung von einseitiger Dominanz des einen oder anderen Triebes leistet
nach Schiller die schmelzende Schönheit. »Für den Menschen unter dem

---

[110] S. AW 298.
[111] S. u. II.4.7.
[112] Verwilderung, Barbarei oder Schlaffheit (»Erschöpfung«) ließen eine »*rein ästhetische
Wirkung*« nicht entstehen (ÄE 380). Die Dominanz des einen oder anderen Triebes oder
»gleichförmige Erschlaffung seiner sinnlichen und geistigen Kräfte« verwehre dem Menschen,
das Idealschöne zu sehen (ÄE 364).
[113] S. ÄE 361 f.
[114] Es sei die doppelte Schönheit, die »in dem angespannten Menschen die Harmonie, in
dem abgespannten die Energie wieder herstellt« und so »den Menschen zu einem in sich selbst
vollendeten Ganzen macht« (ÄE 364).
[115] S. ÄE 361 f.

Zwange entweder der Materie oder der Formen ist also die schmelzende
Schönheit Bedürfniß« (ÄE 362). Die schmelzende Schönheit bewirke die Ab-
spannung der sinnlichen oder der geistigen Kraft hin auf das Gleichgewichts-
niveau. Der von Gefühlen beherrschte Naturmensch, der Wilde, werde
durch »ruhige Form« in Freiheit gesetzt. Durch Materie werde der künstliche
Mensch, der Barbar, der entweder unter geistiger Anspannung oder unter
dem Druck von Gesetzen stehe, befreit (ÄE 365).

Ein übermäßiger Einsatz schmelzender Schönheit führe entweder dazu,
daß ihre abspannende Wirkung den vorherrschenden Trieb vollständig ver-
nichte oder daß nicht nur der dominierende Trieb, sondern auch die unter-
drückte Kraft mit abgespannt werde.[116] Wenn dadurch Apathie, Schlaffheit,
Energielosigkeit entstünden, könne nur die energische Schönheit entgegenwirken. Denn »energische Schönheit« stärke den Menschen, der sich in allzu
schlaffer Trieb-Harmonie befinde, so daß er Lebendigkeit, Kraft und Energie
erhalte.[117]

4.6.2. Energische Schönheit

Die energische Schönheit trage bei, die Idee der Menschheit zu verwirklichen, indem sie bei einem erschöpften Menschen die »gleichförmige Erschlaffung seiner sinnlichen und geistigen Kräfte« behebe (ÄE 364). Weil
sich aber durch den Kraftgewinn der zwei erschöpften Triebe auch deren
Gegensätzlichkeit ausprägt, kann nach Schiller zuviel energische Schönheit
die Zusammenstimmung der Triebe verhindern,[118] was wiederum nur durch
schmelzende Schönheit behoben werden könne.[119]

Wie die Untersuchung zeigt, geht Schiller in seiner ästhetischen Erziehung
anders als in seinen Augustenburgerbriefen davon aus, daß der Einfluß
des Schönen nicht einseitig die Stärkung der Vernunft und die Auflösung
der Sinnlichkeit bewirkt und bewirken soll. Vielmehr muß die energische
Schönheit, als dasjenige Mittel interpretiert werden, das die »Energie des
Muths« liefert, durch welche die »Trägheit der Natur« überwunden wird

---

[116] »Und weil die Wirkung der schmelzenden Schönheit ist, das Gemüth im moralischen wie
im physischen aufzulösen, so begegnet es eben so leicht, daß mit der Gewalt der Begierden auch
die Energie der Gefühle erstickt wird, und daß auch der Charakter einen Kraftverlust theilt, der
nur die Leidenschaft treffen sollte« (ÄE 362).

[117] S. ÄE 362. Vgl. dazu FRIEDRICH SCHILLER, Brief an Süvern, 26. Juli 1800, NA 30,
Nr. 215, 177. Schlaffheit und Energielosigkeit testiert Schiller seiner Zeit als den Hauptgrund
allen Übels.

[118] »[D]aher findet man in den Zeitaltern der Kraft und Fülle [...] das Erhabene der Gesinnung mit den schauderhaftesten Ausbrüchen der Leidenschaft gepaart; daher findet man in
den Zeitaltern der Regel und der Form die Natur eben so oft unterdrückt als beherrscht« (ÄE
362).

[119] S. ÄE 362.

(ÄE 331).[120] Die Sinnlichkeit, vor allem die des Barbaren, bedarf nämlich einer energischen Stärkung. Ihre mutlose Trägheit gilt als der Grund der »selbstverschuldeten Unmündigkeit«, die nach Kant aller »Aufklärung« entgegensteht.[121] Gemäß der Annahme, daß das Gebiet der Vernunft erst dann zum Bereich der Freiheit wird, wenn der ganze Mensch zur Erfüllung des Vernunftgesetzes bereit ist, verlangt Schiller die Stärkung und Anspannung der Sinnlichkeit hin zu gleichgewichtiger Übereinstimmung von sinnlicher und vernünftiger Energie.

Die Anspannung der sinnlichen Seite hält Schiller in seinen ästhetischen Briefen für ebenso nötig zu wahrer Menschheit und Mitmenschlichkeit wie die der geistigen. Zur Veredelung des menschlichen Charakters sowie zur Vermeidung egoistischer Kaltsinnigkeit und Barbarei ist es notwendig, daß »sich Gefühl und Charakter miteinander vereinigen«, und zwar auf Grund eines Gleichgewichtes an sinnlicher und geistiger Energie (ÄE 350 Anm.*)). Das Vermögen zu Mitmenschlichkeit und Humanität werde

»sowohl in der Erziehung die wir empfangen, als in der, die wir selbst uns geben, in demselben Maaße unterdrückt, als man die Macht der Begierden zu brechen, und den Charakter durch Grundsätze zu befestigen sucht. Weil es Schwierigkeit kostet, bey aller Regsamkeit des Gefühls seinen Grundsätzen treu zu bleiben, so ergreift man das bequemere Mittel, durch Abstumpfung der Gefühle den Charakter sicher zu stellen; denn freylich ist es unendlich leichter, vor einem entwaffneten Gegner Ruhe zu haben, als einen muthigen und rüstigen Feind zu beherrschen.« (ÄE 350 f. Anm.*))

Anknüpfend an *Ueber Anmuth und Würde* soll der »sinnliche Feind« nicht entwaffnet, nicht niedergeworfen und gar gänzlich vernichtet werden, vielmehr die Vernunft mit ihm versöhnt sein. Diese Versöhnung gilt in Schillers ästhetischen Briefen als die notwendige Bedingung zuverlässiger Sittlichkeit.

Entscheidend für Schillers Vorstellung von der Versöhnung zwischen Stoff- und Formtrieb, welche die Veredelung des gesamten menschlichen Charakters bedeutet, ist die Annahme, daß diese Versöhnung die Herrschaft der Vernunft über eine Sinnlichkeit, die jener an Energie gleichgestellt ist, impliziert. Wenn Schiller von einem befreienden Gleichgewicht der beiden Triebe schreibt, intendiert er ein Gleichgewicht ihrer Energie. Allerdings soll sich die Energie des sinnlichen Triebes nur im Rahmen, im Herrschafts-

---

[120] S. o. Anm. 13. Nach den Augustenburgerbriefen soll die »Trägheit des Geistes« überwunden werden.

[121] Vgl. dazu IMMANUEL KANT, Beantwortung der Frage: Was ist Aufklärung? 35: »Aufklärung ist der Ausgang des Menschen aus seiner selbst verschuldeten Unmündigkeit. *Unmündigkeit* ist das Unvermögen, sich seines Verstandes ohne Leitung eines anderen zu bedienen. *Selbstverschuldet* ist diese Unmündigkeit, wenn die Ursache derselben nicht am Mangel des Verstandes, sondern der Entschließung und des Muthes liegt, sich seiner ohne Leitung eines andern zu bedienen.« Nach Schillers Erziehungsschrift soll dieser Mangel an Mut durch energische Schönheit behoben werden; auf Grund von Schönheit soll überhaupt erst die Realisation aufgeklärter Freiheit möglich sein.

bereich des von der Vernunft Gebotenen entfalten dürfen. Die Möglichkeit
eines solchen Gleichgewichtes liegt nach Schiller darin begründet, daß es der
sinnlichen Energie nicht zum Schaden gereiche, wenn ihre Anwendung nach
den Grundsätzen der Vernunft geschehe. Denn dadurch werde der sinnliche
Trieb in seinem Wesen, das im Empfang von Empfindungen bestehe, gar
nicht eingeschränkt. Nur seine feindliche Tendenz, durch Empfindungen
reine Vernunfttätigkeit verhindern und den Wechsel der Grundsätze bewirken
zu wollen, soll unterbunden werden. Es soll also die »Gewalt der Begierden«,
nicht aber die »Energie der Gefühle« durch Entgegensetzung des Formtriebes
gegen den sinnlichen Trieb ausgeschlossen sein (ÄE 362).

In den Augustenburgerbriefen wie auch in *Ueber Anmuth und Würde* und in
Ueber das Erhabene differenziert Schiller zwischen Schönem und Erhabenem.
Dabei macht nach *Ueber das Erhabene* die Verbundenheit von Schönem und
Erhabenem das »Idealschöne« aus.[122] In der ästhetischen Erziehung aber hält
Schiller *das Schöne allein* für ausreichend, den Menschen zu vollendeter Sittlichkeit zu veredeln, weshalb er hier nicht Erhabenes und Schönes, sondern
zwei Arten von Schönheit unterscheidet; die Verbundenheit von schmelzender und energischer Schönheit ergibt nun das Idealschöne.
    Die schmelzende Schönheit richtet sich anders als die Schönheit, die in
den Augustenburgerbriefen dargestellt ist, nicht nur gegen die Sinnlichkeit.
Das Erhabene, das in den Briefen an von Augustenburg beschrieben ist, wirkt
der Erschlaffung entgegen. Den gleichen Effekt soll auch die energische
Schönheit erzielen. Doch soll sie nicht nur zu geistiger, sondern auch zu
sinnlicher Kraft verhelfen. Dabei ist sie gerade nicht dadurch bestimmt,
das Sinnlichkeit und Vernunft nicht zusammenstimmen. Vielmehr soll die
energische Schönheit der Erschlaffung beider Triebe entgegenwirken und
deren Zusammenstimmung unter Mitwirkung der schmelzenden Schönheit
unbedingt bewahrt werden.
    Die Untersuchung gelangt zu dem Ergebnis, daß Schiller in seinen äs-
thetischen Briefen nicht mehr die ausschließliche Stärkung der Vernunft
und ihres Triebes, vielmehr die *Übereinstimmung der beiden gestärkten Triebe* als
Ziel ästhetischer Erziehung erachtet. Weil nur die Schönheit, nicht aber das
Erhabene sich durch diese Übereinstimmung auszeichnet, wird entsprechend
in den Erziehungsbriefen das Erhabene nicht mehr als notwendiges Gegenüber des Schönen dargestellt.[123] Dabei fällt die Funktion des Erhabenen nicht

---

[122] S. UE 43.
[123] Vgl. zu Schillers Auslassung des Erhabenen in seiner ästhetischen Erziehung WOLFGANG
DÜSING, Friedrich Schiller, 160: »Die in der *Ästhetischen Erziehung* gewählte neue Terminologie
überwindet die absolute Entgegensetzung des Schönen und Erhabenen bei Kant und vereinigt
beide im Idealschönen.« Vgl. auch RENATE HOMANN, Erhabenes und Satirisches, 101: Für
Homann ist es »offensichtlich«, daß Schiller mit der energischen Schönheit das Erhabene meint.

weg. Denn das Schöne soll nun nicht mehr nur anmutiges, sondern auch erhabenes und würdevolles Handeln begründen.[124]

4.7. *Betrachtung des Schönen*

Im Gegensatz zu Kant, der in seiner Kritik der Urteilskraft die *Beurteilung* des Schönen thematisiert, beschreibt Schiller in seiner ästhetischen Erziehung die *Betrachtung* des Schönen, weil das Schöne sich nicht dem ausschließlichen Wirken der Urteilskraft, sondern dem Zusammenspiel von rezeptiver und spontaner Tätigkeit verdanke: »Die Schönheit ist allerdings das Werk der freyen Betrachtung, und wir treten mit ihr in die Welt der Ideen – aber was wohl zu bemerken ist, ohne darum die sinnliche Welt zu verlassen, wie bey Erkenntniß der Wahrheit geschieht.« (ÄE 396)

Nach Schiller müssen eine der sinnlichen Welt verhaftete *Empfindung* und eine *vernünftiger Selbsttätigkeit* verdankte Vorstellung aus dem Reich der Ideen »zugleich und wechselseitig als Effekt und als Ursache« von Schönheit angesehen werden; im »Wohlgefallen an der Schönheit« sei eine »Succession zwischen der Thätigkeit und dem Leiden« nicht zu unterscheiden (ÄE 396). Gegen Kant und entgegen den eigenen Ausführungen in den Augustenburgerbriefen betont Schiller in seiner Erziehungsschrift, daß bei ästhetischer Hinsicht auf einen Gegenstand ein Gefühl der Lust nicht nachfolge, sondern Reflexion und Empfindung zugleich vorhanden seien. Es ist nach Schillers ästhetischer Erziehung anders als in Kants Kritik der Urteilskraft *nicht ausschließlich Freiheit*, die das Urteil über das Schöne begründet.

»Die Schönheit ist also zwar *Gegenstand* für uns, weil die Reflexion die Bedingung ist, unter der wir eine Empfindung von ihr haben; zugleich aber ist sie ein *Zustand unsers Subjekts*, weil das Gefühl die Bedingung ist, unter der wir eine Vorstellung von ihr haben. Sie ist also zwar Form, weil wir sie betrachten, zugleich aber ist sie Leben, weil wir sie fühlen. Mit einem Wort: sie ist zugleich unser Zustand und unsre That.« (ÄE 396)

Das Zugleich von Zustand und Tat, von Rezeptivität und Spontaneität ist nach Schiller bei freier Betrachtung eines schönen Gegenstandes gegeben,

---

Dagegen muß bemerkt werden, daß Schiller den Begriff des Erhabenen in seiner ästhetischen Erziehung meidet, weil das Erhabene für ihn an Bedeutung verloren hat.

[124] Vgl. dazu Anmerkungen NA 21, 190: »Seit der Begegnung mit Goethe (1794) setzt bei Schiller die Umbildung dieser Begriffe [d. i. Anmut und Würde] ein.« – Vermutlich unter dem Einfluß Goethes – den Schiller in seinem neunten ästhetischen Brief als »Künstlerideal« beschreibt und aus dessen Iphigenie auf Tauris er zitiert (ÄE 389) – sowie unter dem Einfluß von Goethes Naturverhältnis, zeigt sich Schiller Natur und Sinnlichkeit gegenüber positiver eingestellt, was sich in seinem geänderten Verständnis von Anmut und Würde sowie von Sinnlichkeit und Vernunft niederschlägt (s. dazu u. Anm. 143). Vgl. dazu auch EMIL STAIGER, Friedrich Schiller, 15: »Am meisten verblüffen […] die unvereinbaren Ideen von der Natur, die Schiller in rasch aufeinanderfolgenden Schriften entwickelt.«

weil seine Form »in unsrer Empfindung lebt« und zugleich »sein Leben in
unserm Verstande sich formt«. Eben darum sei dieser Gegenstand »lebende
Gestalt, und dieß wird überall der Fall seyn, wo wir ihn als schön beurtheilen«
(ÄE 355).

Weil nach Schiller bei freier Betrachtung von Schönheit das Zugleich von
sinnlichem und vernünftigem Trieb gefordert ist, kann sie nur mit dem Spieltrieb vollzogen werden. Der Spieltrieb läßt nach Schiller die Schönheit eines
Gegenstandes erkennen, weil er dessen reale Gegebenheit empfindet, dieser
Empfindung (Materie) die vom Formtrieb gewirkte Form, den selbst er-
zeugten *Schein* des Gegenstandes, entgegensetzt und somit Materie und Form
vereint.[125] Dadurch, daß im Menschen »bey dem Genuß der Schönheit [...]
eine wirkliche *Vereinigung* und Auswechslung der Materie mit der Form, und
des Leidens mit der Thätigkeit vor sich geht, so ist eben dadurch die *Vereinbarkeit* beyder Naturen, die Ausführbarkeit des Unendlichen in der Endlichkeit,
mithin die Möglichkeit der erhabensten Menschheit bewiesen« (ÄE 397).

Das Schöne beweist nach Schiller die »*Vereinbarkeit*« von Form und Ma-
terie, von Leiden und Tätigkeit, auf Grund derer der Mensch »schon in
Gemeinschaft mit der Sinnlichkeit frey« ist und nicht mehr nötig hat, sich
von der Sinnlichkeit zu befreien, um sich als erhaben zu erweisen (ÄE 397).
Die freie Betrachtung von Schönheit bewirkt nach Schiller zum einen die
Zusammenstimmung von Sinnlichkeit und Vernunft, die in *Ueber Anmuth und
Würde* Anmut heißt. Zum anderen soll mit dieser anmutigen Einheit auch
würdevolles Handeln ermöglicht sein. Es brauche nur »die Aufforderung
einer erhabenen Situation«, damit der ästhetisch veredelte anmutige Mensch
sich rein vernünftig und erhaben betrage (ÄE 385).[126] Es bestehe für den
durch Schönheit gebildeten Menschen nicht die Gefahr, bei Unglück seine
Würdelosigkeit zu offenbaren, vielmehr der Anlaß, seine Würde zu zeigen.
Anders als in *Ueber Anmuth und Würde* muß nach Schillers ästhetischer
Erziehung in »Notfällen« die Zusammenstimmung von Sinnlichkeit und
Vernunft und damit »das Ideal vollkommener Menschheit«[127] nicht aufgegeben werden, vielmehr umfaßt es auch »die Möglichkeit der erhabensten
Menschheit«. Entsprechend hat in erhabener Situation der durch Schönheit
zum Menschen veredelte Mensch nicht mehr nötig, die Macht der Natur zu
brechen; auf dem Gebiet der Vernunft, das dem der Natur entgegensteht,

---

[125] Vgl. dazu aber FRIEDRICH SCHILLER, Brief an Goethe, 7. Sept. 1797, NA 29, Nr. 132,
127: »Freilich der Gegenstand muß etwas *bedeuten*, so wie der poetische etwas *seyn* muß; aber
zulezt kommt es auf das *Gemüth* an, ob ihm ein Gegenstand etwas bedeuten soll, und so däucht
mir das Leere und Gehaltreiche mehr im Subject als im Object zu liegen. [...] das Gemeine oder
Geistreiche kann ich auch hier wie überall nur in der Behandlung nicht in der Wahl des Stoffes
finden«. – Zum »Schein« s. u. II.4.9.1.

[126] »Um den ästhetischen Menschen zur Einsicht und großen Gesinnungen zu führen, darf
man ihm weiter nichts, als wichtige Anlässe geben« (ÄE 385).

[127] S. AW 298.

braucht er sich nicht mehr »der Sinnlichkeit *entgegenzusetzen*, da dieses schon in der Schönheit geschehen ist« (ÄE 397/398).

»Durch ästhetische Gemüthsstimmung wird [...] die Selbstthätigkeit der Vernunft schon auf dem Felde der Sinnlichkeit eröffnet, die Macht der Empfindung schon innerhalb ihrer eigenen Grenzen gebrochen, und der physische Mensch so weit veredelt, daß nunmehr der geistige sich nach Gesetzen der Freyheit aus demselben bloß zu entwickeln braucht.« (ÄE 384/385)

Weil nach Schiller die ästhetische Zusammenstimmung von Sinnlichkeit und Vernunft, die durch das Schöne gegeben ist und ästhetische Freiheit bedeutet, auf der selbst getätigten Entgegensetzung des Formtriebs gegen den sinnlichen Trieb bzw. auf der Entgegensetzung von Form gegen Materie beruht, muß mit dieser Zusammenstimmung dem Menschen auch der direkte und unmittelbare Übergang zu erhabener, würdevoller und überhaupt absoluter Selbsttätigkeit eröffnet sein. »Es kann, mit einem Wort, nicht mehr die Frage seyn, wie er von der Schönheit zur Wahrheit übergehe«, weil sie »dem Vermögen nach schon in der ersten liegt« (ÄE 398). Zwar finde die Schönheit selbst »keine einzige Wahrheit« und helfe »keine einzige Pflicht« erfüllen (ÄE 377). Doch gebe sie die Freiheit zur reinen, der sinnlichen Triebtätigkeit entgegengesetzten Vernunfttätigkeit, zur Erkenntnis der Wahrheit und zur Erfüllung einer jeden Pflicht; sie befreit also auch zu erhabenem Handeln.

Die Interpretation gelangt zu dem Ergebnis, daß nach Schiller durch Schönheit sowohl anmutiges als auch erhabenes Betragen ermöglicht sein soll, ohne daß dazu die Ganzheitlichkeit des ästhetisch gebildeten Menschen aufgegeben werden muß. Weil angesichts von Schönheit der mächtigen Natur der Formtrieb *versöhnend entgegengesetzt* wird, ist durch das Schöne anmutiges Betragen, daß auf der *Versöhntheit* beider Triebe beruht, und würdevolles Handeln, das auf der *Entgegensetzung* der Vernunft gegen die Sinnlichkeit basiert, zugleich ermöglicht; die Fähigkeit zur Erhabenheit ist in der Schönheit schon gegeben.

Schönheit bedeutet nach Schiller denjenigen Zustand, der nicht nur Anmut, sondern gemeinsam mit dieser auch Würde in sich vereint. Deshalb muß eigentlich als schön, als idealschön gelten, was sowohl Anmut als auch Würde zeigt wie die griechische Juno Ludovisi. »Es ist weder Anmuth noch ist es Würde, was aus dem herrlichen Antlitz einer *Juno Ludovisi* zu uns spricht; es ist keines von beyden, weil es beydes zugleich ist.« (ÄE 359)

Nur in demjenigen, der Anmut und Würde in sich vereint, ist nach Schillers Aufsatz *Ueber Anmuth und Würde* »der Ausdruck der Menschheit [...] vollendet«, denn er »steht da, gerechtfertigt in der Geisterwelt, und freygesprochen in der Erscheinung« (ÄE 412). Rechtfertigung und Freispruch treffen hingegen nach Schillers Erziehungsschrift den durch Schönheit gebildeten Menschen. Denn im Augenblick des ästhetischen Spiels sind in ihm nicht nur Sinnlichkeit und Vernunft zum Ideal vollkommener Menschheit versöhnt,

zugleich ist ihm in der Versöhntheit der beiden Triebe die Möglichkeit zu
würdevollem Handeln gegeben. Doch muß er gerade deshalb nicht, wie in
Ueber Anmuth und Würde verlangt, seine Würde beweisen, indem er einseitig
seine Anmut aufhebt.[128] Auch hat er nicht nötig, »seine Würde wegzuwerfen,
um Anmuth zu zeigen«, was in *Ueber das Erhabene* nicht ausgeschlossen ist
(ÄE 412).[129]

Wie die Untersuchung zeigt, läßt nach Schillers ästhetischer Erziehung das
Schöne bzw. das Idealschöne den Menschen zugleich sowohl anmutig als auch
würdevoll und damit ganz und gänzlich Mensch sein. Die Gleichzeitigkeit von
Anmut und Würde, die im Aufsatz *Ueber Anmuth und Würde* als höchstes Ziel
des Menschseins beschrieben ist, wird in Schillers Erziehungsschrift als im Zustand ästhetischer Freiheit und durch ihn möglich dargestellt. Das Schöne wird
somit »als eine nothwendige Bedingung der Menschheit« erwiesen.[130]

4.8. Veredelung des Menschen

Wie in den Augustenburgerbriefen[131] verlangt Schiller auch in seiner ästhetischen Erziehung ein *Gebrochenwerden* bezogen auf die Sinnlichkeit; durch die
ästhetische Gemütsstimmung soll »die Macht der Empfindung schon innerhalb ihrer eigenen Grenzen gebrochen« werden (ÄE 385). Doch intendiert
Schiller hier nicht die Auflösung und totale Vernichtung der sinnlichen
Natur; die menschlichen Gefühle dürften nicht »abgestumpft« werden.[132]

Das Gebrochenwerden der Sinnlichkeit geschieht nach Schiller zum einen
durch die ästhetische Gemütsstimmung, in die das Schöne den betrachtenden
Menschen versetzt. Zum anderen gehöre es »zu den wichtigsten Aufgaben
der Kultur«, den Menschen »ästhetisch zu machen«, was nur geschehe, wenn
sie ihn darin übe, nicht nur bei Betrachtung von Schönheit, sondern auch
im Umgang mit anderen Menschen die Macht der Sinnlichkeit durch Form
zu brechen (ÄE 385). Sie solle ihn veranlassen, bereits auf dem Gebiet des
Physischen den Inhalt seiner Handlungen, den Stoff seiner Tätigkeit, in vernünftiger Weise zu behandeln.

»So nothwendig es [...] für seine moralische Bestimmung ist, daß er rein
moralisch sey, daß er eine absolute Selbstthätigkeit beweise, so gleichgültig
ist es für seine physische Bestimmung, ob er rein physisch ist« (ÄE 386). Der
Sinnlichkeit geschehe kein Abbruch, und sie werde nicht aufgelöst, erfülle der
Mensch die Zwecke der Natur auf vernünftige Weise. Für die Erziehung und

---

[128] S. o. II.1.3., AW 294.
[129] S. UE 50: »Das höchste Ideal [...] ist, mit der physischen Welt [...] in gutem Vernehmen
zu bleiben, ohne darum genöthigt zu seyn, mit der moralischen zu brechen, die unsre Würde
bestimmt. Nun geht es aber bekanntermaßen nicht immer an, beyden Herren zu dienen [...]«.
[130] S. dazu o. II.4.5., ÄE 340.
[131] S. BrA 304.
[132] S. o. II.4.6.2., ÄE 351 Anm.*).

Veredelung des Menschen aber sei der frühzeitige Gebrauch der Vernunft, der vernünftige Umgang mit der sinnlichen Seite auf dem Gebiet des Sinnlichen von entscheidendem Nutzen.[133] Weil »im Bezirke der Glückseligkeit«, da, »wo der gemeine Mensch nur sein erlaubtes Verlangen stillt«, der Spieltrieb das Sinnliche leicht mit Form verbinden könne und dürfe, soll und muß nach Schiller »hier schon, auf dem gleichgültigen Felde des physischen Lebens, […] der Mensch sein moralisches anfangen«, um mit Sicherheit zu Sittlichkeit und Erkenntnis zu gelangen (ÄE 386/387);

> »er muß, wenn Sie mir den Ausdruck verstatten wollen, den Krieg gegen die Materie in ihre eigene Grenze spielen, damit er es überhoben sey, auf dem heiligen Boden der Freyheit gegen diesen furchtbaren Feind zu fechten; er muß lernen *edler* begehren, damit er nicht nöthig habe, *erhaben zu wollen*.[134] Dieses wird geleistet durch ästhetische Kultur, welche alles das, worüber weder Naturgesetze die menschliche Willkühr binden, noch Vernunftgesetze, Gesetzen der Schönheit unterwirft, und in der Form, die sie dem äußern Leben giebt, schon das innere eröffnet.« (ÄE 388)

Nach Schiller soll durch den Krieg gegen die Materie, durch die ästhetische Entgegensetzung der Vernunft gegen die Sinnlichkeit, ein jeder Mensch *sich selbst veredeln*. Edel sei er dann, wenn er sogar das »beschränkteste Geschäft und den kleinlichsten Gegenstand« durch ästhetisch-kriegerische Behandlung in ästhetische Freiheit setze. Und indem er all jenes, mit welchem er umgeht, ästhetisch befreit, verschönert er die Welt; Schönheit nämlich »ist der einzig mögliche Ausdruck der Freyheit in der Erscheinung« (ÄE 386 Anm.*)).[135]

Im Gegensatz zu Kant nimmt Schiller an, es gebe ein Gebiet des physischen Lebens, das ausschließlich von Naturgesetzen bestimmt sei und auf dem der Mensch »sein *erlaubtes Verlangen*«[136] stille. Entsprechend könne in diesem Lebensbereich mit Form das bloß sinnliche Handeln veredelt werden. Nach Kant aber gibt es auf dem Gebiet des Naturbegriffs keine Gebote und Verbote und auch keine Erlaubnis.[137] Pflicht und erlaubtes Handeln gehören nach Kant in den Bereich der Freiheit und der Vernunft, in dem jegliche menschliche Tätigkeit ihren Ort habe; entsprechend soll alles menschliche Handeln niemals nach Naturgesetzen, sondern stets der Vernunft gemäß erfolgen.[138]

Indem Schiller die Kantsche Unterscheidung umgeht, hält er nicht mehr nur wie in den Briefen an den Augustenburger eine Veredelung roher Neigungen auf dem Gebiet der Ver-

---

[133] Nach Schillers ästhetischer Erziehung entspricht es der *Würde* des Menschen, wenn er seine physische Bestimmung »zugleich als absolute Kraft, als Vernunftwesen ausführen will« (ÄE 386). Würde ist hier im Gegensatz zu *Ueber Anmuth und Würde* nicht durch den Widerstand der Vernunft gegen die Sinnlichkeit, sondern durch ein Zugleich von sinnlichem und vernünftigem Handeln bestimmt.

[134] Nach Schillers ästhetischen Briefen wird erhabenes Handeln nur darum geachtet, »weil es den Erfahrungsbegriff seines Subjekts (unsre Kenntnisse menschlicher Willensgüte und Willensstärke) übertrifft« (ÄE 387 Anm.*)).

[135] Vgl. den Kallias-Brief an Körner, 23. Februar, 1793, NA 26, Nr. 155, 200.

[136] Hervorhebung A. K.

[137] RS B 10 Anm. 1.

[138] GMS B 36 f.

nunft für möglich, sondern edles, d. h. formbestimmtes, Betragen des ganzen Menschen, das im physischen Bereich geübt werden kann und erhabenes Wollen überflüssig macht.

Weil Schiller davon ausgeht, daß sittliches Betragen und reine Vernunfttätigkeit nur dann zuverlässig erwartet werden können, wenn der ganze Mensch in seiner sinnlich-vernünftigen Einheit dazu willens ist, verlangt er, daß die sinnliche und die vernünftige Seite des Menschen durch die Entgegensetzung der Form gegen die Materie in Übereinstimmung gebracht werden. Dabei gestattet er sich, die Entgegensetzung der Form gegen die Materie, durch welche die Macht der Sinnlichkeit gebrochen, nicht aber radikal und ernsthaft, sondern nur *spielend vernichtet* werden soll, als Krieg gegen die Materie zu bezeichnen. Der Mensch soll nach Schiller mit dem Spieltrieb »den *Krieg* gegen die Materie in ihre eigene Grenze *spielen*«[139]. Spiel und spielerischer Umgang aber sind nur im Bereich des Ästhetischen, und zwar ausschließlich in Hinsicht auf Schönheit erlaubt wie geboten.[140] Entsprechend kann nach Schiller nur durch ästhetische Kultur und durch Schönheit der Krieg in das Gebiet des Sinnlichen *gespielt* werden. Ist nun dieser Krieg durch Schönheit auf spielerische Weise veranlaßt und bereitet, so muß er nach Schiller mit sinnlich-vernünftigem Wohlgefallen verbunden sein. Dieser veredelnde Krieg muß ein Krieg sein, der die Zusammenstimmung von Neigung und Achtung bedeutet, die Harmonie des menschlichen Wesens bewirkt und mit Liebe geführt wird.

Dieser Krieg ist zwar gegen die sinnliche Macht gerichtet, insofern sie mit der Vernunft nicht zusammenstimmt. Jedoch soll sie nur bekämpft und gebrochen werden, bis ihre Übereinstimmung mit der Vernunft erreicht ist; sie soll durch Entgegensetzung der Form gegen die Materie zur Versöhnung mit dem Formtrieb aufgehoben werden.[141] Dabei bewahrt der mit Schönheit verbundene Krieg die sinnliche Natur des Menschen vor dem Degen der Vernunft und also davor, auf dem heiligen Boden der Freiheit abgestumpft und bei erhabenem Handeln vernichtet zu werden.

Die Schwierigkeiten, die mit der geforderten Übereinstimmung von Stoff- und Formtrieb einhergehen, zeigen sich deutlich an Schillers Wortwahl. Er verkündet die *Versöhnung* von Stoff und Form durch Schönheit und verlangt zugleich den *Krieg* gegen die Materie auf ästhetische Weise.[142] Ein Verständnis von »Versöhnung« als einem friedlichen und jeglichem Krieg entgegengesetzten Vorgang kann darauf schließen lassen, Schiller sei im Verlauf

---

[139] Hervorhebung A. K.
[140] S. o. II.4.5., ÄE 359.
[141] Vgl. dazu Anmerkungen NA 21, 272: »Veredlung meint die Verwandlung des Sinnlichen in das Geistige, aber so, daß das Sinnliche dabei zugleich im Geistigen aufbewahrt und in diesem Sinne aufgehoben wird.«
[142] S. ÄE 355.388.

seiner ästhetischen Erziehung dem eigenen Vorhaben untreu geworden oder habe nicht eigentlich die Versöhnung der Triebe, sondern eben den Krieg gegen die Materie intendiert.

Angesichts dessen, daß Schiller in seiner Erziehungsschrift, vielleicht Goethe zuliebe, grundsätzlich alles vermeidet, »was die gute Mutter Natur beleidigen könnte«,[143] kann der von Schiller erst im 23. Brief formulierte »Krieg gegen die Materie« als »ein Bruch des Friedensvertrags mit der Sinnlichkeit« erscheinen. »Der Lehrer des ästhetischen Daseins tritt in klirrender Rüstung auf« und »schießt über das Ziel hinaus«. Der versöhnliche »Friedensvertrag«, den Schiller verkündet, scheint »nur mit Vorbehalten geschlossen von einem Partner, der sich im Erhabenen unangreifbar weiß und es immer wieder für nötig hält, an seine Übermacht zu erinnern.« Entsprechend könnte angenommen werden, daß »das erhabene Dasein Schillers eigentliche Domäne ist«.[144]

Gewiß strebt Schiller danach, daß vernünftige Selbsttätigkeit und der zuverlässige Gebrauch moralischer wie geistiger Freiheit gewährleistet seien. Eben diese Freiheit des Menschen gilt ihm als das höchstes Gut und Ziel menschlicher Erziehung und Entwicklung. Und darum ist gerade dies das entscheidende Wesensmerkmal des ästhetischen Zustands, daß er den Menschen in den Bereich absoluter Selbsttätigkeit übergehen läßt. Vor allem im Blick auf Schillers Verständnis von Kunsttätigkeit und Künstlertum zeigt sich deutlich, daß Schillers Hochschätzung der Freiheit, der absoluten Selbsttätigkeit des Menschen, seine ästhetische Theorie grundlegend bestimmt.[145]

Doch in Abgrenzung gegen Kant[146] und im unübersehbaren Unterschied zu den Augustenburgerbriefen muß die Interpretation der ästhetischen Erziehungsschrift festhalten, daß Schillers eigentliches Anliegen die *ästhetische Befreiung* zu zuverlässiger absoluter Selbsttätigkeit ist, die keine totale Vernichtung der Natur und Beseitigung des wahren Menschseins duldet. Damit dem absoluten Gebrauch der Vernunft die Macht der Natur nicht entgegensteht, sollen Form und Materie versöhnt sein. Das Versöhntwerden aber verlange Krieg – *gespielten* Krieg. Eben darauf kommt es Schiller an, daß

---

[143] EMIL STAIGER, Friedrich Schiller, 15/16; s. dazu JOHANN WOLFGANG VON GOETHE, Zur Naturwissenschaft im allgemeinen, 28/29. Hier schreibt Goethe über seinen regen Austausch mit Schiller ab Juni 1794 (s. dazu o. Anm. 124): »[E]r predigte das Evangelium der Freiheit, ich wollte die Rechte der Natur nicht verkürzt wissen. Aus freundschaftlicher Neigung gegen mich, vielleicht mehr als aus eigner Überzeugung, behandelte er in den ästhetischen Briefen *die gute Mutter Natur* nicht mit jenen harten Ausdrücken, die mir den Aufsatz über *Anmut und Würde* so verhaßt gemacht hatten.« (erste Hervorhebung A. K.) – Nach Staiger malt Schiller »das versöhnliche Weltbild mit einer so ungeheuren Energie, als ob er nicht nur Goethe, sondern sogar seinen eigenen starken Kopf für die neue Lehre gewinnen müßte.« (EMIL STAIGER, a. a. O., 15/16).

[144] Zitate von EMIL STAIGER, Friedrich Schiller, 86.87.

[145] S. u. II.4.9.

[146] Vgl. KpV 144 ff.

Versöhnung in Hinsicht auf die beiden menschlichen Grundtriebe nicht die Vernichtung weder des einen noch des anderen bedeuten kann; vielmehr sollen bei aller Gegensätzlichkeit und Entgegensetzung gegen immer schon vorhandene materielle Bestimmtheit, Stoff und Form auf *spielerische* Weise derart in Übereinstimmung gebracht werden, daß dadurch Liebe erregt und ästhetische Freiheit gegeben ist. Erst diese Freiheit ermöglicht nach Schiller anmutiges und auch erhabenes Handeln, ein erhabenes Handeln, daß die Auflösung und Vernichtung der Natur gerade nicht mehr nötig hat.

Anders als in den Briefen an von Augustenburg hat nach Schillers ästhetischer Erziehung das Schöne bzw. der Geschmack nicht nur begünstigenden Einfluß auf das sittliche Handeln des Menschen, und keineswegs führt der Geschmack in Ketten und Fesseln. Vielmehr befreien einzig Schönheit und Kultur zu Sittlichkeit und Wahrheit, weshalb von Schiller alles sittliche Handeln als durch ästhetische Befreiung *notwendig bedingt* erachtet wird.[147] Zwar hält Schiller 1795 mit Kant daran fest, daß wahre Sittlichkeit in vernünftiger Selbsttätigkeit bestehe.[148] Doch im Gegensatz zu Kant setzt Schiller der Möglichkeit, *als Mensch zuverlässig moralisch zu handeln*, die ästhetische Befreiung und Veredelung unumgänglich voraus. Nicht im ästhetischen Zustand, aber auch nicht mit absolut unabhängiger Vernunftfreiheit, sondern nur *auf Grund ästhetischer Freiheit* werde Pflicht erfüllt und Wahrheit gefunden.

Auf die Frage nach den Voraussetzungen menschlicher Veredelung zeigt sich, daß Schiller die Gestalt des Künstlers in gewisser Weise als notwendige und dauernde Ermöglichungsbedingung der Veredelung beschreibt. Der Künstler wird von Schiller vorgestellt als befähigt zu Werken, die die Veredelung des Menschen befördern und dazu beitragen, den Menschen »ästhetisch zu machen«, weil sie den Krieg gegen die Materie eröffnen.

4.9. Die Kunst – ihre Werke und ihr Schöpfer

Durch die Natur wird nach Schiller der Mensch nicht nur das erste Mal in seinem Leben in den ästhetischen Zustand geführt. Auch stelle sie schöne Naturgegenstände bereit, die bei freier Betrachtung ästhetischer Erziehung dienten.[149] Doch sei der Mensch »von der zweiten Hand besser bedient, als von der Ersten, und will lieber einen zubereiteten und auserlesenen Stoff von

---

[147] Nach Schiller gibt es »keinen andern Weg, den sinnlichen Menschen vernünftig zu machen, als daß man denselben zuvor ästhetisch macht.« (ÄE 383). – Auch »höhere Geister« sind in Schillers ästhetischer Erziehung von der Notwendigkeit des Schönen nicht ausgeschlossen (vgl. dagegen BrA 331).

[148] Vgl. ÄE 384.

[149] Vgl. ÄE 398f.

der Kunst empfangen, als an der unreinen Quelle der Natur mühsam und
dürftig schöpfen« (UE 53).[150]

Die Reinigung der Natur übernimmt nach Schiller der Künstler.[151] Er
bereite seinem Publikum »reine Formen«[152], indem er »nur den *Schein* und
nicht die *Wirklichkeit* nachahmt« (UE 54). Dadurch versetze er die Betrachter
seiner Kunst in die augenblickliche »Gemüthsfreyheit«, welche Zeichen
»ächter Schönheit« sei (ÄE 382.380). Echte Schönheit bewirkt nach Schiller
nicht nur »Freyheit von Leidenschaften«, zudem dürfe sie weder lehrend noch
moralisch bessernd sein, keine Wahrheit finden und keine Pflicht erfüllen
lassen; »denn nichts streitet mehr mit dem Begriff der Schönheit, als dem
Gemüth eine bestimmte Tendenz zu geben« (ÄE 382).

Die »Gemüthsfreyheit« des Publikums ist nach Schiller wesentliches Kunstkriterium. Deshalb zählt er in seiner ästhetischen Erziehung die Tragödie
bzw. das Pathetische nicht mehr zur »echten« Kunst. »Künste des Affekts,
dergleichen die Tragödie ist«, seien nämlich *zum einen* »keine ganz freyen
Künste, da sie unter der Dienstbarkeit eines besondern Zweckes (des Pathetischen) stehen, und *dann* wird wohl kein wahrer Kunstkenner läugnen,
daß Werke, auch selbst aus dieser Klasse, um so vollkommener sind, je mehr
sie auch im höchsten Sturme des Affekts die Gemüthsfreyheit schonen« (ÄE
382). Im Gegensatz zu *Ueber das Erhabene* hat – wie die Untersuchung zeigt
– in Schillers ästhetischer Erziehung die tragische Kunst, die durch erhabene
Rührung moralische Stärkung wirkt, an Bedeutung und Wert verloren.[153]
»Das Gemüth des Zuschauers und Zuhörers muß *völlig* frey und unverletzt
bleiben, es muß aus dem Zauberkreise des Künstlers rein und vollkommen,
wie aus den Händen des Schöpfers gehn.«[154] (ÄE 382)

Allerdings hänge der Effekt eines Werkes nicht allein von seinem Künstler
ab; ein – durch Schönheit noch nicht überwundener – »Mangel an Form in
dem Beurtheiler« erschwere dessen Empfänglichkeit für die Schönheit der
Kunst (ÄE 382). Gleichwohl sei es die Aufgabe des Künstlers, sich als ein
zweiter Schöpfer der Menschheit zu erweisen, indem er Schönheit schaffe, die
sein Publikum zu anmutigem und würdevollem Umgang befähige.

Als Schöpfer bezeichnet Schiller den Urheber der Natur, den er zugleich
mit der Natur identifiziert.[155] Die Natur wiederum, weil sie dem Menschen
»das Vermögen zur Menschheit« erteile, nennt er des Menschen erste und

[150] S. dazu o. II.3.
[151] Vgl. ÄE 401.
[152] Vgl. SCHILLERS Gedicht »Das Ideal und das Leben«, NA 2/I, (396–400) 400,121. S. auch
ÄE 384.
[153] Entsprechend wird Schillers Aufsatz »*Ueber das Erhabene*«, in welchem das Erhabene so wie
in den Augustenburgerbriefen und im Aufsatz *Ueber Anmuth und Würde* beschrieben ist, *vor* der
ästhetischen Erziehung entstanden sein; s. dazu o. Anm. 68 und im folgenden.
[154] Hervorhebung A. K.
[155] S. o. II.1.1.

ursprüngliche »Schöpferin«. Analog dazu gilt ihm die Schönheit, die – im Anschluß an die Natur – ebenfalls die Menschheit des Menschen möglich macht, als »zweite Schöpferin«, und der Künstler solcher Schönheit soll ein zweiter Schöpfer sein. Er soll, indem er die befreiende Tätigkeit der Natur nachahmt, immer wieder den Menschen in ästhetische Stimmung und in Freiheit versetzen (ÄE 378). Dazu sei es nötig, daß er einen Stoff und damit auch einen Inhalt, der Neigung erregt, derart formt, daß bei dessen Betrachtung zugleich Achtung gefordert ist.

»Darinn also besteht das eigentliche Kunstgeheimniß des Meisters, *daß er den Stoff durch die Form vertilgt*; und je imposanter, anmaßender, verführerischer der Stoff an sich selbst ist, je eigenmächtiger derselbe mit *seiner* Wirkung sich vordrängt, oder je mehr der Betrachter geneigt ist, sich unmittelbar mit dem Stoff einzulassen, desto triumphirender ist die Kunst, welche jenen zurückzwingt und über diesen die Herrschaft behauptet.« (ÄE 382)

Schöne Werke sind nach Schiller dann vorhanden, wenn die Gemüter der Betrachtenden in ästhetisches Spiel und damit, von jedem Zwang erlöst, in Freiheit gesetzt werden; dies sei der Fall, wenn Stoff und Form in ein gleichzeitiges Gleichgewicht und Neigung und Achtung in Übereinstimmung gebracht sind. Neigung werde durch verführerischen Stoff erregt. Das Gefühl der Achtung setzt nach Schiller die Herrschaft der Vernunft über die Nötigungen der Sinnlichkeit voraus. Ein schönes Kunstwerk muß also angesichts seines Stoffes Neigung verspüren lassen und Achtung abverlangen, weil der Stoff durch freie Vernunfttätigkeit in Form gefaßt ist.[156] Die Empfindungen, die ein erregender Stoff vermittelt, dürfen keineswegs total und radikal verhindert werden, jedoch soll ihre Macht durch die Form der Vernunft in vernünftigem Rahmen gehalten werden. So erhält der Stoff Allgemeingültigkeit und Notwendigkeit und setzt seine Betrachter in ästhetische Freiheit.

»Wenn das Todte bildend zu beseelen,
Mit dem Stoff sich zu vermählen
Thatenvoll der Genius entbrennt,
Da, da spanne sich des Fleisses Nerve,
Und beharrlich ringend unterwerfe
Der Gedanke sich das Element.
Nur dem Ernst, den keine Mühe bleichet,
Rauscht der Wahrheit tief versteckter Born,
Nur des Meisels schwerem Schlag erweichet
Sich des Marmors sprödes Korn.

Aber dringt bis in der Schönheit Sphäre,
Und im Staube bleibt die Schwere
Mit dem Stoff, den sie beherrscht, zurück.

---

[156] Vgl. dazu BENNO VON WIESE, Friedrich Schiller, 498: Damit, daß das Kunstgeheimnis darin liegt, daß der Stoff durch Form vertilgt werde, »ist nicht etwa eine Unterjochung des Stoffes unter eine rationale Form gemeint.«

Nicht der Masse qualvoll abgerungen,
Schlank und leicht, wie aus dem Nichts gesprungen,
Steht das Bild vor dem entzückten Blick.
Alle Zweifel, alle Kämpfe schweigen
In des Sieges hoher Sicherheit,
Ausgestoßen hat es jeden Zeugen
Menschlicher Bedürftigkeit.«

Die zitierten beiden Strophen 8 und 9 aus Schillers Gedicht »Das Ideal und das Leben«[157] von 1804 stellen Schillers Auffassung von Kunst und Kunsttätigkeit anschaulich dar. In ihnen ist die Kunsttätigkeit des Künstlers am Beispiel der Bildhauerei nachgezeichnet.

Einen Gedanken, einen künstlerischen Einfall bildet nach Schiller der Künstler mit beharrlichem Eifer im Bereich des Sinnlichen aus. Dazu gebraucht er »Stoff«; der Bildhauer verwendet Marmor, der Dichter Sätze und Worte; dabei scheint nach Schiller mit der Gestaltung des Stoffes stets ein Inhalt verbunden zu sein, der als Material zur Gestaltung eines Kunstwerks dem Stoff zugerechnet wird. Mit dem Stoff und aus ihm gilt es nach Schiller, »das Todte bildend zu beseelen« und also Schönheit lebendig sein zu lassen (V. 71).[158] Dies soll – wie in der Erziehungsschrift beschrieben – auf kriegerische Weise geschehen; das stoffliche Element soll im Ringkampf unterworfen werden (V. 75). Dieser Kampf jedoch endet mit der Versöhnung von Materie und Form, mit der *Vermählung* von Stoff und Geist.[159]

Das kriegerische und doch versöhnliche Zusammenspiel von Gedanke und Element, das von Schiller für ein jedes Kunstwerk gefordert wird, spiegelt sich wider in seinem eigenen Gedicht, im Aufbau dieses Kunstwerks. Es wechseln Strophen, die den Kampf des Lebens beschreiben, mit solchen, die »des Ideales Reich«, das Reich der Schönheit[160] als einen Zustand harmonischen Zusammenseins von Stoff- und Formtrieb schildern (V. 30.69); jene beginnen mit »Wenn«, die anderen mit »Aber«.[161] Der Bereich des Lebens umfaßt sowohl die künstlerische Bearbeitung des Stoffes (des Marmors; Strophe 8) als auch den Kampf um Macht und Herrschaft (V. 51 ff.), die Konfrontation mit den Forderungen des »Gesetzes«[162] (V. 92) sowie das Leiden der Menschheit (V. 111). Des Ideales Reich ist jeweils dargestellt

---

[157] Zur Interpretation im Kontext des Schiller-Kapitels wird nicht »Das Reich der Schatten« (NA 1, 247–251), sondern Schillers letzte und vollendete Fassung dieses Gedichtes mit dem Titel »Das Ideal und das Leben« herangezogen; s. NA 2/I, 396–400. Daß die vorliegende Interpretation auf Anmerkungen NA 2/II A zu »Das Reich der Schatten« verweist, ist angebracht, weil die betreffenden Bezugsstellen nicht von ausschlaggebenden Änderungen betroffen sind.

[158] Nach Schiller kommt die Marmorskulptur zum Leben, wenn sie schön geschaffen ist. Anders dagegen bei »Pygmalion«, s. dazu u. Schlegel-Kapitel, III.3.1.

[159] Vgl. V. 72.

[160] Vorliegende Interpretation identifiziert »des Ideales Reich« mit dem Reich der Schönheit. Gegen Anmerkungen NA 2/II B, 237 bezeichnet »Ideal« nicht einen von dem Gebiet der Schönheit abgegrenzten »transzendenten Bereich.« Vielmehr gilt es in Schillers Gedicht als der Ort, an dem der Mensch »auf Erden« – von ihm ist ab V. 11 die Rede – Schönheit erfährt. Denn die Aufforderung zur Flucht in des Ideales Reich wäre andernfalls sinnlos, höhnisch oder gar ein Aufruf zur Selbsttötung, welche Herakles vollzieht und welche ihm gerade den Weg zum »Olymp« freigibt (V. 141 ff.). Aber auch, daß der Olymp von Schiller als ein transzendenter Ort gedacht werde, muß wohl bezweifelt werden. Denn wie die Untersuchung zeigt, kann der Olymp auch als die »Heimat« des Künstlers verstanden werden. Zur näheren Erläuterung dieser Anmerkung s. die Interpretation im folgenden.

[161] S. Strophen 6–13: Wechsel zwischen »Leben« und »Ideal«.

[162] S. o. unter I: gemeint ist das Sittengesetz.

als das Land, in dem die Erlösung vom Kampf des Lebens, vom Krieg gegen die Materie gewährt wird. So wie in Strophe 9 das Kunstwerk des Bildhauers den gespielten Krieg zwischen Stoff und Form in versöhnter Einheit zeigt, so ist das ästhetische Reich überhaupt der Zufluchtsort, an dem die ernsten Kämpfe des Lebens zeitweilig zur Ruhe kommen und den Menschen Heiterkeit erfüllt.[163] Der Wechsel der Strophen von der Beschreibung des Lebens zur Darstellung des Idealischen[164] macht auch Schillers Forderung nach einem Ausgleich des ernsten Lebens durch ästhetisches Spielen deutlich.[165]

Gerahmt ist das Gedicht, das den Übergang in das ästhetische Reich als Befreiung, als Erlösung von irdischen Kämpfen verheißt, von der Beschreibung des glücklichen Lebens im Olymp, welches die *ewige* Verwirklichung von »des Ideales Reich« bedeutet. In der zweiten Strophe ist der Grund der stofflichen Gebundenheit, der Beschränktheit des menschlichen Lebens genannt, die das ewige Leben im Olymp verhindert und deren Überwindung – spiegelbildlich – die zweitletzte Strophe gewidmet ist. Der »Fall« des Menschen vollzieht sich im Griff nach der verbotenen Frucht – »Brechet nicht von seines Gartens[166] Frucht. / An dem Scheine mag der Blick sich weiden« (V. 13.14). Die Folge dieser bloß sinnlich gesteuerten Tat ist die Gebundenheit an das Irdische und Körperliche, an »des Orkus Pflicht« (V. 20). Von dieser Bindung kann sich nach Schiller der Mensch bereits »auf Erden« lösen (V. 11), und zwar unter *selbsttätigem* Einsatz seiner geistigen Kraft. Daß allerdings »auf Erden« ein Leben im »Olymp« nicht möglich ist, macht Schiller deutlich durch die Betonung der Ewigkeit des olympischen Lebens[167] im Gegensatz zur Zeitlichkeit irdischen Daseins, welche nur zeitweilig durch den Übergang in das Reich des Ideales aufgehoben werden kann. Eine vollständige Befreiung von der Beschränktheit des irdischen Daseins wird im Gedicht (in der zweitletzten Strophe) nur Herakles[168] zuteil, der sich im äußersten Lebenskampf beharrlich bewährte – allerdings gelangt auch er zum ewigen olympischen Leben nicht während seines Daseins, sondern erst, als »sein Lauf geendigt ist« (V. 140). Das Leben auf Erden bedeutet für ihn das Erleiden *aller* Plagen und »Erdenlasten« bis hin zum Tode, wofür er vor allen Menschen mit seiner Vergöttlichung und der Himmelfahrt zum Olymp ausgezeichnet wird (V. 137.141 ff.).

Den befreienden, erlösenden Aufstieg aus dem Orkus hinauf und die Annäherung an den Olymp, soweit sie »auf Erden« für einen jeden Menschen möglich ist, beschreiben die Strophen 3–13. Die Erlösung der gefallenen Menschheit, die unter Schmerzen, Scham und Kampf leidet, kann sich auf Erden nur in Gedanken, im Geiste, und zwar durch Schönheit vollziehen (V. 75 f.101 f.). Schönheit ist die Bedingung der Erlösung. Wie in Schillers Erziehungsschrift, so ist auch in »Das Ideal und das Leben« die Schönheit als die unausweichliche Bedingung, Wahrheit finden und zum Guten gelangen zu können, dargestellt. Das zeigt besonders deutlich die elfte Strophe:

»Aber flüchtet aus der Sinne Schranken
In die Freiheit der Gedanken,
Und die Furchterscheinung ist entflohn,

---

[163] Vgl. V. 69.121.

[164] S. dazu u. II.4.9.2.

[165] S. dazu u. II.4.9.3.

[166] Gemeint ist der Garten in »des Todes Reichen«, womit das vergängliche irdische Dasein bezeichnet ist (V. 12).

[167] S. Strophe 1, V. 1–3: »Ewigklar [...] / Fließt das zephyrleichte Leben / Im Olymp den Seligen dahin.«

[168] Zur Identifizierung des Herakles s. Anmerkungen NA 2/II A, 258 zu V. 161–180 (»Das Reich der Schatten«).

Und der ew'ge Abgrund wird sich füllen;
Nehmt die Gottheit auf in euern Willen,
Und sie steigt von ihrem Weltenthron.
Des Gesetzes strenge Fessel bindet
Nur den Sklavensinn, der es verschmäht,
Mit des Menschen Widerstand verschwindet
Auch des Gottes Majestät.«

Diese Strophe steht der zehnten gegenüber, in der des Menschen »natürliche« Unfähigkeit, das »Gesetz« zu erfüllen, aufgewiesen ist. Die Erfüllung des Gesetzes wird nach Schiller – gemäß seiner Erziehungsschrift – durch den ästhetischen Zustand ermöglicht. Dieser wird erlangt durch die Flucht »aus der Sinne Schranken / In die Freiheit der Gedanken« (V. 101 f.). Diese Flucht muß als Flucht ins ästhetische Reich verstanden werden: »Der Sinn nemlich, denke ich, kann kein anderer, als folgender seyn: der *bloß* moralisch ausgebildete Mensch geräth in eine ängstliche Verlegenheit, wenn er die unendliche Foderung des Gesetzes mit den Schranken seiner endlichen Kraft vergleicht. Wenn er sich aber zugleich ästhetisch ausbildet, wenn er sein Inneres, vermittelst der Idee der Schönheit zu einer höheren Natur umschaft, so daß Harmonie in seine Triebe kommt, und was vorher ihm bloß Pflicht war, freiwillige Neigung wird; so hört jener Widerstreit in ihm auf.«[169]

Daß die Flucht in das Land der Schönheit die *Schaffung* einer »höheren Natur« und damit den *selbsttätigen* Einsatz geistiger Kraft verlangt, ist in den Strophen 8 und 9 beispielhaft dargestellt an der Tätigkeit des Bildhauers. Schiller verlangt vom Künstler, daß er mit einem »Ernst, den keine Mühe bleichet«, den Stoff beherrscht, ihn mit »des Meisels schwerem Schlag« geradezu »vertilgt« und dem Gedanken unterwirft (V. 77.79). Die Schönheit der Skulptur, die aus diesem Kampf mit dem Stoff hervorgeht, läßt das qualvolle Ringen nicht mehr erkennen: »Nicht der Masse qualvoll abgerungen, / Schlank und leicht, wie aus dem Nichts gesprungen, / Steht das Bild vor dem entzückten Blick.« (V. 84–86) Die schöne Leichtigkeit, die das Werk des Künstlers zur Anschauung bringt, impliziert nach Schiller die Erleichterung des menschlichen Daseins. Sie bewirkt die Befreiung vom Kampfesernst des Lebens, eben den ästhetischen Zustand, in dem wie im Olymp – für Augenblicke wenigstens – »Sinnenglück und Seelenfrieden« miteinander »vermählt« sind (V. 7.10).[170] Diese Versöhntheit von Neigung und Achtung bedeutet ästhetische Freiheit und ermöglicht die Erkenntnis der Wahrheit und die Verwirklichung des Guten durch den befreiten Willen, der nach Schiller in seiner Freiheit das Sittengesetz wählt.[171]

Weder die Wahrheit noch das Gute (als die Erfüllung des Gesetzes) hat ein »Erschaff'ner« je »erflogen«, je unmittelbar – ohne den Übergang über den ästhetischen Zustand – erlangt. Sowohl »des Gesetzes Größe« (V. 92) als auch »der Wahrheit Strahle« (V. 94) entdecken dem, der auf direktem Weg sich ihnen nähert, Unvermögen und Schuldhaftigkeit.[172] Allein auf ästhetischem Weg, durch die aktive Flucht in »die Freiheit der Gedanken« ist die Ent-

---

[169] WILHELM VON HUMBOLDT an Schiller, Brief vom 21. August 1795 (zu »Das Reich der Schatten«, Anmerkungen NA 2/II A, 248). Humboldts Interpretation wird am 7. September 1795 im Brief von SCHILLER an Humboldt bestätigt, a. a. O., 249: »Mir däucht daß die *Freyheit der Gedanken* doch weit mehr auf das aesthetische als auf das rein moralische hinweiset. Dieses wird durch den Begriff *rein* und jenes durch den Begriff *frey* vorzugsweise bezeichnet.«

[170] Die Alliteration von »Sinnenglück und Seelenfrieden« macht auf den erstrebenswerten Zustand versöhnter Triebe aufmerksam.

[171] S. dazu o. II.4.3.

[172] S. dazu u. Anm. 232.

thronung der drohenden *Gottheit*, als welche das *Sittengesetz* beschrieben ist, möglich;[173] es ist die Erfüllung des Gesetzes möglich, ohne daß dazu noch »auf dem heiligen Boden der Freyheit« gegen die Sinnlichkeit gefochten werden müßte.[174]

Dadurch, daß Schiller selbst in seinem Gedicht das Reich des Ideales und dessen ewige Verwirklichung im Olymp *in poetischer Schönheit* bedichtet, weil er mit seinen Gedanken das sinnlich anregende Satzmaterial formt, stellt er den Rezipienten des Gedichts in befreiender Weise die Aussicht auf ewige Erlösung vor Augen und wird so der von ihm selbst gestellten Aufgabe als Künstler gerecht. Worin die Aufgabe des Künstlers besteht, wird nicht nur in den Strophen 8 und 9, sondern vor allem auch in den letzten beiden Strophen des Gedichtes deutlich. Nach Schiller muß der Künstler – wie Herakles – die schwersten Leiden und Qualen im Ringkampf des Lebens auf sich nehmen, weil er nur so den Olymp erreicht, der sich durch das ideale Gleichgewicht von »Sinnenglück und Seelenfrieden« auszeichnet. Steht ihm dieses vor Augen, kann es der Künstler in seinen Werken zum Vorschein bringen, welche so zur Erziehung des Menschen, zur Erlösung der Menschheit beitragen.

Den Akt der Erlösung »aus der Sinne Schranken«, der nach Schiller hauptsächlich durch den Künstler bewirkt wird, welcher als zweiter Schöpfer der Menschheit gilt, stellt Schiller in seinem Gedicht mit Bildern antiker Dichtung dar. Dabei sind die in das Gedicht übernommenen Mythen der Antike unübersehbar mit biblischem Gedankengut verbunden, und mitunter sind sogar wörtliche Übereinstimmungen vorhanden.

Der Apfel, den Persephone ergreift,[175] ist mit der verbotenen Frucht aus Gen 2,17; 3,3 in Beziehung gebracht (Strophe 2). Das Leiden und die Lebenshingabe des Herakles sind mit neutestamentlichen Anklängen in Verse gefaßt. Herakles erniedrigt sich tief und wird zum »Knecht« des Feigen, für die Freunde läßt er sein Leben und nimmt die gesamte Last irdischen Daseins auf sich (V. 131.135 f.137 ff.). So wird er von Schiller indirekt mit Jesus Christus verglichen, von dem gilt, daß er »Knechtsgestalt« annahm, sich selbst bis zum Tode erniedrigte (Phil 2,7.8), sein Leben für seine Freunde läßt (Joh 15,13) und die Sünde der Welt, alles Leid und Übel aufhebt und trägt (Joh 1,29).

Dadurch, daß Schiller Persephone und Herakles wählt, um an ihnen die Erlösungsbedürftigkeit und die Erlösungsmöglichkeit aus irdisch-sinnlicher Beschränktheit zu zeigen, kommt sein eigentümliches Verständnis von Befreiung und Erlösung der Menschheit zum Ausdruck.[176] Erlösung von der Gebundenheit an des Orkus Pflicht, welche besteht, weil die Sinnlichkeit dem Genuß der verbotenen Frucht nicht widerstehen konnte, erlangt nach Schiller nur der, der unter aktivem Einsatz seiner geistigen Kraft mit dem Stoffe ringt wie bei der in den Strophen 8 und 9 beschriebenen Bildhauertätigkeit. Vorbild dafür ist Herakles, der sein Leben »in ewigem Gefechte« zubringt, in beharrlichem Ringkampf den Widrigkeiten des irdischen Daseins trotzt und sich zur Erlösung seiner Freunde opferbereit

---

[173] S. dazu u. II.4.9.4.

[174] S. dazu o. II.4.8.

[175] Persephone ißt der antiken Sage nach von dem Granatapfel, den Hades ihr reicht. Dadurch bleibt sie an Hades gebunden und dem Orkus verpflichtet (V. 19 f.).

[176] Vgl. dazu KARL PESTALOZZI, Die Entstehung des lyrischen Ich, 90: »Das antike Kostüm dient zur Gestaltung nachchristlicher Gehalte.« Pestalozzi ist darin zu widersprechen, daß die Gehalte, die Schiller in seinem Gedicht gestaltet *nach*christlich seien (das Verständnis von Erlösung durch Heldentaten gibt es bereits vor Christi Geburt); vor allem aber sind die Gehalte *nicht* christlich; s. dazu die Interpretation im folgenden.

zeigt[177] (V. 132): »Stürzte sich, die Freunde zu befreien, / Lebend in des Todtenschiffers Kahn« (V. 135 f.). Die Heldentaten, die Herakles unter Einsatz seines Lebens vollbringt, führen ihn an seinem Lebensende auch zu seiner eigenen Erlösung, zur vollständigen Befreiung von allem Irdischen und Beschränkten; »des Irdischen entkleidet, / [...] Fließt er aufwärts und des Erdenlebens / Schweres Traumbild sinkt und sinkt und sinkt.« (V. 141. 145 f.) Herakles ist also nicht nur als Erlöser seiner Mitmenschen dargestellt, sondern auch als der, der sich durch unablässigen Kampf von seinem Erdenleben geradezu selbst erlöst. Als solcher gibt er für Schiller das Bild des idealen Künstlers ab.[178]

Schillers Beschreibung des Erlösungsgeschehens in Analogie zu künstlerischer Tätigkeit steht dem christlichen Erlösungsverständnis, das die ästhetische Theorie Schleiermachers prägt, unübersehbar entgegen. Nach christlicher Überzeugung ist es der Glaube an den Erlöser, der die Erlösung bedeutet, dabei kann dieser Glaube selbst nur als Geschenk Gottes empfangen und durch Gottes Gnade gefördert werden. Im Glauben steht die Sinnlichkeit des Menschen unter der Dominanz des Gottesbewußtseins, welche weder errungen werden kann noch jemals ein Ringen mit der Sinnlichkeit nötig hätte.[179] Nach Schiller ist – wie die Interpretation des Gedichtes »Das Ideal und das Leben« deutlich macht – der Künstler befähigt, in vernünftiger Selbsttätigkeit mit der Sinnlichkeit zu ringen und auf diese Weise die *ästhetische* Befreiung der Menschheit, die auch den aktiven Einsatz eines jeden Menschen verlangt, kontinuierlich zu befördern.

Im Gegensatz zur Natur kann nach Schiller der Künstler die Triebe des Menschen nicht erwecken. Doch setzen gerade seine Werke den Betrachtenden, dessen Spieltrieb bereits geweckt ist, immer wieder in ästhetische Freiheit. Und noch mehr, der Künstler vermag als Vertreter der ästhetischen Kultur den Menschen zu edlem Umgang anzuleiten. Ihm gilt darum die Aufforderung:

»Verjage die Willkühr, die Frivolität, die Rohigkeit aus ihren Vergnügungen, so wirst du sie unvermerkt auch aus ihren Handlungen, endlich aus ihren Gesinnungen verbannen. Wo du sie findest, umgieb sie mit edeln, mit großen, mit geistreichen Formen, schließe sie ringsum mit den Symbolen des Vortrefflichen ein, bis der Schein die Wirklichkeit und die Kunst die Natur überwindet.« (ÄE 336)

Der Künstler besitzt nach Schiller die Fähigkeit, das edle Betragen des Menschen hervorzurufen und anzutreiben und dadurch den Menschen zu moralischem Handeln sowie zur Erkenntnis der Wahrheit zu erziehen. Dazu sei er mit einer »dämonischen Natur« ausgestattet (ÄE 333).[180] Diese ermögliche ihm, in Hinsicht auf andere Menschen, das Notwendige und Allgemeine, das Gute selbst, »in einen Gegenstand ihrer Triebe« zu verwandeln und die Wahrheit aus dem Reich der Ideen in Schönheit zur Darstellung zu bringen (ÄE

---

[177] Vgl. dazu Anmerkungen NA 2/II A, 258 zu V. 165–166 (»Das Reich der Schatten«).
[178] S. dazu u. II.4.9.4.
[179] S. dazu v. a. Schleiermacher-Kapitel, II.6.
[180] Schiller beschreibt den Künstler auch als den Menschen schlechthin, weil er zur vollkommenen Vereinigung von Form und Materie fähig sei. »Soviel ist indeß gewiß, der Dichter ist der einzige wahre *Mensch*, und der beßte Philosoph ist nur eine Caricatur gegen ihn« (Brief an Goethe, 7. Januar 1795, NA 27, Nr. 89, 116).

335). Wenn der Künstler seine dämonische Natur zum Einsatz bringt, versetzt er folgerichtig die Betrachter seiner Werke in den Zustand ästhetischen Spiels. Auch zeigt die Interpretation im folgenden, daß der Künstler dadurch, daß er den *Schein* der Dinge, der dem Reich der Ideen entstammt, im Medium des Schönen sinnlich faßbar und anschaulich macht, die dem Spiel verbundene Liebe der Rezipienten erweckt und damit ihr Verlangen, sich selbst edel zu betragen, hervorruft.[181]

4.9.1. Schein

»Die Natur selbst ist es, die den Menschen von der Realität zum Scheine emporhebt, indem sie ihn mit zwey Sinnen[182] ausrüstete, die ihn bloß durch den Schein zur Erkenntniß des Wirklichen führen« (ÄE 400). Wie der Mensch nur durch den ästhetischen Zustand des Spiels zu ernster reiner Selbsttätigkeit gelange, so gehe er auch nur vermittels des ästhetischen Scheins zu der »wahren« Wirklichkeit, zur Erkenntnis der Wahrheit über.

Der ästhetische Schein der Dinge[183] gilt Schiller als Produkt menschlicher Selbsttätigkeit – »der Schein der Dinge ist des Menschen Werk« (ÄE 399). Denn er werde mit den Sinnen des Scheins durch freie Reflexion realer Gegenstände (Materie) hervorgebracht; der Schein ist Reflex, ist *Wider-Schein* der eigenen Reflexion und entspricht somit der reinen Form, die durch vernünftige Vorstellung erzeugt wird.[184]

In bezug auf die *Wirklichkeit*, d. i. das bloß stoffliche, materielle Dasein von Naturgegenständen, zeichne sich der ästhetische Schein dadurch aus, daß er »*aufrichtig*« und »*selbstständig*« sei; weder erhebe er Anspruch auf Realität oder verfolge gar einen Zweck, der im Bereich des Wirklichen realisiert werden sollte, noch erhalte er Unterstützung von der Wirklichkeit (ÄE 402).

Von der *Wahrheit* unterscheidet sich nach Schiller der ästhetische Schein, weil er dem Menschen nie losgelöst von Stoff erscheint. Zwar soll er menschlicher Selbsttätigkeit entstammen, doch wird er eben an realen Gegenständen reflektiert.

---

[181] S. u. II.4.10.
[182] Zu den »Sinnen des Scheins« vgl. EMIL STAIGER, Friedrich Schiller, 195 f. Durch den »Schein« sucht Schiller, die Unabhängigkeit des Schönen von der Sinnlichkeit zu sichern (s. dazu a. a. O., 194).
[183] »Es versteht sich von selbst, daß hier nur von dem ästhetischen Schein die Rede ist, den man von der Wirklichkeit und Wahrheit unterscheidet« (ÄE 399).
[184] S. ÄE 394.400. Vgl. den wechselnden Gebrauch und die parallele Stellung von »Schein« und »Form« (ÄE 337/338.400). Dabei ist Schillers Unterscheidung des ästhetischen Scheins vom logischen und vom moralischen parallel seiner Differenzierung zwischen einer reinen Form überhaupt, einer reinen logischen und einer reinen moralischen Form (ÄE 399.403.384). – Vgl. dazu EMIL STAIGER, Friedrich Schiller, 197: Schiller »neigt am Ende sogar zu einer Gleichsetzung von Schein und Form«.

Auf Grund seiner »dämonischen Natur« nehme der Künstler die reine Form bzw. den Schein oder »Schatten«[185] der Dinge aus »einer edleren Zeit, ja jenseits aller Zeit, von der absoluten unwandelbaren Einheit seines Wesens« (ÄE 333).

Schiller beschreibt in poetischer Weise den Ort »jenseits aller Zeit« auch als das ewige olympische Reich und dieses als den fernen Sitz des Göttlichen, den der Künstler kennen muß, um auf Erden das Gleichgewicht von »Sinnenglück und Seelenfrieden« mit seinen Werken bewirken zu können.[186] Der Künstler soll deshalb »unter fernem griechischen Himmel zur Mündigkeit reifen« (ÄE 333). Dazu allerdings muß er »sich von der Gegenwart loswickeln und frei und kühn in die Welt der Ideale emporschweben« (BüKr 258), bis er »des Aethers leichte Lüfte trinkt«[187], aus welchem »die Quelle der Schönheit« rinnt; »aus dem reinen Aether seiner dämonischen Natur rinnt die Quelle der Schönheit herab« (ÄE 333). Genau dies zeichnet seine *dämonische* Natur aus, das es ihm möglich ist, als ein Mensch den göttlichen Äther, den Äther des olympischen Reichs nicht nur zu trinken, sondern geradezu in sich zu tragen und damit Anteil zu haben am Göttlichen. Seine göttlich-menschliche Natur ist nach Schiller Bedingung schöner Kunst, welche den Menschen zur Gottheit führt, indem sie ihm das Göttliche nahebringt. Der Künstler schöner Werke ist folglich das zwischen Gott[188] und den Menschen vermittelnde Wesen, als welches auch Platon den Dämon Eros beschreibt.[189]

Der dämonische Künstler nimmt nach Schiller die Form seiner Werke aus der ewigen »Welt der Ideen«, die sich *in ihm selbst*, in der »absoluten unwandelbaren Einheit seines Wesens« finde. In ihm selbst ist nach Schiller das Vermögen zu absoluter Freiheit und Selbsttätigkeit, das allem wirklichen Sein notwendige und ewige Beschaffenheit (Form) erteilt, denn in ihm selbst ist die Wahrheit angelegt.[190] Die Wahrheit sei wie das absolut Gute ausschließlich Objekt des Formtriebs und damit »das reine Produkt der Absonderung von allem, was materiell und zufällig ist, […] reine Selbsttätigkeit ohne Beymischung eines Leidens« (ÄE 396). »Die Wahrheit ist nichts, was so wie die Wirklichkeit oder das sinnliche Daseyn der Dinge von außen empfangen werden kann; sie ist etwas, das die Denkkraft selbstthätig und in ihrer Freyheit hervorbringt« (ÄE 384). Nach Schiller ist die Wahrheit keineswegs gegeben, so daß sie vom Menschen entdeckt werden könnte. Vielmehr hält er sie für das Ergebnis freier menschlicher Produktion. Vornehmlich der Künstler sei dazu fähig, angesichts realer Gegenstände selbsttätig hervorzubringen und zu bilden, was der Welt der Ideen und dem Reich der Wahrheit entstammt.[191]

---

[185] Vgl. dazu Schillers Gedicht »Das Reich der Schatten«, NA 1, 247–251.
[186] S. o. II.4.9.
[187] »Das Ideal und das Leben«, V. 143.
[188] Zur Gleichsetzung von Gott und Sittengesetz s. o. II.4.9.
[189] S. Platon, Symp 202d f.
[190] Vgl. ÄE 341 f.
[191] Sobald er den Schein gebildet habe, sei ein jeder Mensch ästhetisch frei, »und der Spieltrieb hat sich entfaltet. Gleich so wie der Spieltrieb sich regt, der am Scheine Gefallen findet,

Aus dem Reich der Wahrheit nimmt der Künstler den ästhetischen Schein, doch reflektiert er ihn an realen Gegenständen. Deshalb muß der Schein von der Wahrheit selbst unterschieden sein; entsprechend gehört er in die »*Welt des Scheins*« und in das Reich der Schönheit, das zwischen dem Reich des Wirklichen und dem Reich der Wahrheit liegt (ÄE 401).

Weil jedoch allemal der schöne Schein dem Reich der Wahrheit entstammt, wird nach Schiller durch ein Werk der schönen Kunst, »deren Wesen der Schein ist«, die Wahrheit selbst zum *Vorschein* gebracht (ÄE 400). Die Wahrheit selbst läßt der Künstler an realen Kunstgegenständen erscheinen, weil er dank seiner *Einbildungskraft*, die dem *nachahmenden Spiel- und Bildungstrieb* entspricht, in ästhetischem Spiel schöne Kunstwerke erschafft.[192] – Daß in der Schönheit die Wahrheit er-*schein*-t, hebt Schiller nach vorliegender Interpretation durch die Verwendung des Begriffes »Schein« hervor; daß es die *Wahrheit* ist, die im Schönen erscheint, betont der Begriff der »Form«.

Um die Wahrheit selbst zur Erscheinung zu bringen, verwende der Künstler bei der Bildung seiner schönen Werke den Stoff, den er in Gegenwart und Wirklichkeit finde.[193] Er läßt also den Schein an der Materie erscheinen, er verbindet (wieder) Stoff und Form. Dadurch setzt er die Betrachter seiner Werke in ästhetische Freiheit, dies bedeutet, daß er die befreiende Tätigkeit der Natur nachahmt.

Indem der Künstler den Stoff durch Form vertilgt und den Schein an der Materie erscheinen läßt, bewirkt er folgerichtig das *ästhetische Spiel* von Form- und Stofftrieb, das zum *Tun des Guten* befreit, sowie die *schöne Erscheinung*, die die *Wahrheit erkennen* läßt. In Hinsicht auf die Betrachter seiner Werke verwandelt er also das Gute selbst »in einen Gegenstand ihrer Triebe«, und die Wahrheit, die er in seinem Gemüt erzogen hat, bindet er an Materie, damit »nicht blos der Gedanke ihr huldige, sondern auch der Sinn ihre Erscheinung liebend ergreife« (ÄE 335). – So erfüllt der Künstler die beiden Anforderungen, die an ihn gestellt sind.

Indem der Künstler den Bereich des Sinnlichen und den der Vernunft in schönen Werken zusammenbringt, befreit er die Betrachter seiner Werke von den Zwängen beider Bereiche und führt sie in sinnlich-vernünftiger Einheit über die Kluft, die zwischen den Bereichen liegt. Die Wirkung des Kunstschönen ist also ebenso wie die des Naturschönen – allerdings mit gesteigerter Intensität – die ästhetische Befreiung und die damit gegebene Ermöglichung des Übergangs. Dabei läßt Schiller ungeklärt, wie denn nun die Beschaffenheit und vor allem das Zustandekommen des Naturschönen im Vergleich mit dem des Kunstschönen tatsächlich vorgestellt werden muß. Nicht klar ist, ob

---

wird ihm auch der nachahmende Bildungstrieb folgen, der den Schein als etwas Selbstständiges behandelt.« (ÄE 400).
[192] S. ÄE 400f.
[193] S. ÄE 333.

die Möglichkeit dazu, daß bei Reflexion des Naturschönen die Form erscheint, im Naturschönen ebenso wie im Kunstschönen angelegt ist. Schiller äußert sich nicht darüber, ob er konsequenterweise annimmt, daß gleich dem menschlichen Künstler, der im Kunstschönen Stoff und Form verbindet, ein höchster Künstler im Naturschönen Stoff und Form vereint, so daß bei Betrachtung des Kunst- wie des Naturschönen der Formtrieb gefordert ist, weil er das Objekt seines Strebens vorfindet.[194] Diese Annahme hätte zur Folge, daß der menschliche Künstler die Form bzw. die Wahrheit immer schon und gerade in den Werken des höchsten Künstlers erkennen könnte und nicht umhin käme, sich auf diese zu beziehen. Damit wäre gewährleistet, daß bei Betrachtung schöner Werke nicht bereits diejenige Freiheit vorausgesetzt werden muß, die durch die Betrachtung erreicht werden soll.[195]

Die Ermöglichung des Übergangs impliziert, wie gezeigt, die Befähigung zu freier und zuverlässiger Vernunfttätigkeit, zu reiner Selbsttätigkeit, zur Wahrheit und zum Tun des Guten. Dadurch, daß der Künstler den Übergang über die Kluft eröffnet, erlöst er folglich die Betrachter seiner Werke von ihrer Unfähigkeit zu Wahrheit und Sittlichkeit. Durch Schönheit »reinigt« er sie von der Schuld, die besteht, weil das Gesetz der Vernunft noch nicht erfüllt und die Wahrheit noch nicht gefunden ist.[196] Daß er dabei den Stoff nur gelten läßt, indem er ihn vertilgt, und die Materie eigentlich *nur gebraucht*, um eben das Gute und die Wahrheit in Schönheit darzustellen, bestätigt obige Annahme, daß Schiller die geistige Freiheit des Menschen für das höchste Gut erachtet.

4.9.2. Idealisierung

Indem der Künstler Stoff mit Form verbindet, unterwirft er nach Schiller den bloßen Stoff seinem gesetzgebenden Geist (Formtrieb), legt die beständige Beharrlichkeit seiner Person, die Unendlichkeit seines freien Geistes, in das Sinnliche und hebt das Wandelbare auf; das wandelbare Materielle lasse er eben von Form, von »Allgemeinheit und Nothwendigkeit« bestimmt sein.[197] Auf diese Weise nehme er der Natur ihre furchteinflößende Macht.[198] »Aus einem Sklaven der Natur, solang er sie bloß empfindet, wird der Mensch ihr Gesetzgeber, sobald er sie denkt.« Anders als in *Ueber das Erhabene* ist nach Schillers Erziehungsschrift der Mensch nicht mehr und erst dann gegen die Macht der Natur gefeit, wenn er sich moralisch entleibt. Vielmehr »*jedem*

---

[194] Vgl. dazu die obigen Überlegungen und den Verweis auf PhBr 126, s. o. II.1.1.
[195] S. dazu u. die ausführliche Kritik in Abschnitt III.
[196] S. ÄE 333.
[197] S. ÄE 346f.407.
[198] Vgl. hierzu EMIL STAIGER, Friedrich Schiller, 21.87.179.196f.

Schreckniß der Natur ist der Mensch überlegen, sobald er ihm Form zu geben und es in sein Objekt zu verwandeln weiß« (ÄE 395).[199]

Dadurch, daß der Künstler in der genannten Weise den Stoff mit Form vertilgt, gestaltet er nach Schiller das »Ideale«, das »Idealschöne«, denn derart *idealisiert*[200] er das Objekt seiner Darstellung und die eigene Empfindung, die ihn mit dem Stoff verbindet.[201] Die Idealisierung des Stoffes sei dem Künstler gelungen, wenn er von diesem

»alles sorgfältig abgesondert hat, was bloß aus subjektiven und zufälligen Quellen hinzugekommen ist, nur wenn er gewiß ist, daß er sich an das *reine Objekt* gehalten und sich selbst zuvor dem Gesetz unterworfen habe, nach welchem die Einbildungskraft in allen Subjekten sich richtet, nur dann kann er versichert sein, daß die Imagination aller andern in ihrer Freiheit mit dem Gang, den er ihr vorschreibt, zusammenstimmen werde« (MaKr 268).

Das Objekt der künstlerischen Darstellung soll nach Schiller vom Künstler gemäß dem allgemeinen und notwendigen Gesetz gestaltet sein, dem die Einbildungskraft der gesamten menschlichen Gattung folgt. Denn nur dann versetze er die Einbildungskraft der Betrachter des Objektes in ein bestimmtes Spiel. Und dies wiederum sei die Voraussetzung dafür, daß er in ihnen notwendig einen bestimmten allgemeinen Empfindungszustand hervorruft, was nach Schiller die eigentliche Aufgabe des Künstlers ist. Entsprechend soll sich dieser stets nach dem richten, was die Gattung Mensch empfindet.

»Um aber versichert zu sein, daß er sich auch wirklich an die reine Gattung in den Individuen wende, muß er selbst zuvor das Individuum in sich ausgelöscht und zur Gattung gesteigert haben. Nur alsdann, wenn er nicht als der oder der bestimmte Mensch […], sondern wenn er *als Mensch überhaupt* empfindet, ist es gewiß, daß die ganze Gattung ihm nachempfinden werde« (MaKr 268/269).[202]

---

[199] Hervorhebung A. K.

[200] »Wenn sich Klopstock in die Seele seiner Cidli, Wieland in die Seele seiner Psyche oder Amanda, Goethe in den Charakter seines Werthers […] versetzt, und jeder dann die Liebe *so* empfindet, *so* uns schildert, wie sie in solchen Seelen erscheinen müßte, haben sie nicht […] ihre eigne Empfindung idealisiert?« – Das »Geschäft der Idealisierung« ist nach SCHILLERs Rezension über BÜRGERs Gedichte von 1791 Aufgabe des Künstlers; »Idealisierkunst« ist von ihm verlangt (BüKr 260 ff.). In seiner Rezension von MATTHISSONs Gedichten, die er veröffentlicht, als er die Arbeit an seinen ästhetischen Briefen beginnt (September 1794), verwendet Schiller den Begriff der »Idealisierkunst« nicht. Doch beschreibt er hier die Aufgabe des Künstlers auf gleiche Weise wie in der Bürger-Renzension, weshalb in vorliegender Interpretation der Begriff von 1791 auf die Aussagen der Rezension von 1794 angewendet wird; vgl. auch Anmerkungen NA 22, 424 zu 267,30 ff: »Schiller führt hier [MaKr] näher aus, was in der Verteidigung gegen Bürgers Antikritik [BüKr] nur angedadelt war.«

[201] Vgl. ÄE 334 f. Die *Kunst des Scheins* ist nach Schiller auch die »Kunst des Ideals«, denn da, wo »man den aufrichtigen und selbstständigen Schein findet, […] da wird man das Ideal das wirkliche Leben regieren« sehen (ÄE 401.405.402).

[202] Vgl. dazu BüKr 261.

Allgemein und notwendig soll nach Schiller das Objekt der Darstellung und die diesem verbundene Empfindung gestaltet sein. Dem Stoff muß also Form gegeben sein. Nur die Form bewirkt, wie gezeigt, daß auch der verführerischste Stoff in den Empfindungszustand führt, der bei sämtlichen Betrachtern notwendig derselbe ist und vollkommene Gemütsfreiheit bedeutet; denn eben die Notwendigkeit und Allgemeinheit einer Empfindung fordert den Form- und den Stofftrieb zugleich.[203]

Von der eigenen Individualität Abschied zu nehmen und sie sogar auszulöschen, ist nach Schiller die vornehmliche Aufgabe des idealisierenden Künstlers.[204] Diese Anforderung erfüllt er, wenn er sich mit seinem Formtrieb der Materie seiner Darstellung entgegensetzt. Denn eben die Ausrichtung an der Vernunft, an »der absoluten unwandelbaren Einheit seines Wesens«[205] läßt ihn nicht mehr als Individuum, sondern als Gattung handeln.[206] Dadurch, daß seine Werke vom Allgemeinmenschlichen bestimmt sind, leisten sie nach Schiller einen Beitrag zu der schönen Mitteilung, durch welche die menschliche Gesellschaft auf harmonische Weise vereint sein soll.

Die harmonische Gemeinschaft ist nach Schiller diejenige Gemeinschaft, in der schöne Kultur und idealisierte Mitteilung den Einzelnen dazu erziehen, daß dieser sich ebenfalls edel verhält. Ästhetischer Umgang und schöne Mitteilung bedingen nach Schiller die vereinheitlichende und veredelnde Harmonisierung von Gesellschaft, weil beide Male von bloß subjektiver Empfindung und individueller Erkenntnis abgesehen wird; »nur die schöne Mittheilung vereinigt die Gesellschaft, weil sie sich auf das Gemeinsame aller bezieht.« (ÄE 411)

Die harmonische Gesellschaft soll nach Schiller gerade dadurch möglich sein, daß der Einzelne, vornehmlich der einzelne Künstler seine Individualität zurückstellt hinter das »Gemeinsame aller«, das nach Schiller das sinnlich verfaßte Vernünftige ist. Der Einzelne soll sich selbst zum »*Repräsentanten der Gattung*« machen und als solcher den Stoff formen bzw. Schein in die Materie bringen (ÄE 411).

Wie die Untersuchung zeigt, verkündet Schiller eine Gesellschaft, die darum harmonisch ist, weil in ihr das, was das Individuum in seiner Individualität betrifft, nicht zum Ausdruck kommt. Vielmehr darf in ihr ausschließlich das, was alle Gattungswesen empfinden und denken, dargestellt werden. Damit aber ist genau das, was den Einzelnen selbst, und zwar nicht nur seine sinnliche, der Natur verbundene Seite, sondern sein »Gefühlsleben«

---

[203] »Je allgemeiner nun die Stimmung [bzw. je reiner die ästhetische Wirkung eines Kunstwerkes], und je weniger eingeschränkt die Richtung ist, welche unserm Gemüth durch eine bestimmte Gattung der Künste und durch ein bestimmtes Produkt aus derselben gegeben wird, desto edler ist jene Gattung und desto vortrefflicher ein solches Produkt.« (ÄE 380).

[204] Vgl. dazu EMIL STAIGER, Friedrich Schiller, 81 f.

[205] S. o. II.4.9.1., ÄE 333.

[206] Vgl. ÄE 347.

überhaupt betrifft, für irrelevant erklärt und dem Menschen also gerade das Eigentümlichste völlig genommen. Vernünftige Gleichschaltung ist nach Schiller die Weise, in der harmonische Gemeinschaft wirklich wird, und eben durch das Schöne, das sich dadurch auszeichnet, allgemein und notwendig gestaltet zu sein, werde sie bewirkt.

4.9.3. Spiel und Ernst

Seine schönen Werke, in denen Stoff und Form, Materie und Schein verbunden sind, bilde der Künstler im ästhetischen Spiel seiner Einbildungskraft, das sich dadurch auszeichne, daß es nicht bloß von materieller Art, sondern dem gesetzgebenden Geist unterworfen ist.[207] Der im ästhetischen Spiel geschaffene schöne Gegenstand, der den sinnlichen wie den vernünftigen Trieb seines Betrachters von aller Nötigung frei sein läßt, versetzt nach Schiller eben deshalb den Betrachter in ästhetisches Spiel; »mit dem Angenehmen, mit dem Guten, mit dem Vollkommenen ist es dem Menschen *nur* ernst, aber mit der Schönheit spielt er« (ÄE 358).

Vom Spiel im Bereich der Kunst und des Schönen unterscheidet Schiller den Ernst des Lebens. Kunst und Schönheit selbst zählt er nicht zu den heiligen oder gar ernsten Dingen. Doch bedinge ästhetisches Spiel notwendig die Erfüllung der ernsten Anforderungen menschlicher Existenz. Ernst ist nach Schiller die bedürfnisbedingte Bezogenheit auf das Sinnliche und Angenehme wie die zweckgebundene Herrschaft des Vernunftgesetzes. »Dem Stofftrieb wie dem Formtrieb ist es mit ihren Foderungen *ernst*, weil der eine sich, beym Erkennen, auf die Wirklichkeit, der andre auf die Nothwendigkeit der Dinge bezieht; weil, beym Handeln, der erste auf Erhaltung des Lebens, der zweyte auf Bewahrung der Würde, beyde also auf Wahrheit[208] und Vollkommenheit gerichtet sind.« (ÄE 357)

Der Ernst, den die Nötigungen der beiden Triebe bereiteten, werde durch Schönheit genommen. Denn im Schönen sei das Sinnliche und Wirkliche von Form vertilgt und das Notwendige und Allgemeine an Empfindung gebunden, so daß der Ernst, den Stoff- und Formtrieb forderten, wechselseitig aufgehoben werde; »indem es mit Ideen in Gemeinschaft kommt, verliert alles Wirkliche seinen Ernst, weil es *klein* wird, und indem es mit der Empfindung zusammen trifft, legt das Nothwendige den seinigen ab, weil es *leicht* wird« (ÄE 357). Indem das Schöne die Größe der sinnlichen Bedürfnisse mindert und die Schwere der Vernunftgebote nimmt, läßt es nach Schiller den Menschen überhaupt erst zum Bewußtsein seines gesamten Vermögens, seiner Menschheit gelangen; die durch sinnliche und vernünftige Nötigungen verstellten Möglichkeiten würden durch Schönheit entdeckt und befreit. *Auf*

---

[207] S. ÄE 407.
[208] Mit »Wahrheit« bezeichnet Schiller hier materiale und formale Wahrheit (ÄE 357).

spielerische Weise bereitet Schönheit also die sinnlich-vernünftige Ganzheit des Menschen, die ihn *den Ernst des Lebens vollbringen* läßt, weil dieser Ernst ihn nicht länger beschränkt und bedrückt.

Das Wechseln zwischen dem Bereich des Ästhetischen und den ernsten Anforderungen des Lebens wird in »Das Ideal und das Leben« als die Weise erfüllten Daseins beschrieben, weil eben gerade das zeitweilige ästhetische Spiel die Erträglichkeit und die Erfüllung des Lebens bedinge.[209]

4.9.4. Der Künstler

Auf spielerische Weise erlöst nach Schiller der *Künstler* des Schönen von Energielosigkeit und von der Gewaltherrschaft des einen oder anderen Triebes. Diese Erlösung bewirke, daß auf sittliches Betragen wie auf natürliche Erfolge gerechnet werden könne. Denn im ästhetischen Zustand sei es dem »ganzen« Menschen, auf Grund der Übereinstimmung von Form- und Stofftrieb, »*von Natur wegen*« möglich, das »Heilige im Menschen, das Moralgesetz«, den »Gott in uns« zu realisieren (ÄE 377.392; AW 303).

Der Künstler fungiert nach Schiller als Erlöser und als Mittler zwischen Gott und Menschen, weil er die Inkarnation Gottes im Menschen verkörpert und die »Menschwerdung des heiligen«[210], die Vereinigung des Unendlichen (Form) mit dem Endlichen (Materie) im ästhetischen Zustand bewirkt.[211] Im Moment ästhetischer Stimmung erfährt sich der Mensch folglich durch das Wirken des Künstlers erlöst und göttlich[212], weil er nun, »sobald er es wollen wird«, jederzeit dem Gesetz der Vernunft, der »Gottheit« – wie das Sittengesetz in »Das Ideal und das Leben« genannt wird[213] – entsprechen wird (ÄE 385).[214] Doch hat die Kunst nach Schiller nur insofern erlösende und Heil wirkende Bedeutung, als sie zur Wahrheit führt; das Schöne selbst *ist nicht* schon das Heil.[215]

---

[209] S. dazu o. II.4.9.

[210] S. FRIEDRICH SCHILLER, Brief an Goethe, 17. August 1795, NA 28, Nr. 25, 27/28: »Hält man sich an den eigenthümlichen Charakterzug des Christenthums, der es von allen monotheistischen Religionen unterscheidet, so ligt er in nichts anderm als in der *Aufhebung des Gesetzes* oder des Kantischen Imperativs, an deßen Stelle das Christenthum eine freye Neigung gesetzt haben will. Es ist also in seiner reinen Form Darstellung *schöner* Sittlichkeit oder der Menschwerdung des heiligen, und in diesem Sinn die einzige *aesthetische* Religion«. – Vgl. dazu MATTHIAS SCHULZE-BÜNTE, Die Religionskritik im Werk Friedrich Schillers, 162 f.

[211] Vgl. ÄE 397.

[212] Nach Schiller »ist der mit der Schönheit spielende Mensch, wenigstens augenblickshaft, mit der Gottheit gleichsam identisch, also gottgleich« (BENNO VON WIESE, Die Utopie des Ästhetischen bei Schiller, 91).

[213] S. »Das Ideal und das Leben«, Strophe 11; s. dazu o. II.4.9.

[214] Nach Schiller bewirkt die schöne Kunst den »Heils- und Erlösungsvorgang« der Menschen, und der Künstler gilt ihm als der »Erlöser, der die verlorenen Paradiese zurückschenkt« (BENNO VON WIESE, Das Problem der ästhetischen Versöhnung, 182).

[215] Vgl. dazu GERHARD FRICKE, Der religiöse Sinn der Klassik Schillers, 338: »Die Kunst aber

Zu seiner erlösenden Tätigkeit ist nach Schiller der Künstler durch seine dämonische Natur ausgezeichnet.[216] Wie die Untersuchung zeigt, vermag er ihretwegen, auch den verführerischsten Stoff durch Form zu vertilgen und überhaupt jeden Stoff derart zu gestalten, daß die Wahrheit und das Gute bei Betrachtung seiner schönen Werke *liebend* ergriffen und gerne erstrebt werden; durch sein ästhetisches Spiel mit Stoff und Form erregt er den Betrachtern seiner Werke die Freiheit und die Liebe, die zu absoluter Selbsttätigkeit frei sein läßt. Er selbst muß diese Liebe in außerordentlichem Maße besitzen, da er, um durch seine Kunsttätigkeit die Liebe der Rezipienten hervorzubringen, sich ganz und gar für sie an das Schöne hinzugeben vermag.

Diese Annahme wird bestätigt durch Schillers Beschreibung des Helden Herakles in dem Gedicht »Das Ideal und das Leben«, in welchem Herakles für den idealen Künstler Vorbild ist. Herakles zeigt sich opferbereit für die Freunde und gibt sein irdisches Leben hin für ein Leben im Olymp, dem ästhetischen Reich ewiger Harmonie. Als Halbgott, als Sohn des Zeus und der Alkmene,[217] eignet ihm ebenso wie dem Schillerschen Künstler eine dämonische, zwischen Gott und Mensch vermittelnde, Natur.[218] Und entsprechend »schwebt« der Künstler ebenso wie Herakles auf den Flügeln der Gestalt bis zum Olymp hinauf (V. 26f. vgl. V. 144). Der Künstler trägt nach erfolgreichem Ringen gleich wie Herakles den »Pokal« und den Sieg bei seinen Kämpfen davon (V. 87f. vgl. V. 150).

Wie oben gezeigt, verlangt Schiller nicht nur, daß sich der Künstler ebenso wie der Erlöser Herakles heldenhaft bewähre, zugleich dichtet er dem griechischen Heroen Züge von Jesus Christus an. Folglich ist dem Künstler eine heldenhaft-erlösende Tätigkeit zugemutet, die von Schiller dem Erlösungshandeln Christi überbietend gegenübergestellt ist.

Der dämonische Künstler und seine erlösende Kunst, die seiner opferbereiten Liebe zum Schönen entstammt, haben nach Schiller religiöse, ja christlich-religiöse Bedeutung.[219] Entsprechend fehlt in Schillers ästhetischer Erziehung die Erwähnung der Religion als eines speziellen Mittels der Erziehung zu reiner Vernunfttätigkeit, als welches sie in den Augustenburgerbriefen noch bestimmt ist.[220] Weil in Schillers ästhetischer Erziehung die Religion dem Schönen und der Kunst gewichen ist, fehlen hier auch Ausführungen über

---

übernimmt nunmehr die rettende Aufgabe der Religion. *Und zwar wird nicht etwa die Religion ästhetizistisch, sondern die Ästhetik wird religiös.«* Vgl. auch a. a. O., 350: »Das ist das Evangelium von der religiösen Sendung der Kunst, wie die Klassik es verkündigte: die Schönheit als freimachende Erscheinung der Freiheit.«

[216] Im Gegensatz zum »Genie«, das Schiller ein »*Naturerzeugniß*« nennt, müsse der Künstler sich ästhetisch gebildet haben (AW 275 Anm.*)). Es bestehe für den genialen Künstler die Notwendigkeit, »sich durch Grundsätze, Geschmack und Wissenschaft zu stärken« (AW 276 Anm.*)). Nach Schiller ist vom Künstler sogar der Aufstieg zum Olymp verlangt. Denn auch die dämonische *Natur* gilt es zu erwerben; der Künstler muß »unter fernem griechischen Himmel zur Mündigkeit reifen« (s. dazu o. II.4.9.1.).

[217] Vgl. Fritz Graf, Art. Herakles, in: DNP, Bd. 5 (1998), 388.

[218] S. dazu II.4.9.1.

[219] S. dazu auch o. Anm. 210.

[220] S. o. II.2.

den göttlichen Schöpfer der Natur, der nicht nur das Naturschöne bewirkt, sondern auch der Grund aller Wahrheit ist.[221]

Dadurch, daß der dämonische Erlöser die schöne Möglichkeit, die Form zur Herrschaft über die Macht der Natur geraten zu lassen, auf wohlgefällige Weise vorzeigt, führt er die Betrachter seiner Werke zur Veredelung ihrer selbst. Weil er sie mit edlen Formen umgibt,[222] erweckt er auch ihre dem Spiel verbundene Liebe und damit ihr Verlangen, sich selbst edel zu betragen, und so läßt er sie in das Reich des Spiels und des Scheins gelangen.

4.10. *Ästhetischer Staat – ethischer Staat*

Weniger die Naturschönheit als vor allem der Künstler und seine Kunst führen nach Schiller in den ästhetischen Staat, und dieser soll die notwendige Stütze zum Übergang vom Naturstaat in den »*ethischen* Staat der Pflichten« sein (ÄE 410).[223] Denn er bereitet den sittlichen Charakter des Menschen, ohne die sinnliche Existenz des Menschen zu vernichten.

Der ethische Staat macht nach Schiller die menschliche Gesellschaft »nothwendig«, »indem er den einzelnen Willen dem allgemeinen unterwirft«. Jedoch »der ästhetische Staat allein kann sie wirklich machen, weil er den Willen des Ganzen durch die Natur des Individuums vollzieht« (ÄE 410). Im Reich der Schönheit werde es dem einzelnen Menschen »*von Natur wegen*« möglich gemacht, das gesellige Gesetz der Vernunft zu erfüllen. Hier erhalte er Energie des Mutes und Stärke des Herzens und überhaupt den geselligen Charakter, dem das Gesetz der Vernunft nicht länger *nötigend* entgegensteht und der ihn darum das gesellige Sittengesetz so zuverlässig erfüllen läßt, daß auf sein sittliches Betragen wie auf natürliche Erfolge gerechnet werden kann.[224] Der ästhetische Staat läßt nach Schiller den ethischen Staat der Pflichten zum wahren *Freiheitsstaat* werden, in welchem sittliches Handeln zuverlässig und freiwillig ausgeführt wird von freien Menschen.[225]

Im ästhetischen Staat, in dem jedem einzelnen Menschen die jeweilige Ganzheit, seine sinnlich-vernünftige Harmonie gegeben sei, sei auch das Betragen der Einzelnen von der Art, daß es die Harmonie der gesamten

---

[221] Zur Kritik s. u. III.

[222] S. o. II.4.9., vgl. ÄE 336.

[223] Zur Diskussion, ob der ästhetische Staat Übergangs- oder Zielstaat ist, vgl. WOLFGANG DÜSING, Friedrich Schiller, 163 ff. sowie ROLF-PETER JANZ, Über die ästhetische Erziehung des Menschen, 625. Der obigen Interpretation widersprechend äußert sich beispielsweise JEFFREY BARNOUW, »Der Trieb, bestimmt zu werden«, 273.

[224] Mit veredeltem Charakter erfüllt der Mensch nach Schiller die guten Werke, die der ethische Staat verlange, weil sie nun der eigenen Natur entsprächen, gerne – »mit Lust und Liebe«. Vgl. HARTMUT ROSENAU, Ethik und Ästhetik, 100 Anm. 37: »Eine Verwandtschaft zu Luthers Kriterium für gute Werke (Lust und Liebe) liegt auf der Hand.« Allerdings begründet Schiller sittliches Betragen gerade nicht christlich-religiös, sondern »ästhetisch«.

[225] S. ÄE 411.

Gesellschaft bewirke. Die je eigene sinnlich-vernünftige Ganzheit ermögliche dem Einzelnen, auch alles um sich her in Freiheit zu setzen und alles, was ihn umgibt, zu veredeln, wodurch eine Gesellschaft sich bilde, die insgesamt in ästhetische Freiheit gesetzt und also harmonisch sei.[226]

Sinnlich-vernünftige Ganzheit bei ästhetischem Wohlgefallen vermitteln nach Schiller vornehmlich die Werke der Künstler ihren Betrachtern. Durch die freie Betrachtung eben dieser Werke üben sich die Betrachter folglich auf wohlgefällige Weise darin, den Krieg gegen die Materie zu führen und Form mit Natur zu versöhnen, was sie durch eigenes edles Betragen selbst anschaulich machen. Insbesondere an der Art ihrer Kommunikation, die Schiller als »schöne Mittheilung« beschreibt, zeige sich die erworbene Fähigkeit, Stoff durch Form zu vertilgen und dadurch Mitmenschen in ästhetische Freiheit zu versetzen (ÄE 411).

Daß sie *fähig* sind, durch selbstgewirkte Schönheit andere Menschen in Freiheit zu versetzen, verdankt sich nach Schiller ursprünglich der Natur, die dem Gesetz der Notwendigkeit folgt, und dann vor allem der ästhetischen Erziehung durch den Künstler, dessen Werke die *Liebe* der Betrachter erregen.[227] Jedoch die *Tatsache*, daß diese von Liebe erfüllten Betrachter schönen Umgang pflegen, begründet Schiller mit ihrem Verlangen, selbst geliebt werden zu wollen. Die Interpretation gelangt darum zu dem Ergebnis, daß es die Liebe und das an diese gebundene Verlangen nach »Gegenliebe« sind, die den ästhetisch befreiten Menschen auch *wollen* lassen, wozu er befreit ist, die gleichsam automatisch zur Wahrheit und zum Guten führen.[228] »Das Bedürfniß zu gefallen unterwirft den Mächtigen des Geschmackes zartem Gericht; die Lust kann er rauben, aber die Liebe muß eine Gabe seyn. Um diesen höhern Preiß kann er nur durch Form, nicht durch Materie ringen.« (ÄE 409) Nur unter der Bedingung, daß der Mensch sich selbst liebenswert, nämlich edel beträgt und alles um sich her in Freiheit setzt, kann er auf die Gabe der Liebe und sogar auf die Gegenliebe des oder der schönen Geliebten rechnen − »er muß Freyheit lassen, weil er der Freyheit gefallen will« (ÄE 409). Und eben weil er liebt und die Gabe der Liebe erstrebt, erfüllt er diese Bedingung, beträgt sich edel und pflegt schöne Mitteilung in dem Reich, dessen Grundgesetz heißt: »*Freyheit zu geben durch Freyheit*« (ÄE 410).

Den ästhetischen Staat, das Reich des Spiels und des Scheins, lokalisiert Schiller nur an abgeschiedenen Orten und in beschränkten Kreisen unterhalb des ethischen Staates, jedoch neben dem allgemeinen Leben der Gesellschaft und über dem bloßen Naturstaat.[229] Er existiere dem Bedürfnis nach »in jeder

---

[226] S. ÄE 410; vgl. BrA 337.
[227] S. ÄE 354.
[228] S. ÄE 385. S. dazu o. II.4.3.
[229] S. ÄE 411.

feingestimmten Seele, der That nach möchte man ihn wohl nur, wie die
reine Kirche und die reine Republik in einigen wenigen auserlesenen Zirkeln
finden« (ÄE 412). Zwar finde sich das Reich der Schönheit nur in kleinen
Kreisen, in auserlesenen Künstlerzirkeln. Als solches hat es aber sehr wohl
seinen Ort im wirklichen Leben, und von dort solle es in die Gesellschaft
wirken.[230] Zwar sei es das Reich des Spiels und des Scheins, und es halte sich
darum fern von aller Realität. Aber gerade als solches hat es nach Schiller entscheidende Bedeutung für den Ernst des Lebens und die Wirklichkeit. Weil
es das Reich des Scheins und des Spieles ist, wird in ihm mit den Trieben gespielt und kein Zweck verfolgt, wird Wahrheit zur Erscheinung gebracht und
kein Nutzen für die Realität erbracht. Jedoch wird in ihm die Möglichkeit zu
allen Funktionen der Menschheit eröffnet, der Übergang zum ethischen Staat
leicht gemacht und vom Liebenden vollzogen.[231] Sein geistiges Vermögen
braucht sich nur noch zu entfalten, denn die Wahrheit, das rein Vernünftige,
liegt dem Vermögen nach schon in der Schönheit.

Im ästhetischen Reich wird der Mensch zur Wahrheit und zur Pflichterfüllung erzogen. Denn durch das Schöne wird er zu anmutigem und
zugleich erhabenem Handeln gebildet. Folgerichtig steht er schließlich *erlöst,*
gerechtfertigt und *freigesprochen* da und verdient *unschuldig* genannt zu werden.
Entsprechend bezeichnet Schiller den ästhetischen Staat als den Ort,»wo der
Mensch durch die verwickeltsten Verhältnisse mit kühner Einfalt und ruhiger
Unschuld geht« (ÄE 412). Und eben diese Unschuld läßt ihn zur Wahrheit
gelangen. – »Weh dem, der zu der Wahrheit geht durch Schuld, Sie wird ihm
nimmermehr erfreulich seyn.«[232]

Die ästhetische Erziehung des Menschen soll nach Schiller durch die auserlesenen Künstlerkreise bewirkt werden, die das ästhetische Reich bereits en
miniature realisieren, und dadurch soll die noch ausstehende Allgemeinheit
des ästhetischen Reichs, die Universalität von Versöhnung und Liebe, vor-

---

[230] Gegen EMIL STAIGER, Friedrich Schiller, 85 hält Schiller »ein schönes Dasein« auf Erden
keineswegs für »nur ideal und unerreichbar«. Keinesfalls will Schiller die Existenz des schönen
Daseins auf Erden »nicht zugeben«; allerdings sei es auf einige wenige Kreise und Augenblicke
beschränkt.
[231] Allemal ist nach Schillers ästhetischer Erziehung die Kunst bzw. die Schönheit »eine
Vorstufe der Wahrheit, eine Vorbereitung zur Moralität«; gegen WOLFGANG DÜSING, Friedrich
Schiller, 139.
[232] FRIEDRICH SCHILLER, Das verschleierte Bild zu Sais, NA 1, (254–256) 256,84 f. S. dazu
ÄE 379: Im ästhetischen Zustand »fühlen wir uns wie aus der Zeit gerissen, und unsre Menschheit äußert sich mit einer Reinheit und *Integrität,* als hätte sie von der Einwirkung äußrer Kräfte
noch keinen Abbruch erfahren.« Vgl. dazu BENNO VON WIESE, Die Utopie des Ästhetischen bei
Schiller, 87: Es »vermag der Mensch in der geheimnisvollen Abgeschlossenheit des ästhetischen
Zustandes seine Menschheit so rein und integer zu äußern, als ob er nie seine Unschuld verloren
hätte. Die Utopie des Ästhetischen macht den Sündenfall der Menschheit rückgängig.« S. dazu
u. Anm. 238.

angetrieben werden.[233] Noch baue der »ästhetische Bildungstrieb« mitten zwischen dem »furchtbaren Reich der Kräfte« und dem »heiligen Reich der Gesetze« an einem »dritten fröhlichen Reiche des Spiels und des Scheins, worin er dem Menschen die Fesseln[234] aller Verhältnisse abnimmt« (ÄE 410).

Weil nach Schiller nur vermittels des ästhetischen Staates die Forderungen des ethischen *wirklich* werden, kann auch dieser erst dann zu universaler Realisation und Geltung gelangen, wenn alles menschliche Leben von Schönheit bestimmt sein wird. Erst dann kann das Reich der Güte und der Wahrheit wirklich sein.

Die Interpretation des Formtriebs als des Triebes, der nicht nur zeitliche, sondern auch »räumliche« Beschränktheit endet, zeigt hier ihre Relevanz.[235] Weil der Formtrieb auch nach dem *räumlich* Grenzenlosen strebt, kann sein Reich, der Vernunft- bzw. Freiheitsstaat, nicht auf ein »Jenseits« beschränkt sein. Entsprechend nennt Schiller in seiner Erziehungsschrift ein jenseitiges Reich Gottes, in dem die Bestimmung des Menschen zu ihrem Ziel kommt, nicht.

Nach Schiller muß das ästhetische Reich sich verbreiten, damit der ethische Staat zum »Staat der Freiheit« wird und Wahrheit und Güte die Herrschaft erhalten.[236] Das Schöne, das die Wahrheit immer schon zum Vorschein bringt, muß nach Schiller »aufgehen« im ethischen Staat und dabei schließlich sterben[237] und vergehen[238] zugunsten der Wahrheit. Denn als bloßes *Pfand*[239] wird nach Schiller die ästhetische Übergangsstütze ausgelöst werden durch den Freiheitsstaat, den Staat, mit dem nach Schiller die Bestimmung des Menschen erst erfüllt sein wird; der Zielzustand des ästhetischen Übergangs wird nach vorliegender Interpretation mit diesem Staat, der über dem

---

[233] S. ÄE 409 ff. Vgl. dazu BENNO VON WIESE, Die Utopie des Ästhetischen bei Schiller, 94: »Im Schönen findet er [der Mensch] – christlich gesprochen – einen neuen Himmel und eine neue Erde, aber nicht im eschatologischen und auch zeitlichen Sinne, sondern als die andere, utopische Welt neben der wirklichen«.

[234] Hier formuliert Schiller explizit gegen die eigenen Ausführungen in seinen Augustenburgergerbriefen, daß das Schöne und der Geschmack aus jeglichen Fesseln befreien.

[235] S. o. II.4.1.

[236] Vgl. ÄE 318.

[237] Das Schöne ist nach Schiller vergänglicher »Vorschein« des Wahren. Denn: »Auch das Schöne muß sterben!« (FRIEDRICH SCHILLER, Nänie, NA 2/I, 326) – »Wollte es [das Schöne] bleiben und unvergänglich sein, würde es sich mit der Wahrheit selber identifizieren, mithin (ideologisch) absolut setzen und insofern *teuflisch* sein. Der schöne Schein muß, weil er eben nur *Vorschein* des Wahren ist, vergehen, damit das Wahre selbst kommen und erscheinen kann.« (EBERHARD JÜNGEL, »Auch das Schöne muß sterben«, 123).

[238] Die Vergänglichkeit und Sterblichkeit des Schönen lassen es aber gegen HARTMUT ROSENAU, Ethik und Ästhetik, 104 keineswegs »abwegig« sein, »Schillers ästhetischen Humanismus soteriologisch im Sinne einer Aufhebung des Sündenfalls im Medium der Kunst zu interpretieren«, wie BENNO VON WIESE dies tut, s. o. Anm. 232. Allerdings geschieht die »Aufhebung des Sündenfalls« nach Schiller stets nur für Augenblicke.

[239] ÄE 315.

ästhetischen Reich gelegen ist, erreicht. – Offen läßt Schiller, ob und wann er eine vollständige Auslösung des ästhetischen Übergangsstaates für möglich hält.

In Schillers Gedicht »Die Künstler« wird erst dann, wenn alles Sterbliche und mit ihm die sterbliche Schönheit vergangen ist, also nicht »hier«, sondern »einst«, die Wahrheit, die im Schönen vorscheint, *vollständig und vollkommen offenbar*: »was wir als Schönheit hier empfunden, wird einst als *Wahrheit* uns entgegen gehn.«[240]

4.11. *Objektivität des Schönen*

Zu Beginn seiner ästhetisch-theoretischen Tätigkeit, im ersten Kalliasbrief, beabsichtigt Schiller, »einen Begriff der Schönheit objectiv aufzustellen und ihn aus der Natur der Vernunft völlig a priori zu legitimiren so daß die Erfahrung ihn zwar durchaus bestätigt, aber daß er diesen Ausspruch der Erfahrung zu seiner Gültigkeit gar nicht nöthig hat«. In seinem ersten Brief an den Augustenburger kündigt er an, solch »einen allgemein geltenden Grundsatz« für die Schönheit aufzustellen.[241] Darauf folgend nennt er in *Ueber Anmuth und Würde* eine objektive Eigenschaft des Schönen, wobei er nicht genauer ausführt, welcher Art sie denn sei. Allemal aber hält er fest, daß sie die sinnliche und die geistige Natur des Menschen zu einer »glücklichen Eintracht«[242] verbunden sein läßt. In den Augustenburgerbriefen, die nur wenige Zeit später folgen, wird eine objektive Eigenschaft des Stoffes nicht mehr genannt. Weiterhin aber verlangt nach Schiller der Begriff der Schönheit ein Zusammenstimmen von Neigung und Achtung bzw. Pflicht. In seiner ästhetischen Erziehung schließlich gilt Schiller eine Übereinstimmung von Neigung und Achtung als unumstößlicher Beweis von Schönheit. Hier bezeichnet er die Schönheit »als eine nothwendige Bedingung der Menschheit«. Hier beschreibt er sie als bestimmt durch einen reinen »*Vernunftbegriff*« und damit als bestimmt durch einen *allgemein geltenden Grundsatz*, den er von seiner »Idee der Menschheit« ableitet.[243] Diese Idee sei in der sinnlich-vernünftigen Ganzheit des Menschen realisiert, und schön ist also, was das Menschsein des Menschen bedeutet. Im Gegensatz zu Kant gründet nach Schiller das Schöne nicht in der Gunst des ästhetisch urteilenden Menschen, die von Neigung und Achtung getrennt gedacht werden muß. Vielmehr ist nach Schiller dasjenige schön zu nennen, was mit Neigung und Achtung spielen und so den betrachtenden Menschen ganz sein läßt. Das Schöne fordert nach Schiller den ganzen Menschen und demgemäß gilt

[240] FRIEDRICH SCHILLER, Die Künstler, NA 1, (201–214) 202,64 f.
[241] S. o. I.
[242] S. o. II.1.1.
[243] S. o. II.4.5.

ihm der schöne Gegenstand als »Symbol« der »ausgeführten Bestimmung« des Menschen, der »Idee seiner Menschheit« (ÄE 353).

Die »Idee der Menschheit«, die die ganzheitliche Freiheit des Menschen impliziert,[244] muß nach Schiller dem Vernunftkriterium bzw. dem objektiven Kriterium zur Beurteilung der Schönheit eines Gegenstands nicht nur zugehören, sondern vielmehr ihm entsprechen.[245]

III. Kritik

Vorgeworfen werden kann Schillers ästhetischer Erziehungsschrift nicht, daß sie einen Erschließungsvorgang, der den Menschen zu ästhetischer Erfahrung überhaupt erst disponierte, nicht berücksichtigte.[246] Schiller begründet die Möglichkeit freier Betrachtung von Schönheit mit der Tätigkeit der Natur, die zu Beginn eines jeden menschlichen Lebens dem Gesetz der Notwendigkeit Folge leistet und den Menschen, indem sie seinen Stoff- und seinen Formtrieb erweckt, in ästhetische Freiheit versetzt. Schiller setzt das Wirken der Natur voraus, berücksichtigt jedoch nicht den übersinnlichen Grund und Ursprung menschlichen Selbstbewußtseins[247] und schließt überhaupt dauernde Bedingungen des Weltgeschehens sowie eine kontinuierliche Verbundenheit von Geschöpf und Schöpfer aus.[248]

Weil Schiller annimmt, im Anschluß an die Befreiungstat der Natur sei der Mensch gänzlich auf sein je eigenes Vermögen und auf sich selbst gestellt, stellt sich für Schiller die Frage, wie der Mensch nun zu absoluter, zuverlässiger Selbsttätigkeit gelangt. Durch Schönheit solle dem Menschen immer wieder der Übergang zur Wahrheit und zum Guten eröffnet sein. Damit Schönheit jedoch als Schönheit wirkmächtig sei, müßten Stoff- und Formtrieb zugleich tätig sein. Dabei läßt Schiller ungeklärt, wie es denn demjenigen, dessen Formtrieb noch nicht zu zuverlässiger und dem Menschsein des Menschen entsprechender Ausübung der ihm wesentlichen Selbsttätigkeit befreit ist, möglich sein kann, seinen Formtrieb derart dem sinnlichen Trieb entgegen-

---

[244] Vgl. dagegen EMIL STAIGER, Friedrich Schiller, 88: »Und wenn wir nach den ›Kallias‹-Briefen und nach den ›Briefen über die ästhetische Erziehung des Menschen‹ annehmen müssen, es sei die Idee der Freiheit, die der schöne Gegenstand symbolisiere, so hilft uns das erst recht nicht weiter.«

[245] Gegen PETER-ANDRÉ ALT, Friedrich Schiller, 151: »Schiller ist es nicht gelungen, die objektive Bestimmung des Schönen zu leisten, die er geplant hatte. Die angestrebte Überbietung Kants und die Entwicklung einer produktionsästhetisch fundierten Theorie der Kunst blieben in Ansätzen stecken.«

[246] Gegen HARTMUT ROSENAU, Ethik und Ästhetik, 106.

[247] S. ÄE 372.

[248] Was Schiller »nicht bedenkt, ist der transzendentale Einheits- und Unterscheidungsgrund, von dem her sich allererst Stoff- und Formtrieb als Konstituenten des Menschen ableiten und als gegeben verstehen lassen.« (HARTMUT ROSENAU, Ethik und Ästhetik, 107).

zusetzen, daß daraus gerade die Zuverlässigkeit vernünftiger Tätigkeit folgt, die nicht auf der Vernichtung der Ganzheit des Menschen beruhen soll. Dazu müßte der Formtrieb doch bereits ästhetisch gebildet sein; andernfalls würde er auf barbarische Weise die Sinnlichkeit vernichten.[249]

Das aufgezeigte Problem besteht nicht nur in Hinsicht auf die freie Betrachtung von Schönheit, sondern ebenso in bezug auf die von Menschen selbst zu wirkende Veredelung im Bereich des Physischen. Zu dieser trägt nach Schiller der Künstler bei, indem er mit edlen Formen die Menschen umgibt. Dazu sei er mit einer dämonischen Natur begabt. Doch nicht auf den Geber dieser Gabe, sondern auf die Wahrheit und das Gute sei der Künstler bei seiner Tätigkeit bezogen; die Wahrheit und das Gute bringe er den Betrachtern seiner Werke zur Erscheinung. Jedoch sind die Wahrheit und auch das Gute nach Schiller Ergebnis absoluter Selbsttätigkeit. Der Künstler, der Erlöser und Vermittler, wirkt nach Schiller auf Grund seiner selbst gewirkten Wahrheitserkenntnis, die eben das beinhaltet, was er selbst als wahr produziert, schöne Werke. Durch Schönheit zur Wahrheit führt nach Schiller derjenige, der die Wahrheit in vollkommen unabhängiger Selbsttätigkeit in sich selbst erzielt, der also als der Bringer der Wahrheit verstanden werden soll, weil er für ein von – transzendent begründeten – Gegebenheiten völlig unabhängiges, gottgleiches, dämonisches Wesen gilt. Dagegen muß festgehalten werden, daß die Erkenntnis der Wahrheit gerade das Bewußtsein des transzendenten Urhebers allen Seins verlangt, weil nur in diesem Bewußtsein das rein Vernünftige wie alles Sein adäquat erkannt werden kann.[250]

Problematisch ist nicht nur Schillers Annahme des dämonischen Künstlergottes, sondern auch die Vorstellung, daß eine abgesonderte »Welt der Ideen« besteht, in der die Wahrheit und das Gute gefunden werden und zu welcher neben dem Künstler auch der ästhetisch befreite Mensch in reiner, absoluter Selbsttätigkeit auf erhabene Weise übergehen kann. Denn dies setzt voraus, daß der Mensch in seiner sinnlich-vernünftigen Ganzheit fähig ist, die eigene Ganzheit wieder aufzuheben und der Form, die doch ohne Stoff nicht sein kann, dennoch die Materie zu entziehen. Eine Selbsttätigkeit, die einerseits durch die Übereinstimmung von Sinnlichkeit und Vernunft als notwendig bedingt und als in dieser begründet gilt, andererseits aber von ihr losgelöst, nämlich absolut sein soll, setzt einen Widerspruch gegen die menschliche Ganzheitlichkeit, eine Verletzung des ästhetisch gebildeten Charakters, die Verleugnung des Menschseins voraus.

Die *Notwendigkeit*, die Schiller dem ästhetischen Zustand in Hinsicht auf eine zuverlässige Überwindung der Kluft zwischen sinnlichem und ver-

---

[249] Vgl. auch Hartmut Rosenau, Ethik und Ästhetik, 106.

[250] Schiller unterscheidet nicht nur das Wirkliche vom Wahren, vielmehr trennt er beides voneinander und will es nachträglich durch Schönheit zusammenführen. Doch die ursprüngliche Trennung verhindert, daß Schillers Wahrheit überhaupt Realität beanspruchen kann.

nünftigem Bereich zuschreibt und die sein wertvolles Bemühen um die Ganzheitlichkeit des Menschen ausdrückt, läßt sich mit den Überzeugungen Kants, an denen Schiller festhält, nicht vereinbaren. Die Notwendigkeit des ästhetischen Zustands läßt nicht zu, daß die seinetwegen vorhandene sinnlich-vernünftige Einheit, die doch erst auf sittliches Handeln wie auf natürliche Erfolge rechnen lasse, wieder getrennt wird. Und sie läßt ebenfalls nicht zu, daß der ästhetische Zustand eben durch diejenige freie Vernunfttätigkeit bewirkt wird, die er selbst erst bewirkt.

Auch in Schillers ästhetischer Erziehung bleiben Sinnlichkeit und Natur vor Geringschätzung nicht verschont; sie sollen bekriegt, beherrscht und vertilgt werden. Vernünftige Freiheit gilt Schiller als höchstes Gut und der Freiheitsstaat als Ziel menschlicher Bestimmung. Doch zeigt der vorliegende Vergleich ästhetischer Schriften Schillers, daß er 1795 nicht nur im Gegensatz zu Kant, sondern auch im Gegensatz zu seinen eigenen Ausführungen von 1793 – v. a. in den Augustenburgerbriefen – menschliche Ganzheitlichkeit als notwendige Bedingung erfüllten Menschseins erachtet; entsprechend fehlt in der Erziehungsschrift die Unterscheidung von Schönem und Erhabenem sowie die Trennung zwischen Anmut und Würde. Folgerichtig muß festgehalten werden: Schiller hält den ästhetischen Zustand, in dem die sinnlich-vernünftige Ganzheit des Menschen gegeben sein soll, für notwendig in Hinsicht auf den Übergang vom Gebiet des Sinnlichen zum Bereich vernünftiger Freiheit.

Kapitel III

Zur ästhetischen Theorie Friedrich Schlegels

>»Wir brauchen Alle etwas, das das Blut
> rasch vorwärtstreibt –
> es dichtet sich doch noch einmal so gut,
> wenn man beweibt.«[1]

(Kurt Tucholsky, Sehnsucht nach der Sehnsucht)

I. Einführung

»Erstens wird ihm [Friedrich Schlegel] vorgeworfen, daß er faul war; zweitens war er frech, denn er hat die Faulheit noch literarisch verteidigt und ein Lob des Müßiggangs geschrieben. Dazu kommt, daß er Schillers Glocke komisch fand und das auch sagte und druckte. Weiter: Friedrich Schlegel war unmoralisch. Die Kombination von Faulheit und Frechheit würde das ja allein schon zur Genüge beweisen. Nun hat sich derselbe Verfasser aber auch noch erlaubt, einen Roman zu schreiben, der die Freuden der Liebe feiert. Das haben die Aufsichtsbehörden der deutschen Literatur sehr übel vermerkt. Aber es kommt noch schlimmer. Friedrich Schlegel war überhaupt ein Genießer. Er aß und trank gerne und brachte es dabei zu einer behäbigen Korpulenz. Auch dieses Faktum wird gegen ihn ausgebeutet. Andere Leute dürfen dick werden, ohne daß man sie deswegen noch posthum belästigt. Bei manchen Völkern gilt ein gewisses Embonpoint bekanntlich sogar als Zeichen der Heiligkeit. Auch vom heiligen Thomas wird Korpulenz berichtet. Daß aber Friedrich Schlegel zur Körperfülle neigte, wird allgemein als ›Verfettung‹ bezeichnet, und der ungünstige Beiklang dieses Wortes soll andeuten, daß es sich nicht nur um einen körperlichen, sondern auch um einen seelischen Prozeß gehandelt habe. Höchst sonderbarerweise verbinden viele Kritiker mit diesem Vorwurf den anderen, daß Friedrich Schlegel mit vierunddreißig Jahren zusammen mit seiner Frau [Dorothea Mendelssohn-Veit-Schlegel] zum Katholizismus übertrat. Dieselben Leute, denen Schlegel zu unmoralisch und frech ist, sehen es nicht gerne, wenn er ehrfürchtig und fromm wird.«[2]

Friedrich Schlegels Ausführungen zur Ästhetik, denen er vor seinem Übertritt zum Katholizismus, zwischen 1794 und 1800/01 Ausdruck verleiht, sind im vorliegenden Kapitel herangezogen, um gegenüber ihnen die Eigenart der Schleiermacherschen Ästhetik nuanciert herauszuheben. Der gewählte Zeitabschnitt beginnt mit Schlegels großem Bekenntnis zur antiken, insbesondere

---

[1] KURT TUCHOLSKY, Sehnsucht nach der Sehnsucht, (149–150) 150.
[2] So lautet eine Zusammenstellung von Vorwürfen, »die in den Literaturgeschichten des 19. Jahrhunderts gegen Schlegel erhoben werden«. Sie stammt von ERNST ROBERT CURTIUS, zitiert nach ERNST BEHLER, Einleitung, in: FRIEDRICH SCHLEGEL, Schriften und Fragmente, XXXI.

zur griechischen Kunst. Darauf folgt bis ca. 1801 seine »romantischste« Epoche, die durch seine Freundschaft mit Schleiermacher und seine Liebesbeziehung mit Dorothea entscheidend geprägt ist.[3] In dieser Epoche schreibt Schlegel ein Lob auf den Müßiggang[4] und verfaßt seinen Roman »Lucinde«, in dem er »die Freuden der Liebe feiert«.

Schlegels ästhetische Überzeugungen finden sich in Texten ganz verschiedener Art. Schlegels Aufsatz »Über das Studium der griechischen Poesie« (1795–1796 geschrieben; 1797 erschienen), seine Fragmente, sein Brief »Über die Philosophie. An Dorothea« (August 1798 fertiggestellt; 1799 erschienen), der Roman »Lucinde« (Mai 1799 erschienen), das »Gespräch über die Poesie« (1800 erschienen) sowie seine Vorlesung über Transzendentalphilosophie (1800/01 gehalten)[5] werden im vorliegenden Kapitel im Blick auf seine ästhetischen Vorstellungen und seine Ausführungen zu Kunst und Poesie untersucht und ausgewertet.[6] Schlegel behandelt in seinen Schriften unter anderem die Bereiche der Musik, Malerei und Bildhauerei. Seine Vorliebe gilt jedoch der Poesie. Den Ausdruck »Poesie« gebraucht er allerdings oftmals synonym für den Begriff der Kunst.[7]

Von grundlegender Bedeutung für das Verständnis der ästhetischen Überzeugungen Schlegels, die dieser zwischen 1794 und 1800/01 ausbildet, sind seine Liebesbeziehung mit Dorothea Veit, seine Wohn- und Philosophiegemeinschaft mit Friedrich Schleiermacher sowie sein Studium der Wissenschaftslehre von Johann Gottlieb Fichte.

---

[3] ERNST BEHLER, Einleitung, in: FRIEDRICH SCHLEGEL, Schriften und Fragmente, XXXV hält die Epoche in Schlegels Leben, die 1802 beginne, für »den *Wendepunkt* seines Lebens«. Dagegen bezeichnet JEAN-JACQUES ANSTETT, Einleitung, KA XII, XIII die Jahre 1798–1808 als die »zweite Epoche [...] seines Lebens und Sinnens«. Schlegels Texte aus dieser Zeit ließen »eine gemeinsame Entwicklung und Richtung erkennen, die auf den Übertritt zur katholischen Kirche hinausläuft.« Schlegel widmet sich jedoch erst nach 1801 den östlichen Religionen und ausdrücklich dem Katholizismus (vgl. ERNST BEHLER, Einleitung, a. a. O., XXXVIff.).

[4] S. u. III.3.1.

[5] Seine Vorlesung über Transzendentalphilosophie hielt Schlegel im Wintersemester 1800/1801 an der Jenaer Universität. Schriftlich erhalten blieb von dieser Vorlesung nur eine erst 1927 gefundene handgeschriebene Reinschrift eines nicht zu ermittelnden Hörers, die nach ihrer Erstausgabe wieder verschwand (s. JEAN-JACQUES ANSTETT, Einleitung, KA XII, XXf.). – Von Novalis war Schlegel bereits 1797 aufgefordert worden, endlich »etwas Ganzes« zu geben, als welches diese Vorlesung in Hinsicht auf Schlegels Philosophie von ca. 1796–1801 erachtet werden kann, weshalb sie zur Interpretation herangezogen wird (NOVALIS an Schlegel, 3. Mai 1797, KA XXIII, 360).

[6] Zu den angegebenen Jahreszahlen vgl. ERNST BEHLER, Friedrich Schlegel, 169 und die Zeitangaben, die in der Kritischen Friedrich-Schlegel-Ausgabe zu finden sind.

[7] Vgl. dazu PLATON, Symp 205b/c, Übersetzung: FRIEDRICH SCHLEIERMACHER: »Du weißt doch, daß Dichtung [ποίησις] etwas gar Vielfältiges ist. [... es] liegt [...] bei den Hervorbringungen aller Künste Dichtung zugrunde, und die Meister darin sind sämtlich Dichter. [...] Aber doch weißt du schon, daß sie nicht Dichter genannt werden, sondern andere Benennungen haben, und von der gesamten Dichtung wird nur ein Teil ausgesondert, der es mit der Tonkunst und den Silbenmaßen zu tun hat, und dieser mit dem Namen des Ganzen benannt.«

1. Schlegels Fichte-Studium

Den weitreichenden Einfluß, den Fichtes Wissenschaftslehre, vornehmlich seine »Grundlage der gesamten Wissenschaftslehre« von 1794, ab 1796 auf Schlegels Denken ausübt,[8] bringt dessen Athenäumsfragment (A-F) 216 zum Ausdruck: »Die Französische Revolution, Fichtes Wissenschaftslehre, und Goethes Meister sind die größten Tendenzen des Zeitalters.«

Vor allem ist es die *Wechsel-Bewegung* des Ich, die Fichte in seiner Wissenschaftslehre vorstellt und die von Schlegel auf ganz eigene Weise verwendet wird.[9] Es ist nach Fichte die reflektierende Bewegung des sich setzenden Ich, durch die dieses *sich selbst* im Wechsel als Ich und Nicht-Ich bestimme (Wechselbestimmung)[10]. »Das Ich sowohl als das Nicht-Ich, sind, beide durch das Ich, und im Ich, gesetzt, als *durcheinander gegenseitig* beschränkbar, d. i. so, daß die Realität des Einen die Realität des Andern aufhebe, und umgekehrt.« (GWL 285) Es stellt sich nun aber nach Fichte die Frage, wie es denn möglich ist, daß das Ich sich dem Nicht-Ich (»Universum«)[11] entgegensetzt. Dazu müßte »das Ich, so gewiß es ein Ich ist, unbedingt, und ohne allen Grund das Princip in sich haben über sich selbst zu reflektiren; und so haben wir ursprünglich das Ich in zweierlei Rüksicht, theils, inwiefern es reflektirend ist, und insofern ist die Richtung seiner Tätigkeit centripetal; theils, inwiefern es dasjenige ist, worauf reflektirt wird, und insofern ist die Richtung seiner Thätigkeit centrifugal, und zwar centrifugal in die Unendlichkeit hinaus.« (GWL 407)

Einerseits ist nach Fichte das Ich fähig, sich selbst als durch sich selbst gesetzt zu reflektieren, andererseits soll es sich selbst ins Unendliche setzen können, indem es durch sich selbst reflektiert wird. »Nun aber soll die ins Unendliche hinausgehende Thätigkeit des Ich in irgend einem Punkte angestoßen, und in sich selbst zurükgetrieben werden; und das Ich soll demnach die Unendlichkeit nicht ausfüllen.« (GWL 408) Es sei nötig, daß das sich selbst ins Unendliche setzende Ich einen *Anstoß* von außen erhalte, der den Einfluß des Nicht-Ich auf das Ich eröffnet. Das Nicht-Ich bewirke den Wechsel in der Bewegung des Ich; diese sei daraufhin zentripetal ausgerichtet,

---

[8] Vgl. dazu EILERT HERMS, Herkunft, 237. Vgl. auch JOSEF KÖRNER, Einleitung zu Friedrich Schlegels »Philosophie der Philologie«, in: Logos, Bd. XVII (1928), 2.

[9] Der »Wechsel-Bewegung« Fichtes widmet sich Schlegel zumindest der Sache nach. Woher die diesbezüglich von ihm verwendeten Begriffe »Wechselbestimmung« oder »Wechselgrundsatz« stammen, vgl. dazu Überlegungen von MANFRED FRANK, »Wechselgrundsatz«, 44 ff.

[10] »Durch die Bestimmung der Realität oder Negation des Ich wird zugleich die Negation oder Realität des Nicht-Ich bestimmt; und umgekehrt. Ich kann ausgehen von welchem der Entgegengesezten; wie ich nur will; und habe jedesmal durch eine Handlung des Bestimmens zugleich das andere bestimmt. Diese bestimmtere Bestimmung könnte man füglich *Wechselbestimmung* (nach der Analogie von Wechselwirkung) nennen.« (GWL 290).

[11] Vgl. GWL 384.

wodurch eben die zentrifugale Tätigkeit und damit das Ich selbst beschränkt werde.[12] Durch einen Anstoß ist nach Fichte die zentripetale und -fugale Wechselwirkung des Ich, d. h. der Wechsel zwischen seiner Position und der entgegengesetzten Negation, in Gang gesetzt. Und damit erst sei »wirkliches Leben« für das Ich ermöglicht. Ohne ein »erstes bewegendes ausser ihm« würde das Ich nicht existieren (GWL 411).

Neben seiner Hochschätzung der Fichteschen Wissenschaftslehre ist in Schlegels Fragmenten schon bald eine deutliche Distanz gegenüber Fichte festgehalten.[13] »Fichte ist doch eigent[lich] wie d[er] Besoffne, der nicht müde wird von d[er] einen Seite auf das Pferd zu steigen und darüber transcendirend herunter zu fallen.« (PhLj II 138)[14]

Schlegels Abgrenzung von der Philosophie Fichtes liegt gewiß vor allem darin begründet, daß Fichte in seiner Wissenschaftslehre von 1794 den Anstoß[15] der doppelten Reflexionsbewegung[16] letztlich als im Ich selbst begründet beschreibt. Nach Fichte gibt es zwar »keinen einzigen Moment […], in welchem nicht für das Streben des Ich eine unabhängige Realität außer dem Ich vorhanden wäre«. Doch gebe es auch keinen Moment, »in welchem nicht dieses unabhängige Nicht-Ich vorgestellt, und auf diese Art von dem Ich abhängig gemacht werden könnte« (GWL 414).[17] Und deshalb hält Fichte fest, »*das Ich sezt sich selbst schlechthin*«, und zwar als Ich und Nicht-Ich (GWL 409).[18]

»Das Setzen des Ich ist ein Setzen *schlechthin*. Das meint, daß es nicht erfolgt durch ein zuvor schon Gesetztes oder mit Beziehung auf ein solches. […] Fichtes Rede vom <Setzen>, die er niemals definiert, eignet sich dazu, beides

---

[12] S. GWL 408/409.

[13] Vgl. dazu EILERT HERMS, Herkunft, 238 f.

[14] Schlegels Zitat scheint eine Abwandlung eines Lutherwortes zu sein (s. ERNST BEHLER, Einleitung, KA VIII, LVIII Anm. 6), vgl. MARTIN LUTHER, WA Tischreden, Bd. 1, 298, Nr. 631: »Die welt ist wie ein trunkner baur; hebt man in auff einer seyt in sattel, so felt er zur andern wider herab. Man kann yhr nit helffen, man stelle sich, wie man wolle, sie will des Teuffels sein.«

[15] Vgl. PhLj II 140, SCHLEGEL über Fichtes »Anstoß«: »An s.[einem] Anstoß bin ich immer angestoßen.«

[16] FICHTE nennt denjenigen Gegenstand reflektiert, der »durch die Spontaneität unsers Reflexionsvermögens« »hervorgebracht« sei, andererseits zeichne sich Reflexion dadurch aus, daß der Gegenstand der Reflexion »*zum Bewußtseyn erhoben*« werde (GWL 363.364).

[17] Vgl. dazu GWL 412: »jene Wechselwirkung zwischen dem Ich und Nicht-Ich ist zugleich eine Wechselwirkung des Ich mit sich selbst«. – Vgl. zu GWL 413 f. FRIEDRICH SCHLEGEL, Die Entwicklung der Philosophie in zwölf Büchern, KA XII, 150: Die Idealisten sind nach Schlegel »zur Erklärung der Selbstbeschränkung oder Begrenzung des Ichs […] zur Annahme eines unbekannten Etwas gezwungen, welches den ersten Anstoß, Anlaß zu einer Selbstgesetzgebung gibt, und dadurch […] das Ich begrenzt«. Es werde, auch wenn der Anstoß bis ins Unendliche reiche, »immer noch etwas, wäre es auch das feinste Atömchen, außer, neben und über dem Ich bleiben.« Vgl. dazu MANFRED FRANK, »Wechselgrundsatz«, 35 f.

[18] Vgl. GWL 260/261.

in einem zu formulieren: Daß etwas schlechthin ohne vorgängigen Bestand hervortritt und daß es im Hervortreten in Beziehung zum Wissen kommt. Was schlechthin *sich* setzt, das kommt ohne weiteren Grund zum Fürsichsein.«[19] Weil Fichte auf den »vorgängigen Bestand« des Ich, auf ein Prinzip desselben nicht weiter eingeht, bleibt für Schlegel ungeklärt, »*wie das Ich* alles setzen und schaffen kann« (PhLj IV 839). Erst in seiner späten Wissenschaftslehre bringt Fichte deutlich zum Ausdruck, daß »[u]nser eigenes Wesen, das einfache und doch rätselhafte Wissen <Ich> […] aus einem Grund [kommt], der Freiheit nicht hindert, sondern ermöglicht«.[20]

Schlegel, der in Fichtes Wissenschaftslehre das »Wissen <Ich>«, das Selbstbewußtsein des Menschen letztlich *nicht begründet* findet,[21] gelangt zu der Einsicht, daß die Wechselbestimmung des sich selbst setzenden Ich in einem »Wechselgrundsatz« bzw. »Wechselbegriff« und dieser wiederum in einem ersten dem Ich über- und vorgeordneten Prinzip begründet sein muß.[22]

Bereits in seinem Studium-Aufsatz leugnet Schlegel die schlechthinnige Freiheit des Menschen, die Kant als den Grund menschlicher Vernunfttätigkeit angibt. Bei seinem »Symphilosophieren« mit Schleiermacher entdeckt Schlegel dann das unendliche Universum *als Gegenüber* des endlichen und darum beschränkten Ich. Das Bewußtsein der eigenen Beschränktheit sowie das Unendliche gelten Schlegel von nun an als die beiden miteinander wechselnden »Grundbegriffe«, durch deren Wechsel seine Philosophie bestimmt ist.[23] Dieser Wechsel müsse in Liebe begründet sein. Es ist nach Schlegel die *Liebesbeziehung* zwischen zwei (andersgeschlechtlichen) Menschen, also

---

[19] DIETER HENRICH, Fichtes ursprüngliche Einsicht, 199/200.

[20] A. a. O., 219; s. dazu auch Abschnitt V: Zwar habe Fichte erst spät die Annahme eines göttlichen Grundes (seine »ursprüngliche Einsicht«) zum Ausdruck gebracht. »Gleichwohl hat Fichte weder sich noch seine Hörer getäuscht, als er später so oft wie möglich versicherte, die Wissenschaftslehre sei im Grunde immer dieselbe geblieben. Alle Wandlungen, die sie erfuhr, steigerten nämlich nur die Klarheit über Eigenart und Konsequenz seiner ursprünglichen Einsicht.« (a. a. O., 218).

[21] Vgl. MANFRED FRANK, Das Problem »Zeit« in der deutschen Romantik, 22. Dabei ist allerdings zu beachten, daß Schlegels Ablehnung der Fichteschen Wissenschaftslehre von 1794 nicht eigentlich in einer »Unstimmigkeit« dieser Schrift, sondern in Fichtes *unklarer* Formulierung seiner »ursprünglichen Einsicht« begründet liegt (s. dazu o. Anm. 20).

[22] Vgl. v. a. PhLj, Beilage II 16. Vgl. auch ERNST BEHLER, Einleitung, KA I, LXXVIf. zu Schlegels früher Verwendung der durch Fichtes Philosophie bestimmten Begriffe »Wechselbestimmung« und »Wechselwirkung«. Vgl. ebenfalls MANFRED FRANK, »Wechselgrundsatz«; Frank geht allerdings nicht auf das Prinzip »Liebe« ein, das doch der Schlegelschen Philosophie wesentlich ist.

[23] VT 48 vgl. 5.8; s. dazu MANFRED FRANK, »Wechselgrundsatz«, 37 v. a. Anm. 31; der »Grundsatz«, den Frank nirgends aufgestellt findet, ist dieser: »*Die Kausalität der Liebe* ist es, wodurch allein das Vermögen absoluter Kausalität dem Menschen beygelegt werden kann. […] Durch *Liebe* hat alles angefangen, durch *Liebe* wird es vollenden. Wer dieses Prinzip in sich erkannt hat, wer dadurch Schöpfer geworden ist, der wird sich das Urfaktum begreiflich machen können.« (VT 52/53; s. dazu u. II.7.).

die Erfahrung von *Liebe und Gegenliebe* oder der *Anstoß* des Ich *durch das Du*, der den Wechsel zwischen Unendlichem und Ich sowie den Übergang zwischen Geist und Natur, zwischen Philosophie und Poesie erst möglich macht und eröffnet, weil er zur Menschheit befreit. Der Anstoß des geliebten und liebenden Ich durch das geliebte und liebende Du ist nach Schlegel der Anfang eines jeden Reflexions-Wechsels und damit der Grund für das Gesetztsein des Ich; dabei hält Schlegel die zwischenmenschliche Liebes-beziehung bzw. die durch sie konstituierte Religion für die »Mitte«, von welcher das Wechseln ausgeht und in welcher es zusammengehalten wird.[24] Der Wechsel selbst bedeute zentrifugale und zentripetale Reflexion und sei dabei einerseits durch die Beziehung auf das Individuelle, andererseits durch das Denken des Unendlichen, das Setzen des »Universums« bestimmt. Nach vorliegender Interpretation geht Schlegel wie Fichte davon aus, daß der Mensch fähig ist, die Realität ins Unendliche zu denken, vorzustellen und zu setzen. Im Gegensatz zu Fichte erschließt nach Schlegel aber eben nur die Liebe dieses Vermögen.[25]

Wenn auf Grund von Liebe ein Mensch den zentrifugalen und -petalen Wechsel zwischen Unendlichem und Beschränktem vollzieht, dann hat er nach Schlegel Religion. »Die Rel[igion] ist die centripetale und die cen-trifugale Kraft d[es] Menschen und ihr Wechseln. –« (PhLj V 53) »Die Religion ist die zentripetale und zentrifugale Kraft im menschlichen Geiste, und was beide verbindet.« (A-I 31) Wenn das Wechseln der Religion durch Liebe und Gegenliebe eröffnet und gewährleistet ist, ist es nach Schlegel dem Menschen ermöglicht und überlassen, diesen Wechsel nicht nur im Bereich der Philosophie, sondern auch auf dem Gebiet der Poesie auszuüben und dadurch Geist und Natur in universaler Richtung zu vereinen.

2. Schlegel und Schleiermacher

Die gewählte Schaffensperiode von 1794 bis 1800/01 eignet sich, zwischen denjenigen Texten Schlegels, die vor, und denen, die unter dem Einfluß Schleiermachers entstanden sind, Differenzen aufzuzeigen, um dann anhand dieser die Eigenheiten, die Schlegel gegenüber Schleiermacher beibehält, um so deutlicher herauszuheben; umgekehrt zeigt sich dadurch gerade auch die Besonderheit der Schleiermacherschen Ästhetik. Schlegels Schriften, die er seit seinem Bekanntwerden mit Schleiermacher verfaßt, sind auffällig

---

[24] Vgl. PhLj II 626; Beilage II 16; vgl. dazu u. III.3.2. und III.2.4.
[25] Vgl. dazu SCHLEGELs Fichterezension von 1808: »Bleibt es aber dabei, daß das Prinzip [das Prinzip der Liebe], welches Hr. *Fichte* auf dem Standpunkt, welcher ihm [1808] doch der eigentliche ist, für das höchste erkennt, nicht nur ›jenseits aller Reflexion‹ liege, sondern auch ›über der Vernunft‹ sei, so muß die Art der Wissenschaftlichkeit, deren er sich bisher bediente, eine völlige Umwandlung erleiden« (KA VIII, 85).

durch den Begriff des »Universums« bestimmt, den Schlegel wie auch seine Wendung zur »Religion« Friedrich Schleiermacher verdankt.[26] Die Freundschaft zu Schleiermacher und das etwa einjährige Zusammenwohnen mit dem Freund ab Neujahr 1798[27] beeinflußten Schlegels Religionsverständnis und vor allem seinen Hang zum Universum[28].

3. Schlegel und Dorothea

Daß Schlegel die Liebe als den Grund menschlicher Existenz und Freiheit beschreibt, gründet in seiner eigenen Befreiungserfahrung, die er in der Liebesbeziehung zu Dorothea Veit erlebt. Im Sommer 1798 lernt Friedrich Schlegel Dorothea Veit, die Tochter Moses Mendelssohns, kennen; 1808 heiratet er sie.[29] Der Liebe, die er selbst in dieser Beziehung erfährt, schreibt er bedeutenden Einfluß auf Philosophie, Religion und Poesie zu.

Wie die Interpretation im folgenden zeigt, hat sich auf Grund der Begegnung mit Dorothea Veit ein entscheidender Wendepunkt im Leben Friedrich Schlegels ereignet. Dorothea trägt bei, die Sehnsucht zu stillen, die diesem vor 1798 das Leben beschwerte und von der seine damaligen Briefe eindrücklich zeugen.

In den Briefen an seinen Bruder August Wilhelm schreibt Friedrich Schlegel von seiner »Zerrissenheit« und seinem Lebenskampf sowie von unerfülltem Liebesverlangen. Die Zweifel um den eigenen Beruf[30] werden übertroffen von der Frage nach dem Sinn seines Lebens. »Seit fast drey Jahren ist der Selbstmord täglicher Gedanke bey mir«, schreibt er 1792.[31] Von der Liebe

---

[26] S. Friedrich Gundolf, Romantiker, 19: »Zur Religion hatte er [Schlegel] vor der Begegnung mit Schleiermacher kaum ein Verhältnis«, und erst Schleiermacher habe ihn »auf das Verhältnis des Einzelnen zum unendlichen Universum, zur Gottheit« gewiesen. Vgl. dazu Ernst Behler, Einleitung, KA XVIII, XXVI.

[27] Vgl. Hans Eichner, Einleitung, KA II, LXXXIff. – Nicht nur in diesem Jahr (1798), »[l]ebenslang hat Schleiermacher dem Jugendfreunde persönliche und wissenschaftliche Achtung entgegengebracht« (Eilert Herms, Herkunft, 236; vgl. auch Wilhelm Dilthey, Leben Schleiermachers, Bd. I/1, 253).

[28] Vgl. Friedrich Schlegel, Brief an Schleiermacher, Mitte Juli 1798, KA XXIV, 148: »[...] Das ist meine Treue gegen das Universum, in das ich knollig verliebt, ja vernarrt bin. Du hältst doch auch noch etwas auf dasselbe, und darin laß uns immer fraternisiren.«

[29] Vgl. Hans Eichner, Einleitung, KA V, XXII und Fanny Imle, Friedrich von Schlegels Entwicklung, 17.20.

[30] Schlegel wählte zwischen dem Jurastudium und der Beschäftigung mit Poesie, Philosophie und Ästhetik das zweite (vgl. Friedrich Schlegel, Brief an August Wilhelm Schlegel, 19. Juni 1793, KA XXIII, 104 und Ende Mai 1793, a. a. O., 96).

[31] Friedrich Schlegel, Brief an August Wilhelm Schlegel, 21.–25. November 1792, KA XXIII, 78. Vgl. auch den Brief Anfang August 1792, a. a. O., 62.

erwartet sich Schlegel die Heilung seines unruhigen Geistes. Er sehnt sich, selbst lieben zu können[32] und geliebt zu werden. Doch stellt er fest:

»Ich fühle selbst in mir beständigen Mißklang, und ich muß mir selbst gestehen, daß ich nicht liebenswürdig bin […]. […] Ich wünschte so auf die Menschen zu wirken daß von meiner Rechtschaffenheit immer mit Achtung, von meiner Liebenswürdigkeit <allgemein> oft und viel mit Wärme geredet würde. Von meinem Geiste brauchte gar nicht die Rede zu seyn […]. […] Aber längst habe ich bemerkt welchen Eindruck ich fast immer mache. Man findet mich interessant und geht mir aus dem Wege. Wo ich hinkomme, flieht die gute Laune, und meine Nähe drückt.«[33]

Schlegels Verlangen nach Liebe reicht so weit, daß ihn »das Beste«, »meine Tugend«, »anekelt« und er »Gott nicht um Verstand sondern um Liebe bitten würde«, wenn er beten könnte.[34]

Die Liebe, die Schlegel von keinem Menschen zu erhalten scheint und einem Menschen gegenüber nicht zu finden vermag,[35] führt ihn »zu der heiligen Kunst«.[36] Zur Kunst treibe ihn »von früh an schon […] die Sehnsucht nach dem unendlichen«[37]. Von solcher *Sehnsucht nach dem Unendlichen* muß nach Schlegel auch eine zwischenmenschliche Liebesbeziehung bestimmt sein. »Vor allem aber muß der, den ich lieben soll, fähig seyn nur in einem zu leben, und über einem alles zu vergessen. Vor allem aber dieselbe Stärke der Liebe, die aus der Sehnsucht nach dem unendlichen herrühren kann, indem das Herz, das unendliche Gut, was ihm fehlt, in dem Geliebten zu finden vermeint.«[38]

Nicht nur die Idee des Wechsels auch Schlegels Unterscheidung von »Liebe« und »Interesse« bzw. die Geringschätzung von bloßem Interesse, und zwar in Hinsicht auf die Kunst, ist von ausschlaggebender Bedeutung für seinen Aufsatz »Über das Studium der Griechischen Poesie«. Die Sehnsucht nach dem Unendlichen und die Liebe zu einem anderen Menschen sind insbesondere in seinen ästhetischen Texten ab 1798 relevant.

---

[32] Vgl. Brief an August Wilhelm Schlegel, 28. August 1793, KA XXIII, 127: »[…] es wäre ungerecht mir Seele abzusprechen, aber die Seele der Seele, lieber Wilhelm, <die> fehlt mir doch ganz offenbar, nehmlich der Sinn für Liebe.«

[33] Brief an August Wilhelm Schlegel, 21.–25. November 1792, KA XXIII, 70.

[34] Brief an August Wilhelm Schlegel, 8. November 1791, KA XXIII, 31.

[35] Im Brief an August Wilhelm Schlegel, 29. Dezember 1792, KA XXIII, 80 beschreibt Schlegel die Ausnahme: »Ich liebe und werde geliebt. Heiliges Geheimniß! Warum weine ich itzt zum zweytenmale in meinem Leben? Warum würde ich so gerne mein Blut für ihn vergießen, alle mühevolle langsame Arbeit erdulden?«

[36] Brief an August Wilhelm Schlegel, Ende Mai 1793, KA XXIII, 96.

[37] Brief an August Wilhelm Schlegel, 4. Oktober 1791, KA XXIII, 24.

[38] Brief an August Wilhelm Schlegel, 17. Mai 1792, KA XXIII, 52. Schlegel bezieht seine Aussage auf einen männlichen Geliebten, weil er bisher »bey Weibern nie etwas von diesem Triebe nach dem unendlichen gefunden« habe.

II. 1795–1797
(»Über das Studium der Griechischen Poesie«
und Fragmente zur Poesie und Literatur)

Nach Schlegels Aufsatz »Über das Studium der Griechischen Poesie« ist das Studium der *griechischen* Poesie die Bedingung dafür, daß die moderne (zeitgenössische) Poesie ihr Ziel erreicht. Durch das Studium der griechischen Poesie könne das »*höchste Schöne*«, *ein organisches Ganzes von Poesie*, gebildet werden (SGP 253). »Daß Schlegel […] darauf bestand, daß das Heil für die moderne Literatur nur von den Griechen zu erhoffen sei, ist nur damit zu erklären, daß er von dort das Heil für sich selbst erhoffte: An der eigenen Zerrissenheit leidend, einseitig nur mit dem Verstand lebend, […] vermeinte [er] im Studium der ›harmonischen‹ und ›natürlichen‹ Griechen Erlösung und Heilung finden zu können.«[39]

Schlegels Liebe der Griechen, seine »Gräkomanie«[40] ist bedingt durch sein langjähriges Studium der Altphilologie und seine Verehrung der Arbeiten Winckelmanns. »Schlegels erstes großes Bildungserlebnis war die Dichtung und bildende Kunst der Griechen gewesen, die er in der Perspektive Winckelmanns sehen gelernt hatte.«[41] Und »die erste große Aufgabe, der sich der junge Schriftsteller widmete, war es, was Winckelmann für die [bildende] Kunst getan hatte, für die Poesie zu leisten«[42] – jedoch mit der Absicht, das griechische Vorbild für die moderne Poesie nutzbar zu machen.

Das Studium der Griechen, die Aneignung ihres Geistes und die Nachahmung ihrer Kunst auf Grund von Liebe zum Schönen sollen nach Schlegel die moderne Kunst zu Schönheit und Harmonie geleiten.[43] »Nicht Vorliebe für dieses und jenes [nicht Interesse], sondern Liebe zur Kunst, zum Urbildlichen selbst, zum gesamten Altertum: das ist das Erste; und, den Geist des Ganzen zu fassen, ist das Höchste.«[44]

1. Natürliche und künstliche Bildung

Im Unterschied zur modernen Poesie verdanke sich die griechische Kunst den Wirkungen der Natur. Sie sei das Ergebnis natürlicher Bildung. »Die Geschichte der Griechischen Dichtkunst ist eine allgemeine Naturgeschichte der Dichtkunst« (SGP 276). Der modernen Poesie hingegen habe »ein

---

[39] HANS EICHNER, KA II, Einleitung, XLIX/L; vgl. XLVIII.
[40] Zur »Gräkomanie« vgl. ERNST BEHLER, Einleitung, KA I, LXXXI.
[41] HANS EICHNER, KA II, Einleitung, XLVI.
[42] HANS EICHNER, KA IV, Einleitung, XII. Zu Schlegels Verehrung von Winckelmann vgl. A-F 149; GP 302.
[43] Im Gegensatz zu Schiller hat nach Schlegel die griechische Kunst nicht nur entfernte Vorbildfunktion (ÄE 321 ff.); sie soll sogar nachgeahmt werden.
[44] FRIEDRICH SCHLEGEL, Geschichte der Poesie der Griechen und Römer, KA I, 398.

freier Aktus des Gemüts« den ersten bestimmenden »Anstoß« erteilt (SGP 232/233). Keineswegs jedoch könne die Freiheit des Menschen von der Natur unabhängig gedacht werden.

Natur und Freiheit, Schicksal und Selbsttätigkeit bestimmen nach Schlegel die Entwicklung des einzelnen menschlichen Lebens und die der Menschheit insgesamt. Zwar bezeichnet Schlegel die tierische Natur des Menschen und die auf ihn wirkende Schicksalsmacht als »Feinde« des Menschen, gegen welche dieser in seiner Freiheit zu kämpfen habe.[45] Damit teilt Schlegel »das naturfeindliche, von Kant, Schiller und Fichte vertretene Axiom eines Antagonismus von Freiheit und Natur«.[46] Doch ist er überzeugt, daß dem Menschen absolute Freiheit im Kantschen Sinne keinesfalls zu eigen ist. »Nichts widerspricht dem Charakter und selbst dem Begriffe des Menschen so sehr, als die Idee einer völlig isolierten Kraft, welche durch sich und in sich allein wirken könnte.« (SGP 229)[47] Der Mensch sei der Natur bedürftig, um Werke und Taten zu vollbringen. »Die Grundlage seiner stolzesten Werke ist oft ein bloßes Geschenk der Natur, und auch seine besten Taten sind nicht selten kaum zur Hälfte sein.« (SGP 230)[48] Nur die *Wechselwirkung* zwischen Freiheit und Natur bewirkt nach Schlegel menschliche Bildung.

»*Bildung* oder Entwicklung der Freiheit ist die notwendige Folge alles menschlichen Tuns und Leidens, das endliche Resultat jeder Wechselwirkung der Freiheit und der Natur. In dem gegenseitigen Einfluß, der steten Wechselbestimmung, welche zwischen beiden stattfindet, muß nun notwendiger Weise eine von den beiden Kräften die wirkende, die andre die rückwirkende sein. Entweder die Freiheit oder die Natur muß der menschlichen Bildung den ersten bestimmenden Anstoß geben [...]. Im ersten Fall kann die Bildung eine *natürliche*, im letztern eine *künstliche* heißen.« (SGP 230)

Die Erfahrung zeige, daß einer künstlichen Bildung immer »eine *verunglückte* natürliche Bildung« vorausgehen müsse (SGP 231). So sei auch die moderne Poesie entstanden, als die natürlich gebildete griechische Poesie »gesunken, tief, sehr tief gesunken, und endlich völlig entartet« gewesen sei (SGP 283). An ihrem Anfang seien dann »*dirigierende Begriffe*« gestanden, und entsprechend habe sich der Verstand als »das lenkende Prinzip der ästhetischen Bildung« erwiesen (SGP 233). Daß der moderne Mensch sich selbst und die Gestaltung seiner Werke an diesen Begriffen ausgerichtet habe, »das war ein freier Aktus des Gemüts. Dieser Aktus ist aber eben der ursprüngliche Quell, der erste bestimmende Anstoß der künstlichen Bildung, welcher [...] mit vollem Recht der Freiheit zugeschrieben wird« (SGP 232/233).

---

[45] S. SGP 229/230.
[46] Ernst Behler, Einleitung, KA I, LXXVII.
[47] S. dazu u. II.7.
[48] Vgl. FPL II 18.

Der Verstand hat nach Schlegel die Geschichte der modernen Poesie einge-
leitet. Doch habe der Verstand in seiner Unerfahrenheit »zahllose Irrtümer«
begangen, in seiner Willkür eine »gränzenlose Verwirrung« gestiftet und mit
seiner Gewalt schließlich die Natur vernichtet (SGP 239.238). Damit nun
aber dennoch die moderne Poesie zu höchster Schönheit gelange, sei »eine
ästhetische Revolution« notwendig. Diese setze die »*ästhetische Kraft*« und den
richtigen Geschmack des Künstlers wie des Kenners voraus; der richtige Geschmack ist nach Schlegel »das gebildete Gefühl eines sittlich guten Gemüts«,
er verdanke sich der Moralität. Das durch Freiheit gebildete sittlich-gute
Gemüt muß sich nach Schlegel mit der von Natur gegebenen ästhetischen
Kraft in harmonischer Zusammenstimmung befinden. Denn nur die sinnlich-geistige Einheit des Menschen ermögliche die Produktion und die
korrekte Beurteilung schöner Kunst; »ohne Harmonie des ganzen Gemüts,
oder wenigstens eine durchgängige Tendenz zu derselben, wird niemand in
das Allerheiligste des Musentempels gelangen können« (SGP 271).

Außer ästhetischer Kraft und Moralität sei zudem eine »vollkommne ästhetische Gesetzgebung« nötig. Eine »*vollendete* ästhetische Theorie« müsse
die verkehrten Begriffe, die lange Zeit die Kunst beherrscht hätten, durch
richtige ersetzen (SGP 272).

Doch genüge auch die Theorie noch nicht. »Die Wissenschaft bedarf [...]
der Erfahrung von einer Kunst, welche ein durchaus vollkommnes Beispiel
ihrer Art, die *Kunst kat' exochän*, deren besondre Geschichte die *allgemeine
Naturgeschichte der Kunst* wäre.« (SGP 273) Diese Kunst ist nach Schlegel die
Kunst der alten Griechen. Die richtige Nachahmung der griechischen Kunst
auf Grund eines vollständigen Studiums der Griechen ist nach Schlegel entscheidend dafür, daß die Moderne zu schöner Poesie gelangt.[49]

Bei Erfüllung der genannten Bedingungen hat nach Schlegel eine ästhetische Revolution, »durch welche das Objektive in der ästhetischen Bildung
der Modernen herrschend werden könnte«, Erfolg (SGP 269).

2. Das höchste Schöne der griechischen Poesie

Die Kunst der alten Griechen verdanke sich natürlicher Bildung. Wenn aber
»die Bildung *natürlich* und nicht künstlich, wenn die ursprüngliche Anlage
die glücklichste, und die äußre Begünstigung vollendet ist: so entwickeln,
wachsen, und vollenden sich alle Bestandteile der strebenden Kraft, der sich
bildenden Menschheit *gleichmäßig*« (SGP 287). Entsprechend sei von den
griechischen Künstlern in der Kunst stets »das echte Göttliche: die *reinste*

---

[49] Es seien »eine allgemeingültige Wissenschaft des Schönen und der Darstellung, und eine
richtige Nachahmung der Griechischen Urbilder, die notwendigen Bedingungen zur Wiederherstellung der echten schönen Kunst« (SGP 354).

Menschheit« zum Ausdruck gebracht worden, die doch mit der »*Harmonie des Ganzen*«, mit der verständig-sinnlichen Einheit des Menschen gegeben sei (SGP 277.287).[50]

Das »rein Menschliche« ist nach Schlegel das für alle Menschen schlechthin Gültige und Gute, das Allgemeingültige und Objektive.[51] Die griechische Poesie zeigt nach Schlegel das »Reinmenschliche«, weil sie »von dem Zwange des Bedürfnisses und der Herrschaft des Verstandes immer gleich frei« gewesen sei; sie sei »dem allgemeinen Gesetze aus eigner freier Neigung getreu« gewesen (SGP 275.277). Dem allgemeinen Gesetz der Poesie, das nach Schlegel gleich dem moralischen Gesetz vom Künstler das Reinmenschliche und also Allgemeingültigkeit verlangt, sei die griechische Kunst von Natur gemäß, weil die griechischen Künstler durch die Natur zur Menschheit, zu sinnlich-geistiger Harmonie gebildet worden seien.

Unabhängigkeit vom Zwang der Natur und des Verstandes ist also Bedingung schöner Kunst, welche deshalb als freies Spiel, als zweckloses und doch zweckmäßiges Spiel, gilt.[52] »Der *spezifische Charakter* der schönen Kunst ist freies Spiel ohne bestimmten Zweck«, und als solches ist nach Schlegel die Kunst »ebenso notwendig [...], wie der Zustand gehorsamer Arbeit, und beschränkter Bestimmtheit«;[53] überhaupt gehöre die Kunst zum Wesen des Menschen (SGP 242.267).[54] Zweckmäßig aber sei das einzelne griechische Kunstwerk trotz seiner Freiheit, weil es mit sämtlichen anderen einzelnen Werken zu einem großen Gesamtkunstwerk zusammenstimme. Alle Werke der griechischen Poesie sind nach Schlegel verbunden in der »Einheit einer *schönen Organisation*, wo auch der kleinste Teil durch die Gesetze und den Zweck des Ganzen notwendig bestimmt, und doch für sich bestehend und frei ist« (SGP 305).

Weil die griechische Poesie insgesamt »ein gewordnes *organisch gebildetes Ganzes*« ist, hat sie nach Schlegel das »*höchste Schöne*« erreicht (SGP 293.287).

---

[50] Vgl. Brief an August Wilhelm Schlegel, 16. Oktober 1793, KA XXIII, 143: »Die Seele meiner Lehre ist, daß die Menschheit das höchste ist, und die Kunst nur um Ihrentwillen vorhanden sey. Nicht so wohl Schiller, als Bürger achtet die Kunst höher, wie die Natur. Ja selbst der große Göthe ist im Alter zu dieser Selbstvergötterung herabgesunken. Er scheint selbstgefällig seinem Genius zu lauschen, und ich erinnere mich dann wohl an Mozzarts Musik, die in jedem Laute, Eitelkeit und weichliche Verderbtheit athmet. Das lezte unter dem Siegel der Verschwiegenheit, man möchte mich sonst dem Arzte empfehlen u. s. w.« S. dagegen u. III.4.5.

[51] Vgl. SGP 283. Vgl. dazu Ernst Behler KA I, CXXII: Auf die Frage, »was denn für den jungen Schlegel das Gute [...] war [...] ergibt sich als einzige Antwort: das Menschliche, die Humanität«; vgl. FPL II 7.

[52] S. SGP 275.

[53] Wie nach Schiller, so bedeuten auch nach Schlegel schöne Werke, daß »ein mittlerer Zustand zwischen dem Zwang des Gesetzes und des Bedürfnisses, ein Zustand des *freien Spiels*, und der bestimmungslosen Bestimmbarkeit« vorhanden ist (SGP 267 vgl. ÄE 376 f.).

[54] SGP 266: »So lange die menschliche Natur existiert, wird der Trieb zur Darstellung sich regen, und die Forderung des Schönen bestehen. Die notwendige Anlage des Menschen, welche, sobald sie sich frei entwickeln darf, schöne Kunst erzeugen muß, ist *ewig*.« Vgl. GP 331.

Das höchste Schöne ist nach Schlegel ein organisches Ganzes von Kunst, das sich zusammensetzt aus den einzelnen Werken, die sämtlich durch das Reinmenschliche bestimmt sind und auf Grund ihrer Zusammengehörigkeit der Sehnsucht aller Menschen Befriedigung bereiten. »Dies ist es, was der Poesie unsres Zeitalters fehlt! Nicht eine Fülle einzelner, trefflicher Schönheiten, aber *Übereinstimmung* und *Vollendung*, und die Ruhe und Befriedigung, welche nur aus diesen entspringen können; eine *vollständige Schönheit*, die *ganz* und *beharrlich* wäre« (SGP 217).

Das höchste Schöne, das die Griechen erreicht hätten, soll nach Schlegel der Moderne als »*Urbild der Kunst und des Geschmacks*« zum Vorbild dienen und nachgeahmt werden; nur dann gelange die moderne Poesie zu einer organischen Einheit, und zwar zu einer solchen, die *künstlich* gebildet und darum zu »dauerhafter Vervollkommnung« fähig ist (SGP 288.232).[55] Die Nachahmung des griechischen Urbildes verlangt nach Schlegel, daß sich der moderne Dichter »den *Geist des Ganzen – die reine Griechheit*« zu eigen macht (SGP 347). Er soll finden und übernehmen, was die einzelnen Werke zu einem Ganzen zusammenstimmen und an der höchsten Schönheit Anteil haben läßt.

3. Die Krise des Interessanten in der Moderne

Noch befinde sich die moderne Poesie um der Verfehlungen des Verstandes willen in der »Krise des Interessanten« (SGP 258). Denn sie sei durch das Reinmenschliche, Allgemeingültige und Objektive noch nicht bestimmt, sondern bloß aufs Interessante ausgerichtet.[56] Die Richtung aufs Interessante bedinge eine anarchische Vielheit von Einzelwerken, ein »Chaos« von Poesie.[57] Die modernen Werke seien nur »einzelne durch äußre Gewalt aneinander gefesselte Stücke, ohne eigentlichen Zusammenhang, ohne ein Ganzes« (SGP 238).[58] Allerdings sei dieses Chaos von Stücken »ein *Chaos* alles Erhabnen, Schönen und Reizenden […], welches gleich dem alten Chaos, aus dem sich, wie die Sage lehrt, die Welt ordnete, eine *Liebe* und einen *Haß* erwartet, um die verschiedenartigen Bestandteile zu scheiden, die gleichartigen aber zu vereinigen« (SGP 224).[59]

---

[55] S. auch SGP 293.
[56] S. SGP 238.
[57] S. SGP 224.
[58] Vgl. SGP 217.
[59] Vgl. dazu Friedrich Schlegel, Geschichte der europäischen Literatur, KA XI, 42: »Hesiod läßt *alles* durch Liebe und Haß aus dem Chaos […] hervorgehen. […] In der wahren geistigen Religion müßte der Haß eigentlich nur aus dem Verderbnis der Liebe selbst entsprungen, der Liebe untergeordnet sein.« In späteren Texten, nachdem er wohl zur wahren geistigen Religion gefunden hat, macht Schlegel den Haß für die Entstehung der Welt nicht mehr verantwortlich: »Nicht der Haß sondern die Liebe sondert das Chaos.« (FPL VII 241) S.

Die erwartete und notwendige Liebe muß als die Liebe zum Schönen und Reinmenschlichen, vor allem aber als die Liebe zu den griechischen Urbildern interpretiert werden. Denn diese Liebe läßt nach Schlegel das vereinigende und allgemeingültige innere »Lebensprinzip«, das der modernen Kunst noch mangelt, nämlich das Reinmenschliche, erblicken (SGP 238). Nur wenn das griechische Urbild, das Urbild der »Kunst kat' exochän«, der modernen Poesie als geliebtes Vorbild dient, kann demnach das ästhetische Gesetz zur Realisation gelangen und das höchste Schöne entstehen.

»Es wäre wohlfeil, wenn der Künstler durch den bloßen Begriff vom richtigen Geschmack und vollkommnen Stil das höchste Schöne in seinen Werken wirklich hervorzubringen vermöchte. Das Gesetz muß *Neigung* werden. Leben kommt nur von Leben; Kraft erregt Kraft. Das reine Gesetz ist leer. Damit es *ausgefüllt*, und seine wirkliche Anwendung möglich werde, bedarf es einer Anschauung, in welcher es in gleichmäßiger Vollständigkeit gleichsam sichtbar erscheine – eines höchsten *ästhetischen Urbildes*.« (SGP 274)

4. Das Schöne

Auf Grund der Anschauung des griechischen Urbilds gelingt es nach Schlegel auch modernen Künstlern, zum höchsten Schönen beizutragen. Denn ihretwegen sei es ihnen möglich, Werke hervorzubringen, die das allgemeine Gesetz erfüllen, die also das Reinmenschliche zum Ausdruck bringen, und es darum verdienen, schön genannt zu werden.

»Das *Schöne* […] ist der allgemeingültige Gegenstand eines uninteressierten Wohlgefallens, welches von dem Zwange des Bedürfnisses und des Gesetzes gleich unabhängig, frei und dennoch notwendig, ganz zwecklos und dennoch unbedingt zweckmäßig ist« (SGP 253). – »Das *Schöne im weitesten Sinne* (in welchem es das Erhabne, das Schöne im engern Sinne, und das Reizende umfaßt) ist die *angenehme Erscheinung des Guten*« (SGP 288).[60]

Zwecklos und dennoch unbedingt zweckmäßig ist nach Schlegel der schöne Gegenstand des kunstvollen Spiels, weil er selbst nichts bezweckt, sich jedoch mit dem Ganzen als übereinstimmend erweist und darum zweckmäßig ist in Hinsicht auf die Einheit aller Werke. Auch gefalle er nicht nur individuell, er wecke nicht das Interesse Einzelner. Vielmehr sei das Wohlgefallen an ihm

---

auch L 61; GP 313; vgl. FPL IX 51. Vgl. dazu Gen 1: Hier erschafft Jahwe aus dem Tohuwabohu mit seinem Wort der Liebe (s. Joh 1,1 ff.) die Welt.

Die »Welt«, »Ganzheit«, das »Ganze«, das »System« stellt Schlegel dem Chaos gegenüber. Beide, Chaos und System, gehören für ihn zusammen. Weder das eine noch das andere soll ausschließlich bevorzugt sein. Es sei »gleich tödlich für den Geist, ein System zu haben, und keins zu haben. Er wird sich also wohl entschließen müssen, beides zu verbinden.« (A-F 53) Denn ohne chaotische Fülle gebe es nur eine leere Welt. Auch werde erst der »chaotische Reichtum alles Einzelnen und der Streit der verschiednen Ansichten über das Ganze […] notwendig dahin führen, eine allgemeingültige Ordnung der ganzen Masse zu suchen und zu finden.« (SGP 358; vgl. 253f.).

[60] Vgl. FPL II 13.

auf Grund der Objektivität und Allgemeingültigkeit, die ihn bestimme, ein allgemeines. Notwendig angenehm wird nach Schlegel der schöne Gegenstand empfunden, weil er das Reinmenschliche, das Allgemeingültige und Gute erscheinen läßt. Er versinnliche auf angenehme Weise das Gute und zwinge entsprechend weder Natur noch Geist des Menschen.

Im Unterschied zu Schillers ästhetischer Theorie von 1795[61] und allemal im Gegensatz zu Kants ästhetischer Überzeugung sind nach Schlegel angesichts des Schönen weder Achtung und Neigung zugleich vorhanden, noch folgt die Lust dem Spiel der Erkenntniskräfte nach. Vielmehr ist das Schöne dadurch bestimmt, daß es »durch eine süße Lockung der Sinnlichkeit das Gemüt [erst] anregt, sich dem geistigen Genusse hinzugeben« (SGP 311).[62] Ein rezeptives, und zwar ein angenehmes Moment geht also der Erkenntnis des Geistigen und Guten voraus.

5. Das Gute

Das *Gute* ist nach Schlegel »dasjenige, was schlechthin sein soll«, das Gesetzmäßige, Allgemeingültige und Objektive, »das Ganze, dessen Bestandteile Vielheit Einheit und Allheit sind«, oder eben die reine Menschheit (SGP 289.312). Dabei soll die Allheit »der erste bestimmende Grund und das letzte Ziel jeder vollkommnen Schönheit sein« (SGP 291). Denn Allheit bedeutet dasjenige Verhältnis zwischen der Fülle von Einzelnem und der Einheit eines einzelnen Gegenstandes, auf Grund dessen dieser Gegenstand das Allgemeingültige durch das Besondere erscheinen läßt, was eben seine Schönheit bedingt.[63] Schön ist nach Schlegel derjenige Gegenstand, der auf sinnliche Weise zu geistigem Genuß anreizt, wofür er durch eine Vielheit von Einzelnem bestimmt sein muß. Denn nur durch die Erscheinung seiner Vielheit würden sich Sinnenlust und ein angenehmes Gefühl einstellen; die Erscheinung der Vielheit geschehe »durch das Medium gegenwärtiger Lust« (FPL II 20). Damit der einzelne Gegenstand die Erscheinung des Guten oder

---

[61] Zum Vergleich der Theorie Schlegels mit derjenigen Schillers (s. Schiller-Kapitel) vgl. SCHLEGELS Vorrede zum Studium-Aufsatz, KA I, 209: »*Schillers Abhandlung über die sentimentalen Dichter* hat […] mir selbst über die Gränzen des Gebiets der klassischen Poesie ein neues Licht gegeben. Hätte ich sie eher gelesen, als diese Schrift dem Druck übergeben war, so würde besonders der Abschnitt von dem *Ursprunge*, und der ursprünglichen Künstlichkeit *der modernen Poesie* ungleich weniger unvollkommen geworden sein.« Vgl. dazu FRANZ NORBERT MENNEMEIER, Friedrich Schlegels Poesiebegriff, 108 Anm. 1: »Nicht Schillers Aufsatz ›Über naive und sentimentalische Dichtung‹, sondern die Briefe über die ästhetische Erziehung des Menschen […] haben manche Gedankengänge des Studium-Aufsatzes beeinflußt.«
[62] S. auch SGP 289.
[63] Für die Darstellung des Allgemeinen, des rein Menschlichen, erachtet es Schlegel als notwendig, daß Geselligkeit gepflegt und Mitteilung geübt werde (SGP 360f.). »Nur durch Geselligkeit wird die rohe Eigentümlichkeit gereinigt und gemildert« (SGP 361).

Allgemeinmenschlichen ist, muß zugleich die Mannigfaltigkeit von Einzelnem zu einer allgemeingültigen harmonischen Einheit verbunden sein.[64]
Ohne Einheit sei das *Gute* nicht gegeben, ohne die einzelnen Elemente
komme es nicht und schon gar nicht auf angenehme Weise zur Erscheinung:
»Das Einzelne ist in der idealischen Darstellung das unentbehrliche Element des Allgemeinen. Wird alle eigentümliche Kraft verwischt, so verliert
selbst das Allgemeine seine Wirksamkeit.« (SGP 320) Nur die *Wechselwirkung*
zwischen Fülle und Harmonie, zwischen Eigentümlichem und Allgemeinem,
nach einem bestimmten »*Gesetz des Verhältnisses*«[65], bedingt nach Schlegel die
Schönheit eines Werkes menschlicher Kunst.

»Das *Erhabne* hingegen ist die Erscheinung des Unendlichen; unendlicher Fülle oder
unendlicher Harmonie.« (SGP 312/313) Das *Häßliche*[66] sei im Gegensatz zum Schönen
bestimmt durch »Leerheit« und »Streit«, nicht durch Fülle und Harmonie.[67]

Daß die Wechselwirkung zwischen mannigfaltigem Einzelnem und vereinen-
der Allgemeingültigkeit, zwischen sinnlichem Reiz und geistigem Genuß,
zwischen Lust und Freiheit, wenn sie den menschlichen Ausdruck wie den
Menschen selbst bestimmt, ein schönes Resultat darstellt, das gewährleistet
nach Schlegel die »Erscheinung der Allheit«, die die Erfüllung des Verhält-
nisgesetzes bedeutet (FPL II 22). – »*Allheit* eine in sich selbst vollendete und
vereinigte Vielheit.« (PhLj I 84)

Wie die Untersuchung zeigt, macht die Erscheinung der Allheit ein
menschliches Werk zu einer sinnlichen Erscheinung des Guten, zu einer
angenehmen Erscheinung des Reinmenschlichen, sie begründet demnach
die von einem Kunstwerk verlangte *Objektivität*. Mit der »Erscheinung der
Allheit« ist deshalb nach Schlegel die Vollendung der Schönheit erreicht.[68]

Der »angemessenste Ausdruck« für das von Schlegel zur schönen Kunst
geforderte gesetzmäßige Verhältnis zwischen Besonderem und Allgemeinem,
das als Allheit erscheint, ist »*Objektivität*« (SGP 291). Diese gilt Schlegel als
ausschlaggebender Maßstab bei der Beurteilung von Schönheit.

---

[64] S. SGP 288 ff.; vgl. FPL II 20 ff.

[65] Nach Schlegel gibt es ein »Gesetz des Verhältnisses der vereinigten Bestandteile der
Schönheit« (SGP 290/291).

[66] Schlegel tadelt, »daß es noch nicht einmal einen namhaften Versuch einer *Theorie des Häßlichen* gibt« (SGP 311).

[67] S. SGP 311 ff.

[68] S. FPL II 22 f. – »Es ist eine ganz besondre Art, oder vielmehr ein eigner Theil der
Schönheit, den man als Eingebung der Muse, als Hauch Gottes bezeichnet. Er verleiht einem
Werke die Ewigkeit. Man könnte ihn lebendige Vernunft nennen. Es ist die Erscheinung der
Allheit.« (FPL I 17).

6. *Geschmacksurteile*

Nach Schlegel fordert der Geschmack, daß ein Kunstwerk objektiv sei. »Der Anspruch des Geschmacks auf Objektivität ist in der Erfahrung gegeben, und also ist wenigstens die Untersuchung der Rechtmäßigkeit [der Legitimität] seiner Ansprüche durchaus notwendig« (FPL II 6).[69]

Bei seiner Analyse der Rechtmäßigkeit von Geschmacksansprüchen geht Schlegel davon aus, daß eine *Ästhetik*, eine »Theorie des Schönen« bzw. eine »Wißenschaft« der Kunst und des Schönen »allgemeingültige, praktische Regeln zur Beurtheilung des Werthes der Dinge«, nach welchen der Geschmack sein Urteil fälle, aufzeigen kann (FPL I 1; II 8.7). Mit dieser Annahme stellt sich Schlegel gegen die Kantsche »Behauptung daß keine Theorie des Schönen möglich sey« (FPL I 2).[70]

Der Wert eines Kunstwerkes bemißt sich nach Schlegel an dem Wert, den dieses für den Menschen hat. Das Gute, nämlich die Menschheit, sei eben das, was für den Menschen schlechthin allgemeingültigen, »subjektiv-objektiven Werth« besitzt (FPL II 7).[71] Folgerichtig muß sich ein jedes ästhetisches Urteil danach richten, inwieweit das jeweilige Werk der Kunst das Gute zur Erscheinung bringt. Der Geschmack muß die Erscheinung von Vielheit, Einheit und Allheit bewerten.

Zwar könnten Geschmacksurteile nicht bewiesen werden, und insofern sei jedes ästhetische Urteil ein »bloßer Machtspruch« (SGP 310).[72] Doch keineswegs würden »die Richtigkeit des Geschmacks und die Schönheit der Kunst allein vom Zufall abhänge[n]« (SGP 221). Denn »seit durch *Fichte* das Fundament der kritischen Philosophie entdeckt worden ist, gibt es ein sichres Prinzip, den Kantischen Grundriß der praktischen Philosophie zu berichtigen, zu ergänzen, und auszuführen; und über die Möglichkeit eines *objektiven Systems der praktischen und theoretischen ästhetischen Wissenschaften* findet kein gegründeter Zweifel mehr statt« (SGP 357/358).[73] Eben ein solches System

---

[69] Schlegel will die *Legitimität* des Geschmacksanspruches *untersuchen*; nicht aber beabsichtigt er, »die Objektivität des Geschmacksurteils zu beweisen« (gegen MANFRED FRANK, Einführung in die frühromantische Ästhetik, 134). Vgl. dazu FPL V 71.

[70] Nach KANT KU 176 gibt es keine »Wissenschaft des Schönen«.

[71] »Die Menschheit ist aber eben der Inbegriff von dem was nothwendigen Werth für den Menschen hat« (FPL II 7).

[72] Vgl. FPL V 71.

[73] S. dazu FPL II 7.8. – Als Fundament gilt Schlegel – zur Zeit der Abfassung seines Studium-Aufsatzes – *das Setzen eines absoluten Ich* (PhLj I 32); s. dazu GWL 279: »Darin besteht nun das Wesen der *kritischen* Philosophie, daß ein absolutes Ich als schlechthin unbedingt und durch nichts höheres bestimmbar aufgestellt werde und wenn diese Philosophie aus diesem Grundsatze konsequent folgert, so wird sie Wissenschaftslehre.« – Vgl. dazu MANFRED FRANK, »Wechselgrundsatz«, 30: Noch sieht Schlegel im »Gedanken des absoluten Ich« das »Fundament« für objektive ästhetische Wissenschaft.

würde den urteilenden Menschen zu Geschmacksurteilen legitimieren. Ästhetische Urteile könnten zwar allemal nicht bewiesen werden, »legitimiren aber muß man s.[ich] dazu«, und dies sei auch möglich (FPL V 71).[74]

7. *Der Künstler als Sprecher der Gottheit*

Ein schönes menschliches Werk muß sich nach Schlegel notwendig durch Objektivität bzw. Allgemeingültigkeit auszeichnen. Doch die Art der Darstellung, die Weise, die Mittel und die einzelnen Elemente, durch die es der Künstler wirkt, seien diesem ganz freigestellt; sie seien seiner Subjektivität überlassen.[75]

»Die schöne Kunst ist gleichsam eine Sprache der Gottheit, welche nach Verschiedenheit der Kunstarten, der Werkzeuge und der Stoffe sich in ebensoviele abgesonderte Mundarten teilt. Wenn der Künstler nur seiner hohen Sendung würdig, wenn er nur *göttlich* redet; so bleibt ihm die Wahl der *Mundart*, in der er reden will, völlig frei.« (SGP 320)

Göttlich redet nach Schlegel derjenige Künstler, der das Gute, das Objektive und »echte Göttliche[76]: die *reinste Menschheit*« versinnlicht, der also das Gute zur Erscheinung bringt; er erweist sich als »ein wahrer Sprecher Gottes« (FPL II 22).

Das Verhältnis von Sinnlichkeit und Freiheit und damit verbunden die Beziehung zwischen Einzelnem, Besonderem und Allgemeinem, zwischen Individualität und Objektivität, die ein Kunstwerk ausmacht, sucht Schlegel – ebenso wie Kant, Schiller und Schleiermacher – in seinen ästhetischen Abhandlungen zu bestimmen. Auch Schlegels ästhetische Schriften nach 1798

---

[74] Hans Eichner, Einleitung, KA XVI, XV zitiert FPL V 71, allerdings ohne den hier genannten Satzteil »legitimiren aber muß man s.[ich] dazu«, und behauptet, dies Fragment von 1797 widerspreche Schlegels Äußerungen in FPL I und II, weshalb Schlegel diese nicht weitergeschrieben und herausgegeben habe. (Auf Grund von Parallelen zum Studium-Aufsatz wird FPL I auf 1795 datiert. Anfang 1796 soll FPL II entstanden sein; s. a. a. O., XIVf.) Vgl. auch Manfred Frank, Einführung in die frühromantische Ästhetik, 134. Es ist hier aber keine reuevolle Sinnesänderung Schlegels im Winter 1795–1796 festzustellen (so Frank). Auch FPL I und II wollen keine Beweise für Kunsturteile liefern, vielmehr wie der Studium-Aufsatz (1795–97) zur Legitimation bestimmter ästhetischer Urteile beitragen. Zudem hält Schlegel auch noch im Gespräch über die Poesie eine Wissenschaft der Kunst und des Schönen sowie legitimierte Geschmacksurteile für möglich (s. u. III.4.4.).

[75] Vgl. A–F 22: »Ein vollkommnes Projekt müßte zugleich ganz subjektiv, und ganz objektiv, ein unteilbares und lebendiges Individuum sein.« – Den Griechen ist nach Schlegel diese Verbindung von Objektivität und Eigentümlichkeit gelungen. »Das Wesen d[er] Antike ist die Verbind[un]g absoluter Objektivität und abs.[oluter] Subj[ektivität]. Das erste ist die Reinheit und Göttlichkeit, das Idealische. Das lezte ist d[as] Classische; daß alles Einzelne d[em] Ganz[en] entspringt.« (FPL VII 104).

[76] Vgl. dazu SGP 288 Anm. 11 (Formulierung der 2. Auflage): »Das Schöne im weitesten Sinne […] ist die angenehme Erscheinung des Guten, d. h. des Göttlichen oder des Ewigen.«

sind von der Bemühung um eine rechte Verhältnisbestimmung geprägt. Hier jedoch verwendet Schlegel den Begriff der *Ironie* und bezeichnet mit ihm eine in Liebe gegründete Wechselbestimmung zwischen Individuellem und Universellem, durch welche schöne Kunst notwendig bedingt sein soll. Außer dem Wechsel zwischen Individualität und Universalität ist zudem der Wechsel zwischen Philosophie und Poesie von Bedeutung.

Zu der Einsicht, daß der Wechsel zwischen Individuellem und Universellem in Liebe begründet sein muß, gelangt Schlegel auf Grund seines eigenen Liebeserlebens in der Beziehung mit Dorothea Veit. Entsprechend beschreibt er die Liebe als den grundlegenden »Anstoß«, der die Wechselwirkung zwischen geliebtem Individuum und Universum sowie den poetischen Ausdruck des Wechsels bewirkt und überhaupt alles Handeln des Menschen bedingt:

> »*Die Kausalität der Liebe* ist es, wodurch allein das Vermögen absoluter Kausalität dem Menschen beygelegt werden kann. […] Durch *Liebe* hat alles angefangen, durch *Liebe* wird es vollenden. Wer dieses Prinzip in sich erkannt hat, wer dadurch Schöpfer geworden ist, der wird sich das Urfaktum begreiflich machen können.« (VT 52/53)

Schlegel stellt die Kausalität der Liebe der Kausalität der Freiheit entgegen und spricht sich damit gegen die Kantsche Anthropologie aus. Nach Schlegel kann der Mensch nicht ganz von selbst einen Zustand anfangen. »Mit unserer Ansicht streitet alles, was nicht Bezug auf das Ganze, das Unendliche hat. Also der Begriff der *Freyheit des Willens*, in so fern er außer andern Vermögen in dem Menschen *ein besondres Vermögen bedeutet eines absoluten Anfangs, einer neuen KausalReihe.* (Dies ist der Begriff *Kants* von der Freyheit des Willens.)« (VT 52)[77]

Dazu, daß Schlegel den in Liebe begründeten Wechsel ab 1798 nicht mehr als einen Wechsel zwischen Einzelnem und Allgemeinem, sondern als einen Wechsel zwischen Einzelnem und Universum beschreibt, hat der Einfluß Schleiermachers beigetragen, bei dem diese Verhältnisbestimmung und der Begriff des Universums zur Zeit der Abfassung seiner Reden eine bedeutende Rolle spielt.[78]

Ab 1798 ist es nach Schlegel nicht mehr so sehr die Liebe zur griechischen Poesie oder gar die Liebe zum (moralisch) Guten,[79] die dem schönen modernen Werk zugrunde liegen soll. Vielmehr geht er nun davon aus, daß – wie die Interpretation im folgenden zeigt – die *Liebe zu einem Menschen* und die

---

[77] Vgl. KrV B 560 f.
[78] S. o. Anm. 26.
[79] ERNST BEHLER, Einleitung, KA II, LIf. erkennt in Schlegels Äußerungen über die Poesie eine Entwicklung; Schlegel sei von dem Lob der »Alten« zu einer immer positiveren Beurteilung der Modernen übergegangen. Doch noch im »Gespräch« (1800) nennt er die griechische Kunst als Vorbild der modernen bzw. als Vorgängerin, an die sich die moderne anschließen solle (GP 302 f. 347 ff.; s. u. III.4.4.).

Liebe zum Universum Menschheit wirkt, aus Chaos Schönheit schafft und den Geschmack bestimmt.

III. 1798–1800/01

1. Ironie

»Um über einen Gegenstand gut schreiben zu können, muß man sich nicht mehr für ihn interessieren« (L-F 37). Der Künstler muß nach Schlegel sein eigenes, sein rein subjektives, immer bloß individuelles Interesse für einen Gegenstand zurückstellen, wenn er poetisch tätig sein will; er darf nicht »alles sagen wollen«. Er soll sich selbst beschränken.

»Selbstbeschränkung« sei »für den Künstler wie für den Menschen das Erste und das Letzte, das Notwendigste und das Höchste […]. Das Notwendigste: denn überall, wo man sich nicht selbst beschränkt, beschränkt einen die Welt; wodurch man ein Knecht wird. Das Höchste: denn man kann sich nur in den Punkten und an den Seiten selbst beschränken, wo man unendliche Kraft hat, Selbstschöpfung und Selbstvernichtung.« (L-F 37)

Der Wechsel zwischen Selbstschöpfung (Begeisterung) und Selbstvernichtung/Selbstbeschränkung (Besonnenheit) ist nach Schlegel Bedingung wahrer Kunst.[80] Dabei fordert er vom Künstler sogar das »Opfer« des eigenen Selbst.[81] »Der Künstler, der nicht sein ganzes Selbst preisgibt, ist ein unnützer Knecht.« (A-I 113) Die Preisgabe des je eigenen Selbst ist nach Schlegel gebunden an die Selbstschöpfung des Künstlers, die in der Bezogenheit auf das unendliche, allumfassende Universum gegeben sei.

Der Wechsel zwischen Selbstschöpfung und -vernichtung, der angelehnt ist an die Wechselwirkung des Fichteschen Ich, das sich gleichfalls beschränkt sowie sich selbst ins Unendliche und als unendlich setzt, kommt nach Schlegel in einem Werk der Kunst als *Ironie* zum Ausdruck.[82] »In d[er] Ironie vereinigt s.[ich] d.[ie] Selbstbeschränkung und die Theilnahme an allem Leben.« (PhLj IV 291) Ironie ist nach Schlegel das Mittel, darzustellen, daß ein einzelnes menschliches Werk der Kunst nicht nur durch das Wirken des Künstlers selbst beschränkt ist, sondern beschränkt sein muß angesichts der unendlichen Fülle alles Lebens, um die der Künstler, der an allem Leben teilnimmt (Selbstschöpfung), weiß. Mit seinem »Sinn fürs Unendliche« erkenne er, daß das Unendliche »das Produkt sich ewig scheidender und mischender Kräfte«

---

[80] Vgl. L-F 28.

[81] Vgl. A-I 131. S. dazu u. III.4.5.

[82] Vgl. dazu HANS EICHNER, Einleitung KA II, LXIX: »In der ersten These, Antithese und Synthese der Wissenschaftslehre […] haben wir den Prototyp jener Abfolge von Selbstschöpfung, Selbstvernichtung und Selbstbeschränkung, auf die Schlegel im Zusammenhang mit der Ironie immer wieder zu sprechen kommt.«

ist und ein jedes einzelne Werk nur ein Teil dieses Unendlichen, ein »Stückwerk« der allgemeinen organischen Einheit allen Lebens sein kann. Indem er die Beschränktheit seines eigenen Werkes in Hinsicht auf das Unendliche darstellt, zeigt nach Schlegel der Künstler auf die unendliche Fülle des unendlichen Universums, und dies sei Ironie.[83] »*Ironie* ist gleichsam die επιδει[ξ]ις d[er] Unendlichkeit, d[er] Universalität, vom Sinn fürs Weltall.« (PhLj III 76) Ironie ist demnach bedingt durch »klares Bewußtsein der ewigen Agilität, des unendlich vollen Chaos.« (A-I 69)

Der ironische Verweis auf das unendliche Universum bewirke, daß der »Äther der Fröhlichkeit« »über dem ganzen Werke schwebt« (ÜGM 137). Die Ironie veranlaßt nach Schlegel ein Lächeln und ein befriedigtes Empfinden. Denn die Beschränktheit des einzelnen Werkes in Hinsicht auf das Ganze ist zwar nicht zu ändern. Weil das einzelne Werk jedoch am allgemeinen göttlichen Ganzen Anteil hat, muß es selbst göttlich sein und als allgemeingültiges Symbol des Ganzen, als Symbol des ersehnten, aber in Unendlichkeit unerreichbaren organischen Ganzen gelten; als solches erfreut es den Sehnsuchtsvollen. Die Ironie Schlegels läßt ein sittliches »Sich-Fügen« in ein unabwendbares Schicksal nicht zu und schon gar nicht das würdevolle Erleiden desjenigen Übels, das die Schranken der Menschheit übersteigt. Auch zeigt sie die Begrenzung des Menschen nicht in schönem, seligem Licht. Sie läßt vielmehr angesichts eines jeden Gegenstands die universale Organisation im Blick behalten. Bei aller Begrenztheit weist sie auf die Anteilhabe am Göttlichen und bestärkt die *Sehnsucht nach dem Unendlichen*, die das »Nothwendige im Menschen ist«[84]. Und deshalb gilt für Schlegel: »Ironie ist Pflicht. —«[85] (FPL V 483)

---

[83] S. A–F 412. Vgl. HANS EICHNER, Einleitung, KA II, LXIX: Durch Ironie gebe der Autor zu erkennen, daß »alles Menschenwerk Stückwerk« ist. – Vgl. CLAUDIA BRAUERS, Perspektiven des Unendlichen, 96: »Der Dichter im Sinne romantischer Ironie beschränkt seinen Mitteilungsdrang auf eine Ansicht des Unendlichen. Er schafft ein Werk aus ›Selbstschöpfung und Selbstvernichtung‹. Erst durch Ablassen vom Versuch, ›alles sagen [zu] wollen‹, erst in der perspektivischen Beschränkung kann eine endliche Relation zum Unendlichen erscheinen.« – Vgl. auch WALTER BENJAMIN, Der Begriff der Kunstkritik in der deutschen Romantik, 86/87: »Die bestimmte Form des einzelnen Werkes, die man als Darstellungsform bezeichnen möge, wird das Opfer ironischer Zersetzung. Über ihr aber reißt die Ironie einen Himmel ewiger Form, die Idee der Formen, auf, die man die absolute Form nennen mag, und sie erweist das Überleben des Werkes, das aus dieser Sphäre sein unzerstörbares Bestehen schöpft, nachdem die empirische Form, der Ausdruck seiner isolierten Reflexion, von ihr verzehrt wurde. [...] Sie [die Ironie] stellt den paradoxen Versuch dar, am Gebilde noch durch Abbruch zu bauen: im Werke selbst seine Beziehung auf die Idee zu demonstrieren.« Der »Himmel ewiger Form«, die »Idee« aller Formen ist die Idee des Unendlichen, des Universums. Denn sie offenbart sich an der bestimmten Form eines einzelnen Werkes.

[84] »Das Nothwendige im Menschen ist grade nur die *Sehnsucht nach dem Unendlichen*. —« (PhLj V 1200).

[85] Gegen HANS EICHNER, Einleitung, KA II, LXX: »Sie [die Ironie] ist Pflicht jedes Menschen, denn sie allein ist die Haltung, in der man das Endliche ›anbeten‹ und doch zugleich wissen kann, daß es sub specie eternitatis nichtig und als Schranke unserer Freiheit zu überwinden ist«.

Auch die durch menschliche Beschränktheit bedingte Unverständlichkeit menschlicher Äußerungen kommt nach Schlegel in einem ironischen
Werk zum Ausdruck. Denn Ironie »enthält und erregt ein Gefühl von dem
unauflöslichen Widerstreit des Unbedingten und des Bedingten, der Un-
möglichkeit und Notwendigkeit einer vollständigen Mitteilung« (L–F 108).
Durch Ironie wird demnach gezeigt, daß zwar die Kommunikation der
Menschen untereinander notwendig[86], jedoch nur eingeschränkt möglich
ist. Läßt nun ein Mensch die eigene Mitteilung von Ironie bestimmt sein,
bringt er einerseits das Bewußtsein der Eingeschränktheit seiner Mitteilung
zum Ausdruck, andererseits läßt er seine Äußerung auf das allgemeine Ganze
bezogen sein, was seiner Darstellung in gewissem Maße Allgemeingültigkeit
verleiht. So erweist sich gerade der Ausdruck als kommunizierbar, der sich
selbst als unverständlich ausweist.

2. Philosophie und Liebe
(»Über die Philosophie. An Dorothea«)

Der ironische Wechsel zwischen Selbstschöpfung und -vernichtung soll
nach Schlegel nicht nur die Gestaltung von Gegenständen und die Kommunikation der Menschen untereinander, vielmehr das gesamte Leben eines
jeden Menschen bestimmen. Nach Schlegel ist

»ein gewisser gesetzlich organisierter Wechsel zwischen Individualität und Universalität
der eigentliche Pulsschlag des höheren Lebens, und die erste Bedingung der sittlichen Gesundheit. Je vollständiger man ein Individuum lieben oder bilden kann, je mehr Harmonie
findet man in der Welt: je mehr man von der Organisation des Universums versteht, je
reicher, unendlicher und weltähnlicher wird uns jeder Gegenstand. Ja ich glaube fast,
daß weise Selbstbeschränkung und stille Bescheidenheit des Geistes dem Menschen nicht
notwendiger ist, als die innigste, ganz rastlose, beinah gefräßige Teilnahme an allem Leben,
und ein gewisses Gefühl von der Heiligkeit verschwenderischer Fülle.« (ÜdPh 49)

Dieser Wechsel hat nach Schlegel menschliche *Selbständigkeit* zur grundlegenden Bedingung. Selbständigkeit halte den Menschen davon ab, bei seinem
Wechsel »sich ins Universum zu verliehren« oder »in s.[ich] zu versinken«
(PhLj IV 290).[87] Selbständigkeit wiederum setze die Ganzheit des Menschen,
seine *Menschheit*, die harmonische Einheit von Tierheit und Göttlichkeit bzw.
von Sinnlichkeit, Natur und Freiheit voraus.[88] Nur aber in der Liebe zu einem
andersgeschlechtlichen Gegenüber sei dem Menschen selbständige Menschheit möglich. Die Menschheit lasse sich »nicht inokulieren, und die Tugend

---

Ironie ist für Schlegel nicht deshalb Pflicht, damit die Endlichkeit angebetet und überwunden
werde, sondern damit das Unendliche offenbar sei und nur dieses angebetet werde.

[86] S. dazu u. III.4.2. zu GP 286.
[87] S. auch ÜdPh 56.
[88] S. ÜdPh 46.

läßt sich nicht lehren und lernen, außer durch Freundschaft und Liebe[89] mit
tüchtigen und wahren Menschen und durch Umgang mit uns selbst, mit den
Göttern in uns.« (ÜdPh 44/45) Nicht nur die Liebe, auch der Umgang mit
den Göttern in uns ist nach Schlegel vornehmlich für Frauen die Bedingung,
zu Menschheit und Tugend zu gelangen. Dabei gebe es für sie »*keine andre
Tugend [...] als Religion, zu der sie nur durch Philosophie gelangen könnten*« (ÜdPh
42).[90] Nur durch Philosophie, durch den philosophischen Umgang mit den
Göttern in uns, finde das weibliche Geschlecht zur Religion, zur Befreiung
aus seiner gesellschaftsbedingten Naturverbundenheit und seiner geistigen
Beschränktheit.

Das Eingebundensein der Frauen in ausschließlich häusliche Arbeit verhindere, daß sie
»mit ganzer Seele und ganzem Gemüte nach dem Unendlichen und Heiligen streben«
(ÜdPh 44).[91] Sie seien so in ihre gesellschaftliche Lage verstrickt, »daß sie ihres göttlichen
Ursprungs und Ebenbildes nicht mehr eingedenk bleiben« und ihre geistige Fähigkeit
ungenutzt lassen (ÜdPh 43). »Die Lebensart der Frauen hat die Neigung, sie immer
enger und enger zu beschränken, und ihren Geist noch vor seinem seligen Ende in den
mütterlichen Schoß der Erde zu begraben.« (ÜdPh 44)[92] Der Mann erreiche die Religion
bzw. das Bewußtsein der Religion viel eher, weil ihm jeder angeblich männliche Beruf stets
zumindest »eine Art von Religion« bereite (ÜdPh 43/44). »Auch stehen die männlichen
Gewerbe der höhern Stände doch schon in etwas näherm Umgange mit Wissenschaften
und Künsten, und also mit den Göttern und der Unsterblichkeit, wie die Verwaltung des
Hauses.« (ÜdPh 44)

Zur Religion gelangten Frauen nur durch Philosophie, welche fast ausschließlich von Männern betrieben werde. Männern dagegen mangele Poesie,
welche Frauen eher eigne.[93]

2.1. Philosophie

Zur Philosophie bedürfe es vornehmlich des Verstandes. »Nach der Denkart
und Sprache gebildeter Menschen steht die Einbildungskraft dem Dichter,
Vernünftigkeit dem sittlichen Menschen am nächsten. Verstand aber ist das,

---

[89] Hier gilt Schlegel die Liebe als die Bedingung, unter welcher der Mensch zu der Menschheit gelangt, die er bereits im Studium-Aufsatz als sinnlich-geistige Harmonie beschreibt.

[90] S. auch ÜdPh 53. – Mit seinem Brief über die Philosophie schreibt Schlegel ein ein-
deutiges Bekenntnis zur Frauenemanzipation, die er mit der Gleichheit des weiblichen und des
männlichen Geistes begründet; beide, Frau und Mann, seien fähig zur Philosophie. Denn: »Der
Geist kennt kein Geschlecht [...]. [...] aus der Unbedingtheit des Geistes heraus bekommt die
Frau in der Romantik ihren neuen Anspruch.« (FRIEDRICH GUNDOLF, Romantiker, 80).

[91] Vgl. Dtn 6,5 und Mk 12,30parr.

[92] Zwar besäßen Frauen sehr wohl Anlage zur Religion oder auch sie selbst (ÜdPh 46/47).
Doch sei diese wohl meist nicht bewußt und werde darum nicht gelebt. Vgl. FRIEDRICH
SCHLEGEL über Dorothea, Brief an Novalis, 17. Dezember 1798, KA XXIV, 215: »Ihr ganzes
Wesen ist Religion obgleich sie nichts davon weiß.«

[93] S. ÜdPh 51 f.

worauf es eigentlich ankommt, wenn von dem Geiste eines Menschen die Rede ist«[94]; er sei »das Vermögen der *Gedanken*«. Seine Tätigkeit sei »Abstraktion«. Die »wahre *Abstraktion*« reinige die Vorstellungen »von ihrem irdischen Anteile«, erhebe sie und versetze sie unter die Götter. Das Ergebnis solcher Abstraktion sei der »Gedanke«. Einen Gedanken hält Schlegel für eine unabhängige, vollkommene und unendliche, weil abstrahierte und gereinigte »Vorstellung«; er sei »das Göttlichste, was es im menschlichen Geiste gibt« (ÜdPh 54).

Durch den Verstand sei der Mensch fähig, »alles was ihn umgibt und was er berührt« (gedanklich) zu bilden:

> »Seine Empfindungen werden ihm zu wirklichen Begebenheiten, und alles Äußerliche wird ihm unter der Hand zum Innerlichen. Auch die Widersprüche lösen sich in Harmonie auf; alles wird ihm bedeutend, er sieht alles recht und wahr, und die Natur, die Erde und das Leben stehen wieder in ihrer ursprünglichen Größe und Göttlichkeit freundlich vor ihm.« (ÜdPh 54)

Der Gedanke, in dem die harmonische und göttliche Einheit und Unendlichkeit alles Seins ihre Zusammenfassung findet, ist nach Schlegel »[d]er Gedanke des Universums und seiner Harmonie«. Diesen Gedanken, den er für das Ergebnis menschlicher Selbsttätigkeit hält, nennt Schlegel »Eins und Alles« (ÜdPh 49).

Zu diesem Gedanken gelange, wer »Sinn für das Höchste« und den »Geist des Universums«, den »Weltgeist« besitze.[95] Der »Weltgeist« ist nach Schlegel nicht der Geist, der in der Welt wirkt und ihre Geschichte vorantreibt.[96] Vielmehr ist er derjenige Geist, der dem Menschen eignet und bei philosophischer Verwendung zum Gedanken des harmonischen Universums führt, welcher wiederum alles Denken wahrhaft philosophisch sein läßt. »Geist ist alles, und [...] durch Ausbildung des Verstandes und der Gedanken und durch stete Beziehung auf das Unendliche können alle Studien und selbst die gewöhnlichste Lektüre philosophisch werden« (ÜdPh 59). Als philosophisch gilt Schlegel alle geistige Tätigkeit, die unter Bezugnahme auf das unendliche Universum geschieht, nach welchem ewig nur gestrebt und welches in alle Unendlichkeit nur ersehnt werden kann und ersehnt werden soll, weil es »Eins und Alles« ist. »*Das Wesen der Philosophie besteht in d[er] Sehnsucht nach d[em] Unendlichen und in d[er] Ausbildung d[es] Verstandes.*« (PhLj V 1168)

Wie die Interpretation zeigt, ist nach Schlegel der Gedanke des Universums und seiner Harmonie Ergebnis gedanklicher Abstraktion durch den Geist

---

[94] In ÜdPh ordnet Schlegel der Sittlichkeit die Vernunft zu; in SGP dagegen ist noch der Verstand zur Moralität bestimmt (s. o. II.1.).

[95] ÜdPh 59.50.54.

[96] Vgl. G.W.F. HEGEL, Vorlesungen über die Philosophie der Geschichte, 22: Die Weltgeschichte ist »der vernünftige, notwendige Gang des Weltgeistes gewesen«.

des Menschen. Diese wiederum – wie der folgende Abschnitt näher ausführt – erweist sich als bedingt durch die Liebe des Philosophierenden zu einem anderen menschlichen Wesen. Im Wechsel zwischen beidem, zwischen Universalität und Individualität, werde das geliebte Gegenüber immer »vollständiger« geliebt und die Harmonie der Welt (eben des unendlichen Universums) immer deutlicher gesehen.[97] Durch die Liebe werde »der Blick vom Auge unsers Geistes immer weiter, fester und klarer […] und unser inneres Ohr empfänglicher für die Musik aller Sphären der allgemeinen Bildung« (ÜdPh 48).

2.2. Liebe

Das Philosophieren als die aus dem Menschen herausgehende Bewegung des Geistes zum Gedanken des harmonischen Universums muß nach Schlegel – in Anlehnung an Fichte – mit einer Gegenbewegung, mit der Rückkehr zur Individualität, mit der Beschränkung auf das Einzelne verbunden sein. Diese nach Schlegel zur »sittlichen Gesundheit« notwendige Selbstbeschränkung, ist als die Liebe zu einem andersgeschlechtlichen Menschen beschrieben. Dabei zeichne sich die zwischenmenschliche Liebe gerade dadurch aus, daß sie im geliebten Gegenüber das Universum offenbar sein lasse; allerdings müsse die Liebesfähigkeit für das Universum im Menschen wenigstens schon angelegt sein;

»ich weiß nicht, ob ich das Universum von ganzer Seele anbeten könnte, wenn ich nie ein Weib geliebt hätte. Aber freilich das *Universum* ist und bleibt meine Losung. – Liebst Du wohl, wenn Du nicht die Welt in dem Geliebten findest? Um sie in ihm zu finden, und in ihn hineinlegen zu können, muß man sie schon besitzen, sie lieben, oder wenigstens Anlagen, Sinn und Liebesfähigkeit für sie haben.« (ÜdPh 48)

Der Wechsel zwischen Selbstschöpfung und -beschränkung erweist sich als ein Wechsel zwischen der Liebe zu einem menschlichen Gegenüber und der Liebe zum Gedanken des Universums und seiner Harmonie. Durch diesen Wechsel bzw. durch diese »Zweiseitigkeit«, die nach vorliegender Interpretation der Schlegelsche Begriff der Liebe in sich faßt, wird der Gedanke des harmonischen Universums immer mehr ausgebildet, die philosophierende Tätigkeit des Menschen also befördert und dadurch die Religion bestärkt.[98]

2.3. Religion

Als Religion gilt für Schlegel,

---

[97] S. ÜdPh 49.
[98] Vgl. PhLj IV 898: »Liebe ist durchaus Relig[ion].«

»wenn man göttlich denkt, und dichtet, und lebt, wenn man voll von Gott ist; wenn ein Hauch von Andacht und Begeisterung über unser ganzes Sein ausgegossen ist; wenn man nichts mehr um der Pflicht, sondern alles aus Liebe tut, bloß weil man es will, und wenn man es nur darum will, weil es Gott sagt, nämlich Gott in uns« (ÜdPh 48).

Ein jeder Gedanke sei »das Göttlichste, was es im menschlichen Geiste gibt«, und die Beschäftigung mit diesen »Göttern in uns« führe zu Menschheit und Tugend und Religion (ÜdPh 54). Der höchste Gedanke aber ist nach Schlegel der Gedanke des Universums und seiner Harmonie, dessen Offenbarung in der Liebe geschieht. Dieses höchste philosophische Produkt, das im Wechsel zwischen der Liebe zum Universum und der Liebe zu einem geliebten Individuum entsteht, ist nach Schlegel der »Gott in uns«.[99] In Beziehung zu diesem habe der Mensch Religion und dichte und denke göttlich. Religion und Philosophie bedingen und bestimmen sich also gegenseitig.[100] »Zu d[er] Offenb.[arung] des Univ[ersums] muß die gesamte φσ[Philosophie] durch Relig[ion] entbunden und die Relig[ion] durch φσ[Philosophie] gebildet werden. —« (PhLj IV 1153)

Die »göttliche« Tätigkeit des religiösen Menschen (des Liebhabers in zweierlei Richtung) richte sich insbesondere auf zwei Gebiete, auf Philosophie und Poesie, auf Denken und Dichten. In der durch die Religion entbundenen »freien Tätigkeit aller Kräfte«, sowohl der philosophischen als auch der poetischen, besteht nach Schlegel »das wahre Wesen des *menschlichen* Lebens« (ÜdPh 50). Denn Poesie und Philosophie seien »Geist und Seele der Menschheit«, wobei die Philosophie die geistige, die Poesie mehr die sinnliche Seite des Menschen betreffe und entsprechend die in geistiger Hinsicht geschwächten Frauen der Poesie verbundener seien (ÜdPh 51).[101] Für Frauen ist nach Schlegel die Religion Tugend, weil ihnen mit der Liebesbeziehung zum Universum geistige Förderung (göttliches Denken) und somit die vom Menschen verlangte sinnlich-geistige Ganzheit zuteil wird. Weil nach Schlegel die Religion aber eben nicht nur göttlich denken läßt, sondern auch poetische Tätigkeit ermöglicht und impliziert, muß mit ihr generell einem jeden Menschen die ihm eigene *Menschheit* gegeben sein.[102]

---

[99] Schlegel wollte gerade nicht »die Menschen vergötternde Religion der menschlichen Griechen [...] modernisieren«; so aber ERNST BEHLER, Einleitung, KA VIII, CIV. Denn »freilich das *Universum* ist und bleibt meine [d. h. Schlegels] Losung«, und der Gedanke desselben ist nach Schlegel mit dem »Gott in uns« gleichzusetzen (ÜdPh 48 f.).

[100] Vgl. A-I 81.

[101] S. auch ÜdPh 53.

[102] Sei den einzelnen Menschen ihre je eigene Menschheit gegeben, sei menschliche Gemeinschaft möglich. Vgl. dazu ÜdPh 55: »Wollen wir nur das Gesellschaft nennen, wenn mehrere Menschen beisammen sind: so weiß ich kaum, wo wir sie finden werden. Denn gewiß ist das gewöhnliche Beisammensein ein wahres Alleinsein, und alles andre pflegen die Menschen eher zu sein, nur keine Menschen.«

2.4. Mittelpunkt des Wechsels

Der göttliche Gedanke des Universums und seiner Harmonie soll in der Religion steter Bezugspunkt, nicht aber »der Mittelpunkt aller Geister« sein. »Töricht und beschränkt wäre es, zu wünschen, oder gar zu verlangen, dieser eine Gedanke sollte der Mittelpunkt aller Geister sein.« (ÜdPh 49) Die wahre Mitte des Menschen bzw. des menschlichen Geistes sei vielmehr die, »zu der man immer wieder *zurückkehrt* von den exzentrischen Bahnen der Begeisterung und der Energie« (ÜdPh 50). Die wahre Mitte sei die, welche »unerschütterliche Selbständigkeit« bedeute und verhindere, daß der selbstschöpferische Geist sich in die Welt zerstreut oder bei Selbstbeschränkung in sich »verlischt« (ÜdPh 56).

Schlegel gilt die *Religion*, die die *Menschheit* des Menschen bedeutet, weil sie seine geistige und seine mehr auf die Natur bezogene Tätigkeit miteinander verbindet, als unerschütterliche Mitte des Menschen. »Rel[igion] ist CtCt[Zentralzentrum], das ist klar. —« (PhLj IV 1435) Weil aber die Religion (Tugend) durch den (philosophischen) Wechsel zwischen der Liebe zum Universum und der Liebe zum geliebten Gegenüber, also durch die Liebe im vollen Schlegelschen Sinne bedingt ist, müssen es folgerichtig Tugend und Liebe sein, die den Mittelpunkt des Wechsels zwischen Individualität und Universalität ausmachen und unerschütterlichen Halt gewähren.

»Wie die Liebe entspringt die Tugend nur durch eine Schöpfung aus Nichts. Aber eben darum muß man auch den Augenblick ergreifen; was er gibt, für die Ewigkeit bilden, und Tugend und Liebe, wo sie erscheinen, in Kunst und Wissenschaft verwandeln. Das kann nicht geschehen, ohne das Leben mit der Poesie und der Philosophie in Verbindung zu setzen. Nur dadurch ist es möglich, dem Einzigen, was Wert hat, Sicherheit und Dauer zu geben, so weit es in unsrer Macht ist. Nur dadurch kann auch die Bildung der Poesie und Philosophie auf einem vollkommen festen Grunde ruhen und die verschiedenen Vorzüge beider vermählen.« (ÜdPh 56)

Die Selbständigkeit, durch die göttliches Dichten und Denken gewährleistet sein soll, hängt also selbst davon ab, daß durch Philosophie und Poesie die Tugend und auch die Liebe gebildet werden. Der Wechsel zwischen Poesie und Philosophie bedingt die Kräftigkeit und Stetigkeit des Mittelpunktes, der wiederum unerschütterliche Selbständigkeit im Wechsel zwischen Individualität und Universalität bedeutet und darum den Wechsel zwischen göttlichem Denken und Dichten aufrechterhält. Allemal aber begründet Schlegel den Beginn allen Wechsels eindeutig in den Augenblicksgeburten von Tugend und Liebe.

2.5. Poesie

Die Poesie hat nach Schlegel »weniger Religion« als die Philosophie, weil sie keine göttlichen Gedanken hervorbringe, diese aber in Worten oder Werken darstelle (ÜdPh 51).[103] Es sei »ihre liebenswürdige Bestimmung, den Geist mit der Natur zu befreunden und den Himmel selbst durch den Zauber ihrer geselligen Reize auf die Erde herabzulocken« (ÜdPh 51). Sie sei mehr der Sinnlichkeit verbunden und »der Erde gewogener« als die Philosophie (ÜdPh 53). Deshalb sei es unangemessen, die Poesie wie Philosophie zu behandeln und sich »nur an die göttlichen Gedanken« zu halten oder auch sie »bloß als schöne Umgebung und Ergänzung des Lebens« zu gebrauchen (ÜdPh 51). Poesie verbinde in sich vielmehr beides. Sie lasse die göttlichen Gedanken des Himmels, auf die sich ein Künstler beziehe, in einzelnen schönen Werken sinnlich faßbar sein. Es sei das Wesen der Poesie, »die Gedanken der Gottheit mit dem Griffel des bildenden Geistes in die Tafeln der Natur zu graben« (ÜdPh 42). Die Beziehung zum gedachten Universum, die der Liebe zu einem Menschen verbunden ist und die Menschheit des Menschen bedeutet, findet also in der je nach Künstler variierenden poetischen Darstellung ihren Ausdruck, und diese sei darum im vorzüglichsten Fall »eine würdige treffende Darstellung der schönsten Menschheit und Liebe« (ÜdPh 51). Dabei erfüllt der Bezug auf den »Gott in uns« Schlegels Anforderung, der Künstler, dessen »Cardinaltugend« Selbständigkeit sei, müsse »ein wahrer Sprecher Gottes« und die Schönheit das »Bild der Gottheit« sein.[104]

Nur von Poesie und Philosophie kann nach Schlegel gesagt werden, »daß alle Werke, die sie jemals hervorgebracht haben, Glieder einer Organisation sind« (ÜdPh 50). Denn Poesie und Philosophie sind eben vom »Weltgeist«, vom Geist fürs Universum, bestimmt, und alle einzelnen philosophischen und poetischen Produkte sind darum durch den ihnen allen *gemeinsamen* Bezug auf den Gedanken des Universums miteinander verbunden in einer *organischen Einheit* – wie die Werke der antiken griechischen Poesie.

Im Unterschied zu Schlegels Studium-Aufsatz ist in seinem Brief an Dorothea nicht die Anschauung der griechischen Poesie als Bedingung moderner organischer Poesie genannt, vielmehr die durch zwischenmenschliche Liebe bedingte religiöse Beziehung zum Universum. In seinem Gespräch über die Poesie verbindet Schlegel schließlich die Rückwendung zur griechischen Antike mit der Hinwendung zur Universumsreligion.[105]

---

[103] Der religiöse Mensch wird nach Schlegel poetisch tätig, weil ihm in seiner Beziehung auf das Universum ein je bestimmter Gegenstand »zu einer Welt wird, die er in Worten oder in Werken darstellen möchte« (ÜdPh 50).
[104] PhLj IV 72; FPL II 22; vgl. VIII 16; vgl. o. II.7.
[105] S. u. III.4.

2.6. Philosophie – Religion – Poesie

Philosophie, Religion und Poesie sind nach Schlegel aneinander gebunden. »Wer schon Rel[igion] hat, wird sie in π[Poesie] aussprechen, wer sie entdecken und bilden will, muß φσ[Philosophie] als Organ brauchen. –« (PhLj IV 1147)[106] »Wer Religion hat, wird Poesie reden. Aber um sie zu suchen und zu entdecken, ist Philosophie das Werkzeug.« (A-I 34).[107] Die Religion, die durch den Universumsgedanken und die Liebe zu einem Menschen begründet ist, steht nach Schlegel vermittelnd zwischen Philosophie und Poesie. Wie gezeigt, bewirkt sie das göttliche Dichten des göttlich Gedachten, weil sie göttliches Dichten und Denken in sich verbindet; aus diesem Grund trägt sie auch zu besserem Verstehen des Universums bei. Denn gerade durch die Verbundenheit von göttlichem Denken und Dichten wird wiederum die Tugend der Religion gebildet und gefestigt. »Poesie und Philosophie sind, je nachdem man es nimmt, verschiedne Sphären, verschiedne Formen, oder auch die Faktoren der Religion. Denn versucht es nur beide wirklich zu verbinden, und ihr werdet nichts anders erhalten als Religion.« (A-I 46)

Neben Poesie, Religion und Philosophie nennt Schlegel die *Moral* als wesentliches Element menschlichen Selbstbewußtseins.[108] Religion und Moral seien sich wie Poesie und Philosophie »symmetrisch entgegengesetzt« (A-I 67).[109] Religion ist nach Schlegel durch philosophische Abstraktion und poetischen Ausdruck bestimmt; umgekehrt macht erst sie vollendete Philosophie und Poesie möglich. Was die Moral anbelangt, äußert Schlegel: »Wie sollte die Moral bloß der Philosophie angehören, da der größte Teil der Poesie sich auf die Lebenskunst bezieht und auf die Kenntnis der Menschen! Ist sie also unabhängig von beiden und für sich bestehend? Oder ist es etwa mit ihr wie mit der Religion, daß sie gar nicht isoliert erscheinen soll?« (A-I 89) Die letzte Frage findet Antwort in A-I 62: »Man hat nur so viel Moral, als man Philosophie und Poesie hat.« Weil nach Schlegel sowohl die Religion als auch die Moral der Philosophie und der Poesie verbunden, diese beiden aber »unendlich« sind,[110] so sind nach Schlegel die Gottheit und das Gute ebenso wie die Wahrheit als das Ergebnis der Philosophie und die vollendete Schönheit der Poesie stets im Werden begriffen.

---

[106] Vgl. dazu A-I 48: »Wo die Philosophie aufhört, muß die Poesie anfangen.« Vgl. insbesondere SCHLEGELS Kölner Privatvorlesung »Über deutsche Sprache und Literatur« von 1807, 52 r, in: KARL KONRAD POLHEIM, Der Poesiebegriff der deutschen Romantik, 113: »Es ist aber vorher immer noch wieder in Erinnerung zu bringen, daß die Notwendigkeit der Poesie [sich] auf das Bedürfnis [gründet], welches aus der Unvollkommenheit der Philosophie hervorgeht, das Unendliche darzustellen. Dies ist die philosophische Begründung der Poesie«.
[107] Vgl. FPL VIII 16: »Die Poesie ist die Sprache der Religion und der Götter. Das ist die reellste Definition von ihr. –«
[108] Vgl. A-I 4. Vgl. auch EILERT HERMS, Herkunft, 244 ff.
[109] Vgl. VT 61 f.
[110] Vgl. dazu VT 92 f.: »*Alle Philosophie ist unendlich.*« Deshalb könne absolute Wahrheit »*nicht zugegeben werden*«. Dazu müßte nämlich die philosophierende Tätigkeit des Geistes ein Ende nehmen.

Philosophie und Poesie sind nach Schlegel eigentlich »ein unteilbares Ganzes, ewig verbunden, obgleich selten beisammen«. Verbunden seien sie in ihrer »Mitte«, »im Innersten und Allerheiligsten«, in der Religion (ÜdPh 52).[111] Doch eben nur selten seien sie beisammen; bei Frauen überwiege das Vorhandensein der Poesie, bei Männern dagegen werde vermehrt philosophische Tätigkeit gefunden. Entsprechend sollen Frauen Philosophie betreiben und dadurch zu der Erkenntnis des Unendlichen gelangen, die ihre »Menschwerdung« bedingt. Die Männer bedürfen der Poesie, weil ihnen ohne Poesie der Bezug zu einzelnen und besonderen sinnlichen Gegenständen und also ein »Gegengewicht« gegen bloße allgemeine Gedankenbildung und reines Universalitätsstreben fehlt.[112]

Die Untersuchung führt zu dem Ergebnis, daß der Wechsel zwischen Universalität und Individualität und der Wechsel zwischen Philosophie und Poesie nicht nur aneinander gebunden, sondern auch miteinander verbunden sind. Die Philosophie ist nach Schlegel vermehrt auf das Universelle, Allgemeine und Geistige, die Poesie mehr auf die Natur, das Einzelne und Individuelle ausgerichtet.[113] Doch findet nach Schlegel der Wechsel zwischen Individualität und Universalität sowohl auf dem Gebiet der Philosophie als auch im Bereich der Poesie statt; überhaupt muß stets der Wechsel zwischen der Liebe zu einem Individuum und der Liebe zum Universum bestehen. Eben dieses Wechseln nach »innen« und nach »außen« zum Universum ist nach Schlegel Religion und durch Religion gewährt.[114] In religiöser Wechselwirkung nämlich *abstrahiert* der philosophierende Geist von der Natur und bildet sie eigentlich erst, und zwar zum Gedanken des Universums und seiner Harmonie. In der Poesie soll der Künstler aus Liebe »den Geist mit der Natur […] befreunden«; so wird sein Werk durch das zu wahrer Kunst notwendige Verhältnis zwischen Allgemeinem und mannigfaltigem Einzelnem (Allheit) ausgezeichnet sein. Als poetisches Werk gilt folglich derjenige Gegenstand, der das Universelle, ja das allen gemeine Universum selbst, zum Ausdruck bringt, indem er eine Vielheit von sinnlich faßbaren Elementen in sich

---

[111] Vgl. Kurt Nowak, Schleiermacher und die Frühromantik, 138.
[112] S. ÜdPh 51.
[113] Vgl. dazu Eilert Herms, Herkunft, 170: »Während die Poesie die Gegebenheiten der komplexen individualen Wirklichkeit direkt erfaßt und wiedergibt, abstrahiert die Philosophie vom bloß Einzelnen und stellt das allgemeine Wesen der Dinge dar.« Vgl. auch a.a.O., 245. Es muß allerdings betont werden, daß nach Schlegel die Poesie nicht direkt von den Gegebenheiten der Wirklichkeit ausgeht, sondern vom »Geist«, der durch sie auf die Erde gelockt werde. Dabei gelangen Poesie und Philosophie zu ihren Produkten nur im Wechsel zwischen Einzelnem und Allgemeinem.
[114] S. A-I 31: Schlegel identifiziert die Religion als »zentripetale und zentrifugale Kraft im menschlichen Geiste, und was beide verbindet«. Durch die Verwendung der Begriffe zentripetal und zentrifugal macht Schlegel seine Auseinandersetzung mit Fichte deutlich. Nach Schlegel *muß die Religion den Wechsel begründen und zusammenhalten*; s. dazu o. I.1.

vereint, die allesamt durch philosophierende Tätigkeit gebildet und vom allumfassenden Gedanken des Universums bestimmt sind.

Die Ganzheit des Menschen hat nach Schlegels Brief über die Philosophie
ihren Grund in der Liebe zum Universum und vor allem in der Liebe
zwischen Frau und Mann, wobei Schlegel in seinem Brief an Dorothea
diese beiden Arten von Liebe für nahezu gleichursprünglich hält. Die vereinigende Liebe zwischen den Geschlechtern gewähre die Religion, den
verbindenden Wechsel zwischen Geist und Natur, dessen Möglichkeit in
der immer schon im Menschen angelegten Liebesfähigkeit gegenüber dem
Universum begründet liege und dessen Realisierung die Menschheit des
Menschen bedeute. Damit ist die These bestätigt, daß Menschheit und auch
Menschlichkeit »doch nur ein harmonisches Ganzes sein kann«, nämlich ein
harmonisches Ganzes von Mann und Frau, so wie es Aristophanes' Kugelmenschen versinnbildlichen (ÜdPh 45).[115] – Allerdings geht Aristophanes,
anders als Schlegel, davon aus, daß einige Kugelmenschen aus zwei Hälften
desselben Geschlechts bestanden haben.[116]

Ausführlicher als in seinem an Dorothea adressierten Brief beschreibt
Schlegel in seinem Roman »Lucinde« die Bedeutung zwischenmenschlicher
Liebe, die er selbst in der Beziehung zu seiner »Lucinde« Dorothea erfuhr.
In der *Lucinde* spielt die Liebes-Beziehung zwischen Frau und Mann die
grundlegende Rolle im Blick auf Menschheit und Universums-Religion.
Zudem thematisiert Schlegel in diesem Roman, der nach seiner Theorie vom
»romantischen Roman« komponiert ist,[117] anders als in seinem Brief, nicht
so sehr die Philosophie als vielmehr die Poesie.

3. Liebe und Poesie
(»Lucinde«)

3.1. Offenbarung des Universums

In der *Lucinde* beschreibt Schlegel die harmonische Einheit von Mann und
Frau auf Grund gegenseitiger Liebe als entscheidende Bedingung für das
Schaffen schöner Kunst.[118] So wie die weibliche Statue des Pygmalion aus

---

[115] Vgl. PLATON, Symp 189d 6ff. Vgl. auch einen ähnlichen Mythos von Adam und Eva,
geschildert von JAKOB BÖHME, s. dazu ERNST BENZ, Adam oder der Mythus vom Urmenschen,
51–77. Daß sich Schlegel auf diesen Mythos bezieht, ist sehr wahrscheinlich, s. ERNST BEHLER,
Friedrich Schlegels Theorie der Universalpoesie, 232f.
[116] PLATON, Symp 191e.
[117] Vgl. GP 335ff. und HANS EICHNER, Einleitung, KA V, XXXVff.
[118] Ebenso wie Schlegel an der harmonischen sinnlich-geistigen Einheit des einzelnen Menschen interessiert ist, vertritt er das Ideal einer Ehe, in der Mann und Frau als sinnlich-geistige
Wesen harmonisch vereint miteinander leben. Mit seinen Ansichten über das rechte Verhältnis

Liebe zum Leben kommt,[119] so wird auch nach Schlegel ein jedes Kunstwerk nur durch Liebe zur Vollendung gebildet.[120] Allerdings führe den Künstler nur die Liebe, welcher *Gegenliebe* erwidert wird, zu vollendeten schönen Werken, die mit Leben beseelt sind.[121] Denn nur in der Liebesbeziehung zwischen zwei Menschen werde einem jeden der beiden der Sinn fürs Universum geweckt. Sie fänden ineinander das Universum, nicht weil der Sinn für alles andere verloren sei.[122] Vielmehr sei ihnen »[d]er Sinn für die Welt […] erst recht aufgegangen«. Und so habe Lucinde in ihrer Liebe zu Julius durch diesen »die Unendlichkeit des menschlichen Geistes kennen gelernt«. Er habe durch sie »die Ehe[123] und das Leben begriffen, und die Herrlichkeit aller Dinge« (L 67).

Durch die Liebe wird nach Schlegel die Frau zur Philosophie, zu geistiger Tätigkeit geführt. Der Mann hingegen werde befähigt, das Leben und die Schönheit der Welt zu *verstehen*.[124] In der Liebe werde er durch die geliebte Frau zur »Wärme« gebildet; so werde ihm der Reiz der Natur und die poetische Seite des Lebens offenbar (L 22). »Nun versteht die Seele […] den heiligen Sinn des Lebens wie die schöne Sprache der Natur« (L 82).[125]

---

von Frau und Mann befindet er sich in vollkommenem Gegensatz zu ausschlaggebenden Auffassungen seiner Zeit. Wie die Philosophen des 18. Jahrhunderts die Sinnlichkeit überhaupt geringschätzten, ebenso mißachteten sie auch die Frau »als Geschlechtswesen.« ›D'Argensons brutales Wort, ›on n'aime plus par le coeur les femmes avec qui on couche‹ ist ein Schlagwort des achtzehnten Jahrhunderts, das in mannigfachen Variationen wiederkehrt.« (Hans Eichner, Einleitung, KA V, XXIV) Weil das männliche Geschlecht auf »Sinnenliebe« aber nicht verzichten wollte, gab es die Möglichkeit einer »Doppelehe«. Die Ehefrau befriedigte den sinnlichen Trieb; mit einer anderen Frau verband sich der Ehemann in »Seelenliebe«. Eine »Doppelehe« solcher Art beschreibt Jacobi in seinem »Woldemar«, den Schlegel 1797 rezensierte (Hans Eichner, Einleitung, KA V, XXVIIIf.). Schlegel verurteilt die hier verherrlichte Doppelehe, weil sie verlangt, daß die Frauen »einen Teil ihres Selbsts« vernichten (Jacobis Woldemar, KA II, 62). Gegen die »Doppelehe« seiner Zeit verkündigt er »geistige Wollust« und »sinnliche Seligkeit« als gleich notwendig (L 7). Entsprechend äußert sich Lucindes Liebhaber über sein Verhältnis zu Lucinde: »Durch alle Stufen der Menschheit gehst du mit mir von der ausgelassensten Sinnlichkeit bis zur geistigsten Geistigkeit« (L 11). Daß nach Schlegel auch die Frau zu ›männlicher Geistigkeit‹ fähig ist, zeigt das spielerische Vertauschen der Rollen von Mann und Frau, das die »schönste Situation« bewirkt und als »Allegorie auf die Vollendung des Männlichen und Weiblichen zur vollen ganzen Menschheit« gedeutet wird (L 12/13).

[119] In den Metamorphosen des Ovid erschafft der Bildhauer Pygmalion die Statue einer idealen Frau, in die er sich verliebt. Venus erhört sein Bitten und erweckt die Statue zum Leben und zur Liebe. Der Mythos schildert die Zusammengehörigkeit und die große Macht von Kunst und Liebe (Ovid, Metamorphosen, X 243–297).

[120] Die Liebe sondert das Chaos »und bildet die Welt« (L 61; vgl. FPL VII 241; SGP 224).

[121] S. L 60f.; vgl. FPL VII 201.

[122] Vgl. FPL VII 38.

[123] Zu Schlegels Eheverständnis s. o. Anm. 118 und vgl. A–F 34.

[124] Vgl. FPL VII 280.

[125] Vgl. dazu Julia Bobsin, Von der Werther-Krise zur Lucinde-Liebe, 180: »Wie seine real existierenden philosophierenden Zeitgenossen, so schreibt auch Julius […] dem Männlichen das Geistige zu, der Frau aber die Natur: Die Differenz der zwei Erkenntnisvermögen – ›Vernunft‹ und ›Gefühl‹ – wird auf die zwei Geschlechter projiziert, so kann die liebende Vereinigung von

Im Gegensatz zur Frau, die stets »die Liebe schon ganz in sich« habe, müsse der Mann drei Stufen der »Liebesbildung« erklimmen, um zum »Gipfel des Lebens«, zur vollendeten Menschheit zu gelangen. Dabei sei ihm die Geliebte Mittlerin zwischen dem »zerstückten Ich und der unteilbaren ewigen Menschheit« (L 21/22.71).[126]

In der Liebe zueinander wird nach Schlegel den Liebenden das Universum offenbar, und das bedeutet, daß sie zur Menschheit gebildet werden; die gegenseitige Liebe sei es, »die uns erst zu wahren vollständigen Menschen macht« (L 64). »Nur durch die Liebe und durch das Bewußtsein der Liebe wird der Mensch zum Menschen.« (A-I 83) Denn die mit der Offenbarung einhergehende Erweckung des Geistes und die Erwärmung der Sinnlichkeit (nicht die Erregung bloßer Fleischeslust) bereite dem einzelnen seine sinnlich-geistige Ganzheit, eben seine Menschheit bzw. Religion.[127] Mit der in Liebe begründeten eigenen Menschheit ist folgerichtig dem Einzelnen die »Mitte« (der »Mittelpunkt«) seines Lebens gegeben, die ihm unerschütterliche Selbständigkeit bedeutet und die ihn den Wechsel zwischen Selbstschöpfung und -vernichtung – zwischen der Liebe zum Universum und der Liebe zum geliebten Gegenüber – sowie zwischen Philosophie und Poesie vollziehen läßt, wovon die Vollendung seiner Kunst die Folge sei.[128]

Vor allem die Vollendung der Kunst eines männlichen Künstlers ist nach Schlegel durch die den Sinn fürs Universum eröffnende und die Menschheit vermittelnde Liebe begründet.[129] Den »höhern Kunstsinn der Wollust, durch den die männliche Kraft erst zur Schönheit gebildet wird, lehrt nur die Liebe allein den Jüngling« (L 21).[130] Nur auf Grund von Liebe finde der Jüngling das Universum, das »Wort« schlechthin, nach dem er sich immerfort sehne und das er auf poetische Weise zu einer schönen Darstellung gestalte.[131]

Die Werke des liebenden und religiösen Künstlers sind nach Schlegel jedoch nicht nur davon bestimmt, daß der Künstler sich nach dem unendlichen Universum sehnt. Denn »[d]ie Liebe ist nicht bloß das stille Verlangen nach dem Unendlichen« (L 60). Die Liebe lasse den Künstler auch die schöne

---

Mann und Frau ›Allegorie‹ sein für die Versöhnung des entfremdeten Menschen mit sich selbst«. Vgl. dazu o. III.2.6.

[126] Zur Kritik an Schlegels Frauenbild: Bärbel Becker-Cantarino, Priesterin und Lichtbringerin, 116 ff.121 f.

[127] In Schlegels Roman umarmen sich Julius und Lucinde »mit eben so viel Ausgelassenheit als Religion.« (L 8; vgl. FPL VII 222). – Über seinen gesamten Roman äußert Schlegel: »Luc.[inde] ein religiöses Buch.« (FPL VIII 78).

[128] S. L 57.

[129] S. L 64.57.

[130] »Die Liebe auch der Quell aller Poesie. –« (FPL VII 223); »Ursprung der π[Poesie] aus der Liebe« (FPL VII 282). Denn »nur in der Fülle d[er] Liebe fühlt man das Schöne« (PhLj V 104). – Es ist nach Schlegel die geliebte schöne Frau, die den Künstler vollendete Werke zeugen läßt; vgl. dagegen Platon, Symp 209b f. und vor allem Symp 209d f.: Diotima nennt leider nicht die »schöne Seele«, in der Homer oder Solon zeugen durften, um ihre Werke hervorzubringen.

[131] S. L 57.20; s. dazu u. III.3.3.

Gegenwart des Daseins genießen, und entsprechend eigne seinen Werken »ein tiefer Ausdruck von ruhigem heitern Dasein und von Genuß dieses Daseins« (L 56). »Es gibt eine reine Liebe, ein unteilbares und einfaches Gefühl ohne die leiseste Störung von unruhigem Streben.« (L 60) Dieses einfache Fühlen und Genießen in Liebe, der wahre Müßiggang, ermöglicht nach Schlegel erst vollendetes, göttliches Denken und Dichten. Und darum verkündet Schlegel »das hohe Evangelium der echten Lust und Liebe« (L 25):

»Nur mit Gelassenheit und Sanftmut, in der heiligen Stille der echten Passivität kann man sich an sein ganzes Ich erinnern, und die Welt und das Leben anschauen. Wie geschieht alles Denken und Dichten, als daß man sich der Einwirkung irgend eines Genius ganz überläßt und hingibt? Und doch ist das Sprechen und Bilden nur Nebensache in allen Künsten und Wissenschaften, das Wesentliche ist das Denken und Dichten, und das ist nur durch Passivität möglich. Freilich ist es eine absichtliche, willkürliche, einseitige, aber doch Passivität.« (L 27)

Wahrem Müßiggang und echter Passivität ist nach Schlegel das »unbedingte Streben und Fortschreiten ohne Stillstand und Mittelpunkt« entgegengesetzt (L 26). Das »leere unruhige Treiben« aus bloßem Nutzenkalkül sei eine »Unart«, welche »Antipathie gegen die Welt« sowie »Unmut über die allgemeine Häßlichkeit der Welt und des Lebens« verspüren lasse. Aber in der Liebe, die ganz der Gegenwart zugewendet sei, könne der Mensch das Schöne und Gute, das schon immer vorhanden und gegenwärtig sei, genießen.[132] Denn diese Liebe lasse es »in der heiligen Stille der echten Passivität« an »Sinn und Verstand« nicht fehlen (L 27). Und stehe der Sinn für die Welt dem Menschen offen und sei sein Verstand bereit, verstehe und denke dieser das Universum und die Herrlichkeit aller Dinge, die er dann auch dichterisch darzustellen vermöge.

Alles Denken und Dichten setzt nach Schlegel die »Einwirkung irgend eines Genius« voraus. Das menschliche Ich oder der menschliche Geist bzw. Verstand bringt nach Schlegels *Lucinde* – anders als in seinem Brief an Dorothea – bloß dann philosophische und poetische Produkte hervor, wenn er stets neu erregt und angeregt wird. Und wie die Interpretation zeigt, ist es nur und unbedingt die Liebe, die die göttliche Tätigkeit des menschlichen Geistes begründet. Das Ich oder der Geist des Menschen setzt sich nicht schlechthin selbst. Vielmehr ist der menschliche Geist »sein eigner Proteus, verwandelt sich und will nicht Rede stehn vor sich selbst, wenn er sich greifen möchte.[133] In jener tiefsten Mitte des Lebens treibt die schaffende Willkür ihr Zauberspiel. Da sind die Anfänge und Enden, wohin alle Fäden im Gewebe der geistigen Bildung sich verlieren. Nur was allmählig fortrückt in der Zeit und

---

[132] S. L 26.
[133] Als Proteus bezeichnet Schlegel den menschlichen Geist wohl in Anlehnung an HOMER, Odyssee, IV 349 ff. Denn in Homers Odyssee wird Proteus als ein Meeresgott geschildert, der sich, weil er Menelaos nicht Rede stehen will, in verschiedene Gestalten verwandelt.

sich ausbreitet im Raume, nur was geschieht ist Gegenstand der Geschichte. Das Geheimnis einer augenblicklichen Entstehung oder Verwandlung kann man nur erraten« (L 59).

Die Ursprungsweise geistiger Tätigkeit wie das Bewußtwerden des eigenen Ich sind nach Schlegel dem Menschen ein nicht greifbares Geheimnis. Der Ursprung selbst jedoch ist von Schlegel der Liebe zugeschrieben. Die Liebe muß es also sein, die den schlafenden Geist des Menschen weckt und den letztlich nicht zu erinnernden Beginn menschlichen Selbstbewußtseins begründet.[134] Wie die Liebe ursprünglich den Geist des Menschen erregt, so bewirkt sie auch immer wieder, daß der Mensch zu göttlichem Denken und Dichten gelangt, wenn er sich mit Sinn und Verstand »der heiligen Stille der echten Passivität« hingibt, wenn er die Wirkungen der Liebe zuläßt und genießt. Denn in der Idylle des Müßiggangs trifft ihn dann der »Kuß der liebenden Göttin«, und dieser wirkt auf ihn gleich einem Genius, der seinem Denken und Dichten erneuter Antrieb ist (L 59). Es ist die »Umarmung« mit Lucinde, die den »geheimnisvollen Augenblick«[135] bereitet, durch den alles Denken und Dichten erst zur Vollendung gelangt. Wie die Statue des Pygmalion durch Pygmalions Liebe zum Leben gebracht wird, so bringt der liebende und geliebte Künstler ein vollendetes Werk der Kunst hervor.

3.2. Denken des Universums

Wie die Untersuchung zeigt, verdankt sich nach Schlegel das Selbstbewußtsein, das Bewußtsein der je eigenen Einheit und Ganzheit nicht der Fichteschen Wechselwirkung zwischen Ich und Nicht-Ich. Vielmehr muß dem Ich ein *Du* entgegengesetzt sein, das die Liebe des Ich mit Gegenliebe beantwortet.[136] Der *liebende Anstoß eines Du* läßt das Ich »seine unendliche Einheit ganz fühlen« (L 61).

Schlegel legt entgegen der Philosophie Fichtes, so wie er sie versteht, ein *schlechthin unverfügbares Erschließungserlebnis* allem Denken und Dichten zugrunde, und in diesem Punkt stimmt er überein mit Schleiermacher, mit dem er vor dem Erscheinen seiner *Lucinde* die Wohnung teilte. Doch in den Reden Schleiermachers[137], die im selben Jahr wie die *Lucinde* veröffent-

---

[134] »Denn wie ich auch die Vergangenheit überdenke, und in mein Ich zu dringen strebe, um die Erinnerung in klarer Gegenwart anzuschauen […]: es bleibt immer etwas zurück, was sich nicht äußerlich darstellen läßt, weil es ganz innerlich ist.« (L 58/59).

[135] Vgl. L 8.26 zu »Umarmung«, 57.59 zum »geheimnisvollen Augenblick«; vgl. dazu FRIEDRICH SCHLEIERMACHER, R 74.

[136] Vgl. HANS EICHNER, Einleitung, KA V, XXXIV; vgl. dazu PAUL KLUCKHOHN, Die Auffassung der Liebe in der Literatur des 18. Jahrhunderts und in der deutschen Romantik, 330.

[137] An den Reden Schleiermachers übt Schlegel in Hinsicht auf das dargestellte Religionsverständnis deutlich negative Kritik: »Religion ist übrigens nicht viel darin«, und was an Religion vorhanden ist, gefällt Schlegel nicht. Das liege daran, daß »Schl. so umherschleicht wie ein Dachs

licht werden, sind es nicht »Sinn und Verstand«, die »in der heiligen Stille
der echten Passivität [...] die Welt und das Leben anschauen«. Vielmehr ist
nach Schleiermacher Anschauung »die unmittelbare Wahrnehmung, weiter
nichts«, und das menschliche Organ, durch welches sie *unmittelbar empfangen*
werde, sei einzig der *Sinn*, der religiöse Sinn; die Anschauung »zu verbinden
und in ein Ganzes zusammenzustellen, ist schon wieder nicht das Geschäft
des Sinnes, sondern des abstrakten Denkens. So die Religion; bei den unmittelbaren Erfahrungen vom Dasein und Handeln des Universums, bei den
einzelnen Anschauungen und Gefühlen bleibt sie stehen« (R 58).

Welche »Anschauungen des Universums ein Mensch sich zueignet, das
hängt ab von seinem Sinn fürs Universum, [...] ob er zu seiner Anschauung einen Gott hat, das hängt ab von der Richtung seiner Phantasie.« (R
128/129) Auf dieses Zitat aus Schleiermachers zweiter Rede bezieht sich
Schlegel, wenn er festhält: »Der Verstand, sagt der Verfasser der Reden über
die Religion, weiß nur vom Universum; die Fantasie herrsche, so habt ihr
einen Gott. Ganz recht, die Fantasie ist das Organ des Menschen für die
Gottheit.« (A-I 8) Der Vergleich der beiden Zitate macht deutlich, daß nach
Schlegel im Unterschied zu Schleiermacher Religion nicht in reiner Passivität
geschieht, nicht in bloßer Rezeption durch den religiösen Sinn erlebt wird,
sondern zur vollständigen Erkenntnis des Universums verständige, abstrahierende Selbsttätigkeit nötig ist.

Rein rezeptives, durch den religiösen Sinn, aber keineswegs durch den Verstand vollzogenes Anschauen des Universums entspricht nach Schleiermacher
dem Wesen der Religion. »Anschauen des Universums, ich bitte, befreundet
Euch mit diesem Begriff, er ist der Angel meiner ganzen Rede, er ist die
allgemeinste und höchste Formel der Religion« (R 55). Schleiermachers
Beschreibung der Religion steht damit im Gegensatz zu derjenigen Schlegels.
Denn nach Schlegel ist die Erkenntnis des Universums und jegliche Ansicht des Unendlichen ein Produkt menschlicher Verstandestätigkeit, welches
durch Verwendung von Phantasie Gestalt erhalte. Und als Religion gilt für
ihn darum das in Liebe begründete *aktive* Wechseln zwischen Selbstschöpfung
und Selbstbeschränkung, oder auch das göttliche Denken und Dichten, das
die Betätigung des Verstandes und der Phantasie verlangt.[138]

Nach Schleiermacher bedeutet Religion in gewisser Weise eben den
»Genuß des Daseins«, der nach Schlegel neben der Sehnsucht nach dem
Unendlichen das Wesen der Liebe ausmacht.[139] Doch läßt Schlegel auch

---

um an allen Subjekten das Universum zu riechen« (FRIEDRICH SCHLEGEL, Brief an Caroline
Schlegel, 19. Februar 1799, KA XXIV 230.231).

[138] Vgl. BERNHARD RANK, Romantische Poesie als religiöse Kunst, 43: »An die Stelle von
Anschauung und Gefühl [bei Schleiermacher] treten [bei Schlegel] philosophische Spekulation
und künstlerisches Handeln.«

[139] Vgl. R 69. Auch nach SCHLEIERMACHER, dessen Reden schon einige Monate *vor* der
Lucinde erscheinen, muß der Mensch, »um Religion zu haben, [...] erst die Menschheit gefunden

den Genuß des Daseins nicht frei sein von der Tätigkeit des Verstandes, der nämlich Welt und Leben anschaut und das Unendliche in einem Gedanken zu erfassen strebt. Der in der Liebe mögliche Genuß des Daseins bedeutet folglich keine reine Rezeptivität. Das Dasein und die Liebe selbst müssen nach Schlegel durch Philosophie und Poesie, durch Verstand und Phantasie gebildet werden; bei unmittelbarer Anschauung und bloßem Gefühl bleibt nach Schlegel die Religion nicht stehen.[140]

Wie die Untersuchung zeigt, unterscheidet sich Schlegels Religionsbegriff von demjenigen Schleiermachers nicht nur, weil dieser Religion als vollkommene Rezeptivität gegenüber dem Universum charakterisiert. Auch den Begriff des Universums fassen beide verschieden.[141] Nach Schleiermacher ist das Universum bzw. Gott der transzendente Schöpfer allen Seins und einer jeden menschlichen Existenz;[142] eine jede sei durch ihn begründet, weshalb sie zu ihm in einem schlechthinnigen Abhängigkeitsverhältnis stehe.[143] Schlegel hingegen hält an der Philosophie Fichtes fest, insofern er davon ausgeht, daß das Universum – wenn der Sinn dafür durch die Liebe geweckt ist – nur denkend bzw. reflektierend gesetzt werden kann. Nach Schlegel wird das Universum oder auch die Gottheit durch den schöpferischen Verstand des Menschen überhaupt erst erdacht und von seiner produktiven poetischen Phantasie gedichtet; »wer thätig ist, nimmt Theil an der Schöpfung. –« (PhLj IV 278)[144]
Auf Grund einer alles Denken und Dichten begründenden Liebeserfahrung ist nach Schlegel der Mensch zum wahren und vollständigen Menschen geworden, und als solcher wird er zum Schöpfer der Welt.[145] »Gott werden,

---

haben, und er findet sie nur in Liebe und durch Liebe« (R 89; vgl. 88.73 ff.). Doch bleibt nach Schleiermacher die Religion bei Anschauungen und Gefühlen eben stehen (R 58).

[140] Vgl. dazu Geschichte der europäischen Literatur (1803/04), KA XI, 65: Die Liebe »hat ihren hohen auszeichnenden Charakter von einer *Richtung zum Geistigen, Unendlichen und Göttlichen*. Eine solche Richtung könnte indessen nicht in der Liebe als einem bloßen Gefühl liegen, weil eine Beziehung auf das Übersinnliche, Unendliche, nicht ohne *Denken*, nicht ohne Teilnahme der Einbildungskraft, des Verstandes und der Phantasie als Vermögen, sich über das Endliche zu erheben, möglich ist. Und wirklich ist auch die Liebe nicht bloß ein Gefühl, sondern eine Verbindung des Gefühls überhaupt mit der Phantasie, ein phantastisches Gefühl oder gefühlte Phantasie.«

[141] Zum »verschiedenen Sprachgebrauch« Schlegels und Schleiermachers vgl. Friedrich Schlegel, Brief an Schleiermacher gegen Ende Juni oder Anfang Juli 1799, KA XXIV, 295.

[142] Schleiermachers Religionsverständnis gründet in der Einsicht in einen »nicht nur quantitativen, sondern qualitativen Unterschied des Universums gegenüber der Menschheit« (Eilert Herms, Herkunft, 263).

[143] Vgl. R 57: »Alle Begebenheiten in der Welt als Handlungen eines Gottes vorstellen, das ist Religion, es drückt ihre Beziehung auf ein unendliches Ganzes aus«.

[144] Vgl. VT 42. Schlegel geht sogar so weit, das Wesen der modernen Poesie als »*Schöpfung aus Nichts*« zu bezeichnen (PhLj IV 1471).

[145] S. VT 53.

Mensch sein, sich bilden, sind Ausdrücke, die einerlei bedeuten.« (A-F 262)
Weil der Mensch jedoch wegen der Unendlichkeit des Universums dieses in
seiner Harmonie in alle Unendlichkeit nicht vollständig verstehen, denken,
dichten und erschaffen kann, macht Schlegel die Ironie zur Pflicht. Als Pflicht
gilt sie, insofern sie folgerichtig als das unabdingbar notwendige Mittel, auf
das *ersehnte, aber unerreichbare Unendliche* hinzuweisen und die Sehnsucht
danach zu bestärken, interpretiert wird.[146] Denn die *Ironie als der poetische
Ausdruck des Liebeswechsels* zwischen Universalität und Individualität zeigt und
stärkt die durch diesen Wechsel bedingte (ganz philosophische) Sehnsucht
nach dem unendlichen Universum. Es ist dies allerdings keine Sehnsucht
nach einer jenseitigen Erlösung und Befriedigung, sondern eine Sehnsucht,
die im unendlichen Diesseits diejenige Erfüllung sucht, die der Redner über
die Religion im religiösen Augenblick als gegenwärtig beschreibt.[147]

3.3. Dichten des Universums

Der Liebeswechsel bedingt nach Schlegel nicht nur, wie in »Über die Philosophie« dargestellt, die philosophische Tätigkeit des Menschen, nämlich
indem er den Gedanken des harmonischen Universums immer deutlicher
werden läßt. Auch das göttliche Dichten muß durch ihn bestimmt sein, was
eben durch Ironie zum Ausdruck kommt.

»Vernichten und Schaffen, Eins und Alles« lautet nach Schlegel die Forderung, welche die Phantasie an den Künstler stelle (L 19).[148] Sie verlange
den Wechsel zwischen Einem und Allem, Selbstbeschränkung und Selbstschöpfung, den Wechsel zwischen »Trennungen« und »Vermählungen«.[149]

»Du mußt das unsterbliche Feuer [die Gottheit][150] nicht rein und roh mitteilen wollen […].
Bilde, erfinde, verwandle und erhalte die Welt und ihre ewigen Gestalten im steten Wechsel

---

[146] S. o. III.1.

[147] Vgl. R 133. Vgl. zu den vorangehenden Ausführungen EILERT HERMS, Herkunft, 262 ff.
Nach Schlegel hat der Mensch »[n]ur im unaufhörlichen Streben über die eigenen Grenzen
hinaus ins Unendliche […] teil am Unendlichen. Im ewigen Streben nach Verwirklichung der
Menschheit schafft er Gott, wird er Gott durch Bildung. Gemäß Schleiermachers kritischer
Fassung der Theorie des unmittelbaren Selbstbewußtseins ist jedoch das Absolute *unanschaulicher*
Grund der *Existenz* allen individualen Seins.« (a. a. O., 262) Schleiermachers Denken ist bestimmt
»von dem Bewußtsein der bereits gegenwärtigen vollkommenen Anteilhabe am Absoluten als
dem Grunde der eigenen Wirklichkeit. Schlegel kennt die unendliche Sehnsucht nach ewiger
Jugend, Schleiermacher lebt in deren Bewußtsein« (a. a. O., 263).

[148] Vgl. PhLj IV 11: »*Fantasie* besteht im ἕν καὶ πᾶν, im Schaffen und Vernichten. −«

[149] »Das Hypomochlion [der Dreh- und Angelpunkt] der π[Poesie] ist d[ie] *Fantasie*, d[as]
d[er] φσ[Philosophie] die *Reflexion.* Sie haben es also in sich selbst« (PhLj V 844). Wie zur Philosophie das Denken bzw. das Reflektieren, durch das ein Gedanke gebildet werde, gehöre,
bedürfe es der Fantasie, um Poesie entstehen zu lassen. »Die eigenthüml[iche] Form unsers
Denkens ist *Reflexion*; das Entgegengesetzte ist das objektive Denken − *produktive Fantasie.* Also
ist d[ie] Kunst nicht menschlich sondern göttlich.« (PhLj III 643).

[150] Vgl. L 23: »Ich verehre als vorzüglichstes Sinnbild der Gottheit das Feuer«.

neuer Trennungen und Vermählungen. Verhülle und binde den Geist im Buchstaben. Der echte Buchstabe ist allmächtig und der eigentliche Zauberstab. Er ist es, mit dem die unwiderstehliche Willkür der hohen Zauberin Fantasie das erhabene Chaos der vollen Natur berührt, und das unendliche Wort ans Licht ruft, welches ein Ebenbild und Spiegel des göttlichen Geistes ist, und welches die Sterblichen Universum nennen.«< (L 20)[151]

Nach Schlegel bewirkt die Phantasie, daß der Geist und sein Gedanke des Universums in Buchstaben gebunden auf besondere, poetische Weise sich sinnlich zeigen. In eine Kunstform und -sprache gefaßt, die sich vernichtendem und schaffendem Umgang mit der Welt verdankt, wird nach Schlegel durch die Phantasie aus dem »Chaos der vollen Natur« das »unendliche Wort«, der göttliche Gedanke des unendlichen Universums selbst ans Licht gerufen und auf die Erde herabgelockt.[152] Auf Grund von Liebe kommt also durch phantasievolle Tätigkeit das Wort zum Ausdruck, welches das unerreichbare Universum bedeutet; dies kann nach Schlegel nur auf ironische Weise geschehen. Weil nach Schlegel die poetische Darstellung in Liebe begründet und darum von der Sehnsucht nach dem Unendlichen bestimmt ist, das ersehnte Universum selbst aber bloß in einem »Stückwerk« zur Erscheinung bzw. zum Vorschein gebracht wird, muß sie stets ironisch sein. So kann davon ausgegangen werden, daß bei Schlegel, auch wenn er wie im »Gespräch über die Poesie« den Begriff der Ironie sparsam verwendet, doch immer dann von Ironie die Rede ist, wenn wahre Kunst als durch Liebe bestimmt, als *romantisch*, beschrieben wird.

4. Romantische Universalpoesie
(»Gespräch über die Poesie«)

4.1. Kunstgeschichte

Auch im *Gespräch über die Poesie* stellt Schlegel dar, daß vollendete Kunst nur diejenige ist, die durch Liebe angestoßen wurde. Zudem führt er aus, daß die durch zwischenmenschliche Liebe erweckte Beziehung zum Universum bzw. zum Allgemeinen ein jedes Werk der Kunst bestimmen müsse, damit dieses zu einer organischen Einheit aller Werke zusammenstimme. Es ist nicht mehr wie im Studium-Aufsatz das göttliche Gute, in Beziehung auf welches objektive Werke der Kunst hervorgebracht werden. Es sind die Universums-

---

[151] Vgl. A–I 61: »Man redet schon lange von einer Allmacht des Buchstabens, ohne recht zu wissen was man sagt. Es ist Zeit daß es Ernst damit werde, daß der Geist erwache und den verlornen Zauberstab wieder ergreife.« Vgl. PhLj I 15: »*Apologie d[es] Buchstabens*, d.[er] als einziges ächtes *Vehikel d[er] Mittheilung sehr ehrwürdig ist.* –« – »Buchstabe ist fixirter Geist.« (PhLj IV 1229).
[152] S. ÜdPh 51.

Religion des Künstlers und seine Liebe zu einer Frau, die ihn aus Chaos Schönheit schaffen lassen.

Doch wie im Studium-Aufsatz weist Schlegel auch im Gespräch auf die Vorbildfunktion der antiken Poesie, die ein organisches Ganzes sei, weil sie sich an eine allgemeine Mythologie gehalten habe. In der Moderne sei eine neue »Mythologie« notwendig geworden, durch welche alle romantische Poesie bestimmt sein soll.

Das *Gespräch über die Poesie* symbolisiert selbst das geforderte organische Ganze, es ist eine Zusammenstellung von einzelnen Stücken, von einzelnen Ansichten, aus denen Schlegels »Poesiekonzept« zusammengesetzt ist; durch verschiedene Gesprächsbeiträge (durch »vollendete Gesprächsfragmente«) läßt Schlegel zum Ausdruck bringen, wodurch die *romantische Universalpoesie* ein Ganzes werde.[153]

In chronologischer Folge beginnt Schlegel sein Gespräch mit der frühesten, antiken Poesie, um schließlich die romantische Poesie als den Zielpunkt der gesamten poetischen Entwicklung zu zeigen. Im Blick auf Goethes um 1800 vorliegendes universales Lebenswerk erkennt der vierte Redner bzw. Schlegel[154] die Rückbeziehung auf die gesamte Poesie und zugleich deren romantische Fortentwicklung als im Schaffen eines Künstlers vollzogen.[155] Goethe habe sogar die »höchste Aufgabe aller Dichtkunst« erfüllt, weil er zur »Harmonie des Klassischen und des Romantischen«, zur Vereinigung des »Antiken« und »Modernen« gelangt sei (GP 346). Deshalb solle er jedem späteren Künstler als Vorbild gelten.[156]

Der Wandel von Goethes früheren zu seinen späteren Werken habe Ähnlichkeit »mit dem Stufengang der durch Umbildungen und Verwandlungen fortschreitenden Entwicklung, welchen wir in der Geschichte der alten Kunst und Poesie wahrnehmen«, und der in der ersten Rede dargestellt ist (GP 341).[157] Goethe habe sich schließlich »zu einer Höhe der Kunst heraufgear-

---

[153] Vgl. GP 286.

[154] Alle vier Redner tragen »Ansichten des Verfassers« vor (HANS EICHNER, Einleitung, KA II, LXXXVIII).

[155] Doch Schlegel hat die vierte Rede, die Goethe gewidmet ist, nicht als Zusammenfassung verfaßt. Vielmehr ist sie die Grundlage der drei anderen, die in gewisser Weise einzelne Aspekte der Rede über Goethes verschiedenen Stil entfalten. Vgl. FRIEDRICH SCHLEGEL, Brief an Caroline Schlegel, Mai 1799, KA XXIV, 287: »Kürzlich habe ich in einer hiesigen Gesellschaft eine Vorlesung gehalten über den *verschiedenen Styl in Goethe's frühern und spätern Werken.* [...] Ich habe daran wenigstens einen Leitfaden, und wenn ich alle einzelnen guten Gedanken [...] ausziehe und daran feile, wird es wohl so werden, wie es soll um das Ueber M.[eister] auf eine indirecte Art fortzusetzen, wie ichs für besser halte als auf directe.« Statt der zu dieser Zeit noch intendierten Fortsetzung seines »Meisters« schrieb Schlegel das *Gespräch über die Poesie* (s. HANS EICHNER, Einleitung, KA II, LXXXVIII).

[156] S. GP 347.348.350; s. dazu u. III.4.4.

[157] Vgl. dazu die erste Rede, GP 302: »Goethes Universalität gab einen milden Widerschein von der Poesie fast aller Nationen und Zeitalter«.

beitet, welche zum erstenmal die ganze Poesie der Alten und der Modernen umfaßt, und den Keim eines ewigen Fortschreitens enthält« (GP 347). Der poetische Prozeß des Poeten Goethe beruht nach Schlegel auf einer Zunahme an Objektivität, an Allgemeingültigkeit.

Nicht nur innerhalb des Gesprächs bildet Schlegel eine inclusio, nämlich indem er in der vierten Rede Goethes poetische Entwicklung mit der gesamten Geschichte der Poesie, die vornehmlich in der ersten Rede dargestellt ist, vergleicht. Mit seiner Bezugnahme auf die antike Poesie spannt Schlegel auch einen Bogen zu seinem ersten großen Werk über die Poesie, dem Studium-Aufsatz.[158] Den vierten Redner läßt er insbesondere die Entwicklung von Goethes Gedichten, die er für »ein Ganzes« hält, sogar so beschreiben, wie er selbst im letzten Abschnitt des Studium-Aufsatzes den Entwicklungsgang der modernen Poesie als einen Prozeß der Zunahme an Objektivität skizziert.[159]

Die höchste und objektivste Stufe seiner poetischen Entwicklung habe Goethe dadurch erreicht, daß er »nach Ideen« gedichtet und »wahre Nachbildungen« hervorgebracht habe.

»Dies ist der Charakter der wahren Nachbildung, ohne die ein Werk kaum ein Kunstwerk sein kann! Das Vorbild ist dem Künstler nur Reiz und Mittel, den Gedanken von dem was er bilden will, individueller zu gestalten. So wie Goethe dichtet, das heißt nach Ideen dichten; in demselben Sinne, wie Plato fodert, daß man nach Ideen leben soll.« (GP 344)

4.2. »Poesie der Poesie«

Im »Gespräch über die Poesie« thematisiert Schlegel im Unterschied zur *Lucinde* und zu seinem Brief an Dorothea nicht so sehr den Einheit stiftenden Mittelpunkt des einzelnen Menschen, vielmehr den *Mittelpunkt der modernen Poesie*, der sämtliche poetische Werke in organischer Schönheit vereine, indem er sie allgemeingültig (objektiv) sein lasse. Zwar hätten sich bisher einzelne moderne Dichter als »Sprecher Gottes«[160] erwiesen. Viele hätten aus ihrem Inneren herausgearbeitet und dies »herrlich getan, aber bis jetzt nur jeder allein« (GP 312). Die moderne Poesie sei darum ohne eigentlichen Zusammenhang. Die einzelnen Künstler brächten nur einzelne durch ihr eigenes Wesen beschränkte Produkte hervor, statt in Gemeinschaft miteinander an einem universalen organischen Ganzen von höchster Schönheit zu wirken. Zwar trage ein jeder Mensch »seine eigne Poesie in sich«, und diese solle und müsse ihm unbedingt belassen bleiben (GP 284).[161] Doch soll nach Schlegel der Künstler zur Realisation der *romantischen Universalpoesie* einen Beitrag leisten. Dazu erweist es sich als grundsätzlich notwendig, daß

---

[158] Auf diesen Bogen weist Schlegel besonders deutlich, indem er die jeweils zweite Auflage der beiden Werke in einem Band herausgibt (vgl. dazu KA I, 573).
[159] S. GP 345 vgl. SGP 355.
[160] S. o. II.7.
[161] Die Vernunft der Menschen sei hingegen »nur eine und in allen dieselbe« (GP 284).

er zur *Menschheit* gebildet wird (a), daß er die Kunst in ihrer *geschichtlichen Entwicklung* kennenlernt, damit seine Poesie sich auf die Dichtungen anderer Künstler beziehen kann (b), und daß ein *neuer Mittelpunkt*, durch den alle moderne Kunst bestimmt sein soll, gefunden wird (c). Vor allem aber muß, wie gezeigt, alle Poesie ihren Grund und Ursprung in der *Liebe* haben und diese Liebe durch *Phantasie* zum Ausdruck kommen.[162]

(a) In kommunikativer Wechselbewegung (im Gespräch) und vor allem in Liebe und durch Gegenliebe kann und soll nach Schlegel der einzelne Mensch zur Menschheit gebildet werden.[163] Das bedeutet, er soll seine geistig-sinnliche Ganzheit erlangen, die ihm ermöglicht, das zu erkennen und zu dichten, was ihn umgibt und was andere Gattungswesen bereits gedacht und gedichtet haben. Dann nämlich gelinge es ihm, seine eigene nur beschränkte *Poesie* sowie seine beschränkte *Ansicht der Poesie* »ewig zu erweitern« und somit zur Progression der unendlichen Universalpoesie bei-zutragen (GP 286).

»Die Ansicht eines jeden von ihr [der Poesie] ist wahr und gut, insofern sie selbst Poesie ist. Da nun aber seine Poesie, eben weil es die seine ist, beschränkt sein muß, so kann auch seine Ansicht der Poesie nicht anders als beschränkt sein. Dieses kann der Geist nicht ertragen, ohne Zweifel weil er, ohne es zu wissen, es dennoch weiß, daß kein Mensch schlechthin nur ein Mensch ist, sondern zugleich auch die ganze Menschheit wirklich und in Wahrheit sein kann und soll. Darum geht der Mensch, sicher sich selbst immer wieder zu finden, immer von neuem aus sich heraus, um die Ergänzung seines innersten Wesens in der Tiefe eines fremden zu suchen und zu finden. Das Spiel der Mitteilung und der Annäherung ist das Geschäft und die Kraft des Lebens« (GP 285/286).

Mitteilung und Annäherung gehen also der poetischen Tätigkeit eines Menschen voraus. Denn erst wenn er durch kommunikative Wechselbewegung zur Menschheit gebildet ist und so die Schönheit der Erde sowie die Poesie anderer Künstler versteht, vermag er, seine eigene Poesie zu erweitern. Nach Schlegel erweitert er seine Poesie dadurch, »daß er seinen Teil an das große Ganze auf die bestimmteste Weise anzuschließen strebt«, ohne daß dabei seine Poesie durch »tötende Verallgemeinerung« ihren eigentümlichen Charakter verliert (GP 286).

Die Mitteilung und das Gespräch über Poesie bewirken nach Schlegel, daß die Poesie, die in jedem Menschen eine andere, ihm je eigentümliche ist und bleiben soll, *Anschluß* findet *an bereits gebildete poetische Werke*, so daß sich ein unendliches organisches Ganzes von Poesie ergibt.[164] Dabei soll jedes Gespräch über die Poesie selbst schon poetisch sein, denn es »läßt sich auch eigentlich nicht reden von der Poesie als nur in Poesie« (GP 285). – Nicht so

---

[162] S. GP 284 ff.
[163] Vgl. ÜdPh 44/45; s. o. III.2.
[164] S. GP 284 ff.

sehr das Gespräch an sich, sondern seine poetische Verfaßtheit ist für Schlegel von entscheidender Bedeutung. Denn nur als wahrhaft poetisches Produkt bringt das Gespräch vollkommen zum Ausdruck, was Poesie tatsächlich bedeutet und verlangt; es trägt nämlich selbst bei zur höchsten Poesie, es erweitert das organische Ganze.[165]

(b) Das Wissen von der *Geschichte der schon gebildeten Poesie* und die Bezugnahme auf ihre frühesten, unter anderem griechischen Quellen, ist nach Schlegel für die gesamte Kunstentwicklung von grundlegender Relevanz.[166] Nach Schlegel sind das Verständnis und die Produktion von Poesie an die Kenntnis des geschichtlich Gegebenen gebunden, denn es sei »aller Kunst wesentlich eigen, sich an das Gebildete anzuschließen« (GP 290). Wenn sich die jeweilige Nachwelt auf die »Mittelpunkte«, die in der Geschichte der Poesie immer wieder neu entstanden seien, bezogen habe, so seien aus dem vorliegenden Chaos des jeweiligen Zeitalters schöne Werke hervorgegangen.

Was die griechische Poesie anbelangt, nennt Schlegel Homers Ilias und Odyssee als die beiden Werke, die die beiden Mittelpunkte der Antike in sich faßten und an denen die Nachwelt Orientierung gefunden habe.[167] »In dem Gewächs des Homerischen sehen wir gleichsam das Entstehen aller Poesie [...]. Dieses reizend gebildete Chaos ist der Keim, aus welchem die Welt der alten Poesie sich organisierte.« (GP 291)

Ein zweites »fruchtbares Chaos« sei »das wahre Mittelalter« (GP 296). Hier habe sich Dante »Religion und Poesie verbindend« als »der heilige Stifter und Vater der modernen Poesie« erwiesen. Ein neuer Mittelpunkt sei durch ihn geworden, den er in »Einem ungeheuren Gedicht« ausgedrückt habe (GP 297).

Eine dritte Stufe in der Geschichte der Kunst sei erklommen worden, als sich die noch »roh gebliebene Philosophie zur Kunst« gebildet habe (GP 302).

Im Gegensatz zur Antike sei die Gegenwart bestimmt von stetem Wechsel zwischen Poesie und Philosophie. »Philosophie und Poesie, die höchsten Kräfte des Menschen, die selbst zu Athen jede für sich in der höchsten Blüte doch nur einzeln wirkten, greifen nun ineinander, um sich in ewiger Wechselwirkung gegenseitig zu beleben und zu bilden.« Die Wechselwirkung mit der Philosophie eröffne »neue Aussichten in die Kenntnis des Altertums« und lasse die Poesie »eine gründliche Wissenschaft wahrer Gelehrten und eine tüchtige Kunst erfindsamer Dichter sein und bleiben« (GP 303). Denn die Philosophie trage nicht nur bei, daß die Mittelpunkte der Antike erkannt

---

[165] Das »*Gespräch* über die Poesie«, das Schlegel verfaßt hat, soll selbst ein Kunstwerk sein. Zum Begriff des Gesprächs vgl. CARL SCHMITT, Politische Romantik, 121.

[166] Vgl. FPL I 8.20.

[167] Vgl. GP 291: »Hier ein großes gemeinsames Unternehmen, ein Gedränge von Kraft und Zwiespalt, der Ruhm des Tapfersten [s. Ilias]; dort die Fülle des Sinnlichen, Neuen, Fremden, Reizenden, das Glück einer Familie, ein Bild der gewandtesten Klugheit, wie ihr endlich die erschwerte Heimkehr dennoch gelingt [s. Odyssee].«

würden,[168] sondern auch, daß ein neuer Mittelpunkt, nämlich eine neue Mythologie gebildet werde.

(c) Weil sie durch ihre *Mythologie* die Vielheit individueller Werke in einer Einheit vereine, sei die antike Poesie »ein einziges, unteilbares, vollendetes Gedicht«, ein organisches Ganzes, eine harmonische Organisation; »alles greift in einander, und überall ist ein und derselbe Geist nur anders ausgedrückt« (GP 313).[169] Der gegenwärtigen, modernen Poesie fehle es noch »an einem Mittelpunkt, wie es die Mythologie für die der Alten war, und alles Wesentliche, worin die moderne Dichtkunst der antiken nachsteht, läßt sich in die Worte zusammenfassen: Wir haben keine Mythologie.« (GP 312)[170]

Zum einen sei es darum nötig, die alten Mythologien wieder zu erwecken, nämlich um sich bei der Bildung der unbedingt erforderlichen neuen Mythologie an ihnen orientieren zu können.[171] Zum anderen müsse die neue Mythologie im Gegensatz zur antiken auf ganz und gar nicht natürliche, sondern künstliche Weise gebildet werden.

»Die neue Mythologie muß [...] aus der tiefsten Tiefe des Geistes herausgebildet werden; es muß das künstlichste aller Kunstwerke sein, denn es soll alle andern umfassen, ein neues Bette und Gefäß für den alten ewigen Urquell der Poesie und selbst das unendliche Gedicht, welches die Keime aller andern Gedichte verhüllt.« (GP 312)

Die neue Mythologie ist nach Schlegel vornehmlich ein Produkt der Poesie und Phantasie, »das unendliche Gedicht«. Es ist jedoch, wie die Untersuchung im folgenden zeigt, ebenfalls der Verstand bzw. die philosophische Tätigkeit des menschlichen Geistes von grundlegender Bedeutung für die Bildung der neuen Mythologie. Daß es tatsächlich eine Philosophie gibt, die den Grund zu einer neuen Mythologie bereitet, findet nach Schlegel seine Bestätigung im gegenwärtigen »Idealismus«[172], der »gleichsam wie aus Nichts entstanden« sei (GP 313/314). Als idealistisch bezeichnet Schlegel die ewige Wechselwirkung des menschlichen Geistes, die darin bestehe, daß dieser fortwährend, um sich selbst zu bestimmen, aus sich herausgehe und

---

[168] Vgl. SGP 358.

[169] Vgl. A-I 95: »Alle klassischen Gedichte der Alten hängen zusammen, unzertrennlich, bilden ein organisches Ganzes, sind richtig angesehen nur Ein Gedicht, das einzige in welchem die Dichtkunst selbst vollkommen erscheint. Auf eine ähnliche Weise sollen in der vollkommnen Literatur alle Bücher nur Ein Buch sein, und in einem solchen ewig werdenden Buche wird das Evangelium der Menschheit und der Bildung offenbart werden.« – Vgl. auch SGP 277: Der »Griechische Mythus« sei »die bestimmteste und zarteste Bildersprache für alle ewigen Wünsche des menschlichen Gemüts«.

[170] Vgl. A-I 85: »Der Kern, das Zentrum der Poesie ist in der Mythologie zu finden«.

[171] S. GP 319.

[172] Der Idealismus sei »in praktischer Ansicht nichts anders als der Geist jener Revolution«, nämlich der Revolution, die auch im Studium-Aufsatz erwartet wird (GP 314). Durch sie werde sich die moderne Poesie der höchsten Schönheit annähern.

wieder in sich zurückkehre.[173] So wie der einzelne Geist vermögend sei, den idealistischen Wechsel – gemäß der Philosophie Fichtes – zu vollziehen, so könne auch der Idealismus insgesamt, den steten Prozeß des Aus-sich-Herausgehens und In-sich-Zurückkehrens ausführen. Ergebnis davon sei nicht nur ein einzelner Gedanke, sondern ein neuer Realismus, der gleich dem Gedanken nur in der Poesie zum Ausdruck kommen könne. Es sei »zu erwarten, daß dieser neue Realismus, weil er doch idealischen Ursprungs sein, und gleichsam auf idealischem Grund und Boden schweben muß, als Poesie erscheinen wird, die ja auf der Harmonie des Ideellen und Reellen beruhen soll.« (GP 315) Wie im Brief über die Philosophie[174], so ist auch im *Gespräch über die Poesie* die Harmonie und »Freundschaft« zwischen Ideellem und Reellem, zwischen Gedachtem und Sinnlichem, zwischen Geist und Natur, der Poesie wesentlich.[175] Diese der Poesie eigentümliche Freundschaft zwischen Ideellem und Reellem ist nach Schlegel die Bedingung, unter welcher die philosophische Geistestätigkeit eines Menschen zu einem reellen (»irdischen«), poetischen Ergebnis geführt wird.

Der neue Realismus bzw. die neue Mythologie soll nach Schlegel in einer neuen allgemeinen geistigen Anschauung der Natur, die aus idealistischem Studium der Physik hervorgeht, begründet sein. Sie faßt folglich Ansichten über Natur und Welt bzw.[176] »Ideen über das Universum« in sich (GP 325). Die poetische Gestaltung dieser Ideen, aus der das mythologische Gedicht resultiert, muß nach Schlegel durch poetische Phantasie und aus Liebe vollzogen werden. Auf Grund von Liebe und der durch Liebe bestimmten Phantasie, welche beide in den Werken des Spinoza zu finden seien,[177] würden die Ideen über das Universum zu einer neuen Mythologie, zu einer *in Liebe begründeten symbolischen Naturansicht* ausgebildet, die allen Künstlern als Quelle ihrer jeweiligen Phantasiebildungen sowie als Vorbild und Bezugs-objekt ihrer poetischen Tätigkeit zur Verfügung stehen solle;[178]

»was ist jede schöne Mythologie anders als ein hieroglyphischer Ausdruck der umgebenden Natur in dieser Verklärung von Fantasie und Liebe? Einen großen Vorzug hat die Mythologie. Was sonst das Bewußtsein ewig flieht, ist hier dennoch sinnlich geistig zu

---

[173] S. GP 314. – »Die Methode des Idealismus ist ein *combinatorisches Experimentiren*, ihre Richtung ist entweder *centripetal* oder *centrifugal*« (VT 21).

[174] S. ÜdPh 51.

[175] Die Freundschaft zwischen Ideellem und Reellem muß sich der Liebesbeziehung des Künstlers verdanken, derentwegen sein eigener Geist und seine eigene Natur miteinander verbunden sind.

[176] Vgl. zu dieser Entsprechung GP (2. Aufl.), 325 Anm. 12.

[177] Im Werk des Spinoza »findet Ihr den Anfang und das Ende aller Fantasie«, und sein Werk atmet »in stiller Größe den Geist der ursprünglichen Liebe« (GP 317; vgl. A–I 137).

[178] Vgl. GP (2. Aufl.), 312 Anm. 10: Die neue Mythologie ist nach Schlegel eine »geltende symbolische Naturansicht, als Quelle der Fantasie«. Vgl. dazu PhLj V 452: »Meine Ideen über d[ie] Natur sind eben Mythologie«.

schauen, und festgehalten, wie die Seele in dem umgebenden Leibe, durch den sie in unser Auge schimmert, zu userm Ohre spricht.« (GP 318)

Schlegels Ausführungen zur Poesie sind – wie gezeigt – an Einsichten Fichtes und Spinozas orientiert. Fichtes »Philosophie der Reflexion« und Spinozas »Ansicht der Liebe« verbindet Schlegel zur geistigen und phantasiebestimmten Wechselwirkung auf Grund von Liebe, welche die Synthese von Idealismus und Realismus (Religion)[179] und also göttliches Dichten bedeutet.[180]

Die neue Mythologie oder das *Ergebnis der Wechselwirkung zwischen Philosophie und Poesie* beruht nach Schlegel auf der Harmonie des Ideellen und Reellen, weshalb sie folgerichtig *sinnlich geistig* in sich faßt und sehen läßt, was der Geist der Menschen auf philosophischem Wege an Ideen hervorgebracht hat; diese Ideen sind nach vorliegender Interpretation in der neuen Mythologie durch die Phantasie als das eigentliche poetische Vermögen symbolisiert. Als derart sinnlich verfaßtes Bewußtseinsprodukt soll nach Schlegel die Mythologie einem jeden Künstler zu göttlichem Dichten Vorbild sein. Er soll sich an die in ihr symbolisierten Ideen halten, dann nämlich schließt er seine eigentümliche Poesie an das große Ganze an.

Die neue Mythologie setzt (der noch evangelische) Schlegel gleich mit dem biblischen Text.[181] Der poetische Grundtext einer modernen und allgemein zugänglichen *Natur- bzw. Universumsreligion* könnte deshalb ebenso wie die Heilige Schrift als die Grundlage zu gemeinschaftlicher Kommunikation und gar als Mittel zur Vereinigung aller Menschen in einer unendlichen Gemeinschaft verstanden werden. Doch dies ist Schlegels vordringliches Anliegen nicht.[182] Vielmehr müßten alle Werke der Poesie ausschließlich »als Kunst um ihrer selbst willen geübt« werden und sich an den gemeinsamen Bezugs- und Mittelpunkt halten, zu dem der einzelne auf Grund kommunikativen Aus-

---

[179] Vgl. A–I 96: »Alle Philosophie ist Idealismus und es gibt keinen wahren Realismus als den der Poesie. Aber Poesie und Philosophie sind nur Extreme. Sagt man nun, einige sind schlechthin Idealisten, andre entschieden Realisten; so ist das eine sehr wahre Bemerkung. Anders ausgedrückt heißt es, es gibt noch keine durchaus gebildete[n] Menschen, es gibt noch keine Religion.«

[180] S. VT 29 ff. Vgl. Bernhard Rank, Romantische Poesie als religiöse Kunst, 40: »Schlegels philosophisches Denken richtet sich [...] auf eine Synthese von ›Idealismus‹ und ›Realismus‹, den beiden Extremen der Philosophie, die sich ihm in Fichte und Spinoza verkörpern.«

[181] »In der Welt der Sprache, oder welches ebenso viel heißt, in der Welt der Kunst und der Bildung, erscheint die Religion notwendig als Mythologie oder als Bibel.« (A–I 38).

[182] Gegen Claudia Brauers, Perspektiven des Unendlichen, 180: »Gerade die neue Mythologie wird als Medium gesellschaftlicher Mitteilung konzipiert [...]. [...] Gerade weil im uneingeschränkt ästhetisch geordneten Kosmos der Natur ›Alle Dinge reden‹ [L 82], scheint Schlegel schließlich die Fixierung einer mythologischen Kollektivsprache unumgänglich, die auch konventionelle Bezeichnungen, Unterscheidungen und damit soziale Verständigung ermöglicht.« Nach Schlegel soll die Poesie jedoch gerade in unendlichem Werden begriffen sein; sie soll nicht fixiert werden (s. u. III.4.3.). Und deshalb dient auch die Mythologie nicht eigentlich gesellschaftlicher Verständigung, sondern dazu, alle Poesie zu einem organischen Ganzen werden zu lassen.

tauschs gelangt, auf daß *ein organisches Ganzes von Poesie* erlangt werde (GP 304). Denn nur »eine *vollständige Schönheit*, die *ganz* und *beharrlich* wäre«, bereitete dem Menschen Genuß und »*Befriedigung*« (SGP 217). – »Warum nicht die ganze eine und unteilbare Poesie? – [...] wo doch nur das Ganze in ungeteilter Kraft wirken und befriedigen kann.« (GP 310)

Die Ideen[183] über Natur und Welt, die sich durch das Studium der Physik ergeben, sowie deren poetische Gestaltung zu einer neuen Mythologie, sind nach Schlegel dem Menschen möglich, »weil auch ein Teil des [Welt-] Dichters, ein Funke seines schaffenden Geistes in uns lebt«. Es ist nach Schlegel die menschliche Anteilhabe am *schaffenden* Geist Gottes, die den Menschen zur neuen Mythologie befähigt. Tatsächlich fähig zur selbsttätigen göttlich-geistigen Bildung der Welt ist nach vorliegender Untersuchung der Mensch erst, nachdem ihm durch die Liebe die Möglichkeit dazu eröffnet ist.[184] Daraufhin erkennt er durch eigenes göttliches Denken die gesamte Welt »in ihrer ursprünglichen Größe und Göttlichkeit«[185], und er versteht »das eine Gedicht der Gottheit, dessen Teil und Blüte auch wir sind«, in seiner Schönheit, weil er – wie im Brief über die Philosophie dargestellt – »alles was ihn umgibt und was er berührt«[186] *selbst gebildet* hat (GP 285). Nach Schlegel gilt dem Menschen nur dann die Welt als ursprünglich göttlich gedichtet, wenn er sie durch eigenes göttliches Denken, nämlich durch *vergöttlichende Denktätigkeit* selbst denkt und hervorbringt. – »Alles Denken ist ein Divinieren« (GP 322).

Durch poetische Phantasie, durch »schaffende Einbildungskraft«[187], wird nach Schlegel das Ergebnis divinierender Tätigkeit zu einem ›wirklichen‹ Gedicht gestaltet. Auf dem Gebiet der Poesie erhält also das ideelle Produkt, das Gedankenprodukt, Realität, und so wird dem Menschen die Welt zum *göttlichen Gedicht* und zum *Kunstwerk Gottes*.[188] Diese Interpretation findet sich bestätigt in der Annahme Schlegels, es gebe »keine andere Realität [...] als geistige [...]. Der Idealismus betrachtet die Natur wie ein Kunstwerk, wie

---

[183] »Ideen sind unendliche, selbständige, immer in sich bewegliche, göttliche Gedanken.« (A-I 10).

[184] Der Funke des menschlichen Geistes entzünde sich, wenn »der erwärmende Strahl der göttlichen Sonne« den Menschen treffe und befruchte (GP 285 vgl. 318). Unter »Sonne« muß hier wohl das liebende und geliebte Gegenüber bzw. die Liebe einer Frau, die den Sinn fürs Universum aufgehen läßt und den Mann zur Wärme bildet, verstanden werden (L 22 vgl. 59). Vgl. PhLj III 710: »Gehn nicht Frauen noch über den Sonnencharakter heraus? Lichtgestalten? –« Vgl. dazu den Namen »Lucinde«, der Lichtbringerin bedeutet.

[185] ÜdPh 54; s. o. III.2.1.

[186] Ebd.

[187] PhLj III 429.

[188] Vgl. A-F 168: »Und welche Philosophie bleibt dem Dichter übrig? Die schaffende, die von der Freiheit, und dem Glauben an sie ausgeht, und dann zeigt wie der menschliche Geist sein Gesetz allem aufprägt, und wie die Welt sein Kunstwerk ist.«

ein Gedicht. Der Mensch dichtet gleichsam die Welt, nur weiß er es nicht
gleich.« (VT 105)

Die Gottheit beschreibt Schlegel als eine unendliche Substanz, die in den durch sie hervorgebrachten Individua (den Menschen und der gesamten Natur) endlich geworden ist
und sich zeigt. Jedes Individuum sei »*Bild*«, »*Darstellung*« oder auch »*Allegorie* (εἰϰών)« »der
einen unendlichen Substanz«. »Man könnte dies auch ausdrücken: Gott hat die Welt hervorgebracht, um sich selbst darzustellen.« (VT 39) Entsprechend äußert Schlegel: »Gott
ist die Schöpfung selbst«, und die Natur ist »*die werdende Gottheit*« (PhLj IV 556; VT 79).
Diese Aussagen Schlegels werden vornehmlich als pantheistische Äußerungen gelesen.[189]
Doch ist es nach Schlegel der menschliche Geist, der, weil er am göttlichen Geist Anteil
hat, sich das Universum erdenkt und erdichtet, und es lautet eben darum die »π[poetische]
Ansicht d[er] Gottheit [...:] werdende Gottheit« (PhLj V 237). Weil sich die Reflexionen
des menschlichen Geistes, der in den einzelnen menschlichen Wesen immer wieder re-
produziert wird, ins Unendliche fortsetzen, realisiert sich dementsprechend die Gottheit
bzw. das Universum nur im Werden; *dem menschlichen Geist* zeigt sich deshalb die Gottheit
nur im Werden.

Das durch den Menschen selbst gedichtete mythologische Gedicht der Gottheit, das poetische ›Kunstwerk Welt‹ muß gerade auch die erste, ursprüngliche Poesie beinhalten, »die sich in der Pflanze regt, im Lichte strahlt, im
Kinde lächelt, in der Blüte der Jugend schimmert, in der liebenden Brust
der Frauen glüht« und alle »Poesie der Worte« bedingt (GP 285). Überhaupt
enthält nach Schlegel das mythologische Gedicht eine chaotische »Fülle von
Dichtungen«, die aber eben alle in der neuen Mythologie, in dem unendlichen Gedicht verbunden seien (GP 313).

Es zeichnet nach Schlegel die neue wie die alte Mythologie aus, ein
»Chaos«, ein Chaos von einzelnen Gedichten zu sein. Dies Chaos faßt nach
Schlegel die höchste Schönheit, die organische Ganzheit der Poesie, in sich.
Denn »die höchste Schönheit, ja die höchste Ordnung ist denn doch nur die
des Chaos, nämlich eines solchen, welches nur auf die Berührung der Liebe
wartet, um sich zu einer harmonischen Welt zu entfalten, eines solchen wie
es auch die alte Mythologie und Poesie war.« (GP 313)[190]

Die Liebe und auch der freundschaftliche Umgang der Menschen untereinander bedingen nach Schlegel Poesie und Schönheit. Denn die Liebe führt
zu sinnlich-geistiger Ganzheit und läßt den Liebenden und Geliebten also
erkennen, denken und dichten, was ihn umgibt. Sie eröffnet ihm den Sinn
fürs Universum und gibt ihm Einsicht in das große Ganze, in das Werk des
menschlichen Geistes. Dadurch ist er befähigt, seine Kunst im Anschluß an
das mythologische Chaos von Naturansichten, das andere Menschen schon
gewirkt und gedichtet haben, hervorzubringen. Er dichtet seine Werke,

---

[189] Vgl. BERNHARD RANK, Romantische Poesie als religiöse Kunst, 40 f.; ERNST BEHLER,
Friedrich Schlegels Theorie der Universalpoesie, 249.

[190] Vgl. A-I 71: »Nur diejenige Verworrenheit ist ein Chaos, aus der eine Welt entspringen
kann.«

indem er das Kunst-Chaos auf seine Weise verwendet, nachahmt und bildet, und gerade so gestaltet er *schöne* Poesie, weil seine Poesie folgerichtig teilhat am großen Ganzen, was doch die höchste Schönheit, die Harmonie der Welt bedeutet.

Das chaotische mythologische Gedicht, das die Welt als Kunstwerk Gottes zeigt, wird nach Schlegel von einem jeden wahren Künstler allerdings nur als Bezugs- und Ausgangsmaterial, als *fernes poetisches Vorbild* für die eigenen individuellen poetischen »Nachbildungen« verwendet. »Alle heiligen Spiele der Kunst[191] sind nur ferne Nachbildungen von dem unendlichen Spiele der Welt, dem ewig sich selbst bildenden Kunstwerk.« (GP 324) Alle heiligen Spiele der Kunst sind nach vorliegender Interpretation Nachbildungen von bereits gedichteter Poesie, sie sind »Poesie der Poesie« (A-F 238).[192]

»Man hat es höchst befremdlich und unverständlich gefunden, daß von Poesie der Poesie gesprochen worden ist; und doch ist es für den, welcher überhaupt von dem inneren Organismus des geistigen Daseins einen Begriff hat, sehr einfach, daß dieselbe Tätigkeit, durch welche zuerst etwas Poetisches zustande gebracht wird, sich auf ihr Resultat zurückwendet. Ja man kann ohne Übertreibung sagen, daß eigentlich alle Poesie, Poesie der Poesie sei; denn sie setzt schon die Sprache voraus, deren Erfindung doch der poetischen Anlage angehört [...]. [...] in den früheren Epochen der Bildung gebiert sich in und aus der Sprache [...] eine dichterische Weltansicht, d. h. eine solche, worin die Phantasie herrscht. Das ist die Mythologie. Diese ist gleichsam die höhere Potenz der ersten durch die Sprache bewerkstelligten Naturdarstellung; und die freie selbstbewußte Poesie, welche darauf fortbaut, für welche der Mythus wieder Stoff wird, den sie dichterisch behandelt, poetisiert, steht folglich noch um eine Stufe höher. So kann es nun weiter fortgehen«[193].

Dies Zitat erweist vorliegende Interpretation als weitgehend übereinstimmend mit dem Verständnis, das August Wilhelm Schlegel in bezug auf die Äußerungen seines Bruders zum Ausdruck bringt. Dabei ist für das Verständnis der ästhetischen Theorie Friedrich Schlegels von entscheidender Bedeutung, daß er die poetische Tätigkeit des Menschen immer an eine schon gebildete »dichterische Weltansicht« bindet.

Für den Romantiker Schlegel kann poetische Produktion nicht an gegebene Wirklichkeit gebunden sein, denn ihr ist alle Realität abgesprochen; es gibt »keine andere Realität [...] als geistige«. Nach Schlegel muß der Künstler »alles was ihn umgibt und was er

[191] Vgl. zum Spiel der Kunst: Kapitel V, V.
[192] »Es wird also in der Poesie schon Gebildetes wieder gebildet« (AUGUST WILHELM SCHLEGEL, Die Kunstlehre, Dreiundzwanzigste Stunde [Kritische Schriften und Briefe, Bd. II], 226).
[193] Die hier dargestellte Interpretation zur zweiten Rede von FRIEDRICH SCHLEGELS *Gespräch über die Poesie* findet sich bestätigt durch das oben genannte Zitat von AUGUST WILHELM SCHLEGEL, Die Kunstlehre, Dreiundzwanzigste Stunde (Kritische Schriften und Briefe, Bd. II), 226. – Friedrich Schlegel nimmt wie sein Bruder an, daß die (neue) Mythologie durch Phantasie, doch nicht durch Phantasie allein und vornehmlich, sondern auch durch die abstrahierende Tätigkeit des Verstandes entstehen wird. Verstand und Phantasie wirken nach F. Schlegel zusammen zu einer poetischen Gestalt des Universums.

berührt« durch eigene Verstandestätigkeit erst bilden, damit er es in Poesie zu fassen vermag. Die gegebene Wirklichkeit bietet nach Schlegel dem Künstler keine Gegenstände
zur poetischen Produktion; »von Objekt oder Gegenstand [kann überhaupt] nicht mehr
gesprochen werden […], weil der Gegenstand zum bloßen ›Anlaß‹ wird, zum ›Anfang‹,
›elastischen Punkt‹, ›Inzitament‹, ›Vehikel‹ oder wie die Umschreibungen der *occasio* bei den
Romantikern lauten. […] Alles Reale ist nur ein Anlaß.«[194] Alles Reale, was ihn umgibt
und was er berührt, ist nach Schlegel bloßer Anlaß zu freier Geistestätigkeit und Phantasie-
produktion, durch welche die Poesie der Erde erst hervorgebracht wird.

Nach Schlegel *bildet* die Phantasie des Künstlers *ferne nach*, was der menschliche Geist im allgemeinen und der dem Künstler selbst eigene Geist in freier
phantastischer Produktion bereits gebildet hat und was Schlegel auch als
»Offenbarungen der Natur« bezeichnet (GP 322). Der Künstler orientiert
sich also an den bereits selbsttätig hervorgebrachten »Offenbarungen«, die
dem menschlichen Geist möglich sind, weil er am schaffenden Geist Gottes
Anteil hat. Weil jedoch der menschliche Geist, der selbst Teil des Welt-Kunstwerkes ist, ja als Weltgeist die Welt erfüllt, nur im Unendlichen das gesamte
unendliche Universum vollständig als Kunstwerk denken und dichten kann,
wird das Welt-Kunstwerk von Schlegel als *ewig sich selbst bildendes Kunstwerk*
beschrieben. Nach vorliegender Interpretation bildet es ewig sich selbst,
weil der Geist des Menschen es fortwährend denkt und bildet, der Geist
des Menschen aber in seinen unendlichen menschlichen Erscheinungen
wesentlich zu ihm gehört und also stets sich selbst bildet; der Geist des
Menschen denkt und dichtet seine eigene Realität in Ewigkeit selbst – der
»Mensch dichtet gleichsam die Welt, nur weiß er es nicht gleich«. Und so
erschafft er die Welt analog der ursprünglich schöpferischen Gottheit, mit der
ihn *unmittelbar* nichts verbindet als die Anteilhabe am schaffenden göttlichen
Geist. Erst auf Grund seiner Verstandestätigkeit vermag er die Gottheit überhaupt anzunehmen, denn die Beziehung zu ihr ist nach Schlegel stets an den
Gedanken des Universums gebunden; als poetisch gestaltetes Welt-Kunstwerk
ist dieser Gedanke »Vorbild« der Poesie.

Die bereits gebildeten Dichtungen des Welt-Kunstwerkes sollen der Phan-
tasie eines jeden Künstlers »Nahrung und Same« sein; dann nämlich werde
dessen Poesie erweitert und habe Anschluß an das große Ganze (GP 284).
Allen poetischen Bildungen müssen nach Schlegel immer schon poetische
Werke vorausgesetzt sein; in der Reflexion auf diese entständen Nachbildungen, und von diesen würden wieder Nachbildungen hervorgebracht.
Weil die Nachbildung der vorhandenen Bildungen die Poesie des einzelnen
Künstlers erweitert, erweitert sie auch die Poesie insgesamt, die dadurch dem
höchsten Schönen, dem unendlichen organischen Ganzen näherkommt.[195]

---

[194] CARL SCHMITT, Politische Romantik, 122/123.
[195] Vgl. zu den vorangehenden Ausführungen WOLFGANG PREISENDANZ, Zur Poetik der
deutschen Romantik, 15: Nach Preisendanz ist »die Weltbildung […] ein unendlicher Prozeß

»Fern« sind die Nachbildungen des ewig sich selbst bildenden Kunstwerks zum einen, weil nach Schlegel das Höchste, das göttliche Geistige und rein Ideelle »unaussprechlich« ist und nur »allegorisch« bzw. »symbolisch«[196], also »indirekt« ausgedrückt und mitgeteilt werden kann. Weil der Buchstabe den Geist nicht gänzlich binden und fassen könne, weil durch Phantasie die göttlichen Gedanken des schaffenden Geistes nicht abbildhaft realisiert werden könnten, ist nach Schlegel alle Schönheit »Allegorie« oder Zeichen für den Gedanken des unendlichen Universums, der schon in seiner mythologischen Gestalt keine Abbildung, sondern eine Nachbildung darstellt (GP 324).[197] Und da die Mythologie allen weiteren poetischen Bildungen zugrunde liegen soll, so können diese folgerichtig nur ferne Nachbildungen sein von dem unendlichen Kunstwerk, das sich mit jeder Bildung weiterbildet.

Die *Allegorie* gehört nach Schlegel wie die *Ironie* und der *Witz* zu den poetischen Sprachmitteln, die die neue Mythologie oder symbolische Naturansicht im einzelnen Werk zur Ansicht bringen. Wie die Untersuchung zeigt, verweisen Allegorie und Witz gleich der Ironie auf das unaussprechliche Göttliche, nämlich auf das in einem einzelnen Kunstwerk nicht darzustellende unendliche Ganze, auf das göttliche und unendliche Welt-Kunstwerk. Zwar befreunde die Poesie durch die Phantasie den Geist mit der Natur, doch sei kein irdisches Abbild des Ideellen möglich. Vielmehr symbolisiere das einzelne reelle poetische Stückwerk das höchste Allgemeine, und »was den Sinn, das Herz, den Verstand, die Einbildung einzeln reizt, rührt, beschäftigt

---

des Geistes oder ein noch entstehendes Gedicht, das der ›Weltgeist‹ verfaßt«. Weil es eben der menschliche »Weltgeist« ist, der die Welt verfaßt, muß die Formulierung vom »ewig sich selbst bildenden Kunstwerk« nicht pantheistisch verstanden werden, so aber BERNHARD RANK, Romantische Poesie als religiöse Kunst, 58. Wie obige Interpretation nimmt Rank an, nach Schlegel sei das künstlerische Schaffen des Menschen »dem schöpferischen Handeln der Gottheit analog verstanden«. Doch behauptet er auch, es bleibe »die menschliche Poiesis gebunden an die göttliche, die dem Künstler Stoff und Gegenstand aller Tätigkeit erdichtet.« (a. a. O., 32) Dahingegen äußert PREISENDANZ (a. a. O., 24): »Aber diese fernen Nachbildungen des göttlichen Lebens, des unendlichen Spiels der Welt, des sich ewig selbst bildenden Kunstwerks, diese fernen Nachbildungen können sich auf kein Urbild oder Vorbild beziehen. Ein solches Nachbilden des Universellsten kann nur in sich selbst walten lassen, zu seinem Prinzip, zu seiner Maxime machen, was es ›von fern‹ nachbilden will.« Zwar ist nach Schlegel die menschliche Poesie nicht auf Vordichtungen einer Gottheit bezogen, ein Vorbild darf jedoch nicht ausgeschlossen werden; die menschlichen Nachbildungen orientieren sich nämlich an dem Gedicht, das nach Schlegel der menschliche Geist göttlich dichtet. Vgl. dazu auch HANS EICHNER, Einleitung, in: FRIEDRICH SCHLEGEL, Über Goethes Meister, Gespräch über die Poesie, 65. Laut Eichner ist nach Schlegel »die ›Welt‹ die Schöpfung der produktiven Einbildungskraft«.

[196] Zur Entsprechung von »allegorisch« und »symbolisch« s. GP (2. Aufl.), 324 Anm. 3.

[197] In der Mythologie ist zwar »das Höchste wirklich gebildet«. Doch ist sie nach Schlegel dem »großen Witz der romantischen Poesie« sehr ähnlich, und dieser ist »in der Welt der Erscheinungen« ein Überbleibsel »von dem, was ursprünglich Fantasie war« (GP 318.334). Also kann auch die Mythologie keine Abbildung des Höchsten sein, sie muß vielmehr dessen Nachbildung sein.

und ergötzt, scheint uns nur Zeichen, Mittel zur Anschauung des Ganzen, in dem Augenblick, wo wir uns zu diesem erheben.« (GP 323)[198]

Neben Allegorie, Ironie und Witz nennt Schlegel die *Arabeske* als diejenige Kunstform, die die Unabhängigkeit eines poetischen Werkes von jeglichem Vorbild am vorzüglichsten darstelle,[199] denn »gewiß ist die Arabeske die älteste und ursprüngliche Form der menschlichen Fantasie.« Die Arabeske ist nach Schlegel ursprünglicher als alle Mythologie, weil sie aus vollkommen freier Phantasietätigkeit entstehe. Keine Naturansicht, kein Studium der Physik bedingten sie. Die Mythologie hingegen könne nicht bestehen »ohne ein erstes Ursprüngliches« (GP 319). Daß Schlegel der Arabeske, die als reines Phantasieprodukt und als bloßer *Selbstzweck* gilt,[200] grundlegende Bedeutung zumißt, macht die Relevanz freier Phantasietätigkeit für Schlegels poetische Theorie deutlich. Nur phantastische Freiheit trägt nach Schlegel dazu bei, die Welt zu poetisieren. Allemal jedoch gilt sein Interesse der neuen Mythologie.

»Fern« sind die poetischen Nachbildungen zum anderen, wenn sie dem »Charakter der wahren Nachbildung« entsprechen. Denn dann ist das Vorbild »dem Künstler nur Reiz und Mittel, den Gedanken von dem was er bilden will, individueller zu gestalten«.[201] Nach Schlegel hält der wahre Künstler seine Phantasie, seine *»produktive Fantasie«*, zwar an die Ideen des Universums und orientiert sich an den Symbolen der neuen allgemeinen Naturansicht (PhLj III 643). Doch erteilt er seinen Werken durch *freies* phantastisches Schaffen und Vernichten eine jeweils eigentümliche Gestalt. Denn nur durch *individuelle* Werke, die sich an das große Ganze anschließen, erweitert und bereichert er das Gebiet der Poesie und gibt wiederum ein Zeichen für die Unendlichkeit des Spieles der Welt.

Im Gegensatz zu Schiller verlangt Schlegel vom Künstler nicht, daß er Stoff und Gegenstand, welche er bei seiner Kunsttätigkeit verwendet, idealisiere. Der Künstler soll nicht das »Geschäft der Idealisierung« vollziehen, er soll nicht das reale, sinnliche und individuelle Material durch freie Vernunfttätigkeit vernichten. Vielmehr umgekehrt besteht nach Schlegel göttliches Dichten darin, daß der Poet die geistig gebildete Naturansicht, das allgemeine Ideelle anhand eines sinnlichen Gegenstandes auf besondere Weise realisiere. Denn Realität kann nach Schlegel nur haben, was geistig gebildet ist.[202]

Daß er daran festhält, daß das wahre Kunstwerk Ergebnis ferner Nachbildung sei, bringt Schlegel durch den Gebrauch des Begriffes »Poesie« (griech. ποίησις: »hervorbringen«) statt des Ausdrucks »Kunst« zur Geltung. Er wendet

---

[198] Das Zitat beschreibt die Bedeutung der Ironie, könnte aber auch in bezug auf die Allegorie und den Witz geäußert sein; zur Allegorie s. GP 324, zum Witz GP 334: »Die Fantasie strebt aus allen Kräften sich zu äußern, aber das Göttliche kann sich in der Sphäre der Natur nur indirekt mitteilen und äußern. Daher bleibt von dem, was ursprünglich Fantasie war, in der Welt der Erscheinungen nur das zurück was wir Witz nennen.«

[199] Vgl. Wolfgang Preisendanz, Zur Poetik der deutschen Romantik, 22.

[200] Vgl. Karl Konrad Polheim, Die Arabeske, 12 ff.

[201] S. o. III.4.1.

[202] S. dazu u. Kapitel V, VI.

sich ausdrücklich gegen die Vorstellung von Kunst als Nachahmung, Mimesis der Natur.[203]

Die fernen Nachbildungen der Poesie sollen nach Schlegel auf Grund von Liebe geschehen und sie sollen durch Phantasie gestaltet sein. *Liebe und Phantasie* sind nach Schlegel die notwendigen Bedingungen der vollendeten Poesie, die er als »*romantisch*« bezeichnet und deren Verwirklichung er verlangt; »ich fodre, alle Poesie solle romantisch sein«. Alle Poesie soll nach Schlegel durch das Romantische als das »Element der Poesie, das mehr oder minder herrschen und zurücktreten, aber nie ganz fehlen darf«, bestimmt sein (GP 335). Romantisch sei, »was uns einen sentimentalen Stoff in einer fantastischen Form darstellt« (GP 333). Das Sentimentale aber sei, »was uns anspricht, wo das Gefühl herrscht, und zwar nicht ein sinnliches, sondern das geistige. Die Quelle und Seele aller dieser Regungen ist die Liebe, und der Geist der Liebe muß in der romantischen Poesie überall unsichtbar sichtbar schweben.« (GP 333/334)[204]

Der Geist der Liebe läßt nach Schlegel aus dem mythologischen Chaos von Poesie Werke der Kunst entstehen, so wie er Pygmalions weibliche Statue zum Leben erweckt. Damit jedoch der Geist der Liebe überall in der romantischen Poesie »unsichtbar sichtbar schweben« kann, bedürfe es der Phantasie. Die Phantasie ist nach Schlegel die Kraft, durch welche die Liebe, deren augenblickliche Entstehung und deren erschließende Wirkung rätselhaft[205] sei, in ihrer Rätselhaftigkeit zur Darstellung gebracht wird (GP 334).

Bestimmt der Geist der Liebe das poetische Werk, muß dieses das Werk eines Künstlers sein, dem der Sinn fürs Universum bereits aufgegangen ist. Weil, wie gezeigt, nur dem durch Liebe und Gegenliebe gebildeten Künstler Sinn und Verstand fürs Universum geöffnet sind, kann auch nur dieser zu Allegorie, Ironie und Witz befähigt sein. Nur er ist nach Schlegel fähig, in poetischer bzw. ironischer Weise auf das Universum zu verweisen. Nur auf Grund seiner Liebe kann er das einzelne Werk als ein Stückwerk des harmonischen Ganzen zeigen. Nur seiner Liebe wegen vermag er, sein Werk als Vorschein auf die Universalität der Poesie und als Zeichen für die Unendlichkeit der Poesie des Universums zu gestalten; nur auf Grund der Liebe und durch Phantasie wird also die Pflicht zur Ironie, zur »επιδειξις der Unendlichkeit« erfüllt.[206] Und darum gilt für Schlegel das Element des

---

[203] Vgl. dazu AUGUST WILHELM SCHLEGEL, Die Kunstlehre, Dreiundzwanzigste Stunde (Kritische Schriften und Briefe, Bd. II), 225: »Poesie bezeichnet [...] eine wahre Schöpfung und Hervorbringung.« Vgl. WOLFGANG PREISENDANZ, Zur Poetik der deutschen Romantik, 17.

[204] Mit der Forderung, der Geist der Liebe müsse »überall unsichtbar sichtbar schweben«, knüpft die dritte Rede an den zweiten Redner an (vgl. GP 317).

[205] Nach der *Lucinde* hingegen sind Entstehung und Wirkung der Liebe ein *Geheimnis* (s. o. III.3.1.).

[206] S. o. III.1.

Romantischen, dessen Wesen der Geist der Liebe ist, in der Poesie als unbedingt und grundlegend notwendig.[207]

Wie die Interpretation zeigt, sind nach Schlegel wahre romantisch-poetische Werke nicht zweckgerichtet, weil sie auf spielerische Weise mit Phantasie hervorgebracht sind und den Geist der Liebe zeigen, der ihre Entstehung begründet und als »Zweck an sich« gilt.[208] Dennoch sind sie zweckmäßig, denn sie schließen sich an das große mythologische Ganze an. Und weil sie auf die allgemeine Mythologie bezogen sind, müssen sie allgemein und auch notwendig gefallen.

Jedes Werk der romantischen Poesie ist nach Schlegel eine Darstellung, die in individueller Weise und im Einzelnen das Allgemeine (die Ideen des Universums in mythologischer Gestalt) zum Ausdruck bringt. Wie nach Schlegels Studium-Aufsatz zeichnet sich auch nach dem *Gespräch über die Poesie* schöne Poesie durch eine bestimmte Verbundenheit von Einzelnem, Eigentümlichem und Allgemeinem (Allheit) aus.[209] Nach Schlegels *Gespräch über die Poesie* wie auch nach seiner *Lucinde* ist es die Liebe, die das Verhältnis zwischen den darstellenden Elemente in ihrer Besonderheit und dem allgemeinen Gedanken des unendlichen Universums, durch den sie bestimmt sind, grundlegend bedingt. Ihr verdanken sich Schönheit und Vollendung der Poesie. – »Nur das Schöne befriedigt die Liebe (den Trieb der Allheit) und nur das göttliche Werk ist befriedigend« (FPL I 17).

4.3. »Progressive Universalpoesie«

Nach Schlegel soll ein jedes einzelne poetische Werk romantisch sein. Als solches sei es nämlich Teil der »progressiven Universalpoesie«, die für Schlegel als das ewige Ziel aller Poesie gilt. »Die romantische Poesie ist eine progressive Universalpoesie.« Weil sie alles umfasse, »was nur poetisch ist, vom größten wieder mehre Systeme in sich enthaltenden Systeme der Kunst,[210] bis zu dem Seufzer, dem Kuß, den das dichtende Kind aushaucht in kunstlosen Gesang«, sei sie unendlich (A-F 116). Sie ist unendlich, weil sie sogar den Seufzer, der in Kunstlosigkeit endet, in sich faßt – mit schaffendem Geist betrachtet ist nämlich auch dieser Poesie.

---

[207] Weil die Liebe als schöpferische Urkraft das unendliche Universum zum Vorschein kommen lasse und also bewirke, daß das Chaos sich »zu einer harmonischen Welt [...] entfalte[]«, sei durch Liebe und Chaos das Wesen des Romantischen bestimmt (GP 313). – »χα[Chaos] und ερως ist wohl die beste Erklärung d.[es] Romantischen. –« (FPL IX 226).

[208] Liebe ist nach Schlegel nicht zweckgerichtet, s. L-F 59: »Witz ist Zweck an sich, wie die Tugend, die Liebe und die Kunst.«

[209] S. dazu o. II.5.

[210] Zu den »Systemen« der Kunst vgl. ÜGM 135.

Zum zweiten muß sie als unendlich interpretiert werden, weil nach Schlegel die ihr zugehörige philosophisch-poetische Wechselwirkung bzw. die Reflexion in bezug auf das bereits gebildete göttliche »Kunstwerk« des menschlichen Geistes sich unbegrenzt in der Phantasie der Menschen insgesamt und vor allem auch in der eines jeden einzelnen »wie in einer endlosen Reihe von Spiegeln vervielfachen« kann und dadurch die Poesie der Poesie immer wieder auf eine neue Stufe führt (A-F 116).[211]

Poesie der Poesie verlangt nach Schlegel, daß der Künstler stets zugleich philosophisch und poetisch tätig ist. Denn die Abstraktion des Verstandes liefert eben die Gedanken und Ideen, welche es auf poetische Weise mit Phantasie nachzubilden und darzustellen gilt. Nach Schlegel müssen *Verstand und Phantasie*[212] zusammenwirken, damit ein Werk vollendeter Poesie entsteht; die Poesie soll darum durch die philosophische Wissenschaft bestimmt sein, und die Philosophie soll in der Kunst aufgehen. Nur die *Synthese von Philosophie und Poesie* führt nach Schlegel die Poesie (wie die Philosophie) zur Vollendung. »Alle Kunst soll Wissenschaft, und alle Wissenschaft soll Kunst werden; Poesie und Philosophie sollen vereinigt sein.« (L-F 115) Dabei impliziert der Begriff der Philosophie bzw. der Wissenschaft die *kritische* Reflexion bereits gedichteter Werke. Demnach wird nur in Verbindung mit der *Kritik der Poesie* die höchste Kunst und die romantische Universalpoesie geschaffen.

Die »hohe Wissenschaft echter Kritik« erweitere die Poesie eines Künstlers, weil es ihr wesentlich sei, dem Künstler zu zeigen, wie die Kunst »fremder Geister Nahrung und Same werde für seine eigne Fantasie«.[213] Der kritische oder philosophische Umgang mit Werken anderer Künstler fördert nach Schlegel die poetische Nachbildung schon gebildeter Poesie, mit der sich ein jeder Künstler an das große organische Ganze anschließt und zur Progression der Universalpoesie beiträgt; poetische Kritik begünstigt die Poesie der Poesie. »In der romant.[ischen] π[Poesie] sollte romant[ische] ϰρ[Kritik] mit d.[er] π[Poesie] selbst verbunden sein; dadurch wird sie potenzirt, und in ihrer Sphäre desto concentrirter, daß π[Poesie] und ϰ[kritische] π[Poesie] verbunden, verschmolzen oder gemischt sei. —« (FPL V 797)[214]

Drittens gilt die romantische Poesie als unendlich, weil sie sich nach Schlegel in alle Zeit fortbildet und erst im Unendlichen vollständig sein wird. »Die

---

[211] Vgl. dazu ÜGM 143: »Die Darstellung einer sich wie ins Unendliche immer wieder selbst anschauenden Natur war der schönste Beweis, den ein Künstler von der unergründlichen Tiefe seines Vermögens geben konnte. Selbst die fremden Gegenstände malte er in der Beleuchtung und Farbe und mit solchen Schlagschatten, wie sie sich in diesem alles in seinem eignen Widerscheine schauenden Geiste abspiegeln und darstellen mußten.«

[212] Vgl. dazu das oben zitierte Fragment A-I 8, das Verstand und Phantasie bzw. Philosophie und Poesie zur bzw. in der Religion verbindet; s. o. III.3.2.; vgl. auch A-I 46.

[213] GP 284. Zur Kritik der Poesie s. u. III.4.4.

[214] Vgl. A-F 116: Die romantische Poesie wolle und solle »Poesie und Prosa, Genialität und Kritik […] bald mischen, bald verschmelzen«.

romantische Dichtart ist noch im Werden; ja das ist ihr eigentliches Wesen,
daß sie ewig nur werden, nie vollendet sein kann.« (A-F 116)

In Hinsicht auf ihren *Inhalt*, ihre *Reflexionsmöglichkeit* und ihre *zeitliche Ausdehnung* ist nach Schlegel die romantische und einzig wahre Poesie unendlich.
»Die romantische Dichtart ist die einzige, die mehr als Art, und gleichsam
die Dichtkunst selbst ist: denn in einem gewissen Sinn ist oder soll alle Poesie
romantisch sein.« (A-F 116)

4.4. Kunstkritik

Das Verhältnis zwischen Allgemeinem und Individuellem, zwischen Geist
und Buchstabe, Ideellem und Reellem ist nach Schlegel Kriterium der
Kunstkritik. Die Kunstkritik prüfe, inwieweit Buchstabe[215] und Geist bzw.
die Ideen des Geistes einander bestimmen und bedingen und inwiefern sich
beide voneinander unterscheiden.[216] »χ[Kritik] ist eigentl[ich] nichts als Ver-
gleichung des Geistes und d.[es] Buchstabens eines Werks« (FPL V 992).

Wie in den Fragmenten zur Poesie und Literatur ist auch im *Gespräch über
die Poesie* festgehalten, daß es allgemeingültige praktische Regeln gebe, die
ein Kunsturteil legitimieren. Es sei »ein Wissen in Dingen der Kunst sehr
möglich«. Gäbe es dies Wissen nicht, gliche jedes Geschmacksurteil der Aussage: »Ich liebe das Süße«, und ein anderer könnte entgegnen: »Nein, [...]
ganz im Gegenteil, mir schmeckt das Bittre besser.« Über manches einzelne
dürfe es so heißen, »und dennoch bleibt ein Wissen in Dingen der Kunst sehr
möglich«, weshalb nach Schlegel wahre Kunsturteile gefällt werden können
(GP 349).

»Ein wahres Kunsturteil, [...] eine ausgebildete, durchaus fertige Ansicht eines Werks ist
immer ein kritisches Faktum [...]. Aber auch nur ein Faktum, und eben darum ists leere
Arbeit, es motivieren zu wollen, es müßte denn das Motiv selbst ein neues Faktum oder
eine nähere Bestimmung des ersten enthalten.« (GP 349)

Als ausgebildete Tatsachen bedürften wahre Kunsturteile keiner weiteren
Begründung, die doch selbst nur wieder begründet und bewiesen werden
müsse und also einen regressus ad infinitum folgen läßt.[217] »Beweisen kann
man sie nicht, legitimieren aber muß man s.[ich] dazu.«[218]

---

[215] Mit »Buchstabe« wird beispielsweise auch der Rhythmus eines Versmaßes bezeichnet
(GP 348).

[216] Wo Geist in Buchstaben gebunden erscheine, da sei Kunst und Poesie (GP 290).

[217] S. dazu WALTER BENJAMIN, Gesammelte Schriften I.1, Der Begriff der Kunstkritik in
der deutschen Romantik, 109: »Durch den Begriff des Faktums soll die Kritik aufs schärfste von
der Beurteilung – als bloßer Meinung – unterschieden werden. Jene bedarf keiner Motivierung
[...]. Eine unmotivierte Beurteilung freilich wäre eine Ungereimtheit.«

[218] FPL V 71; s. o. II.6.

Legitimiert zu Kunsturteilen ist nach Schlegel derjenige, der sich an der Wissenschaft orientiert, »ohne welche das Kunsturteil nicht möglich wäre, die es aber so wenig schon selbst ist, daß wir sie nur gar zu oft mit dem absoluten Gegenteil aller Kunst und alles Urteils aufs vortrefflichste zusammen bestehn sehn« (GP 349). Die Wissenschaft der Poesie ist also keine hinreichende, aber die notwendige Bedingung eines Kunsturteils.

Ein »Wissen in Dingen der Kunst« und Einsicht in »die Prinzipien der Poesie« würden erreicht, wenn sowohl das Studium der alten und vor allem der griechischen Poesie betrieben als auch die neue Mythologie hervorgebracht werde. Zudem lasse das Goethesche Vorbild »immer mehr lernen, uns über das Wesentliche einander zu verstehn« (GP 349/350). Das, was die einzelnen Reden des Gesprächs thematisieren, vornehmlich das Erfordernis von Poesiegeschichte sowie die Notwendigkeit einer neuen Mythologie, soll nach Schlegel nicht nur die Dichtkunst selbst, sondern auch die Kunstkritik bereichern.[219] Vor allem aber das Goethesche Vorbild zeige dem Kunstkritiker wie dem Künstler, was wahre Poesie, was wahre Nachbildung sei, nämlich die individuelle poetische Gestaltung von bereits vorhandenen Ideen. Durch diese Nachbildung, die den Anschluß an bereits gedichtete Werke bedeute, könnte, so wird vermutet, die Voraussetzung erfüllt werden, unter welcher die »Vereinigung des Antiken und des Modernen« möglich ist. Und damit wäre »die höchste aller Fragen über die Kunst der Poesie« gelöst (GP 348).

Wie die Interpretation zeigt, nennt Schlegel die Frage nach der Vereinigung der antiken und der modernen Kunst darum die höchste, weil erst die Vereinigung *aller* Kunst zur alles umfassenden Universalpoesie führt. Damit die Vereinigung geschehe, müßten poetische Werke *nach Ideen*[220], auch nach antiken Ideen gedichtet werden können und folglich der »Geist der Griechen« zum Vorbild der Moderne dienen.[221] »Wir dürfen also nun nichts mehr wünschen, als daß wir Ideen zu Gedichten in uns finden mögen, und dann das gerühmte Vermögen, nach Ideen zu dichten.« (GP 350) Daß das Dichten nach Ideen, die *poetische Verbindung von Geist und Buchstabe*, trotz

---

[219] Vgl. GP 284.

[220] S. o. III.4.1., nach Ideen gedichtete Werke sind individuelle Kunstwerke, die sich an das allgemeine Ganze anschließen, weil sie sich nach den allgemeinen Ansichten der Welt, eben nach den gebildeten und vorgegebenen Ideen richten.

[221] Es scheint allerdings fraglich zu sein, wie eine Vereinigung zweier Poesiearten, der antiken bzw. klassischen und der modernen, die doch gerade als voneinander verschieden charakterisiert sind, geschehen soll (vgl. GP 334). Vgl. HANS EICHNER, Einleitung, KA II, XCV: Es drohe der »aufgestellte Gegensatz des Klassischen und des Romantischen [...] einer völligen Begriffsverwirrung Platz zu machen [...]; mit dieser Gefahr hat sich Schlegel viele Jahre lang herumgeschlagen, ohne zu einer befriedigenden Lösung zu kommen.« Doch nennt Schlegel in seinem Gespräch nur *einen* deutlichen Unterschied zwischen den klassischen und den modernen Dichtungen: Die moderne Poesie basiere im Gegensatz zur antiken auf historischem Stoff. Und gerade, daß die romantische Poesie »ganz auf historischem Grunde« beruhe, mache sie »würdig die alten Götterbilder zu umkränzen« (GP 334/335).

Wissens in Dingen der Kunst, nicht ohne Schwierigkeiten ist, zeigt Schlegels warnender (das eigene Gespräch ironisierender?) Verweis auf Figuren der antiken Mythologie, die von den Göttern für ihre Hybris grausame Strafen erlitten: Niobe, Prometheus und Marsyas.[222]

4.5. *Der erotische Mittler als Sprecher der Gottheit*

Nach Aussage der Diotima in Platons Symposion gelangt der männliche Mensch über Stufen zur Schau des höchsten Schönen. Sein Stufengang werde vorangetrieben durch Eros, der zunächst die Schönheit eines einzelnen menschlichen Körpers lieben lasse, dann die Schönheit der Menschheit zu erkennen gebe, daraufhin die Schönheit in den Seelen zeige und von dort zum Gefallen an der Schönheit der Bestrebungen und der Erkenntnisse führe, wobei der Liebhaber des Schönen sich philosophierend betätige, bis ihm plötzlich das höchste Schöne offenbar sei.[223] Auch in Schlegels »Gastmahl«, wie er sein Gespräch mitunter bezeichnen läßt,[224] hat die Liebe grundlegende Bedeutung. Doch verlangt nach Schlegel die romantische Poesie, daß zwischen Menschen Liebe und Gegenliebe sei. Diese eröffne die Erkenntnis des Universums und veranlasse, es zu höchster Schönheit zu dichten. Wie nach Diotima so gelangt auch nach Schlegel nur der Philosophierende zur Schau des Schönen. Jedoch ist es nach Schlegel die Tätigkeit seiner Phantasie, welche die romantische Universalpoesie und damit das höchste Schöne entstehen läßt.

Nach Diotima *vermittelt* Eros zwischen Göttern und Menschen und ebenso auch zwischen Weisheit und Unverstand, zwischen dem Schönsten und dem Dürftigen, weil er als Sohn der Penia und des Poros zwischen »Selbstbeschränkung« und der »Teilnahme an allem Leben« ständig wechselt.[225] Auch nach Schlegel ist derjenige »Mittler« genannt, »der Göttliches in sich wahrnimmt, und sich selbst vernichtend preisgibt, um dieses Göttliche zu verkünden, mitzuteilen, und darzustellen allen Menschen in Sitten und Taten, in Worten und Werken« (A-I 44). Jeder Künstler ist nach Schlegel solch ein erotischer Mittler, »ein wahrer Sprecher Gottes«. Er zeichnet sich dadurch aus, daß er »sein ganzes Selbst preisgibt« und auch das »Opfer« seines Selbst nicht scheut, sondern das Endliche vernichtet (A-I 113.131). Und indem der Künstler das Endliche vernichtet, von diesem (gedanklich) *abstrahiert*, zeigt er das Unendliche, weist er auf das Göttliche. Der wahre Künstler, der auf Grund von Liebe und Gegenliebe das gesamte Universum versteht, soll nach Schlegel seine Individualität preisgeben, ja vernichten, damit in

---

[222] S. GP 351.
[223] PLATON, Symp 210a–e.
[224] Vgl. GP 328.350.
[225] S. PLATON, Symp 203c–204b.

seinem eigentümlich gestalteten poetischen Werk nicht er selbst, sondern das Unendliche – auf ironische Weise – zum Vorschein kommt. Gerade durch die Ironie bzw. durch den Verweis auf den *allgemeinen* Gedanken des Universums, welcher nach Schlegel auch die Unverständlichkeit von Werken selbst ironisiert, gewinnt das Werk an Verständlichkeit.[226] Schlegel könnte also die ironische und romantische Poesie als Medium vereinigender Kommunikation darstellen. Doch nach Schlegel verdankt sich die Darstellung des Künstlers gerade nicht dem Verlangen, die je eigene Individualität zu manifestieren, um sich dadurch anderen Menschen mitzuteilen. »Das Spiel der Mitteilung und der Annäherung«, den Umgang mit der Gattung übe der Künstler nur, damit seine Poesie an andere poetische Werke anschlußfähig werde.

Das Hauptanliegen poetischer Tätigkeit ist nach Schlegel die Realisation der Universalpoesie, die genau dadurch vorangetrieben wird, daß der Künstler seine Werke an das große Ganze anschließt, indem er auf Grund von Liebe und mit Liebe die Gedanken und Ideen des Universums nachbildet und also das Göttliche dichtet und dabei die Sehnsucht nach dem Unendlichen vermittelt. – Wie die Interpretation zeigt, ist der Künstler, der den Gedanken des Universums und seiner Harmonie in poetische Werke faßt, Vermittler der Sehnsucht nach dem Unendlichen und Mittler des Göttlichen, weil er den Himmel auf die Erde holt und den Geist mit der Natur befreundet.

Im Gegensatz zu Schiller ist Schlegel keineswegs an einer Kunst interessiert, welche die Menschen zu einer harmonischen Gemeinschaft zusammenführt. Eine Gesellschaft, die durch schöne Mitteilung vereinigt ist, hat Schlegel nicht im Blick. Nach Schlegel zielt die Liebe des Künstlers nicht darauf, Werke zu dichten, die die Gegenliebe eines anderen Menschen erregen. Vielmehr ließen Liebe *und Gegenliebe* den Künstler erst zur Menschheit und damit zu vollendeter Poesie gelangen.

Ein jeder, der in der Liebe die Menschheit gefunden habe und das Göttliche verstehe, soll nach Schlegel mitwirken an der »Romantisierung« und »Poetisierung«, an der Verschönerung (»Ästhetisierung«) von Gesellschaft und Welt durch »Poesie der Poesie« um der (Universal-)Poesie willen. »Keiner soll bloß Repräsentant seiner Gattung sein, sondern er soll sich und seine Gattung auf das Ganze beziehen, dieses dadurch bestimmen und also beherrschen.« (A-I 114) Hierin liegt ein ausdrücklicher Widerspruch gegen die Auffassung Schillers, der den Künstler gerade zum »*Repräsentanten* der Gattung« erklärt (ÄE 411). Schlegel kommt es weder darauf an, daß der Künstler seine Individualität mitteilt, noch darauf, daß eine »Vergemeinschaftung« bzw. Vereinheitlichung der Gesellschaft durch den von der eigenen Individualität abstrahierenden Künstler bewirkt wird. Stets gilt sein Interesse dem großen Ganzen, der unendlichen Universalpoesie, die durch die Mannigfaltigkeit

[226] S. o. III.1.

anschlußfähiger Kunstwerke vorangetrieben wird. Schlegel erhöht also die Poesie zum *Endzweck* allen Lebens;[227] als solche hat sie absoluten Selbstzweck-Charakter; für Schlegel ist alle Kunst »Zweck an sich« (L-F 59).

IV. Kritik

Zwar ist es Schlegels Anliegen, daß der Mensch seine volle und ganze Menschheit erlangt. Doch die Menschheit als Gemeinschaft aller Menschen ist für Schlegel von sekundärer Bedeutung. Die Poesie trage bei, daß der *Einzelne* seine sinnlich-geistige Ganzheit lebt. Nicht aber bewirkt sie nach Schlegel unmittelbar die *Einheit* und das *Funktionieren* menschlicher Gesellschaft. Nicht die Gemeinschaft von Individuen durch kunstvoll-kommunikativen Austausch, sondern die Bereicherung der Poesie soll das Ziel des Künstlers sein, für das er sich opfert.

Weil nach Schlegel Liebe und Gegenliebe, wie er sie selbst in seiner Beziehung zu Dorothea Veit erfuhr, schöne Kunst begründen, ist nach Schlegel nur derjenige, der selbst liebt und geliebt wird, in der Lage, vollendete Poesie zu dichten. Schlegel spricht damit von vornherein einem jeden, dem eine zwischenmenschliche Liebesbeziehung nicht gegeben ist, die Fähigkeit göttlichen Dichtens ab. Auch das Verständnis göttlicher Werke und das daran gebundene Wohlgefallen an ihnen muß demjenigen mangeln, der nicht liebt und nicht geliebt wird, weil eben das Verständnis für die Schönheit der Welt nur durch die zwischenmenschliche Liebe erschlossen wird. Noch dazu ist Schlegel sparsam mit Ausführungen darüber, warum nicht jede Liebe in Poesie endet – »nicht jeder Liebe folgt auch die Kunst, nicht jeder Pfeil, den der Sohn der Venus Urania abschießt, verwandelt sich in einen Griffel.« (VB 212)

Die Liebe ist nach Schlegel der grundlegende und weltimmanente *Anstoß* aller Poesie – einen ewigen transzendenten Grund alles Seins berücksichtigt er nicht. Liebe und Gegenliebe eröffneten die Universumsreligion, die Schlegel durch Schleiermacher kennenlernte. In ihr werde dem Menschen seine Menschheit zuteil, und darum bedeute sie den unerschütterlichen Mittelpunkt göttlichen Denkens und Dichtens, der durch Philosophie und Poesie selbst gebildet und gekräftigt werde und der den Künstler zu vollendeten

---

[227] In diesem Verständnis von Poesie steht Schlegel seinem Freund Novalis nahe. Novalis wollte in seinem Romanfragment »Heinrich von Ofterdingen« die Poesie vergöttlichen. »Das Ganze soll eine Apotheose der Poësie seyn.« (Brief von NOVALIS an Ludwig Tieck, Weißenfels, 23. Februar 1800, in: NOVALIS, Schriften, Bd. 4, Nr. 153, 322) – Vgl. dazu ERNST BEHLER, Einleitung, KA I, CXX: Behler stellt – bereits im Blick auf Schlegels Studium-Aufsatz – »eine Note, die an die freie Bekundung der künstlerischen Natur im Sinne der romantischen Ironie oder des l'art pour l'art Prinzips erinnert«, fest.

poetischen Werken befähige. Diese Werke stimmten zum großen Ganzen der Poesie zusammen und erweiterten also die Universalpoesie ins Unendliche. Schlegel nennt im Gegensatz zu Kant und Schleiermacher kein Jenseits, das zur »Erlösung« von irdischer Tätigkeit führt, sondern die romantische progressive Universalpoesie als ewiges Ziel des Menschen. Schlegel verkündet die unendliche Verschönerung der Welt durch den Geist der Liebe in bezug auf eine neue Mythologie, die den Gedanken des Universums und seiner Harmonie auf geistig-sinnliche Weise festhält und auf ironische Weise zum Ausdruck bringen läßt.

Die Wechselbewegung der Ironie ist nach Schlegel – wie bereits festgestellt – die Bewegung der Liebe, durch die das poetische Werk erst seine Vollendung erlangt. Kurz vor seinem Tod am 12. Januar 1829 bringt Schlegel Ironie und Liebe ausdrücklich zusammen: »Die wahre Ironie, da es doch auch eine falsche giebt, […] ist die Ironie der Liebe. Sie entsteht aus dem Gefühl der Endlichkeit und der eignen Beschränkung, und dem scheinbaren Widerspruch dieses Gefühls mit der in jeder wahren Liebe mit eingeschlossenen Idee eines Unendlichen.«[228]

Weil nur die Liebe den Sinn fürs Universum aufgehen lasse, sei sie der Grund, um dessentwillen die Poesie zur höchsten Schönheit gelangen könne und um dessentwillen die Sehnsucht des Endlichen nach dem Unendlichen, von der Schlegel selbst getrieben war, zur Erfüllung kommen könne.

Obwohl Schlegels eigenes Erleben gerade durch die *Gabe* der Liebe, die ihm in der Beziehung zu Dorothea zuteil geworden ist, einflußreich bestimmt ist, verlangt er doch, daß das Leben, die ganze Welt und die Liebe selbst durch philosophische und poetische *Selbsttätigkeit* gebildet werden. Und obwohl Schlegel erfährt, daß wahre Menschheit nur in zwischenmenschlicher Gemeinschaft gegeben ist, ist das soziale Funktionieren von Gesellschaft nicht sein Anliegen; einzig in der phantastischen Welt, die er im Bereich der Kunst bzw. der Philosophie und der Poesie verortet, soll menschliches Leben stattfinden – weder dem Leben noch dem Wesen der Kunst wird er damit gerecht. Denn Werke der Kunst eröffnen zwar einen Bezirk, in dem Künstler und Betrachter von aller umgebenden Weltwirklichkeit in ein »phantastisches Reich« hinein befreit sind. Doch geschieht »das Erlebnis des Kunstwerks« im je konkreten Leben und niemals unabhängig von ihm.[229]

Schlegel übersieht, daß der phantastische Bereich der Kunst vom schlechthin gegebenen Leben nicht zu trennen ist. Er meidet das Leben, das von

---

[228] Philosophische Vorlesungen insbesondere über die Philosophie der Sprache und des Wortes, KA X, 357. – Es ist die ironische Wechselbewegung die Bewegung, die der Eros, den Diotima in Platons Symposion vorstellt, vollzieht (s. o. III.4.5.). Vgl. auch THOMAS MANN, Ironie und Radikalismus, in: Gesammelte Werke, Bd. XII, (568–589) 568: »Immer war Eros ein Ironiker. Und Ironie ist Erotik.«

[229] Zu den Zitaten s. GEORG SIMMEL, L'art pour l'art (Gesamtausgabe, Bd. 13/II), 13.

Gaben und Gegebenem nie unabhängig sein kann und das auch die Organisation menschlichen Zusammenlebens, die sich mit der »Ehe« nicht erübrigt,
gerade um des Lebens willen nicht ausschließen darf. In diesem Punkt
unterscheidet sich seine ästhetische Theorie entscheidend von derjenigen
Schleiermachers. Schleiermachers Ästhetik ist bestimmt von der Einsicht,
daß die Beziehung auf das Gegebene und die menschliche Gemeinschaft der
Kunst wesentlich ist.

Kapitel IV

Zur ästhetischen Theorie Friedrich Schleiermachers

I. Einführung

»Die *Selbstmanifestation* ist Kunst« und »alle Kunstthätigkeit nur Selbstmanifestation«.[1]

*

»Der Saz, daß alle Kunstthätigkeit nur Selbstmanifestation sei, mag sehr gut sein, um sie von allem, was irgend eines Zwekkes wegen gemacht oder gethan wird, zu unterscheiden. Wenn wir aber weiter fragen, was denn der Künstler[2] von sich manifestire […]: so scheint die Antwort auf diese Frage« ebenso noch gegeben werden zu müssen wie Auskunft über die Art und Weise, in der ein Künstler tätig ist (AkR3 187).

Weil nach Schleiermacher das »Selbst« – der noch unbestimmte Inhalt der Kunst – dem Künstler wie jedem Menschen in seinem *unmittelbaren Selbstbewußtsein*, im »Gefühl« gegeben ist, wird in diesem Kapitel zunächst das Wesen des Gefühls vorgestellt (Abschnitt I). Daraufhin wird die *Manifestations- bzw. Darstellungsweise* des gefühlvollen Künstlers behandelt (Abschnitt II). In Abschnitt III wird die Zusammengehörigkeit und Einheit der beiden Aspekte von Kunst bedacht.[3]

---

[1] PsyB 525; AkR3 187; vgl. PsyN 245 und AkR3 184. – Nicht nur in seiner Ästhetik selbst, auch in Psychologie, Ethik und anderen Schriften bezeichnet Schleiermacher menschliche Kunst als bestimmte Kundgabe des »Selbst« bzw. als Manifestation von Gefühl (vgl. E 233. 75(315); PsyA 466; UG2 674). Kunst sei »Selbstmanifestation«, Offenbarung oder auch ein »Sich-selbst-jedem-andern-zur-Anerkennung-darbieten« (PsyB 525; PsyN 248).

[2] SCHLEIERMACHER verwendet gleich KANT und SCHILLER nur die maskuline Form. Denn es gelte für das weibliche Geschlecht: »Zurückstehn in Kunst und Wissenschaft, weil in beiden nur nachbildend.« (PsyB 529; vgl. PsyA 480). Vgl. aber FRIEDRICH SCHLEIERMACHER, Idee zu einem Katechismus der Vernunft für edle Frauen; hier fordert Schleiermacher die Überwindung dieser Rückständigkeit; abgedruckt im Athenäum, s. A-F 364.

[3] Im folgenden werden zahlreiche Schriften Schleiermachers zur Interpretation seines Ästhetikverständnisses nebeneinander, sich gegenseitig ergänzend und auslegend verwendet; diese Arbeitsweise ist dadurch als angemessen bestätigt, daß Schleiermacher selbst immer wieder auf schon verfaßte eigene Abhandlungen verweist.

II. Unmittelbares Selbstbewußtsein – das »Selbst«

Im Unterschied zum *objektiven* Bewußtsein (Wahrnehmung) bezeichnet Schleiermacher das *subjektive* Bewußtsein (Empfindung) eines Menschen als »Selbstbewußtsein«.[4] Eine Empfindung bzw. ein sinnliches Gefühl sei im Gegensatz zu einer Wahrnehmung nicht auf das Objekt der Rezeption, sondern auf ihr Subjekt bezogen.[5] Die »Grundformen aller Gefühle«, die das Subjekt empfinde, seien Lust und Unlust je nach dem, ob ein sinnliches Gefühl den Lebensprozeß fördere oder hemme und also mit Freude oder leidvoll zu spüren sei (PsyA 429).[6]

Das sinnliche Gefühl[7] entstehe jedoch nicht allein durch die Rezeption des über die leiblichen Sinne[8] auf den Menschen einwirkenden Außer-uns. Der Empfang des Außer-uns beruhe auch auf dem »Sichöffnen der Sinne«, das als ein »Act der Selbstthätigkeit« anzusehen sei, »und beides [Rezeption und spontanes Handeln] ist dann gleich ursprünglich, aber nicht von einander zu unterscheiden« (PsyN 82).[9]

Am Beginn menschlichen Lebens, auf der untersten Stufe der Bewußtseinsentwicklung, sind nach Schleiermacher Wahrnehmung von Gegenständen und Gefühl »noch unentwickelt ineinander verworren«. Auf der mittleren Stufe träten »das Gegenständliche und das In-sich-Zurückgehende« auseinander (GL 5,1,31). Ihre Unterscheidung ermögliche dem Fühlenden, sein »Sosein« auf das in seinen Gefühlen »Mitgesetzte und Mitbestimmende«, auf das Gegenständliche zurückzuschieben und sich diesem gegenüberzustellen, »und zwar so, daß wir uns als Einzelne […] einem anderen einzelnen entgegensetzen« (GL 5,1,32).
Sobald das »Gattungsbewußtsein«, das nach Schleiermacher in einem jeden Menschen angelegt ist,[10] geweckt sei,[11] werde das entgegengesetzte »Einzelne« unterschieden als der Gattung zugehörig oder fremd. Als »Gattung« bezeichnet Schleiermacher »[d]ie Gesammtheit der einzelnen […] sofern die Natur in allen dieselbe ist und als dieselbe sich immer wieder erneuert« (PsyB 498).

---

[4] S. PsyN 70; PsyB 503.

[5] Vgl. PsyA 421.

[6] Vgl. GL 5,4,37.

[7] S. dazu KIRSTEN HUXEL, Ontologie, 174–179.

[8] Schleiermacher nennt sechs Sinne, den Hör-, den Seh-, den Geruchs-, den Geschmacks- und den Tastsinn sowie den Hautsinn (PsyA 422).

[9] Schleiermacher erachtet »das Oeffnen und Geöffnetsein der Sinne ebensosehr als ein Product der Selbstthätigkeit wie als das Resultat von den Einwirkungen äußerer Reize« (PsyN 83); vgl. PsyB 502.

[10] Vgl. PsyN 66.73. Das Gattungsbewußtsein ist neben dem »Einzelbewußtsein« das andere Element des Ich (PsyC 538).

[11] Vgl. PsyC 547.

Wenn das »Gattungsbewußtsein« eines Menschen dessen »Anerkennung andrer als Menschen« bewirke, dann werde er nicht mehr nur von »selbstischen« Gefühlen, sondern auch von »geselligen« Empfindungen[12] bestimmt.[13] Daran gebunden sei sein Mitteilungsbedürfnis gegenüber anderen Gattungswesen, »das sich ihnen mittheilen wollen«,[14] und das ist »das die Gattung wollen« (PsyB 524).

Außer selbstischen und geselligen Empfindungen bestimme auch das Verhältnis zur Natur (Naturgefühl) das Selbstbewußtsein eines Menschen.[15] Dabei unterscheidet Schleiermacher bloß sinnliche Naturempfindungen vom Wohlgefallen am Naturschönen und vom Gefühl für das Erhabene der Natur.

1. Das Gefühl für das Erhabene und das Schöne der Natur[16]

Erhabenheit zeige die Natur in ihren »allgemeinen Potenzen«; erhaben wirke sie durch kraftvolle, gewaltige Erscheinungen wie beispielsweise Sturm oder Gewitter (PsyA 463). Der erhabene Naturgegenstand bereite im Gegensatz zum Schönen nicht »Ruhe und Befriedigung«, sondern wirke aufregend und deprimierend im Wechsel.[17] Denn der Betrachter des erhabenen Gegenstandes werde dazu gereizt, die Kraft desselben »zu erschöpfen in der Auffassung«, was ihm aber nicht gelinge (PsyN 209). Folgerichtig gelangt der Betrachter zu dem »Bewußtsein von dem Bedingtsein unserer Wirksamkeit durch allgemeine Potenzen«, das dem *Gefühl schlechthinniger Abhängigkeit* vergleichbar und mit ihm verbunden ist (GL 46,1,226).[18]

---

[12] S. dazu Kirsten Huxel, Ontologie, 189–193.

[13] Vgl. PsyB 519.

[14] Das Gattungsbewußtsein bewirke, »daß wir aus uns heraustreten für andere, und sobald wir in einem bewegten Momente zu dem Bewußtsein kommen, daß niemand da sei, so werden wir auch die Bewegung hemmen« (PsyN 73). Vgl. dazu aber u. IV.; Schleiermacher nimmt auch an, die religiöse Bestimmtheit des Künstlers dränge diesen, sich jederzeit zu offenbaren.

[15] S. PsyB 520f.

[16] Nach seiner ersten Psychologie-Vorlesung von 1818 setzt Schleiermacher das »Naturgefühl« nicht mehr mit dem »ästhetischen Gefühl« gleich (vgl. PsyA 462 gegen PsyB 520ff.). Denn dieses ist ab 1819, also seit der ersten Ästhetikvorlesung, der Kunstrezeption vorbehalten. Darauf achten Thomas Lehnerer, Kunsttheorie, 131ff. und Dorothee Schlenke, Geist und Gemeinschaft, 45ff. nicht. – Zum markanten Unterschied zwischen dem Wohlgefallen am Naturschönen und am Kunstschönen s. u. III.6.10.

[17] S. PsyN 211.

[18] S. u. II.3. Wie in bezug auf den transzendenten Grund bestehe auch angesichts des Erhabenen der Natur ein dem Bewußtsein schlechthinniger Abhängigkeit verwandtes Gefühl. Auch das Erhabene bewirke «ein sich verlieren in das unendliche, mit dem Bewußtsein verbunden, daß hier eine jede Reaction völlig unstatthaft ist». Deshalb habe das religiöse Gefühl «die größte Analogie […] mit dem Eindrukk des erhabenen» (PsyN 211; vgl. PsyB 522).

Außer dem Gefühl, das das Erhabene der Natur verspüren läßt, nennt Schleiermacher das Wohlgefallen an Naturschönheit. Im Unterschied zu bloß sinnlichen Empfindungen gegenüber der Natur, zeichne sich dieses Gefühl dadurch aus, daß es »einen höheren intelligenten Charakter allerdings mit dem objectiven Bewußtsein verbunden, aber doch nicht aus demselben entspringend« besitze (PsyB 520/521).[19] Weil der Eindruck, den ein schöner Gegenstand auf seinen Betrachter mache, »objective Auffassung« verlange, sei die Empfindung des Naturschönen mit objektivem Bewußtsein verbunden. Doch beruhe das Wohlgefallen an einem schönen Gegenstand nicht darauf, daß er objektiv aufgefaßt sei, denn auch ein häßlicher Gegenstand könne »auf das genaueste« aufgefaßt werden (PsyB 521). Vielmehr setze das Gefühl für das Schöne der Natur voraus, daß der Naturgegenstand sich in einem bestimmten Verhältnis zu einem allgemeinen Schema befindet, wodurch die objektive Auffassung grundlegend beeinflußt wird.

Schleiermacher unterscheidet das Vorkommen von Naturschönheit im »allgemeinen Leben« von demjenigen im »individuellen« (PsyB 521). Zu jenem zählt er Ausschnitte der Erdoberfläche. Die menschliche Gestalt[20] und auch die Gestalt von Tieren gehörten zum individuellen Bereich. Die vegetative Natur sei eine »Lebensstufe, die zwischen dem allgemeinen und individuellen noch schwankt« (PsyN 201).

Um die »Schönheitskriterien« für den Bereich des individuellen Lebens aufzuzeigen, behandelt Schleiermacher die Schönheit einer einzelnen menschlichen Gestalt. Ihre Schönheit erweise sich im Vergleich mit dem »allgemeinen Schema[21] [Gattungsbild] welches wir uns schon durch die ursprüngliche sinnliche Wahrnehmung gebildet haben« (PsyN 204/205);[22] ein Schema der menschlichen Gestalt entstehe »durch wiederholte Beobachtung« einzelner Exemplare der Gattung Mensch und sei die »Norm für alle Differenzen« (PsyN 206).[23] Weil die Gestalten von Menschen ihrem jeweiligen klimatischen und nationalen Umfeld entsprechend differierten, fielen auch ihre Schemata verschieden aus.[24]

---

[19] Vgl. PsyA 462.

[20] »Das Wohlgefallen am schönen ist offenbar dasselbe auch an der menschlichen Gestalt, aber nicht zusammenhängend mit Gattungsbewußtsein, sondern gleichartig dem Naturgefühl, sofern die Gestalt ein Theil der irdischen Natur ist.« (PsyB 521).

[21] Statt »Schema« verwendet Schleiermacher auch die Begriffe »Norm« und »allgemeines Bild« (PsyN 206).

[22] S. auch PsyB 515.521.

[23] Vgl. PsyB 515: »Haben wir erst Bilder von einzelnen Gegenständen, so ist es nur in derselben Richtung fortschreitend, wenn wir die einzelnen Exemplare als solche vergessen und nur das allgemeine Bild der Art und so auch das Gattungsbild = Schema festhalten.« – Vgl. dazu KU 57 ff.

[24] S. PsyC 546.

Häßlich sei diejenige Gestalt, die das gefundene Schema nur schwer erkennen lasse. »Gleichgültig« nennt Schleiermacher alles, was in dem freien
Spielraum liegt, den das Schema den einzelnen Gestalten gewähre.[25] Das
Schöne sei das, »wodurch das Schema selbst in seiner Reinheit vergegen-
wärtigt wird und woraus sich die Differenzen [aller einzelnen Exemplare]
erklären« (PsyB 521).

Dadurch, daß das Schöne das Schema in seiner Reinheit vergegenwärtige,
sei das objektive *Auffassen des Schönen erleichtert*.[26] »Weil bei jedem objektiv
begreifenden Erkennen ein Einzelnes auf ein Allgemeines bezogen wird,
wird der Erkenntnisvorgang durch dasjenige Einzelne *erleichtert*, das von sich
aus schon den Inbegriff der im allgemeinen Schema angelegten Besonderheit
repräsentiert.«[27] Und eben die »Erleichterung der Auffassung« verursache
Wohlgefallen (PsyN 205).

Die Erleichterung des Erkenntnisvorgangs, nicht aber die Erkenntnis
selbst bereitet nach Schleiermacher Wohlgefallen an einer schönen Gestalt.[28]
Gleiches gelte in Hinsicht auf einen Teil der Welt, einen Teil, der dem allgemeinen Leben angehört. Dabei müsse »das Verhältniß des einzelnen Theils
zum Ganzen« beachtet werden (PsyN 207). Das Wohlgefallen an einem »Na-
turteil«, einem Ausschnitt der Welt, sei desto größer, »je mehr die Elemente
auf einem Raum zusammen sind«, weil dadurch ebenfalls das Allgemeine im
Besonderen leichter erkannt werde (PsyN 208).[29]

Wie die Untersuchung zeigt, ist die Erkenntnis des Naturschönen zwar an
objektives Bewußtsein gebunden. Doch wird das Wohlgefallen am Naturschönen als Erleichterung der Auffassung im subjektiven Bewußtsein empfunden; aus diesem also entspringt das Gefühl für das Schöne der Natur.[30]

Das Wohlgefallen am Naturschönen trägt nach Schleiermacher »den Reiz in
sich [...] zu künstlerischer Production des schönen« (PsyN 206). Dabei sei das
Wohlgefallen, das ein schönes Kunstwerk bewirke, »gleichartig« demjenigen

---

[25] S. PsyN 205.

[26] S. dazu ebd.

[27] Thomas Lehnerer, Kunsttheorie, 133.

[28] S. PsyN 205.208.

[29] »Ein schönes Stükk Natur ist nur ein solches, in welchem sich alle Erdelemente vereinigen«
(PsyA 463).

[30] Vgl. PsyN 209. Das »specifische des Wohlgefallens« am Schönen der Natur beruhe auf dem
»Afficirtsein durch einen Zustand des objectiven Bewußtseins aber nicht als bloße Auffassung,
sondern insofern in einem einzelnen das Ziel des Erkennen-wollens in irgend einer Beziehung
erreicht ist, so daß der ganze Proceß darin Ruhe und Befriedigung findet. Es ist also unver-
kennbar hier, daß ich mich so ausdrükke, ein speculativer Gehalt, aber rein dem subjectiven
Bewußtsein inhärirend und daher auch nicht als Gedanke und Begriff ausgesprochen, sondern
als Gefühl; es realisirt sich dieser Zustand auch nur an Gegenstände, welche auf gewisse Weise
das, was die Tendenz des Erkennenwollens ist, die Beziehung auf die Totalität in einem einzelnen
Fall zur Anschauung bringen.« (PsyN 209).

am Schönen der Natur. Doch sei es »nur aus der Production zu verstehen« (PsyB 521). Die Interpretation wird zeigen, daß das Wohlgefallen an einem Kunstwerk zwar auch auf dem Vergleich eines Einzelnen mit einem Allgemeinen beruht, jedoch nicht auf der erleichterten Erkenntnis des vornehmlich durch die sechs Sinne[31] vermittelten Allgemeinen angesichts des im natürlichen Prozeß gewordenen *realen* Einzelnen. Denn nach Schleiermacher hält sich die Produktion des Kunstschönen von der Wirklichkeit fern.

2. Die Gegensätze und der höchste Gegensatz

Die drei Arten von Empfindung, selbstische, gesellige und bloße Naturgefühle, faßt Schleiermacher zusammen in dem Begriff des *sinnlichen Selbstbewußtseins*.[32] Als sinnlich bezeichnet Schleiermacher die Empfindungen, die der Einzelne demjenigen gegenüber fühlt, gegenüber welchem er sowohl relative Abhängigkeit als auch relative Freiheit verspürt.[33] Das in seinen sinnlichen Gefühlen mitgesetzte und mitbestimmende Einzelne begegne dem Menschen, der zugleich rezeptiv wie spontan tätig sei, auf gleichfalls rezeptive wie spontane Weise. Das »gesamte Außeruns«, mit dem der Mensch in rezeptiver und spontaner »*Wechselwirkung*« stehe und dem er selbst angehöre, nennt Schleiermacher »*Welt*« (GL 4,2,26).

Die Wechselwirkung zwischen Mensch und Welt ist nach Schleiermacher nicht nur durch den Gegensatz von Rezeptivität und Spontaneität bestimmt,[34] sondern auch durch den Gegensatz von Realem und Idealem, von Natur und Vernunft, den Schleiermacher den *höchsten* nennt.[35] Der höchste Gegensatz entspricht dem Gegensatz von Mensch und Welt/Natur und ist zugleich im Menschen selbst vorhanden. Im »menschlichen Organismus«, der als ein »Theil der allgemeinen Natur« gilt, sei »eine Einigung mit der Vernunft schon gegeben« (E 39. 10(250)).[36] Der Gegensatz sei dem Menschen »eingeboren

---

[31] S. o. Anm. 8.

[32] S. GL 5,1,32.

[33] Entsprechend faßt Schleiermacher in der Glaubenslehre »unter dem Ausdruck sinnlich« nicht nur die selbstischen, sondern auch die Gefühle gegenüber der Natur sowie das gesellige Gefühl zusammen, obwohl nach Schleiermachers Psychologie letztere geistiger Art sind und sich auf einer höheren Bewußtseinsstufe befinden (vgl. PsyB 519). Denn auch sie hätten eben »insgesamt in dem Gebiet des Vereinzelten und des Gegensatzes ihren Ort« (GL 5,1,32).

[34] »Wir mögen unsere Verhältnisse zur Natur betrachten oder die in der menschlichen Gesellschaft«, stets zeigten sich die natürlichen Gegenstände wie auch jedes menschliche Gegenüber in »Wechselwirkung« mit den eigenen Tätigkeiten (GL 4,2,26 f.).

[35] Der *Gegensatz des Realen und Idealen* ist nach Schleiermacher »der höchste für uns« (DialO 176; ÄO 26). »Die Totalität des Seins als Endlichem muß ausgedrückt werden durch Einen höchsten Gegensaz« (E 23. 8(248)). Vgl. zum höchsten Gegensatz FALK WAGNER, Schleiermachers Dialektik, 83 ff.; THOMAS LEHNERER, Kunsttheorie, 42 ff.

[36] Vgl. auch UG1 549.

unter der Form von Seele und Leib, Idealem und Realem, Vernunft[37] und Natur«, Bewußtsein und Sein, *niederem und höherem Selbstbewußtsein* (E 27. 8(248)).[38] Schleiermacher unterscheidet in Hinsicht auf den Menschen zwei Seiten, mit denen dieser dem Außeruns begegnen könne, eine geistige (intellektuelle, ideale) und eine sinnlich-leibliche (organische, reale) Seite.[39]

Die Gegensatzpaare Rezeptivität–Spontaneität und Vernunft–Natur sind nach Schleiermacher von grundlegender Bedeutung für jede menschliche Tätigkeit, für Denken, Wollen und Fühlen. Nach Schleiermacher differieren diese Tätigkeiten darin, daß auf Grund der vernünftigen Natur des Menschen einerseits das Außeruns oder das Reale vermittelst der Sinnlichkeit zu Bewußtsein gebracht wird (Denken), andererseits das je eigene Sein äußerlich wird (Wollen). »Im Denken ist das Sein der Dinge in uns gesetzt auf unsere Weise, im Wollen ist unser Sein in die Dinge gesetzt auf unsere Weise.« (DialO 288)[40] Entsprechend überwiegt beim Denken die Rezeptivität und umgekehrt in einem Willensakt die Spontaneität des Menschen, so »daß das *Ideale im Subjekt* einmal als *Resultat* (Wissen) genommen wird und das andere Mal als *Anfang* (Wollen)«[41].

Doch wie jedes Wollen in einem Denken gründe,[42] so gehöre zum Denken auch das Äußerlichwerden des Gedachten.[43] Das Denken sei »diejenige *innere Geistestätigkeit, die erst durch das Reden eine vollkommene wird«* (DialO 126).[44]

---

[37] In den einzelnen menschlichen Individuen sei die Totalität der Vernunft »zersplittert«, so daß alle Anteil an ihr hätten und durch sie miteinander in Verbindung ständen (UG1 551). Schleiermachers »ethische Grundvoraussetzung« ist »die uns Allen ursprünglich einwohnende Überzeugung von der Identität der Vernunft in Allen« (UG2 661). »Die Vernunft ist aber nur in den Persönlichkeiten verteilt gegeben, also für die Gesamtheit der Persönlichkeiten, für die Gemeinschaft, es ist ein absolut Gemeinschaftliches.« (Br 15(91)).

[38] Vgl. E 46.ff. 199ff.(531ff.); UT 322; vgl. DialO 174ff.

[39] Vgl. DialO 141; vgl. ÄLe 8/9.

[40] Vgl. dazu DOROTHEE SCHLENKE, Geist und Gemeinschaft, 75.

[41] THOMAS LEHNERER, Kunsttheorie, 55. Zur Unterscheidung von Denken und Wollen und ihrem Verhältnis zu Rezeptivität und Spontaneität vgl. a. a. O., 54f. Zum Verhältnis von »*Denken* und *Fühlen*, bzw. Wahrnehmen und Empfinden«, das beides zur Rezeptivität des Menschen gehört vgl. a. a. O., 120f.

[42] S. DialO 284.

[43] S. DialO 126.

[44] Schleiermacher geht davon aus, »daß es gar kein Denken ohne Sprache giebt« (PsyN 138). Es sei gewiß, »daß Denken und Sprechen auf das genauste zusammengehören, das leztere aber eine ausströmende Thätigkeit ist« (PsyN 150). »[W]eil Sprache nicht ein innerliches bleiben will, sondern das Gattungsbewußtsein und die Tendenz auf Mittheilung in sich hat« (PsyB 503), sei sie stets darauf ausgerichtet, äußerlich zu werden und das Gedachte kundzutun. Bei jeder menschlichen Tätigkeit müssen nach Schleiermacher Rezeptivität, ein »In-sich-Aufnehmen«, und Spontaneität, ein »Aus-sich-Hinstellen«, aneinander gekoppelt sein (E 5. 19(259); vgl. 3. 35(275)). »Ein rein innerlicher Verlauf, der weder in seinem Anfange noch an seinem Ende eine Beziehung hätte auf das Aeußerlich-werden-wollen, ist also nur ein Schein, und es giebt einen rein innerlichen Verlauf innerhalb des bloßen Einzelwesens überhaupt nicht.« (PsyN 69).

Weil alles Wollen auf Denken beruhe und Denken auch Wollen sei, gilt nach Schleiermacher, »daß der Gegensatz zwischen diesen beiden Funktionen immer nur ein relativer ist« (DialO 285).[45] Es könne aber weder das Wollen aus dem Denken noch das Wissen aus dem Tun entstehen »ohne eine dazwischentretende Bestimmtheit des Selbstbewußtseins«, die den Übergang vom einen zum anderen gewährt (GL 4,5,23).

3. Das Gefühl

Der Übergang zwischen den beiden Bewußtseinsfunktionen und damit das Denken und das Wollen selbst sind nach Schleiermacher dem Menschen in seinem stets irgendwie bestimmten *unmittelbaren Selbstbewußtsein*, im *Gefühl*, gegeben.[46] Vom Gefühl sei das »*reflektierte Selbstbewußtsein*« verschieden; doch sei »eins ohne das andere nicht zu denken« (DialO 288.290).

Nur auf Grund des zu jeder Zeit in jedem Menschen vorhandenen unmittelbaren Selbstbewußtseins sei ein Übergang zwischen Denken und Wollen und damit die Kontinuität menschlichen Lebens gewährleistet.[47] Der Übergang geschehe über das unmittelbare Selbstbewußtsein, weil in ihm die Identität der beiden einander relativ entgegengesetzten Funktionen gegeben sei. »Wir haben [...] die Identität des Denkens und Wollens im unmittelbaren Selbstbewußtsein.« (DialO 287). Mit dem Selbstbewußtsein ist nach Schleiermacher also die Möglichkeit gegeben, jederzeit die eine oder andere Tätigkeit auszuführen.[48] Die Identität beider Funktionen sei mit dem unmittelbaren Selbstbewußtsein in jedem Menschen *grundlegend* gesetzt, was ihn erst befähige, selbst und eigenständig zu »setzen«, und zwar entweder das Sein der Dinge in uns oder unser Sein in die Dinge.[49] Das »Gefühl« gewährt also nicht bloß den Übergang zwischen Denken und Wollen. Zugleich ist es nach Schleiermacher allem Denken und Wollen *fundierend voraus-gesetzt*;[50] gesetzt und bestimmt sei es durch den *transzendenten Grund*, ihm verdanke es die Fähigkeit zu denken und zu wollen ursprünglich. Weil der Mensch im Gefühl als »die Einheit des denkend wollenden und wollend denkenden Seins

---

[45] Auf Grund der engen Verbundenheit beider Bewußtseinsfunktionen des Menschen kann Schleiermacher sogar ihre Identität behaupten: »[J]edes Denken ist ein Wollen und umgekehrt« (DialO 274).

[46] S. DialO 286/287.

[47] Vgl. PsyC 533; GL 5,3,35: Es wäre »der Zusammenhang unseres Daseins für uns selbst unwiderbringlich zerstört«, wenn »unser Vorstellen und Tun ganz von Selbstbewußtsein entblößt« wäre.

[48] S. DialO 286 ff.; Dial1 266.

[49] S. DialO 288.

[50] Vgl. Thomas Lehnerer, Kunsttheorie, 67: »Das unmittelbare Selbstbewußtsein muß [...] als integrierter (qua Übergang), *zugleich* aber fundierender Bestandteil des lebendigen Subjekts interpretiert werden.«

irgendwie, aber gleichviel wie, [immer schon] bestimmt [sei]«, habe er in diesem allerdings »die Analogie mit dem transzendenten Grunde, nämlich die aufhebende Verknüpfung der relativen Gegensätze« (DialO 289).[51] Ursprünglich bestimmt und bedingt sein könne der denkende und wollende Mensch nur durch etwas, das selbst nicht in dem Gegensatz von Wollen und Denken, von Spontaneität und Rezeptivität, Freiheit und Bedingtheit sowie in dem von Idealem und Realem begriffen sei, »also durch den transzendenten Grund selbst. Diese transzendente Bestimmtheit des Selbstbewußtseins nun ist die religiöse Seite desselben oder das *religiöse Gefühl*, und in diesem also ist der transzendente Grund oder das höchste Wesen selbst repräsentiert.« (DialO 289/290)[52]

Das höchste Wesen (Gott) sei dem religiösen Menschen als der transzendente, schöpferische Grund sowohl des eigenen wie jeglichen Seins bewußt, weil er sich mit dem Sein der Dinge, das wie er selbst »als Wirkendes und Leidendes gesetzt ist«, identifiziere. Der religiöse Mensch erkenne, daß das Sein der Dinge zwar wie er selbst »in den Gegensatz der Empfänglichkeit und Selbsttätigkeit verflochten« und darum relativ frei sei. Aber eben nur relativ sei die Freiheit gegenüber anderem weltlichen Sein. Schlechthin nämlich sei die Bedingtheit und Abhängigkeit allen Seins vom transzendenten Ursprung aller Dinge und Gegensätze, die ein »*allgemeines Abhängigkeitsgefühl*« und ein Gefühl schlechthinniger Abhängigkeit verursache (DialO 290).[53]

Im Bewußtsein schlechthinniger Abhängigkeit fühle sich das einzelne endliche menschliche Sein nicht mehr als anderem einzelnen entgegengesetzt. Vielmehr sei »hierin aller Gegensatz zwischen einem einzelnen und einem anderen aufgehoben«. Im religiösen Gefühl fühle sich der Einzelne nicht als Einzelner unter Einzelnen, sondern zugehörig zu dem »endlichen Sein überhaupt«, das bedingt und bestimmt sei durch das eine allumfassende Unendliche (GL 5,1,32). Das mit dem schlechthinnigen Abhängigkeitsgefühl gegebene Bewußtsein Gottes nennt Schleiermacher entsprechend »das Bewußtsein der absoluten Einheit alles Lebens d.h. der Gottheit[54], und die Beziehungen aller Lebenszustände auf dieses sind dann die *religiösen Gefühle*« (PsyA 460). Die religiösen Gefühle verdankten sich der Bezogenheit aller Lebenszustände auf

---

[51] S. Dial1 266.

[52] S. Dial1 267.

[53] S. GL 4. Von Schleiermacher »wird in der Dialektik das Abhängigkeitsgefühl aus der Beziehung des rein selbsttätigen Selbstbewußtseins auf sich selbst gewonnen, während in der Glaubenslehre das Abhängigkeitsgefühl aus der Relation von auf die Welt bezogener Freiheit und Abhängigkeit hergeleitet wird, um so sowohl das Sich-Gegebensein der Selbsttätigkeit als auch das eben gegebene Gegebensein der Gegenstände der Welt erklären zu können« (FALK WAGNER, Schleiermachers Dialektik, 209).

[54] Gott sei dasjenige Wesen, »in welchem die Einheit und Totalität der Welt gesetzt wird« (Br 102(178)). Die menschliche Beziehung zu dieser Einheit, zu diesem Unendlichen, nennt Schleiermacher Religion (Br 101(177)).

»[d]ie Einheit schlechthin, in welcher [...] jeder Gegensaz aufgehoben ist«, und diese ist »die unnennbare des Allerhöchsten« (E 40. 296(626)).

Nach Schleiermacher kann das Gefühl schlechthinniger Abhängigkeit, das Gottesbewußtsein, nie *als solches*, sondern immer nur in Verbundenheit mit Realem vorhanden sein.[55] Einmal »gewekkt«[56], sei das schlechthinnige Abhängigkeitsgefühl »immer da und immer sich selbst gleich«; nur aber in Bezogenheit auf das sinnliche Selbstbewußtsein, auf eine Empfindung, trete es hervor und komme zu Bewußtsein (GL 5,3,34/35);[57]

»niemand wird einen Moment des Bewußtseins fixieren, wo die Beziehung des unmittelbaren Selbstbewußtseins auf den transzendenten Grund ganz rein wäre. Wir haben es immer zugleich mit einem andern, d. h. unser Selbstbewußtsein ist immer von der äußeren Mannigfaltigkeit affiziert, zugleich aber auch vom transzendenten Grunde an sich, welcher alle Mannigfaltigkeit aufhebt. Diese beiden Seiten[58] [die sinnliche und die religiöse] liegen immer im Selbstbewußtsein, und es gibt keinen Moment, wo die religiöse Seite ganz fehlte.« (DialO 293)[59]

»Niemand kann sich auch in einigen Momenten ausschließend seiner Verhältnisse im Gegensatz [wie sie das sinnliche Selbstbewußtsein vermittelt] und in anderen wiederum seiner schlechthinnigen Abhängigkeit an und für sich und im allgemeinen bewußt sein, sondern als ein im Gebiet des Gegensatzes für diesen Moment schon auf gewisse Weise bestimmter ist er sich seiner schlechthinnigen Abhängigkeit bewußt.« (GL 5,3,35)[60]

Im unmittelbaren Selbstbewußtsein, im *Gefühl*, ist sich also der Mensch – je nach Dominanz seiner religiösen Seite – nicht nur seiner rezeptiv-spontanen Einheit, sondern vor allem seiner *sinnlich-geistigen Ganzheit* bewußt; »erst im Gefühl kann sich das Individuum selbst als eine geistige und organische Einheit gegenüber einer Außenwelt erfassen«[61]. Denn wie die Untersuchung

---

[55] Gerade angesichts des Realen ist nach Schleiermacher dem Menschen *dieselbe* schlechthinnige Abhängigkeit alles Seins bewußt.

[56] »Das Gottesbewußtsein als Selbstbewußtsein ist nicht von außen hervorgebracht sondern nur von außen gewekkt, innerlich aber ebenso angelegt als dem allgemeinen endlichen Seinsbewußtsein angehörig, wie das Gattungsbewußtsein angelegt ist und nur durch die menschliche Erscheinung gewekkt wird.« (PsyC 547).

[57] Vgl. DialO 290. Das religiöse Gefühl ist nach Schleiermacher »ein überall durchgehendes und begleitendes« (DialO 288). Zur »Begleitung« des Gefühls s. DOROTHEE SCHLENKE, Geist und Gemeinschaft, 144 f.

[58] Was Schleiermacher in der Dialektik als »Seiten« bezeichnet, nennt er in seiner Glaubenslehre »Stufen«. Die mittlere Stufe des Selbstbewußtseins, das sinnliche Selbstbewußtsein, müsse stets vorhanden sein, damit das höchste, das religiöse, beharrlich sein könne (GL 5,3,35).

[59] Sei das Gottesbewußtsein geweckt, finde es sich »auf allen Stufen der [psychologischen] Entwikklung und erweitert sich mit dieser« (PsyB 522). Denn: »Es giebt von jedem Punkt aus einen Uebergang zum andern, wie auf jedem der aufzuhebende Gegensaz sich findet.« (PsyB 522) – S. dazu KIRSTEN HUXEL, Ontologie, 194.

[60] »Dieses Bezogenwerden des sinnlich bestimmten auf das höhere Selbstbewußtsein in der Einheit des Momentes ist der Vollendungspunkt des Selbstbewußtseins.« (GL 5,3,35).

[61] THOMAS LEHNERER, Kunsttheorie, 94. – Das Bewußtsein seiner selbst hat nach Schleiermacher der religiöse Mensch nicht, ohne sich zugleich Gottes bewußt zu sein. Entsprechend sei

zeigt, ist nach Schleiermacher die geistige oder vernünftige Seite des Menschen diejenige, die – im Gegensatz zu Kant, Schiller und Schlegel – nicht auf ein höchstes Moralgesetz oder göttliche Verstandesgedanken, vielmehr auf den transzendenten Grund allen Seins bezogen ist; durch diese Bezogenheit müssen nach Schleiermacher Denken und Wollen bestimmt sein, damit sie sittlich sind.[62]

Im Unterschied zu einer jeden sinnlichen Empfindung, die im Umgang mit der Mannigfaltigkeit der Welt entstehe und wie das Denken auch äußerlich werden wolle,[63] sei das religiöse Fühlen »gänzlich ein Insichbleiben« (GL 3,3,18). Auf Grund der Verbundenheit beider Seiten, der sinnlichen und der geistig-religiösen, bringt allerdings – wie die Interpretation im folgenden aufweist – der religiöse Mensch bei seinen Äußerungen sein religiös bestimmtes sinnliches Selbstbewußtsein bzw. sein sinnlich affiziertes religiöses Gefühl zum Ausdruck. Für Schleiermachers Kunstverständnis ist das von entscheidender Bedeutung.

4. Religiosität / Frömmigkeit

Nach Schleiermacher ist die *Religiosität* bzw. die *Frömmigkeit* eines Menschen bestimmt durch die Bezogenheit seiner vielfältigen einzelnen Lebenszustände auf die Einheit des Lebens, durch das »Zugleichsein« von sinnlichem und höherem Selbstbewußtsein »in demselben Moment« (GL 5,3,35). Je intensiver das sinnliche Selbstbewußtsein auf das Gottesbewußtsein bezogen, das heißt von diesem dominiert werde, und je leichter und häufiger einem Menschen bei sinnlichen Erregungen seine Abhängigkeit vom transzendenten Grund und seine Verbundenheit mit Gott zu Bewußtsein komme, desto frömmer (religiöser) sei er.[64] Die unmittelbare Erfahrung schlechthinniger Abhängigkeit bzw. die »Gewißheit über das schlechthinnige Abhängigkeitsgefühl als solches« bezeichnet Schleiermacher als »Glauben an Gott« (GL 14,1,95). Dadurch, daß der fromme Mensch seinen sinnlichen Empfindungen im Glauben begegne, stelle er unmittelbar »alles, was uns erregt und auf uns einwirkt, in die schlechthinnige Abhängigkeit von Gott« (GL 46).

---

er in seinem unmittelbaren *Selbst*bewußtsein »der Einheit seines Daseins als einer in der Einheit alles Seins, d.h. in Gott ruhenden Einheit gewiß.« (Theodor Jørgensen, Predigt als Selbstdarstellung, 179).

[62] S.u. II.7.
[63] Vgl. DialO 126.
[64] S. GL 5,3,36 und 5,4,38; vgl. dazu 6,3,44: Anzahl und Intensität frommer Erregungen bestimmen den Grad der Frömmigkeit. – Was Schleiermacher in der ersten Auflage der Reden und noch im Brouillon zur Ethik »Religion« nennt, bezeichnet er ab der zweiten Auflage seiner Schrift »Über die Religion« auch mit »Frömmigkeit«; vgl. Christian Albrecht, Schleiermachers Theorie der Frömmigkeit, 12, v.a. Anm. 18.

Sobald jedoch reflektiert werde über den Grund, von dem »alles, was uns erregt und auf uns einwirkt«, schlechthin abhängig ist, stelle sich die Frage nach dem Verhältnis zwischen dem Urheber alles Seienden und dem Seienden selbst, zwischen Gott und Welt.[65] Gott und Welt könnten nicht identifiziert werden, »*weil die beiden Ausdrücke nicht identisch sind*«. Zugleich könnten wir sie »*nicht ganz voneinander trennen*« (DialO 304). Denn der transzendente Grund sei zwar nur einer und jeglichem Gegensatz enthoben, dem Menschen aber immer nur in Verbundenheit mit der Idee der Welt gegeben. »In der Trennung von der Welt wäre er etwas, was wir weder kennten noch wollten.« (DialO 301) Werde die Welt jedoch, damit sie nicht im Gegensatz zu Gott erscheint, als *freie Schöpfung* Gottes vorgestellt, »so denkt auch jeder, Gott hätte die Welt auch nicht schaffen können« (DialO 298). Es müßte also eine *Notwendigkeit* vorausgesetzt werden, derentwegen er sie geschaffen hat. Dadurch aber wäre Gott als im Gegensatz von Freiheit und Notwendigkeit begriffen und als bedingt gedacht, was eben dem Wesen Gottes widerspreche.[66] Wie das Verhältnis von Gott und Welt bei Berücksichtigung der Gegensatzlosigkeit Gottes nach Schleiermacher bestimmt werden muß, zeigt die Interpretation der göttlichen Kunsttätigkeit, die Schleiermacher in seiner Glaubenslehre beschreibt.[67]

Der Grad der Frömmigkeit eines Menschen wird nach Schleiermacher bestimmt durch den Wechsel der beiden entgegengesetzten Charaktere sinnlicher Affektion (Lust und Unlust) oder vielmehr durch die Unterordnung des Wechsels unter das Gottesbewußtsein.[68] Diese Unterordnung werde dauerhaft mit zunehmender Stetigkeit des Gottesbewußtseins. Erlange mit zunehmender Stetigkeit des Gottesbewußtseins »die höhere Stufe des Gefühls ein Übergewicht über die niedere«, mache sich dieser zunehmenden Stetigkeit wegen »der Gegensatz innerhalb des Sinnlichen selbst« bald kaum mehr bemerkbar; immer leichter und immer häufiger trete dann bei sinnlichen Erregungen das schlechthinnige Abhängigkeitsgefühl hervor (GL 5,4,39).[69] Durch die dominierende Bezogenheit auf die absolute Lebenseinheit, durch ein Übergewicht des Bewußtseins davon, daß Lust wie Unlust dem *einen Grund* entstammen, werde ein jeder, der von sinnlicher Leidenschaft hin und her getrieben werde, und auch ein *leidenschaftlicher* Enthusiast, der noch auf einer niedereren Entwicklungsstufe verharre, zur Besinnung und damit

---

[65] S. DialO 297 ff.

[66] S. DialO 298.

[67] S. u. III.5.

[68] »Das religiöse Grundgefühl aber ist durchaus Anbetung d. h. das Verschwinden aller Lust und Unlust in der Unterwerfung unter die absolute Lebenseinheit.« (PsyA 461).

[69] Das Bezogensein beider Bewußtseinsarten aufeinander hänge auch ab von den »Gestaltungen des sinnlichen Selbstbewußtseins«, die »das Hinzutreten des höheren Selbstbewußtseins mehr oder weniger hervorlocken oder begünstigen« (GL 5,5,40).

zu ›stimmungsvoller Sittlichkeit‹ gebracht.[70] Die durch die stetig werdende
Dominanz des christlichen Gottesbewußtseins begründete Abnahme des
Wechsels zwischen einander entgegengesetzten Empfindungen bereite *Freude*
und eine *Seligkeit*, die selbst das Übel der Welt nicht mehr als Übel erscheinen
läßt.[71] Die Aufhebung des Wechsels zwischen Lust und Unlust bedeutet
nicht die Nivellierung der Empfindungen, sondern, daß der Mensch in
durchgängiger Seligkeit Schmerz wie Lust empfindet.[72] Die Dominanz der
religiösen über die sinnliche Seite beeinflusse allerdings nicht nur das Fühlen
des Menschen maßgeblich; seine Frömmigkeit ermögliche und bedinge die
Sittlichkeit symbolisierender und organisierender Tätigkeit überhaupt und
damit die Entwicklung des ethischen Prozesses.[73]

5. Organisieren und Symbolisieren

Das Gefühl in seiner »Zweiseitigkeit« stellt Schleiermacher als Gegenüber zu
Denken und Handeln dar. Diesen beiden Bewußtseinsfunktionen liege es
zugrunde, es ermögliche und bedinge sie. Zuweilen stehe es nicht bloß hinter
Denken und Wollen zurück, sondern trete in den Mittelpunkt menschlichen
Lebens und komme selbst zum Vorschein, weswegen ihm nach Schleierma-
cher ein eigener Bereich sittlichen Lebens zugehört.[74]
  Um dem Gefühl und allen anderen Lebensfunktionen in der menschlichen
Gesellschaft ihren Ort zuweisen zu können, ordnet Schleiermacher die Tätig-
keiten des Menschen danach, ob sie symbolisierend oder organisierend sind,[75]
ob von individueller oder identischer Art.

Mit dem ihm eigenen Leib, seiner organischen Natur, sei der vernünftige
Mensch fähig, auf die menschliche wie die nichtmenschliche Welt zu wirken
und die Realität wie den eigenen Leib zum Werkzeug seines Handelns zu
machen.[76] Die Tätigkeit eines Menschen, bei der dieser mit Vernunft auf die
Natur wirkt, um sie zum Organ zu bilden, bezeichnet Schleiermacher als

---

[70] S. u. II.7.
[71] S. GL 5,4,38f.; 101,2,98. Vgl. ANNE KÄFER, Kant, Schleiermacher und die Welt als
Kunstwerk Gottes, 33f. – Gerade das christliche Gottesbewußtsein verursacht Freude, weil dem
Christenmenschen Gott als ewige Liebe bewußt ist, s. dazu u. III.4.; III.5 und III.6.10.
[72] S. dazu u. II.7.1.
[73] S. dazu u. II.7. Vgl. auch THOMAS LEHNERER, Kunsttheorie, 62 und 68.
[74] S. GL 3,2,16.
[75] Zur Unterscheidung von symbolisierendem und organisierendem Handeln bei Schleiermacher s. v. a. THOMAS LEHNERER, Kunsttheorie, 168f.
[76] S. E 25. 241(571); vgl. E 4. 23(263). Zu Beginn menschlichen Lebens sei nur der menschliche Leib mit der Vernunft geeinigt. Dadurch, daß durch die Vernunft mit diesem Leib auf das
außer ihm Befindliche gewirkt werde, die Vernunft jenen zum Werkzeug nehme, trete dieses
»in dieselbe Verbindung mit der Vernunft, die hierauf mit diesem gleichermaßen auf das übrige
wirkt u. s. f.« (UG2 664).

organisierendes Handeln.[77] Ergebnis organisierenden Handelns sei die organisierte Natur, das »Ineinander von Vernunft und Natur« (E 7. 235(565)). Und dieses fungiert als Organ, wenn es zu weiterer Tätigkeit verwendet wird.

Durch *symbolisierende* Tätigkeit, welche Schleiermacher auch *bezeichnende, vorstellende* oder *erkennende* Tätigkeit nennt,[78] wird die organisierte Natur zum Symbol, das heißt, das Reale wird nicht als Organ verwendet, sondern die Vernunft im Ineinander von Vernunft und Natur wird erkannt und bewußt.[79] Eine organisierte Natur ist nach Schleiermacher auch der Mensch selbst. Denn im »menschlichen Organismus«, der als ein »Theil der allgemeinen Natur« gilt, sei »eine Einigung mit der Vernunft schon gegeben«.[80] Er kann sich darum selbst zum Symbol werden.

Der Wechsel zwischen organisierender und symbolisierender Tätigkeit bestimmt nach Schleiermacher das »Verhältniss des Menschen zu der übrigen Welt«, das er »als Oscillation zwischen Aufhebung und Wiederherstellung des Gegensazes« von Natur und Vernunft, von Sein und Bewußtsein beschreibt (ÄLe 8/9). Der Mensch hebe den höchsten Gegensatz auf, indem er das Reale ins Bewußtsein aufnehme oder sein Bewußtsein in die Dinge der Welt einbilde und sie zu Organen mache. »Die Wiederherstellung [des Gegensatzes] ist aber von selbst in der Beendigung eines jeden Actes gesetzt.« (ÄLe 9)[81]

Die Wiederherstellung des Gegensatzes ist nach Schleiermacher jedoch niemals absolut und endgültig. Denn der organisierenden Tätigkeit folge stets die symbolisierende und dieser wiederum jene. Beide Tätigkeiten hängen aneinander, weil stets das Organisierte erkannt und das Erkannte immer auch organisiert wird.[82]

Das organisierende wie das symbolisierende Handeln differenziert Schleiermacher entsprechend der gattungsspezifischen Identität und der individuellen Eigentümlichkeit, die alle Menschen in sich vereinten, in identisches und individuelles Organisieren und Symbolisieren.[83] Als Ergebnis identischen

---

[77] »Inwiefern alles in der Sittenlehre ausgedrückte Sein als ein Handeln der Vernunft mit der Natur auf die Natur ausgedrückt ist, so ist das Ineinander von Natur und Vernunft zu denken als ein Organisirtsein der Natur für die Vernunft, und das Handeln der Vernunft als ein organisirendes.« (E 2. 231 f.(561 f.)).

[78] Vgl. E 23. 240(570); UT 323; UG2 665.

[79] Vgl. E 4. 233(563).

[80] S. o. II.2., E 39. 10(250).

[81] S. ÄLe 9; vgl. ÄÖ 26 f. Vgl. dazu EBERHARD JÜNGEL, Art. Schleiermacher, VII. Vielfältige Berliner Wirksamkeit, 2. Systemkonzeption, RGG⁴, Bd. 7, 912 f.

[82] Vgl. E 6. 19(259) und E 6. 234(564): »Da die Vernunft durch alle mit ihr geeinigte Natur handelt, so ist jedes Symbol derselben auch ihr Organ. Und da sie nur durch mit ihr geeinigte Natur handeln kann, so ist jedes Organ derselben auch ihr Symbol.«

[83] S. ÄLe 9; vgl. UG2 667.

Symbolisierens (»Denken«) nennt er den *Gedanken*.[84] Individuelle Symbolisation zeige sich im Bewußtsein als *Gefühl*.[85]

Identisches wie individuelles Erkennen bedeutet nach Schleiermacher die sinnlich vermittelte geistige Aufnahme des Außer-uns ins Bewußtsein, das Bilden des Realen in die eigene Idealität, wo sich dann in einem identischen oder eigentümlichen Symbol die symbolisierte Erkenntnis zeigt. Nach Schleiermacher gilt das erkannte Reale nur insofern als Symbol, als es von Gedanken oder Gefühlen symbolisiert wird, welche darum als die »eigentlichen« Symbole vernünftiger Erkenntnis gelten;[86] Gefühle und Gedanken sind Ergebnisse erkennender Tätigkeit und Zeichen von Erkenntnis. Mit Gedanken und Gefühlen wird bezeichnet, was ein Ineinander von Vernunft und Natur darstellt, und dies bedeutet, daß das jeweilige Ineinander bewußt geworden ist.[87]

Alle Gedanken oder Gefühle entständen »aus Reiz und Willkühr«; alle symbolisierende Tätigkeit geschehe auf sowohl rezeptive wie spontane Weise (E 30. 243(573)).[88] Bei einem Reiz, den das Außer-uns auf den Menschen ausübe, werde die menschliche Willkür tätig. Das Wirken der Willkür, das an die in allen Menschen identischen »angeborenen Begriffe« und Bewußtseinsgesetze gebunden sei, lasse anläßlich eines Reizes *identische* Symbole, eben Gedanken entstehen. Weil zudem zugleich »in jedem Einzelwesen eine ursprünglich verschiedene Einrichtung des Bewußtseins gesetzt ist, welche die Einheit seines Lebens bildet, ist auch in jedem ein eignes und abgeschlossenes Bezeichnungsgebiet der Erregung und des *Gefühls* gesetzt« (E 52. 259(589)).[89] Ist die Willkür an die eigentümliche Bewußtseinseinrichtung gebunden, entstehen nach Schleiermacher *individuelle* Symbole, nämlich Gefühle als Zeichen für das je besondere »Bewußtsein vom Verhältniß des Menschen in der Welt« (ÄLe 10).

Die Eigentümlichkeit der Gefühle hindere ihre Übertragbarkeit und Verständlichkeit.[90] Dennoch würden Gefühle wie Gedanken zum Ausdruck gebracht. Erst mit dem Äußerlichwerden und Organisiertsein der je bestimmten

---

[84] S. E 48. 256(586).

[85] S. E 52. 259(589).

[86] Das erkannte Reale und der Gedanke oder das Gefühl, welche Ergebnis der Erkenntnis sind, gehören zusammen wie die zwei Hälften eines *Symbolons*; vgl. dazu z.B. KLUGE, Art. Symbol, 900.

[87] E 28. 243(573).

[88] S. auch E 29. (439).

[89] »Da die Gesamtheit der Einzelwesen nicht Eine Gattung bildete, wenn nicht die Formen und Geseze des Bewußtseins dieselben wären, so kann die Verschiedenheit nur in der Art liegen, wie die mannigfaltigen Functionen desselben zu einem Ganzen verbunden sind, d.h. in der Verschiedenheit ihres Verhältnisses unter sich in der Einheit des Lebens.« (E 50. 257(587)) Alle Menschen sind unterschiedlich »gemischt« und »sortiert«.

[90] E 51.ff. 258ff.(588ff.); ÄLe 10.

Bewußtseinsformation sei die Symbolisation beendet.[91] Wie die Äußerung des identischen Symbolisierens gehe die Darstellung von Gefühl zurück auf »Vorstellungen«, die im Menschen angelegt seien und deren »Produktion« und »Bildung« durch Reize veranlaßt und durch Willkür vollzogen werde.

5.1. Zum identischen Symbolisieren – »Gedankenspiel«

Mit dem Ausdruck »angeborene Begriffe« will Schleiermacher darauf weisen, daß bestimmte Begriffe »vor aller sittlichen Thätigkeit der Vernunft in ihr vorhergebildet und bestimmt« sind, »und es kann nichts anderes damit gemeint sein, als daß dieselbe Richtung auf dasselbe System von Begriffen in allen angelegt ist« (E 46. 255(585); DialO 151).[92] Weil die Gedanken sich dem System verdanken, das bei allen Menschen identisch ist, seien sie übertragbar, mitteilbar und verständlich. Doch dürfe eigentlich nicht von »Begriffen« die Rede sein, weil diese »erst werden in der sittlichen Thätigkeit der Vernunft« (E 46. 255(585)). Das im Menschen Angelegte und Angeborene müsse erst zum *wirklichen Bewußtsein* gebracht werden, was die dem identischen System gemäße Behandlung unbewußter, nicht gewollter Vorstellungen und also die »Produktion« von Gedanken bedeute.[93]

Allem Denken liege »eine ursprüngliche Thätigkeit der Seele zum Grunde« (PsyA 450). In jeder Seele gebe es eine ständige »freie Gedankenerzeugung«, so daß eine Masse nicht gewollter Gedanken[94], »die wir als *Gedankenspiel* bezeichnen können«, immer vorhanden sei (PsyN 222). Aus dieser freien Gedankenerzeugung »bilden sich die Zwekkbegriffe als einzelne Momente heraus« (PsyB 523). Die gewollte Gedankenproduktion wird nach Schleiermacher angeregt durch bestimmte Einwirkungen des Außer-uns, von dem die Gedanken niemals getrennt sein könnten[95]. Durch die spontane Tätigkeit der Vernunft wird sie vollzogen. »Das identische Erkennen geht aus auf Verwirklichung des angeborenen Begriffssystems im Bewußtsein. Die Welt,

---

[91] »Ein gänzliches Getrenntsein beider Momente, Gefühl ohne Darstellung oder [auch] Darstellung ohne Gefühl, könnte nur als Unsittlichkeit gesetzt werden.« (E 237. 76(316)).

[92] S. auch PsyN 155. Vgl. dazu Eilert Herms, »Beseelung der Natur durch die Vernunft«, 84.

[93] Vgl. E 47.ff. 255 ff.(585 ff.); PsyN 223; ÄLe 16.

[94] Die Gedanken verdankten sich keinem ursprünglichen Willen, denn ein »Wollenwollen« könne es nicht geben (PsyA 468; vgl. PsyB 522). Nach Schleiermacher muß darum zugegeben werden, »daß alle Anfänge von Gedankenreihen […] doch aus dem Gebiet des nicht gewollten entspringen« (PsyN 222).

[95] Vgl. PsyA 450. S. dazu PsyN 158: »Wenn wir uns denken, daß irgend ein einzelner Mensch sich der Uebertragung des uns von innen gewordenen auf das Sein außer uns entziehen könnte und es möglich wäre unter einer anderen Form überhaupt zu denken, so würde das auch für unser Gebiet eine wesentliche Differenz geben, aber dieser Fall kommt nicht vor.«

durch die Sinne eingehend, weckt nur; aber jeder ist im Beleben jenes Systems
beständig begriffen; es ist die Productivität der Vernunft.« (ÄLe 16)[96]

5.2. Zum individuellen Symbolisieren

5.2.1. Phantasiespiel

Wie der Mensch beständig von Gedanken erfüllt sei, so entständen in ihm
in Verbindung mit seinen Gefühlen fortwährend auch eigentümliche Vorstellungen.[97] Individuelle Vorstellungen sind nach Schleiermacher poetische
Begriffe, Bilder, Töne und Bewegungen;[98] allesamt seien sie »entstehendes
Bewußtsein« (ÄLe 32).[99] Die »Produktion« von solchen Vorstellungen, die
im freien Spiel der Phantasie vollzogen werde, gehört nach Schleiermacher
zum individuellen Symbolisieren. Wie die Interpretation zeigt, bewirkt die
Phantasie als »das Vermögen der Vorstellungen des eigentümlichen Daseins«,
nachdem sie geweckt ist, das freie Spiel der Vorstellungen, das dem jeweils
gegebenen Gefühlszustand entspricht und verbunden ist (ÄO 48).[100] Ein besonderer Gefühlszustand entsteht anläßlich eines bestimmten Reizes. Dieser
veranlaßt die Vernunft des Menschen zur Symbolisation der eigenen organi-
sierten Natur, über welche die Einwirkung des Außer-uns vermittelt wird;
dieser gilt das individuelle Interesse. Bei identischem Symbolisieren hingegen
richtet sich das Erkenntnisstreben auf das erregende Reale. Nicht die stets
eigentümliche Empfindung, die es bereitet, sondern seine Wahrnehmung ist
hier von Interesse.[101]
Die Vorstellungen nun, die dem Gefühl verbunden sind, stellen im Bewußtsein des Menschen eben dieses Gefühl dar. Dabei zeigen sie erregende
»Gegenstände« der Welt, diese jedoch in der Weise und mit den Mitteln
(Töne, Bilder, Farben, Formen), die der erregten Empfindung und der
Eigentümlichkeit des Erregten entsprechen. Denn einerseits sind sie nach
Schleiermacher »ihrem Inhalt nach ganz dieselben« wie die Vorstellungen
des Gedankenspiels, und die beziehen sich eben auf Gegenstände, welche
wahrgenommen werden.[102] Andererseits sind sie von den Vorstellungen

---

[96] Vgl. PsyA 469. Vgl. AkR 2 172.
[97] »Ein Spiel freier Vorstellungen begleitet uns beständig« (ÄO 49). Schleiermacher geht
davon aus, »daß der Geist immer productiv ist« (ÄLo 100).
[98] »Es singt auch in allen Menschen beständig, wie es in allen bildet, nur in den musikalischen mehr. Und die Menschen könnten nicht springen und tanzen zu gewissen Zeiten, wenn
nicht die Tendenz dazu beständig wäre.« (ÄLe 18) Es sei »eine innere lebendige Produktion [...]
immer Kontinuum« (ÄO 55).
[99] Vgl. ÄLe 16.18.
[100] S. auch ÄLe 17.
[101] Zur Unterscheidung von Wahrnehmung und Empfindung s. o. unter II.
[102] Vgl. dazu u. III.6.7.

identischen Symbolisierens verschieden, weil sie »gar nicht die Tendenz haben, allgemeingültig zu sein« (ÄO 49).

Aus individuellen Vorstellungen setzt sich nach Schleiermacher die *eigentümliche Welt* eines jeden Menschen zusammen; jedem Menschen eigne eine eigene Welt, »die er für sich herauszuproduzieren versucht« (ÄO 47).[103] Diese eigentümliche Welt sei jedoch keine andere als die allgemeine und wirkliche, »weil niemand in zwei Welten lebt. Also das Eigenthümliche nur in der Verschiebbarkeit der Interessen.« (ÄLe 16)[104]

Nach Schleiermacher verlangt die Unterscheidung eigentümlicher und identischer Vorstellungen, die im Menschen ausgebildet werden, keineswegs die Annahme zweier Welten. Denn beide Vorstellungsarten seien »an das empirisch Gegebene als Veranlassung« angeschlossen und haben also dasselbe Außer-uns zum Inhalt. Sie entstehen nicht ausschließlich von innen, jedoch auch nicht nur von außen, vielmehr »beides ist zusammen« (ÄLe 16; ÄO 48). – »Das Wahre ist nun, daß beides [die Produktion von identischen wie von eigentümlichen Vorstellungen] eine Productivität ist, die aber geweckt werden muß.« (ÄLe 17)

Das Gefühl bzw. die dem Gefühl entsprechenden Vorstellungen kommen nach Schleiermacher zum Ausdruck durch ihr Laut- oder Sichtbarwerden, durch die Darstellung von Tönen, Bewegungen oder Bildern. Und so ist das individuelle Symbolisieren wie das Denken mit organisierender Tätigkeit verbunden; diese wiederum habe die Symbolisation der Natur zur Folge.[105] »Beide Thätigkeiten sind daher durch einander bedingt; keine gesetzt oder begonnen, als sofern die andere, und keine vollendet oder aufgehoben, als sofern auch die andere.« (E 6. 235(565))[106]

»Wollte aber jemand die Verschiedenheit ganz leugnen, und sagen z. B. denken könne nicht sein ohne reden, aber dieses sei schon ein Aussichherausbilden, und kein Handeln könne, am wenigsten sittlich, gedacht werden, welches nicht beständig auch selbst im Denken oder Empfinden sein müßte: so werde ich auch das noch annehmen können, und nur erwiedern, daß doch in umgekehrter Ordnung in dem einen erfüllten Augenblick dieses, und in dem andern das andere Geschäft das Hauptwerk sei« (UT 324).

---

[103] Vgl. ÄLe 16.
[104] Vgl. ÄO 47 ff.
[105] S. UT 323/324.
[106] Vgl. dazu EBERHARD JÜNGEL, Art. Schleiermacher, VII. Vielfältige Berliner Wirksamkeit, 2. Systemkonzeption, RGG⁴, Bd. 7, 916/917, der nicht an der von Schleiermacher angenommenen »Oszillation« zwischen organisierender und symbolisierender Tätigkeit Kritik übt. »Triftige Kritik am Denken des großen Mannes hätte wohl v. a. dem alles beherrschenden Denkansatz zu gelten, daß ›Oszillation … die allg. Form alles endlichen Daseins‹ ist (Brief Sch.s an Jacobi, zit. nach Cordes 209 [ZThK 68 (1971)]). Sch.s eigenes Denken oszilliert ein wenig zuviel vielleicht.« – Schleiermachers Überzeugung ist, daß die Schöpfung insgesamt harmonisch ausgeglichen ist. Gerade in der Weise beständigen Oszillierens erreiche sie ihr ersehntes Ziel: die Darstellung harmonischer Einheit, in welcher kein Oszillieren mehr ist (s. GL 163,2,435).

Mit einer Gefühlsäußerung will nach Schleiermacher der individuell symbolisierende Mensch ein ihm eigenes Symbol, ein einzelnes Gefühl, auch
anderen Gattungswesen zum Symbol werden lassen. Auf Grund der nahezu
unübertragbaren Eigentümlichkeit des Gefühls sei dies jedoch *unmittelbar*
kaum möglich.[107]

Unmittelbare Offenbarung von Gefühl geschieht nach Schleiermacher auf
kunstlose Weise durch Ton oder Gebärde.[108] Unmittelbar sei die Darstellung
von Gefühl, wenn eine bloß sinnliche Erregung direkt, ganz ohne den Bezug
auf Identisches ausgedrückt werde, und dies bedinge eben ihre Unübertragbarkeit und ihre *Kunstlosigkeit*. Gefühlsäußerungen seien »vollkommen
verständlich nur, wo eine wahre Identität des Lebens stattfindet«. Innerhalb
ethnischer Menschengruppen unter Berücksichtigung des Volkstümlichen sei
ethnisch beschränkte »Verständlichkeit« des Gefühls*ausdrucks* gegeben.[109] Damit
eine *Darstellung* von Gefühl aber *allgemeinverständlich* ist, bedarf es – wie die
Interpretation im folgenden zeigt – vor allem und vornehmlich des Bezugs
auf das »Allgemeinmenschliche«; das dargestellte Gefühl darf nicht bloß eine
momentane sinnliche Erregung, sondern muß »Gefühl« im vollen Sinne
sein.

5.2.2. Allgemeinmenschliche Verständlichkeit

Die religiöse Seite des unmittelbaren Selbstbewußtseins, auf der sich ein jeder
Mensch der allgemeinen Abhängigkeit vom allgemeinen transzendenten
Grund bewußt sei, steht nach Schleiermacher für das *Allgemeinmenschliche*
im Gegensatz zur sinnlichen Seite, die sich von Individuum zu Individuum
unterscheide. Das religiöse Gefühl drücke »keineswegs bloß das Beschränkte
des Einzelwesens, sondern das allgemein Menschliche« aus (Dial2 568).[110]

In der Verbundenheit mit dem Allgemeinen gründet nach Schleiermacher
die Allgemeinheit bzw. die Mitteilbarkeit und Übertragbarkeit des sinnlichen
Selbstbewußtseins. Die Frömmigkeit des Äußernden entscheidet demnach
über die Verständlichkeit von Gefühlsdarstellungen. Das Gottesbewußtsein

---

[107] Den »unmittelbaren Ausdruck des Gefühls« könne ein anderer Mensch nur »vermittelst
eines analogischen Verfahrens« »wiedererkennen« (E 61. 268(598); 243. 77(317)). Derjenige,
dem das Gefühl auf unmittelbare Weise zum Ausdruck gebracht werde, könne angesichts der
Darstellung desselben das zugrundeliegende Gefühl ahnen und erschließen, wenn es ihm »auf
ähnliche Weise äußerlich wird« – keineswegs aber könne er »eben so fühlen« (E 61. 267 f.(597 f.);
vgl. E 243. 77(317)). »Hier ist also […] keine Verständigung, sondern [unverständliche] Offenbarung.« (E 61. 268(598)).

[108] S. ÄLe 10; E 61. 267(597).

[109] S. ÄLe 12.

[110] S. auch GL 33,1,175: »Daß aber das schlechthinnige Abhängigkeitsgefühl an und für
sich auch in allen dasselbe ist […], folgt schon daraus, daß es nicht auf irgendeiner bestimmten
Modifikation des menschlichen Daseins beruht, sondern auf dem schlechthin gemeinsamen
Wesen des Menschen«. Vgl. DialO 291.

ist maßgeblich für die Kommunizierbarkeit des Eigentümlichen. Denn die Bezogenheit auf den allgemeinen transzendenten Grund im allgemeinen Gefühl schlechthinniger Abhängigkeit ist nach Schleiermacher das grundsätzlich Identische der menschlichen Gattung.

Wie die Untersuchung zeigt, ist nur dasjenige individuelle Symbolisieren »verständlich«, bei dem individuelle Symbole in Bezogenheit auf das religiöse Gefühl, das heißt in Bezogenheit auf das *allgemeine ursprüngliche »Symbol«*, dargestellt werden; nur eine derartige individuelle Symbolisation gilt als *sittlich* und ist *Kunst*. Weil nach Schleiermacher alle Menschen, nachdem ihr Gottesbewußtsein geweckt ist, mehr oder weniger religiös sind,[111] sind auch alle mehr oder weniger »kunsttätig«, und das bedeutet »alle Menschen sind Künstler.« (Br 108(184))

Gedanken und Gefühle sowie ihre entsprechenden Vorstellungen, alle identischen und individuellen Symbole sind nach Schleiermacher nicht nur abhängig von äußeren Reizen und jeweiligem Vernunft- oder Phantasie-Vermögen. Vor allem seien sie bedingt, bestimmt und ermöglicht durch das »unmittelbare Symbol der Vernunft« bzw. durch das »ursprüngliche Symbol der an sich unzeitlichen Vernunft«, das ursprünglich in einem jeden Menschen gesetzt sei (E 30. 243(573); UG2 671); dies ursprüngliche Symbol ist nach Schleiermacher das unmittelbare Selbstbewußtsein, das allem Denken und Wollen, überhaupt allem symbolisierenden und organisierenden Handeln zugrunde liege und sich dem transzendenten Grund verdanke, den es repräsentiere.

Das ursprüngliche Symbol unterscheide sich von allen anderen Symbolen. Als *ursprüngliches* Symbol gilt Schleiermacher einzig das unmittelbare Selbstbewußtsein. Dieses Symbol sei »vorausgesezt, insofern uns nirgend ein ursprüngliches Hineintreten der Vernunft in die Natur gegeben ist« (E 5. 234(564)). Als *Symbol* bezeichnet Schleiermacher das immer schon vorausgesetzte unmittelbare, den transzendenten Grund repräsentierende Selbstbewußtsein, weil in ihm einerseits »das an sich unzeitliche, dem Denken des zeitlichen Bewußtseins überlegene Absolute in einer Weise für das Wissen wird, welche dem Wißbarsein der Natur wenigstens vergleichbar ist«[112].

Andererseits zeichne sich das unmittelbare Selbstbewußtsein eben dadurch aus, unmittelbar und schlechthin passiv aller Vernunfttätigkeit voraus-gesetzt zu sein und diese überhaupt erst zu ermöglichen, weshalb es nicht im eigentlichen Sinne als Symbol, nämlich als durch menschliche Vernunft hervorgebracht, angesehen werden kann – vielmehr ist es von Gott geschaffen und also Symbol seiner Schöpfertätigkeit.[113]

---

[111] Nach Schleiermacher »kann es schlechthin areligiöse Menschen letztlich nicht geben« (EBERHARD JÜNGEL, Art. Glaube, IV. Systematisch-theologisch, 2. Theologiegeschichtlich, RGG⁴, Bd. 3, 967; vgl. GL 11,2; 33,2).

[112] EILERT HERMS, Ethik des Wissens, 520.

[113] Vgl. a. a. O., 518 ff.

6. Begründung der Möglichkeit
religiösen/sittlichen Organisierens und Symbolisierens

Die Möglichkeit, mit der Welt in *sittlicher* Weise rezeptiv und spontan symbolisierend und organisierend zu verkehren, begründet Schleiermacher mit der *ursprünglichen Vollkommenheit* sowohl des Menschen als auch der Welt.[114] Diese ursprüngliche Vollkommenheit, das beweist vorliegende Interpretation, hat entscheidende Bedeutung für das richtige Verständnis der Schleiermacherschen Ästhetik.

»Durch den Ausdruck *ursprünglich* aber soll bevorwortet werden, daß hier nicht von irgendeinem bestimmten Zustand der Welt noch auch des Menschen oder des Gottesbewußtseins in dem Menschen die Rede ist, welches alles eine gewordene Vollkommenheit wäre, die ein Mehr und Minder zuläßt, sondern von der sich selbst gleichen aller zeitlichen Entwicklung vorangehenden, welche in den innern Verhältnissen des betreffenden endlichen Seins gegründet ist. Eine solche Vollkommenheit […] wird also behauptet, das heißt, es wird gesetzt, alles endliche Sein, sofern es unser Selbstbewußtsein mitbestimmt, sei zurückführbar auf die ewige allmächtige Ursächlichkeit« (GL 57,1,308).

Der ursprünglichen Vollkommenheit der Welt verdanke der Mensch »die reizenden Einwirkungen der Welt auf den Geist« und die damit gegebene Erkennbarkeit der Welt (GL 59,1,314). Die ursprünglich vollkommene Welt liefere dem Menschen die sinnlichen Bestimmtheiten seines Selbstbewußtseins, in Zusammenhang mit denen sein schlechthinniges Abhängigkeitsgefühl, sein Gottesbewußtsein, hervortreten könne, das ihn die Vollkommenheit der Welt erkennen lasse.[115]

Andererseits ermögliche die ursprüngliche Vollkommenheit des Menschen diesem das wahrhafte Erkennen (Symbolisieren) der ursprünglich vollkommenen Welt. Denn ihretwegen sei sein Erkennen bestimmt von dem ihm inneren Trieb und Vermögen, »mittelst des menschlichen Organismus zu denjenigen Zuständen des Selbstbewußtseins zu gelangen, an welchen sich das Gottesbewußtsein verwirklichen kann« (GL 60). Und eben die Realisation und das Hervortreten des Gottesbewußtseins lassen den Menschen die Welt im Glauben sehen und somit in Wahrheit erkennen.

Das *fromme Selbstbewußtsein* – das ist das Selbstbewußtsein, dessen ursprüngliche Vollkommenheit auf Grund der erlösenden Tätigkeit Gottes zur Geltung gebracht ist –[116] »stellt alles, was uns erregt und auf uns einwirkt, in die schlechthinnige Abhängigkeit von Gott«[117] und erblickt darum die Welt in Wahrheit; es *erkennt* die *ursprüngliche Vollkommenheit allen Seins.*[118]

---

[114] S. GL 57 ff.
[115] S. GL 60,1,321.
[116] S. GL 100,1,90.
[117] S. o. II.4., GL 46.
[118] S. u. III.4. und III.5.

Zur *Darstellung* der wahrhaften Erkenntnis der Welt führten den ursprünglich vollkommenen Menschen sein Trieb, das realisierte Gottesbewußtsein
äußern zu wollen, sowie das ihm »innewohnende Gattungsbewußtsein«[119].
Zur Äußerung des stets an eine sinnliche Erregung gebundenen Gottesbewußtseins gegenüber der Gattung setzt Schleiermacher in jedem Menschen
einen »Trieb der Aeußerung«, einen »*Manifestationstrieb*« bzw. *Kunst*trieb voraus (AkR 1 167; PsyC 549). Dabei werde eine sinnlich vermittelte Bestimmtheit des menschlichen Selbstbewußtseins, wenn sie auf das Gottesbewußtsein
bezogen sei, nicht mehr nur irgendwie und unmittelbar äußerlich, sondern
für die Gattung auf kunstvolle Weise zum Ausdruck gebracht. Das wiederum
gewähre die ursprünglich vollkommene Welt, die empfänglich sei für »die
Darstellung ihres Erkanntseins« (GL 59,3,316).

Damit die ursprüngliche Vollkommenheit von Welt und Mensch tatsächlich
und stetig zur Geltung kommt, muß das Gottesbewußtsein des Menschen
vermittelst frommer Selbstdarstellung anderer Menschen[120] durch die erlösende Tätigkeit Christi sowie das Wirken des Heiligen Geistes von Gott
selbst geweckt und fortwährend gefördert werden. Es ist nach Schleiermacher
nötig, daß »das Übergewicht des höheren Bewußtseins über das niedere
gegen das umgekehrte, unsittliche Verhältnis *geschaffen* und zur Wirkung *gebracht* wird«[121]. – Schleiermacher hält fest an der evangelischen Überzeugung,
daß die Möglichkeit zu vernünftigem Handeln nicht nur einmalig von Gott
gewährt werden muß und die Befreiung zur Sittlichkeit dann – wie bei
Schiller – dem Menschen überlassen ist. Vielmehr muß das Gottesbewußtsein
dauernd zur Dominanz gebracht werden und nur der empfangene Glaube,
den Gott selber stärkt, veranlaßt das Voranschreiten des ethischen Prozesses.
Der Glaube, der die vernünftige Tätigkeit stets bedingt, kann nicht durch
selbsttätigen Einsatz geistiger Kraft gefördert werden, sondern wird von
Gottes Gnade empfangen.[122] Eben auch dies impliziert das Gefühl schlechthinniger Abhängigkeit, daß das dominierende Gottesbewußtsein, auf Grund
dessen das fromme Selbstbewußtsein sich und die Welt von Gott schlechthin
abhängig weiß, von Gottes Gnade beständig abhängen muß.[123]

---

[119] Das Gattungsbewußtsein finde »seine Befriedigung nur […] in dem Heraustreten aus den
Schranken der eigenen Persönlichkeit und in dem Aufnehmen der Tatsachen anderer Persönlichkeiten in die eigene« (GL 60,2,323; 6,2,42). Dazu s. auch o. unter II. und u. III.6.2.
[120] Vgl. GL 6,2,42 f.
[121] Eilert Herms, Reich Gottes, 178.
[122] Deutlich anders dagegen Schiller; vgl. Schiller-Kapitel, II.4.9.
[123] S. dazu Kapitel VI, III.

7. *Ethischer Prozeß – tugendhafte, pflichtgemäße Güterrealisation*

Nur wenn das höhere Selbstbewußtsein das sinnliche dominiert, vollzieht sich nach Schleiermacher der sittliche, *ethische Prozeß*,[124] der auf das höchste Gut hin ausgerichtet ist. Er gelinge durch tugendhaftes und pflichtgemäßes symbolisierendes wie organisierendes Handeln, das dem Erreichen des höchsten Ziels, der Aufhebung des höchsten Gegensatzes, der vollständigen Vereinigung alles Realen und Idealen durch Organisation wie Symbolisation und damit der ausnahmslosen Realisation aller einzelnen Güter diene. »Jedes sittlich Gewordene ist ein Gut und die Totalität desselben Eines, also das höchste Gut.« (E 83. 16(256))[125]

Den ethischen Prozeß voranzutreiben und weitgehend zu vollenden, ist nach Schleiermacher ethische Pflicht. Es sei *Pflicht*, »so zu handeln, daß alle Güter – d. h. alle Symbole und Organe – realisiert werden, auf die sich die ethische Grundintention richtet.«[126] Die Erfüllung der Pflicht setze ethische Grundentschlossenheit, Tugend bzw. sittliche »Gesinnung« und »Fertigkeit« des handelnden Menschen voraus (Br 130(206)). *Tugend* ist nach Schleiermacher diejenige Gesinnung eines Menschen, die in seiner auf das höchste Gut, auf das *zu bewirkende Ergebnis* des ethischen Prozesses gerichteten Fertigkeit zur pflichtgemäßen Anwendung kommt. Damit der Mensch seine Tätigkeit der ethischen Vollendung entsprechend ausübe, müsse das höchste Gut als erstrebtes Ziel dem Handelnden stets vor Augen stehen. »Schleiermacher hat eigens darauf hingewiesen, daß Gesinnung und Pflichterfüllung notwendig falsch erfaßt werden, wenn nicht zugleich der Gedanke der Effektivität und Folgeträchtigkeit allen Handelns festgehalten wird; daß freilich umgekehrt auch der Begriff der Wirkungen und Folgen des ethischen Lebens falsch wird, wo er nicht mehr durch die Begriffe von Gesinnung und Pflichterfüllung bestimmt ist.«[127] Nur wenn Tugend, Pflicht

---

[124] »Ist nun das lebendige Sein der Vernunft in der Organisation der schon immer vorausgesetzte Punkt, die Gesammtwirksamkeit der Vernunft aber in allem irdischen Sein der angestrebte: so ist auch alles, was von jenem ersten aus zu diesem letzten hingeht, das Werden des höchsten Gutes [= der ethische Prozeß].« (UG2 664).

[125] S. dazu E 18 f.(258 f.); UG2 664 ff. Vgl. Eilert Herms, Reich Gottes, 180/181: »Der Begriff dieser Vollendung des ethischen Prozesses ist der Begriff des Realisiertseins aller durch den ethischen Prozeß (also durch das Gattungsleben der intelligenten Einzelwesen im Modus gesinnungstreuer Pflichterfüllung) überhaupt realisierbaren Güter.«

[126] Eilert Herms, Reich Gottes, 168. – Vgl. dazu E 98. 17(257): Das Wesen der Pflicht sei, daß »in jeder sittlichen Handlung als solcher die Beziehung auf die Totalität des Prozesses liegt«, und die Totalität des Prozesses sei eben die Realisierung aller möglichen Güter, aller Organe und Symbole. S. auch UP 425: »*Jeder Einzelne bewirke jedesmal mit seiner ganzen sittlichen Kraft das möglich größte zur Lösung der sittlichen Gesammtaufgabe in der Gemeinschaft mit Allen[]*«.

[127] Eilert Herms, Reich Gottes, 171; s. UG1 537 ff. 548; UT 419 f.; UNS 444 f. – Nur das könne als höchstes Gut bezeichnet werden, was durch die »Gesammtwirkung der Vernunft«, durch das vernünftige Wirken *aller Menschen*, zustande komme (UG1 548). Und nur wenn das Ergebnis allen Handelns insgesamt im Blick sei, sei ein »Bestimmungsgrund« gegeben, der die

und höchstes Gut aufeinander bezogen sind, kann nach Schleiermacher das sittlich Gute und das höchste Gut selbst realisiert werden.[128] Im Blick auf menschliche Kunsttätigkeit ist, wie die Interpretation im folgenden zeigt, die *Tugendhaftigkeit des Künstlers*, die wegen seiner Ausrichtung auf das höchste Gut – wegen seiner Erwartung der universalen tatsächlichen Aufhebung des höchsten Gegensatzes – zu pflichtgemäßem, sittlichem Handeln führt, von grundlegender Bedeutung.[129]

7.1. Tugend

Das Verhältnis zwischen sinnlichem Selbstbewußtsein und Gottesbewußtsein bestimmt nach Schleiermacher mit der Frömmigkeit auch die Tugend eines Menschen.[130] »[N]ur dasjenige Zusammensein beider ist die Tugend, worin das höhere gebietet und das niedere gehorcht, das umgekehrte aber ist das Gegentheil [Laster].« (UT 322)

Im Vergleich mit der Glaubenslehre zeigt sich zum einen, daß das lasterhafte Überwiegen des niederen Selbstbewußtseins Schleiermachers Verständnis von »Sünde« entspricht. »Sünde« beschreibt Schleiermacher als die Dominanz »der sogenannten niedern Seelenkräfte« eines Menschen. Diese hemme »die freie Entwicklung des Gottesbewußtseins«; sie hindere das Überwiegen des höheren Selbstbewußtseins.[131] Sünde bestehe in »einer durch die Selbständigkeit der sinnlichen Funktion verursachten Hemmung der bestimmenden Kraft des Geistes« (GL 66,2,357).[132] Zum anderen ist die Identität von tugendhafter

---

jeweilige dem höchsten Gut gemäße, sittlichgute Tätigkeit erkennen und erfüllen lasse. Deshalb gründet nach Schleiermacher im Gegensatz zu Kant sittlichgutes Handeln im Glauben, der sich des höchsten Gutes gewiß ist und nach der Realisation desselben strebt (vgl. dazu EILERT HERMS, a. a. O., 171 ff.); vgl. dazu DOROTHEE SCHLENKE, Geist und Gemeinschaft, 127: »Das religiöse Gefühl als die ›Beziehung[...] aller Lebenszustände‹ auf ›das Bewußtsein der absoluten Einheit alles Lebens‹ (Gott) [s. PsyA 460] ist nun deshalb von zentraler Bedeutung für den ethischen Prozeß, weil es den psychischen Ort einer im Medium der Selbstanschauung sittlicher Subjektivität sich vollziehenden Gesamtanschauung von Ursprung, Verfaßtheit und Ziel der Welt darstellt ineins mit der Ausbildung einer entsprechenden, motivierenden Kraft sittlichen Handelns, d. i. einer Gesinnung.«

[128] »Erst in diesem Begriff der Einheit von ethischer Grundentschlossenheit, ihrer Realisierung in der Pflichterfüllung und deren Resultieren in den ethischen Gütern ist das Wesen des ethischen Lebens konkret gedacht.« (EILERT HERMS, Reich Gottes, 171).

[129] Vgl. EILERT HERMS, Reich Gottes, 175.

[130] Vgl. a. a. O., 176.

[131] S. GL 66,2,356; 1,355.

[132] Sünde ist nach Schleiermacher gottlose »Selbstbezogenheit«. Dieser Begriff faßt das Verhängnis des sündigen Menschen. Bezogenheit auf das eigene Selbst, »Verkrümmtheit in sich selbst«, bedeutet nach Schleiermacher die Dominanz des sinnlichen Selbstbewußtseins, derentwegen dem Menschen die aufrichtende Bezogenheit auf Gott verwehrt ist. Weil die sinnliche Seite das Selbst dominiert, vermag die religiöse nicht, den Blick zu Gott zu wenden, wodurch dem Selbst von aller sinnlichen/weltlichen Bedrängtheit Abstand gewährt würde.

Gesinnung und Frömmigkeit deutlich. Beide sind bestimmt durch das Überwiegen des höheren Selbstbewußtseins über das sinnliche.[133]

Schleiermachers Identifikation von Glaube und Tugend, Sünde und Laster ist von grundlegender Bedeutung für sein Verständnis von sittlicher bzw. religiöser Kunsttätigkeit.

Die »Zwiefältigkeit im Menschen«, die Unterscheidung von höherem und niederem Bewußtsein bzw. von Gottesbewußtsein und sinnlichem Selbstbewußtsein, welche für jeden Menschen gelte, und insbesondere das Verhältnis zwischen beiden Bewußtseinsarten ist auch ausschlaggebend für Schleiermachers Differenzierung der »Tugend« in Gesinnungen und Fertigkeiten. Dominiere das Gottesbewußtsein über das sinnliche Selbstbewußtsein, sei die Tugend als »belebend« zu bezeichnen (Gesinnung). Wenn hingegen das Zusammensein beider bestimmt sei durch den Widerstand des niederen Bewußtseins, gegen den das höhere kämpfe, sei die Tugend eine »bekämpfende« (Fertigkeit) (UT 322).[134]

Die belebende wie die bekämpfende Tugend untergliedert Schleiermacher jeweils in eine mehr rezeptive und in eine spontane Tugend. Er definiert, »daß die belebende Tugend, sofern sie vorzüglich erkennend ist, die Weisheit heiße, sofern aber aus sich herausbildend heiße sie die Liebe, die bekämpfende Tugend hingegen im Insichhineinbilden sei die Besonnenheit, im Handeln aber die Beharrlichkeit.« (UT 324)[135]

Alle erkennende Tätigkeit eines Menschen führe zu *idealen* Symbolen, Gedanken oder Gefühlen, wenn sie der Weisheit gemäß vollzogen werde. Speziell die »Weisheit des Gefühls« bestehe darin, »daß nichts in dem Menschen Lust und Unlust werde als nur vermöge seiner Beziehung auf das Ideale« (E 3. 141(381)). Nach Schleiermacher werden die sinnlichen Gefühle von einem Menschen, dessen Tugend die Weisheit ist, nicht in ihrer bloß sinnlichen Bestimmtheit, sondern in ihrer tugendhaften Bezogenheit auf das Ideale gefühlt. Das Ideale muß folgerichtig als die vernünftige Seite des Menschen, als sein höheres Selbstbewußtsein, identifiziert werden. Und demnach mindert die tugendhafte Bezogenheit ebenso wie die Frömmigkeit das Gewicht einer sinnlichen Erregung.

Daß nach Schleiermacher Tugendhaftigkeit (Weisheit) und (rezeptive) Frömmigkeit gleicherweise die Bezogenheit sinnlicher Erregungen auf das höhere Selbstbewußtsein bedeuten und also einander entsprechen, bestätigt der Vergleich dreier Zitate aus unterschiedlichen Schriften Schleiermachers; einem Text der Ethik folgen ein Ausschnitt aus Schleiermachers Akademie-

---

[133] Zur Identifikation von Laster und Sünde sowie Tugend und christlicher Frömmigkeit vgl. EILERT HERMS, Reich Gottes, 181 f.

[134] Vgl. a. a. O., 176 f.

[135] Vgl. Br 132(208); E 18.ff 138 f.(378 f.).

vortrag »Ueber die wissenschaftliche Behandlung des Tugendbegriffes« und die entsprechende Parallele aus der Glaubenslehre:

»Der Saz also, daß der *Weise* über den Schmerz erhaben sei, kann nicht so verstanden werden, daß hemmende organische Affectionen nicht als Unlust gefühlt würden, und so auch von der Lust; denn die eigentliche Apathie an sich wäre nur eine Negation im Organismus und also auch im ethischen Prozeß; sondern daß beides keinen ganzen Zustand für sich bildet.« (E 6. 141(381))[136]

Im Akademievortrag wird der *Weise* beschrieben als der,

»in welchem das Gefühl von Anfang herein nicht etwa gemäßigt erscheint, sondern ganz anders construirt ist, so nämlich, daß das sinnliche gleich in seinem Entstehen von einem höheren belebt ein sittliches werde, und was sich im Leben als ein voller Moment, als die Einheit des geistigen Pulsschlages absondern läßt, niemals durch ein sinnliches allein erfüllt sei.« (UT 326)

Das *fromme Selbstbewußtsein* oder vielmehr der *Erlöste* ist nach Schleiermachers Glaubenslehre derjenige, dem seine »Lebenshemmungen« nicht hinweggenommen sind,

»als ob er schmerzlos und frei von Leiden sein sollte oder könnte; [...] sondern nur Unseligkeit ist nicht in den Schmerzen und Leiden, weil sie als solche nicht in das innerste Leben eindringen« (GL 101,2,98).

Jedes einzelne sinnliche Gefühl, das mit Tugend bzw. Frömmigkeit behandelt wird, ist nach Schleiermacher mit dem höheren Selbstbewußtsein verbunden und darum nicht etwa beseitigt und verneint, sondern als eine sittliche bzw. fromme Erregung spürbar. Weil mit der Frömmigkeit (Sittlichkeit) niemals Unseligkeit, sondern stets Seligkeit gegeben sei, werde dem frommen Selbstbewußtsein auch eine besonders schmerzhafte Erregung nicht als Übel bewußt, und der Wechsel verschiedener Empfindungen treibe es nicht um.[137]

Weil aber die individuelle Symbolisation von Gefühl in Wirklichkeit und auf Erden vom Menschen niemals ohne sinnlichen Widerstand vollzogen werden könne,[138] sollten von ihm statt der unerreichbaren Tugend der Weisheit zwei Fertigkeiten erstrebt werden, die der Durchsetzung der Weisheit

---

[136] Hervorhebung A. K.

[137] Vgl. GL 101. S. dazu o. II.4. Im Gegensatz zu KANT sollen nach SCHLEIERMACHER nicht erst im Jenseits Sittlichkeit und Glückseligkeit zur Zusammenstimmung kommen. Vielmehr sei die Verbundenheit von Frömmigkeit (Sittlichkeit) und Seligkeit schon auf Erden gegeben. – Schleiermacher wählt den Ausdruck »*Seligkeit*« im Gegensatz zu Kants Begriff der »*Glückseligkeit*«, um den großen Unterschied, der zwischen ihren Vorstellungen vom jenseitigen Leben und ihren ethischen Auffassungen besteht, deutlich zu machen. Kant bezeichnet mit »Glückseligkeit« das höchste Gut des *Einzelnen*, was nach Schleiermacher eine »Verwirrung« ist. Nur das könne als höchstes Gut bezeichnet werden, was durch die »Gesammtwirkung der Vernunft«, durch das vernünftige Wirken *aller Menschen* zustande komme (UG1 547.548).

[138] Vgl. E 22. 154(394).

dienen; zum einen die »*contemplative*« Fertigkeit, die sich auf die einzelnen Affektionsmomente bezieht, zum anderen die »*imaginative*, welche die Typen zu darstellenden Combinationen producirt. Übergang in die Auffassung ist Frömmigkeit (Contemplation); Übergang in die Darstellung ist Begeisterung (Imagination).« (E 9. 142(382)) Schleiermacher differenziert hinsichtlich des symbolisierenden Handelns zwischen einer auffassenden und einer darstellenden Fertigkeit; die zu tugendhaftem Auffassen notwendige Fertigkeit ist nach Schleiermacher die Frömmigkeit, zu tugendhafter Darstellung des Aufgefaßten und Erkannten bedürfe es der *Begeisterung*. Unter der begeisterten Darstellung versteht Schleiermacher die *innerliche* Konzeption, die Imagination. Die »imaginative Seite« bestehe darin, »daß kein Typus einer Darstellung sich erzeuge, welcher nicht einen idealen Gehalt hätte«, und daß alle einzelnen Typen (Elemente) zu einer einheitlichen Darstellung kombiniert würden (E 11. 142(382)). Der Frömmigkeit, die im Gegensatz zur Begeisterung keine darstellende, sondern eine auffassende Fertigkeit ist, entspricht nach Schleiermacher die *Besonnenheit*.[139]

»Der Gegensaz, den man im gemeinen Leben annimmt zwischen Begeisterung und Besonnenheit, ist der Gegensaz zwischen dem Uebergewicht der combinatorischen und dem der disjunctiven Seite.« (E 53. 160(400)) Die Besonnenheit sei vornehmlich disjunktiv oder kritisch, weil ihr das »Unterscheiden und Unterdrücken der von der Natur ausgehenden Thätigkeiten« zukomme. Sie vermöge abzuhalten und zu unterdrücken, »was den zur Ausführung einer Handlung nöthigen Zusammenhang des Bewußtseins stört« (UT 330); sie unterscheide zwischen höherer und niederer Bewußtseinstätigkeit und verhindere das Überwiegen der zweiten, das den steten Wechsel der Gefühlszustände bedeute. Jedoch könne es sein, daß bei Dominanz der auf den Gegensatz zwischen rein Sinnlichem und Vernünftigem achtenden Besonnenheit »das Einzelne«, nämlich die sinnliche Bestimmtheit, im Akt des Symbolisierens vernachlässigt werde. Deshalb sei es nötig, daß bei der Symbolisation von Gefühl außer Besonnenheit auch Begeisterung gegeben sei. Diese nämlich richte sich eben auf die einzelnen Darstellungselemente (Typen) eines Gefühlsausdruckes und auf ihre Kombination, die auf Grund von Besonnenheit ein Ganzes gebe.[140]

Nur durch die Verbundenheit von Besonnenheit und Begeisterung werde die wahrhaft sittliche Symbolisation von Erregungsmomenten vollzogen. Es gibt nach Schleiermacher »wahre Sittlichkeit nur in dem Zusammensein beider« (E 53. 160(400)). Beide Fertigkeiten faßt er zusammen unter dem Be-

---

[139] S. E 25. 140(380).
[140] S. E 52. 160(400); vgl. 33. 156(396). Ein Übermaß an Begeisterung führe wiederum dazu, daß »nicht ausdrücklich […] auf die Gegenwirkung der Sinnlichkeit« gegen die vernünftige, sittliche Symbolisation geachtet werde (E 52. 160(400)).

griff der Besonnenheit als der »Erscheinung der Weisheit« (E 54. 160(400)).[141]
Als »Erscheinung der Weisheit« sei die Besonnenheit »die den Widerstand des
niedern Vermögens überwindende Verwirklichung [der Weisheit] und vollkommene Einbildung alles dessen in das Bewußtsein, wozu der lebendige
Keim in der belebenden Thätigkeit des höheren [Bewußtseins] lag« (UT
329). Die Besonnenheit sei die zum sittlichen Symbolisieren notwendige,
das niedere Bewußtsein bekämpfende Tugend, durch welche die Weisheit
(immer wieder) »ans Licht« gebracht werde (UT 323).

Das sittliche Äußerlichwerden symbolisierender Tätigkeit schreibt Schleiermacher der Beharrlichkeit zu.[142] Gegenüber der Besonnenheit enthalte
sie »das Mechanische der Ausführung« (E 55. 161(401)).[143] Als kämpfende
Tugend diene sie der Beständigkeit der belebenden Liebe.[144] Liebe aber sei
»die Richtung, sich mit anderem vereinigen und in anderem sein zu wollen«
(GL 165,1,445). Mit Liebe bezeichnet Schleiermacher

> »das Bestreben Gemeinschaft hervorzubringen […]. Alle Gemeinschaft aber, welche von
> dem höheren geistigen Vermögen des Menschen ausgeht, ist Darstellung und Bildung, und
> deshalb ist Liebe die rechte Bezeichnung für alle darstellende und bildende Tugend, sofern
> nicht vorzüglich das meßbare derselben in der Ausübung, welches eben die Beharrlichkeit
> ist, sondern vielmehr ihr inneres Wesen ausgedrückt werden soll.« (UT 333)

Die Darstellung von Liebe, der Ausdruck des inneren Wesens dieser belebenden Tugend, ist nach Schleiermacher von ihr selbst erstrebt, weil einzig
durch die Äußerung ihres Wesens wahre Gemeinschaft gebildet werden
kann. Ihr Äußerlichwerden geschehe vornehmlich durch »Selbstdarstellung
und Offenbarung, so wie diese keinen andern Zweck haben kann, als jene
Gemeinschaft«. Dabei trete »das höhere geistige des Menschen« in Gemeinschaft »mit sich selbst in Andern«, wozu es nach Schleiermacher der Kunst
bedarf. Denn, wie die Untersuchung zeigt, wird in der Kunst aus Liebe das
Eigentümliche eines Menschen verallgemeinert. Die Kunst stellt das, was der
Mensch in sich findet, in allgemeinmenschlicher Weise – in Bezogenheit auf
das höhere Selbstbewußtsein – dar, und dadurch stiftet sie Gemeinschaft in
der Gattung Mensch (UT 333). Und auf Grund von Liebe tritt der Einzelne
in Gemeinschaft mit der Gattung, indem er seine Eigentümlichkeit auf das
Allgemeine, eben auf das, was in ihm selbst und in allen Anderen gegeben
ist, bezogen sein läßt.

---

[141] Als »Geistesgegenwart« sei die Begeisterung die Seite der Besonnenheit, die den »Sieg
über die Trägheit und Ungeübtheit des Organismus der Vorstellungen« bereite, und damit der
phantasievollen Urbildung diene (UT 330).

[142] S. UT 331; vgl. Br 151(227).

[143] »*Besonnenheit*« und »*Beharrlichkeit*« verhalten sich nach Schleiermacher zueinander wie
»Entschluß und Ausführung, Modell und Werk« (E 20. 139(379); Br 145(221)).

[144] S. UT 333f.

Die Liebe als Gesinnung bestimme gegenüber der Weisheit vornehmlich das »Hineingehen« der Vernunft in den organischen Prozeß (E 1. 146(386)). Dabei entspreche das vollkommene »Resultat der Liebe« genau dem, »was unter dem Begriff der Weisheit gesezt ist«, was als Zweckbegriff vorliegt (E 2. 148(388)). Doch sei »die Liebe nicht nur im eigentlich so genannten Handeln […], sondern auch im Erkennen. Jedes wirkliche Erkennen mit Bewußtsein ist ja ein Einbilden der Vernunft in die Natur, ein liebendes Schaffen, […]. Also ebenfalls Wirken der Vernunft auf die Natur« (Br 139(215)). Deshalb habe es den Anschein, als ob Liebe und Weisheit ineinander übergingen, auch wenn

»die Weisheit vorzüglich die Zweckbegriffe hervorbringt. Denn was können diese anders sein als die Keime und Urbilder der Liebe im Bewußtsein, und alle Thaten und Werke der bildenden Liebe, was können sie anders sein, als was die Weisheit auch ist, nämlich der Geist der sich selbst offenbarend das belebt, was nicht er selbst ist. Was ist die Liebe als das schöpferische Wollen der Weisheit? und was die Weisheit als das stille Sinnen und in sich selbst sein der Liebe.« (UT 334)

Doch sei eine vollständige Identifikation von Weisheit und Liebe nur im Blick auf den vollkommenen Weisen angebracht und allein in Hinsicht auf Gott zutreffend, weil er bei seiner schöpferischen Tätigkeit seine Liebe durch seine Weisheit vollkommen realisiere.[145]

Besonnenheit und Beharrlichkeit könnten Gott nicht zugeschrieben werden, weil dem Allmächtigen gegenüber kein Widerstand gedacht werden könne. »In uns aber ist auch Besonnenheit und Beharrlichkeit die Macht des in Weisheit und Liebe, Insichhinein- und Aussichherausgehen, gespaltenen Geistes. So daß in dem Ineinandersein dieser Tugenden allerdings die Verähnlichung mit Gott nach Vermögen ist« (UT 335).

Im Vergleich mit der christlichen Trias der Tugenden identifiziert Schleiermacher die von ihm beschriebene Liebe mit der christlichen und ordnet die Beharrlichkeit der Hoffnung, die Weisheit dem *Glauben* zu:

»Wenn man aber bedenkt, wie der Glaube doch das innerste des Bewußtseins ist, und die lebendige Quelle der guten Werke: so kann man wol nicht zweifeln, daß der Glaube der religiöse Ausdruck ist für dasselbe, was wir in der Wissenschaft mit unserm guten Recht zwar, mit einem Ausdrucke jedoch, welcher der religiösen Sprache zu anmaßend ist, Weisheit nennen; und dann bleibt nur zu sagen, daß der Unterschied zwischen der Besonnenheit und Weisheit von dieser Ansicht aus nicht konnte aufgefaßt werden« (UT 334).[146]

---

[145] S. UT 335; s. auch GL 168,1,452 Anm. 2α; s. dazu u. III.4.

[146] Auch könne »von jeder einzelnen Thatsache streng genommen kein anderer als der, dessen innerem Bewußtsein sie vorliegt, entscheiden […], ob sie aus der Idee der Weisheit oder der Besonnenheit zu beurtheilen sei« (UT 329). Doch sei sittliches bzw. frommes menschliches Handeln im Gegensatz zur Tätigkeit Gottes eben nicht möglich ohne Besonnenheit, weil keine menschliche Weisheit vollkommen sei.

In bezug auf die Kunst, in der nach Schleiermacher eigentümliche Affektionsmomente auf das höhere Selbstbewußtsein bezogen sind und als solche
zu einer *Selbst*darstellung zusammengefügt zum Ausdruck kommen, ist der
Glaube, die Weisheit/Besonnenheit oder Frömmigkeit, des Künstlers von
grundlegender Bedeutung. Denn nur und gerade im Glauben ist die sinnliche
Seite des Künstlers auf seine höhere bezogen und damit die sinnlich-geistige
Ganzheit seines *Selbst* gegeben, das nach Schleiermacher im Gefühl bewußt
ist und im Bereich der Kunst seine *Manifestation* erhält.[147]

III. Kunsttätigkeit – Die »Manifestation«

1. Das höchste Gut

Die Realisation aller Güter geschieht nach Schleiermacher »nur in einem
wahren Zusammenwirken und Aufeinanderwirken« aller Menschen, das auf
der Dominanz ihres Gottesbewußtseins beruht (UG2 673). »Denn irgend
etwas in den Erscheinungen der Menschheit dem Begriff des höchsten
Gutes angehöriges kann nur durch das Zusammenwirken aller menschlichen
Tugenden entstehen und bestehen« (UG1 548). Entsprechend verlangt nach
Schleiermacher das höchste Gut die religiöse Gemeinschaft der gesamten
Gattung.[148]

Das höchste Gut könne weder als Gemeinschaft des Wissens noch als Einheit des Verkehrs noch als ewiger Frieden gegeben sein.[149] Denn zum einen
könne es stets nur eine »approximative Aneignung des in anderen Sprachen
gedachten« geben, und damit sei kein vollständiges Verständnis desjenigen
Wissens, das in anderen Sprachen geäußert werde, möglich (UG2 675). In
Hinsicht auf den Bereich des individuellen Organisierens[150] sei »eine unbe-

---

[147] »Hier liegt das tiefe rel. Moment in Schls. Ästhetik.« (so RUDOLF ODEBRECHT in seinen
Erläuterungen zu Schleiermachers Ästhetik, s. ÄO 334). An dieser Stelle sei darauf hingewiesen,
daß in der Nachschrift von Lommatzsch statt »Gefühl« die Wendung »unmittelbares Selbstbewußtsein« oder auch der Ausdruck »Gemütsstimmung« verwendet ist, was die *Bezogenheit auf
den transzendenten Grund in der Kunst* noch deutlicher sein läßt (vgl. ÄLo 68 ff.). Zur Nachschrift
von Lommatzsch vgl. THOMAS LEHNERER, Einleitung, in: F.D.E. SCHLEIERMACHER, Ästhetik
(1819/25). Über den Begriff der Kunst (1831/32), XXIIIff.
[148] S. UG2 668. Das höchste Gut sei nach Schleiermacher das Resultat der vernünftigen
Tätigkeiten aller Menschen, das Ergebnis der »Gesammtwirkung der Vernunft« (UG1 548). Um
dieses zu erreichen, bedürfe es der Gesamtheit und Einheit des menschlichen Geschlechts. Das
höchste Gut sei erst »in der Gesammtheit des menschlichen Geschlechts«, wenn die Menschheit
»in ihrer möglichst innigen Gemeinschaft« verbunden sei, erlangt (UG2 660.662).
[149] S. UG2 675 ff.
[150] Der Bereich individuellen Organisierens umfaßt gesellschaftlichen und wirtschaftlichen
Verkehr, der Bereich des identischen Organisierens politische Aktivität (UG2 668 ff.).

grenzte Gemeinschaft der Anschauung nur als eine leere Möglichkeit gesetzt«. Drittens müsse das Bestreben, »einen Universalstaat aufzurichten«, für »Unsinn« erklärt werden (UG2 676).

»In allen diesen drei Gebieten also ist eine Mehrheit bestimmter Gemeinschaftskreise das festorganisirte, welchen, um eine Seite des höchsten Gutes zu realisiren, nur noch die Richtung sich gegen einander auch zu vermitteln einwohnen muß, wenn auch in der Wirklichkeit dieser Zusammenhang *nur fragmentarisch* zu Stande kommt.«[151] (UG2 676)

Die drei sittlichen Bereiche Wissenschaft, Politik, freie Geselligkeit seien sprachlicher, volkstümlicher und klimatischer Eigenheiten wegen nicht geeignet, die Menschheit mehr als nur fragmentarisch zu vereinen.[152] Auf diesen drei Gebieten ist universale menschliche Gemeinschaft deshalb nicht möglich.

Aber *eine Religion* könne und werde sich in der Weltgeschichte allgemein verbreiten.[153] »Ja wir sehen hier die Vollendung [des ethischen Prozesses] nur darin, daß wirklich eine derselben in der Weltgeschichte diesen Preis erreiche«. Denn die Religion mit dem ihr »angehörigen Kunstgebiet« beruhe auf dem allgemeinmenschlichen Gefühl schlechthinniger Abhängigkeit, und in diesem sei das ursprüngliche, das immer schon gegenwärtige und vor allem das endzeitliche Aufgehobensein des Gegensatzes zwischen allem Einzelnen bewußt (UG2 676).[154]

Eine Religion werde sich universal verbreiten, weil nach Schleiermacher ein jedes Einzelwesen, sobald es sich des »schlechthinigen in sich bewußt wird«, auch allen anderen Gattungswesen zumutet, »durch die Offenbarung des Zeitlichwerdens dieses schlechthinigen in ihm mit aufgeregt zu werden« (UG2 676). Diese Zumutung geschehe unter der Annahme von Erfolg, weil nämlich eben das »schlechthinige« von allen Menschen empfunden werden könne. Dabei könne das religiöse Gefühl nur durch künstlerische Darstellung, durch kunstvolles individuelles Symbolisieren, offenbar gemacht werden; nur in der Kunst finde die Religion ihren rechten Ausdruck.

Schleiermacher setzt also voraus, daß eine Religion und insbesondere die Werke der Kunst, vermittelst derer die Religion sich einzig äußere,[155] im Gegensatz zu sprachlich vermitteltem Wissen und politischem oder wirtschaftlichem Handeln allen Menschen zugänglich sind und unter ihnen Beziehung stiften, weil das allgemeinmenschliche »schlechthinige« sie bestimmt. In der Kunst kommt zwar gerade das Eigentümlichste des Menschen, sein

---

[151] Hervorhebung A. K.
[152] Vgl. UG2 673.
[153] »[D]ie Offenbarung der Zustände des höheren Selbstbewußtseins, wenn sie einmal den patriarchalischen Kreis der Familie überschritten hat, strebt sie auch gleich die Gesammtheit an.« (UG2 676).
[154] Vgl. UG2 676.
[155] S. UG2 675.

Gefühl, jedoch in religiöser Bestimmtheit und damit auf allgemeinmenschliche Weise zum Ausdruck. Dadurch wird sowohl das Allgemeinmenschliche als auch das fromme Individuum offenbar, und das bereitet die Verbundenheit aller einzelnen Wesen der einen Gattung.

Nur eine *individuell symbolisierende Gemeinschaft von Menschen* kann nach Schleiermacher *universales* Ausmaß erlangen, weil sie gerade nicht auf den (äußeren) menschlichen Unterschieden beruht, sondern das allgemeine höchste Selbstbewußtsein ihr zugrunde liegt. Allerdings erschwere die Verschiedenheit der Darstellungsmittel die Kommunikation dieses Allgemeinen. Der *Ausdruck* differiere je nach klimatischen oder ethnischen Gegebenheiten, was aber von bloß untergeordneter Bedeutung sei und letztlich beseitigt sein werde.[156] Denn solange

»Religionen und Kulte mit dem ihnen angehörigen Kunstgebiet in den Grenzen eines Volks und einer Sprache [bleiben]: so scheint das eine Andeutung, das das persönliche Selbstbewußtsein auch erst von dieser höheren Einheit durchdrungen ist, aber die höchste, die des Seins schlechthin, noch nicht in sich aufgenommen hat« (UG2 676).[157]

Im Gegensatz zu den Bereichen des Wissens, der Politik, Wirtschaft und freien Geselligkeit ist nach Schleiermacher einzig das Gebiet der Religion und der Kunst vornehmlich durch das Gefühl schlechthinniger Abhängigkeit, durch das Allgemeinmenschliche, bestimmt. Entsprechend kann das höchste Gut nur als Vereinigung frommer, individuell symbolisierender Menschen und also als »Himmelreich« vorgestellt werden; »das Himmelreich[158] ist nur als Eine, alle Einzelnen gleichsam in einander auflösende Gemeinschaft des tiefsten Selbstbewußtseins mittelst geistiger Selbstdarstellung in ernsten Kunstwerken gesetzt« (UG2 677).[159]

---

[156] UG2 677; vgl. ÄLe 29.

[157] S. dazu u. Anm. 230.

[158] Zur Verwendung des Begriffes »Himmelreich« in Schleiermachers Akademiereden vgl. MARLIN E. MILLER, Übergang, 83 ff. – Vgl. zu den obigen Ausführungen MICHAEL MOXTER, Güterbegriff und Handlungstheorie, 196/197 Anm. 85.: »Die philosophische Ethik weist den Begriff des höchsten Gutes als notwendig aus, und sie legt dar, daß dieses aus dem Blickwinkel ›Kirche‹ als Himmelreich und aus dem der christlichen Kirche als ›Reich Gottes‹ gedacht wird. Aber damit begründet sie sich nicht auf die Religion.« Gegen Moxter zeigt obige Interpretation deutlich, daß sich alle Ausführungen Schleiermachers zur Ethik auf Religion begründen und nur die Religion den ethischen Prozeß tatsächlich zu einem guten Ende führen wird.

[159] Vgl. dazu Br 126(202): »Das Leben in der Seligkeit kann nun nicht anders aufgefaßt werden als unter der Form der Oscillationen des Lebens als Auffassen und Darstellen, also als Erkennen und Kunst.« Zu diesem Zitat muß angemerkt werden, daß Schleiermacher in seinen Texten, die er nach dem Brouillon zur Ethik von 1805/06 verfaßte, für das Leben in der Seligkeit keine Oszillation zwischen Symbolisation und Organisation mehr annimmt (s. auch o. Anm. 106). Das hängt damit zusammen, daß er die Kunst selbst als wesentlich erkennende, individuell symbolisierende Tätigkeit auffaßt (s. dazu u. III.6.3.3.). Als »selige[s]« (E 70. (501)) oder »Ewiges Leben« (CS 508) bezeichnet Schleiermacher also den »vollendeten Zustand des Menschen«, und das sei gerade derjenige, »in welchem das wirksame Handeln gar nicht mehr statt findet,

Mit dem Zustand des universalen und allgemeinen individuellen Symbolisierens ist nach Schleiermacher auch die Realisation aller Güter ermöglicht. Denn die sittliche Verwirklichung eines jeden Gutes setzt nach Schleiermacher die Tugend des Tätigen, ein Überwiegen seines höheren Selbstbewußtseins, welches durch eine religiöse oder vielmehr durch die christliche Gemeinschaft »geschaffen und zur Wirkung gebracht«[160] wird, voraus. Wenn das höhere Selbstbewußtsein bei allen Menschen auf Erden geweckt und zur Dominanz gelangt ist, werden nach Schleiermacher alle Güter in sittlicher Weise realisiert, und das von allen erstrebte Ergebnis gemeinsamen Zusammenwirkens, das Ziel des ethischen Prozesses, wird erreicht werden.

Wenn in allen Menschen das höhere Selbstbewußtsein geweckt sei, dann entstehe im »Ineinander des Auf- und Miteinanderwirkens vermöge der Selbigkeit des Lebens in allen die Richtung auf ein gemeinsames, nur durch das Ineinandergreifen aller Kräfte und Tätigkeiten annäherungsweise zu förderndes Werk«. Dieses werde auch dann, wenn das Gottesbewußtsein aller Menschen zu steter Dominanz gelangt sei, keineswegs beendet, »weil es immer noch als an sich schon unendliche wechselseitige Darstellung des Gemeinsamen in dem Eigentümlichen und des Eigentümlichen in dem Gemeinsamen fortbesteht« (GL 121,1,250). Diese Tätigkeit individueller Symbolisation wird nach Schleiermacher niemals abgeschlossen sein. Am Ende des ethischen Prozesses steht nicht das Ende der Kunst, vielmehr der Beginn ihrer vollkommenen Vollendung.[161]

2. Das sittliche Gebiet der Kunst – Religion und Kunst

Die Darstellung des Eigentümlichen im Gemeinsamen und des Gemeinsamen im Eigentümlichen geschieht nach Schleiermacher auf vollkommene Weise im Bereich der Kunst, in der Sphäre individuellen Symbolisierens, auf dem Gebiet des Gefühls. »Denn nur in dem, was wir ein Kunstwerk nennen, verallgemeint das einzelne Leben seine Besonderheit vollkommen, oder vereigenthümlicht die in allen selbe Geistigkeit auf das bestimmteste.« (UG2 674) Durch ein Werk der Kunst wird nach Schleiermacher die Individualität des Einzelnen der Allgemeinheit kundgegeben, eigentümliche sinnliche Erregtheit wird anderen Gattungswesen mitgeteilt. Dies geschehe, indem das eigentümliche Gefühl auf »die in allen selbe Geistigkeit[162]«, auf das

---

sondern bloß Darstellung dessen, was ist und immer dasselbe bleibt, reines Aeußerlichwerden des inneren« (CS 533).

[160] S. o. II.6.

[161] »Die Kunst aber ist an sich unerschöpflich«; durch kein Kunstwerk werde das »Feld« der Kunst jemals verringert (ÄLe 27).

[162] Zur »Geistigkeit« vgl. UG1 551 f.

»allgemein Menschliche«[163] bezogen werde. Der Künstler achte darauf, daß in seinem individuellen Kunstwerk, »in diesem allereigensten ein allgemein menschliches liegt, vermittelst dessen es angeeignet werden kann« (PsyN 110). Nach Schleiermacher bedeutet dies: Das »geistige Einzelwesen«, das »in der symbolisirenden Thätigkeit begriffen zugleich die Einheit des Seins und Bewußtseins, oder das absolute schlechthinige in sich trägt, [...] prägt sich aus als sittliches und frommes Selbstbewußtsein«. Weil das schlechthinige Abhängigkeitsgefühl allgemeinmenschlich ist, ist entsprechend die Mitteilbarkeit des individuellen Gefühls dadurch erhöht, daß der Künstler sein Gefühl in Bezogenheit auf das höhere Selbstbewußtsein gestaltet und sich also als ein frommes Selbstbewußtsein zeigt.[164] Auf Grund dieser religiösen Bezogenheit erweisen sich folglich »die sinnlicheren und die geistigeren Lebenszustände der *Einzelnen* als mehr oder weniger eins für einander *mitempfindbar und erregend*«[165] (UG2 674).

Genau dasjenige individuelle Symbolisieren, das von Religion bzw. von Tugend bestimmt ist, nämlich von der Besinnung und Beziehung auf das höhere Selbstbewußtsein bzw. auf die allgemeine schlechthinige Abhängigkeit und das Absolute, nennt Schleiermacher *Kunst*. Damit von wahrhaft sittlicher Kunst, von vollkommener Kunstausübung die Rede sein könne, »muß auch Religion und Kunst zusammenfallen, und die *sittliche* Ansicht der Kunst besteht eben in ihrer Identität mit der Religion. Die wahre Ausübung der Kunst ist *religiös*«[166] (Br 24(100)).

Alles das, was Kunst sein solle, müsse durch die Beziehung zum Absoluten ausgezeichnet sein. Und eben dadurch, daß die einzelnen (sinnlichen) Erregungen, die zur Darstellung kommen sollen, auf den transzendenten Grund alles Seins bezogen werden, wird »jede Lust und Unlust religiös« (E 249. 78(318)).[167] Nur die individuelle Symbolisation von Lust- und Unlustempfindungen, die sich auf deren religiöse Bestimmtheit gründet, gibt nach vorliegender Untersuchung die eigentlich eigentümlichen Gefühle anderer Menschen kund. Sie befördert also die Vereinigung aller einzelnen Menschen, weil sie deren Eigenart nicht übergeht, zugleich jedoch auf das Allgemeinmenschliche bezogen ist und eben auch dieses bewußt werden läßt; so treibt sie den ethischen Prozeß voran, weshalb sie religiös und sittlich ist.[168]

Nicht nur beruhe die Kunst auf der Religion des Künstlers. Umgekehrt mache es die Religion aus, daß sie »sich nur durch die Kunst ausdrückt«

---

[163] S. o. II.5.2.2.
[164] Vgl. THEODOR H. JØRGENSEN, Offenbarungsverständnis, 264.
[165] Hervorhebung A. K.
[166] Hervorhebung A. K.
[167] Vgl. E 250 78(318). Vgl. dazu o. II.7.1.
[168] S. dazu E 237. 76(316) (s. o. Anm. 91); s. auch 61. 267 f.(597 f.).

(UG2 675). Nach Schleiermacher sind Religion und Kunst derart eng aufeinander bezogen wie Denken und Sprechen.[169] Wie das Denken notwendig die Sprache benutze, um äußerlich zu werden (identisches Symbolisieren), so sei die Religion mit der Kunst verbunden (individuelles Symbolisieren). Entsprechend ist nach Schleiermacher gerade der Gottesdienst einer religiösen Gemeinschaft der ethische Ort, an dem auf vollkommene Weise individuelle Symbolisationen kommuniziert werden.[170]

3. Kunsttätigkeit im Himmel

Im »Himmelreich« werde nicht nur ein einzelner religiöser Kreis, sondern die Gemeinschaft aller Menschen ernste Kunstwerke zur Darstellung bringen. Dieser Zustand vollkommener Gemeinschaft könne jedoch auf Erden und vom Menschen allein gar nicht erlangt werden. Erst »nach dem gegenwärtigen Leben« werde solche Gemeinschaft durch Gott selbst vollkommen verwirklicht werden (CS 503). Diese jenseitige Vollendung ist nach Schleiermacher das letzte Ziel der Welt, nicht aber das des ethischen Prozesses, der unter Einsatz menschlicher Tätigkeit der Verwirklichung des *Reiches Gottes auf Erden* zustrebt. Dies gilt Schleiermacher als das *höchste Gut.*

Schleiermachers Beschreibung des Himmelreiches auf Erden in seiner zweiten Akademierede »Über den Begriff des höchsten Gutes« gleicht der Darstellung des jenseitigen Reiches Gottes, die er in der christlichen Glaubenslehre gibt, darin, daß seiner Annahme nach in beiden Reichen individuelle Symbolisation, »Selbstdarstellung in ernsten Kunstwerken«[171], betrieben wird. Doch im christlichen Jenseits gilt diese als die einzige Tätigkeit des Menschen, weil hier – anders als im Himmelreich auf Erden – tatsächlich alle Güter verwirklicht seien.[172]

Durch den Ausblick auf die im Reich Gottes vorhandene vollkommene Gemeinschaft aller Menschen und die damit tatsächlich vollständig erreichte Güterrealisation ist nach Schleiermacher der Begriff des Reiches Gottes auf Erden als der Begriff des höchsten Gutes bestimmt; er ist von der im Gottesbewußtsein gegebenen eschatologischen Perspektive auf das jenseitige Gottesreich geprägt.[173]

Wenn wie im Christentum die eschatologische Perspektive, die die vollkommene Vollendung vor Augen stellt, das gegenwärtige irdische Handeln

---

[169] S. E 228. 74f.(314f.); ÄLe 12.

[170] Vgl. E 69. 33(273). Vgl. zum Einfluß der Kirche auf den ganzen sittlichen Prozeß CS 217–290; 440–501; 620–705. Vgl. dazu EILERT HERMS, Reich Gottes, 184ff.

[171] S. o. III.1.

[172] S. GL 163,2,435. Vgl. EILERT HERMS, Reich Gottes, 180f.

[173] Vgl. EILERT HERMS, Reich Gottes, 191. Zur Verbundenheit von Reich Gottes auf Erden und jenseitigem Reich Gottes, s. v. a. a. a. O., 192.

leitet, ist in den auf die Vollendung ausgerichteten, teleologisch bestimmten ethischen Prozeß dessen vollständige Vollendung eingeholt und das jenseitige Reich Gottes schon jetzt präsent; im Bewußtsein wie im Handeln ist das Reich Gottes bereits auf Erden gegenwärtig.[174] Denn: »Das Reich Gottes auf Erden [...] ist nichts anderes, als die Art und Weise des Christen zu sein, die sich immer durch Handeln muß zu erkennen geben.« (CS 13)[175] Weil christliche Tätigkeit bestimmt sei durch das Streben nach dem Reich Gottes, durch das »Wollen des Reiches Gottes«, bedeute jede christliche Handlung nicht nur einen »Beitrag zur Förderung des Reiches Gottes«, sondern auch ein Vergegenwärtigen des eschatologisch Erwarteten (GL 112,4,203; 9,1,61).

Die *christliche* Religion, die am entschiedensten auf das Erreichen endzeitlicher Gemeinschaft ausgerichtet sei,[176] ist nach Schleiermacher »die vollkommenste unter den am meisten entwickelten Religionsformen« (GL 8,4,56). Folglich muß die christliche Erlösungsreligion die *eine* Religion sein, die sich allgemein verbreiten soll und wird.[177]

»Das Christentum ist eine der teleologischen Richtung der Frömmigkeit angehörige monotheistische Glaubensweise, und unterscheidet sich von andern solchen wesentlich dadurch, daß alles in derselben bezogen wird auf die durch Jesum von Nazareth vollbrachte Erlösung.« (GL 11) Diese *Erlösung* ist nach Schleiermacher »als Befreiung des Gottesbewußtseins zur Dominanz über das Weltbewußtsein [sinnliches Selbstbewußtsein] die Ersetzung *einer* wirksamen Grundrichtung des Willens durch eine *andere*: der unsittlichen durch die sittliche.«[178] Die Erlösung zeigt sich daran, daß das Weltbewußtsein durch das Gottesbewußtsein dominiert wird.

Die eschatologische Perspektive auf das Reich Gottes ist nach Schleiermacher maßgeblich für die Kunsttätigkeit des Menschen, für die gelte, daß sie im

---

[174] Die »Wirksamkeit der *christlichen Sittlichkeit* im ethischen Leben« läßt das Reich Gottes bereits auf Erden gegenwärtig sein (a. a. O., 186).

[175] Zwar sei das Reich Gottes erst »nach dem gegenwärtigen Leben« vollendet (CS 503). Doch entstehe »mit dem lebendigen Glauben an Christum zugleich [...] immer auch der an das wirkliche Vorhandensein des Reiches Gottes in der Gemeinschaft der Gläubigen« (GL 113,4,210/211). Auf Grund der Erlösung werde das selige Leben in der Kirche als das *Reich Gottes auf Erden* erfahren (GL 113,3,209; zum »Reich Gottes auf Erden« vgl. CS 12f.14. u. ö.).

[176] Nach Schleiermacher ist »der teleologische Typus am meisten im Christentum ausgeprägt« (GL 9,2,64).

[177] S. dazu WILFRIED BRANDT, Der Heilige Geist und die Kirche, 120: »Der eschatologische Universalitätsanspruch der *Kirche* hängt nach Schleiermacher mit der besonderen Rolle zusammen, die sie innerhalb des allgemeinen ethischen Prozesses der Vereinigung von Natur und Vernunft spielt. Der eschatologische Universalitätsanspruch des *Christentums* ist möglich durch diese allgemeine Tatsache der Ethik, wirklich aber durch die Christologie der christlichen Kirche«: »Die von Christus ausgehende Idee der Erlösung [...] ist [...] in der Natur der Menschheit selbst prädeterminiert und will deshalb nicht bloß ein Volk, sondern die ganze Menschheit neu beleben.« (130)

[178] EILERT HERMS, Reich Gottes, 182.

Himmelreich bzw. im jenseitigen Reich Gottes zur Vollendung komme. Im
jenseitigen Reich Gottes, in dem »die vollkommenste Fülle des lebendigsten
Gottesbewußtseins« gegeben sei, werde der Mensch vollständig erkennen,
wie Gott der Schöpfer als *Künstler* die Welt gewirkt hat (GL 163,2,436).[179]
Hier ist nach Schleiermacher die Welt als *vollkommenes Kunstwerk* Gottes
offenbar.

Die teleologische Frömmigkeit des Christentums stellt dem Erlösten, dem
Glaubenden die vollkommene Offenbarung und die Erkenntnis des Kunstwerkes Gottes stets vor Augen.[180] Der Glaubende darf sich der Vollkommenheit der Welt gewiß sein, wenn ihm auch auf Erden vollkommene Erkenntnis
noch mangelt. Wie die Interpretation im folgenden zeigt, gelingen ihm, der
sich der Vollkommenheit der Schöpfung Gottes gewiß ist und der darum die
Beschaffenheit der *Kunsttätigkeit Gottes einsieht*, indem er sie *nachahmt*, bereits
auf Erden vollkommene Ergebnisse.[181]

4. Gottes Kunsttätigkeit

Die Kunsttätigkeit Gottes entspricht nach Schleiermacher der *Liebe* und der
Weisheit Gottes. Auf Grund seiner Liebe, die als sein *Wesen (Sein)* gilt,[182] habe
Gott alles Sein und die ganze Welt auf sein ewiges Reich hin geschaffen.

»Denn Liebe ist doch die Richtung, sich mit anderem vereinigen und in anderem sein zu
wollen; ist daher der Angelpunkt der Weltregierung, die Erlösung und die Stiftung des
Reiches Gottes, wobei es auf Vereinigung des göttlichen Wesens mit der menschlichen
Natur ankommt, so kann die dabei zum Grunde liegende Gesinnung nur als Liebe vorgestellt werden.« Gottes Weisheit hingegen sei »die Kunst, gleichsam die göttliche Liebe
vollkommen zu realisieren« (GL 165,1,445).

Dabei geschehe die Verwirklichung seiner weisheitlichen Zweckbegriffe zugleich mit ihrer Konzeption entsprechend seiner Gesinnung,[183] denn Gottes
Wollen sei »ganz dasselbe« mit seinem Denken (GL 55,1,291); und weil »der

---

[179] Sein seinem Gottesbewußtsein entsprechendes »reines und sicheres Schauen« läßt den
Glaubenden die Kunst Gottes sehen (GL 163,2,436).

[180] Dem Menschen unter der Sünde hingegen, dessen sinnliches Selbstbewußtsein nicht auf
das höhere bezogen sei, sei die Aussicht auf die ursprüngliche Vollkommenheit der Welt durch
die Dominanz seiner Sinnlichkeit verstellt. Herrsche »statt des Gottesbewußtseins das Fleisch:
so muß auch jede Einwirkung der Welt, welche eine Hemmung des leiblichen und zeitlichen
Daseins in sich schließt, je mehr der Moment durch dieses allein ohne das höhere Selbstbewußtsein abgeschlossen wird, um desto mehr als ein Übel gesetzt werden« (GL 75,1,412).
Umgekehrt werde im ursprünglichen bzw. im erlösten Zustand die Welt mit Freuden betrachtet
(GL 5,4,38).

[181] Vgl. ÄLe 7.

[182] Es kann nach Schleiermacher »nur die Liebe dem Sein oder Wesen Gottes gleichgesetzt«
werden (GL 167,1,449). Diese entspreche ihm genau; vgl. UT 335.

[183] S. GL 165,2,445.

Gedanke selbst unmittelbar das hervorbringende ist«, kann »ein Unterschied zwischen Weisheit und Liebe in Gott nicht [...] gedacht werden« (UT 335).

Die Folge davon, daß Gott in der Welt seine Liebe, sein Wesen, mit Weisheit vollkommen realisiere, sei, »daß wir das gesamte endliche Sein unmöglich in seiner Beziehung auf unser Gottesbewußtsein betrachten können, außer – welches wir in dem Ausdruck Welt auch immer mitdenken – als das schlechthin zusammenstimmende göttliche Kunstwerk«. Weil Gott in der Welt sein Wesen in Weisheit offenbare, sei die Welt seine »ursprünglich vollkommne[] Selbstdarstellung und Mitteilung« und darum sein Kunstwerk, dessen Erkenntnis nur durch Jesus Christus vermittelt werde (GL 168,1,452.453).

Die Sendung Christi ist nach Schleiermacher die eigentliche »göttliche Mitteilung«. Denn durch sie werde das christliche Gottesbewußtsein vermittelt und dadurch würden die »Anerkennung der göttlichen Liebe« sowie das »Verständnis der göttlichen Weisheit« geweckt und gefördert (GL 166,2,448; 168,2,454). Und erst mit dem Stetigwerden des »Bewußtseins von der Weisheit Gottes« werde dem christlich-frommen Selbstbewußtsein das Kunstwerk Gottes »immer mehr zur vollkommnen Darstellung der allmächtigen Liebe Gottes« (GL 168,1,453). Nur durch seine Mitteilung in Jesus Christus macht Gott seine Darstellung überhaupt und immer deutlicher erkennbar. Erst aber im Reich Gottes werde jeder Mensch

»Gott in allem und mit allem erkennen ohne Hemmung, aber auch, soweit die endliche Natur dies zuläßt, ohne Schwanken alles erkennen, worin und womit Gott sich erkennen läßt, ohne daß jemals ein Streit in uns entstände zwischen diesem Bestreben in uns und irgendeinem andern, und zwischen dem stetigen Gottesbewußtsein und irgendeinem andern. Dieses nun wäre allerdings ein reines und sicheres Schauen, und so wären wir vollkommen heimisch bei Gott« (GL 163,2,436).

Eben dies selig machende »Anschauen Gottes«, bei dem die *ästhetische Vollkommenheit* des göttlichen Werkes erkannt wird,[184] bewirkt nach Schleiermacher das ästhetisch vollkommene individuelle Symbolisieren des Menschen und seine »Selbstdarstellung in ernsten Kunstwerken«[185] (GL 163,2,435).

---

[184] Vgl. dazu einen Dialog aus dem Film »American Beauty« (zitiert bei EILERT HERMS, Der Ort der Aesthetik in der Theologie, 133): »Ich hab mal 'ne tote Ringeltaube gesehn. Die sah echt traurig aus. Unglaublich. Es ist als wenn Gott dich anblickt. Nur für einen Augenblick. – Aber Du kannst zurückschaun.« – »Und was siehst Du dann?« – »Schönheit. Hinter allem Leben ein gütiger Wille. Keine Angst. Soviel Schönheit. Das Herz droht zu zerbrechen«. Wenn Gott als Schöpfer seiner Schöpfung erkannt wird, zeigt sie sich als schöne.

[185] S. o. III.1.

5. Ästhetische Vollkommenheit des Kunstwerkes Gottes

Als ästhetisch vollkommen bezeichnet Schleiermacher diejenige Selbstmanifestation bzw. das Kunstwerk, dessen *Urbild* sich durch *elementarische*
wie *organische* Vollkommenheit auszeichnet und zudem durch vollkommene
Ausführung zur Darstellung gekommen ist.[186]

Elementarische Vollkommenheit eigne einem Kunstwerk, wenn seine Elemente, die »nur als Bewußtsein betrachtet werden«, in ihrem jeweiligen
»ewigen reinen Sein mangellos und unverkümmert dargestellt werden« und
somit als Ideale dem Betrachtenden den »reinen Typus«, das reine Urbild[187]
des Dargestellten zu Bewußtsein bringen (ÄLe 32.33.35).

Organische Vollkommenheit bestehe, wenn »das Ganze [das ganze Kunst-
werk] als eine bestimmte Einheit aufzufassen [ist]« (ÄLe 38). Seien die
einzelnen Elemente zu einer bestimmten Einheit geordnet, sei das Urbild
eines Kunstwerkes, das durch die Elemente zu Bewußtsein gebracht werde,
vollkommen.[188]

Das Kunstwerk selbst sei aber erst nach der Ausbildung des Urbilds vorhanden; erst mit ihr ist die Kunsttätigkeit abgeschlossen. Denn die Ausführung gewährleistet die Mitteilung des Urbilds, für die es konzipiert ist.[189]
Die *Vollkommenheit der Ausbildung* sei vorhanden, wenn die äußere Darstellung
dem inneren Urbild entspreche.[190]

Die Betrachtung der Welt als Produkt Gottes im Blick auf diese drei Arten
von Vollkommenheit zeigt, daß Gottes Werk in ästhetischer Hinsicht *ursprünglich vollkommen* bzw. *schön* zu nennen ist.[191] Den Ausdruck »schön« erachtet
Schleiermacher zwar als »bereits der Natur geweiht« und will ihn darum
nicht auf die Kunst übertragen. Zudem beziehe sich »schön« »seiner Natur

---

[186] S. ÄLe 32f.

[187] Schleiermacher identifiziert den inneren Typus und das Urbild, s. ÄLe 11.

[188] Vgl. ÄLe 31: »[D]as Urbild eines Kunstwerkes ist [...] bestimmte Einheit und Vielheit«.

[189] Demgegenüber hebt Lehnerer hervor, daß nach Schleiermacher einzig in der Urbildung,
nicht auch in der Gestaltung, die eigentliche Kunsttätigkeit bestehe. »Denn insofern das äußere
Gestalten eines Kunstwerks als bloße Ausführung des innerlich Vorgebildeten, die äußere
Gestaltung in diesem Sinne als mechanische Tätigkeit gedacht wird, muß sie – dies gebietet
die, [...] in der Ästhetik 1819 formulierte, ethische Ortsbestimmung der Kunst [...] – von der
eigentlichen Kunsttätigkeit ausgeschlossen sein« (so Thomas Lehnerer, Einleitung in F.D.E.
Schleiermacher, Ästhetik (1819/25). Über den Begriff der Kunst (1831/32), XXVI). Schleiermacher betont aber ausdrücklich, daß die Kunsttätigkeit »aus drei verschiedenen Momenten
besteht, der Erregung, der Urbildung und der Ausbildung« (ÄLe 12; vgl. 44).

[190] S. ÄLe 31.12f.

[191] Vgl. GL 168,1,452/453. Gegen Thomas Lehnerer, Kunsttheorie, 373. Laut Lehnerer
nimmt Schleiermacher in der Glaubenslehre, wo er das Kunstwerk Gottes beschreibt, »zwar
den aus der Ästhetik bekannten Begriff der Vollkommenheit auf, verwendet ihn aber in einem
anderen Sinn. Denn die Vollkommenheit wird hier nicht an einem elementaren, organischen
oder technischen Ideal gemessen«.

nach unmittelbar und ausschließend auf die Gestalt«, nicht aber eigentlich auf Bewegungen oder beispielsweise Töne (ÄLe 34.35). Doch könne der Begriff »schön« auf dasjenige Werk angewendet werden, das Identität von elementarischer und organischer Vollkommenheit zeigt.[192]

Nicht nur die Bezeichnung eines menschlichen Kunstwerkes als »schön«, auch die Unterscheidung von Schönem und Erhabenem hält Schleiermacher für unangebracht.[193] Wie Kant, so behandelt auch er das Erhabene in bezug auf die Natur.[194] Nach Kant beweist das Gefühl des Erhabenen die Freiheit des Menschen. Nach Schleiermacher dagegen bewirkt das Erhabene der Natur »ein sich verlieren in das unendliche, mit dem Bewußtsein verbunden, daß hier eine jede Reaction völlig unstatthaft ist« (PsyN 211). Denn Erhabenheit zeige die Natur in ihren »allgemeinen Potenzen«, erhaben wirke sie durch kraftvolle, gewaltige Erscheinungen. Dadurch vermittle sie das »Bewußtsein von dem Bedingtsein unserer Wirksamkeit durch allgemeine Potenzen«[195]. Im Gegensatz zu Kant bereitet nach Schleiermacher das Erhabene ein Gefühl von Abhängigkeit und steht darum dem Gottesbewußtsein sehr nahe.[196] Weil alle Abhängigkeit letztlich in Gott begründet sei, dessen *Selbstbestimmung* den Grund alles Seins bedingt, gilt er als der »absolut erhabene Gegenstand« (ÄLe 36).

In der Kunst könne es einen schlechthin und ausschließlich erhabenen Gegenstand nicht geben, weil die Kunst sich durch das organische Zusammensein einzelner Elemente und Werke auszeichne,[197] was durch übermäßige Selbstbestimmung eines einzelnen Elementes oder Werkes doch verhindert würde. Es könne deshalb im Vergleich von Erhabenem und Schönem höchstens ein relativer Unterschied festgestellt werden. »So ist also keine Nebeneinanderstellung des Schönen und Erhabenen […] möglich« (ÄO 105).

Ursprüngliche *elementarische Vollkommenheit* eignet der Welt, weil, *vermittelt durch Jesus Christus als das Urbild Gottes*[198], dessen Gottesbewußtsein »ein eigentliches Sein Gottes in ihm war«, dem Glaubenden Gottes Urbild bzw. *Gottes Sein in allem Seienden* zu Bewußtsein kommt (GL 94). Sogar »die bewußtlosen Naturkräfte und das vernunftlose Leben« würden dem christlich-frommen Selbstbewußtsein »eine Offenbarung Gottes«. *Durch* Christus werde »alles Sein Gottes in der Welt und alle Offenbarung Gottes durch die Welt in Wahrheit vermittelt, insofern er die ganze neue eine Kräftigkeit des Gottesbewußtseins enthaltende und entwickelnde Schöpfung in sich trägt.« (GL 94,2,46) Das christlich-fromme Selbstbewußtsein erkenne darum, »alles endliche Sein« als »zurückführbar auf die ewige allmächtige Ursächlichkeit« und dementsprechend in dessen ursprünglicher Mangellosigkeit, ja in dessen *ursprünglicher Vollkommenheit* und Idealität.[199] Denn: »Die göttliche Ursäch-

---

[192] S. ÄLe 41.
[193] S. ÄLe 35.
[194] S. o. II.1.
[195] S. o. II.1., GL 46,1,226.
[196] S. PsyB 522.
[197] Vgl. u. III.6.3.2.f.).
[198] S. GL 93.
[199] S. o. II.6., GL 57,1,308.

lichkeit stellt sich uns in der Weltregierung dar als *Liebe* und als *Weisheit*.«
(GL 165)

Ursprüngliche *organische Vollkommenheit* besitzt die Welt, weil alles einzelne
Seiende in einer bestimmten Einheit und die Welt selbst als das »schlechthin zusammenstimmende göttliche Kunstwerk« aufzufassen ist.[200] Es habe
die Schöpfung »nicht eine Richtung auf Einzelnes« gehabt, »so daß jede
Schöpfung eines Einzelnen ein besonderer Akt gewesen wäre; sondern geschaffen wurde die Welt, und alles Einzelne als solches nur in und mit dem
Ganzen und ebensogut für das andere als für sich« (GL 100,2,92). Denn alles
einzelne Sein der Welt sei in seiner ursprünglichen Vollkommenheit gemeinsam bezogen auf das Reich Gottes als einheitstiftendes Ziel der göttlichen
Weltregierung.[201]

Sei die *gesamte* Welt auf Grund christlich-frommen Selbstbewußtseins als
Selbstdarstellung von Gottes Liebe erkannt, sei es eine »der Erforschung der
natürlichen Dinge widerstrebende Sucht, in einzelnen Ereignissen einzelne
Abzweckungen derselben auf das Reich Gottes zu finden«. Denn dann werde
angenommen, daß einzelne Äußerungen Gottes »auch gelegentlich mit dem
höchsten Interesse des Menschen [dem Wollen des Reiches Gottes] im
Widerspruch stehen können« (GL 168,2,454). Es könne kein einzelnes Teil
oder Ereignis der Welt »für sich […] als göttliche Kunst angesehen werden.
So betrachtet ist es Naturprodukt. Nur im Zusammenhang mit allem anderen
kann es auf die göttliche Kunst bezogen werden.« (ÄO 19) Schleiermacher
unterscheidet deutlich die einzelnen wirklichen Naturgegenstände, die je
für sich einer gesonderten ästhetischen Beurteilung unterzogen und ihrer
wirklichen Beschaffenheit gemäß schön oder auch erhaben genannt werden
könnten, von dem ursprünglich vollkommenen einheitlichen Kunstwerk
Gottes.

Außer elementarischer und organischer Vollkommenheit ist dem Kunstwerk Gottes auch ursprüngliche *Vollkommenheit in der Ausbildung* zu eigen.
Denn nach Schleiermacher ist Gottes »Gesinnung«, seine Liebe, auf Grund
seiner Weisheit in der Welt vollkommen realisiert. Gott könne vorgestellt
werden als ein *vollendeter Künstler*, »der im Zustand der begeisterten Erfindung
nichts anderes denkt, dem sich nichts anderes darbietet, als das, was er auch
wirklich hervorbringt« (GL 55,2,297). Er habe ausschließlich das einzige
von ihm gedachte und seinem Wesen entsprechende Werk gewollt und gebildet.[202]

---

[200] Vgl. GL 59, Zusatz, 318.
[201] Vgl. GL 164,2.3.
[202] Vgl. GL 168,1,452, Anm. α und 55,1. Ein menschlicher Künstler dagegen »die einzelnen
Teile seines Werks erst auf verschiedene Weise anders denkt, als er sie hernach bildet«. Seiner
Ausbildung eines Werkes stehe eine »Masse verworfener Gedanken« voran (GL 55,2,297). Denn
ihm sei nur »mittlere Erkenntnis«, d. h. die Wahl einer Möglichkeit aus vielen, zuzugestehen.
Mittlere Erkenntnis »beruht ganz auf der Voraussetzung eines Möglichen außer dem Wirklichen«

Die Welt ist, wie die Interpretation zeigt, das ausgebildete Urbild Gottes, in dem, vermittelt durch Jesus Christus, Gottes Sein in allem zur Welteinheit geordneten Seienden und demgemäß in ursprünglicher Vollkommenheit zu Bewußtsein kommt.[203] Die Welt verdient also im Sinne Schleiermachers schön, ursprünglich schön genannt zu werden. Sie ist *ursprünglich* schön, denn ihre Schönheit erscheint in der Wirklichkeit und auf Erden nur getrübt. In ihrer ursprünglichen ästhetischen Vollkommenheit, und das heißt als Werk Gottes, zeigt sie sich nur demjenigen, der die Welt mit frommen Augen sieht. Nur derjenige, dessen eigene ursprüngliche Vollkommenheit zur Geltung gebracht ist,[204] erkennt die Schönheit der Welt trotz ihrer Trübungen.

Die religiöse Sicht Gottes als eines Künstlers, der mit vollendeter Kunsttätigkeit sein Wesen zum Ausdruck bringt, stellt die Welt in ein engstes Verhältnis zu Gott. Die Welt ist – wie in der Dialektik gefordert –[205] nicht identisch mit Gott, zugleich ist Gott nicht durch irgendeine Notwendigkeit zu ihrer Ausbildung bestimmt und sein Werk kein Produkt, das er auch nicht hätte schaffen können. Sein Werk ist unmittelbarer Ausdruck seines Wesens. Mit dieser Bestimmung des Verhältnisses von Gott und Welt gelingt es Schleiermacher, das Wesen des transzendenten Grundes im Gegenüber zur Welt als unbedingt und einheitlich zu beschreiben.

Das Verhältnis zwischen Gott und Welt ist nach Schleiermacher – wie gezeigt – durch ursprüngliche ästhetische Vollkommenheit bestimmt. Die Beziehung zwischen Welt und Mensch dagegen entscheidet sich daran, ob das Sein Gottes überhaupt in allem und durch alles vom Menschen erkannt werden kann.

Daß die Welt in ihrer ursprünglichen ästhetischen Vollkommenheit ursprünglich vollkommen erkennbar ist, verdankt sich der Güte der Welt. Weil der göttliche Künstler die Welt auf vollkommene menschliche Erkenntnis bzw. auf das Reich Gottes, in dem alles Sein erkannt werden wird, angelegt hat, ist sie *gut* zu nennen (ethische Vollkommenheit). Ihrer Güte wird derjenige bewußt, dem ihre Schönheit erscheint, weil eben ihre Schönheit bewußt macht, daß Gott in seiner Güte Welt und Mensch ursprünglich

---

(GL 55,2,296). Für Gott hingegen könne es zwischen Möglichem und Wirklichem keinen Unterschied geben, weil dadurch seine Allmacht beschränkt wäre. Allmacht sei die Eigenschaft Gottes, vermöge derer er alles Mögliche bewirke und verwirkliche (GL 54,3,282). Zu GL 55,2 und Schleiermachers Überzeugung, daß Gott in seiner Güte ewig nur denkt, was er hernach auch bildet, weshalb der Mensch sich stets auf Gottes Zusagen verlassen darf, s. MICHAEL MOXTER, Gott als Künstler, v. a. 404: »Die Erkenntnis des erlösenden Handelns Gottes wird nicht von der Unsicherheit immer noch anderer Möglichkeiten bedroht, die Gott haben könnte.«

[203] Nicht das Urbild selbst, sondern nur das ausgebildete Urbild, die »vollkommne[] Darstellung der allmächtigen Liebe Gottes« (GL 168,1,453) wird von Schleiermacher als Gottes Kunstwerk bezeichnet; gegen THOMAS LEHNERER, Kunsttheorie, 376.

[204] S. o. II.6.

[205] S. o. II.4.

vollkommen geschaffen haben muß und durch seine Offenbarung diese ursprüngliche Vollkommenheit und damit seine Güte auch bewußt machen will. Ist die Güte der Welt erkannt, die wie die Schönheit in der Liebe und der Weisheit Gottes begründet liegt, ist damit auch die Gewißheit ihrer Wahrheit gegeben.

Wahr ist die Welt nach Schleiermacher, weil sie die von Gott ursprünglich auf Vereinigung angelegte Beziehung zwischen ihm und dem Menschen[206] garantiert; wahr ist die Welt in Hinsicht auf das Gott-Mensch-Verhältnis. Ihre in Gottes Liebe und Weisheit gegründete Wahrheit verbürgt die Beständigkeit ihrer Schönheit und Güte und sichert somit das »Heimischwerden« und das selige »Heimischsein« des Menschen bei Gott.[207]

6. Menschliche Kunsttätigkeit

6.1. Nachahmung

Das »Heimischsein« bei Gott im ewigen Leben, das im selig machenden »Anschauen Gottes«[208] auf Grund vollkommenen Gottesbewußtseins besteht, gewährt nach Schleiermacher vollkommene Einsicht in das Kunstwerk und die Kunsttätigkeit Gottes, und diese bewirke das *ernste*, vollkommen sittliche individuelle Symbolisieren als die einzige Tätigkeit im Reich Gottes.[209] Auf Erden aber sei diese Einsicht nicht immer gegeben; es sei »die Unvollkommenheit unserer Einsicht und die Befangenheit unserer Betrachtung Schuld daran«, daß die Welt in ihrer ursprünglichen Vollkommenheit nicht immer und von jedem eingesehen wird (ÄLe 7).

Die Einsicht darein und der *Sinn* dafür, daß und vor allem wie Gott sich als Künstler betätigt, ist nach Schleiermacher jedoch der Ermöglichungsgrund vollkommener menschlicher Kunsttätigkeit – wie im Himmel, so auch auf Erden. Wahre künstlerische Produktion kann nach Schleiermacher nur im Bewußtsein der göttlichen Kunsttätigkeit und als »Nachahmung« des göttlichen Kunstschaffens geschehen. Es müsse davon ausgegangen werden,

»daß sich die Welt in der gesammten Einheit ihrer Entwik(k)lung wie das Eine alles umfassende Kunstwerk verhalte, und daß die höchste Bestimmung des Geistes in dem Genuß

---

[206] S. o. III.4., s. GL 165,1,445.

[207] S. o. III.4., GL 163,2,436. Weil Gott ewig, allmächtig, allgegenwärtig und allwissend ist (GL 52 ff.), entspricht die Welt stets seinem ursprünglichen weisen Schöpferwillen. Gott hat in seiner Weisheit nie eine andere Welt gewollt und auf Grund seiner Allwissenheit wird er auch niemals eine andere wollen. – Vgl. zum gesamten Abschnitt III.5.: Anne Käfer, Kant, Schleiermacher und die Welt als Kunstwerk Gottes, 36 ff.

[208] Das »Anschauen Gottes« bereite einen »Zustand unveränderlicher und ungetrübter Seligkeit«, einen Zustand steter Freude für *alle* Menschen (GL 163; vgl. 5,4,38); vgl. dazu GL 163, Anhang, 437 ff.; vgl. auch ULE, 218.

[209] S. GL 163,2,435.

dieser göttlichen Kunst bestehe, die es eigentlich auch jetzt schon allein sei, wodurch wir künstlerisch aufgeregt werden, die aber wenn ganz erkannt erst den Menschengeist zu ewiger Musik und Poesie beleben wird.[210] Denn erst in dem Maaß wir erkennen, wie Gott in der Schöpfung Künstler sei, können auch wir in der Kunst schöpferisch werden; und das sei der wahre und tiefere Sinn der Formel, daß die Kunst Nachahmung der Natur sei, nicht Nachahmung im eigentlichen Sinn, sondern wie im Großen (großen) alles gedichtet werde und gebildet, so wiederhole ich (sich) im kleinen dasselbe durch das einzelne Bewußtsein.«[211]

Keinesfalls dürfe ein Künstler die Natur in ihrer Wirklichkeit abbilden und »mimetisch« nachahmen.[212] Vielmehr sollten die Art und Weise, in der der göttliche Schöpfer die Welt mit ihren Elementen geschaffen hat, sowie die Erkenntnis, daß er sie ursprünglich vollkommen gebildet hat, die Symbolisationen bestimmen. Weil Gottes Selbstdarstellung seiner Weisheit und seiner Liebe entspricht, muß folglich der nachahmende menschliche Künstler ebenfalls von diesen »Tugenden« geleitet sein. Auch müssen seine Kunstwerke und seine Kunst-Elemente (Vorstellungen) von ursprünglicher Vollkommenheit geprägt sein; *Ideen* müssen seinen *Idealen* zugrunde liegen.

Der Ursprung von »Ideen«[213] liegt nach Schleiermacher »im unmittelbaren Realitätsbewußtsein«.[214] Denn im höheren, unmittelbar erschlossenen Selbstbewußtsein erscheinen die Dinge – alle Elemente der Welt und diese selbst – ihrem »inneren Wesen«, ihrem *allgemeinen Wesen* nach. Hier zeigen sie ihre innere Beschaffenheit, ihre ursprüngliche Vollkommenheit,[215] und sind darum ihrer Idee nach, nämlich »in ihrer alle Einzelmomente übergreifenden Allgemeinheit und Überzeitlichkeit«, erschlossen. »Sie sind aber auch nur *im* Leben erschlossen, erscheinen also nur *am* Besonderen.«[216] Und so wie das fromme Selbstbewußtsein die allgemeine ursprüngliche Vollkommenheit

---

[210] Nach Schleiermacher sind Schöpfung und Kunst »wesentliche Correlata: So wie in der Kunst der Mensch schöpferisch sei, so Gott in der Schöpfung künstlerisch. Der Genuß dieser göttlichen Kunst ist immer als die höchste Bestimmung des Menschen, durch die er selbst wieder künstlerisch aufgeregt werden sollte […] angesehn worden.« (ÄLe 7).

[211] So FRIEDRICH SCHLEIERMACHER in: Über den Umfang des Begriffs der Kunst in Bezug auf die Theorie derselben. Erste Abhandlung, 1831, nach: KGA I, 11, (725–742) 733/734; die in runden Klammern angegebene Lesart findet sich in: SW III, 3, 188 und AkR1 159.

[212] Beispielsweise sei Schleiermachers diesbezügliche Auffassung zur Musik zitiert: »Musik hat nicht die Töne anderer Geschöpfe zum Vorbild, sondern der Mensch singt eben so ursprünglich als sie.« (ÄLe 4).

[213] In Schleiermachers eigenen Texten werden »Ideen« seit der Schrift »Über den Wert des Lebens« (1792/93) nie mehr »als durch Abstraktion des Allgemeinen *aus* dem Besonderen der empirischen Vorstellung gewonnen angesprochen« (EILERT HERMS, Herkunft, 184). Die Rede von »Idee« und »Ideal«, die sich in PsyN 204 f.206 f. findet und die hier zum Begriff des Schemas in Beziehung gesetzt ist, kann demnach nicht authentisch sein (s. dazu auch o. II.1.).

[214] EILERT HERMS, Herkunft, 185. Zur Identifizierung des unmittelbaren Realitätsbewußtseins mit dem höheren Selbstbewußtsein und seiner Unterscheidung vom »sinnlich vermittelten Weltbewußtsein« s. a. a. O., 184.

[215] S. dazu o. II.6., GL 57,1,308.

[216] Vgl. EILERT HERMS, Herkunft, 184.186.187.

nur am Besonderen sieht, so bringt der Künstler, wie die Interpretation im folgenden zeigt, in umgekehrter, schöpferischer Weise das Besondere stets so hervor, daß er an ihm das Allgemeine zeigt.[217]

Seinem Gottesbewußtsein verdanke der Künstler nicht nur seinen *Sinn* für Gottes Kunsttätigkeit. Mit dem Überwiegen des höheren Selbstbewußtseins ist ihm nach Schleiermacher auch das »Wollen des Reiches Gottes« zuteil, das ihn zur teleologisch bestimmten kunstvollen Nachahmung *treibt*. Denn dadurch, daß er die Schönheit des göttlichen Werkes und die mit ihrer Erkenntnis verbundene Seligkeit mit seiner Kunst nachahmt, darstellt und vermittelt, gibt er einen Vorschein von dem, was im Reich Gottes in Fülle zu fühlen sein wird; er läßt das Ende des ethischen Prozesses vorscheinen und nahekommen, ja nahezu gegenwärtig sein.

6.2. Kunstsinn und Kunsttrieb

Das Organ, mit dem das fromme Selbstbewußtsein zur Einsicht in Gottes vollkommene Kunsttätigkeit gelangt, bezeichnet Schleiermacher als »religiösen Sinn«[218] oder auch als »Kunstsinn«. Beide Arten von Sinn beschreibt Schleiermacher als ausgerichtet auf göttliche und menschliche Werke der Kunst. »Der [religiöse] Sinn strebt den ungeteilten Eindruck von etwas Ganzem zu fassen«. Ein »Ganzes« aber sei das, »was Kunst ist in der Natur und in den Werken des Menschen«. Gerade die Kunst sei dazu da, »den Sinn in seiner höchsten Potenz zu befriedigen« (R 149).[219]

Der religiöse Sinn sei »die Kraft und Fertigkeit, vor welchen Gegenständen wir uns auch befinden, dennoch überall das *ursprüngliche* Licht des Universums aus ihnen einzusaugen in unser Organ«[220] (R 140). Auch in jedem Menschen erblicke der religiöse Sinn das allgemeine Ursprüngliche, obwohl es sich in jedem Einzelnen auf eigentümliche Weise zeige.[221] Und eben das »Einsaugen« des Ursprünglichen gibt dem religiösen Selbstbewußtsein die Welt mit ihren Elementen als Kunstwerk Gottes zu erkennen; gleich dem *Kunst*sinn erkennt nach Schleiermacher der religiöse Sinn die Welt als *Kunst*werk Gottes, und somit erweisen sich beide Sinnesarten als identisch.[222]

---

[217] S. u. III.6.3.2.e.).
[218] Der religiöse Sinn ist nach Schleiermacher der »Sinn fürs Unendliche« (vgl. R 53), er ist sozusagen der *siebte Sinn*; zu den anderen sechs Sinnen s. o. Anm. 8.
[219] Vgl. R 165 ff.
[220] Hervorhebung A. K.
[221] Vgl. R 92 f.
[222] Mit seinem religiösen Sinn erblicke das fromme Selbstbewußtsein »die Kunstwerke der Religion«. Diese »sind immer und überall ausgestellt; die ganze Welt ist eine Galerie religiöser Ansichten, und ein jeder ist mitten unter sie gestellt« (R 141). Der Sinn, der in allen Gegenständen der Welt das Ursprüngliche erkennen lasse, sehe, »wie alles Gleiche sich in tausend

Den Sinn zu seiner Tätigkeit zu wecken[223], bedarf es nach Schleiermacher eines Mittlers. In der christlichen Religion habe Jesus Christus als Urbild Gottes die Funktion dieses Mittlers inne. Durch ihn und nach seinem »Hingang« sei der zwischen Gott und den Menschen vermittelnde *Heilige Geist* als »Gemeingeist« der christlichen Gemeinschaft vollständig mitgeteilt und von ihr auch vollständig aufgenommen worden (GL 122). Weil die »be-*geist*-eten« Gläubigen durch den geweckten Sinn Gottes Schöpferwillen erkennten und nun das »Wollen des Reiches Gottes« Antrieb ihres Handelns sei, trügen sie mit ihrer (kunstvollen) Rede und der Darstellung ihres Gottesbewußtseins bei, den Heiligen Geist denen mitzuteilen, in welchen der religiöse Sinn noch nicht geweckt und aufgegangen sei, sowie das Gottesbewußtsein anderer Gattungswesen zu fördern.[224] Wer den Heiligen Geist empfangen habe,[225] der sei getrieben, das Reich Gottes zur Seligkeit aller Menschen zu verwirklichen, weil ihm mit dem Geist das *reine* Gattungsbewußtsein, die allgemeine Menschen*liebe* zuteil geworden sei, und diese sei »eins und dasselbe mit dem Wollen des Reiches Gottes in seiner ganzen Ausdehnung« (GL 121,3,254).

Das reine Gattungsbewußtsein, das Gattungsbewußtsein in seiner Kräftigkeit sei »nicht ein natürliches Prinzip«. Vielmehr sei »die Erweckung und Verbreitung der allgemeinen Menschenliebe […] die eigentliche und wesentliche Frucht der Erscheinung Christi« (GL 121,3,253). Die Liebes-Beziehung zu anderen Gattungswesen verdankt sich nach Schleiermacher der erlösenden und versöhnenden Tätigkeit Christi, durch die sie zugleich mit

---

verschiedene Gestalten zu verbergen und zu verteilen strebt, und wie Ihr nirgends etwas Einfaches findet, sondern alles künstlich zusammengesetzt und verschlungen; das ist der Geist der Welt, der sich im Kleinsten ebenso vollkommen und sichtbar offenbart als im Größten, das ist eine Anschauung des Universums, die sich aus allem entwickelt und das Gemüt ergreift, und nur derjenige, der sie in der Tat überall erblickt, der […] in allem Dasein selbst nichts findet als ein Werk dieses Geistes […], nur dem ist alles Sichtbare auch wirklich Welt, gebildet, von der Gottheit durchdrungen und eins« (R 86/87).

[223] Den geweckten religiösen Sinn beschreibt Schleiermacher wie alle anderen menschlichen Sinne nicht nur als rezeptiv. Vielmehr erachtet er »das Oeffnen und Geöffnetsein der Sinne ebensosehr als ein Product der Selbstthätigkeit wie als das Resultat von den Einwirkungen äußerer Reize« (PsyN 83; s. o. Anm. 9). »Der Sinn sucht sich Objekte, er geht ihnen entgegen und bietet sich ihren Umarmungen dar; sie sollen etwas an sich tragen, was sie als sein Eigentum, als sein Werk charakterisiert, er will finden und sich finden lassen« (R 148). Als einer, der finden wolle, ist er verbunden, ja eins mit dem Trieb, »nur alle Organe zu öffnen, um sich von allen Eindrücken durchdringen zu lassen« (R 147).

[224] GL 123,2,261; vgl. 6,2. Eine Offenbarung bewirkt, daß der Sinn »aufgeht«; »aufgehen« ist das mit »Sinn« am häufigsten in Verbindung stehende Verb (vgl. R 88.167.173.179.209.228.263). Denn der Augenblick, in dem der Sinn »für immer aufgeht«, ist grundlegend und entscheidend für die Religion eines Menschen, »durch diesen Moment wird seine Religion bestimmt« (R 263; vgl. GL 10, Zusatz, 70 f.).

[225] Nur derjenige, der ihn durch Rede und Darstellung mitteile, habe ihn wahrhaft empfangen (GL 123,2,262).

dem christlichen Gottesbewußtsein[226] und dem Wollen des Reiches Gottes vermittelt wird.[227]

Das Wollen des Reiches Gottes verlangt die religiöse Selbstmanifestation aus allgemeiner Menschenliebe, denn eben durch die kunstvolle Darstellung des eigenen Selbst wird nach Schleiermacher das Gottesbewußtsein verbreitet und geweckt. Das Wollen des Reiches Gottes werde angeregt durch den religiösen Sinn und seine Verwirklichung angetrieben durch den Liebestrieb. Mit dem Sinn für die ursprüngliche Vollkommenheit der Welt ist also der Liebes-Trieb, sich selbst in seiner Eigentümlichkeit als von Gottes heilvollem und ganzmachendem Wirken bestimmt zum Ausdruck zu bringen, direkt verbunden. Die Liebe bewirkt nach Schleiermacher, daß das fromme Selbstbewußtsein sich selbst ganz und gar offenbart, weil es sich gegenwärtig als Geschöpf Gottes vollkommen von Gott selbst gehalten weiß; es opfert nicht sich selbst (so Schlegel), sondern stellt dar, daß es ganz von Gott erfüllt ist. Weil es dadurch sein Gottesbewußtsein mitteilt und die Gewißheit der Liebe wie der Treue Gottes vermittelt, trägt es dazu bei, die Gemeinschaft der Gattung herbeizuführen und das Reich Gottes zu verwirklichen, was eben seiner allgemeinen Menschenliebe entspricht.[228]

Sinn und Trieb sind nach Schleiermacher die beiden Seiten des Gemeingeistes, die mehr empfängliche und die überwiegend selbsttätige.[229] Die durch den religiösen Sinn angeregte Triebtätigkeit, die »gemeinsame, allen [Begeisteten] einwohnende und in jedem durch alle sich berichtigende […] Selbsttätigkeit« werde vollzogen in »Einheit und Selbigkeit« (GL 122,3,258). In »Einheit und Selbigkeit« wird sie vollzogen, weil sie auf dem identischen christlichen Gottesbewußtsein aller einzelnen Gläubigen beruht. Die Eigentümlichkeit der Einzelnen, die durch künstlerische Triebtätigkeit zum Ausdruck gebracht wird, stellt deshalb stets das Allgemeine im Einzelnen und Besonderen dar, was dem Wesen des Gemeingeistes entspricht, der »die immer darauf gerichtete Activität, das Allgemeine im Einzelnen auszuprägen« impliziert (Br 146(222)). Der Gemeingeist bewirkt somit im

---

[226] Der Liebe Gottes entspricht es, daß Gott sich selbst in Christus und dem Heiligen Geist mitteilt und dadurch das Gottesbewußtsein erneuert und vollendet (GL 166,1,447).

[227] S. GL 121,3,253 f. Durch die Mitteilung des Heiligen Geistes wird nach Schleiermacher um die Glaubenden ein »Band« gebunden und Gemeinschaft bewirkt (vgl. GL 116,1,218; 122,2,256; R 184.187).

[228] S. dazu WILFRIED BRANDT, Der Heilige Geist und die Kirche, 302: »Der Gemeingeist der Kirche ist […] der Impuls zu einer generellen [Menschen-]Liebe nur als der spezielle Geist Christi, er macht nur insofern die Menschen als solche zum Gegenstand der Liebe, als er die Kräftigung ihres Gottesbewußtseins, ihre Bekehrung und Heiligung, d. h. ihre Gemeinschaft mit Christus zum Gegenstand hat.«

[229] S. GL 122,1 ff. S. dazu DOROTHEE SCHLENKE, Geist und Gemeinschaft, 344/345 und dazu PsyC 545; im Gemeingeist verbinden sich Gemeingeist und Gemeinsinn.

»Ineinander des Auf- und Miteinanderwirkens vermöge der *Selbigkeit* des neuen Lebens in allen [Begeisteten] die Richtung auf ein gemeinsames, nur durch das Ineinandergreifen aller Kräfte und Tätigkeiten annäherungsweise zu förderndes Werk, welches selbst dann, wenn das ganze menschliche Geschlecht in die Gemeinschaft der Erlösung aufgenommen wäre, keineswegs vollendet sein würde, weil es immer noch als an sich schon unendliche wechselseitige *Darstellung des Gemeinsamen in dem Eigentümlichen und des Eigentümlichen in dem Gemeinsamen* fortbesteht«.[230]

Weil nach Schleiermacher genau diese Darstellung Kunst zu nennen ist, muß auch der diese Darstellung veranlassende Trieb, nämlich die allgemeine Menschenliebe, dem »Kunsttrieb« entsprechen, der mit dem Kunstsinn in Beziehung steht.[231]

Der Kunsttrieb ist nach Schleiermacher der »Ursprung aller Kunst« (AkR2 169). So wie der »Sinn fürs Unendliche« der Religion zugehört, so ist die Kunst als die ihr verbundene spontane Seite vornehmlich durch den Kunsttrieb bestimmt, doch keineswegs vom Kunstsinn unabhängig. Schleiermacher hält vielmehr die Verbundenheit der rezeptiven und spontanen Seite, die Beziehung von Religion und Kunst für unauflöslich und entsprechend »ist Kunstsinn und Kunsttrieb [...] dasselbe« (ÄLe 15).[232]

Wie die Sittlichkeit einer jeden erkennenden Tätigkeit von der Weisheit/ Besonnenheit des Erkennenden bestimmt sein soll, so muß auch die dem Kunstsinn zugeschriebene Rezeption und Erkenntnis des Kunstwerkes Gottes sich der Weisheit des Künstlers bzw. seinem Glauben verdanken. Die dem Er- kennen verbundene darstellende Tätigkeit des symbolisierenden Künstlers[233] ist nach vorliegender Untersuchung in seiner allgemeinen Menschenliebe begründet; die Tugend der Liebe bestimmt den Kunsttrieb. Die Identifikation von Kunstsinn und Besonnenheit/Weisheit sowie die Gleichsetzung von Kunsttrieb und Liebe stimmt zusammen mit Schleiermachers Annahme, der

---

[230] Hervorhebung im oben schon zitierten Satz (GL 121,1,250) von A. K. – Die volkstümli- che Beschränkung zwischen den Menschen sei dann, »wenn das ganze menschliche Geschlecht in die Gemeinschaft der Erlösung aufgenommen wäre«, allerdings aufgehoben (GL 121,2,252); vgl. dazu Theodor H. Jørgensen, Offenbarungsverständnis, 284, Anm. 285: »Je deutlicher die[] Bezugnahme auf Gott in der Kunst selbst zum Ausdruck kommt, desto mehr relativieren sich die Schranken völkischer und individueller Kunstkreise«.

[231] »Das psychische Vermögen des Kunsttriebs wird von Schleiermacher innerhalb der aus- strömenden Thätigkeiten (vgl. Psy 1818, 466 ff.) bzw. der Spontaneität des Menschen (vgl. Psy 1830, 522 ff.; Psy 1833, 547 ff.) angesiedelt.« (Thomas Lehnerer, Kunsttheorie, 142).

[232] Vgl. AkR2 178: »Der Sinn und die Productivität sind nur zwei verschiedene Stufen, die Kunst ist eben dieselbe in dem Liebhaber wie in dem Künstler, und nicht nur in dem, der mit einer gewissen Leichtigkeit urtheilt, sondern auch in dem, welcher nur wirklich genießt und sich mehr oder weniger befriedigt findet. Der Impuls also ist ein ganz allgemeiner.« – Rezeptivität und Spontaneität seien »nur dem Grade nach verschieden« (ÄLe 3).

[233] Als »Darstellung« bezeichnet Schleiermacher nicht ausschließlich die nach außen tretende Tätigkeit, sondern auch die innerliche spontane Seite der Symbolisation, vgl. o. II.7.1.

wahre Künstler ahme Gottes Kunsttätigkeit nach und Gottes Kunst sei Ausdruck der Weisheit und der Liebe Gottes.[234]

6.3. Der Prozeß menschlicher Kunsttätigkeit

Menschliche Kunst ist nach Schleiermacher Darstellung von Gefühl.[235] Der Ausdruck »Gefühl« (unmittelbares Selbstbewußtsein) impliziert die Ganzheit des menschlichen »Selbst«. Die kunstvolle Symbolisation des Selbst bzw. die Darstellung der dem Gefühl verbundenen eigentümlichen Vorstellungen in bezug zur Welt setzt nach Schleiermacher sowohl die Tugendhaftigkeit des Künstlers als auch ein Vermögen zur Symbolisation voraus.

Was das Symbolisationsvermögen anbelangt, verweist Schleiermacher auf »Neigung, Talent und Wille, welches alles eines und dasselbe ist« (PsyA 468). Neigung, Talent und Wille seien eines und dasselbe in Hinsicht auf Spontaneität und Rezeptivität. Zwar sei einerseits das Vermögen zur Kunsttätigkeit bei jedem Menschen bestimmt und vorgegeben. Andererseits seien die Werke des Künstlers Produkte seiner Selbsttätigkeit. Im Rahmen seiner Möglichkeiten bildet er seiner Neigung, seinem Willen und individuellen Interesse entsprechend – wie die Interpretation im folgenden zeigt – stets eben diejenige eigentümliche Welt, die sich aus vorhandenen Vorstellungen zusammensetzt, auf welche er zurückgreift.[236]

Den durch Neigung, Talent und Wille bestimmten Prozeß sittlichen bzw. kunstvollen individuellen Symbolisierens beschreibt Schleiermacher in drei Schritten: *Erregung – Urbildung – Ausbildung.*[237] Auf Grund eines äußeren Reizes werde der Kunstsinn des frommen Künstlers erregt (*Erregung*). Dieser lasse das erregte sinnliche Selbstbewußtsein auf das höhere bezogen sein (Besinnung; Stimmung). Dadurch entstehe dem frommen Selbstbewußtsein ein »Impuls« (höhere Aufregung, Erregung zur Kunsttätigkeit) zur Symbolisation seines Gefühls (Begeisterung), welche auf der zweiten Stufe der Kunsttätigkeit mit Phantasie vollzogen werde (*Urbildung*). Die *Ausbildung* des entstandenen Phantasiegebildes geschehe in einem dritten Schritt.[238] Der Besinnung als

---

[234] Im Blick auf Gottes Kunsttätigkeit ist die Liebe nicht bloß der darstellenden und die Weisheit nicht nur der erkennenden Tätigkeit zuzuordnen. Bei menschlicher Kunsttätigkeit hingegen kann die Liebe des Künstlers erst zur Wirkung kommen, wenn sein Glaube geweckt und ihm die besonnene Erkenntnis des Kunstwerkes Gottes gegeben ist.

[235] Vgl. ÄLe 10 ff.

[236] ÄLe 16; vgl. AkR2 177. Zwar sei der Mensch bzw. seine Seele kein »bloß passiver Sammelpunkt« von Bildern und Gestalten (PsyA 468). Doch seien Bilder und Gestalten durch Talent und Neigung bestimmt; die Vorstellungen, die der Geist des Menschen produziere, seien »prädeterminirt« (AkR2 172).

[237] S. ÄLe 12.

[238] Dabei muß angemerkt werden, daß die phänomenologische Betrachtung menschlicher Kunsttätigkeit ein Wechseln zwischen urbildender und ausbildender Tätigkeit erkennen läßt. Es

der Beziehung sinnlicher Erregung auf das höhere Bewußtsein verdankt sich nach Schleiermacher der Kunstcharakter der Gefühlsdarstellung. Hingegen bezeichnet er die direkte Äußerung der Erregung als kunstlos. Kunstloser Gefühlsausdruck sei nicht nur nicht religiös, sondern eben deshalb auch nicht mitteilbar.[239]

6.3.1. Erregung

Durch eine begeisternde (be-*geist*-ende) Erregung wird nach Schleiermacher Kunsttätigkeit veranlaßt.[240] Von gereizten Sinnen werde das einwirkende und erregende sinnliche »Material« des Außeruns, begleitet von einem Lust- oder Unlustgefühl, aufgenommen und könne dann spontaner kunstvoller Bildung dienen.

6.3.2. Urbildung[241]

a.) Besinnung

»Besinnung« und »Besonnenheit«[242] sind nach Schleiermacher Bedingung echter *Kunst*tätigkeit. An ihrem Vorhandensein entscheide sich grundlegend, ob irgendein Gefühl zu kunstvoller Darstellung komme oder nicht. Bei kunstvoller Tätigkeit trete zur rein sinnlichen Erregung Besinnung, und sie unterbreche den unmittelbaren Übergang von der Erregung zu deren unbesonnener, kunstloser Äußerung; der Künstler begegne seiner Erregung mit Besonnenheit. Das Dazwischentreten der Besinnung zwischen Erregung und Äußerung ermögliche die »Urbildung« des Gefühlten.[243]

Die Besonnenheit müsse der *Leidenschaft*, die den erregten Menschen bestimme, »vermindernd entgegentreten« (PsyA 470). Den Ausdruck »Leidenschaft« verwendet Schleiermacher im Gegensatz zum Begriff der Besonnenheit. Keinesfalls dürfe und könne eine kunstvolle Gefühlsäußerung von Leidenschaft bestimmt sein. Es müsse »das Leidenschaftliche, welches besinnungslos ist, verschwinden« (ÄLe 14).[244] »Ist die Leidenschaft erloschen oder befriedigt, dann kann das Aeußern-wollen die Hauptsache werden, und die Kunst tritt hervor.« (PsyA 470) Denn: »In der leidenschaftlichen Erregung

---

gibt Fälle von Kunstproduktion, da entwickelt und ändert sich das Urbild angesichts des bereits Ausgebildeten.

[239] Vgl. ÄLe 11; s. o. II.5.2.1.

[240] S. ÄLe 11. So z. B. auch AkR1 161.163.

[241] Die Phase der »Urbildung« beginnt mit der Besinnung und ist abgeschlossen mit dem elementarisch und organisch vollkommenen Urbild (ÄLe 11.31/32).

[242] Schleiermacher gebraucht die Begriffe »Besonnenheit« und »Besinnung« »von der Sache her synonym«. »Die Besinnung bezeichnet die aktuale Tätigkeit, die Besonnenheit deren (in der Tugendlehre explizite) Form.« (THOMAS LEHNERER, Kunsttheorie, 282 Anm. 81a.).

[243] S. ÄLe 11.

[244] S. ÄLe 34.

entsteht am meisten, daß der Mensch durch die Wirklichkeit getrübt wird«
(ÄLe 37).

Nicht nur aus der Kunst, auch aus dem Leben solle das leidenschaftliche
»Unmäßige« beseitigt werden, und zwar durch die Kunst: »Die Reinigung
der Leidenschaften soll die Kunst bewirken.« (ÄLe 150)[245] Doch dürfe sie
keinesfalls nach ihrer reinigenden, moralischen Wirkung beurteilt werden.[246]
Daß »die Kunst die Leidenschaft mäßigt«, sei »ein Theil des natürlichen
Erfolges« (ÄLe 37).

Die Tugend der Besonnenheit, die der Leidenschaft entgegengesetzt sei
und ihr Einhalt gebiete, richte sich gegen ein Übermaß an Sinnlichkeit,
gegen die Dominanz des sinnlichen Selbstbewußtseins.[247] Das gelinge ihr,
weil sie als Tugend das höhere Selbstbewußtsein auf die sinnliche Erregung
bezogen sein lasse; in der Be-*sinn*-ung richtet nach Schleiermacher der
Künstler seinen religiösen Sinn auf den letzten Grund einer jeden Erregung,
er stellt »alles, was uns erregt und auf uns einwirkt, in die schlechthinnige
Abhängigkeit von Gott«[248] und bringt dadurch die erregte sinnliche Seite in
Verbindung mit der religiösen Seite seines Selbstbewußtseins. Keineswegs
werde deswegen eintönige, bleiche, kalte und matte Kunst entstehen.[249]
Vielmehr bereite das Hinzutreten von Besonnenheit bzw. das Überwiegen
des höheren Selbstbewußtseins den Zustand »einer höheren Aufregung«;
dieser sei dort vorauszusetzen, »wo Kunst sein soll«. Die »höhere Aufregung«
sei eine »ganz andere« als die leidenschaftliche Erregung, weil sie eben auf
Grund von dominierendem höherem Selbstbewußtsein vorhanden sei (AkR3
184.188).[250] Sie gebe dem Künstler den Impuls zu *kunstvoller* Phantasie-
produktion. Denn nicht mehr die bloß sinnliche Empfindung wolle dann
unmittelbar zum Ausdruck kommen. Vielmehr sei durch sie der Trieb, das
Gottesbewußtsein in besonderer Stimmung zu äußern, geweckt.

Die höhere Aufregung kommt zustande, weil die Besonnenheit als Erscheinung der Weisheit dafür kämpft, »daß nichts in dem Menschen Lust
und Unlust werde als nur vermöge seiner Beziehung auf das Ideale«.[251] Dadurch, daß sie die Erregungsmomente auf das Ideale bezieht und also von
dem sich immer gleichen Gottesbewußtsein bestimmt sein läßt, hält sie die
verschiedenen sinnlichen Erregungen ab, »den zur Ausführung einer Handlung nöthigen Zusammenhang des Bewußtseins« zu stören und befähigt also

---

[245] Vgl. AkR1 163. Nach Schleiermacher und nach Schillers ästhetischer Erziehung reinigt
Kunst von Leidenschaft. Dazu muß nach Schiller der Künstler den Stoff durch Form vertilgen.
Nach Schleiermacher hingegen führt die religiöse Darstellung des Stoffes dazu.
[246] S. ÄO 301.
[247] S. UT 323.
[248] S. o. II.4. (GL 46).
[249] S. ÄLe 14f.
[250] Vgl. AkR1 162.
[251] S. o. II.7.1., E 3. 141(381).

zur Produktion des Idealen (UT 330). Dadurch, daß sie einzelne Affektionsmomente auf das höhere Selbstbewußtsein bezogen sein läßt, werden diese
aufgehalten, festgehalten und ge*mäßigt*; sie werden von ihrer *einseitigen* und
regellosen Leidenschaftlichkeit befreit und in einen allgemeineren Zusammenhang gebracht. Die Äußerung von Gefühl wird somit »zu einer Offenbarung
des sich seiner bewußten und die Erregung beherrschenden Geistes [ge]adelt«
(AkR1 163).

b.) Stimmung

»Wird [...] der Prozeß [der Kunsttätigkeit] durch die vorbildende Besinnung aufgehalten:
so kann noch während dieser Hemmung ein zweiter erregter Zustand entstehen, der
vielleicht für sich gar nichts bewirkt hätte, der aber nun doch etwas zur Darstellung hin-
zubringt und sie über jenes Maß hinaus erweitert. Auf dem Gebiet der Kunst also kann
es Darstellungen geben, die sich auf eine Reihe von Erregungsmomenten beziehen.«
(AkR1 163)[252]

Umgekehrt könnten auf Grund allein eines erregten Zustandes mehrere
Vor- bzw. Urbildungen entstehen.[253] Jeweils aber sei der erregte Zustand
durch Besonnenheit aufgehalten und festgehalten, so daß seine kunstlose
Äußerung unmöglich sei.[254]

Den »Durchschnitt festgehaltener Affectionsmomente«, den von Besonnenheit bestimmten einheitlichen Gefühlszustand bezeichnet Schleiermacher
als »Stimmung« oder als das »gehaltene Gefühl«, und diese »Haltung ist das
ursprüngliche Fühlenwollen« (ÄLe 17).[255] Stimmung beruht nach Schleiermacher auf ursprünglichem Fühlenwollen, auf »der Selbsttätigkeit des
Affiziert-sein-Wollens« (ÄO 52).[256]

Die Möglichkeit ursprünglichen Fühlen-wollens ist nach Schleiermacher
jedem menschlichen Leben von Anfang an gegeben; schon das erste Öffnen
der Sinne sei ein Akt von Spontaneität.[257] Grundsätzlich verdanke sich das
ursprüngliche Fühlenwollen eines Menschen dessen ursprünglicher Vollkommenheit. Es beruhe auf dem ursprünglichen Trieb und Vermögen,
zu den sinnlichen Empfindungen zu gelangen, in bezug auf welche das

---

[252] Vgl. ÄLe 12.

[253] S. AkR1 164; ÄLe 11/12.

[254] Weil das Selbstbewußtsein eines frommen, religiösen Künstlers immer wieder durch
den Wechsel sinnlicher Erregtheiten bestimmt werde, so erweise es sich bei seinen kunstvollen
individuellen Symbolisierungen als »mehr oder minder gefördert oder gehemmt« (UG2 674).
Die Kunstausübung ist entsprechend mehr oder weniger *religiös*. – Vgl. E 230. 75(315): »Wie
das eigenthümliche Erkennen nur werdende Religion ist, so kann auch die Darstellung nur die
innerlich gegebene Gradation des Vernunftgehaltes bezeichnen.«

[255] Als das »Aneinanderhalten und Reihen« von Erregungsmomenten entspricht die Stimmung der Besonnenheit, durch die sie eigentlich gebildet wird (ÄO 52).

[256] Vgl. PsyA 452.

[257] S. o. II.

Gottesbewußtsein hervortreten kann;[258] und eben das Hervortreten des Gottesbewußtseins erstrebe der Mensch ursprünglich; ursprünglich sei jedem Menschen »in der Seele die Richtung auf die höchste Einheit des Seins« gegeben (ÄO 66). Das ursprüngliche Fühlenwollen nennt Schleiermacher darum auch »ein Suchen des Lebens«, das »nicht eher Ruhe findet als in der Einheit eines unendlichen alles producirenden Lebens« (PsyA 451).

»[D]as Bewußtsein der absoluten Einheit alles Lebens d. h. der Gottheit, und die Beziehungen aller Lebenszustände auf dieses sind dann die *religiösen Gefühle.* Dies ist ganz analog dem auf der objectiven Seite [durch Wahrnehmung] sich entwikkelnden Bewußtsein der Welt. Auch müssen wir ebenso sagen, schon das Menschheit-suchen, welches im geselligen *Empfindenwollen* liegt, ist ein Gottheit-suchen, ja auch schon das organische *Empfindenwollen,* es ist alles dieselbe Richtung der Seele«[259] (PsyA 460).

»Empfindenwollen« oder »Fühlenwollen« ist nach Schleiermacher das Streben nach Vereinigung mit Gott. Dieses Streben bereite (einheitliche) Stimmung, weil es durch das Übergewicht des immer sich selbst gleichen höheren Selbstbewußtseins den »Gegensatz innerhalb des Sinnlichen selbst«, den Wechsel[260] zwischen Lust und Unlust, Heiterkeit und Trauer zurücktreten lasse (GL 5,4,39).[261]

Daß das Fühlenwollen auf eine bestimmte Gefühlseinheit hin ausgerichtet sei und darum das Fühlen nach inhaltlich gleichartigen Gefühlen strebe bzw. diese aus verschiedenen Affektionen selektiere, liege auch am Temperament des fühlenden Subjekts; »das Temperament in unserem Sinn wird sich darin manifestiren, daß eine ganze Reihe von Momenten denselben Typus hat« (PsyN 310).

Vor allem aber kommt nach Schleiermacher die inhaltliche Prägung einer Stimmung dadurch zustande, daß eben bereits die erste veranlassende Erregung auf das dominierende Gottesbewußtsein bezogen ist, was jeden weiteren Gefühlswechsel ausschließt und darum jede weitere Empfindung entsprechend der ersten fühlen läßt.[262]

Die Beziehung einzelner Erregungen auf das einheitstiftende allgemeine schlechthinnige Abhängigkeitsgefühl lasse die Stimmung selbst »etwas Allgemeines« sein (ÄO 75). Sie ist nach Schleiermacher allgemein, nicht nur weil sie verschiedene Erregungsmomente zu einer durchschnittlichen Ein-

---

[258] S. o. II.6.

[259] Die beiden letzten Hervorhebungen von A. K.

[260] »Wechsellosigkeit ist der eigentliche Ausdruck der zeitlosen Begleitung des transzendenten Grundes in unserem wirklichen Sein« (DialO 293). Das höhere Selbstbewußtsein sei »immer sich selbst gleich« (GL 5,3,34/35). Durch die Beziehung auf dieses werde darum der Wechsel der sinnlichen Empfindungen minimiert.

[261] Beispielsweise ist eine »gedrückte« Stimmung vorstellbar, »wo mit einem Leidensgefühl verbunden ist das Vertrauen auf Gott« (GL 5,4,38).

[262] »Das ist das, was wir mit dem Ausdrukk Stimmung zu bezeichnen pflegen, wo das was uns afficirt nur in dem Maaße aufgenommen wird, als es in der Receptivität gegeben ist, wie wir in der heitern Stimmung nur das heitere aufnehmen, in einer gedrükkten das, was denselben Typus hat.« (PsyN 310).

heit verknüpft,[263] sondern vor allem, weil sie dieses leistet, indem sie die unterschiedlichen Affektionen auf das höchste Allgemeine, das allgemein Menschliche bezogen sein läßt.[264]

Nach Schleiermacher ist der religiöse, besonnene Mensch darauf aus, sinnliche Erregungen auf sein religiöses Gefühl zu beziehen. Durch die andauernde Bezogenheit auf das religiöse Gefühl, das das Allgemeinmenschliche repräsentiert, erhalten die sinnlichen Erregungen Halt und Maß, und es entsteht Stimmung:

> »Die *Permanenz des religiösen Gefühls ist die Stimmung,* d. h. die Neigung, die einzelnen Lebensmomente, ihr Inhalt mag sein, welcher er wolle, auf das Verhältnis des Menschen zu dem höchsten Wesen zu beziehen. […] Die Stimmung hält sich in der objectiven Thätigkeit zurück, und wie die speculative in der Meditation herausbricht, so die religiöse, wie auch andere Stimmungen im festlichen Leben« (ÄO 71).

Auf der Permanenz des religiösen Gefühls, gleich ob damit religiöse oder inhaltlich anders gefüllte Stimmung gegeben ist, muß nach Schleiermacher jegliche Kunsttätigkeit beruhen. Wenn also davon die Rede ist, daß in der Kunst das Gefühl des Künstlers zum Ausdruck kommt, muß damit stets der Ausdruck der Stimmung gemeint sein, in welcher andauernd sinnliche Erregung in frommer Weise auf das Gottesbewußtsein bezogen ist. Kunst geht nach Schleiermacher stets zurück »auf die *von der Stimmung ausgehende freie Production*«, die durch das freie Spiel der Phantasie vollzogen werde und deren Erregtwerden (höhere Aufregung) er »Begeisterung« oder »Begeistung« nennt (ÄLe 18.31).[265]

c.) Begeisterung/Begeistung

Nicht die »*ursprüngliche Begeisterung*« (ÄLe 12/13), die leidenschaftliche Erregtheit, sondern die mit Besonnenheit verbundene und von besonnener Stimmung erregte und ausgehende Tugend der Begeisterung ist nach Schleiermacher Bedingung vollkommener Kunsttätigkeit. Nicht »was man gewöhnlich unter Begeisterung zu verstehen pflegt«, sondern »das Erregtwerden der freien Production durch die Stimmung« setzt Schleiermacher einem Kunstprodukt voraus (E 239. 76(316); ÄLe 31). Wie die Interpretation zeigt,

---

[263] So THEODOR H. JØRGENSEN, Offenbarungsverständnis, 105. – Auch die Verknüpfung ist wiederum von Eigentümlichkeit geprägt, aber eben vornehmlich von allgemeiner »Durchschnittlichkeit« bestimmt; vgl. auch DOROTHEE SCHLENKE, Geist und Gemeinschaft, 109.

[264] »Unserer Ansicht nach muß das Gottheit-wollen und das allen Gegensaz von Lust und Unlust aufheben wollen Eines sein und das zeigt sich auch. […] Das religiöse Grundgefühl […] ist durchaus Anbetung d. h. das Verschwinden aller Lust und Unlust in der Unterwerfung unter die absolute Lebenseinheit.« (PsyA 461; s. o. II.4.).

[265] Zum Begriff der »Begeistung« s. z. B. ÄLo 86.175. Mit diesem Ausdruck betont Schleiermacher parallel zum Begriff der »Besinnung« die Bedingtheit von Kunstwerken nicht nur durch den religiösen Sinn zur Erkenntnis der Schöpfung Gottes, sondern auch durch den zur Produktion bewegenden Heiligen Geist, der die Liebe zur Gattung erschließt, s. o. III.6.2.

versetzt die der Besonnenheit verdankte Stimmung den Künstler in den Zustand höherer Aufregung, und diese Aufregung muß wegen ihre Bezogenheit
auf das geistige Selbstbewußtsein von jeder leidenschaftlichen Erregung
unterschieden werden. Nicht Leidenschaft und Dominanz des sinnlichen
Selbstbewußtseins (πάθος), sondern geistige Aufregung, Be-geist-ung durch
den Heiligen Geist (ἐνθουσιασμός) entspricht der kunstnotwendigen Begeisterung.

Wie die Besonnenheit dem religiösen Sinn, dem allgemeinen Kunstsinn, verbunden ist, so ist die Begeisterung »nichts anderes als das jedesmal
erneuerte Werden der bestimmten Kunst selbst aus dem allgemeinen Kunst-
triebe« (ÄLe 31). Sie bewirkt das freie Spiel der Phantasie und die Urbildung,
durch die die kunstvolle Äußerung der Stimmung gestaltet wird, nach der
es den Kunsttrieb verlangt. »Das spezifisch Künstlerische seiner [des Künst-
lers] Begeisterung [...] macht sich darin geltend, daß er die Stimmung erlebt
zugleich mit dem Trieb, sie zur Darstellung zu bringen. Seine Begeisterung
bezieht sich in diesem Sinne auf den ›Trieb der Aeußerung‹ (ÄLe, 167), auf
den ›allgemeinen Kunsttrieb‹ (ÄLe, 31).«[266]

Die Begeisterung ist nicht wie die Besonnenheit der vornehmlich erkennenden Tätigkeit zugeschrieben. Vielmehr steht sie mit dieser in Beziehung
als die der Darstellung des Erkannten zugewandte Seite. Sie bestimmt sowohl
die phantasievolle Gestaltung als auch die phantasievolle Kombination des
Einzelnen, mit welcher der Künstler gemeinschaftsbildend wirkt. Darin, daß
sie die gemeinschaftsbildende Darstellung bereitet, erweist sich die Tugend
der Begeisterung als der Tugend der (erkennenden) Liebe entsprechend.
Das bestätigt auch Schleiermachers Identifikation von Kunsttrieb und Liebe
neben seiner Zuordnung von Kunsttrieb und Begeisterung bzw. begeisterter
Phantasie.[267]

Allein die Tugend der Besonnenheit, die nach Schleiermacher dem Glauben verbunden ist, genügt nicht zur Kunstproduktion. Auch die auf den
Kunsttrieb bezogene und durch die besonnene Stimmung erregte und der
erkennenden Liebe entsprechende Begeisterung ist unabdingbar.[268] Kunst ist
»ein Ineinander [...] von Begeisterung und Besonnenheit« (ÄLe 58).[269]

---

[266] Thomas Lehnerer, Kunsttheorie, 284.
[267] S. o. III.6.2.
[268] Vgl. E 13. 152(392).
[269] Daß Schleiermacher in seiner Ästhetik-Vorlesung nicht selbst die Begeisterung mit der
Liebe gleichsetzt, hat verschiedene Gründe. Zum einen hält er die Liebe wie die Weisheit, die
er ebenfalls nicht nennt, für Eigenschaften Gottes. Der Mensch jedoch müsse mit Besonnenheit
und Beharrlichkeit stetig um beide kämpfen. Zweitens gelte in Hinsicht auf Gottes Kunsttätigkeit, daß er in seiner Weisheit seine Liebe vollkommen realisiert. Im Blick auf die Kunsttätigkeit
des Menschen steht jedoch dessen besonnenes/weises Erkennen bzw. die Urbildung im Vordergrund; entsprechend bleibt die hauptsächlich der Ausbildung zugewandte Liebe ungenannt.

d.) Phantasieproduktion

Der Einfluß der *Besonnenheit* zeigt sich nach Schleiermacher an der Freiheit des Urbildes von jeglicher *Leidenschaft*. »Wo [...] Maaß und Wechsel[270] ist, da ist ein innerer Typus, Urbild.« (ÄLe 11) Die Wirkung der *Begeisterung* sei ersichtlich an der Unabhängigkeit des Urbildes vom *Wirklichen*. Die Begeisterung sei »das Erregtwerden der freien Production durch die Stimmung«, und die *freie* Produktion des Künstlers, seine Phantasietätigkeit »muß unabhängig sein vom Wirklichen« (ÄLe 31.33). Nicht Mimesis der Natur, sondern Nachahmung der göttlichen Kunsttätigkeit führe zu kunstvollen Urbildern.

Der allmächtige Künstler der ganzen Welt bringt nach Schleiermacher durch die ursprüngliche Vollkommenheit des in einer Einheit vereinten einzelnen Seins sein Wesen, seine Liebe, seinen inneren Typus, den das Urbild Jesus Christus verkörpere, zum Ausdruck. Entsprechend der Kunsttätigkeit Gottes soll nach Schleiermacher der menschliche Künstler seinen *inneren Typus* (Urbild) mit bestimmten einzelnen *Vorstellungen* (ideale Urbilder)[271], die er in seinem Bewußtsein zu einem *einheitlichen Urbild* zusammengefügt hat,[272] zur Darstellung bringen. Der menschliche Künstler manifestiert sein Selbst, sein Gefühl, seinen inneren Typus dadurch, daß er sich als Nachahmer der göttlichen Tätigkeit nicht an die Wirklichkeit, sondern an die ursprüngliche Vollkommenheit der Welt – an ihre Ideen – hält. Diese von ihm auf Grund seines Gottesbewußtseins erkannte allgemeine Vollkommenheit soll die mit dem jeweiligen Gefühl verbundenen Vorstellungen und Elemente des einheitlichen Urbildes bestimmen, das nach seiner Ausbildung der Wirklichkeit übergeben ist wie alles Sein.

Weil nach Schleiermacher Gefühl und Selbst eines Künstlers von dessen *Gottesbewußtsein* dominiert sind, kommt im *Urbild* eines menschlichen Künstlers eben dies Gottesbewußtsein (das Ideale), das *Sein Gottes, wie es in ihm ist*, durch Nachahmung der göttlichen Kunsttätigkeit in idealen zu organischer Einheit zusammengefaßten Elementen zum Ausdruck. Als *vollkommenes* Urbild, als Urbild Gottes, bezeichnet Schleiermacher einzig Jesus Christus, weil »die stetige Kräftigkeit seines Gottesbewußtseins [...] ein eigentliches Sein Gottes in ihm war«[273].

Im Gegensatz zu Christus ist kein Künstler stetig und vollkommen von Gottesbewußtsein erfüllt. Aber in der Phase seiner Urbildung findet das Sein Gottes, das in ihm ist, Gestalt, weshalb Schleiermacher sowohl die Selbstmitteilung Gottes in Christus als auch die individuelle Symbolisation (Offenbarung) eines frommen Menschen – keineswegs den Menschen selbst – ein

---

[270] Statt »Wechsel« verwendet Schleiermacher auch »Regel«; vgl. ÄLe 11.
[271] Vgl. ÄLe 33.
[272] S. ÄLe 31.
[273] S. o. III.5., GL 94.

»Urbild« nennt. Beide Arten von »Urbild« vermitteln die ästhetische Voll-
kommenheit der Welt. Christus läßt die Welt als Kunstwerk Gottes erkennen.
Die Selbstdarstellung eines menschlichen Künstlers zeigt die Schönheit der
Welt in idealen zu einer Einheit gefaßten Elementen.

Kunstvolle Elemente entstehen nach Schleiermacher »im Künstler als Bewußtsein« (ÄLe 32). Dieser produziere sie unter Verwendung der gesamten in ihm
schon vorhandenen Bilderwelt oder des in ihm gegebenen Tonmaterials.[274]
Kein Künstler habe »bloß *die* Bilder, aus denen er [tatsächlich] produziert«.
Seine phantastische Urbildung sei vielmehr ein »Erzeugnis«, »das auf anderen
[Bildern] ruht« (ÄO 50). Seine Kunst »[s]chließt sich zunächst den natürlichen Aeußerungen des Gefühls an«; sie bezieht sich also auf die *unmittelbar*
entstehenden eigentümlichen Bilder und Vorstellungen der reizenden und
erregenden wirklichen Gegenstände des Außeruns, des über die sechs Sinne
vermittelbaren Gegebenen (PsyA 470).[275] Dabei seien die vorgestellten wie
die zur Darstellung gebrachten Gegenstände keineswegs die Hauptsache eines
vollkommenen Kunstwerks, »sondern der Gegenstand ist nur der Faden, an
welchem sich die Darstellung eines, gleichviel wie, innerlichen bestimmten
Daseins abwikkelt« (AkR2 175). Der Gegenstand eines Kunstwerkes ist
nach Schleiermacher stets nur das Mittel, ein Gefühl bzw. eine bestimmte
Stimmung zum Ausdruck zu bringen.

›Ausgangsmaterial‹ künstlerischer Phantasietätigkeit sind nach Schleiermacher *alle* Urbilder, »die der Mensch in sich trägt« (ÄLe 33). Weil beständig in
der Seele eines jeden Menschen Vorstellungen (bestimmte Töne, Bilder bzw.
Farben und Gestalten) produziert werden, trägt er immer schon eine Masse
potentieller Urbilder in sich.[276] Wie die Untersuchung zeigt, nimmt er aus
diesen »angeborenen« Vorstellungen und Formen[277] diejenigen, die ihm in je

---

[274] Vgl. E 247. 77 f.(317 f.); 231. 75(315): »Vermöge seiner fragmentarischen Beschaffenheit
ist jeder Einzelne nur an einzelne Zweige der Kunst gewiesen«. Je nach Talent und Neigung
verwerte der einzelne Künstler entweder Töne, Bewegungen oder Bilder zur Darstellung seiner
Stimmung.

[275] S. o. II.5.2.1. Vgl. ÄLe 11.16.17.34. Vgl. zur phantasievollen Verwendung kunstloser
Elemente bei der Kunsttätigkeit und zum weiteren Verhältnis zwischen kunstlosem und künst-
lerischem Gefühlsausdruck Thomas Lehnerer, Selbstmanifestation, 419 ff. »[D]er Künstler
benutzt bei seiner Konzeption die aus der kunstlosen Selbstmanifestation […] stammenden
Formationen als *Element* seiner Gestaltung. Diese für sich schon als Gefühlsausdruck geltenden
Elemente unterwirft er erneut seiner, aus der eigenen besonderen Stimmungslage hervor-
gehenden urbildlichen *Phantasie*.« (a. a. O., 421) Allerdings ist es ungünstig, auf Grund der
»doppelten Bildung« von einem »*doppelten Gefühlsausdruck*« zu sprechen. Denn das Gefühl, das
im Kunstwerk zum Ausdruck kommt, ist ja gerade die *Einheit* von sinnlichem und religiösem
Selbstbewußtsein; im kunstvollen Werk kommen kunstlose Elemente nur in Bezogenheit auf
das höhere Selbstbewußtsein zur Darstellung.

[276] S. o. II.5.2.1.

[277] Vgl. ÄLe 4.

besonderer Stimmung bewußt werden und ihn zur Darstellung drängen.[278]
Auf die vorhandenen Vorstellungen greift der Künstler zurück und entfernt
sie vom Wirklichen, wodurch er elementarisch vollkommene Urbilder bildet;
folgerichtig bedeutet »Urbildung« die kunstvolle Bildung der gegebenen Urbilder zu elementarischer Vollkommenheit.[279]

Die Urbildung vollzieht sich nach Schleiermacher durch *freies* Phantasiespiel. Dabei darf der Künstler »die Natur nicht nachahmen. Nämlich alles
wirkliche Einzelne ist in seiner Entwicklung zum Theil getrübt« (ÄLe 33).

Wie die wirkliche Natur, so ist nach Schleiermacher auch der Mensch bzw. die Erkenntnis
des Menschen in leidenschaftlicher Erregung »getrübt«; seine Leidenschaft verwehrt ihm,
das Kunstwerk Gottes zu schauen; seine Leidenschaft läßt ihn nur das getrübte Wirkliche
sehen, was eine Beschränktheit seiner ursprünglichen Vollkommenheit bedeutet.[280] Eigentlich und *ursprünglich* seien jeder Mensch und jedes »untergeordnete Wesen« ein *Ideal*,
»nur daß es auf dem Gebiet des Lebens nie rein heraus kommt« (ÄLe 33).

Das *freie* Spiel der Phantasie unterscheidet Schleiermacher von dem *ver-
worrenen* Spiel, das für Träume charakteristisch sei, aber zu unbestimmt, um
Kunst genannt werden zu können.[281] Auch aus *gemeinem* Spiel gehe keine
Kunst hervor. Denn dieses »entlehnt vom Wirklichen und für das Wirkliche«
und sei dabei »nicht ohne Interesse«; es diene praktischer oder theoretischer
Tätigkeit, die sich auf die Wirklichkeit der Welt beziehe (ÄLe 33; ÄO 97).
Durch das freie Spiel der Phantasie hingegen würden maßvolle, regelmäßige
und wirklichkeitsunabhängige mangellose Urbilder produziert.[282] Denn die
freie Phantasie, deren Tätigkeit in Besonnenheit und Stimmung begründet ist,
bezieht nach Schleiermacher im Gegensatz zu Schlegel das sinnlich Gegebene

---

[278] Vgl. ÄLe 16 f. Vgl. dazu o. II.5.1. Zu Schleiermachers Urbildtheorie und ihren verschiedenen Interpretationen s. THOMAS LEHNERER, Kunsttheorie, 295 ff. – Nach THOMAS LEHNERER,
a. a. O., 299/300 bestehen im Blick auf Schleiermachers Urbildtheorie Schwierigkeiten, weil
Schleiermacher einerseits von angeborenen individuellen Urbildern ausgehe, andererseits »subjektiv bedeutsame Vorstellungen« als »Elemente der künstlerischen Urbildung« annehme. Wie
aber oben gezeigt, kann Schleiermacher diese beiden Annahmen sehr wohl vereinen (s. o. II.5.).
Denn so wie nicht eigentlich von angeborenen *Begriffen* die Rede sein dürfe, weil Begriffe »erst
werden in der sittlichen Thätigkeit der Vernunft«, so müssen und können nach Schleiermacher
auch die mehr unbewußten, ständig entstehenden bzw. dem Menschen angeborenen *Urbilder*
zum *wirklichen Bewußtsein* gebracht und zu Urbildern eines Kunstwerkes, zu Elementen des
Gefühlsausdruckes gebildet werden.
[279] Die »Verwandtschaft mit dem Wirklichen« müsse »abgeworfen werden« (ÄO 98). »Wie
sich nun diese spielenden Vorstellungen von der wirklichen Welt entfernen, so auch überall die
Kunstwerke«. Erst dies Entfernen von der Realität lasse wahre Kunstwerke entstehen, »denn in
Malerei und Poesie hält man die Gattungen für Grenzgattungen und verdächtig, welche sich an
die Wirklichkeit genau halten« (ÄLe 16).
[280] S. ÄLe 37.
[281] S. ÄLe 31.
[282] S. ÄLe 17.33.

auf das Gottesbewußtsein des Künstlers und »urbildet« so ideale Elemente;[283] ideal ist nach Schleiermacher nicht, was der Geist bei Abstraktion vom Wirklichen in freier Verstandestätigkeit denkt, sondern derjenige Gegenstand ist ideal, der als schlechthin abhängig vorgestellt wird.

e.) Elementarische Vollkommenheit – Zum Ideal

(α) Das »Allgemeine« des Ideals. Zu *idealen* Elementen werden nach vorliegender Interpretation die Vorstellungen des Künstlers, wenn er ihnen mit Besonnenheit und Begeisterung begegnet. In besonner Stimmung erkennt der Künstler auf Grund der Dominanz seines Gottesbewußtseins – auf Grund der Bezogenheit auf das Ideale – die »ursprüngliche« Vollkommenheit allen Seins; ihm ist »alles endliche Sein« bewußt als »zurückführbar auf die ewige allmächtige Ursächlichkeit« und somit als bestimmt »von der sich selbst gleichen aller zeitlichen Entwicklung vorangehenden [Vollkommenheit], welche in den innern Verhältnissen des betreffenden endlichen Seins gegründet ist« (GL 57,1,308). Entsprechend bringt seine Begeisterung ihn dazu, die Kunstelemente in ihrem »reinen Typus«, in ihrem »ewigen reinen Sein mangellos und unverkümmert« darzustellen; im Gegensatz zu Schiller bezeichnet Schleiermacher gerade nicht diejenigen »Formen« als rein, die sich reiner Vernunfttätigkeit verdanken, sondern diejenigen, die ihre schlechthinnige Abhängigkeit anschaulich sein lassen (ÄLe 33).[284]

Wie sich Poesie und bildende Kunst auf das ursprüngliche, nicht auf das wirkliche Sein richten, so auch Musik und Mimik. In diesen Künsten ist »[d]ie strenge Gemessenheit […] das Ideale, wahrhaft in der Natur Liegende, weil alle Lebensäußerungen Takt und Rhythmus haben, was aber in der Wirklichkeit nie herauskommt, sondern sich trübt« (ÄLe 34). Auch in Musik und Mimik muß nach Schleiermacher der Künstler seine Tätigkeit auf das ursprünglich und »*wahrhaft* in der Natur Liegende« beziehen; er muß in symbolisierender Weise mit »den der ganzen zeitlichen Entwicklung gleichmäßig zum Grunde liegenden und während derselben sich immer gleichbleibenden Verhältnissen« Umgang haben (GL 57,2,309). Nur gleichmäßige, regelmäßige, taktvolle und rhythmische Vorstellungen (Töne und Bewegungen) taugen als Elemente nachahmender Kunstproduktion im Bereich der Musik und der Mimik.

---

[283] Vgl. ÄO 51: Die Phantasie »ist die Selbsttätigkeit, die aus dem Affiziertsein hervorgeht«; vgl. Br (99)23: »Was das Kunstwerk macht, ist die freie Combination durch Fantasie, die aber die Vernunft ist unter dem Charakter der Eigenthümlichkeit in der Function des Darstellens, und die Fantasie denken wir uns immer in der genauesten Verbindung mit dem Gefühl.«

[284] Vgl. Schiller-Kapitel, II.4.9. – »Eben in diesem Sinn also darf man nun sagen, daß sie [die Kunst] die Natur nachahmt; sie stellt dar, wozu Natur nur eine Annäherung sein kann.« (ÄO 99).

Indem der Künstler seine Kunstelemente in ihrer ursprünglichen Vollkommenheit zeigt, stellt er sie in ihrer *allgemeinen* Bestimmtheit dar. Denn ursprüngliche Vollkommenheit eignet nach Schleiermacher allem Sein, und sie ist jedem sichtbar, der alles, was auf ihn einwirkt und ihn erregt, mit dem Allgemeinmenschlichen in Verbindung setzt und somit auf die Einheit alles Seins bezieht.

(β) Das »Besondere« des Ideals. Die Vollkommenheit bzw. Idealität der Kunstelemente besteht nach Schleiermacher nicht allein darin, daß sie die ursprüngliche Vollkommenheit der göttlichen Schöpfung und die einzelnen Gegenstände ihrem *allgemeinen Wesen* nach zeigen. Denn sie dienen ja gerade dazu, das Gefühl bzw. die *Eigentümlichkeit* des Künstlers mitzuteilen.

Die Urbilder des Künstlers, die er zu seiner kunstvollen Selbstmanifestation verwendet, haben entsprechend »nicht nur das Allgemeine zum Gegenstand, sondern auch das Besondere und bis ins Individuelle hinab«. Nach Schleiermacher ist diese durch die Eigentümlichkeit des Künstlers bestimmte Besonderheit der Urbilder kein Argument gegen die – wenn auch bedingte – Mitteilbarkeit von Gefühl.[285] »Jeder Mensch nämlich trägt alle menschliche Individualität in sich mittelst des Verhältnisses seiner eigenen zur menschlichen Natur überhaupt« (ÄLe 33). Der menschlichen Individualitäten insgesamt und – darin eingeschlossen – auch der Besonderheiten (Unterschiede) menschlicher an Gefühl gebundener Vorstellungen von einzelnem Sein, ist sich nach Schleiermacher der *fromme* Mensch bewußt.[286] Denn ihm zeigt sich die gesamte Menschheit als eine im transzendenten Grund begründete Einheit, durch die er selbst wie jedes andere *Gattungs*wesen grundlegend bestimmt ist[287]:

---

[285] Vgl. ÄLe 29.

[286] »Jeder Einzelne trägt die Identität der Natur, auf eine aktive Weise besonders modificirt, in sich« (ÄLe 29; vgl. auch E 23. 22(262)); »jeder Mensch könnte gar nicht andere Individualitäten verstehen und aus sich selbst darstellen, wenn er sie nicht insgesamt ursprünglich in sich trüge« (ÄO 99); s. dazu auch PsyN 394: Nach Schleiermacher sind »auf gewisse Weise in einem Individuum alle anderen gegeben«. – Das fromme Selbstbewußtsein erkennt nach Schleiermacher die Identität und damit die Individualitäten der Menschen. Denn durch seinen Bezug auf den identischen transzendenten Grund allen menschlichen Seins zeigten sich ihm deutlich die verschiedenen »Individuationen« des im Identischen begründeten Seins, durch das auch er bestimmt ist. Weil nach Schleiermacher jeder Einzelne durch das Identische bestimmt ist, durch das alle Individuationsmöglichkeiten bedingt sind, trägt er folgerichtig alle Individualitäten ursprünglich und grundsätzlich in sich (gegen THOMAS LEHNERER, Kunsttheorie, 299). Vgl. dazu FRIEDRICH SCHLEIERMACHER, Brief an Gustav von Brinckmann vom 14. Dezember 1803 (in: Schleiermacher als Mensch. Sein Werden. Familien- und Freundesbriefe 1783 bis 1804, 331): »Ist denn die ganze Welt etwas anders als Individuation des Identischen?«

[287] Er erkenne jegliches Einzelne in bezug auf das »Universum« bzw. auf den Schöpfer alles Seins. In Hinsicht auf diesen zeige sich ihm, »wie alle Verschiedenheit und alle Entgegensetzung nur scheinbar und relativ ist« (R 86). Er erblicke »die Harmonie des Universums«, »die wunder-

»Ihr selbst seid ein Kompendium der Menschheit, Eure Persönlichkeit umfaßt in einem gewissen Sinn die ganze menschliche Natur, und diese ist in allen ihren Darstellungen nichts als Euer eigenes vervielfältigtes, deutlicher ausgezeichnetes, und in allen seinen Veränderungen verewigtes Ich.«[288] (R 99)

Die fromme Perspektive auf das eigene »Ich« läßt nach Schleiermacher den frommen Menschen erkennen, daß er selbst wie jeder andere »die ganze menschliche Natur«, »die Identität der Natur«, in sich trägt, zugleich findet er sich selbst in anderen Gattungswesen wieder. Die Identität der Natur sei jedoch in einem jeden Menschen »auf eine aktive Weise besonders modificirt« (ÄLe 29). Eben die ihm eigene Modifikation stellt nach Schleiermacher der Künstler mit *besonderen* Urbildern dar. Kunstvolle Urbilder zeichnen sich also sowohl durch Allgemeinheit als auch durch Besonderheit aus; sie sind auf das Allgemeinmenschliche bezogen und bringen das Eigentümliche zum Ausdruck.

Die Verbundenheit von Allgemeinem und Besonderem macht nach Schleiermacher die Idealität der Kunstelemente aus. Als Ideal bezeichnet Schleiermacher dasjenige Element, das die ihm zugrundeliegende Idee bzw. »den reinen Typus des Dargestellten in seiner Besonderheit herausbringt«, weil es in seiner Bezogenheit auf das Ideale die stets individuelle sinnliche Erregtheit seines Künstlers darstellt (ÄLe 33).[289] Gleich Kant versteht Schleiermacher unter Ideal die »Idee in individuo«. Doch gilt ihm als Idee, was sich im höheren,

---

bare und große Einheit in seinem ewigen Kunstwerk« (R 97; vgl. 87). – Vgl. KURT NOWAK, Schleiermacher und die Frühromantik, 182 ff.

[288] Das »Ich« des Menschen ist nach Schleiermacher a priori gegeben durch den transzendenten Grund (PsyA 406.492). Es umfaßt sowohl die Eigentümlichkeit als auch die Identität eines Menschen. Das »apriorische Gegebensein von ›Ich‹« ist »Manifestation der ursprünglichen Einheit der beiden Formen des Bewußtseins als Innesein des Besonderen *und* als Innesein des Allgemeinen« (EILERT HERMS, Psychologie, 391/392).

[289] Darum sei »die eigentliche Thätigkeit des [künstlerischen] Geistes«, »[d]as Innerliche (Ideen, Urbilder) ins Einzelne hineinzubringen« (ÄLo 107). – Ein anschauliches Beispiel dazu findet sich ÄLo 239: »Raphael z. B. hat einen Freund im Act des Violinspiels gemalt; das Wirkliche hier ist dem Idealen untergeordnet. Es wurde dies wahrscheinlich gewählt in Beziehung auf die ganze Persönlichkeit des Dargestellten, aber es mußte so geschehen, daß darin nicht ein bestimmter Moment der musikalischen Darstellung abgebildet ist, sondern daß es auf alle Momente übertragen und diese daraus construirt werden konnten; dies ist das *Ideale* davon, denn auf solche Weise ist die *Idee* des Menschen selbst dargestellt, die sich nur in verschiedenen Momenten auf eine verschiedene Weise modificirt.« (Hervorhebung A. K.) Weil nach Schleiermacher das Ideale die Verbundenheit von Allgemeinem und Besonderem verlangt, kann von einem »*menschlichen* Ideal«, von einem allgemeinen Ideal der Gattung Mensch nie die Rede sein. Denn dieses läßt die Besonderheit der einzelnen Menschen nicht zu, und es »könnten alle Menschen nur gut sein, sofern sie einander ähnlich sind; alle Verschiedenheit wäre mangelhaft. Diese Verschiedenheit aber ist *Fülle der Natur, und eben diese will die Kunst darstellen*, aber in ihrem reinen inneren Typus.« (ÄO 98) Nach Schleiermacher ist ein »*allgemeines Ideal*« ein Widerspruch in sich (vgl. ÄLe 34).

unmittelbar erschlossenen Selbstbewußtsein als im transzendenten Grund begründet und darum als ewig rein und vollkommen zeigt.[290]

Wie die Untersuchung zeigt, ermöglicht die Verwendung des reinen Typus auf Grund seiner Allgemeinheit allgemeinmenschliche Verständigung. Zudem zeigt sich gerade am Allgemeinen die Eigentümlichkeit des »urbildenden« Künstlers besonders deutlich.[291] Gerade angesichts des ursprünglich Vollkommenen und ewig Reinen werden die mannigfaltigen Besonderheiten der jeweiligen Künstler und ihrer Manifestationsgegenstände offenbar. Und gerade so erscheint nach Schleiermacher die »*Fülle der Natur, und eben diese will die Kunst darstellen*, aber in ihrem reinen inneren Typus« (ÄO 98). Indem der Künstler dazu beiträgt, Mannigfaltigkeit und Fülle der Natur zum Vorschein zu bringen, ahmt er die *unendliche* göttliche Schöpfertätigkeit vollkommen nach.[292]

Das Ideal, das »den reinen Typus des Dargestellten in seiner Besonderheit herausbringt« und dadurch die Fülle der göttlichen Schöpfung zeigt, soll nach Schleiermacher das Gefühl bzw. die Stimmung des jeweiligen Künstlers zum Ausdruck bringen. Deshalb darf unter dem »reinen Typus des Dargestellten« keineswegs ausschließlich der reine Typus der vorgestellten Gegenstände verstanden werden. Vielmehr zeigt das Ideal vornehmlich den reinen Typus des im freien Spiel eigentümlicher Vorstellungen begriffenen Künstlers, der auf das Ideale bezogen ist. Es zeigt sein frommes Selbst und Gefühl, wie es seiner jeweiligen Stimmung entspricht, und zwar indem es den reinen Typus der verwendeten Elemente in deren stimmungsgemäßer Besonderheit zu Bewußtsein bringt. »Nur in der *idealen* Darstellung äußert sich die *Stimmung*.«[293] Nur frei von Leidenschaft und fern vom Wirklichen kann nach Schleiermacher das bestimmt gestimmte besondere Gefühl des Künstlers hervortreten und im Anschluß an eine leidenschaftliche Erregung wiederhervortreten.[294]

(γ) Ergänzung der Wirklichkeit. Weil nach Schleiermacher das ideale Urbild in Vollkommenheit darstellt, wozu die wirkliche, getrübte Natur »nur eine Annäherung sein kann«, »so ist die Kunst die Ergänzung der Wirklichkeit« (ÄO 99; ÄLe 33). Sie ergänzt die Wirklichkeit, indem sie ein ideales Abbild der wirklichen Welt gibt, die ein reales Abbild der ursprünglichen (idealen)

---

[290] S. o. III.6.1.; vgl. dazu KrV 596.

[291] Die Besonderheit des Kunstelementes zeige, »wie der darstellende Künstler das Sein aufgefaßt habe« (ÄO 56).

[292] Vgl. auch E 81. 48(288): »In allen Kulturgebieten ist soviel Schönheit und Kunst, als die Eigenthümlichkeit sich darin manifestirt.«

[293] THOMAS LEHNERER, Kunsttheorie, 301.

[294] Vgl. ÄLe 37.

Schöpfung ist.[295] Nicht Gedanken des menschlichen Verstandes, welche nach Schlegel die »Wirklichkeit« konstituieren, vielmehr die ursprüngliche (ideale) Schöpfung Gottes wird nach Schleiermacher angesichts der realen »Entwicklungstrübungen« durch menschliche Kunst auf ideale Weise zur Darstellung gebracht;[296] indem der Künstler die reale Welt in idealer Weise darstellt, stellt er den Kunstrezipierenden Gottes ursprüngliche Schöpfung vor Augen und ergänzt das Wirkliche um das Ursprüngliche.

Doch nicht nur dadurch ergänzt die Kunst die Wirklichkeit, daß sie die ursprüngliche Vollkommenheit der Welt im allgemeinen darstellt, sondern gerade dadurch, daß sie den »reinen Typus des Dargestellten *in seiner Besonderheit* herausbringt«, erweitert sie die wirkliche Welt, und zwar um bisher nie Gesehenes. Das besondere Urbild, der ideale Typus in seiner Besonderheit, ist nämlich stets neu gebildet gemäß der jeweiligen individuellen Stimmung, der er sich verdankt. Und die jeweilige Stimmung, die zwar eine allgemeine ist, insofern sie die unübertragbaren einzelnen Erregungen auf besonnene Weise zusammenfaßt, gründet in einmaligen, ganz besonderen Gefühlsmomenten. Besondere Erregungen veranlassen nach Schleiermacher den Künstler zu einer besonderen Produktion, welche seine Phantasie bzw. seine Seele als Ort derselben »vermöge der Welt, die sie in sich trägt«, zur Ausführung bringt. Diese Welt sei jedoch keine zweite neben der wirklichen; die Seele gehe »nicht über den Umkreis von Typen, nach dem die wirkliche Welt auch darbietet« (ÄLe 34).[297]

f.) Organische Vollkommenheit

Die freie Phantasie betreibt nach Schleiermacher nicht nur das Spiel mit den einzelnen Elementen. Zudem zeichne sie sich aus durch synthetische, kombinatorische Tätigkeit.[298] Erst mit der Kombination der mannigfaltigen Elemente sei das Urbild gegeben; das Urbild eines Kunstwerkes sei »Spannung des Gegensazes, bestimmte Einheit und Vielheit« (ÄLe 31).

Zur Vollkommenheit eines Kunstwerkes bedarf es nach Schleiermacher nicht nur der Idealität der einzelnen Elemente. Vielmehr müsse das einzelne Allgemeine/das allgemeine Einzelne zu einem allgemeinen Ganzen zusammenstimmen, zu einer Einheit zusammengefaßt sein. Das Kunstwerk müsse »in sich beschlossen sein und das Spiel [mit dem Einzelnen] innerhalb

---

[295] Die wirkliche Welt »ist eben so gut Abbild der idealen [ursprünglichen] Welt« wie die des Künstlers »Abbild der realen« ist (ÄLe 34). Diese These Schleiermachers ist nach oben Ausgeführtem keine »unbegründete These«; gegen Thomas Lehnerer, Kunsttheorie, 297.

[296] Vgl. dazu ÄO 9: »Der innere bildende Typus kann auf der idealen Seite nicht anders sein als der bildende Typus auf der realen Seite. Sonst wäre die Welt ein Gespenst und der Mensch ein Gespenst für die Welt.«

[297] Vgl. dazu ÄLe 4; s. dazu o. II.5.2.1.

[298] »Fantasie ist synthetisches Vermögen« (E 220. 73(313)).

seines Umkreises festhalten. [...] Die Beziehung des Einzelnen auf das Ganze
muß daher die zerstreuende Kraft des Einzelnen aufheben und mit der jedes
anderen zusammenwirken, um das Ganze als eine bestimmte Einheit aufzufassen und innerhalb desselben zu ruhen.« (ÄLe 38) Der Phantasie des Betrachters dürften Abschweifungen nicht möglich sein, wenn eine bestimmte
Gefühlsmitteilung gelingen solle.[299]

Die »bestimmte Einheit« eines Kunstwerkes, seine *organische Vollkommenheit*,
ist nach Schleiermacher durch zwei bzw. drei Komponenten bedingt:

Zum einen »hängt die Vollkommenheit der Composition genau mit der
elementarischen zusammen« (ÄLe 39). Bestehe nämlich das Kunstwerk insgesamt rein aus idealen Elementen, sei eine Ablenkung des Rezipierenden
durch und auf das Wirkliche erschwert.[300]

Weil jedoch die Vollkommenheit aller einzelnen Elemente nie vollständig
gegeben sei, müsse zum anderen, vor allem damit die Idealität des Einzelnen
den Betrachtenden auch tatsächlich zu Bewußtsein komme, das Phantasiespiel der Rezipierenden durch das »*Beiwerk*« »gefangen genommen und in
Einheit mit dem Kunstwerk gebracht werden« (ÄLe 38). Dazu solle das Beiwerk »eine *abwehrende Annäherung* an das kunstlose Spiel sein«[301]. Es soll im
Gegensatz zu den idealen Elementen von Wirklichem bestimmt sein, wobei
es »das Ideale als Charakter des Hauptwerkes« voraussetzt. Dadurch, daß solch
Beiwerk dem Betrachtenden zwar einerseits auf Grund seiner Bestimmtheit
durch das Wirkliche verworrenes, kunstloses Spiel ermögliche (annähernd),
andererseits dies aber nur im Rahmen des idealen Kunstwerkes gestatte
(abwehrend), werde der Rezipierende trotz seiner von Schleiermacher vor-
ausgesetzten Vorliebe für Zerstreuung »in der Identität mit dem Kunstwerk«
festgehalten und auf dessen ideale Elemente gewiesen (ÄLe 39).

Zudem fordert Schleiermacher für ein Werk der Kunst die Vollkommenheit des »Wesentlichen«, die im Gegensatz zum Beiwerk stehe. Diese
erweise sich nicht nur dadurch, daß ein jedes einzelne Element auf Grund
seiner Idealität nur auf jedes andere Element desselben Werkes und auf nichts
anderes bezogen werden könne. Auch sei Vollkommenheit des Wesentlichen
vorhanden, wenn das einzelne Werk das gesamte Kunstgebiet (z. B.: eine
Mythologie, einen Kunstzyklus), zu dem es gehöre, »in Anregung« bringe;
der gesamte »Cyclus«, dessen Teil das einzelne Kunstwerk sei, solle mit ihm
zu Bewußtsein kommen. »Das Ganze muß auf eine ruhige Weise mit dem

---

[299] Doch sei zur Rezeption des Kunstwerkes auch der »Kunstsinn« des Betrachters notwendig.
»Je weniger Kunstsinn, desto mehr isolirt jeder das Einzelne und macht jedes für sich zu einem
Anknüpfungspunkt für das gemeine Spiel.« (ÄLe 38) Des »Kunstsinns« bedürfe der Rezipient,
damit er die Idealität des Kunstwerkes erkennen könne. Denn nur mit einem gewissen Maß an
Kunstsinn könne der Betrachtende der Bezogenheit der einzelnen Elemente auf die höchste
Einheit ansichtig werden.
[300] S. ÄLe 39; vgl. ÄO 112.
[301] Hervorhebung A. K.

einzelnen Kunstwerk gesetzt sein.« Und je weniger die einzelnen Elemente
aufeinander bezogen seien, desto mehr sei die Erkennbarkeit des ganzen
Kunstgebietes gefordert.[302] Denn auch durch die Beziehung auf diese organische Einheit werde der Rezipierende vor Abschweifungen bewahrt und in
der gegebenen »Kunstwelt« gehalten, die ihm das Ideale zeige (ÄLe 38).

Vollkommenes Beiwerk und die »cyclische« Vollkommenheit des Wesentlichen, beides lenkt nach Schleiermacher von zwei einander entgegengesetzten
Seiten den Blick des Betrachtenden auf die Idealität der einheitlichen Elemente, auf die idealen Vorstellungen in ihrer jeweiligen Besonderheit, die das
Kunstwerk zum Kunstwerk machen.[303] Zwar zeigt die organische Vollkommenheit eines Werkes menschlicher Kunst nicht nur die »Lebenseinheit« des
offenbarenden Künstlers, sondern weist zudem auf die Einheit des schönen,
guten und wahren Kunstwerkes Gottes, im Blick auf welches es entstanden
ist, und fördert also das Gottesbewußtsein der Rezipierenden. Doch vornehmlich das Ideale bringt nach Schleiermacher auf allgemeine Weise das
Eigentümliche und Besondere des Künstlers zu Bewußtsein und erfüllt damit
die Bestimmung der Kunst als Selbstmanifestation.[304]

6.3.3. Ausbildung

Die ausbildende Seite menschlicher Kunsttätigkeit, die mit der symbolisierenden unauflöslich verbunden ist, richtet sich nach Schleiermacher auf das
von der Phantasie mit *Genialität* gebildete Urbild;[305] weil Schleiermacher
dessen Ausführung aber nicht als das »Hauptwerk« menschlicher Kunsttätigkeit erachtet, ordnet er die Kunst eben der symbolisierenden nicht der
organisierenden Tätigkeit zu.[306]
    Die Ausbildung des Urbildes geschehe auf dem Kunstzweig, den der
jeweilige Künstler präferiere und den zu verwenden ihm auf Grund seiner
technischen Fähigkeiten und Fertigkeiten (Talent, *Virtuosität*) möglich sei.[307]
Technisch vollkommen sei dasjenige Kunstwerk zu nennen, das dank der

---

[302] Vgl. ÄLe 39.

[303] »Das Beiwerk und die Vollkommenheit desselben bildet [...] den Gegenpunkt zu der
strengen Form oder dem cyclischen Inhalt, und zwischen beiden liegt die Einheit des Complexes
und die Idealität des Inhaltes.« Schleiermacher nennt einen mythischen Gegenstand, der auf ein
beschränktes mythologisches Kunstgebiet weist, »streng abgeschlossen« (ÄLe 39).

[304] Vgl. dazu THEODOR H. JØRGENSEN, Offenbarungsverständnis, 104: »Die Einheit des
jeweiligen Urbildes ist die innere Lebenseinheit des einzelnen Menschen [...], während die
Vielheit in dem Urbild der Vielheit der eigentümlichen Welt entspricht«.

[305] S. ÄLe 44.

[306] Zur organisierenden Tätigkeit zählt er sie nicht, weil dann die Produkte menschlicher
Kunsttätigkeit als Organe, als Werkzeuge, als Ergebnis mechanischer Arbeit zu einem bestimmten
Verwendungszweck gelten müßten.

[307] Vgl. ÄLe 44.

tugendhaften spontanen Fertigkeit (Beharrlichkeit) des Künstlers das Urbild vollkommen realisiert.

6.4. Das Einzelne und das Allgemeine

Nicht nur der Gegensatz wirklich–ursprünglich, sondern die mit ihm ver-bundene Beziehung zu und zwischen Allgemeinem und Einzelnem ist nach Schleiermacher entscheidend für ein vollkommenes Kunstwerk.

»Im Leben will uns überall das Einzelne als solches festhalten. Gegen diese Ansicht muß die Kunst polemisiren, weil ihr sonst die symbolische Würde des Einzelnen verloren geht. Daher das Bestreben, das Einzelne für sich in seiner Nichtigkeit darzustellen« (ÄLe 24). Nach Schleiermacher setzt der Künstler, indem er im freien Spiel der Phantasie das Einzelne auf spielende Weise vernichtet, eben dies Einzelne symbolisch. Denn die wie von Schiller,[308] so auch von Schleiermacher geforderte »spielende[] Vernichtung« des Einzelnen impliziert nach Schleiermacher – in deutlichem Gegensatz zu Schiller –, daß dieses Einzelne auf das höchste Allgemeine, die höchste transzendente Ein-heit allen Seins bezogen wird, wobei das Bewußtsein von dieser Einheit stets empfangen, nie selbsttätig erworben ist. Dadurch wird die Bedeutung des Einzelnen als eines Einzelnen im Gegensatz zu anderem Einzelnen aufgeho-ben (ÄLe 26).[309] Das Einzelne gilt nun vielmehr als ein je nach Stimmung bestimmtes Symbol, als ein »Zeichen des Allgemeinen«, des alle Menschen verbindenden Allgemeinmenschlichen (ÄO 76).[310]

Die Bezogenheit auf die höchste Einheit alles Seins läßt nach Schleierma-cher den besonnenen Künstler angesichts der gesamten ursprünglich voll-kommenen auf das Reich Gottes ausgerichteten Schöpfung Gottes den bloß relativen Wert, ja die Wertlosigkeit des wirklichen Einzelnen erblicken.[311] Seine im freien Spiel der Phantasie gebildeten Kunstelemente zeigen darum nicht wirkliches Sein, sondern bringen die ursprüngliche Vollkommenheit allen Seins zu Bewußtsein.[312] Symbole des Allgemeinen sind nach Schleier-

---

[308] S. Schiller-Kapitel, II.4.8.

[309] S. o. II.3.

[310] Vgl. auch ÄLe 45: »Es ist aber eigentlich das Symbolische, das, wodurch das Einzelne Darstellung wird von dem bestimmten Allgemeinen, in dem sich die Stimmung abspiegelt.« Vgl. dazu THEODOR H. JØRGENSEN, Offenbarungsverständnis, 274.

[311] »Die Darstellung des combinatorischen Princips kann nicht einfache Geberde sein, sondern Ausdruck des Gesezes in einem bestimmten Fall, wobei dieser die Nebensache ist, jenes die Hauptsache. Dies ist *Kunst*.« (E 214. Anm. 2, 2. 71(311)) Die Darstellung eines wahren Kunstwerkes ist nach Schleiermacher »Ausdruck des Gesezes«, und das »Gesez« ist »nichts anders als die allgemeine Formel für den relativen Werth alles Einzelnen für das Individuum« (E 214. Anm. 2; 216. 72(312)).

[312] Vgl. ÄO 80: »Das freie Spiel der Phantasie ist ein eigentümliches Produzieren, insofern versiert die Kunst immer im Einzelnen. Aber das Einzelne ist nur wahr, sofern es das Allgemeine des Produzierenden in sich trägt.«

macher aber nicht nur die idealen Kunstelemente, Zeichen des Allgemeinen ist auch das Kunstwerk insgesamt. Das Kunstwerk selbst ist zwar nur ein einzelnes Werk. Weil es aber wie die ursprünglich vollkommene Welt, die Selbstmanifestation Gottes, auf vollkommene Weise ideale Elemente in sich vereint, gilt es als »Symbol[][313] des Absoluten«, als Hinweis auf und Zeichen für den allgemeinen göttlichen Künstler (ÄLe 41).[314]

Durch die spielende Vernichtung des Einzelnen wird nach Schleiermacher zwar die Nichtigkeit des Einzelnen angesichts des Unendlichen dargestellt. Doch geschieht diese Darstellung, wie gezeigt, nie unabhängig von der Individualität des einzelnen Künstlers. Durch die kunstvolle Bezogenheit des Einzelnen auf das Allgemeine manifestiert der Künstler zwar sein eigenes ganzheitliches Selbst, das ihm nur in der Bezogenheit einzelner individueller sinnlicher Erregungen auf das absolute Allgemeine bewußt ist. Doch zeigt er das Allgemeine eben genau in der Eigentümlichkeit, die seiner Individualität entspricht. Denn das Allgemeine stellt er in genau der *Weise*[315], vermittelst der *Medien*[316] und vor allem durch freies Spiel mit denjenigen *Vorstellungen*[317] dar, die seinem eigentümlichen Wesen bzw. seiner besonderen – aber relativ allgemeinen – produktionsbedingenden Stimmung[318] (Gefühl) gemäß sind.

Gerade durch die Verbundenheit von einzelner Eigentümlichkeit und Allgemeinmenschlichem wird, wie die Interpretation zeigt, zwischen dem Künstler und anderen Gattungswesen Gemeinschaft gewirkt. Denn diese Verbundenheit bedeutet die »Darstellung des Gemeinsamen in dem Eigentümlichen und des Eigentümlichen in dem Gemeinsamen«[319], und solche Darstellung offenbart die allgemeine Menschenliebe, die einen jeden frommen Künstler erfüllt und dem Wollen des Reiches Gottes entspricht.

---

[313] Zur Auslassung vgl. ÄO 119.

[314] Vgl. THEODOR H. JØRGENSEN, Offenbarungsverständnis, 274: »Symbolische Behandlung des einzelnen heißt also Aufhebung desselben in eine höhere, umgreifendere Einheit.« – »Während […] im sinnlichen Bewußtsein nur Einzelnes erfaßt und auf Einzelnes bezogen werden kann, ist eine Beziehung des Einzelnen auf das Ganze […] erst aufgrund des Zusammenseins des sinnlichen Bewußtseins mit dem höheren möglich.« (EILERT HERMS, Reich Gottes, 177).

[315] Dadurch, daß die Phantasie die wirklichkeitsunabhängigen Vorstellungen aus einer bestimmten Stimmung heraus zeige, werde ein »*Abdruck* unseres eigentümlichen Daseins« gegeben (ÄO 51, Hervorhebung A. K.; vgl. ÄLe 16).

[316] Die reine, freie Phantasie lasse die auf individuellen Erregungen beruhende Stimmung zum Ausdruck kommen, indem sie »die Stimmung durch ein bestimmtes Medium wiedergibt« (ÄLe 24; vgl. dazu ÄO 132ff.).

[317] Die Eigentümlichkeit des Künstlers zeigt sich nicht nur an den verwendeten Elementen, sondern auch an deren Kombination und Komposition.

[318] »Denn die Stimmung ist schon etwas Allgemeines« (ÄO 75); s. dazu o. III.6.3.2.b.).

[319] S. o. III.1., GL 121,1,250.

6.5. Religiöse und gesellige Kunst

Die Beziehung zwischen Einzelnem und Allgemeinem kann nach Schleiermacher je nach Kunststil variieren.[320] In der religiösen Kunst überwiege die vernichtende und symbolische Behandlung des Einzelnen. Für die gesellige Kunst sei das vermehrte Spiel mit dem Einzelnen, welches insbesondere die Eigentümlichkeit des Künstlers zum Ausdruck bringe, und damit die Hervorhebung des Einzelnen charakteristisch (ÄLe 24).

Eine Kunstwelt, in der nur das Spiel mit dem Einzelnen gepflegt werde, könne »nie für eine vollständige« gehalten werden, weil ihr der Bezug auf dasjenige fehle, nach dem die Seele eines jeden Menschen strebe. Erst durch die Beziehung des Einzelnen auf das Allgemeine genüge die Kunst dem einem jedem Menschen wesentlichen inneren Trieb nach dem Allgemeinen, der höchsten Einheit des Seins und beweise damit ihre »innere Nothwendigkeit« (ÄLe 25). Daß sie aber eine *freie*, von jeglichem Zweck unabhängige und spielerische Produktion des Menschen ist, zeigt eben das gleichzeitige Vorhandensein der geselligen spielenden Seite.[321]

Gesellige und religiöse Kunst behandelt Schleiermacher darum nur als zwei *Seiten* der einen Kunst. »Alle Kunst hat auf der einen Seite eine religiöse Tendenz, auf der anderen verliert sie sich in das freie Spiel mit dem Einzelnen. […] Beide Seiten verhalten sich aber so gegeneinander, daß keine Richtung sich ganz von der andern lösen kann.« (ÄLe 21) In jedem Kunstwerk müsse eine Vielheit von Einzelnem auf ein einheitliches Allgemeines bezogen sein.[322]

Das Überwiegen der geselligen oder religiösen Seite ist nach Schleiermacher gebunden an die Kunstgattung, der das jeweilige Kunstwerk zugehört. So zeichne sich in der Musik der Kirchenstil (spezifisch religiöse Kunst) im Unterschied zum Opernstil (spezifisch gesellige Kunst) durch einen höheren Anteil an symbolischer Behandlung des Einzelnen aus.[323]

»Wo wir das Spiel mit dem Einzelnen allein finden, sehen wir es nur als Nachhall und Nachahmung entstehen, welche den rechten Geist verfehlt hat.« (ÄLe 21) »Nur wenn die Richtung auf das Allgemeine mit darin ist […], d. h. wenn ein Übergang von dem Einzelnen zum Allgemeinen in der Darstellung desselben selbst liegt, hat diese überwiegende Richtung auf das Einzelne ihre Wahrheit.« (ÄO 69) Dann nämlich bringt das freie Spiel der geselligen Kunst nicht irgendeine Freiheit, sondern die durch das Gottesbewußtsein gegebene

---

[320] S. ÄLe 22. Vgl. THEODOR H. JØRGENSEN, Offenbarungsverständnis, 275.
[321] S. ÄLe 24.
[322] Vgl. THEODOR H. JØRGENSEN, Offenbarungsverständnis, 280: »Das religiöse Moment verschwindet erst, wenn das Spiel sich völlig in das einzelne verliert, aber dann ist das Spiel auch kein künstlerisches mehr.«
[323] S. ÄLe 22.

Unabhängigkeit vom Wirklichen und Sinnlichen gerade an einzelnen »weltlichen« Gegenständen zum Ausdruck.

Umgekehrt sei in der religiösen Kunst die Beziehung auf »eine Mannigfaltigkeit von Einzelheiten« notwendig (ÄLe 22). Das »Bild von Gott« könne »auf keine Weise unmittelbar bezeichnet werden, sondern offenbart sich nur indirect an einzelnen Verhältnissen« (ÄLe 21). Denn, wie ausgeführt, kann nach Schleiermacher das schlechthinnige Abhängigkeitsgefühl, das Bewußtsein Gottes nie rein für sich zum Ausdruck kommen, sondern stets nur dasjenige dargestellt werden, »was die religiöse Stimmung in irgendeiner Beziehung durch das Erkennen oder Handeln oder durch das Affiziertsein im Gefühl von einzelnen Gegenständen zum Grunde hat« (ÄO 68).[324]

Zwar unterscheidet Schleiermacher gesellige von religiöser Kunst. Doch beschreibt er auch die gesellige Kunst als unbedingt religiös.[325] Denn *Kunst überhaupt* sei bedingt durch die religiöse Beziehung auf das Allgemeinmenschliche. Kunst entsteht nach Schleiermacher nur, wenn ein Künstler die göttliche Kunsttätigkeit auf tugendhafte Weise nachahmt. Dabei müsse seine freie Phantasietätigkeit auf der Permanenz seines religiösen Gefühls beruhen, welche das Kunstwerk aus religiöser oder inhaltlich anders bestimmter Stimmung hervorgehen lasse.[326] Eine jede kunstnotwendige Stimmung ist nach Schleiermacher in der Bezogenheit auf den höchsten Künstler begründet, weshalb auch die nachahmende gesellige Kunst, die gerade keine spezifischen Themen aus dem Bereich der Religionen darstellt, religiöse Kunst sein muß.[327] – Der Ausdruck »religiös« wird von Schleiermacher zweideutig ver-

---

[324] S. o. II.3. – Erst das Aufeinander-Bezogenwerden von Sinnlichem (Vielheit/Endlichem) und Höchstem (Einheit/Unendlichem) ermögliche wahre Kunst, weshalb es in beiden Kunststilen vorhanden sein müsse. Weil beide Seiten der Kunst die Bezogenheit von Einzelnem auf die allgemeine höchste Einheit zum Ausdruck bringen, sind die jeweiligen Kunstproduktionen religiös zu nennen und entsprechen also nach Schleiermacher wahrer Kunstausübung.

[325] »Die eigentliche Wahrheit also liegt darin, daß die eine Seite die andere nicht fahren läßt, sondern beide auf gewisse Weise identifiziert werden.« (ÄO 68) – In der Kunst sei aber »der religiöse Charakter [...] immer der dominierende«. Ein Werk sei um so gewisser als Kunst zu bezeichnen, als in ihm die Beziehung des Künstlers auf das Absolute erkannt werden könne (ÄO 65). Deshalb muß nach Schleiermacher auch die gesellige Kunst »Darstellung des Gottesbewußtseins« sein; s. dazu Theodor H. Jørgensen, Offenbarungsverständnis, 279.280; s. auch a. a. O., 275: »Jedes Kunstwerk, das seinen Namen verdient, hat [...] eine mehr oder weniger deutliche religiöse Tendenz«.

[326] S. o. III.6.3.2.b.).

[327] Gegen Thomas Lehnerer, Kunsttheorie, 353: Nach Lehnerer kann »der gesellige Stil momentan einen ein *selbständiges Dasein* für sich beanspruchen.« Und vor allem gegen Dorothee Schlenke, Geist und Gemeinschaft, 129: »Gleichwohl geht die Kunst in ihrer Funktionalität für das religiöse Gefühl nicht auf. Ihre Autonomie gegenüber dem Bereich der Religion kommt in der Mitteilung anderer (physischer/geselliger/ästhetischer) Gefühle zum Ausdruck und wird von seiten der ästhetischen Theorie in der Unterscheidung zwischen religiösem und geselligem Stil entfaltet.« – Vgl. zu obiger Interpretation Schleiermachers Erläuterungen zur dritten Rede seiner Reden über die Religion, in: KGA I, 12, 6), 179/180: »Ja wenn man auf die allen Kün-

wendet, einmal für die Bestimmung der Kunstrichtung, die sich Religions-
darstellungen widmet, und zum anderen, um die Beschaffenheit von Kunst
überhaupt zu beschreiben.

6.6. Antike und moderne Kunst / hellenische und italisch-christliche Kunst

Mit der Differenz zwischen religiöser und geselliger Kunst, und das heißt
zwischen »Heiligem« oder »Ernstem« und »Spielendem«, ist nach Schleiermacher der Gegensatz des »*Antiken und Modernen*« verbunden (ÄLe 42). Denn
nur die genaue Unterscheidung von Ernstem und Spielendem, die klare
Differenzierung dieser beiden Kunstseiten, die stets beide in einem Kunstwerk in je verschiedenem Maße zusammengefügt seien, mache ein vollkommenes Kunstwerk aus. Eine ›Vermischung‹ des Allgemeinen, Heiligen
und Geistigen mit dem Einzelnen und Materiellen mache die zur Vollkommenheit notwendige »Spannung des Gegensazes«[328] unmöglich.

Die moderne, christliche[329] Kunst ist nach Schleiermacher getragen von
der klaren Unterscheidung zwischen Heiligem und Spielendem; trotz der
Bezogenheit des Einzelnen auf die »Idee der Gottheit« sei die Verschiedenheit
zwischen beidem gewahrt. Dagegen seien die »Götter als das Höchste der
antiken Kunst [...] bestimmte einzelne Naturen«, hervorgegangen aus dem
Wirklichen und Materiellen (ÄLe 42). Wo aber wie im hellenischen Polytheismus »das Geistige gleichsam nur aus dem Materiellen hervorwächst,[330] da
kann es sich auch wieder ins Materielle zurückverlieren durch unmerkliche
Uebergänge«. Weil die antiken Götter selbst bloß einzelne materielle Wesen
seien, finde alles Einzelne, das auf diese und auf die »Idee der Welt« bezogen
werde, keinen Halt, und so habe die notwendige Einheit des Einzelnen kei-

---

[328] S. o. III.6.3.2.f.), ÄLe 31.
sten gemeinsame Zwiefältigkeit des Styls achtet, daß sie alle einen strengeren und gebundenen
unterscheiden von einem freieren und loseren: so ist nicht zu läugnen, daß die religiöse Kunst
überall am meisten den strengeren Styl aufrecht hält, so daß, wenn auch religiöse Gegenstände
im leichten Styl behandelt werden, der Verfall der Religion entschieden ist, aber dann auch der
Verfall der Kunst bald nachfolgt, und daß auch der leichtere Styl nur, wenn er an dem strengeren
sein Maaß und seine Haltung findet, den wahren Kunstcharakter behält, je mehr er sich aber
von jenem und also von dem Zusammenhang mit der Religion lossagt, um desto sicherer und
unaufhaltsamer in Verkünstelung und Schmeichelkunst ausartet.«
[328] S. o. III.6.3.2.f.), ÄLe 31.
[329] Unter der modernen Kunst versteht Schleiermacher die christliche; s. ÄLe 43: »Die
moderne Kunst hat [...] die heilige Geschichte, in der die einzelnen Naturen als solche ganz
zurücktreten, – auch Christus ist als einzelne Natur nicht einmal völlig bestimmt – sondern sie
sind nur Momente in der Offenbarung des Ewigen.«
[330] Die Götter seien als einzelne Naturen nur aus dem Materiellen, nur aus der Welt erklärbar.
– Entsprechend dieser ihrer Beschaffenheit könnten sie auch wieder zu Einzelheiten, zu Teilen
der Welt zerfallen. Sie verkörpern bloß Weltliches, weshalb mit ihnen »Spott getrieben« werden
könne und werde, und dies »selbstvernichtende Element geht durch die ganze Mythologie
durch« (ÄLe 43).

nen Bestand (ÄLe 42.49).[331] Deshalb ist nach Schleiermacher anders als nach Schlegel in der antiken Kunst der »rechte Geist« nicht recht getroffen.[332]

Der für die Kunst notwendige Bezug zur allgemeinen, rein geistigen ewigen und vor allem transzendenten Einheit, der sowohl religiöse wie gesellige Kunst bedinge, sei nicht in der hellenischen, sondern nur in der modernen, in der (italisch-)christlichen Kunst gegeben, weshalb diese von Schleiermacher für die *wahre ernste Kunst* gehalten wird.[333] Entsprechend seiner absoluten Hochschätzung des Christentums als der vollkommensten unter den am meisten entwickelten (monotheistischen) Religionsformen[334] gilt Schleiermacher auch die *christliche Kunst* – die christlichem Gottesbewußtsein verdankte Kunst – als die vorzüglichste unter den Künsten.

6.7. Spiel und Ernst

Ernst ist das Spiel der Kunst und heilig. – Ernst ist die Kunst und vor allem *heilig*, weil der Künstler seine »weltgebundenen« Bestimmtheiten, die Empfindungen und Bedürfnisse des sinnlichen Selbstbewußtseins, in ihrer Bezogenheit auf Gott zum Ausdruck bringt.[335] In seinem Bewußtsein, nicht von der Dominanz seiner Sinnlichkeit und von der Welt selbst, sondern allein von seinem Schöpfer schlechthin abhängig zu sein, erfährt nach Schleiermacher der Mensch seine *Würde*. Sie bedeutet seine *Freiheit von der Welt*, die sich in der Kunst durch unerschöpflichen (von der Welt nicht begrenzten) spielerischen Umgang mit dem auf das Allgemeine bezogenen Einzelnen zeigt.[336]

---

[331] Vgl. ÄO 121: »Wenn ich sage, daß in der antiken Kunst die Idee der Welt dominierend ist, so gründe ich dies darauf, daß sie immer wesentlich in Polytheismus verstrickt blieb.« Vgl. dazu R 127 f.: Im Polytheismus stelle sich das Universum dar »als eine Vielheit ohne Einheit«. Dagegen zeige sich im Monotheismus das Universum »als Totalität, als Einheit in der Vielheit«; vgl. GL 8.

[332] S. o. III.6.5. (vgl. ÄLe 21). Zwar hat nach Schleiermacher wie nach Schlegel die Mythologie den einzelnen antiken Werken Einheit gewährt, denn erst mit ihr sei auch die alte Kunst verfallen (ÄLe 50). Doch sei der Bezug auf einen »Cyclus einer Kunstwelt« nur eine Seite der geforderten Vollkommenheit des Wesentlichen (ÄLe 38).

[333] S. ÄLe 43; vgl. 18.

[334] S. GL 8,4,56. S. dazu o. III.3.

[335] Das Heilige ist nach Schleiermacher, »was aus dem gemeinen Verkehr des Lebens [»von der Mittätigkeit in dem Gesamtleben der Sündhaftigkeit«] abgesondert nur einem auf Gott sich beziehenden Gebrauch geweiht ist« (GL 110,1,183). – »Diese Beziehung auf Gott aber ist ohne Unterschied in jeder Tätigkeit, welche aus einem von Christo ausgehenden Impuls erfolgt, weil das absolut kräftige Gottesbewußtsein Christi sie hervorbringt« (GL 110,1,183).

[336] Vgl. ÄLe 26/27; ÄO 82. Die Freiheit des Künstlers ist »göttlichen Ursprungs« (THEODOR H. JØRGENSEN, Offenbarungsverständnis, 284). Er sei sich ihrer im Gefühl bewußt. »Freiheit ist freilich im Selbstbewußtsein, im Gefühl. Und je größer dieses Gefühl, desto größer das Bewußtsein der Freiheit.« (ÄO 82). Das mit dem Selbstbewußtsein gegebene Bewußtsein »des schlechthinnigen Getragenseins der menschlichen Existenz« ist der Grund des Bewußtseins von (geistiger) Freiheit und Würde (THEODOR JØRGENSEN, Predigt als Selbstdarstellung, 179). Denn die tragende Gottesbeziehung bedeutet Freisein von einschränkender Selbstbezogenheit. Gerade

Zum anderen muß nach Schleiermacher menschliche Kunst ausdrücklich als *ernst* verstanden werden. Denn bei seinem freien Spiel mit dem Einzelnen symbolisiert der Künstler genau diejenigen Gegenstände, die er auch im Bereich des Wissens findet und bei organisierender Tätigkeit verwendet.[337] Doch ist der Umgang mit den Gegenständen menschlicher Arbeit im Bereich der Kunst von Zwecken gänzlich frei. Denn hier ist der Mensch nicht auf Wissen und Wollen, sondern auf das Gefühl bezogen, in dem weder die eine noch die andere Zwecktätigkeit ausgeführt wird, weil der Gegensatz zwischen Denken und Wollen aufgehoben ist.[338] Und indem sie das Gefühl zum Ausdruck bringt, bringt die Kunst das Bewußtsein der *Freiheit* zum Ausdruck, nicht der Freiheit von der Welt, sondern der *Freiheit von den Gesetzen zweckgebundenen Bildens und Erkennens.*[339]

Drittens ist das Spiel der Kunst notwendig und darum ernst, weil es »die Vollendung des Selbstbewußtseins« bedeutet (ÄLo 101). Die Kunst ist nach Schleiermacher die unerläßliche spontane Seite neben der Religion; so wie alles Denken erst durch Sprechen vollendet wird, so die Religion durch die Kunst, das Selbstbewußtsein durch seine Manifestation.

Gerade in ihrer Eigenart als Spiel ist die Kunst heilig und bestimmt vom Ernst des Lebens, der im Gegenüber zur Welt besteht und organisierendes wie symbolisierendes Handeln verlangt. Das Spiel der Kunst bringt die Würde und die Freiheit des Menschen zu Bewußtsein; es macht die Unabhängigkeit von weltlicher Bestimmtheit sowie die Freiheit von Gesetzen des Bildens und Erkennens bewußt.[340] Denn der *Gegensatz* zwischen Mensch und Welt sowie

---

im Gefühl schlechthinniger Abhängigkeit, im Bewußtsein der immer schon vorgegebenen Bestimmtheit des eigenen sinnlich-geistigen Seins wie der ganzen Natur, kann ein freies, ein von aller Selbstbezogenheit, Selbst-Sorge und Weltbezogenheit (Sünde) befreites Leben geschehen. Doch die religiöse Freiheit von weltlichen Beschränkungen ist »keine absolute, denn auch die Kunst ist und bleibt auf die Wechselwirkung mit der Welt bezogen. Aber die Freiheit der Kunst ist eine andere als diejenige, die sich der Mensch durch Geschäft und Arbeit, durch Bilden und Erkennen in der Wechselwirkung mit der Welt sozusagen erringen muß.« (THEODOR H. JØRGENSEN, Offenbarungsverständnis, 283) – Gegen WOLFGANG H. PLEGER, Schleiermachers Philosophie, 7 muß eingewendet werden, daß Schleiermacher, weil er Religion und Kunst nicht trennt, sondern stets in Verbundenheit beschreibt, weder Religion ausschließlich mit der Abhängigkeit des Menschen noch die Kunst nur mit menschlicher Freiheit verbindet. Pleger äußert: »Ist Religion der Bereich, in dem die Freiheit völlig negiert ist, so ist sie in dem der Kunst in höchstem Maße zu Hause. Produkte der Kunst sind Werke der Freiheit.« Werke der Freiheit sind nach Schleiermacher die Kunstwerke aber gerade deshalb, weil sie aus der Religiosität, aus der frommen Freiheit, des Künstlers hervorgehen.

[337] S. ÄLe 27.41. Vgl. o. II.5.2.1.
[338] S. o. II.3., s. DialO 289.
[339] S. ÄLe 27.
[340] Kunst sei Spiel im Gegensatz zur Arbeit, die durch organisierende und identisch symbolisierende Tätigkeit verrichtet werde. »Spiel ist die Kunst im Gegensaz gegen die organisirende Thätigkeit, welche Arbeit ist; und gegen das objective Erkennen, welches auch eine Aufgabe ist, ein Geschäft« (ÄLe 26).

der Gegensatz zwischen organisierender und symbolisierender Tätigkeit ist, wie die Interpretation im folgenden zeigt, in der Kunst *aufgehoben*.

Das phantasievolle Spiel der Kunst gründet in der Unabhängigkeit des frommen Selbstbewußtseins vom »relativen Gegensaz zwischen Mensch und Welt« (ÄLe 26). Dieser Gegensatz steht nach Schleiermacher im Zusammenhang mit dem Gegensatz zwischen organisierendem und symbolisierendem Handeln. Denn durch organisierende wie symbolisierende Tätigkeit nimmt der Mensch die Welt in sein Bewußtsein auf und bildet sein Ideales in die Realität.[341]

In der Kunst nun ist nach Schleiermacher die Gegensätzlichkeit beider Gegensätze nivelliert. Denn hier wird der höchste Gegensatz zwischen Sein und Bewußtsein (Welt und Mensch) in seiner »Aufgehobenheit« zum Gegenstand gemacht. Aufgehoben ist er im Reich Gottes, wo alle zweckbestimmte Tätigkeit ein Ende hat und »Gott in allem und mit allem«[342] erkannt wird. Aufgehoben ist er im transzendenten Grund selbst, der alle Gegensätzlichkeit begründet. Aufgehoben ist er aber auch im unmittelbaren Selbstbewußtsein, denn in ihm »haben wir die Analogie mit dem transzendenten Grunde, nämlich die aufhebende Verknüpfung der relativen Gegensätze«[343]. In ihm ist die Identität von Denken und Wollen, das heißt von organisierender und symbolisierender Tätigkeit, sowie die Identität des Selbstbewußtseins und des Bewußtseins vom Sein der Dinge gegeben.[344] Im unmittelbaren, religiös bestimmten Selbstbewußtsein ist sich nach Schleiermacher der sich selbst bewußte Mensch zugleich bewußt, daß alles einzelne Sein der Welt wie er selbst gleichermaßen im transzendenten Grund begründet ist.

Weil nach Schleiermacher, wie gezeigt, in der Kunst das Gefühl, das religiöse Gefühl des Künstlers, sein religiös bestimmtes »Bewußtsein vom Verhältniß des Menschen in der Welt«[345], zum Ausdruck kommt, ist der »Gegenstand« seiner Selbstmanifestation der Gegensatz zwischen Mensch und Welt, welcher wegen seiner Bezogenheit auf den Schöpfer allen Seins von aller Gegensätzlichkeit frei ist und so eine Unterbrechung der allgemeinen Oszillation bedeutet sowie deren endzeitliche Aufhebung zum Vorschein bringt (ÄLe 26).[346] Denn im religiösen Gefühl ist die eschatologische Perspektive präsent[347] und damit zweitens die Identität von organisierendem und symbolisierendem Handeln, in der die Gegensätzlichkeit zwischen Realem

---

[341] S. o. II.5.

[342] S. o. III.4., GL 163,2,436.

[343] S. o. III.3., DialO 289.

[344] S. o. II.3. Zur Aufgehobenheit des Gegensatzes zwischen Wissen und Wollen/Tun vgl. GL 5,2,33/34.

[345] S. o. II.5., ÄLe 10.

[346] S. dazu o. Anm. 106.

[347] S. o. III.3.

und Idealem ausgeglichen ist, sowie drittens die Identität allen Seins im Blick auf den einen Schöpfer bewußt.

Indem der Künstler in freiem Phantasiespiel sein Gefühl bzw. Selbst gestaltet,[348] beschäftigt er sich »mit sich selbst«, frei von den Zwecken und Gesetzen aller organisierenden wie symbolisierenden Tätigkeiten, die stets auf das Wirkliche gerichtet sind (ÄLe 26). Sein Bewußtsein davon, daß alles Sein gleichermaßen in Gottes schöpferischer Liebe begründet und darum ursprünglich vollkommen ist, bringt er zum Ausdruck, indem er sein Gefühl unter Verwendung idealer Vorstellungen (Bilder, Töne, Formen) von Gegenständen der »wirklichen« Welt darstellt. Gerade die idealen, ursprünglich vollkommenen Weltgegenständen sind mit seinem ursprünglich vollkommenen Selbst in der Einheit des transzendenten Grundes verbunden; hier ist aller Gegensatz zwischen Mensch und Welt aufgelöst, im Glauben wird dies erkannt und in der Liebe offenbart. »Die Kunst hat keine Aufgabe; der Gegensatz von Mensch und Welt muß aufgelöst sein, so daß man sagen kann, sie sei das absolute Sein und kann sie das Heilige nennen. Diesen Punkt müssen wir uns recht fixieren.« (ÄO 81)[349]

Wahre Kunstausübung ist nach Schleiermacher ernst und heilig, weil sie als spielerische Nachahmung der Kunsttätigkeit Gottes den Ernst des Lebens ganz auf Gott bezieht, und Spiel, weil eben diese Bezogenheit von den Gegensätzen, Zwecken, Gesetzen, Bedürfnissen und Bedrängnissen des Lebens befreit.[350]

In der unauflöslichen Verbundenheit von Spiel und Ernst, die nach Schleiermacher jedes Werk der Kunst bestimmt, offenbart sich das fromme Selbstbewußtsein, das Selbst des Künstlers; denn »Ernst und Spiel durchdringen sich nirgends inniger, als in einer frommen Seele«.[351]

---

[348] Das freie Phantasiespiel erweist sich nach obiger Interpretation als die einzig angemessene Weise, das Gefühl darzustellen, da dieses von allen Gegensätzen der »Wirklichkeit« frei ist.

[349] »Geben wir also auch zu, daß die Kunst nichts sei als Spiel, so erkennen wir doch ihre große Bedeutung und sehen, daß nur so der Mensch zum Bewußtsein seiner Freiheit gelangt. Sonst kann er auch zu keinem unabhängigen *permanenten Bewußtsein des Göttlichen in sich selbst* kommen.« (ÄO 83).

[350] Mit seinem Verständnis von der Kunst als Spiel grenzt sich Schleiermacher, vornehmlich in der Nachschrift von Lommatzsch, deutlich gegen Schiller ab: »Wenn man dann die Kunstthätigkeit als Spiel, und die übrige Auffassung und Gedankenbildung als Ernst betrachtet, wie Schiller, so ist dies auch eine unhaltbare und sehr einseitige Auffassung« (ÄLo 101).

[351] So FRIEDRICH SCHLEIERMACHER an Eleonore Grunow in seinem Brief vom 10. September 1802, in: Schleiermacher als Mensch. Sein Werden. Familien- und Freundesbriefe 1783 bis 1804, 269. An obiges Zitat schließt an: »Mich verdrießt, daß das nicht in den Reden steht, vorgeschwebt hat es mir immer sehr lebendig, es steht aber auch gewiß irgendwo zwischen den Zeilen, ohne daß ich es weiß.«

6.8. *Kunstkriterium und Kunstkritik*

Einer jeden Manifestation, die Ausdruck einer frommen Seele ist, kommt nach Schleiermacher derselbe »Wert« zu. Nach Schleiermacher, der bloß zwischen Kunstlosigkeit und Kunst, Unvollkommenheit und Vollkommenheit, nicht aber zwischen Graden von Schönheit unterscheidet oder gar einzelne Qualitätskriterien aufstellt, kommt ein jedes Kunstprodukt an Wert dem anderen gleich. »Im Kunstgebiet […] giebt es keine andere Differenz als diese der Unvollkommenheit. Jedes vollkommene Kunstwerk, sei es auch ganz klein, hat eben solchen absoluten Werth als das größte.« (ÄLe 27)

Die Manifestation des frommen »Selbst« ist, wie die Interpretation zeigt, nach Schleiermacher das einzige *Kriterium der Kunst.* Denn erstens ist es (christlicher) Frömmigkeit widersprechend über den Gegenstand der Manifestation, über das Selbst des Künstlers, urteilen zu wollen. Unter der Voraussetzung, daß ein jedes »Selbst« gleichermaßen von Gott geschaffen und gewollt ist, ist es anmaßend und widersinnig, ein spezielles Urteil über den Wert des manifestierten Selbst zu fällen; vor Gott kommt dem Selbst kein individueller Wert oder Zweck, sondern Würde zu, und eben diese bringt die religiöse Selbstmanifestation zum Ausdruck.[352] Zweitens ist es Gott allein möglich, den Grad an Frömmigkeit, der die Manifestation auszeichnet, zu erkennen. Zwar geht Schleiermacher, wie gezeigt, von verschiedenen Frömmigkeitsgraden aus,[353] doch nennt er die Kunst betreffend gerade keine Grade der Vollkommenheit. Die Bezeichnung eines menschlichen Werkes als eines Kunstwerkes schließt jegliche Unterscheidung zwischen einem Mehr und Weniger an Vollkommenheit aus. Denn ein Kunstwerk ist nach Schleiermacher keinesfalls Indikator für die Frömmigkeit seines Künstlers.

Ein jedes Kunstwerk ist nach Schleiermacher Gegenstand von Manifestation und Kommunikation,[354] nicht aber Objekt irgendeiner Wertschätzung.[355] Entsprechend soll es stets »absolut für sich« betrachtet werden (ÄO 87).[356] Nur so werde es in seiner von Zwecken gänzlich unabhängigen,

---

[352] Vgl. dazu IMMANUEL KANT, GMS B 77: Nach Kant ist dasjenige, was einen Zweck für etwas hat, von Wert. Würde komme dem Menschen als moralischem Wesen zu, weil er als solches »Zweck an sich selbst« sei (s. auch KU 421 ff.). Nach Schleiermacher erfährt der Mensch seine Würde nicht im Angesicht des Sittengesetzes, sondern im Bewußtsein Gottes.

[353] S. o. II.4.

[354] »Daher ein Kunstwerk, aus seinem ursprünglichen Zusammenhang gerissen, wenn dieser nicht geschichtlich aufbewahrt wird, von seiner Bedeutsamkeit verliert.« (ÄLe 28).

[355] »Daß der Künstler von seinem Werk lebt, ist freilich in den meisten Zuständen der Gesellschaft unvermeidliche Nebensache. Allein dies betrifft den Werth des Kunstwerkes nicht, sondern nur seine Umstände. Daher auch hierin die größte Willkühr herrscht.« (ÄLe 28).

[356] Das »Absolut-Behandeln« ist nach Schleiermacher nämlich »der wesentliche Charakter des Spiels; es kann auf keinen Zweck bezogen werden. Darin spricht sich der Grund aus, daß die Kunst etwas in sich selbst Unendliches ist und daß sie die freie, durch nichts anders bestimmte Produktivität ist.« (ÄO 87).

wertfreien Beschaffenheit, in seiner selbständigen Vollkommenheit erkannt. Es müsse als Produkt des freien Spiels gesehen werden, um wertfrei genossen zu werden. Denn es sei eben »die Eigenthümlichkeit des Spiels, daß in ihm alle Differenz des Werthes aufhört« (ÄLe 27).[357]

Die Betrachtung eines Kunstwerkes unterscheidet Schleiermacher von der *Kunstkritik*.[358] Freilich kann auch diese keine Werturteile über Kunstwerke fällen, wenn sie der eigentlichen Intention von Kunst gerecht werden will. Vielmehr interessiert sie sich beispielsweise dafür, »ob Homer der Verfasser sämtlicher Gedichte ist« (ÄLe 136). Vor allem aber ist Kunstkritik unmöglich, ohne die Kenntnis der »*technischen Vorschriften*« im Bereich der Kunst (ÄLe 5).

6.9. Wahr und gut

»In der Kunst aber ist alles bloßer Ausdruck und völlig zwecklos. Also aus sich selbst heraus erfunden, in Bezug auf die Total[]ität[359] aber zwecklos, ist das eigenthümliche Wesen der Kunst.« (ÄLe 42)

Der Künstler ist nach Schleiermacher nicht darauf aus, die Welt aufzunehmen, »wie sie gegeben ist, auf dem relativen Gegensaz zwischen Mensch und Welt ruhend« (ÄLe 26). Vielmehr erfinde seine Phantasie, weitgehend unabhängig von der Wirklichkeit, das Urbild des Kunstwerks, das seinem Gefühl entspricht. Auch sei in einem Werk der Kunst »immer nur Einzelnes, in sich nicht Zusammenhängendes als Symbol[] des Absoluten« zur Darstellung gebracht (ÄLe 41). Dagegen erwiesen sich die organisierende wie die identisch symbolisierende Tätigkeit nur in Bezogenheit »auf die Totalität der menschlichen Natur« und die »Außenwelt« als sittlich (ÄO 117). Nur wenn eine einzelne Erkenntnis mit der Totalität der Erkenntnisse zusammenstimme, sei sie wahr zu nennen. Das Wahre stehe immer in einer zeitlichen Reihe oder in räumlichem Zusammenhang.[360] Eine Tätigkeit, die sich in bezug auf die Totalität als zweckdienlich erweise, heiße gut.[361]

»Das Gute, wie es in den wirklichen Handlungen vorkommt, ist nie in einen einzelnen Moment eingeschlossen. Es ist freilich ein jedes nicht etwa gut um eines andern willen; aber auch nicht an und für sich, sondern erst im allgemeinen Zusammenhang. [...] Anders bei einem Kunstwerk, wo alles sich in einen einzigen[362] Augenblick konzentriert.« (ÄO 117)[363]

---

[357] Weil im Spiel die Gegensätzlichkeit aller Gegensätze aufgehoben ist (s. o. III.6.7.), muß in ihm auch jede Differenz des Wertes nichtig sein.

[358] S. ÄLe 29; vgl. 41.

[359] Zur Auslassung vgl. ÄO 120.

[360] S. ÄO 118.

[361] S. ÄLe 41; ÄO 117 f.

[362] »Successiv vorgehende Werke« (der Musik und der Poesie) seien wie »simultan bestehende« (der bildenden Kunst) auf einen Moment konzentriert, weil sie »im Gedächtniß auf einmal vorhanden sind« (ÄLe 45).

[363] »Die Kunst [...] stellt immer eine im Raum und in der Zeit beschränkte Einheit dar« (ÄO 118).

Im Gegensatz zum Kunstwerk Gottes, das die räumliche und zeitliche Totalität alles Seienden umfaßt, ist nach Schleiermacher ein menschliches Kunstwerk immer nur ein einzelnes Produkt, das aber auf das Ganze weist.

Weil das vollkommene Wahre und Gute erst durch Aneinanderreihung einzelner Erkenntnisse und sittlicher Taten in einen Zusammenhang gebracht und also verwirklicht werden, vollziehe sich organisierende und identisch erkennende Tätigkeit stets *approximativ* in Hinsicht auf das höchste Gut.[364] Erst bei Vollendung des ethischen Prozesses seien alle Güter realisiert und alle Erkenntnis sei vollkommen. Jegliche einzelne Erkenntnis und sittliche Tat sei also immer nur ein Näherungswert zur absoluten Wahrheit und zum höchsten Gut.

Auch die Kunst sei durch Approximation bestimmt. Doch geschehe die Approximation der Kunst »in unendlicher Wiederholung von Einzelnem«, von einzelnen Selbstdarstellungen (ÄLe 41). Dadurch, daß die nachahmenden Werke menschlicher Kunst Gottes Weisheit und seine Liebe und also seine Absicht, das Reich Gottes zu verwirklichen, zum Vorschein bringen, wecken und fördern sie das Gottesbewußtsein ihrer Rezipienten. Dies aber bedeutet die Annäherung der menschlichen Gattung an die vollkommene Gemeinschaft, die nach Schleiermacher im Reich Gottes gegeben sein wird. Die Approximation an das Reich Gottes durch wiederholte Nachahmung der Kunsttätigkeit Gottes ist also die nicht bezweckte Wirkung der Kunst.

Die menschliche Nachahmung göttlicher Kunsttätigkeit verwendet nach Schleiermacher diejenigen Gegenstände, die sowohl bei vollkommener bildender Tätigkeit als auch bei vollkommener Erkenntnis vorkommen und in Gebrauch sind. Doch bringe ihre Darstellung das in Gott gegründete Gute und Wahre selbst nicht hervor, weil sie eben immer nur Einzelnes produziere. »Daher überall in der Kunst nur der *Schein* des Wahren und des Guten.« (ÄLe 41)

Nach Schleiermacher gibt das einzelne Werk der Kunst einen *Vor-Schein* von vollendeter Erkenntnis und erreichtem höchsten Gut. Denn die Kunst zeige das Einzelne, das sie zeige, stets in zugleich elementarischer wie organischer Vollkommenheit; sie zeige die einzelnen Gegenstände symbolisierender wie organisierender Tätigkeit in ihrer Vollendung – doch nur zum Schein.[365]

Einem einzelnen wissenschaftlichen Werk (identisch symbolisierender Tätigkeit) kann nach Schleiermacher bloß organische Vollkommenheit zukommen. »Die elementarische Vollkommenheit der Kunst kann ein solches [Werk] nicht theilen, weil auf dem wissenschaftlichen Gebiet der Gegensaz zwischen dem Wirklichen und Idealen nicht stattfindet«. Bei identisch erkennender Tätigkeit werde das Wirkliche nicht als dem Idealen entgegengesetzt be-

---

[364] S. ÄLe 41.
[365] Deshalb sei sie »in Bezug auf die Ideen des Guten und Wahren das Urbild« (ÄLe 41).

handelt und von diesem geschieden. Vielmehr müßten die »Perturbationen« der Wirklichkeit als notwendig erkannt und unbedingt berücksichtigt werden (ÄLe 40). Letztlich müsse in der Wissenschaft »der Schein der Erfindung« verschwinden, die Hypothese solle sich als der Realität entsprechend erweisen und sich in die Totalität der Erkenntnisse einreihen (ÄLe 42).

Was die bildende Tätigkeit anbelangt, sei keine organische Vollkommenheit möglich.[366] Denn bei organisierendem Handeln sei alles »nur im allgemeinen Zusammenhange und insofern zweckmäßig«. Jede einzelne organisierende Tätigkeit habe darum den Zweck, zur Realisation des höchsten Gutes beizutragen; erst allerdings mit ihm sei die Einheit aller einzelnen Taten gegeben.[367] »In der Kunst aber ist alles bloßer Ausdruck und völlig zwecklos. Also aus sich selbst heraus erfunden, in Bezug auf die Total[]ität aber zwecklos, ist das eigenthümliche Wesen der Kunst.« (ÄLe 42)

Wie die Interpretation zeigt, kann nach Schleiermacher ein menschliches Werk der Kunst auf Grund seiner Einzelheit und Zusammenhangslosigkeit – im Gegensatz zum Kunstwerk Gottes, das die Totalität der Welt, der gesamten Schöpfung umfaßt – niemals zugleich schön, gut und wahr genannt werden. Weil es aber die Gegenstände der erkennenden und der bildenden Tätigkeit in deren ästhetischer Vollkommenheit, in deren Urbildlichkeit darstellt, bringt es die in Gott gegründete Güte und Wahrheit in Schönheit zum Vorschein.

6.10. Wirkung der Kunst

Weil nach Schleiermacher vollkommene Kunst sich dem freien Spiel der Phantasie verdankt und reiner Gefühlsausdruck ist, ist sie zwecklos. Sie ist der freie *Liebesausdruck* ihres Künstlers.[368] »Wollte man sagen, dies sei ein bestimmter Zweck, so wäre das wunderlich. Es ist nur ein im ganzen Leben herrschender Trieb. [...] es ist die reine innere Naturnotwendigkeit.« (ÄO 64)

Nicht nur seine eigene Liebe stellt der Künstler dar, auch die Liebe Gottes bringt er zu Bewußtsein, weil er Gottes schöpferische Liebestat nachahmt. So erweist er sich als »Kommunikationsmittel« Gottes, als dessen »Mittler«.[369]

---

[366] Die Kunst in Produkten organisierenden Handelns bezeichnet Schleiermacher als »Beiwerk« (ÄLe 40).

[367] Vgl. ÄLe 40.

[368] Kunst habe zwar einen Nutzen, jedoch keinen Zweck; s. ÄLe 150.

[369] S. R 8 ff. und v. a. 10: »Sehet auf diejenigen, welche einen hohen Grad von jener anziehenden Kraft, die sich der umgebenden Dinge tätig bemächtigt, in ihrem Wesen ausdrücken, zugleich aber auch von dem geistigen Durchdringungstriebe, der nach dem Unendlichen strebt und in alles Geist und Leben hineinträgt, so viel besitzen, daß sie ihn in den Handlungen äußern, wozu jener sie antreibt; [...]. Solche beweisen sich durch ihr bloßes Dasein als Gesandte Gottes

Wie das Urbild Jesus Christus auf urbildliche Weise zwischen Gott und Mensch vermittelt und als »Mitteilung« Gottes die Welt wahrhaft erkennen läßt, so zeigt auch der fromme Künstler, vermittelst des von ihm gebildeten Urbildes, die Vollkommenheit der Welt. Dadurch weckt und fördert er das Gottesbewußtsein seiner Rezipienten. Die Vermittlung der Liebestat Gottes – auf religiöse oder gesellige Weise –, die das Gottesbewußtsein der Rezipienten fördert, bewirkt bei diesen ein leichtes Hervortreten des höheren Selbstbewußtseins, und dies trägt nach Schleiermacher »das Gepräge der Freude« (GL 5,4,38).[370]

Freude und Wohlgefallen empfindet nach Schleiermacher jeder mit Kunstsinn ausgestattete Rezipient bei Betrachtung kunstvoller Werke.[371] Dies Wohlgefallen sei demjenigen, das der Anblick von Naturschönheit bereiten könne, »gleichartig«, keineswegs jedoch dasselbe.[372] Denn das Wohlgefallen am Naturschönen bezieht sich auf die Erkenntnis des Realen. Es gründet in der erleichterten Erkenntnis des mit den sechs Sinnen erfaßten Allgemeinen angesichts des wirklichen Einzelnen. Das Wohlgefallen an einem Werk der Kunst hingegen ist die Freude an der Erkenntnis der *ursprünglichen* Vollkommenheit der ganzen Welt in ihrer Fülle, die durch ein einzelnes vollkommenes Werk zur Ansicht kommt.

IV. Zusammenfassende Zusammenfassung: Selbst-Manifestation

Weil nach Schleiermacher ein Kunstwerk der Selbstmanifestation eines frommen Künstlers entspricht und das Selbst dieses Künstlers zwei Seiten in sich vereint, kommen beide in der Darstellung zum Ausdruck.

Die Dominanz seines Gottesbewußtseins läßt den Künstler seine sinnlichen Erregungen auf das höhere Selbstbewußtsein beziehen und die allgemeine ursprüngliche Vollkommenheit der Welt erkennen, an welche er auf Grund seiner allgemeinen Menschenliebe seine Gefühlsäußerung bindet. Nicht aus Selbstbezogenheit (Gefallsucht oder Narzißmus) drängt er sich mit seiner dem eigenen Selbst entsprechenden – allgemeinen individuellen oder individuellen allgemeinen – idealen Selbstmanifestation den Mitmenschen auf. Vielmehr allein aus Glaube und Liebe trägt er mit seiner kunstvollen Gefühlsdarstellung zur Gemeinschaft aller Menschen bei.

Immer wieder betont Schleiermacher die Unübertragbarkeit von Gefühl. Durch eine kunstvolle Darstellung aber könne es der religiöse Künstler dem

---

und als Mittler zwischen dem eingeschränkten Menschen und der unendlichen Menschheit.« Als derartige Mittler nennt Schleiermacher Dichter, Seher, Redner und Künstler (R 12).

[370] S. o. II.4.

[371] Vgl. ÄLe 3.

[372] S. o. II.1., PsyB 521.

Betrachter sogar unmöglich machen, »zu unterscheiden, ob es seine eignen Erregungen sind oder die anderer, welche er zur Darstellung bringt« (AkR2 168).[373]

Das ganzheitliche Selbst, dessen sich der religiöse Künstler unmittelbar bewußt ist, ist nach Schleiermacher *Manifestationsgegenstand* der Kunst. Ist es in (elementarischer und organischer) Vollkommenheit dargestellt, bereitet die Darstellung ihren Rezipienten Wohlgefallen. Dies Wohlgefallen ist *allgemeiner* Art, weil die ästhetische Vollkommenheit nach Schleiermacher gerade nicht durch Kunstgegenstand, Kunstmedium oder Kunststil bedingt ist.[374] Für jeden Kunstsinnigen muß nach Schleiermacher das Wohlgefallen an einem vollkommenen Kunstwerk mit *Notwendigkeit* bestehen, weil solch ein Werk die Kunsttätigkeit Gottes nachahmt, die jedem (religiösen) Menschen Freude bereitet. Weil die Kunst Spiel ist im Gegensatz zur Arbeit, kann für ihre Werke *kein Interesse* bestehen. Vor allem aber sind diese *ohne Zweck* (Zweckabsicht) gebildet und dennoch *zweckmäßig*. Der kunstvollen Kundgabe des eigenen Selbst liegt nach Schleiermacher keineswegs eine Absicht zugrunde; sie ist reine Selbstmanifestation aus Liebe. Der fromme Künstler »muß [...], wenn auch niemand da wäre, – das was ihm begegnet ist, für andere darstellen«, »willig dazu nehmend den Dienst aller Künste« (R 11/12.181). Doch weil seine Selbstkundgabe aus Liebe geschieht, trägt sie bei zur Gemeinschaft aller Menschen – und so erweist sie sich als zweckmäßig, und zwar in Hinsicht auf den Zweck Gottes, sein Reich zu verwirklichen.

Der Künstler will nach Schleiermacher einen Beitrag »für die Gesammtaufgabe« nicht leisten (AkR2 170). Doch, wie gezeigt, bewirkt er einen solchen. Denn seine Liebe ist darauf aus, »sich mit anderem vereinigen und in anderem sein zu wollen«, und ihretwegen »verallgemeinert« er – dank seiner Besonnenheit und Begeisterung – auf spielerische Weise seine Selbstkundgabe und hebt zwischenmenschliche Grenzen auf. Der Künstler endet die Isolation, die dem Reich Gottes, der vollkommenen Gemeinschaft aller Menschen, entgegengesetzt ist, indem er einen »Vorgeschmack« (Vorschein) auf das Reich Gottes gibt und dessen gegensatzlose Gegenwart vermittelt; Selbstdarstellung und Offenbarung haben darum absichtslos und ungewollt »keinen andern Zweck [...] als jene Gemeinschaft« (UT 333).

Der Künstler bringt nach Schleiermacher Gottes überreiche und heilende (»ganzmachende«) Zuneigung zum Vorschein, weil er sie selbst erlebt. Seine Kunst beruht auf seinem eigenen religiösen bzw. ganzheitlichen Erleben, auf seiner »Aisthesis«, und diese läßt ihn in Analogie zum göttlichen Künstler

---

[373] Wahre Künstler sind nach Schleiermacher »geordnet zu Dollmetschern der übrigen [Menschen]« (AkR2 183).
[374] Vgl. ÄLe 31.

als dessen Mittler tätig sein. In Verähnlichung mit Gott[375] vollzieht er seine ästhetisch vollkommene freudevermittelnde Selbstmanifestation.

So ist das Schöne – die schöne menschliche Selbstmanifestation – Symbol des Religiösen für den Religiösen, bedingt durch Liebe und begründet in des Künstlers Gefühl schlechthinniger Abhängigkeit.

> »Dir ist das höchste die Kunst, dem heißt der Gipfel die Liebe
> Liebest Du bildend denn nicht? bildet nicht liebend auch er
> Sträflicher Uebermuth ist Kunst entbehrend der Liebe
> Liebe nur leeres Geschwäz wo nicht die Kunst sie beseelt.«[376]

---

[375] Vgl. o. II.7.1., s. UT 335.

[376] FRIEDRICH SCHLEIERMACHER, Kunst und Liebe, zitiert aus: HERMANN PATSCH, Alle Menschen sind Künstler, 193.

Kapitel V

Radikale Totalästhetik.
Vergleichende Wurzelscheidung

Wie bereits in der Einleitung vorweggenommen, wurzeln die Differenzen zwischen den ästhetischen Theorien Kants, Schillers, Schlegels und Schleiermachers grundsätzlich in den verschiedenen anthropologischen Prämissen der Autoren. Die jeweilige Bestimmung von Sinnlichkeit und Vernunft und das jeweils vorgestellte Verhältnis zwischen Natur und Geistigem sind der Grund für die Variation der ästhetischen Überzeugungen und die verschiedene Bewertung und Verortung des Schönen, des Vollkommenen und der Kunst. Die Unterschiede werden deutlich durch den folgenden Vergleich, der sich auf die differente Verwendung derselben Begriffe und das verschiedene Verständnis derselben Phänomene bezieht. Er wird unter vornehmlicher Berücksichtigung von Kants Kritik der Urteilskraft, Schillers Ästhetischer Erziehung des Menschen, der in dieser Arbeit behandelten Werke Schlegels aus den Jahren 1799 und 1800 sowie der ästhetischen Ausführungen Schleiermachers durchgeführt.

Verglichen wird die Bedeutung des »Ästhetischen«, die dieses in seiner von den vier Autoren je anders bestimmten Beziehung zum »*Übergang*« menschlichen Lebens besitzt (I.). Die Bestimmung dieses Übergangs setzt *Gottesbild* und *Weltverständnis* der Autoren voraus (II.). Im Blick auf dieses werden die Unterschiede ihrer Definitionen des *Schönen, Vollkommenen* und *Erhabenen* deutlich (III.; IV.). Der Umgang des Menschen mit Schönheit und Vollkommenheit wird von allen vier Zeitgenossen mit dem Begriff des *Spiels* verbunden (V.). In bezug auf die *künstlerische* Gestaltung von Schönem oder Vollkommenem durch den menschlichen Künstler entscheidet das jeweilige Verständnis von Gott, Welt und Mensch über die Verwendung des Ausdrucks »*Nachahmung*« (VI.). Dabei ist menschliche Kunsttätigkeit nach allen vier Autoren auf ganz verschiedene Weise verbunden mit *Stimmung, Empfindung* und *Gefühl* (VII.). Vollzogen wird sie mit *Phantasie* oder *Einbildungskraft* (VIII.). Daraus ergibt sich ein Produkt, das sich durch *Schein* auszeichnen und als *Symbol* gelten kann (IX.). Die höchste Vollkommenheit von Kunstproduktion und Schönheit verlangt unter anderem den Begriff des *Ideals* (X.). Um die Eigenart des Natur- und Kunstschönen herauszuheben, muß das Verhältnis des Schönen zum *Wahren* und *Guten* geklärt sein (XI.). Daraufhin kann der *Ort von Kunst und Schönem* als Vergleichspunkt behandelt werden (XII.). Eine *letzte Kritik* hebt die Vorzüge der Schleiermacherschen Ästhetik im Vergleich mit den ästhetischen Entwürfen seiner Zeitgenossen heraus (XIII.).

I. Übergang

Gemeinsam ist den vier Autoren, daß sie das Schöne bzw. das ästhetisch Vollkommene an die »*Schnittstelle*« menschlichen Lebens setzen. Diese aber wird nicht nur unterschiedlich lokalisiert. Sie ist auch durch eine ganz und gar verschiedene Verwendung der Begriffe bestimmt, die den Bereich des Sinnlichen und den des Vernünftigen bzw. des Geistigen betreffen.

Nach Kant ist der Mensch in sich gespalten. Denn Kant geht davon aus, daß der Mensch einerseits ein mechanisch funktionierendes Natur- und Sinnenwesen, andererseits ein freies Vernunftwesen ist. Dabei erachtet Kant alle Neigungen, die er dem Bereich des Sinnlichen zuordnet und für bloß individuell hält, als der Vernunft entgegengesetzt. Als der Vernunft gemäß gilt nur diejenige Maxime, die entsprechend dem kategorischen Imperativ ein allgemeines Gesetz sein kann. Entsprechend ist es dem Menschen als Vernunftwesen geboten, seine eigentümlichen Neigungen mit demütigender Gewalt zu unterbinden und sich von der eigenen Sinnlichkeit unabhängig zu machen.

Einerseits muß nach Kant um der Sittlichkeit willen der Bereich des Sinnlichen vom Gebiet der Vernunft geschieden sein; die Natur soll auf die Freiheit keinen Einfluß ausüben. Diese Trennung der Gebiete bedeutet allerdings andererseits, daß auch vom Bereich des Freiheitsbegriffs eine Wirkung auf den Bereich des Naturbegriffs eigentlich nicht möglich sein kann. An dieser aber ist Kant gelegen und ebenso an einer gesteigerten Empfänglichkeit des menschlichen Gemüts für das moralische Gefühl.

Den effektiven Übergang über die trennende Kluft zwischen den beiden Gebieten findet Kant vornehmlich im Blick auf das Naturschöne als möglich erwiesen; das Naturschöne bestätigt die Realisation des Endzwecks als möglich und führt zu habituellem moralischem Interesse.

Auch Schillers ästhetische Theorie geht aus vom Gegensatz zwischen Sinnlichkeit und Vernunft. Auch Schiller ist überzeugt, daß sittlich ist, wer sich dem allgemeinen Gesetz der Vernunft gemäß verhält. Doch nimmt er an, daß dazu die ästhetische Übereinstimmung von Sinnlichkeit und Vernunft notwendige Bedingung ist. Entsprechend hält Schiller das Schöne, vor allem das Kunstschöne für erforderlich, um die Unvereinbarkeit von Sinnlichkeit und Vernunft aufzuheben. Die Folge davon sei wahrhaft sittliches Handeln und die Erkenntnis der Wahrheit.

Schlegel nennt ebenfalls zwei Seiten des Menschen; die eine sei der Natur, die andere Geistigem zugewandt. Das Geistige ist nach Schlegel jedoch nicht das Vernünftige, vielmehr umfaßt der Bereich des Geistigen die menschliche *Verstandes*tätigkeit. Der Verstand gelange durch philosophische Abstraktion, durch idealisierende Tätigkeit, zu geistigen Produkten und zum Gedanken des harmonischen Universums. Der philosophischen Produktion und ihrer poetischen Realisation, die beide durch Religion, nämlich durch die Bezogenheit auf den Universumsgedanken, zusammengehalten werden, sind nach Schlegel Sittlichkeit und Moral verbunden.

Nach Schleiermacher ist der Mensch sich seiner selbst bewußt als eines sinnlichen und vernünftigen Wesens. Dabei ist von Schleiermacher im Gegensatz zu Kant und auch zu Schiller die Sinnlichkeit des Menschen keineswegs sittlich negativ charakterisiert und als zu überwindende Größe beschrieben. Im Unterschied zu Schlegel betrifft der Begriff des Sinnlichen bei Schleiermacher niemals bloß die körperliche Seite in der Beziehung zweier Menschen. Vielmehr faßt Schleiermacher drei Arten von Empfindung, selbstische, gesellige und rein sinnliche Naturgefühle, unter dem Begriff des sinnlichen Selbstbewußtseins zusammen. Das höhere Selbstbewußtsein des Menschen mache dagegen dessen vernünftige Seite aus. Sie zeichnet sich keineswegs dadurch aus, daß sie der Sinnlichkeit mehr oder weniger entgegenwirkt (Gegnerschaft). Vielmehr läßt sie eine jede sinnliche Bestimmung mehr oder weniger auf das Bewußtsein des ewigen transzendenten Grundes allen Seins bezogen sein. Die Dominanz (Vorherrschaft) des höheren Selbstbewußtseins über das sinnliche bezeichnet Schleiermacher als *Frömmigkeit* bzw. als *Sittlichkeit*. Sittlichkeit verlangt nach Schleiermacher die sinnlich-geistige Ganzheit des Menschen, die nur dem frommen Selbstbewußtsein gegeben ist, weil eben dieses die wechselnden sinnlichen Determinationen im höheren Bewußtsein des ewigen Lebensgrundes zur Einheit eines auf Gott bezogenen Lebens zusammenfaßt.

Nach Kant und auch nach Schiller entscheidet der Bezug auf das allgemeine Gesetz der Vernunft, nach Schlegel die Bezogenheit auf den Gedanken des Universums und nach Schleiermacher das Bezogensein auf den allgemeinen transzendenten Grund über die Sittlichkeit des Menschen.

Sittlichkeit setzt nach allen vier Autoren ein bestimmtes Verhältnis zwischen den beiden Seiten des Menschen voraus. Mit diesem Verhältnis bringen sie das Schöne und die Kunst in Verbindung.

Nach Kant ist vor allem das Schöne der Natur das Medium, durch welches die Freiheit des Menschen, das heißt seine Unabhängigkeit von allem Sinnlichen, an Gegenständen der Sinne auf lustvolle Weise gefördert wird. Derart soll bewirkt werden, daß die Erfüllung des Sittengesetzes auf gewaltfreiere Weise geschieht und der Übergang vom Gebiet des Naturbegriffes zu dem des Freiheitsbegriffes vollzogen wird.

Nach Schiller gewähren die ästhetische Betrachtung des Schönen und zudem die ästhetische Veredelung des Menschen den Übergang über die unendliche Kluft zwischen Sinnlichkeit und Vernunftfreiheit. Dabei hält Schiller im Gegensatz zu Kant diesen Übergang nicht nur für möglich, sondern für *notwendig*. Ohne diesen Übergang über den ästhetischen Zustand könne der Mensch von Empfindungen nicht zu Gedanken, nicht zum Wahren und Guten und zu vernünftiger Selbsttätigkeit gelangen. Nach Schiller führt der Übergang über den ästhetischen Zustand, der dem Menschen diejenige sinnlich-vernünftige Ganzheit bzw. die Zusammenstimmung von Glückseligkeit und Vollkommenheit bereitet, die nach Kant erst im »Jenseits« erwartet werden kann.

Nach Kant wie nach Schiller liegt das Schöne auf der »Schnittstelle« zwischen Sinnlichkeit und Vernunft. Dort hat es bloße *Übergangsfunktion*. Im Gegensatz dazu wird von Schlegel und vor allem von Schleiermacher das Schöne bzw. das Vollkommene wie die Kunst als *eigenständige Größe* gesehen.

Die geistige und die sinnliche Seite des Menschen werden nach Schlegel durch zwischenmenschliche Liebe zusammengeführt. Der Mensch, der auf Grund der Liebe zur geistig-sinnlichen Ganzheit, zur Menschheit gelangt, habe Religion. In der Religion sind nach Schlegel Philosophie und Poesie miteinander verbunden, was bedeutet, daß dem religiösen Menschen ein Übergang zwischen der geistigen Tätigkeit des Verstandes und der poetischen Produktion, durch die die Gedanken des Verstandes mit der Natur befreundet werden, stets möglich ist. Nicht nur als möglich gilt dieser Übergang zwischen Geist und Natur, vielmehr ist er gefordert von einem jeden wahren Menschen, dessen Wesen gerade im Wechsel zwischen Philosophie und Poesie besteht. Das Motiv, das Schlegels ästhetische Theorie veranlaßt, ist allerdings nicht die Suche nach einem Übergang zwischen dem Bereich des Sinnlichen und dem des Geistigen. Sein Anliegen ist vielmehr die unendliche, romantische Universalpoesie.

Derjenige Mensch, der sich künstlerisch betätigt, bringt nicht nur nach Schlegel, sondern vor allem nach Schleiermacher seine Religion zum Ausdruck. Im Unterschied zu Schlegel ist jedoch nach Schleiermacher dann von Religion bzw. von Frömmigkeit die Rede, wenn sich der Mensch seiner selbst unmittelbar bewußt ist als schlechthin abhängig gegenüber dem ewigen transzendenten Grund.

Das unmittelbare Selbstbewußtsein bezeichnet Schleiermacher als den »Übergang«, der aller menschlichen Tätigkeit vorausgesetzt ist und durch den das sittliches Denken und Handeln, sinnliche und vernünftige, spontane und rezeptive Tätigkeit, überhaupt nur möglich ist. Der Übergang selbst, und zwar in seiner frommen Bestimmtheit, werde durch Kunst zum Ausdruck gebracht. Die Kunst teilt sich entsprechend mit der Religion den Bereich individuellen Symbolisierens, der von Schleiermacher als der Bereich des Gefühls beschrieben ist.

Zwar bezeichnen also sowohl Schlegel als auch Schleiermacher die Kunst als Ausdruck von Religion und lassen ihr nicht bloß Übergangsfunktion zukommen. Allein aber dem Theologen Schleiermacher gilt sie nicht nur als der Vernunft und dem Denken unter- oder zugeordnet. Er erkennt sie vielmehr als unabdingbare und von allem Denken unabhängige Ausdrucksweise dessen, was den Menschen grundlegend und unmittelbar betrifft und sein vernünftiges Handeln erst ermöglicht. Er schreibt ihr den größten Stellenwert im menschlichen Leben zu, weil sie und nur sie frommes Selbstbewußtsein kommunizieren und vermitteln läßt.

Von den aufgezeigten Unterschieden in der Anthropologie sind auch die folgenden Vergleichspunkte entscheidend geprägt. So ist das Verhältnis des Menschen zu Gott und Welt bestimmt durch das Maß an Freiheit, das ihm von den vier Autoren jeweils zugeordnet ist.

II. Gott und Welt

> »Die größte Schönheit dieser Erden
> Kann mit der himmlischen doch nicht verglichen werden.«[1]
> (B. H. Brockes)

Weil Schleiermacher das allgemeinmenschliche Gefühl schlechthinniger Abhängigkeit nicht leugnet, erkennt er alles Sein sowie die Erkenntnis der gesamten Welt als durch den transzendenten Grund bedingt und erschlossen. Entsprechend beschreibt er die Welt als Kunstwerk Gottes. Nach Schleiermacher manifestiert Gott sich selbst auf Grund der ihm wesentlichen Liebe in Weisheit durch die Welt. Einem jeden christlich-frommen Selbstbewußtsein, dem die Erkenntnis der Welt ermöglicht ist, erscheint deshalb die Welt samt ihren Elementen in ihrer ursprünglichen Schönheit, die im Reich Gottes vollkommen offenbar sein wird. Doch nicht nur in ihrer ursprünglichen ästhetischen Vollkommenheit zeigt sie sich ihm, sie erscheint auch als wahre und gute, weil der ewige Gott sie in seiner Weisheit auf das Reich Gottes hin ausgerichtet hat.

Wie nach Schleiermacher, so ist auch nach Schlegel die Erkenntnis der Welt grundlegend bedingt durch ein Erschließungserlebnis. Nach Schlegel ist dies jedoch nicht durch Gott, sondern durch zwischenmenschliche Liebe bewirkt. Und ebenfalls im Unterschied zu Schleiermacher vermittelt nach

---

[1] Barthold Heinrich Brockes, Kirsch-Blüthe bey der Nacht, in: Ders., Irdisches Vergnügen in Gott, 2. Teil, 38.

Schlegel die Liebe nicht die Erkenntnis der Welt als einer schlechthin abhängigen Schöpfung. Vielmehr eröffnet sie die philosophische und poetische Tätigkeit des Menschen, durch die dieser auf geistige und phantasievolle Weise die Welt überhaupt erst bildet und den Gedanken des Universums und seiner Harmonie zum göttlichen Kunstwerk werden läßt. Nach Schleiermacher ist die Schönheit der Welt dem frommen Selbstbewußtsein unmittelbar erschlossen, nach Schlegel hingegen muß sie erst gedacht, verstanden und poetisch gestaltet werden.

Nach Schiller gibt es neben der Realität und dem Bereich der Wahrheit eine Welt des schönen Scheins. Der schöne Schein werde einerseits an den Gegenständen der Wirklichkeit gefunden, andererseits sei er das Produkt menschlicher Vorstellung und freier Reflexion. Die Schönheit der Welt erscheint folglich in der Vorstellung, die durch vernünftige Selbsttätigkeit gebildet wird, zugleich wird sie an reflektierten Gegenständen empfunden.

Nach Kant ist es einerseits die Gunst des Menschen, die Naturgegenstände als schön beurteilt. Andererseits sei es nötig, die schönen Naturgegenstände wie die gesamte Schöpfung als Werk des postulierten weisen und göttlichen Wesens anzunehmen, das die Welt daraufhin geschaffen hat, daß der Endzweck erfüllt wird. Die ganze Welt müsse unter anderem als Kunstprodukt eines postulierten göttlichen Künstlers angesehen werden; wegen des Übels in ihr könne sie zwar nicht schön, jedoch gut genannt werden.

Nach Kant ermöglicht allein die postulierte Freiheit des Menschen, daß dieser sowohl die Schönheit einzelner Gegenstände erkennen als auch den göttlichen Schöpfer der Welt postulieren kann. Nach Schiller ist die Fähigkeit des Menschen, die Schönheit der Welt selbsttätig zum Vor-schein zu bringen, mit einer Empfindung verbunden und diese beruht auf ursprünglichem Wirken der Natur. Die Kausalität der Liebe ist es, die nach Schlegel zu selbsttätiger vergöttlichender Weltbildung befreit. Nach Schleiermacher hingegen ist alle Erkenntnis der Welt schlechthin abhängig und begründet im Wirken Gottes, weshalb dem frommen Selbstbewußtsein und einzig diesem der Blick freigegeben ist auf die Welt, die in *göttlicher* und höchster himmlischer Schönheit erscheint.

III. Schönheit – Vollkommenheit

»Denn das Schöne ist nichts
als des Schrecklichen Anfang, den wir noch grade ertragen,
und wir bewundern es so, weil es gelassen verschmäht,
uns zu zerstören.«[2]
(R. M. Rilke)

»Wer die Schönheit angeschaut mit Augen,
Ist dem Tode schon anheimgegeben«.[3]
(A. v. Platen)

Anhand der Kantschen Schönheitskriterien, die Schiller, Schlegel und Schleiermacher beim Verfassen ihrer Schriften bekannt sind und auf die sie sich
mehr oder weniger beziehen, sollen im folgenden die Bestimmungen des
Schönen und Vollkommenen verglichen werden, die die vier Ästheten in
Verbundenheit mit ihrem Gottes- und Weltbild aufstellen.

Das Urteil über das Schöne gründet nach Kant ausschließlich in der
Freiheit des urteilenden Menschen. Denn für schön hält er nur denjenigen
Gegenstand, über den der Mensch analog zum Urteil über das Moralischgute
unabhängig von Neigung und auch frei von Achtung ein ästhetisches Urteil
fällt. Aus Gunst beurteile die reflektierende Urteilskraft einen Gegenstand als
schön. Das Schöne zeichnet sich entsprechend aus durch Zweckmäßigkeit
ohne Zweck, welche interesseloses, notwendiges und allgemeines Wohlgefallen verursacht. Weil nach Kant das Schöne ohne Zweck zweckmäßig
ist, erregt es kein Interesse. Weil es das zweckmäßige freie Spiel der Vorstellungskräfte zu einer Erkenntnis überhaupt stattfinden läßt, bereitet es ein
allgemeines Wohlgefallen; notwendig ist dies, weil der urteilende Geschmack
in Hinsicht auf die Zweckmäßigkeit des Gegenstandes die Vorstellungsart
eines jeden Menschen berücksichtigt. Urheber und Zweck (Begriff) des Gegenstandes dürften bei einem Geschmacksurteil nicht berücksichtigt werden.
Andernfalls würde über Güte und Vollkommenheit des Gegenstandes geur-
teilt; im Gegensatz zu »Schönheit« definiert Kant »Vollkommenheit« als die
Übereinstimmung eines Gegenstandes mit dem Zweck, den er erfüllen soll.

Im Unterschied zu Kant verlangt nach Schiller das Schöne nicht Gunst,
sondern Neigung und Achtung in gleichem Maße und zu gleicher Zeit. Dabei
sei die Empfindung, die der schöne Gegenstand bereite, Bedingung seiner
achtunggebietenden Vorstellung, und umgekehrt und zugleich bedinge die
Produktion schönen Scheins die Neigung zu diesem Gegenstand. Das Schöne
ist nach Schiller nicht dasjenige, das vom Angenehmen und Guten getrennt
ist, sondern dasjenige, das Achtung gegenüber der Form und Neigung

---

[2] Rainer Maria Rilke, Die Erste Elegie, in: Ders., Kommentierte Ausgabe in vier
Bänden, Bd. 2, 201.
[3] August von Platen, Tristan, in: Ders., Werke, Bd. I, 69.

zum Stoff verbindet. Die Verbundenheit von Neigung und Achtung muß notwendig ein allgemeines, interesseloses Wohlgefallen bereiten, denn sie läßt einen jeden Betrachter von jeglicher Nötigung unabhängig sein. Als zweckmäßig gilt nach Schiller das Schöne, weil es den Menschen durch ästhetisches Spiel zu wahrem Menschsein befreit. Zugleich ist es frei von Zwecken, weil es eben in den Zustand *freien Spiels* versetzt und den schönen Gegenstand lieben läßt. Liebe impliziert nach Schiller die Freiheit von jeglicher Nötigung; doch bereite sie das Bedürfnis, selbst geliebt zu werden.

Kant bestimmt das Schöne so, wie es beschaffen sein muß, damit es vom Angenehmen wie vom Guten geschieden ist und somit als eine dritte Größe die Übergangsfunktion zwischen dem Bereich des Natur- und dem des Freiheitsbegriffes erfüllen kann. Das Schöne darf nach Kant das Angenehme und das Gute nicht in sich vereinen, weil es sonst eine Verbundenheit zwischen Sinnlichem und Vernünftigem darstellte, die nach Kant doch nicht gegeben ist. Schiller hingegen, dessen Interesse nicht so sehr den Einflußmöglichkeiten der beiden Gebiete aufeinander als vielmehr der grundsätzlichen Ermöglichung sittlichen Zusammenlebens gilt, setzt die Möglichkeit der Zusammenstimmung von Sinnlichkeit und Vernunft voraus und bestimmt von dieser Annahme her das Schöne. Den Vernunftbegriff der Schönheit folgert er aus dem reinen Begriff des Menschen, aus der sinnlichvernünftigen Menschennatur.

Weil Schlegel nur die Welt als wirklich erachtet, die durch den Menschen selbst gebildet ist, kann nach ihm das Werk des göttlichen Schöpfers höchstens mittelbar, eigentlich aber nur die Poesie des Menschen schön genannt werden. Schön ist nach Schlegel dasjenige Werk der Poesie, das auf Grund von Liebe und Gegenliebe dem großen Ganzen verbunden ist und diese Verbundenheit zeigt, indem es auf allegorische bzw. ironische Weise die allgemeine symbolische Naturansicht zum Ausdruck bringt. So bereitet es ein Wohlgefallen, das an Liebe und nicht an Interesse gebunden ist, das allgemein ist und das notwendig sein muß, weil es an das große Ganze, das schlechthin Schöne, angeschlossen ist. Seine Verbundenheit mit dem großen Ganzen bewirkt die Erweiterung der progressiven Universalpoesie und diese beweist seine Zweckmäßigkeit; ein Werk der romantischen Poesie ist nach Schlegel zweckmäßig, weil es zur Realisation der unendlichen romantischen Poesie beiträgt. Zweck aber hat die romantische Poesie keinen; das einzelne Werk romantischer Poesie ist rein um der Poesie willen Poesie.

Schleiermacher meidet in der Kunst den Begriff des Schönen, den er der Natur vorbehält, und ersetzt ihn durch den der Vollkommenheit, den er von Kant verschieden definiert. Als ästhetisch vollkommen gelten die Werke desjenigen Künstlers, der die ursprünglich vollkommene Kunsttätigkeit Gottes erkennt und sie mit Besonnenheit und Begeisterung nachahmt; gut und wahr aber können menschliche Kunstwerke nicht sein.

Das Gefühl schlechthinniger Abhängigkeit – keineswegs die Kantsche Freiheit – hält Schleiermacher für den Grund der Erkenntnis, der Produktion und des Wohlgefallens am Vollkommenen bzw. Schönen. Weil demnach ästhetisches Wohlgefallen durch die Frömmigkeit des Menschen bedingt ist und die religiöse Bestimmtheit des Gefühls einen jeden Menschen unmittelbar und notwendig betrifft, muß nach Schleiermacher das Wohlgefallen am Schönen ein allgemeines, interesseloses und notwendiges sein. Frei von Zweck ist die menschliche Kunstproduktion, weil sie in ihrer Eigenart als Spiel reine Selbstmanifestation ist. Als zweckmäßig gilt sie, weil sie aus Liebe geschieht. Die Liebe aber strebt nach der vollkommenen Gemeinschaft, die im Reich Gottes gegeben ist. Und auch wenn der Künstler mit seiner reinen Selbstmanifestation die Realisation dieses Reiches eigentlich nicht bezweckt, trägt er doch zur Verwirklichung des Zweckes bei, den Gott seit Anbeginn der Welt verfolgt. Der Zweck der göttlichen Schöpfung ist nach Schleiermacher die Gemeinschaft aller Menschen, die besteht, wenn das Gottesbewußtsein aller Menschen ein stetiges ist. Gott selbst habe seine Welt daraufhin angelegt, daß sie das Gottesbewußtsein der Menschen stetig werden läßt. Sie sei die in Weisheit gewirkte Manifestation seines Wesens, das die Liebe ist, und als solche ist sie gut, wahr und schön geschaffen. Der menschliche Künstler nun, der ihre Güte, Wahrheit und Schönheit erkennt, stellt sich selbst dar, indem er Gottes Kunsttätigkeit nachahmt. Und so stärkt er das Gottesbewußtsein der Rezipienten seiner Werke und befördert das Werden des Reiches Gottes.

Im Gegensatz zu Kant muß nach Schleiermacher nicht der ästhetisch Urteilende in Hinsicht auf einen schönen Gegenstand von dessen Zweck absehen, sondern der Künstler eines Werkes läßt dieses zwecklos sein. Dazu ist er nach Schleiermacher fähig auf Grund seines Gefühls schlechthinniger Abhängigkeit, mit dem ihm die Liebe zu Gott und den Menschen gegeben ist, derentwegen er zur kunstvollen Kundgabe des eigenen ganzheitlichen Selbst, zur ästhetisch vollkommenen Selbstmanifestation, geradezu gedrängt ist. Der zur Selbstmanifestation verwendete Kunst*gegenstand* ist nach Schleiermacher nicht weiter von Belang. Entscheidend ist vornehmlich der Ausdruck des künstlerischen Selbst, weshalb es absurd ist, im Urteil über ein Kunstwerk einen Begriff und Zweck des den Ausdruck vermittelnden Gegenstandes überhaupt in Erwägung zu ziehen.

Ebenfalls im Gegensatz zu Kant sind nach Schiller, Schlegel und Schleiermacher schöne Werke an das Phänomen der Liebe gekoppelt.[4] Nach Schiller bewirken die Liebe zum Schönen und auch das Streben nach menschlicher Gegenliebe eine ästhetisch gebildete, humane menschliche Gemeinschaft.

---

[4] Für KANT hat Liebe nur untergeordnete Bedeutung vgl. KpV 146f.; vgl. dazu R. MEHL, Art. Liebe, IV. Ethisch, RGG³, Bd. 4, 368 und KONRAD STOCK, Art. Liebe, V. Religionsphilosophisch, RGG⁴, Bd. 5, 344.

Nach Schlegel weist der Geist der Liebe, der in der romantischen Poesie schwebt, auf den Grund aller Poesie und auf das durch die Liebe erschlossene immer unendliche und darum unerreichbare, aber ewig ersehnte Universum. Nach Schleiermacher vermittelt die aus Liebe vollzogene Selbstmanifestation eines die göttliche Kunsttätigkeit nachahmenden Künstlers das Bewußtsein Gottes und die Erkenntnis, daß dieser auf Grund seiner Liebe in Weisheit die Welt ästhetisch vollkommen geschaffen hat. Also wird Gott erkannt als der Ursprung aller Schönheit. Nach Kant hingegen, der die Liebe keineswegs zu den Eigenschaften Gottes rechnet oder gar als dessen Wesen nennt, kann als schön nur beurteilt werden, was gerade nicht als Werk Gottes angesehen wird.

IV. Erhabenheit

Kants Hochschätzung menschlicher Freiheit gegenüber der in Liebe begründeten Abhängigkeit menschlichen Lebens bedingt auch seine Theorie des Erhabenen. Nach Kant läßt das unendlich Große oder das furchtbar Mächtige den Menschen die ihm als vernünftigem Wesen eigene Erhabenheit empfinden, d. i. seine sittliche Überlegenheit und seine Unabhängigkeit vom bloß Sinnlichen. Eben diese Unabhängigkeit vom bloß Sinnlichen hält Schiller in seiner ästhetischen Erziehung nur in bezug auf denjenigen Menschen für möglich, der den ästhetischen Zustand bereits durchschritten hat. Entsprechend beruht die Unabhängigkeit dieses Menschen nicht auf einer radikal vernichtenden Gewaltanwendung gegenüber der Sinnlichkeit, sondern auf der Versöhntheit der beiden menschlichen Triebe. Weil diese Versöhntheit durch das Idealschöne erreicht wird, bedarf es nach Schillers ästhetischer Erziehung des Erhabenen selbst nicht länger. Daß Schiller allein die Wirkung des Schönen für notwendig hält, ist Zeichen seines Bemühens um die sinnlich-vernünftige Ganzheit des Menschen.

In Schlegels ästhetischer Theorie findet die Behandlung des Erhabenen keinen Platz. Denn alle wahre Poesie bringt nach Schlegel die Liebe zum Ausdruck, die die Menschheit des Menschen, nämlich die zum Menschsein notwendige Verbundenheit von Geist und Sinnlichkeit bedeutet. Allerdings zeigt der Geist der Liebe bzw. die Ironie des poetischen Werkes auch die Beschränktheit des Einzelnen angesichts des Unendlichen. Dieses soll in einem poetischen Werk als unerreichbar und über alle menschliche Tätigkeit erhaben zum Ausdruck kommen; insofern wird durch die Poesie das Gefühl der Erhabenheit, nämlich der Erhabenheit des unendlichen Universums vermittelt.

Nach Schleiermacher gilt Gott und eigentlich nur dieser als erhabener Gegenstand. Gott aber ist nicht das Gegenüber des begrenzten Menschen, der ewig sich sehnt und strebt, die menschliche Beschränktheit auf phi-

losophische und poetische Weise zu beenden. Vielmehr ist er der Grund
allen Lebens, und ein jeder, der sich auf ihn bezogen weiß, ist gegenwärtig
eins mit dem Unendlichen. Gegen Kant impliziert nach Schleiermacher
das Gefühl des schlechthin Erhabenen nicht die Freiheit von der eigenen
unzureichenden Sinnlichkeit, sondern deren Bestimmtheit durch das Gottesbewußtsein (Frömmigkeit). Gerade aber diese Bezogenheit auf Gott, den
absolut erhabenen Gegenstand, befreit den Menschen von den sinnlichen
Bedrängnissen der Welt. Sie bewirkt die *Seligkeit*, derentwegen sogar das Übel
der Welt nicht mehr als Übel erscheint.

V. Ästhetisches Spiel

»Die Ros ist ohn warum; sie blühet, weil sie blühet,
Sie acht nicht ihrer selbst, fragt nicht, ob man sie siehet.«[5]
(A. Silesius)

»Was aber schön ist, selig scheint es in ihm selbst.«[6]
(E. Mörike)

Die Übergangsfunktion, die Kant und Schiller dem Schönen zuschreiben,
steht in Zusammenhang mit ihrer Charakterisierung des ästhetischen Zustands durch den Begriff des freien Spiels. Nach Kant spielt sich das freie Spiel
der Erkenntniskräfte zwischen dem Bereich des Natur- und des Freiheitsbegriffes rein in der Vorstellung ab. Dabei befänden sich Einbildungskraft und
Verstand in harmonischer Zusammenstimmung. Diese Zusammenstimmung
werde mit nachfolgender Lust empfunden, und sie erleichtere den Übergang
in den Bereich der Freiheit, die in ernstem gesetzlichen Geschäft begriffen
sei. Nach Schiller hingegen ist der ästhetische Spielzustand, der sich bei der
Betrachtung schöner Kunst – deren Produktion selbst auf spielerische Weise
vollzogen wird – einstellt, gleichzeitig durch Empfindung und Reflexion bestimmt. Auch spielten nicht nur die Erkenntnisvermögen des Menschen miteinander, sondern Neigung und Achtung selbst. Im Spiel mit Achtung und
Neigung seien alle sinnlichen und vernünftigen Nötigungen aufgehoben,
wodurch nicht bloß die Empfänglichkeit des Gemüts für das moralische
Gefühl bestärkt werde. Vielmehr läßt nach Schiller die im ästhetischen Spiel
gegebene sinnlich-vernünftige Harmonie auf sittliches Betragen wie auf
natürliche Erfolge rechnen. Das Spiel mit dem Schönen lasse die Ausübung
von Pflichten leicht sein, und es nehme den Angelegenheiten des zweckge-

[5] ANGELUS SILESIUS, Ohne warum, in: DERS., Sämtliche poetische Werke, Bd. 3, Erstes
Buch, Nr. 289, 39.
[6] EDUARD MÖRIKE, Auf eine Lampe, in: DERS., Werke und Briefe, Histor.-krit. Gesamtausgabe, Bd. I/1, 132.

richteten Lebens ihren Ernst. Das Spiel und das Schöne selbst seien jedoch vom Ernst des Lebens geschieden. Sie gehörten in das ästhetische Reich des Scheins, das außerhalb von dem Gebiet der ernsten Wirklichkeit und dem der Wahrheit und des Zwecks zu finden sei. Wie nach Kant, so gehört auch nach Schiller das Schöne in einen vom Ernsten gesonderten Übergangsbereich, der zwischen dem Gebiet des Natur- und dem des Freiheitsbegriffes liegt.

Mit dem Begriff des Spiels bezeichnet Schlegel die Tätigkeit des Künstlers, die im Nachbilden oder »Nachspielen« des unendlichen Spiels der Welt bestehe. Weil sich nach Schlegel die Bildung der Welt der unendlichen menschlichen Poesie verdankt, gilt ihm die Welt oder das unendliche Universum selbst als eine chaotische Fülle von einzelnen Kunstwerken, sie gilt ihm als ein Ganzes von poetischem Spiel. Mit dem Mittel der romantischen Ironie und auch der Allegorie vollzieht der einzelne Künstler das poetische Spiel, durch das er das einzelne poetische Werk als Teil des unendlichen Spiels und als Symbol des unerreichbaren unendlichen Universums darstellt. Das Spiel des Künstlers geschieht demgemäß im Wechsel zwischen Individuellem und Universellem, zwischen menschlicher Beschränktheit und der Bezogenheit auf die Universalität der Welt. Der Bezug auf den Gedanken des unendlichen Universums, auf die Gottheit in uns, läßt nach Schlegel das Spiel der Kunst *heilig* sein. Indem Schlegel verlangt, daß durch das heilige Spiel der romantischen Poesie die ganze Welt gebildet sein soll, hebt er jegliche Begrenzung der Kunst auf einen abgesonderten Bereich menschlichen Lebens auf. *Progressive Universalpoesie* ist der Begriff, mit dem Schlegel das Vorhandensein unendlicher und universeller Poesie benennt und fordert.

Nach Schleiermacher gehört das Spiel der Kunst in einen von Ernst und Arbeit unterschiedenen, aber nicht getrennten Bereich. Denn die Kunst richte sich zwar nicht auf den Gegensatz zwischen Mensch und Welt, wie er real gegeben sei, und damit auch nicht auf die Zwecke, die vom Menschen in der Welt erreicht werden sollen und können. Jedoch stelle sie diesen Gegensatz als *aufgehobenen* dar. Den Umgang mit dem aufgehobenen Gegensatz beschreibt Schleiermacher als heiliges Spiel mit dem Ernst des Lebens.

Wie nach Schlegel, so setzt auch nach Schleiermacher das Spiel der Kunst die Bezogenheit auf Gott voraus. Entsprechend schreiben beide die Eigenschaft der Heiligkeit dem Spiel der Kunst zu, nicht hingegen Kant und Schiller, die das Moralgesetz als heilig achten und Spiel als Freiheit vom Ernst des Lebens beschreiben. Weil nach Schleiermacher jedoch im Unterschied zu Schlegel in der Kunst der Gegensatz zwischen Mensch und Welt und überhaupt der Gegensatz zwischen allem einzelnen Sein der Welt aufgehoben ist, bezeichnet Schleiermacher im Unterschied zu Schlegel das Spiel der Kunst nicht nur als heilig, sondern zudem als *ernst*. Ernst sei die Kunst, weil die Frömmigkeit des Künstlers keine ironischen Spielereien zulasse.

Dem frommen Künstler ist nach Schleiermacher ein ironischer Wechsel zwischen einem geliebten Einzelnen und der unendlichen Welt nicht möglich, weil er die ganze Welt und alles einzelne Sein wie sich selbst im ewigen transzendenten Grund begründet und vereinigt weiß. Entsprechend erscheint ihm alles einzelne Sein der Welt, zu dem er selbst gehört, in ursprünglicher Vollkommenheit, und folglich zeigen gerade die von ihm zur kunstvollen Darstellung seiner Selbst im freien Spiel der Phantasie verwendeten idealen Vorstellungen von weltlichen Gegenständen sein religiöses Gefühl, seine Stimmung.

Nach Schleiermacher sucht der religiöse Künstler nicht wie nach Schlegel sich selbst zu beschränken, zu vernichten und zu opfern um des Göttlichen willen. Vielmehr manifestiert er sich selbst – frei von aller Ironie – als Gottes geliebtes Geschöpf und bringt so die Gewißheit der stets gegenwärtigen universalen und ewigen Liebe und Güte Gottes, nicht aber die ewig unerfüllte Sehnsucht nach dem Unendlichen, zum Ausdruck.

VI. »Nachahmung« des Kunsttätigen

> »Natur und Kunst, sie scheinen sich zu fliehen
> Und haben sich, eh' man es
> denkt, gefunden«[7].
>
> (J. W. v. Goethe)

Nach Schleiermacher ist das heilige Spiel menschlicher Kunst im Gefühl schlechthinniger Abhängigkeit begründet. Dieses ermögliche dem menschlichen Künstler, die Kunsttätigkeit Gottes ihrer Art nach *nachzuahmen*. Der fromme Künstler äußert nach Schleiermacher seine Gefühlslage und Gestimmtheit dadurch, daß er gleich dem Schöpfer, der sein Sein auf Grund von Liebe und in Weisheit durch die ursprünglich vollkommene Welt manifestiert, sich selbst auf tugendhafte Weise mit ursprünglich vollkommenen Gegenständen zum Ausdruck bringt. Durch seine nachahmende Tätigkeit zeigt der Künstler seine Bezogenheit auf den Schöpfer allen Seins. Er stellt sich selbst auf kunstvolle Weise als Geschöpf Gottes in seiner Eigentümlichkeit dar und weist so auf die Treue und die Liebe Gottes, die alle Geschöpfe in ihrer jeweiligen Individualität betreffen. Sein Kunstwerk macht also das unendliche Liebeshandeln Gottes in seiner Fülle offenbar.

Schleiermacher nennt als einziger der vier Ästheten menschliche Kunstwerke nicht schön, sondern vollkommen. Denn ihm liegt nicht an der Schönheit von *Kunstgegenständen*. Vielmehr ist die religiöse Bestimmtheit des

---

[7] Johann Wolfgang von Goethe, Natur und Kunst, in: Ders., Goethes Werke, Bd. I, 245.

Gefühlsausdrucks, der durch *Nachahmung* der vollkommenen Kunsttätigkeit Gottes entsteht, nach Schleiermachers Ästhetik das einzige Kriterium der Kunst, die als Nachahmung der Kunsttätigkeit Gottes an der Vollkommenheit der Schöpfung Anteil hat. Der religiöse Gefühlsausdruck unter Verwendung von Gegenständen, nicht die Gestaltung von Gegenständen ist nach Schleiermacher die Tätigkeit des Künstlers; sie könne von allen Menschen – mehr oder weniger – vollzogen werden.

Nach Schlegel gestaltet der menschliche Künstler *ferne Nachbildungen* des göttlichen und ewig sich selbst bildenden Kunstwerks. Dabei richte er sich nicht auf das Gegebene in seiner ursprünglichen Vollkommenheit, sondern auf die Bildungen des menschlichen Geistes und der Phantasie. Die Gedanken und Ideen des Universums bringe die produktive Phantasie des Künstlers auf individuelle und ironische Weise zum Ausdruck, indem sie den Geist mit der Natur verbinde und ihn in Buchstaben fasse.

Schlegel grenzt seine Auffassung von Kunst als dem Ergebnis schaffender Einbildungskraft und Phantasie deutlich ab von der Vorstellung der Kunst als Mimesis, als Nachahmung der Natur durch den Menschen. Wie nach Schleiermacher, so erschafft auch nach Schlegel der menschliche Künstler in Analogie zum göttlichen Schöpfer seine Werke. Schleiermacher begründet die künstlerische Tätigkeit jedoch nicht mit der *Anteilhabe am schaffenden Geist Gottes*, derentwegen nach Schlegel der Gedanke des unendlichen Welt-Kunstwerkes gedacht und gedichtet werden kann. Vielmehr ist es das *Gottesbewußtsein*, das die Welt unmittelbar als ursprünglich vollkommenes Kunstwerk Gottes erkennen und vollkommene Werke der Kunst produzieren läßt.

Schiller beschreibt den Künstler als tätig in Analogie zur Natur. Weil die Natur den Menschen das erste Mal in seinem Leben zu sinnlich-vernünftiger Ganzheit führe, nennt Schiller die Natur die erste Schöpferin des Menschen. Als zweite Schöpferin bezeichnet Schiller die Schönheit, durch die der menschliche Künstler, der sie schaffe, gleich dem göttlichen Schöpfer immer wieder die Menschen zur Menschheit befreie und also die ursprüngliche Schöpfermacht nachahme. Der schöpferische Künstler befreie zur Menschheit, indem er aus dem Zustand des Zwangs und der Schuld erlöse, der gegeben sei, weil die Menschen das Gesetz der Vernunft noch nicht erfüllt hätten. Nach Schiller fungiert der Künstler als Mittler und Erlöser der Menschheit, weil er durch den ästhetischen Zustand die Menschen von ihrer Schuld befreit. Auch Schleiermacher zeigt den Künstler als Mittler zwischen Gott und Mensch. Jedoch im Gegensatz zu Schiller ist nach Schleiermacher der Künstler der Wahrheit Gottes, nicht der »Vernunftwahrheit« verbunden. Auch vermittelt er nach Schiller vernünftige Selbsttätigkeit, nach Schleiermacher hingegen das Gefühl schlechthinniger Abhängigkeit; nach Schlegel wiederum vermittelt er den Gedanken des unendlichen Universums sowie die Sehnsucht danach.

Entsprechend ist es nach Schiller das Geschäft des Künstlers, die bloß materielle Wirklichkeit zu idealisieren. Er idealisiert sie, indem er dem bloß Individuellen nach dem Vernunftgesetz allgemeine Form erteilt. Dagegen geht Schlegel davon aus, daß Realität nur hat, was auf idealisierende Weise gebildet ist. Diese idealisierte Realität bringe die Poesie hervor. Sie führt nach Schlegel nicht in den ethischen Staat, der nach Schiller wirklich werden soll. Denn nach Schlegel soll die Welt nicht »ethisiert«, sondern »poetisiert«, nicht verbessert, sondern verschönert werden. Die Poesie ist nach Schlegel beauftragt, die durch den menschlichen Geist idealisierte Wirklichkeit zu realisieren und so den Progreß der Universalpoesie voranzutreiben.

Nicht das große Ganze der Poesie, sondern die Gemeinschaft aller Menschen hat Schleiermacher im Blick. Der Künstler, der sich selbst der Gattung offenbart, indem er seine Individualität in Bezogenheit auf den Grund allen individuellen Seins darstellt, fördere die universale Menschengemeinschaft.

Schiller hingegen kommt es keineswegs darauf an, daß durch Kunst die Individualität oder gar das Gefühl des Künstlers dargestellt werde. Vielmehr zielt seine Kunsttheorie auf die Vereinigung der menschlichen Gesellschaft, die dadurch zustande kommt, daß alles Individuelle (aller Stoff), vor allem auch die Individualität des Künstlers durch Form vertilgt und von allgemeinmenschlicher Vernunft gestaltet ist; Reflexion von Stoff und Gefühl gilt Schiller als Bedingung schöner Kunst und harmonischer Gemeinschaft.

Bei allen Differenzen gehen Schleiermacher, Schlegel und Schiller gleichermaßen davon aus, daß ein Künstler nachahmt bzw. nachbildet, was ein nichtmenschliches, dem menschlichen Handeln vorgeordnetes Wesen ursprünglich erschafft. Im Gegensatz zu Schiller, Schlegel und Schleiermacher ist nach Kant ein höchstes Wesen, das die Welt geschaffen habe, bloßes Postulat. Dieses höchste Wesen beschreibt Kant in Analogie zum Genie als den Künstler der Welt.

Den Menschen, der schöne Werke der Kunst erschafft, nennt Kant nicht Künstler, sondern *Genie*, und Nachahmung widerspreche seiner Bestimmung. Im Begriff des Genies faßt Kant das Naturtalent und die Selbsttätigkeit des menschlichen »Kunstwerkers« zusammen. Als *Künstler* bezeichnet Kant nur den postulierten göttlichen Schöpfer, weil dieser im Gegensatz zum Genie vollkommen unabhängig von natürlichem Talent die Welt als ein Kunstwerk gebildet habe. Doch seien auch die Werke des Genies Produkte der Kunst, nicht der Natur, weil letztlich jedem Werk des Genies ein Zweck zugrunde liege. Zudem könnten die Vorstellungen der Einbildungskraft, die das Genie in Werken der Kunst zum Ausdruck bringe, sogar über die Erfahrungsgrenze hinausreichen. Das Genie kann sich also als ein Schöpfer einer die vorhandene Natur übertreffenden zweiten Welt erweisen.

In der Kunst des Genies wird nach Kant die schöpferische Freiheit des Menschen, nicht das Gefühl schlechthinniger Abhängigkeit zum Ausdruck gebracht. Im konträren Gegensatz zu Schleiermacher ist es nach Kant keinesfalls das Gefühl, sondern die Vorstellung der Einbildungskraft, die in Freiheit hervorgebracht einem Begriff gemäß dargestellt wird. Das Proprium menschlicher Kunst ist nach Kant der dargestellte Gegenstand. Er beweist, daß schöne Gegenstände ästhetisch und teleologisch beurteilt werden können. Auf dieser Möglichkeit beruht der *Übergang zwischen den Gebieten des Natur- und des Freiheitsbegriffes*, den die dritte Kritik thematisiert.

Auch nach Schiller steht der Kunstgegenstand im Vordergrund, denn eben dieser soll befreit von individuellen Empfindungen mit seiner Schönheit den Betrachtenden zur Menschheit befreien und dadurch die ästhetische *Erziehung zu Sittlichkeit und Wahrheit* bewirken; die Realisation der Idee der Menschheit ist nach Schiller Schönheitskriterium.

Nach Schlegel hat sich alle Kunstkritik darauf zu richten, inwieweit der Geist in Buchstaben gefaßt ist. Die Verbundenheit von Geist und Buchstabe ist nach Schlegel begründet in der zwischenmenschlichen Liebesbeziehung des Künstlers. Das Gefühl der Liebe bedingt nach Schlegel das Werk der Kunst und soll es auch bestimmen. Doch soll ein poetisches Werk nicht das individuelle Gefühl des Künstlers, sondern die Ideen des Geistes oder besser das allgemeine Göttliche vermitteln. Denn nur so würden alle romantischen Werke zur höchsten Schönheit verbunden. Die Anschlußfähigkeit an die *romantische Universalpoesie*, die Schlegel als Ziel aller Kunsttätigkeit gilt und die durch die unendliche Menge einzelner poetischer Stück-Werke verwirklicht werde, ist letztlich Schlegels Kunstkriterium.

In Schleiermachers ästhetischer Theorie steht der Gefühlsausdruck des Künstlers im Vordergrund. Entsprechend muß auch die Beurteilung von vornehmlich virtuoser Kunsttätigkeit sich darauf richten, ob *Stimmung* zum Ausdruck gebracht wird. Dabei hält Schleiermacher im Gegensatz zu Schlegel das einzelne Werk nicht für ein bloß beschränktes Teil des unendlichen Ganzen. Vielmehr werde in der Kunst immer nur Einzelnes, jedoch in Vollkommenheit produziert, und gerade dadurch trage die Kunst bei zur Realisation des universalen *Reiches Gottes*, das Schleiermacher als das Ziel der Schöpfung Gottes gilt.

VII. Stimmung, Empfindung und Gefühl

Ein Werk der Kunst bringt nach Schleiermacher die Stimmung seines Künstlers zum Ausdruck. Dabei versteht Schleiermacher unter Stimmung das permanente Bezogenwerden einzelner sinnlicher Affektionsmomente auf das Gottesbewußtsein. Der dadurch bewirkte gleichbleibende Gefühlszusammenhang hebe den Wechsel sinnlicher Gefühle auf, und dies werde mit Freude erfahren. Weil eine jede kunstvolle Selbstmanifestation das Gottesbewußtsein der Kunstrezipienten fördere, empfänden diese gleichfalls Freude.

Nach Schlegel hingegen befindet sich der Künstler gerade nicht in einer gleichbleibenden Gefühlslage, sondern in einer Wechselstimmung, die er durch Ironie (oder Allegorie) zum Ausdruck bringt. Dadurch, daß er sein ironisches Kunstwerk an der romantischen Universalpoesie teilhaben lasse, gewähre er Befriedigung. Nach Schlegel tragen poetische Werke dazu bei, das Verlangen nach dem Unendlichen zu befriedigen, nach Schleiermacher aber lassen sie die ursprüngliche, ewige Vollkommenheit der Schöpfung Gottes mit Freude erkennen. Doch nach Schlegel ebenso wie nach Schleiermacher ist das, was Stimmung genannt wird, den Werken der Kunst vorausgesetzt und in ihnen ausgedrückt.

Nach Schiller hingegen wird durch schöne Werke ästhetische Stimmung erzeugt. Diese wiederum zeichnet sich gerade dadurch aus, daß sie Gemütsfreiheit bedeutet. Das in ästhetische Stimmung versetzte Gemüt ist nach Schiller unabhängig von aller besonderen Bestimmung. Weil es frei ist von allen sinnlichen Nötigungen und durch Zwänge der Vernunft nicht bestimmt wird, empfindet es dem schönen Kunstwerk gegenüber, das diese Freiheit bereitet, Wohlgefallen. Dies Wohlgefallen wird nach Schiller mit der Reflexion des Schönen zugleich gefühlt. Nach Kant dagegen folgt dem Urteil der reflektierenden Urteilskraft das Gefühl der Lust nach. Denn nach Kant ist das Wohlgefallen an einem (Natur-)Gegenstand nicht durch diesen, sondern durch die Gunst des Urteilenden bedingt. Das Gefühl der Lust wird nach Kant nicht auf Grund eines schönen Gegenstandes, sondern infolge des freien Spiels der Vorstellungskräfte empfunden, die sich in der Stimmung zu einer Erkenntnis überhaupt befinden; diese Stimmung wird auch durch die Werke des Genies mitgeteilt. Nach Kant ist im Unterschied zu Schiller der gesuchte Übergang über das Schöne nicht in Wohlgefallen begründet, vielmehr ist er durch das Gefühl der Lust als möglich bestätigt.

Dem Gefühl gegenüber nimmt die Kantsche Theorie zur Ästhetik die größte Distanz ein; menschlicher Freiheitstätigkeit soll es schlechthin nachgeordnet sein. Im Gegensatz dazu sind nach Schleiermacher Kunst und ästhetische Vollkommenheit im Gefühl, und das heißt in der Gewißheit schlechthinniger Abhängigkeit, begründet.

Als einziger der vier Ästheten nimmt Schleiermacher das Gefühl des Menschen als anthropologisch relevante Größe ernst. Die Sinnlichkeit des Menschen ist unabdingbarer und notwendiger Bestandteil des ganzen Menschen, und gerade im Gefühl ist die Eigentümlichkeit präsent, deren Vernachlässigung widernatürlicher Gleichschaltung entspricht. Gerade im Gefühl ist der Mensch er selbst, weil er sich hier bewußt ist, ein eigentümliches und doch allen anderen Wesen an Würde gleiches Geschöpf Gottes, nicht aber

Untertan totaler Vernunftherrschaft zu sein. In Hinsicht auf den Anspruch Kantscher Vernunft muß der Mensch sich und sein Tun stets als ungenügend erkennen sowie sich in seiner Eigenart unbeachtet und übergangen fühlen. Der Sittlichkeit des frommen Selbstbewußtseins hingegen geht das Geliebt-sein von Gott, das die eigene Würde spürbar macht,[8] immer schon voraus. Die Gewißheit der unaufhörlichen Liebe und Gnade Gottes ist die Gunst, die Gott dem Glaubenden erweist und die dessen Erkenntnis und Produktion des Schönen bewirkt.

VIII. Phantasie – Einbildungskraft

Nur die Bezogenheit auf den schöpferischen Grund allen Seins läßt nach Schleiermacher die Phantasie des Künstlers in freiem Spiel ideale Kunst-elemente gestalten. Nicht geistige Selbsttätigkeit und Freiheit, sondern das Gefühl schlechthinniger Abhängigkeit lasse die ursprüngliche Vollkommen-heit der in der Vorstellung des Menschen gegebenen Urbilder erkennen und diese von der Phantasie, der Stimmung des Künstlers gemäß, in besonderer Weise darstellen. Darin, daß sie individuelle, nicht identische Vorstellungen und Urbilder ausbilde, unterscheide sich die Phantasie von der Vernunft. Beide glichen einander darin, daß sie erst, nachdem sie geweckt seien, pro-duktiv tätig würden. Auch gehe die Phantasie wie die Vernunft nicht über die Erscheinungen der wirklichen Welt hinaus. Sie bildet also keine zweite Welt, sondern vermittelt anhand erfahrbarer Gegenstände der einen und ein-zigen Welt auf ideale Weise das Selbst des religiösen Künstlers. Durch ihre besonderen Produkte ergänzt und bereichert sie aber die Wirklichkeit; so macht sie die Fülle der göttlichen Schöpfung offenbar.

Nach Schlegel ist alle Phantasietätigkeit durch die Erfahrung von Liebe und Gegenliebe bedingt; verbunden sei sie den göttlichen Gedanken und Ideen des Verstandes. Die produktive Phantasie fasse auf ironische Weise in Buchstaben, was der Verstand gedacht; sie dichte gleichsam die Welt; sie erst produziere das Kunstwerk Gottes. Weil für Schlegel nur die eine gedachte und gedichtete Welt Realität hat, geht er ebenso wie Schleiermacher davon aus, daß durch phantasievolle Tätigkeit keine zweite Welt erschaffen wird.

In Schleiermachers und Schlegels Ästhetik ist der Begriff der *Phantasie* bestimmend. Bei Kant und Schiller hingegen steht er hinter dem der *Ein-bildungskraft* zurück. Die ästhetische Einbildungskraft verwendet nach Schiller den ästhetischen Schein, der ein Werk des Menschen sei. Aus diesem Schein fertige sie ein Werk der Kunst, das in die Welt des Scheins gehöre, die vom

---

[8] S. Schleiermacher-Kapitel, III.6.7. Nach KANT ist »*Autonomie* […] der Grund der Würde der menschlichen und jeder vernünftigen Natur« (GMS B 79). Und derjenige, der alle seine Pflichten erfüllt, habe »eine gewisse Erhabenheit und *Würde*« (GMS B 86).

Reich der Realität geschieden sei. Nach Kant bringt die Einbildungskraft des Genies sogar solche Vorstellungen und Ideen hervor, die die Erfahrungsgrenze überschreiten und eine andere, zweite Welt konstituieren.

Im Gegensatz zu Kant und Schiller betonen Schlegel und Schleiermacher mit der Verwendung des Begriffes Phantasie, daß die Werke menschlicher Kunst den Phänomenen der einen und einzigen Welt verbunden sind. Nach Schlegel und Schleiermacher kann der Künstler nur dichten und darstellen, was ihm *erscheint* (vgl. griech.: φαντάζεσθαι)[9], wobei nach Schlegel eben erscheint, was der menschliche Geist gebildet hat; nach Schleiermacher hingegen zeigt sich dem religiösen Künstler die ursprüngliche Vollkommenheit allen Seins.

IX. *Schein und Symbol*

Die Differenz in der Verwendung der Termini Phantasie und Einbildungskraft hängt zusammen mit dem verschiedenen Gebrauch des Begriffes »Schein«, der in Schleiermachers und vor allem in Schillers ästhetischer Theorie von entscheidender Bedeutung ist.

Nach Schiller ist die ästhetische Vorstellung, die er als schönen Schein bezeichnet und die als solche vom Bereich des Wirklichen und Materiellen sowie vom Gebiet des Wahren und des Guten abgesondert ist, ein Werk des Menschen, das dieser durch vernünftige Selbsttätigkeit angesichts von gegebenen Gegenständen erzeugt. Bei freier, d. h. vernünftiger, Betrachtung eines Gegenstandes, reflektiere sich dem Betrachtenden dessen Form; diese Form ist Reflex, ist Wider-Schein seiner eigenen Reflexion und als solche zugleich Vor-Schein der Wahrheit, die selbst durch vernünftige, durch absolut vernünftige Selbsttätigkeit produziert werde. Nach Schleiermacher hingegen ist Schein in den Werken desjenigen Künstlers vorhanden, der die Kunsttätigkeit Gottes nachahmt. Seine Kunst bringe das Wahre und Gute zum Vor-Schein, denn er verwende keine anderen Gegenstände als die der erkennenden und der bildenden Tätigkeit, und zwar in deren ursprünglicher Vollkommenheit. Weil nach Schleiermacher jede kunstvolle Erscheinung auf Wesen und Wirken des Absoluten, auf die ursprünglich vollkommene Welt und ihren Künstler weist, gilt sie ihm als ein Vorschein von der Verwirklichung des ursprünglichen, ewigen und guten göttlichen Heilsplans, der auf die Realisation des Reiches Gottes zielt, in dem die Wahrheit, die Güte und auch die Schönheit der Schöpfung vollkommen offenbar sein wird. Das menschliche Kunstwerk ist darum zugleich Zeichen der Frömmigkeit des Künstlers und »Symbol des Absoluten«.

---

[9] S. auch KLUGE, Art. Phantasie, 698.

Im Gegensatz zu Schiller zeigt nach Schleiermacher der Schein des Schönen nicht vernünftige Selbsttätigkeit, sondern symbolisiert die Gottesbeziehung des Künstlers sowie die Vollkommenheit der Schöpfung Gottes. Nach Kant wiederum gilt vor allem das Schöne der Natur als Symbol des Sittlichguten. Das Naturschöne ist Zeichen dafür, daß der ästhetisch Urteilende sittlichgut (vernünftig) ist, und zugleich ist es dem Sittlichguten Zeichen für die Möglichkeit der moralisch gebotenen Realisation des Endzwecks. Es gibt ihm einen Vorschein davon, daß die vollkommene Zusammenstimmung von Sittlichkeit und Glückseligkeit möglich ist. Wie nach Schleiermacher so scheint auch nach Kant dem Sittlichguten das »Reich Gottes« bzw. das glückseligmachende Jenseits im Schönen hervor. Jedoch kann nach Kant im Blick auf seine Verwirklichung keine Gewißheit bestehen.

Nach Schlegels ästhetischer Theorie gilt ein romantisch-ironisches Kunstwerk als Symbol für das große Ganze der Poesie, das in einer symbolischen Naturansicht (Mythologie) zusammengehalten wird. Denn ein einzelnes Werk der Poesie zeige sich selbst als beschränkten Teil des Ganzen und vermittle dadurch zugleich das Göttliche und die Sehnsucht nach der Vollendung der Universalpoesie, die unendlich sei; es bringe deren unendliche Realisation zum Vorschein.

Nach Schiller und Kant symbolisiert und betrachtet die Vernunft des Menschen im Urteil des Geschmacks sowie bei Fertigung von Kunst und Schönem sich selbst. Nach Schleiermacher und Schlegel hingegen ist in einem schönen Kunstwerk das Absolute und Göttliche zur Erscheinung gebracht. Allerdings ist nach Schleiermacher – gegen Kant – nicht nur die schon auf Erden gegenwärtige Verbundenheit von Sittlichkeit und Glückseligkeit bzw. von Frömmigkeit und Seligkeit dargestellt, sondern – gegen Schlegel – auch die ganze ungeteilte Gegenwart des unendlichen Absoluten auf ideale Weise symbolisiert.

X. Ideal der Kunst und des Schönen

Ideal nennt Schleiermacher dasjenige Kunstelement, das in seinem ursprünglichen, ewig reinen Sein auf besondere, der Stimmung des Künstlers entsprechende Weise dargestellt ist. Nach Schiller gilt als ideal bzw. idealisiert derjenige Gegenstand, dessen Stoff durch Form vertilgt und somit veredelt ist, der also durch Vernunft notwendig und allgemeingültig gestaltet ist und darum der Idee der Menschheit entspricht. Nicht die ursprüngliche Beschaffenheit der Dinge, sondern ihre durch menschliche Selbsttätigkeit geformte lebende Gestalt wird von Schiller idealschön genannt. Nach Schlegel wiederum wird durch Poesie das Idealisierte realisiert, und als ideal gilt ihm die vollkommene Realisation der progressiven Universalpoesie. Nach Kant hingegen kann das

Ideal des Schönen nur an der Gestalt eines sittlichen Menschen gefunden werden; es sei ersichtlich am Ausdruck der sittlichen Ideen, die den freien, vernünftigen Menschen erfüllten. Im Gegensatz dazu hält Schleiermacher einen jeden Menschen und überhaupt ein jedes Geschöpf Gottes für ein Ideal, auch wenn dies in Wirklichkeit nie rein herauskommt. Denn ein jedes Geschöpf sei bestimmt von der ursprünglichen Vollkommenheit, die der gesamten Schöpfung Gottes eigne.

XI. *Schön, gut und wahr*

>»ach, nur Vergehendes ist schön«[10].
>(G. Benn)

Durch die anthropologischen Voraussetzungen der vier Autoren ist nicht nur deren Bestimmung des Schönen, der Kunst und auch des Ideals bedingt, sondern ebenfalls die jeweils angenommene Beziehung zwischen Schönem, Gutem und Wahrem.

Nach Schleiermacher gilt ein vollkommenes Kunstwerk als Vorschein auf die Realisation des Reiches Gottes. Hier werde die Güte, die Wahrheit und die Schönheit der Welt vollkommen offenbar sein, weshalb alle Menschen in ewiger universaler Gemeinschaft auf vollkommene Weise individuell symbolisierend miteinander kommunizieren würden. Nach Schlegel hingegen, der davon ausgeht, daß Philosophie, Poesie und Moral aneinander gebunden sind, können ebenso wie die Universalpoesie als die höchste Schönheit, auch die Philosophie und die Moral, und das heißt das Wahre und das Gute, nur im Unendlichen vollständig erreicht werden. Gerade deshalb muß nach Schlegel wie nach Schleiermacher das Schöne in Ewigkeit nicht vergehen, vielmehr wird es im Jenseits bzw. im Unendlichen erst vollkommen sein.

Nach Schleiermacher werden die Gewißheit der Wahrheit, der Güte und der Schönheit der Welt und die Weisheit wie die Liebe Gottes, welche aller schönen Kunst zugrunde liegen, erst im Reich Gottes vollkommen sein. Entsprechend wird auch erst hier die Kunst des Menschen zur höchsten Schönheit gelangen. Im Gegensatz dazu betont Schiller, daß das Schöne vergänglich sei und um der Erkenntnis des Wahren und des Guten willen, die es ermögliche, selbst vergehen müsse. Im Reich des Wahren und des Guten, im Reich der vollendeten Selbsttätigkeit findet nach Schiller das Schöne keinen Platz.

Auch für Kant hat das Schöne bloß vermittelnde Übergangsfunktion. Es soll die Sittlichkeit des Menschen fördern, damit dieser in einem postulierten

---

[10] GOTTFRIED BENN, Keiner weine –, in: DERS., Gesammelte Werke in vier Bänden, Bd. III, 341.

jenseitigen Reich mit der Glückseligkeit rechnen könne, auf die ihn das Naturschöne hoffen lasse. Es gilt nach Kant demjenigen, der nach dem Guten strebt, als Wink dafür, daß das Postulat des weisen und verständigen Gottes sowie das der Unsterblichkeit der Seele tatsächlich für wahr gehalten werden darf; durch das Schöne wird nach Kant die Möglichkeit der Realisation von bloßen *Postulaten* bekräftigt. Im Gegensatz zu Schleiermacher ist nach Kant die Erkenntnis und die Produktion von Schönem keineswegs Zeichen der sittlich-frommen *Gewißheit*, daß *Gott selbst* der ewige Grund aller Wahrheit, Güte und Schönheit ist.

Nach Schleiermacher ist es das allgemeinmenschliche Gefühl schlecht-hinniger Abhängigkeit, das den Menschen zur Erkenntnis des Schönen, des Wahren und des Guten befreit. Nach Schlegel sind die liebenden und geliebten Menschen fortwährend darin begriffen, die Welt selbst zu denken und zu dichten. Deshalb können sie niemals vollständige Gewißheit über das Wahre und das Gute erlangen. Nach Schiller hängt die Erkenntnis des Wahren und Guten an der ästhetischen Veredelung des Menschen zu reiner vernünftiger Selbsttätigkeit. Damit ist sie an eine Voraussetzung gebunden, die selbst gerade das voraussetzt, was sie bedingen soll.[11] Die von Kant postulierte Freiheit des Menschen läßt diesen trotz aller Schönheit stets im Ungewissen über die Wahrheit der Welt und die Kantschen Postulate.

XII. Ort der Kunst und des Schönen

Der religiösen Erkenntnis wie der religiösen Selbstmanifestation, die er als Kunst bezeichnet, schreibt Schleiermacher im sittlichen Zusammenleben einen eigenen Bereich zu. Die Religion mit dem ihr angehörigen Kunst-gebiet faßt er zusammen auf dem Feld individuellen Symbolisierens. So stellt er sie neben die Bereiche Wirtschaft, Wissenschaft und freie Geselligkeit. Doch gilt ihm das Gebiet von Religion und Kunst nicht nur als gleichbe-rechtigt gegenüber den anderen Gesellschaftsbereichen, sondern zugleich als grundlegende Bedingung gesamtgesellschaftlichen Zusammenlebens. Ohne die kunstvolle Kommunikation des religiösen Selbstbewußtseins bleibe das Gefühlsleben der Individuen unberücksichtigt. Erst aber die Erkenntnis des je anderen in seiner Eigenheit, die durch dessen fromme Selbstmanifestation gewährt sei, führe die Ansammlung von Individuen zur universalen Einheit zusammen, nämlich zu derjenigen, die im Glauben an Gott gegründet ist und darum auf allgemeiner Menschenliebe basiert (Reich Gottes auf Erden); weil nach Schleiermacher erst durch die Kunst das höchste Gut und die Seligkeit aller Menschen erreicht wird, gilt sie ihm als »heilsnotwendig«. Im

---

[11] S. u. XIII.

Unterschied zu Schleiermacher sind nach Schlegel Kunstwerke nicht dazu da, die universale Menschengemeinschaft zu bewirken, sondern die progressive Universalpoesie voranzutreiben; die Poesie soll rein um der Poesie willen das Leben insgesamt bestimmen.

Schiller hält das Gebiet der Kunst und des Schönen für den notwendigen Übergangsbereich zur Verwirklichung einer harmonischen und vor allem sittlichen Gesellschaft, allerdings soll deren vollständige Realisation nicht im »Jenseits« und durch Gott selbst erfolgen. Zudem wird von Schiller, ebenfalls in Differenz zu Schleiermacher, die Kunst selbst nicht als sittliche Tätigkeit gewertet. Auch nach Kant gehört die Kunst sowie die Betrachtung und Beurteilung des Schönen nicht eigentlich zum Gebiet des Sittlichen. Wie für Schiller ist nach Kant nur dasjenige Handeln sittlich, das rein in vernünftiger Freiheit geschieht. Dabei ist nach Kant im Unterschied zu Schiller nicht einmal ein ästhetischer Zustand die notwendige Ermöglichungsbedingung sittlicher Selbsttätigkeit. Zwar fördere die Beurteilung des Schönen das moralische Urteilsvermögen. Doch befreie das Schöne keinesfalls zur Sittlichkeit; die Freiheit, sittlich handeln zu können, macht nach Kant den Menschen immer schon aus.

Das sittliche Individuum steht bei Kant im Vordergrund. Sein Anliegen ist, daß die Sittlichkeit des einzelnen Sittlichguten im »Jenseits« mit der ihm zustehenden Glückseligkeit entgolten werde, nicht aber, daß das selige Leben aller Menschen gegeben sei.

XIII. Letzte Kritik

In Kants Ausführungen zum Schönen und zur Kunst ist der Freiheit des Menschen weitreichende Bedeutung zugestanden. Der Mensch habe in ästhetischer Hinsicht die Freiheit, einen Gegenstand seiner Wahl rein aus Gunst als zweckmäßig und schön zu beurteilen. Zugleich, und zwar in teleologischer Hinsicht, darf nach Kant nicht unberücksichtigt bleiben, daß Produkte und Ereignisse der Natur auch der Kausalität nach Zwecken untergeordnet und schöne Naturgegenstände also als Kunst bezeichnet werden müssen.[12] – Die Zweckbestimmtheit von Naturgegenständen reicht nach Kant sogar soweit, daß er ausschließt, ein Gegenstand des Übels könne aus Freiheit als schön beurteilt werden.

Kant geht in seiner Kritik der Urteilskraft davon aus, daß das Schöne, vor allem das Naturschöne unterschiedlich, nämlich ästhetisch und teleologisch, unter Absehung von einem Zweck wie in Hinsicht auf einen Zweck, be-

---

[12] Auch Kants Beschreibung des Genies hebt zwar hervor, daß dieses in Freiheit wirkt. Zugleich jedoch bezeichnet Kant das Genie als ein Naturprodukt, denn nur als solches vermöge es Gegenstände hervorzubringen, die ohne Zweck zweckmäßig und also schön zu nennen seien.

trachtet und beurteilt werden kann und muß. Die beiden einander ausschließenden Blickrichtungen lassen nach Kant den von ihm gesuchten Übergang
zwischen dem Gebiet des Natur- und dem des Freiheitsbegriffes und damit
die Verwirklichung des Endzwecks als möglich erscheinen. Dazu muß jedoch
– und daran zeigt sich die »Konstruiertheit« der Kantschen Theorie – ein
höchstes Wesen als ein Welturheber angenommen sein, der den Menschen
gerade mit der Fähigkeit und Freiheit geschaffen hat, von ihm und also vom
Geschaffensein der schönen Naturgegenstände absehen zu können, ja dieses
zu verleugnen. Denn nur dann könnten diese vom Menschen als schön
beurteilt werden. Und bei der Frage nach ihrem Urheber würde sich die
Annahme bestätigen, daß ein höchstes, verständiges und sogar weises Wesen
sei, welches sie und nicht nur sie, sondern die ganze Welt und den Menschen
samt seiner postulierten Freiheit geschaffen habe sowie den Endzweck zu
realisieren in der Lage sei.

Was Kant auf Grund seines Festhaltens am Postulat der Freiheit ausein-
anderhält, nämlich die Betrachtung eines Gegenstandes einerseits als Objekt der eigenen Freiheit und andererseits als sinnlich gegebenes Produkt,
sucht Schiller in der »lebenden Gestalt« zusammenzufassen. Nach Schiller
ist die Schönheit eines Gegenstandes *zugleich* natürlich bedingt und bedingt
durch menschliche Vernunfttätigkeit. Zudem erkennt er im Unterschied zu
Kant, daß die menschliche Vernunftfreiheit nicht immer schon gegeben und
schlechthin verfügbar ist. Von der Natur müsse sie erst eröffnet sein, dann
aber könne und solle sie durch den ästhetischen Zustand immer wieder
ermöglicht werden.

Jedoch bedingt nach Schiller ein Akt vernünftiger Selbsttätigkeit den ästhetischen Zustand, der vernünftige Selbsttätigkeit eigentlich erst ermöglichen
soll. Schiller beschreibt in seiner ästhetischen Erziehung den schönen Zirkel-
schluß der selbst gewirkten Selbstbefreiung von den Zwängen der Natur und
der Vernunft zu reiner, vernünftiger Selbsttätigkeit.

Schlegel setzt der Theorie Schillers entgegen, was er in seiner Erfahrung
bestätigt findet, nämlich daß die Selbsterlösung des Menschen nicht möglich
ist, auch dann nicht, wenn er von Natur mit Stoff- und Formtrieb begabt
worden ist. Nach Schlegel, dem die eigene »Erlösung« durch die Liebesbeziehung mit Dorothea zuteil geworden ist, ist es die zwischenmenschliche
Liebe, die für das Schöne die Augen öffnet und offenhält. Allerdings soll die
in ihrem Grund unverfügbare Liebe durch göttliches Denken und Dichten,
zu welchem die Liebe befähige, gebildet werden.

Auch nach Schleiermacher beruht die Erkenntnis von schönen Gegenständen auf einem Erschließungsvorgang, über den das Individuum nicht
verfügt. Doch ist es nach Schleiermacher die Offenbarung des transzendenten
Grundes, die das religiöse Gefühl des Menschen weckt und fördert. Das
religiöse Gefühl werde allein durch den transzendenten Grund, dem gegen-

über schlechthinnige Abhängigkeit besteht, *beständig* und *unbeeinflußbar* bestimmt und diese Bestimmtheit wiederum bestimme Leben und Handeln des Menschen; in der Gewißheit der Liebe Gottes – nicht in der ungewissen Liebesbeziehung zwischen Menschen – werde dem Menschen das Verhältnis gegenüber anderen Gattungswesen, sich selbst und der Welt kontinuierlich erschlossen und qualifiziert.

Der zeitlich bedingten weltimmanenten Begründung Schlegels stellt Schleiermacher die Gewißheit des ewigen transzendenten Grundes entgegen. Sie sei von jeglicher Reflexiontätigkeit unabhängig im religiösen Gefühl präsent. In der religiösen Bezogenheit auf den ewigen transzendenten Grund bzw. im Glauben an den Gott, dessen Wesen die Liebe ist, ist nach Schleiermacher die Gewißheit der Wahrheit, d. h. das Wissen von Ursprung, Verfassung und Ziel allen Seins gegeben.[13] In dieser Gewißheit erfahre der Mensch sich selbst und die ganze Welt als schöne, gute und wahre Schöpfung Gottes; auch das Übel der Welt werde vom frommen Selbstbewußtsein nicht als Übel empfunden.

Nach Schleiermacher zeigt sich dem Menschen nicht das als schön, dem er seine Gunst erweist, das er mit Vernunft reflektiert oder auf Grund seiner Liebe zu einem Menschen als schön erkennt, sondern dasjenige, das er im Glauben sieht. Gerade in Bezogenheit auf den Schöpfer, dessen Wesen die Liebe ist, – nicht unter Absehung von einem verständigen und weisen Welturheber – sei die ästhetische Vollkommenheit der Welt sichtbar und könne nachgeahmt werden.

Nach Schleiermacher zeigt sich dem christlich-frommen Selbstbewußtsein, gerade weil es alles Sein in der Liebe Gottes gegründet weiß, die gesamte Welt nicht nur als schön, sondern *zugleich* als gut. Kants Abneigung gegen Liebe und seine Hochschätzung der Vernunft veranlassen ihn hingegen, ein höchstes vernünftiges Wesen anzunehmen, dessen »bloß vernünftige« Schöpfung entweder insgesamt als gut oder im Blick auf einzelne Gegenstände unter Absehung von ihrem Schöpfer als schön beurteilt werden kann. Gerade auf seinen Schöpfer wendet nach Schleiermacher ein Kunstwerk den Blick des Betrachters. Denn die ästhetische Vollkommenheit der Selbstmanifestation liegt in der Gestimmtheit ihres Urhebers, nicht in der Freiheit ihres Betrachters begründet.

Der fromme Künstler ist nach Schleiermacher darauf aus, seine Stimmung mitzuteilen, was bedeutet, daß er sein Gottesverhältnis zum Ausdruck bringt und somit die menschliche Gemeinschaft fördert. In seiner ästhetischen Theorie berücksichtigt Schleiermacher nicht nur die schlechthinnige Abhängigkeit allen Seins, sondern auch das soziale Wesen des Menschen. Dabei

---

[13] Vgl. EILERT HERMS, Gesellschaft gestalten, Vorwort, XXII: Das Wahrheitsbewußtsein des Menschen umfaßt die »Einsicht in die Zuverlässigkeit bestimmter Einsichten über die *wesentliche* Verfassung des menschlichen Daseins, seinen Ursprung und sein ursprüngliches Ziel«.

hält er die Bezogenheit auf Gott für unabdingbar verbunden mit allgemeiner Menschenliebe, weshalb jegliche kunstvolle Selbstmanifestation zur Realisation des Reiches Gottes auf Erden unbeabsichtigt, rein aus Liebe, einen Beitrag leiste.

Der »Endzweck«, der nach Schleiermacher durch das Vollkommene und die Kunst befördert wird, bedeutet das Heil aller Menschen. Bei Kant hingegen ist die Glückseligkeit des Einzelnen intendiert. Nicht das Reich Gottes, sondern der Mensch als moralisches Wesen ist nach Kant Zweck an sich. Zweck an sich ist nach Schlegel die Poesie. Auch er hat keine gesamtgesellschaftliche Erlösungsvorstellung im Blick, sondern die Verschönerung der Welt, die in der Ehe ihre Stütze hat. Schillers ästhetische Erziehung wiederum ist sehr wohl an menschlicher Gemeinschaft interessiert. Jedoch ist der Zweck, der ihm als der höchste gilt, nicht wie für Schleiermacher die Gemeinschaft, die auf den transzendenten Grund bezogen in Seligkeit lebt, nachdem alle Güter realisiert worden sind; vielmehr entwirft er einen ethischen Freiheitsstaat, in welchem dem Vernunftgesetz gemäß endlich alle gebotenen Werke vollbracht werden können.

XIV. Früchte der Forschung – »Verwurzelung«

Schleiermachers ästhetische Einsichten stimmen überein mit seiner phänomenologisch zutreffenden Beschreibung des Menschen, die festhält, daß sich dieser immer schon durch den Grund seines Seins bestimmt weiß. Weil dieses Bewußtsein jedem Menschen unmittelbar gegeben ist, nicht je nach Reflexionsfähigkeit differiert, kann es nicht in Verstand und Vernunft zu finden sein, sondern muß sich im Gefühl des Menschen befinden. Der Ausdruck von Gefühl wiederum kann nicht in den Bereichen Politik, Wirtschaft und Wissenschaft geschehen, sondern muß dem Gebiet der Kunst vorbehalten sein. Kunst ist entsprechend bestimmt als Gefühlsausdruck, als Manifestation des sich seiner selbst bewußten Selbst. Sie zeichnet sich dadurch aus, daß sich in ihr das sich selbst erschlossene Selbst als von Gottes Liebe erfülltes Selbst zum Ausdruck bringt.

Allein Schleiermachers ästhetische Theorie nimmt das *passionale Kontinuum* des Erleidens und Erlebens der Gegenwart ernst.[14] Die beständige Ermöglichung menschlichen Lebens und Erlebens durch den Grund allen Seins, nicht aber absolute vernünftige Selbsttätigkeit, entspricht der Erfahrung des Menschen. Jeglicher Freiheitsgebrauch muß erst ermöglicht worden sein, und nur in steter und dominanter Bezogenheit auf den Urheber dieser Möglichkeit wird Freiheit auf ver-antwort-liche Weise verwendet. In dieser

---

[14] Vgl. Eilert Herms, Der Ort der Aesthetik in der Theologie, 135.

Bezogenheit ist nach Schleiermacher auch *vollkommene künstlerische Freiheit* gewährt, und *jede* christlich-fromme Selbstdarstellung muß als Kunst erachtet werden. Gregorianische Choräle wie abstrakte Werke der Moderne sind nur verschiedene Weisen, in denen gleichermaßen die der Stimmung adäquaten eigentümlichen Vorstellungen, Töne, Bewegungen, Bilder und Gestalten, zum Ausdruck gebracht werden.

Nach Schleiermacher wird die Rezeption von Kunst gerade dann dem Wesen von Kunst gerecht, wenn sie berücksichtigt, daß es der Kunst wesentlich ist, keinen Zweck zu verfolgen und also auch nicht schön oder gar schöner sein zu wollen. Kunst impliziert nicht die Verbesserung der Welt, die Verschönerung von Gegenständen oder die Präsentation virtuoser Fertigkeit. Kunst ist einzig durch den Bezug auf Gott bestimmt, weswegen sie Zwecklosigkeit und wahre Freiheit zum Ausdruck bringt.

Dem Bewußtsein schlechthinniger Abhängigkeit verdankt der Mensch, daß er sich von Gott in seiner Eigentümlichkeit angenommen weiß und darum *sich selbst* als je besonderes Individuum in ästhetisch vollkommener Weise gestalten darf und kann. Der unbedingten Annahme durch Gott steht die menschliche Beurteilung und Bewertung des kunstvoll dargestellten frommen *Selbst* entgegen. Denn sie erlaubt sich ein Urteil über eben das, in das Gott allein vollkommene Einsicht hat und worüber durch ihn bereits entschieden ist. Auch die Unterscheidung von Graden der Vollkommenheit ist dem Kunstrezipienten verwehrt. Die Bevorzugung eines Kunstwerkes vor einem anderen kann deshalb nur in dessen technischer Ausführung oder in einer durch die Eigentümlichkeit des Urteilenden bedingten Zuneigung bzw. in der Affinität zwischen betrachtendem und manifestiertem Selbst begründet liegen.

Der durchgeführte Vergleich läßt die Differenzen der vier zeitgenössischen Entwürfe, die sämtlich in den anthropologischen Prämissen ihrer Autoren wurzeln, deutlich sein. Dabei bleibt allein Schleiermachers Ästhetik beim Menschen selbst nicht stehen, vielmehr nennt sie Gott als den letzten, ursprünglichen und beharrlich wirkenden Grund aller Erkenntnis und Produktion des Schönen. Einzig Schleiermachers Entwurf besinnt sich auf den ewigen transzendenten Schöpfer und setzt die Besinnung auf die *Quelle* der Schöpfung, auf den *Ursprung* allen Seins voraus. Ihr liegt die Bezogenheit auf die schlechthin und beständig Leben spendende *Wurzel* allen Seins zugrunde. Sie erweist sich darum als schlechthin *radikal*[15].

---

[15] Zur Etymologie und Bedeutung des Wortes »radikal« s. KLUGE, Art. radikal, 740: »radikal« ist abgeleitet vom lateinischen Adv. *radicaliter*: »gründlich, an die Wurzel gehend«, das entsprechende Substantiv lautet *radix*: »Wurzel, Ursprung, Stamm, Quelle«. S. auch E. ELLING, Art. Radikalismus, in: HWP, Bd. 8, 11.

Weil die religiöse Bezogenheit auf den transzendenten Grund, die Gott in seiner Liebe dem Menschen zu Bewußtsein bringt, im unmittelbaren Selbstbewußtsein eines jeden Menschen gegeben ist, ist Schleiermachers ästhetische Theorie nicht nur in der allumfassenden Liebe Gottes begründet, sondern betrifft zudem umfassend einen jeden Menschen. Sie ist also nicht nur radikal, sondern auch *total* zu nennen. Sie ist weder an die Unverfügbarkeit zwischenmenschlicher Liebesbeziehungen noch an den stets mangelhaften menschlichen Freiheitsgebrauch ausgeliefert.

Schleiermachers demokratisch-universalistische[16] und im ursprünglichen Ursprung fundierte *radikale Totalästhetik* übertrifft die drei anderen ästhetischen Entwürfe, die sich auf menschliche Selbsttätigkeit und vernünftige Freiheit berufen, gerade darin, daß sie den Begriff der Freiheit tatsächlich ernst nimmt. Denn es zeichnet sie aus, nicht abhängig zu sein von Denkergebnissen oder Vernunftgesetzen, an die Betrachterinnen und Betrachter, Produzentinnen und Produzenten des Schönen sich und ihre Tätigkeit halten müssen. Vielmehr bedeutet die ihr zugrundeliegende Abhängigkeit von der Liebe Gottes die vollkommene Unabhängigkeit von jeglicher Einschränkung bei Rezeption und Produktion. Schleiermachers Ästhetik ist darum vorzugswürdig, weil sie einem jeden Menschen die Betrachtung und die Produktion des Schönen zugesteht; denn sie geht aus von der Einsicht in die befreiende Liebe Gottes, die einem jeden Menschen die Gabe des Schönen entgegenhält.

---

[16] Vgl. zur »Demokratisierung« in der Kunst EILERT HERMS, Art. Demokratie, IV., RGG[4], Bd. 2, 651.

Kapitel VI

Ästhetisch-theologische Anknüpfungen
an Schleiermachers Ästhetik

In bezug auf Schleiermachers Schönheitsverständnis, das sich als phänomenologisch zutreffend erweist, soll abschließend die evangelisch-theologische
Relevanz von Ästhetik gebündelt werden, und zwar in Hinsicht auf das Verhältnis von Schönheit und Liebe (I.), durch den Vergleich des Schönen mit
dem Nichtschönen und dem Häßlichen (II.) sowie durch eine Konzentration
auf das Gefühl schlechthinniger Abhängigkeit als Bedingung menschlicher
Kunstproduktion (III.).

I. Schönheit und Liebe

Nach Schleiermacher begründet das Bewußtsein des immer schon zuerst
liebenden Gottes die menschliche Erkenntnis und Produktion von Schönem.
Die Erkenntnis der ursprünglichen Schönheit, in welcher Gott die Welt
geschaffen hat, läßt dem von Gott geliebten Menschen auch die Güte und
Wahrheit der göttlichen Selbstmanifestation bewußt sein. Ihm offenbart sich
beim Anblick ästhetischer Vollkommenheit zugleich das Vergangene als wahr
und das Zukünftige als gut, weil Güte und Wahrheit, Vergangenheit und
Zukunft ebenso wie die schöne Gegenwart in Gottes ewiger Weisheit und
Liebe begründet sind.

Auf Grund seiner rein passional konstituierten Gewißheit der Weisheit und
der Liebe Gottes erscheint dem Glaubenden im »ästhetischen Augenblick« die
Schönheit der Welt. In diesem Moment hat er Gefallen an dem Wahren, »das
wir erinnern«[1], und das wir gegenwärtig als schön empfinden. Wohlgefallen
fühlt er aber auch gegenüber dem Guten, dessen vollständige Realisation mit
der Verwirklichung des Reiches Gottes, in dem die Wahrheit der Welt erst
vollständig erkannt werden wird, noch aussteht. Denn das Schöne gibt dem
Glaubenden einen Vorschein auf den endgültigen Erweis der Liebe Gottes,
der das höchste Gut ist.

---

[1] Eilert Herms, Art. Liebe, VI. Ethisch, RGG[4], Bd. 5, 346. Vgl. den angegebenen Lexikon-
artikel auch im folgenden.

Mit der Erkenntnis des höchsten Guts, die sich im Augenblick des Schönen einstellt, ist dem Glaubenden das »Aussein-auf« die Realisation des Reiches Gottes gegeben. Mit dem Wollen des Reiches Gottes, das die Seligkeit aller Menschen bedeutet, ist die allgemeine Menschenliebe des Glaubenden untrennbar verbunden. Entsprechend strebt er danach, die Seligkeit des geliebten Nächsten zu fördern und zu vervollkommnen. Doch nicht nur das ist Liebe, sich strebend um das Gute zu bemühen. Liebe besteht auch darin, das augenblicklich beseligende Schöne zu genießen. Andernfalls würde die Liebe gerade dem Moment, in dem ihr das Erstrebenswerte zum Vorschein kommt, nicht die ihm angemessene Bedeutung geben. Auch der reine Genuß einer schönen Gegenwart, der die Gewißheit der guten Zukunft mit der Erinnerung an das Wahre verbindet und in sich faßt, ist in der Liebe begriffen; die Liebe richtet sich auf das Gute, das wahr sein wird, und auf das Schöne. In der Liebe zum Schönen, im momentanen Genuß ästhetischer Vollkommenheit sind also Vergangenheit und Zukunft, die von Gottes Ewigkeit umfaßt sind, zugleich präsent – im schönen Augenblick ist Ewigkeit.[2]

Die Gewißheit der Liebe und der Weisheit Gottes bereitet nicht nur den Genuß des Gegenwärtigen, das Gefallen am Vergangenen und das »Aussein-auf« die gute Zukunft, sondern eröffnet damit auch das Streben, selbst Schönheit hervorzubringen. Mit einer kunstvollen Darstellung zeigt der fromme Künstler sich selbst in Schönheit. Das ist ihm möglich, weil er sein Selbst als Teil der ursprünglich vollkommenen Schöpfung Gottes sieht. Sein rechtfertigender Glaube an die ewige Liebe Gottes bewirkt, daß er, der sich von Gott geliebt weiß, seine eigene ursprüngliche ästhetische Vollkommenheit erkennt. Seine Liebe, die sich auf das Schöne richtet, empfindet er also auch gegen sich selbst. Zugleich ist er von ebenso großer allgemeiner Menschenliebe erfüllt, weil ihm die Menschheit, zu der er selbst gehört, und überhaupt alles Sein als gleichermaßen ursprünglich vollkommen und als schöne Schöpfung Gottes bewußt ist. Seiner Liebe zur Gattung und zu einem jeden Nächsten, die seiner Liebe zu sich selbst entspricht, wird er dadurch gerecht, daß er sich selbst dem Nächsten in Schönheit zum Ausdruck bringt und sich so bei aller Selbstbezogenheit selbstlos zeigt.

Indem er sich selbst in Schönheit darstellt, drückt er seine Liebe zu sich selbst und seine allgemeine Menschenliebe aus. Denn die kunstvolle Offenbarung seines Gefühls gründet in seiner Bezogenheit auf sich selbst und bedeutet doch zugleich seine Hingabe an den Betrachter seiner Kunst (wegen der zugrundeliegenden Selbstbezogenheit/Selbstliebe ist die Tätigkeit des Künstlers *kein* ihn selbst vernichtendes *Opfer*). Und weil er durch

---

[2] Doch ist nicht wie nach Schiller bei Betrachtung von Schönheit im ästhetischen Augenblick die Zeit in der Zeit aufgehoben, weil der vernünftige Trieb sich dem sinnlichen entgegengesetzt hat. Vielmehr ist Gottes Ewigkeit im Moment des Schönen gegenwärtig, und dies ist der Grund, weswegen der schöne Augenblick verweilen sollte.

seine religiöse Selbstmanifestation, durch die Darstellung seines Gefühls nicht nur die Liebe zu sich selbst, sondern auch deren Grund, nämlich die rechtfertigende Liebe Gottes zu seinen Geschöpfen zum Ausdruck bringt, stärkt er das Gottesbewußtsein seines Nächsten und vermittelt diesem Seligkeit.

So bringt er durch seine Kunst das christliche Gebot der Nächstenliebe, den Nächsten zu lieben wie sich selbst,[3] vollkommen zur Darstellung und zur Erfüllung.[4] – Schönheit und Menschenliebe erweisen sich als wechselseitig aneinander gebunden: Schönheit eröffnet Liebe, und Liebe drückt sich in Schönheit aus. Zum rechten Verständnis von Nächstenliebe muß darum die Attraktivität und Wirkkraft des Schönen berücksichtigt werden.

II. Schön, nicht schön, häßlich

»Fair is foul, and foul is fair«[5].

(W. Shakespeare)

Nach Schleiermacher meidet der Künstler bei seiner Kunsttätigkeit das in Wirklichkeit Gegebene, weil es nicht rein und mangellos ist. Er bringt vielmehr das Schöne hervor, indem er das ursprünglich ästhetisch Vollkommene darstellt; er macht jedoch nicht schön, was häßlich ist. Im Gegensatz dazu richtet sich Gottes Liebe »gerade auf das Nicht-Liebenswerte, auf das Häßliche und macht es durch den Akt schöpferischer Liebe liebenswert und schön.«[6] Nur darum erscheinen dem Gerechtfertigten, dem christlich-frommen Selbstbewußtsein, die eigene Schönheit wie die Vollkommenheit

---

[3] Mk 12,31parr.

[4] Vgl. dazu ROBERT MUSIL, Der Mann ohne Eigenschaften, Bd. 2, 1108: »Liebe macht blind: Die Hälfte aller Rätsel der Nächstenliebe, die wir uns aufgegeben haben, liegt schon in diesem einen Satz beschlossen!‹ ›Es ließe sich höchstens noch hinzufügen: Liebe macht auch sehen, was nicht da ist‹ behauptete Agathe und schloß nachdenklich: ›Eigentlich liegt dann in diesen 2 Sätzen alles, was man in der Welt braucht, um trotz ihr glücklich zu sein!‹«

[5] So die Hexen in WILLIAM SHAKESPEARE, Macbeth, (1. Akt, 1. Szene) 103.

[6] EBERHARD JÜNGEL, Das Evangelium von der Rechtfertigung, 149. Vgl. MARTIN LUTHER, Heidelberger Disputation. 1518, WA 1, 365,11 f. Die Bezugnahme auf dezidiert reformatorisches Gedankengut ist auch im Rahmen einer Arbeit, die sich mit den Schriften Kants, Schillers, Schlegels und Schleiermachers befaßt, durchaus angebracht, wenn – wie bei der oben behandelten Thematik – die Autoren sich auf dieselbe Sache beziehen. – Vgl. auch ROBERT MUSIL, Der Mann ohne Eigenschaften, Bd. 2, 1112: »›Man sagt doch, Liebe mache auch einen häßlichen Menschen schön‹ erwiderte Agathe, einer plötzlichen Eingebung folgend. ›Liebt man nun etwas, weil es schön ist, oder wird es schön, weil es geliebt wird?‹ Ulrich fand diese Frage bedeutend, aber unangenehm. So erwiderte er: ›Vielleicht ist Schönheit wirklich nichts anderes als Geliebtwordensein. Was einmal geliebt worden ist, dessen Schön-sein-Können ist hervorgekehrt worden. Und wahrscheinlich entsteht Schönheit überhaupt auf keine andere Weise als die: daß etwas einem Menschen gefällt, der auch die Kraft besitzt, anderen eine Art Wiederholungsanweisung zu geben.‹«

der ganzen Schöpfung, weil Gott den Menschen vom »Inbegriff des Häß-lichen«[7], von der Sünde, zur Schönheit befreit.

Die Selbstdarstellung eines Sünders bezeichnet Schleiermacher jedoch nicht als häßlich; er nennt sie kunstlos, und sie gilt ihm als nicht schön.[8] Kunst entsteht nach Schleiermacher, wenn das Gottesbewußtsein des Künstlers überwiegt. Entsprechend gilt ihm das Kunstlose als Äußerung desjenigen, dessen sinnliches Selbstbewußtsein dominiert und der darum in der Sünde ist. Allerdings sei die Sünde als Sünde dem Menschen erst bewußt, nachdem sein Gottesbewußtsein zur Dominanz über das sinnliche Bewußtsein gelangt ist.[9]

Solange das sinnliche Selbstbewußtsein dominiert und in bezug auf Gott Bewußtlosigkeit herrscht, äußert der Mensch sich auf nicht schöne Weise. Im Bewußtsein seiner Erlösung aber fertigt der Künstler schöne Werke. Häßlich könnte demnach nur diejenige Selbstdarstellung genannt werden, die der schönen mit Bewußtsein entgegengesetzt ist; das Häßliche kann nur von demjenigen geschaffen sein, der sich seiner Erlösung wohl bewußt ist, seine Bezogenheit auf Gott aber aus Haß bewußt und in Freiheit verwirft und pervertiert. Diese Möglichkeit jedoch erwägt Schleiermacher nicht explizit,[10] denn er äußert sich zum »Häßlichen« nicht. Es ist anzunehmen, daß nach Schleiermacher die wahre Freiheit des Menschen gerade darin besteht, durch die Bezogenheit auf Gott von fesselnder Selbstbezogenheit erlöst zu sein, und daß mit der Freiheit von nicht schöner Selbstverkrümmtheit die Liebe zum Schönen erschlossen und in ihrer Erschlossenheit unabweisbar ist.[11] In der Annahme, daß die häßliche Sünde niemals als Sünde vollzogen wird, kann davon ausgegangen werden, daß Kunst nie häßlich und »Anti-Kunst« nicht möglich ist.

Schleiermacher, Schlegel, Schiller und Kant stimmen trotz der aufgewiese-nen Unterschiede darin überein, daß die Schönheit eines Gegenstandes nicht im Belieben des Betrachters liegt, vielmehr eine allgemeine ist. Ein jeder der vier Autoren nennt mehr oder weniger subjektiv oder objektiv bestimmte Anhaltspunkte, derentwegen ein Gegenstand allgemein schön genannt zu werden verdiene. Was aber allgemein nicht gefällt, auch darin zeigen die Autoren Einigkeit, ist darum keineswegs notwendig häßlich.

---

[7] EBERHARD JÜNGEL, Das Evangelium von der Rechtfertigung, 96.

[8] Vgl. zur Unterscheidung von schön, nicht schön und häßlich: EBERHARD JÜNGEL, »Auch das Schöne muß sterben«, 107.113.

[9] GL 67,2,359: Schleiermacher erkennt, »daß wir uns so, wie das Gottesbewußtsein in einem erwacht ist, auch der Sünde bewußt werden.« – Vgl. CHRISTINE AXT-PISCALAR, Ohnmächtige Freiheit, 287: »Indem die Sünde als Sünde durch das Gottesbewußtsein gesetzt und darin zugleich als aufzuheben bestimmt wird, das Gottesbewußtsein wiederum auf eine göttliche Mitteilung zurückgeht, ist Gott der Urheber des Sündenbewußtseins.«

[10] Vgl. dagegen IMMANUEL KANT, RS B 35 ff.

[11] Zu Schleiermachers Verständnis der Glaubenskonstitution und der Freiheit des Menschen, den Einwirkungen des göttlichen Geistes zu widerstehen s. ULE 156 ff.

Zur Verdeutlichung dieses Resultates sei die schlechthin gegenläufige Ansicht Umberto Ecos zitiert. Er äußert sie in einem Interview der Süddeutschen Zeitung (Magazin): »Wenn meine *Geschichte der Schönheit*[12] eine Aussage trifft, dann die, dass sich Geschmack, wie auch die Begriffe des Schönen und des Hässlichen, immer auf Epochen beziehen. Hätte Rubens je ein Bild von Picasso gesehen – er hätte es selbstverständlich hässlich gefunden.« Allerdings besteht nach Eco das Problem, »dass wir nicht genau wissen, was hässlich ist«.[13]

III. Geburt der Venus

> »An diesem Morgen nach der Nacht, die bang
> vergangen war mit Rufen, Unruh, Aufruhr, –
> brach alles Meer noch einmal auf und schrie.
> Und als der Schrei sich langsam wieder schloß
> und von der Himmel blassem Tag und Anfang
> herabfiel in der stummen Fische Abgrund –:
> gebar das Meer.«[14]
>
> (R. M. Rilke, Geburt der Venus, 1. Strophe)

Venus gilt wie Aphrodite Anadyomene als Göttin der Liebe und vor allem als Göttin der Schönheit.[15] Ihre Geburt aus dem Schaum des Meeres, die von Rilke in Poesie gefaßt und von Botticelli gemalt ist,[16] bedeutet das Kommen von Liebe und Schönheit in die Welt. Schönheit ist also kein menschliches Produkt, sondern aus dem Meer geboren und ans Land gespült. Das Werden von Schönheit ist als ein schlechthin abhängiger Vorgang vorgestellt; Schönheit verdankt sich der gebärenden Kraft des Meeres und ist vom Himmel selbst gezeugt.[17] Die in der Gestalt der Venus personifizierte Schönheit wird »als Himmelsgeschenk an unsere Gestade gespült«[18].

---

[12] Die »Geschichte der Schönheit« ist ein neues Buch von UMBERTO ECO, Veröffentlichungstermin 17. September 2004.

[13] Süddeutsche Zeitung, Magazin, No. 16, 16. 4. 2004, 12.

[14] RAINER MARIA RILKE, Geburt der Venus, in: DERS., Kommentierte Ausgabe in vier Bänden, Bd. 1, 506.

[15] Zu Venus und Aphrodite Anadyomene vgl. CARL KOCH, Art. Venus 1), in: PRE, Bd. II/8.1, v. a. 832; F. DÜMMLER, Art. Aphrodite, in: PRE, Bd. I/1, v. a. 2769; O. JESSEN, Art. Anadyomene, in: PRE, Bd. I/1, 2019.

[16] Das berühmte Bild BOTTICELLIS »Geburt der Venus« ist in den Uffizien in Florenz zu sehen. – Zur Verbundenheit des RILKE Gedichtes mit dem Gemälde BOTTICELLIS vgl. HANS SCHWERTE, Rilkes »Geburt der Venus«, 158: »Die Überschrift weist auf Botticelli (dessen ›Geburt der Venus‹ […] in den Uffizien von Florenz hängt) – dieser Maler aber ist einer der Lieblingskünstler gerade des jungen Rilke […]. […] Der Vergleich mit dem Gemälde von Botticelli wäre bis in viele Einzelheiten durchzuführen möglich«.

[17] S. HESIOD, Theogonie, 188 ff.

[18] ERNST H. GOMBRICH, Die Geschichte der Kunst, 264 über Botticellis Venus.

Sowohl Botticellis »Geburt der Venus« als auch Rilkes gleichnamiges Gedicht,[19] aus dem die oben zitierte Strophe stammt, lassen eine christliche Deutung zu. »Die allgemeine Anordnung der Figuren«, die Botticelli komponiert, »ist von der herkömmlichen Gruppierung der *Taufe Christi* übernommen«.[20] Wo üblicherweise Engel die Taufe Christi begleiten, sind auf Botticellis Gemälde Zephyre abgebildet und an der Stelle, an der auf Taufbildern Johannes der Täufer steht, empfängt eine weibliche Gestalt die kommende Venus, die den Platz Jesu einnimmt.

Rilkes Gedicht ist ebenfalls vom Bezug auf die Taufe Jesu geprägt: Als Jesus getauft aus dem Wasser steigt, fällt kein Schrei vom Himmel. Der Himmel öffnet sich aber gleich dem schreienden Meer, welches die Göttin der Schönheit entläßt, und der Geist Gottes kommt wie ein Taube auf Jesus herab, und die Stimme Gottes tönt aus dem Himmel.[21] Die Stimme Gottes verkündet die Gottessohnschaft Jesu[22], als er aus dem Wasser steigt – das Meer gebiert ein Mädchen, eine Göttin[23].

Die Annahme, daß das Gedicht Rilkes sich auf die biblische Überlieferung der Taufe Jesu bezieht, findet Bestätigung in der ebenfalls mit der Geburtsszene der Venus verbundenen Bezugnahme auf Jesu Tod und Sterben: Bei Jesu Taufe spricht Gottes Stimme die Gottessohnschaft Jesu aus, die untrennbar mit seiner Sendung in den Tod und seinem Sterben am Kreuz verbunden ist. Entsprechend weist auch die erste Strophe von Rilkes »Geburt der Venus« auf Jesu Bestimmung zum Tode, die in der Taufe mitgegeben ist.

Der Schrei des Meeres ist nach Rilke nicht nur der Schrei einer Gebärenden[24]. Vielmehr weist dieser Schrei, der nach einer Nacht voll »Rufen, Unruh[25], Aufruhr[26]« aus dem geöffneten Meer herausbricht, auf den Schmerzensschrei Jesu am Kreuz[27]. Das Aufbrechen des Meeres kann als »aufbrechende Wunde«[28] gedeutet und mit der Seitenwunde Jesu in Verbindung gebracht werden. Dies legen die Schlußverse des Gedichtes nahe: »Am Mittag aber, in der schwersten Stunde, // hob sich das Meer noch einmal auf und warf // einen Delphin[29] an jene selbe Stelle. Tot, rot und offen.« Auch Jesu Sterben gelangt um die Mit-

---

[19] Zur Verbundenheit von Gedicht und Gemälde s. o. Anm. 16.

[20] ERNST H. GOMBRICH, Die Kunst der Renaissance. 2. Das symbolische Bild, 91; in diesem Buch ist eine entsprechende Abbildung von Baldovinetti abgedruckt (Abb. 57).

[21] Mt 3,16 f.

[22] Mt 3,17.

[23] RAINER MARIA RILKE, Geburt der Venus, 506.508, V. 10.54.

[24] Vgl. RAINER MARIA RILKE, Alkestis, in: DERS., Kommentierte Ausgabe in vier Bänden, Bd. 1, 504, V. 32 ff.: »Der Gott verneinte, und da schrie er auf // und schrie's hinaus und hielt es nicht und schrie // wie seine Mutter aufschrie beim Gebären.«

[25] Vgl. Mt 26,37.

[26] Vgl. Mt 27,24.

[27] Vgl.: »An diesem Morgen [...] brach alles Meer noch einmal auf und schrie« mit Mt 27,50: »Aber Jesus schrie wieder mit lauter Stimme«.

[28] BRIGITTE L. BRADLEY, R. M. Rilkes Neue Gedichte, 162.

[29] Vgl. zur Deutung des Delphins als »Gebärmutter« bzw. »Gebärorgan« HANS SCHWERTE, Rilkes »Geburt der Venus«, 157: »Das Meer, das die Venus ›gebar‹, hat als sein besonderes Gebärorgan den Delphin benutzt«; Delphin (δελφίς) lasse sich »über die Wurzel δελφ- mit δελφύώ ›Gebärmutter‹« in Zusammenhang bringen.

tagszeit[30] in die schwerste Stunde[31], und, als er tot ist, stößt ein Soldat ihm den Speer in die Seite, der eine blutende Wunde offen sein läßt[32].

Sowohl Botticellis Gemälde wie auch Rilkes Gedicht weisen (zumindest indirekt) einen formalen Zusammenhang zwischen der Geburt der Venus und der Taufe Jesu auf. Den inhaltlichen Zusammenhang von Geburt und christlicher Taufe formuliert Schleiermacher in seiner Glaubenslehre. Die Wieder-*Geburt* des Menschen sei notwendig verbunden mit seiner *Taufe*, durch die er in die Gemeinschaft der Gläubigen aufgenommen werde.[33] Mit dem Begriff der Wiedergeburt bezeichnet Schleiermacher den *Wendepunkt* im Leben eines Menschen, an dem aus göttlicher Gnade auf Grund der Tätigkeit Christi und durch das Wirken des Heiligen Geistes das Gottesbewußtsein zur Herrschaft gebracht wird, was die Seligkeit und Gotteskindschaft des Wiedergeborenen bedeutet.[34] Wie Jesus bei seiner eigenen Taufe die Gottessohnschaft zugesprochen wird, so wird einem jeden Menschen, der auf Jesu Namen die Taufe empfängt, die Gotteskindschaft zuteil. Der Täufling wird neu- bzw. wiedergeboren[35] als Kind Gottes.

Mit der Wieder-Geburt eines Menschen kommt dessen Gottesbewußtsein zur Dominanz und also seine ursprüngliche Vollkommenheit zur Geltung. Das bedeutet, er erkennt nun auch die ursprüngliche ästhetische Vollkommenheit der Welt, und er vermag selbst, ästhetisch vollkommene Werke hervorzubringen. Durch den schlechthin passiven Vorgang der Wiedergeburt wird dem Täufling im Glauben die Schönheit der Welt, die Schönheit überhaupt »geboren«. So wie in Botticellis Gemälde und Rilkes Gedicht im Bild der Taufe Jesu die Göttin Venus geboren wird, so wird in der christlichen Taufe den Kindern Gottes die Schönheit geschenkt, und zwar von Gott allein, von dem sie stets abhängig bleibt.

Gerade die evangelisch-theologische Sicht auf Ästhetik erschließt, daß nur im Bewußtsein schlechthinniger Abhängigkeit vom Schöpfer allen Seins alles Sein in seiner ursprünglichen Beschaffenheit *klar empfunden*[36] und deshalb auch in seiner Schönheit erkannt wird. Erst das ermöglicht die Produktion schöner Werke der Kunst.

---

[30] Mt 27,45.

[31] Zur »Stunde« vgl. Joh 17,1; vgl. auch 16,21.

[32] Joh 19,34.

[33] »Die nach der Einsetzung Christi erteilte Taufe verleiht mit dem Bürgerrecht in der christlichen Kirche zugleich die Seligkeit in bezug auf die göttliche Gnade in der Wiedergeburt.« (GL 137). Beides gehört nach Schleiermacher schon deshalb notwendig zusammen, weil die Seligkeit des Einzelnen »nur in der Gemeinschaft der Gläubigen«, in die der Täufling aufgenommen wird, vollständig ist (GL 137,2,332).

[34] Vgl. GL 106,1.

[35] Zur Unterscheidung von Neu- und Wiedergeburt vgl. GL 106,1,148 und v.a. Joh 3,3 (ἄνωθεν).

[36] Vgl. das Zitat aus ALEXANDER GOTTLIEB BAUMGARTEN, Aesthetica, s. Einleitung der vorliegenden Untersuchung.

Literaturverzeichnis

Abkürzungen sind kursiv in Klammern hinter den jeweiligen Angaben vermerkt. Verwendete Kurztitel sind kursiv gesetzt.

I. Quellen

ANGELUS SILESIUS, Sämtliche poetische Werke, Bd. 3, Cherubinischer Wandersmann, Sinnliche Beschreibung der vier letzten Dinge, hg. v. Hans Ludwig Held, München 1949.

BAUMGARTEN, ALEXANDER GOTTLIEB, Aesthetica, unver. reprografischer Nachdr. der Ausg. Frankfurt 1750, Hildesheim 1961.

–, Kollegium über die Ästhetik, in: DERS., Texte zur Grundlegung der Ästhetik, lat. u. dt., übers. und hg. v. Hans Rudolf Schweizer, Hamburg 1983.

BENN, GOTTFRIED, Gesammelte Werke in vier Bänden, Bd. III, Gedichte, hg. v. Dieter Wellershoff, Stuttgart [10]1996.

BROCKES, BARTHOLD HEINRICH, Irdisches Vergnügen in Gott, bestehend in Physicalisch- und Moralischen Gedichten, nebst einem Anhange verschiedener dahin gehöriger Uebersetzungen, 2. Teil, Nachdr. v. 1739, Bern [4]1970.

FICHTE, JOHANN GOTTLIEB, Grundlage der gesammten Wissenschaftslehre als Handschrift für seine Zuhörer (1794), in: DERS., Gesamtausgabe, Bd. 2, Werke 1793–1795, hg. v. Reinhard Lauth und Hans Jacob unter Mitwirkung v. Manfred Zahn, Stuttgart-Bad Cannstatt 1965, 249–451 (*GWL*).

GOETHE, JOHANN WOLFGANG VON, Goethes Werke (Hamburger Ausgabe), München 1998:
Bd. I, Gedichte und Epen I.
Bd. XIII, Naturwissenschaftliche Schriften, Erster Teil.

HEGEL, GEORG WILHELM FRIEDRICH, Werke in 20 Bänden, auf der Grundlage der *Werke* von 1832–1845 neu ed. Ausgabe, Red. Eva Moldenhauer und Karl Markus Michel, Bd. 12, Vorlesungen über die Philosophie der Geschichte, Frankfurt am Main 1985.

HESIOD, Theogonie, in: DERS., Homeric Hymns, Homerica (LCL 57), griech. u. engl., Übertragung v. Hugh G. Evelyn-White, Cambridge [16]1995, 78–155.

HOMER, Ilias, griech. u. dt., Übertragung v. Hans Rupé, mit Urtext, Anhang und Registern, photomech. Nachdr. der 2. Aufl. (Tusculum-Bücherei), München [3]1970.

–, Odyssee, griech. u. dt., Übertragung v. Anton Weiher, mit erläuterndem Anhang und Namensverzeichnis, photomech. Nachdr. der 2. Aufl. (Tusculum-Bücherei), München [3]1967.

JEAN PAUL, Vorschule der Aesthetik (1804), in: Jean Pauls Sämtliche Werke, Hist.-krit. Ausgabe, Bd. I/11, Weimar 1935.

KANT, IMMANUEL, Kant's gesammelte Schriften, drei Abtheilungen, Berlin/Leipzig:
Bd. VII, Der Streit der Fakultäten – Anthropologie in pragmatischer Hinsicht, 1917.
Bd. VIII, Abhandlungen nach 1781, 1923:
  Beantwortung der Frage: Was ist Aufklärung?, 33–42;
  Über eine Entdeckung, nach der alle neue Kritik der reinen Vernunft durch eine
  ältere entbehrlich gemacht werden soll, 185–251.
Bd. IX, Logik – Physische Geographie – Pädagogik, 1923.
Bd. XVI. III, Logik, 1924.
–, Werkausgabe, Werke in zwölf Bänden, hg. v. Wilhelm Weischedel, Frankfurt am
Main:
Bd. VII, Kritik der praktischen Vernunft. Grundlegung zur Metaphysik der Sitten,
  [13]1996 (*KpV; GMS*).
Bd. X, Kritik der Urteilskraft, 1974 (*KU*; verwendet ist die B-Fassung).
–, Die Religion innerhalb der Grenzen der bloßen Vernunft, hg. v. Karl Vorländer (PhB
45), Hamburg 1966 (*RS*).
–, Kritik der reinen Vernunft, nach der ersten und zweiten Orig.-Ausg. hg. v. Jens Timmer-
mann, mit einer Bibliogr. v. Heiner Klemme (PhB 505), Hamburg 1998 (*KrV*).
–, Prolegomena zu einer jeden künftigen Metaphysik, die als Wissenschaft wird auftreten
können, in: DERS., Werke in sechs Bänden, hg. v. Wilhelm Weischedel, Bd. III, Darm-
stadt 1959 (*Prolegomena*).
–, Welches sind die wirklichen Fortschritte, die die Metaphysik seit Leibnitzens und Wolf's
Zeiten in Deutschland gemacht hat?, hg. v. Friedrich Theodor Rink, Königsberg
1804.
LUTHER, MARTIN, Heidelberger Disputation. 1518, in: WA 1, photomech. Nachdr. der
Ausg. v. 1914, 1969, 353–374.
–, Tischreden 1531–46, in: WA Tischreden, Bd. 1, photomech. Nachdr. der Ausg. v.
1912, 1967.
MANN, THOMAS, Gesammelte Werke in zwölf Bänden, Frankfurt am Main: Bd. VIII,
Erzählungen, Fiorenza, Dichtungen, 1960. Bd. XII, Reden und Aufsätze, 1960.
MÖRIKE, EDUARD, Werke und Briefe, Histor.-krit. Gesamtausgabe, Bd. I/1, hg. v. Hans-
Henrik Krummacher, Stuttgart 2003.
MUSIL, ROBERT, Der Mann ohne Eigenschaften, 2 Bde., hg. v. Adolf Frisé, Reinbek bei
Hamburg [10]1999.
NOVALIS, Schriften, vier Bände, begründet v. Paul Kluckhohn und Richard Samuel, Bd. 4,
Tagebücher, Briefwechsel, Zeitgenössische Zeugnisse, hg. v. Richard Samuel, 2., nach
den Handschriften erg., erw. u. verb. Aufl., Darmstadt 1975.
OVID (Publius Ovidius Naso), Metamorphosen, hg. u. aus dem Lat. übers. v. Gerhard Fink,
Düsseldorf/Zürich 2004.
PLATEN, AUGUST VON, Werke, Bd. I, Lyrik, hg. v. Kurt Wölfel und Jürgen Link, München
1982.
PLATON, Werke in acht Bänden, griech. u. dt., hg. v. Gunther Eigler, Bd. 3, Phaidon.
Symposion. Kratylos, übers. v. Friedrich Schleiermacher, Darmstadt [3]1990.
RILKE, RAINER MARIA, Kommentierte Ausgabe in vier Bänden, hg. v. Manfred Engel und
Ulrich Fülleborn, Frankfurt am Main/Leipzig 1996:
Bd. 1, Gedichte 1895 bis 1910.
Bd. 2, Gedichte 1910 bis 1926.
SCHILLER, FRIEDRICH, Schillers Werke, Nationalausgabe, begründet v. Julius Petersen,
Weimar (*NA*):

NA 1, Gedichte in der Reihenfolge ihres Erscheinens 1776–1799, hg. v. Julius Petersen und Friedrich Beißner, 1943.

NA 2/I, Gedichte in der Reihenfolge ihres Erscheinens 1799–1805 – der geplanten Ausgabe letzter Hand (Prachtausgabe) – aus dem Nachlaß, hg. v. Norbert Oellers, 1983.

NA 2/II A, Gedichte. Anmerkungen zu Band 1, hg. v. Georg Kurscheidt und Norbert Oellers, 1991 (*Anmerkungen NA 2/II A*).

NA 2/II B, Gedichte. Anmerkungen zu Band 2/I, hg. v. Georg Kurscheidt und Norbert Oellers, 1993 (*Anmerkungen NA 2/II B*).

NA 20, Philosophische Schriften, Erster Teil, unter Mitwirkung von Helmut Koopmann hg. v. Benno von Wiese, 1962:
Philosophische Briefe, 107–129 (*PhBr*);
Ueber Anmuth und Würde, 251–308 (*AW*);
Ueber die ästhetische Erziehung des Menschen in einer Reihe von Briefen, 309–412 (*ÄE*).

NA 21, Philosophische Schriften, Zweiter Teil, unter Mitwirkung v. Helmut Koopmann hg. v. Benno von Wiese, 1963:
Ueber das Erhabene, 38–54 (*UE*);
Anmerkungen zu NA 20 und NA 21, 97 ff. (*Anmerkungen NA 21*).

NA 22, Vermischte Schriften, hg. v. Herbert Meyer, 1958:
Über Bürgers Gedichte, 245–264 (*BüKr*);
Über Matthissons Gedichte, 265–283 (*MaKr*).

NA 26, Briefwechsel. Schillers Briefe 1.3.1790 – 17.5.1794, hg. v. Edith Nahler und Horst Nahler, 1992:
Kallias-Briefe an Theodor Körner, 174–229 (*KaBr*);
Briefe an Friedrich Christian von Augustenburg, 183–338 (*BrA*);
Anmerkungen zu NA 26, 361 ff. (*Anmerkungen NA 26*).

NA 27, Briefwechsel. Schillers Briefe 1794–1795, hg. v. Günter Schulz, 1958.

NA 28, Briefwechsel. Schillers Briefe 1.7.1795 – 31.10.1796, hg. v. Norbert Oellers, 1969.

NA 29, Briefwechsel. Schillers Briefe 1.11.1796 – 31.10.1798, hg. v. Norbert Oellers und Frithjof Stock, 1977.

NA 30, Briefwechsel. Schillers Briefe 1.11.1798 – 31.12.1800, hg. v. Lieselotte Blumenthal, 1961.

SCHLEGEL, AUGUST WILHELM, Kritische Schriften und Briefe, Bd. II, Die Kunstlehre, hg. v. Edgar Lohner, Stuttgart 1963.

SCHLEGEL, FRIEDRICH, Kritische Friedrich-Schlegel-Ausgabe, 35 Bände in vier Abteilungen, hg. v. Ernst Behler unter Mitwirkung von Jean-Jacques Anstett und Hans Eichner, München/Paderborn/Wien/Zürich (*KA*; auf den *Einleitungstext* der Bände wird wie folgt verwiesen: Autor, »Einleitung«, Bandzahl, römische Seitenzahl):
KA I, Studien des klassischen Altertums, hg. u. eingel. v. Ernst Behler, 1979:
Über das Studium der Griechischen Poesie, 217–367 (*SGP*);
Geschichte der Poesie der Griechen und Römer, 395–568.

KA II, Charakteristiken und Kritiken I (1796–1801), hg. u. eingel. v. Hans Eichner, 1967:
Über Goethes Meister, 126–146 (*ÜGM*);
Lyceum-Fragmente, 147–163 (*L-F*);
Athenäum-Fragmente, 165–255 (*A-F*);

Athenäum-Ideen, 256–272 (*A-I*);
Gespräch über die Poesie, 284–362 (*GP*).
KA V, Dichtungen, hg. u. eingel. v. Hans Eichner, 1962: Lucinde, 1–92 (*L*).
KA VIII, Studien zur Philosophie und Theologie, hg. u. eingel. v. Ernst Behler und
   Ursula Struc-Oppenberg, 1975:
   Über die Philosophie. An Dorothea, 41–62 (*ÜdPh*);
   Fichte-Rezension, 63–85.
KA XI, Wissenschaft der europäischen Literatur. Vorlesungen, Aufsätze und Fragmente
   aus der Zeit von 1795–1804, hg., eingel. u. kommentiert v. Ernst Behler, 1958.
KA XII, Philosophische Vorlesungen, Erster Teil, hg., eingel. u. kommentiert v. Jean-
   Jacques Anstett, 1964:
   Vorlesung über Transcendentalphilosophie, 1–105 (*VT*);
   Die Entwicklung der Philosophie in zwölf Büchern.
KA XVI, Fragmente zur Poesie und Literatur, Erster Teil, hg., eingel. u. kommentiert
   v. Hans Eichner, 1981 (*FPL*).
KA XVIII, Philosophische Lehrjahre 1796–1806 nebst philosophischen Manuskripten
   aus den Jahren 1796–1828, Erster Teil, hg., eingel. u. kommentiert v. Ernst Behler,
   1963 (*PhLj*; es folgen die Angabe der Heft-/Beilagen- und der Einzelnummer).
KA XIX, Philosophische Lehrjahre 1796–1806 nebst philosophischen Manuskripten
   aus den Jahren 1796–1828, Zweiter Teil, hg., eingel. u. kommentiert v. Ernst Behler,
   1971 (*PhLj*; es folgen die Angabe der Heft-/Beilagen- und der Einzelnummer).
KA XXIII, Briefe. Bis zur Begründung der romantischen Schule. 15. September 1788
   – 15. Juli 1797, hg., eingel. u. kommentiert v. Ernst Behler, 1987.
KA XXIV, Briefe. Die Periode des Athenäums. 25. Juli 1797 – Ende August 1799, hg.,
   eingel. u. kommentiert v. Raymond Immerwahr, 1985.
–, Über deutsche Sprache und Literatur (Kölner Privatvorlesung, gehalten 1807. Nach-
   schrift der Brüder Boisserée), in: Der Poesiebegriff der deutschen Romantik, hg. v. Karl
   Konrad Polheim, Paderborn 1972, 110–117.
SCHLEIERMACHER, FRIEDRICH DANIEL ERNST, Friedrich Schleiermacher's Sämmtliche
   Werke, Werke in drei Abteilungen, Berlin (*SW*):
   SW I, 12, Die christliche Sitte nach den Grundsäzen der evangelischen Kirche im
      Zusammenhange dargestellt, aus Schleiermacher's handschriftlichem Nachlasse und
      nachgeschriebenen Vorlesungen, hg. v. Ludwig Jonas, 1843 (*CS*).
   SW III, 3, Reden und Abhandlungen der Königl. Akademie der Wissenschaften
      vorgetragen von Friedrich Schleiermacher, aus Schleiermacher's handschriftlichem
      Nachlasse, hg. v. Ludwig Jonas, 1835.
   SW III, 6, Psychologie, aus Schleiermacher's handschriftlichem Nachlasse und nach-
      geschriebenen Vorlesungen, hg. v. L. George, 1862:
      Nachschrift (1830), 1–405 (*PsyN*);
      Beilage A (1818), 406–488 (*PsyA*);
      Beilage B (1830), 489–529 (*PsyB*);
      Beilage C (1833/34), 530–557 (*PsyC*).
   SW III, 7, Vorlesungen über die Aesthetik, aus Schleiermacher's handschriftlichem Nach-
      lasse und aus nachgeschriebenen Heften, hg. v. Carl Lommatzsch, 1842 (*ÄLo*).
–, Werke, Auswahl in vier Bänden, hg. u. eingel. v. Otto Braun und Johannes Bauer,
   Leipzig: Bd. 2, Entwürfe zu einem System der Sittenlehre, nach den Handschriften
   Schleiermachers neu hg. u. eingel. v. Otto Braun, 1913:
   Brouillon zur Ethik 1805/06, 75–239 (*Br*);

Ethik 1812/13, 241–420; Ethik 1814/16, 421–484; Ethik 1816, 485–626 (*E*; verwiesen wird auf die entsprechenden Seitenzahlen dieses Bandes in Klammern hinter der Angabe, die sich auf die von H.-J. Birkner herausgegebene Ethik bezieht).

–, Kritische Gesamtausgabe, Werke in fünf Abteilungen, hg. v. Hans-Joachim Birkner u. a., Berlin/New York *(KGA)*:

KGA I, 3, Schriften aus der Berliner Zeit. 1800–1802, hg. v. Günter Meckenstock, 1988: Vertraute Briefe über Friedrich Schlegels Lucinde, 139–216.

KGA I, 10, Theologisch-dogmatische Abhandlungen und Gelegenheitsschriften, hg. v. Hans-Friedrich Traulsen unter Mitwirkung v. Martin Ohst, 1990: Über die Lehre von der Erwählung; besonders in Beziehung auf Herrn Dr. Bretschneiders Aphorismen, 145–222 (*ULE*).

KGA I, 11, Akademievorträge, hg. v. Martin Rössler unter Mitwirkung v. Lars Emersleben, 2002:
Über die wissenschaftliche Behandlung des Tugendbegriffes, 313–335 (*UT*);
Über den Unterschied zwischen Naturgesetz und Sittengesetz, 429–451 (*UNS*);
Über den Begriff des höchsten Gutes. Erste Abhandlung, 535–553 (*UG1*);
Über den Begriff des höchsten Gutes. Zweite Abhandlung, 657–677 (*UG2*);
Über den Umfang des Begriffs der Kunst in Bezug auf die Theorie derselben. Erste Abhandlung, 725–742.

KGA I, 12, Über die Religion (2.–)4. Auflage, Monologen (2.–)4. Auflage, hg. v. Günter Meckenstock, 1995.

KGA II, 10, Teilband 1 und 2, Vorlesungen über die Dialektik, hg. v. Andreas Arndt, 2002 (*Dial1; Dial2*).

–, Friedrich Schleiermachers Ästhetik, nach den bisher unveröffentlichten Urschriften zum ersten Male hg. v. Rudolf Odebrecht, Berlin/Leipzig 1931 (*ÄO*).

–, Ästhetik (1819/25). Über den Begriff der Kunst (1831/32), hg. u. eingel. v. Thomas Lehnerer (PhB 365), Hamburg 1984:
Ästhetik, 1–150 (*ÄLe*);
Über den Begriff der Kunst, Akademiereden 1–3, 151–188 (*AkR1, AkR2, AkR3*).

–, Brouillon zur Ethik (1805/06), auf der Grundlage der Ausgabe von Otto Braun hg. u. eingel. v. Hans-Joachim Birkner (PhB 334), Hamburg 1981 (*Br*; in Klammern folgt die Seitenzahl, die auf Bd. 2 der Werkausgabe in vier Bänden verweist).

–, Der christliche Glaube nach den Grundsätzen der Evangelischen Kirche im Zusammenhange dargestellt (1830/31), hg. v. Martin Redeker, Nachdr. der 7. Aufl. 1960, Berlin/New York 1999 (*GL*; Verweise unter Angabe von Paragraph, Abschnitt, Seite).

–, Dialektik, hg. u. eingel. v. Manfred Frank (nach der Ausgabe v. Rudolf Odebrecht), Bd. 2, Frankfurt am Main 2001 (*DialO*).

–, Ethik (1812/13), mit späteren Fassungen der Einleitung, Güterlehre und Pflichtenlehre, auf der Grundlage der Ausgabe von Otto Braun, hg. u. eingel. v. Hans-Joachim Birkner, Hamburg 1981 (*E*; Verweise unter Angabe von Paragraph bzw. Abschnitt und Seitenzahl; in Klammern steht die Seitenzahl, die auf Bd. 2 der Werkausgabe in vier Bänden verweist).

–, Über die Religion. Reden an die Gebildeten unter ihren Verächtern, in der Ausgabe v. Rudolf Otto, Göttingen [7]1991 (*R*).

Schleiermacher als Mensch. Sein Werden. Familien- und Freundesbriefe 1783–1804, hg. v. Heinrich Meisner, Bd. 1, Berlin 1922.

SHAKESPEARE, WILLIAM, Macbeth, hg. v. A. R. Braunmuller (New Cambridge Shakespeare), Cambridge 1997.

SIMMEL, GEORG, L'art pour l'art, in: DERS., Gesamtausgabe, hg. v. Otthein Rammstedt, Bd. 13/II, Aufsätze und Abhandlungen 1909–1918, hg. v. Klaus Latzel, Frankfurt am Main 2000, 9–15.

Süddeutsche Zeitung, Magazin, No. 16, 16.4.2004, Umberto Eco über die Vergänglichkeit von Schönheit – und die von Schönheitsidealen, Interview mit Umberto Eco, geführt v. Lars Reichardt, 11–13.

TUCHOLSKY, KURT, Gesamtausgabe, Texte und Briefe, Bd. 3, Texte 1919, hg. v. Stefan Ahrens/Antje Bonitz/Ian King, Reinbek bei Hamburg 1999.

II. Sekundärliteratur

ALBRECHT, CHRISTIAN, *Schleiermachers Theorie der Frömmigkeit*. Ihr wissenschaftlicher Ort und ihr systematischer Gehalt in den Reden, in der Glaubenslehre und in der Dialektik (SchlAr 15), Berlin/New York 1994.

ALT, PETER-ANDRÉ, *Schiller*. Leben – Werk – Zeit, Bd. 2, München 2000.

AXT-PISCALAR, CHRISTINE, *Ohnmächtige Freiheit*. Studien zum Verhältnis von Subjektivität und Sünde bei August Tholuck, Julius Müller, Sören Kierkegaard und Friedrich Schleiermacher (BHTh 94), Tübingen 1996.

BARNOUW, JEFFREY, »*Der Trieb, bestimmt zu werden*«. Hölderlin, Schiller und Schelling als Antwort auf Fichte, in: Schillers Briefe über die ästhetische Erziehung, hg. v. Jürgen Bolten, Frankfurt am Main 1984, 261–275.

BARTUSCHAT, WOLFGANG, *Zum systematischen Ort* von Kants Kritik der Urteilskraft (PhA 43), Frankfurt am Main 1972.

BECKER-CANTARINO, BÄRBEL, *Priesterin und Lichtbringerin*. Zur Ideologie des weiblichen Charakters in der Frühromantik, in: Die Frau als Heldin und Autorin, hg. v. Wolfgang Paulsen, Bern/München 1979, 111–124.

BEHLER, ERNST, *Einleitung, in: Friedrich Schlegel, Schriften und Fragmente*. Ein Gesamtbild seines Geistes. Aus den Werken und dem handschriftlichen Nachlaß zusammengestellt v. Ernst Behler, Stuttgart 1956.

–, Friedrich Schlegel, Reinbek bei Hamburg 1966.

–, Friedrich Schlegels Theorie der Universalpoesie, in: Jahrbuch der Deutschen Schillergesellschaft, 1 (1957), 211–252.

BENJAMIN, WALTER, Der Begriff der Kunstkritik in der deutschen Romantik, in: DERS., Gesammelte Schriften I.1, hg. v. Rolf Tiedemann und Hermann Schweppenhäuser, Frankfurt am Main 1974, 7–122.

BENZ, ERNST, Adam oder der Mythus vom Urmenschen, München 1955.

BOBSIN, JULIA, Von der Werther-Krise zur Lucinde-Liebe, Tübingen 1994.

BRADLEY, BRIGITTE L., *R. M. Rilkes Neue Gedichte*. Ihr zyklisches Gefüge, Bern/München 1967.

BRANDT, WILFRIED, *Der Heilige Geist und die Kirche* bei Schleiermacher (SDGSTh 25), Zürich 1968.

BRAUERS, CLAUDIA, *Perspektiven des Unendlichen*. Friedrich Schlegels ästhetische Vermittlungstheorie: Die freie Religion der Kunst und ihre Umformung in eine Traditionsgeschichte der Kirche (PStQ 139), Berlin 1996.

DILTHEY, WILHELM, Leben Schleiermachers, Bd. I/1, auf Grund des Textes der 1. Aufl. von 1870 und der Zusätze aus dem Nachlaß hg. v. Martin Redeker, Berlin ³1970.

DÜMMLER, F., Art. Aphrodite, in: PRE, Bd. I/1 (1894), 2729–2787.

DÜSING, WOLFGANG, *Friedrich Schiller.* Über die ästhetische Erziehung des Menschen in einer Reihe von Briefen. Text, Materialien, Kommentar, München/Wien 1981.

EICHNER, HANS, Einleitung, in: Friedrich Schlegel, Über Goethes Meister. Gespräch über die Poesie, hg. v. Hans Eichner, Paderborn/München/Wien/Zürich 1985.

ELLING, E., Art. Radikalismus, in: HWP, Bd. 8 (1992), 11–13.

FRANK, MANFRED, *Das Problem »Zeit« in der deutschen Romantik.* Zeitbewußtsein und Bewußtsein von Zeitlichkeit in der frühromantischen Philosophie und in Tiecks Dichtung, Paderborn/München/Wien/Zürich ²1990.

–, Einführung in die frühromantische Ästhetik, Frankfurt am Main 1989.

–, *»Wechselgrundsatz«.* Friedrich Schlegels philosophischer Ausgangspunkt, in: ZPhF, Bd. 50 (1996), Heft 1/2, 26–50.

FRICKE, GERHARD, *Der religiöse Sinn der Klassik Schillers.* Zum Verhältnis von Idealismus und Christentum (FGLP 2), München 1927.

GOMBRICH, ERNST H., Die Geschichte der Kunst, Frankfurt a. M. ²1997.

–, Die Kunst der Renaissance. 2. Das symbolische Bild, Stuttgart 1986.

GRAF, FRITZ, Art. Herakles, in: DNP, Bd. 5 (1998), 387–392.

GUNDOLF, FRIEDRICH, Romantiker, Berlin-Wilmersdorf 1930.

HAMBURGER, KÄTE, Schillers Fragment »Der Menschenfeind« und die Idee der Kalokagathie, in: Philosophie der Dichter. Novalis Schiller Rilke, Stuttgart/Berlin/Köln/Mainz 1966, 83–128.

HENRICH, DIETER, Fichtes ursprüngliche Einsicht, in: Subjektivität und Metaphysik, FS für Wolfgang Cramer, hg. v. Dieter Henrich und Hans Wagner, Frankfurt am Main 1966, 188–232.

HERMS, EILERT, *»Beseelung der Natur durch die Vernunft«.* Eine Untersuchung der Einleitung zu Schleiermachers Ethikvorlesung von 1805/06, in: AF 52 (1984), 49–102 (oder in: DERS., Menschsein im Werden. Studien zu Schleiermacher, Tübingen 2003, 49–100).

–, Art. Demokratie, IV., in: RGG⁴, Bd. 2 (1999), 651.

–, Der Ort der Aesthetik in der Theologie, in: Phänomene des Glaubens. Beiträge zur Fundamentaltheologie, Tübingen 2006, 116–135.

–, Die Bedeutung der »Psychologie« für die Konzeption des Wissenschaftssystems beim späten Schleiermacher, in: Schleiermacher und die wissenschaftliche Kultur des Christentums, FS für Hans-Joachim Birkner, hg. v. Günter Meckenstock in Verbindung mit Joachim Ringleben (TBT 51), Berlin/New York 1991, 369–401 (oder in: DERS., Menschsein im Werden. Studien zu Schleiermacher, Tübingen 2003, 173–199).

–, Die *Ethik des Wissens* beim späten Schleiermacher, in: ZThK 73 (1976), 471–523 (oder in: DERS., Menschsein im Werden. Studien zu Schleiermacher, Tübingen 2003, 1–48).

–, *Herkunft*, Entfaltung und erste Gestalt des Systems der Wissenschaften bei Schleiermacher, Gütersloh 1974.

–, Art. Liebe, VI. Ethisch, in: RGG⁴, Bd. 5 (2002), 345–347.

–, Art. Notwendigkeit, III. Systematisch-theologisch, in: RGG⁴, Bd. 6 (2003), 410–414.

–, *Reich Gottes* und menschliches Handeln, in: F. D. E. Schleiermacher 1768–1834. Theologe – Philosoph – Pädagoge, hg. v. Dietz Lange, Göttingen 1985, 163–192 (oder in: DERS., Menschsein im Werden. Studien zu Schleiermacher, Tübingen 2003, 101–124).

–, Vorwort, in: DERS., *Gesellschaft gestalten.* Beiträge zur christlichen Sozialethik, Tübingen 1991.

HINDERER, WALTER, *Von der Idee des Menschen.* Über Friedrich Schiller, Würzburg 1998.

HOMANN, RENATE, *Erhabenes und Satirisches*. Zur Grundlegung einer Theorie ästhetischer Literatur bei Kant und Schiller (Theorie und Geschichte der Literatur und der schönen Künste 43), München 1977.

HUXEL, KIRSTEN, *Ontologie* des seelischen Lebens. Ein Beitrag zur theologischen Anthropologie im Anschluß an Hume, Kant, Schleiermacher und Dilthey (RPT 15), Tübingen 2004.

IMLE, FANNY, *Friedrich von Schlegels Entwicklung*. Von Kant zum Katholizismus, Paderborn 1927.

JANZ, ROLF-PETER, Über die ästhetische Erziehung des Menschen in einer Reihe von Briefen, in: Schiller-Handbuch, hg. v. Helmut Koopmann, Stuttgart 1998, 610–626.

JESSEN, O., Art. Anadyomene, in: PRE, Bd. I/1 (1894), 2019–2021.

JØRGENSEN, THEODOR H., Das religionsphilosophische *Offenbarungsverständnis* des späteren Schleiermacher (BHTh 53), Tübingen 1977.

JØRGENSEN, THEODOR, Predigt als Selbstdarstellung, in: Schleiermacher und die wissenschaftliche Kultur des Christentums, FS für Hans-Joachim Birkner, hg. v. Günter Meckenstock in Verbindung mit Joachim Ringleben (TBT 51), Berlin/New York 1991, 173–185.

JÜNGEL, EBERHARD, »*Auch das Schöne muß sterben*« – Schönheit im Lichte der Wahrheit. Theologische Bemerkungen zum ästhetischen Verhältnis, in: ZThK 81 (1984), 106–126.

–, *Das Evangelium von der Rechtfertigung* des Gottlosen als Zentrum des christlichen Glaubens. Eine theologische Studie in ökumenischer Absicht, Tübingen 1998.

–, Art. Glaube, IV. Systematisch-theologisch, in: RGG⁴, Bd. 3 (2000), 953–974.

–, Art. Schleiermacher, in: RGG⁴, Bd. 7 (2004), 904-919.

KÄFER, ANNE, Kant, Schleiermacher und die Welt als Kunstwerk Gottes, in: ZThK (101) 2004, 19–50.

KLUCKHOHN, PAUL, Die Auffassung der Liebe in der Literatur des 18. Jahrhunderts und in der deutschen Romantik, Halle an der Saale 1922.

KLUGE, FRIEDRICH, Etymologisches Wörterbuch der deutschen Sprache, 24., durchges. u. erw. Auflage, bearb. v. Elmar Seebold, Berlin/New York 2002.

KOCH, CARL, Art. Venus 1), in: PRE, Bd. II/8.1 (1955), 828–887.

KÖRNER, JOSEF, Einleitung zu Friedrich Schlegels »Philosophie der Philologie«, in: Logos. Internationale Zeitschrift für Philosophie der Kultur, Bd. XVII (1928), 1–16.

KULENKAMPFF, JENS, Kants Logik des ästhetischen Urteils (PhA 61), 2., erw. Aufl., Frankfurt am Main 1994.

KÜSTER, BERND, *Transzendentale Einbildungskraft und ästhetische Phantasie*. Zum Verhältnis von philosophischem Idealismus und Romantik (MPF 185), Königstein/Ts. 1979.

LEHNERER, THOMAS, Die *Kunsttheorie* Friedrich Schleiermachers (Deutscher Idealismus 13), Stuttgart 1987.

–, *Selbstmanifestation* ist Kunst. Überlegungen zu den systematischen Grundlagen der Kunsttheorie Schleiermachers, in: Internationaler Schleiermacher-Kongreß Berlin 1984, hg. v. Kurt-Victor Selge, Teilband 1 (SchlAr 1, 1), Berlin/New York 1985, 409–422.

LYOTARD, JEAN-FRANÇOIS, *Die Analytik des Erhabenen*. Kant-Lektionen, Kritik der Urteilskraft, §§ 23–29, aus dem Französischen übers. v. Christine Pries, München 1994.

MAKKREEL, RUDOLF A., *Einbildungskraft und Interpretation*. Die hermeneutische Tragweite von Kants Kritik der Urteilskraft, aus dem Amerik. übers. v. Ernst Michael Lange, Paderborn/München/Wien/Zürich 1997.

MEHL, R., Art. Liebe, IV. Ethisch, in: RGG³, Bd. 4 (1960), 367–369.

MENNEMEIER, FRANZ NORBERT, *Friedrich Schlegels Poesiebegriff* dargestellt anhand der literaturkritischen Schriften, München 1971.

MILLER, MARLIN E., Der *Übergang*. Schleiermachers Theologie des Reiches Gottes im Zusammenhang seines Gesamtdenkens (SEE 6), Gütersloh 1970.

MOXTER, MICHAEL, *Gott als Künstler*. Anmerkungen zu einer Metapher Schleiermachers, in: Denkwürdiges Geheimnis. Beiträge zur Gotteslehre, FS für Eberhard Jüngel zum 70. Geburtstag, hg. v. Ingolf U. Dalferth/Johannes Fischer/Hans-Peter Großhans, Tübingen 2004, 387–404.

–, *Güterbegriff und Handlungstheorie*. Eine Studie zur Ethik F. Schleiermachers (Morality and the Meaning of Life 1), Kampen 1992.

NOWAK, KURT, *Schleiermacher und die Frühromantik*. Eine literaturgeschichtliche Studie zum romantischen Religionsverständnis und Menschenbild am Ende des 18. Jahrhunderts in Deutschland (AKG[W] 9), Göttingen 1986.

PATSCH, HERMANN, *Alle Menschen sind Künstler*. Friedrich Schleiermachers poetische Versuche (SchlAr 2), Berlin/New York 1986.

PESTALOZZI, KARL, *Die Entstehung des lyrischen Ich*. Studien zum Motiv der Erhebung in der Lyrik, Berlin 1970.

PLEGER, WOLFGANG H., Schleiermachers Philosophie, Berlin/New York 1988.

POLHEIM, KARL KONRAD, *Die Arabeske*. Ansichten und Ideen aus Friedrich Schlegels Poetik, München/Paderborn/Wien 1966.

PREISENDANZ, WOLFGANG, *Zur Poetik der deutschen Romantik*: Die Abkehr vom Grundsatz der Naturnachahmung, in: DERS., Wege des Realismus. Zur Poetik und Erzählkunst im 19. Jahrhundert, 7–27, München 1977 (zuerst abgedr. in: Die deutsche Romantik. Poetik, Formen und Motive, hg. v. Hans Steffen, Göttingen 1967, 54–74).

PRIES, CHRISTINE, *Übergänge ohne Brücken*. Kants Erhabenes zwischen Kritik und Metaphysik, Berlin 1995.

RANK, BERNHARD, *Romantische Poesie als religiöse Kunst*. Studien zu ihrer Theorie bei Friedrich Schlegel und Novalis, Tübingen 1971.

RECKI, BIRGIT, Art. Ästhetik, I. Philosophisch, in: RGG[4], Bd. 1 (1998), 851–852.

–, *Ästhetik der Sitten*. Die Affinität von ästhetischem Gefühl und praktischer Vernunft bei Kant (PhA 81), Frankfurt am Main 2001.

RITTER, J., Art. Ästhetik, ästhetisch, in: HWP, Bd. 1 (1971), 555–580.

ROSENAU, HARTMUT, *Ethik und Ästhetik*. Zur Konzeption eines ästhetischen Humanismus, in: Woran orientiert sich Ethik?, hg. v. Wilfried Härle und Reiner Preul (MJTh 13; MThSt 67), Marburg 2001, 91–111.

SCHLENKE, DOROTHEE, »*Geist und Gemeinschaft*«. Die systematische Bedeutung der Pneumatologie für Friedrich Schleiermachers Theorie der christlichen Frömmigkeit (TBT 86), Berlin/New York 1999.

SCHMITT, CARL, Politische Romantik, München/Leipzig [2]1925.

SCHOBERTH, WOLFGANG, Art. Ästhetik, II. Theologisch, in: RGG[4], Bd. 1 (1998), 853–854.

SCHULZE-BÜNTE, MATTHIAS, Die Religionskritik im Werk Friedrich Schillers (Frankfurter Hochschulschriften zur Sprachtheorie und Literaturästhetik 7), Frankfurt am Main, 1993.

SCHWEIZER, HANS RUDOLF, *Einführung, in: Alexander Gottlieb Baumgarten, Theoretische Ästhetik*. Die grundlegenden Abschnitte aus der Aesthetica (1750/58), lat. u. dt., übers. u. hg. v. Hans Rudolf Schweizer, Hamburg 1983.

SCHWERTE, HANS, Rilkes »Geburt der Venus«, in: GRM, NF Bd. I (1950/51), 155–159.

STAIGER, EMIL, Friedrich Schiller, Zürich 1967.

STOCK, KONRAD, Art. Liebe, V. Religionsphilosophisch, in: RGG⁴, Bd. 5 (2002), 343–345.

WAGNER, FALK, *Schleiermachers Dialektik*. Eine kritische Interpretation, Gütersloh 1974.

WENZEL, UWE JUSTUS, *Moral im Abstand*. Die »Operation der Reflexion« im moralischen Grenzfall, in: Akten des 7. Internationalen Kant-Kongresses Mainz 1990, hg. v. Gerhard Funke, Bonn/Berlin 1991, Bd. II.1, 439–453.

WIELAND, WOLFGANG, *Urteil und Gefühl*. Kants Theorie der Urteilskraft, Göttingen 2001.

WIESE, BENNO VON, *Das Problem der ästhetischen Versöhnung* bei Schiller und Hegel, in: Jahrbuch der Deutschen Schillergesellschaft, 9 (1965), 167–188.

–, Die Utopie des Ästhetischen bei Schiller, in: DERS., Zwischen Utopie und Wirklichkeit. Studien zur deutschen Literatur, Düsseldorf 1963, 81–101.

–, Friedrich Schiller, Stuttgart 1959.

Personenregister

Albrecht, C. 189
Alt, P.-A. 48, 60, 63, 114
Angelus Silesius 271
Anstett, J.-J. 118
Axt-Piscalar, C. 292
Barnouw, J. 109
Bartuschat, W. 12, 37 f.
Baumgarten, A. G. 1, 40 f., 295
Becker-Cantarino, B. 149

Behler, E. 117 f., 121, 123, 125 f., 128, 135, 142, 147, 164, 176
Benjamin, W. 137, 172
Benn, G. 281
Benz, E. 147
Bobsin, J. 148
Böhme, J. 147
Botticelli, S. 293–295
Bradley, B. L. 294
Brandt, W. 214, 225
Brauers, C. 137, 162
Brockes, B. H. 265

Curtius, E. R. 117

Dante, A. 159
Dilthey, W. 123
Dümmler, F. 293
Düsing, W. 84, 109, 111

Eco, U. 293
Eichner, H. 123, 125, 134, 136 f., 147 f., 151, 156, 167, 173
Elling, E. 287

Fichte, J. G. 118–122, 126, 133, 146, 151, 153, 161 f.
Frank, M. 119–121, 133 f.
Fricke, G. 71, 107

Goethe, J. W. v. 5, 85, 91, 156 f., 173, 273
Gombrich, E. H. 293 f.
Graf, F. 108
Gundolf, F. 123, 139

Hamburger, K. 59, 79
Hegel, G. W. F. 140
Henrich, D. 121
Herms, E. 2 f., 43, 78, 119 f., 123, 145 f., 153 f., 194, 198, 200–203, 213 f., 216, 222, 239, 245, 285 f., 288 f.
Hesiod 293
Hinderer, W. 71
Homann, R. 84
Homer 50, 150, 159
Hoppe, M. 66
Humboldt, W. v. 97
Huxel, K. 180 f., 188

Imle, F. 123

Janz, R.-P. 47, 109
Jean Paul 2
Jessen, O. 293
Jørgensen, T. H. 212, 226, 232, 243–250
Jørgensen, T. 189
Jüngel, E. 112, 192, 196, 198, 291 f.
Käfer, A. 34, 191, 221

Kant, I. 1–47, 51 f., 54–58, 62, 64–67, 75, 83, 85, 89, 91 f., 116, 126, 131, 133–135, 177, 179, 204, 218, 239, 253, 261–288, 292
Kluckhohn, P. 151
Koch, C. 293
Körner, J. 119
Kulenkampff, J. 13
Küster, B. 33

Lehnerer, T. 181, 183–186, 188, 191, 208, 217, 220, 226, 228, 233, 235 f., 238, 240 f., 247
Luther, M. 109, 120, 291
Lyotard, J.-F. 17, 32

Makkreel, R. 17
Mann, T. 45, 177
Mehl, R. 269
Mennemeier, F. N. 131
Miller, M. E. 210
Mörike, E. 271
Moxter, M. 210, 220
Musil, R. 291

Novalis 118, 176
Nowak, K. 146, 239

Odebrecht, R. 208
Ovid 148

Patsch, H. 259
Pestalozzi, K. 98
Platen, A. v. 267
Platon 101, 118, 147, 149, 157, 174, 177
Pleger, W. H. 250
Polheim, K. K. 145, 168
Preisendanz, W. 166–169
Pries, C. 32

Rank, B. 152, 162, 164, 167
Recki, B. 3, 16, 25, 29 f., 32 f., 34, 37, 39, 41

Rilke, R. M. 267, 293–295
Ritter, S. J. 1
Rosenau, H. 109, 112, 114 f.

Schiller, F. 1–4, 29, 45–116, 126, 128, 131, 134, 168, 175, 179, 200, 229, 237, 244, 252, 261–288, 290
Schlegel (Mendelssohn-Veit), D. 117 f., 123, 135, 176 f.
Schlegel, A. W. 165, 169
Schlegel, F. 1–4, 117–178, 236, 241, 249, 261–288
Schleiermacher, F. D. E. 1–4, 77, 99, 118, 121–123, 134, 151–154, 177–295
Schlenke, D. 181, 184, 188, 202, 225, 232, 247
Schmitt, C. 159, 166
Schoberth, W. 4
Schulze-Bünte, M. 107
Schwerte, H. 293 f.
Shakespeare, W. 291
Simmel, G. 177
Spinoza, B. 161 f.
Staiger, E. 46 f., 55, 66, 77, 85, 91, 100, 103, 105, 111, 114
Stock, K. 269

Tucholsky, K. 117

Wagner, F. 184, 187
Wenzel, U. J. 16
Wieland, W. 40
Wiese, B. v. 49, 66, 94, 107, 111 f.
Winckelmann, J. J. 125

Sachregister

Abhängigkeit/abhängig 42 f., 63, 66, 120
Abhängigkeit, allgemeinmenschliche 2,
    197
–, relative 184
–, schlechthinnige 3, 153, 187, 189 f.,
    197, 212, 237, 249, 285, 287 f., 295
Abstraktion 140, 145 f., 171, 174, 237
Achtung 6, 9, 19, 31, 52, 56, 62, 73–75,
    79, 90, 94, 97, 113, 131
Affekt 57 f., 65, 75, 93
Allegorie 164, 167, 169
Allgemeine/Allgemeinheit/allgemein 9,
    10, 13–16, 20, 22, 27, 30, 37, 73, 74,
    99, 103, 105 f., 109, 111, 131 f., 134,
    146, 155, 167 f., 170, 172, 183 f., 206,
    222 f., 225, 238–241, 243–246, 248 f.,
    257 f.
Allgemeingültige/Allgemeingültigkeit/
    allgemeingültig 14 f., 36, 40 f., 46, 73,
    94, 128–134, 137 f., 157, 196
Allgemeinmenschliche/allgemeinmensch-
    lich 15, 59, 105, 132, 197, 206, 210,
    212, 232, 238 f., 244
Allheit 131–133, 146, 170
Analogie/analog 16, 20, 24, 27, 31, 94,
    99, 187, 258
Angenehme/angenehm 9 f., 106,
    130–132
Anmut/anmutig 50, 53 f., 58 f., 69 f., 81,
    86–88, 111, 116
Anstoß 119 f., 122, 126, 135, 151, 176
Anthropologie 1, 2, 135, 261, 265, 277,
    287
Antinomie 22, 37
Ästhetik, transzendentale 40
Ästhetische Freiheit siehe Freiheit,
    ästhetische
Ästhetisches Gefühl siehe Gefühl, ästhe-
    tisches

Ästhetisches Gesetz siehe Gesetz, ästhe-
    tisches
Ästhetisches Reich siehe Reich der
    Schönheit
Ästhetisches Urteil siehe Urteil, ästhe-
    tisches
Ästhetische Urteilskraft siehe Urteilskraft,
    ästhetische
Ästhetischer Zustand 76, 78, 91 f., 97,
    100, 107, 116
Aufhebung/aufheben 75, 77, 80, 107,
    191 f., 201, 202, 209, 244, 250 f., 272
Aufklärung 2, 48, 83
Augenblick 74 f., 87, 93, 97, 111, 143,
    151, 154, 254, 289 f.
Ausbildung 227, 243
Ausdruck 26, 28–30, 53, 57 f., 60, 89,
    105, 135 f., 138, 144 f., 154, 158, 161,
    189, 196, 200, 205, 208, 210, 220, 225,
    232, 247
Äußerlichwerden/Äußerung 185, 189,
    193 f., 197, 200, 206, 219

Barbar/Barbarei 48 f., 60, 65 f., 73 f., 82 f.,
    115
Begehren/Begierde 56–58, 74, 78, 83 f.
Begeisterung/Begeistung 136, 142 f., 205,
    232–234, 237
Begriff 8, 10, 12–14, 26, 28, 36 f., 41, 68,
    126, 130
Begriffe, angeborene 193 f.
Beharrlichkeit 203, 206 f., 244
Beschränktheit 66, 73, 96, 98 f., 112,
    121 f., 137–139, 158
Besinnung/Besonnenheit/besonnen 136,
    190, 203, 205–208, 212, 226–230,
    233 f., 236 f.
Besondere/Besonderheit 132, 134, 170,
    183, 223, 225, 238–241, 243

Betrachtung 16, 39, 53 f., 63–65, 80 f.,
    85 f., 88, 92, 94, 103, 108, 110, 114 f.
Beurteilung 11, 15–17, 19, 22, 26, 30,
    42 f., 85, 80, 114, 127, 132 f.
Bewußtsein/bewußt 19, 31, 106, 115,
    120 f., 138, 161, 185, 188, 195, 251
Bildung 126 f., 160, 163, 206
–, künstliche 126 f., 160
–, natürliche 125–127, 160
Blickrichtung (Hinsicht/Perspektive),
    ästhetische 8, 10, 15 f., 19, 22, 30, 32,
    34 f., 39, 42 f., 284
–, teleologische 8, 10 f., 16, 19, 21 f.,
    30 f., 34 f., 42 f., 284
Brechen/Gebrochenwerden 83, 87 f.

Chaos 129 f., 136 f., 155 f., 159, 164 f.,
    169
Charakter 49, 57, 65, 82 f., 109, 115
Christentum 107, 214, 249
christlich 109
Christus Jesus 98, 108, 200, 214, 216,
    218, 220, 224, 234, 248 f., 257,
    294 f.

Darstellung 96, 99, 103–105, 134, 138,
    144, 149, 155, 164, 169 f., 175, 194,
    196 f., 200, 205, 211, 216, 224, 226 f.,
    235 f., 241, 245
Denken 25, 70, 74, 80, 101, 122, 140,
    142 f., 145, 150–153, 158, 163, 166,
    176, 185–187, 189, 191, 193 f., 196,
    198, 213, 215, 250 f.
Dichten 142 f., 145, 150–154, 158, 162,
    164, 166, 173, 176
Divinieren 163
Dominanz *siehe* Herrschaft

Effekt *siehe* Wirkung
Ehe 147 f., 178
Eigenschaft/Merkmal 10, 51 f., 59 f., 64,
    67, 113
Eigentümliches *siehe* Individualität
Einbildungskraft 12–14, 17–19, 26 f.,
    39 f., 52, 57, 64, 66, 102, 104, 139,
    163, 278 f.
Einheit 131–133, 155, 160, 187 f., 189 f.,
    210, 238, 241–244, 248

Einzelne, das/der 105, 109, 131 f.,
    134, 141, 146, 170, 176, 183 f., 187,
    204–206, 209, 212, 219, 242, 244–246,
    248–250, 257
Empfinden/Empfindung 1–3, 11, 13, 26,
    41, 49 f., 58, 63, 70–75, 77, 80, 84–88,
    94, 105, 140, 180–182, 184, 188 f.,
    191, 195 f., 204, 276–278
Empfindungsvermögen/-fähigkeit 49 f.,
    58, 68 f.
Endliche/Endlichkeit/endlich 86, 97,
    107, 121, 174, 177, 184, 187, 199, 216,
    218, 237, 247
Endzweck 6 f., 19, 21, 23 f., 29, 31,
    33–35, 42 f., 176
Entgegensetzung/entgegengesetzt 56 f.,
    62, 67, 69, 77, 80 f., 84, 87, 89 f., 92
Erfahrung 4, 19, 27, 40, 46, 67, 113 f.,
    122, 127, 133, 152, 189
Erhabene/Erhabenheit/erhaben 1, 8 f.,
    17–21, 23–25, 29, 31–33, 39, 49,
    57–60, 65–70, 84 f., 87, 89, 93, 111,
    116, 129 f., 132, 218 f., 270 f.
Erkennen/Erkenntnis (*siehe auch* Sym-
    bolisieren) 3, 6, 12, 40, 73, 78, 85, 87,
    89, 97, 99 f., 106, 115, 131, 152, 183 f.,
    207, 216, 220, 254
Erkenntnis überhaupt 12 f., 40 f.
Erkenntnisvermögen/-kräfte 2, 5, 7, 12,
    16, 20, 39, 131
Erleben 2 f., 43, 177, 258, 286
Erlösung/Erlöser/erlösen 25, 96, 98 f.,
    107–109, 111, 115, 125, 154, 177,
    199 f., 214, 224, 284–286, 292
Ermöglichungsbedingung/-grund 60, 66,
    76, 221, 283
Ernst 94, 96 f., 106 f., 111, 248–250, 252,
    272
Eros 101, 174, 177
Erregung 189 f., 195, 197, 200, 203 f.,
    227–229, 231 f., 241
Erschlaffung *siehe* Schlaffheit
Erschließungserlebnis/-vorgang 114, 151,
    265, 284–286
Erziehung, ästhetische des Menschen 66,
    68, 70 f., 84, 88, 92, 98, 110 f.
Ethikotheologie 23
Ethischer Prozeß *siehe* Prozeß, ethischer

Ewige/Ewigkeit/ewig 73–75, 96, 143, 160, 166f., 170, 172, 177, 220

Form 64, 72–75, 80, 82, 85–88, 90–96, 99–106, 108–110, 115, 235, 237
Formtrieb/vernünftiger Trieb 72–77, 79, 83f., 86f., 90, 102f., 105–107, 112, 114f.
Französische Revolution 47, 60, 119
Freiheit (menschliche) 2, 6–8, 12, 14–16, 20f., 24–27, 29–33, 35, 37–40, 42f., 47, 49, 53–55, 59, 61, 63, 66–68, 75, 78, 82f., 85, 87, 89–91, 93f., 97f., 101, 103, 108, 110, 114, 120, 123, 126f., 132, 134f., 187, 190, 218, 246, 249f., 283–288, 292
–, absolute 121, 126
–, ästhetische 75, 77, 79, 88, 91f., 94, 99, 102, 105, 110, 114
–, relative 184, 187
–, vernünftige 116
Freiheitsbegriff 5–7, 9, 15f., 21, 29f., 35f., 38, 39, 41, 45, 71
Freude 56, 180, 191, 257
Frömmigkeit/fromm 189–191, 197, 202–205, 208, 253, 263
Fühlen 46, 85, 150, 180, 185, 189, 191

Gabe/Gabe der Liebe/der Natur/des Schönen 25, 27, 30f., 110, 115, 177f., 288
Ganze (harmonische/organische) 130f., 135, 137, 146f., 156, 157–160, 162, 164–168, 170f., 173, 175, 223, 242, 255
Ganzes von Kunst/Poesie, organisches 125, 128f., 163, 177
Ganzheit/Einheit, sinnlich-vernünftige/sinnlich-geistige 6f., 21, 43, 50, 57, 76–79, 90, 107, 109f., 113, 115f., 127f., 138, 142, 147, 149, 151, 158, 164, 176, 188, 208, 227, 263f.
Ganzheitlichkeit 72, 76, 81, 87, 114–116, 258
Gattung (des Menschen) 104f., 158, 175, 180, 182, 198, 200, 206, 208, 210, 239, 245

–, Repräsentant der 105, 175
Gattungsbewußtsein 180f., 185, 188, 200, 224
Gattungswesen 105, 158, 181, 197, 209, 211, 224, 238f., 245, 285
Gedanke 140, 142, 144, 161, 168, 193–195, 198, 203
– des Universums und seiner Harmonie 140–143, 147, 155, 166f., 170, 175, 177
Gefühl 19, 41, 56, 73, 83–85, 88, 105, 127, 138, 150, 152f., 179, 186, 188, 191, 193, 195–198, 203–205, 208, 227, 234, 238, 250, 252, 254, 276–278
– für das Erhabene und das Schöne der Natur 181–184
– für das Erhabene 19f., 35, 65, 67f.
– für das Schöne 65
– schlechthinniger Abhängigkeit 181, 187f., 198–200, 209f., 212, 218, 231, 247, 250, 259
–, ästhetisches 68, 181
–, moralisches 20, 30, 39f., 43
–, religiöses 34, 181, 187, 189, 197f., 209, 231f., 247, 251
–, sinnliches 180, 184, 203f.
Gegebenes/Gegebenheit 3, 11, 43, 63, 86, 115, 146, 159, 178, 196, 235f., 291
Gegenliebe 110, 122, 148, 151, 158, 169, 174–176
Gegensatz/Gegensätze 184, 186–188, 190, 192, 205, 209, 244, 250f., 255
Gegensatz, höchster 184, 192, 201
Gegenstand 8–17, 20, 22–25, 28, 30, 34, 39f., 42, 51–53, 63–67, 79f., 85f., 100, 102, 106, 114, 131, 136, 138, 146, 166, 168, 180, 195, 235, 247, 250f., 255, 258
Gegenwart 3, 43, 102, 150f., 154, 214, 286, 289
Geist/Geistige/geistig 14, 26, 52, 54f., 68, 96, 103, 106, 122, 131, 139, 140, 142–144, 146–151, 155, 160–162, 164, 166–168, 170–173, 175, 185, 202, 261–264
Gemeinschaft (universale) 105f., 162, 175–178, 185, 206, 208, 209f., 213, 225, 233, 245, 255, 257f., 285f.

Gemeinsinn *siehe* Sensus communis

Gemüt 11–13, 17, 26 f., 39, 49, 59, 62 f.,
65, 67, 78, 93 f., 105, 126 f., 131

Genie/Genialität/genial 25–28, 30, 35,
108, 243

Genuß/Genuß des Daseins/der Gegenwart 150, 152 f., 163, 290

Geschäft 14 f., 250

Geschenk 77, 99, 126

Geschichte 127, 151
– der Poesie 156–159, 173

Geschmack 8, 12 f., 15 f., 20, 26 f., 30 f.,
35, 39 f., 45 f., 49 f., 52, 60–66, 70,
75 f., 92, 110, 127, 129 f., 133, 136,
293

Geschmacksurteil 10 f., 13–15, 20, 36 f.,
39–41, 45, 57, 64, 133 f., 172

Geschöpf/Geschöpflichkeit 6, 42 f., 114,
225

Geselligkeit/gesellig 48 f., 109, 131, 181,
209 f., 231, 246

Gesellschaft 60, 72, 105, 109–111, 142,
175 f., 191

Gesetz, ästhetisches 127, 130, 132
–, moralisches/Vernunft-/
Sittengesetz 5 f., 17–19, 21, 49,
54–56, 62, 65, 68, 71, 73–75, 78,
83, 89, 95, 97 f., 103, 106 f., 109,
189, 253

Gesinnung 56–59, 67, 78, 99, 201–203

Gestalt 28–30, 53 f., 79, 182 f.
–, lebende 79, 86

Gewalt 18 f., 32, 39, 43, 54, 57, 70, 74 f.,
78, 84, 107, 127, 129

Gewißheit 2, 189, 221, 225, 280, 282,
285, 289 f.

Glaube 99, 189, 199 f., 202 f., 207 f., 226,
252, 257, 290, 295

Gleichgewicht 65, 74, 77, 79, 81–84, 94,
98, 101

Gleichzeitigkeit/gleichzeitig 59, 74, 76,
86, 88, 94

Glück/Glückseligkeit/glückselig 21, 31,
33–35, 51, 69, 75, 89, 204

Gnade 99, 200, 278

Gott/Gottheit/höchstes Wesen 1, 19,
20 f., 23 f., 27 f., 31, 34, 37, 42, 53,
97 f., 101, 107 f., 124, 142, 145, 152 f.,
164, 187, 190, 198, 200, 207, 215–222,
253, 265–267, 289–295

Gottesbeweis, moralischer 24

Gottesbewußtsein 99, 187–191, 197–200,
202 f., 208, 211, 213 f., 216, 223–225,
229 f., 234, 237, 243, 246, 255, 257

Göttliche/göttlich 101, 107, 127, 134,
137, 140, 142, 163, 167, 174 f.

Grazie 53 f.

Griechen/Griechheit/griechisch 101,
108, 125, 129 f.

Grund/Prinzip 42, 109, 121–123, 126,
135, 158, 190

Grund, transzendenter *siehe* Transzendenter Grund

Grundsatz, allgemein geltender 46, 59 f.,
113

Gunst 10 f., 14, 30, 32, 35, 42, 52, 54,
77, 113, 278

Gut 21, 47, 201
–, höchstes 21, 23, 34, 91, 103, 116,
201 f., 204, 208, 210, 213, 255 f.

Gute/Güte/gut 3, 10, 15 f., 20, 22, 25,
29 f., 34 f., 41–43, 50, 73 f., 76, 78,
96 f., 99, 101, 103, 106, 108, 110, 112,
114 f., 128, 130–134, 145, 155, 202,
220 f., 254 f., 281 f.

Handeln 5, 15, 21, 25, 56, 58, 60, 62, 66,
78, 85–89, 92, 99, 106, 111, 116, 152,
191, 196, 200, 202, 207, 214

Harmonie 54, 81 f., 90, 97, 108–110,
125, 127 f., 132, 138, 140, 154, 156,
161 f., 165

Haß 129, 292

Häßliche/häßlich 64, 132, 150, 182 f.,
291–293

Heil/Heilsbedeutung 69, 107, 125, 282

Heilige/heilig 49, 63, 71, 73, 89, 106 f.,
248 f., 252

Heiliger Geist 200, 224 f., 232, 294 f.

Herrschaft/Dominanz/Übergewicht/
Überwiegen 55, 57 f., 61, 72–75, 81,
83, 94, 99, 106, 109, 112, 116, 128,
188–191, 200, 202 f., 205, 208, 211,
229, 237, 246

Herz 50, 56, 58, 69, 109

Himmelreich *siehe* Reich Gottes

Ideal/ideal 28f., 69, 104, 203, 205, 217f.,
222, 236–238, 240–243, 245, 255,
280f.
Ideale 184f., 187, 201, 203, 229f., 239,
251
Ideal der Menschheit 54, 57, 86, 88
– des Schönen/der Schönheit/Ideal-
schöne 28–30, 35, 51, 62f., 79–81, 84,
88, 104, 280f.
Idealisierung 103–105, 168
Idealismus 2, 160–163
Idee 17–20, 25–29, 31, 37f., 40, 51–53,
57, 60, 63f., 69, 75, 85, 101, 106, 126,
137, 157, 163, 171–173, 222, 239, 248,
281
– der Menschheit 82, 113f., 280
Ideen des Universums 161, 168, 170
Identität/identisch 73, 185f., 191f.,
197f., 212, 251f.
Individualität/Individuum/individuell/
eigentümlich 104–106, 109, 122, 130,
134f., 138, 141–143, 146, 154, 158,
162, 165, 168, 170, 172–176, 188,
191–193, 195–197, 206, 209, 210f.,
225f., 238–241, 243–245
Inkarnation/Menschwerdung 45, 107,
146
Interesse/Interessante 9–11, 16, 29, 32f.,
35, 39, 43, 75, 124, 129, 136, 195f.,
258
Interesselosigkeit/interesselos 9f., 14, 32
Ironie 135–138, 154f., 167–169, 175,
177, 272f.

Jenseits (*siehe auch* Reich Gottes) 24, 33,
61, 177, 204, 213
Jesus Christus *siehe* Christus Jesus

Kampf *siehe* Krieg
Kategorischer Imperativ 15f., 49, 107,
262
Kirche 111, 210, 214
Kluft 6, 36, 45, 74, 102f., 115
Kommunikation/kommunizieren 110,
138, 158, 162, 175, 198, 210, 253, 256,
281f.
Krieg/Kampf 57, 61, 95–99, 108, 110,
116

Kultur 39f., 63, 65, 70, 88–90, 92, 99,
105
Kunst/kunstvoll 23, 25, 35, 45, 61, 68,
70, 77, 92–95, 99, 101, 107, 109, 118,
124f., 127, 129, 143, 149, 155, 159,
162, 168, 174, 176f., 179, 198, 200,
206, 209, 211–213, 222f., 226, 229,
241, 244, 249–251, 253, 256, 258f.,
282f.
Kunst, antike 125f., 128, 135, 144, 156,
159f., 173, 248f.
–, gesellige 246–248
–, moderne 125–127, 129–131, 144, 160,
173, 248f.
–, religiöse 246–248
–, schöne 3, 25, 27, 30f., 39f., 128, 135,
147, 176
–, überhaupt 25f., 34
Kunstgegenstand 9, 30, 66, 102, 258,
269, 273, 276
Kunstkriterium 93, 114, 172, 253
Kunstkritik 171–173, 253f.
Künstler 45, 66f., 91–95, 97–105,
107–111, 115, 127, 130, 134, 136f.,
144, 146, 148f., 151, 158, 161, 165f.,
168, 175f., 179, 198, 202, 208, 212,
227, 232–234, 236f., 241, 243, 245,
249, 257, 258f.
–, höchster/göttlicher 23f., 28, 34,
103, 215, 219f., 222, 234, 245,
247, 258
Kunstlosigkeit/kunstlos 170, 197, 228,
253
Kunstschöne/Kunstschönheit 29, 70,
102f., 181
Kunstsinn 149, 223, 226f., 233, 242
Kunsttätigkeit/Kunstproduktion des
Menschen 1, 27f., 91, 95, 108, 127,
168, 179, 183f., 198, 202f., 208, 221,
227f., 232, 247, 295
– Gottes 1, 24, 190, 215, 221, 223, 227,
234, 247
Kunsttrieb/Manifestationstrieb 200, 223,
226, 233
Kunstwerk/Kunstprodukt 25–27, 30,
45, 79, 92–94, 96f., 99–102, 105f.,
108–110, 115, 132–134, 136, 146,
148, 151, 155, 157, 166–169, 171,

173, 184, 212, 217, 242f., 247f.,
  253, 257
Kunstwerk Gottes 34, 103, 163, 165,
  215f., 221, 223, 226, 235, 239, 243,
  256, 265f.

Leben/lebendig 4, 61, 77, 79, 85f., 95f.,
  107, 111f., 136, 138, 142, 148–153,
  177, 229
Legalität 62
Legitimation/Legitimität/legitimieren 46,
  113, 133f., 172f.
Leid/Leiden 24, 59, 61, 67f., 74, 85f.,
  96, 98, 101, 180, 204
Leidenschaft/leidenschaftlich 61f., 82, 93,
  190, 228–230, 233f., 236, 240
Liebe/lieben (*siehe auch* Gegenliebe) 46,
  50, 79, 90, 92, 100, 108–111, 117f.,
  121–125, 129f., 135f., 138f., 141–153,
  155f., 158, 161–164, 169f., 174–177,
  191, 203, 206f., 215f., 219, 221f.,
  224–227, 233f., 252, 255–259, 278,
  289–291
Lust 8–10, 12–14, 19f., 24–26, 33, 35,
  38f., 41, 56, 63f., 67, 85, 110, 131f.,
  180, 190, 203f., 212, 228, 231

Macht 18f., 31, 35, 54, 65, 68, 70, 74,
  83, 86–88, 90, 94f.
Macht der Natur 18f., 65, 70, 86, 91,
  103, 109
Manifestationstrieb *siehe* Kunsttrieb
Materie *siehe* Stoff
Mechanismus der Natur 5–7, 9, 22f.,
  34, 36
Mensch 5–7, 21, 28–30, 32, 47, 53f., 56,
  60, 66, 70f., 76f., 79, 87f., 92, 94, 99,
  101, 103f., 108, 111–113, 115f., 126,
  128, 137, 142, 147, 149, 153f., 158,
  176, 184, 191, 196, 198–200, 202, 221,
  249–251
Menschheit 54, 59, 61, 69f., 77–80,
  83, 86f., 93–96, 98f., 111, 113,
  122, 127f., 133f., 136, 138f.,
  142–144, 147, 149, 152, 158,
  175–177, 239
Menschliche/Reinmenschliche 128–131
Menschlichkeit 65, 147

Menschsein 49, 80, 91, 113f., 116
Menschwerdung *siehe* Inkarnation
Mimesis 169, 222, 234
Mitteilbarkeit/mitteilbar 11, 13, 197,
  238
Mitteilung 26, 40, 105, 110, 131, 138,
  158, 175, 181, 185, 216, 257
Mittelpunkt/Mitte 143, 146, 149,
  157–160, 162, 191
Mittler 107, 174, 224, 256f., 259
Mittlerin 149
Moral/moralisch 39, 55, 93, 145
Moralität 6, 45, 56f., 62f., 78, 111, 127
Mythologie 156, 160–165, 167f., 170,
  173, 177, 242, 248f.

Nachahmung 27, 93f., 102, 125, 127,
  165, 169, 215, 221–223, 227, 234,
  236f., 240, 247, 255, 273–276
Nachbildung 157, 165–169, 171, 173,
  272, 274f.
Nächstenliebe 290f.
Natur 1, 5, 18–28, 31–38, 42f., 47f., 51,
  53, 55, 65f., 68, 71, 75f., 79, 85–88,
  91–94, 97, 99f., 102, 107, 109f.,
  114, 116, 122, 125–127, 131, 144,
  146–148, 155, 161, 163, 167, 175, 181,
  184f., 191–193, 195, 207, 217, 239f.,
  261–264
–, dämonische 99–101, 108, 115
Naturbegriff 5–7, 15f., 21, 29–32, 35f.,
  38f., 41, 45, 71
Naturgegenstand/-produkt 33f., 59, 181,
  219
Naturschöne/Naturschönheit 10–12, 20,
  25f., 29f., 32–37, 42, 45, 50–53, 59f.,
  79, 102f., 109, 181f., 257
Neigung 6, 9, 14, 16, 39, 49f., 52,
  54–58, 60, 62, 65, 74f., 78f., 89f., 94,
  97, 113, 130f.
Nötigung 50, 71, 75f., 106
Notwendige/Notwendigkeit/
  notwendig 9f., 13–16, 20, 22, 27,
  30, 36f., 41, 45, 51, 55, 60f., 63,
  70, 73f., 77, 83, 88, 92, 94, 99, 101,
  103, 105f., 109f., 113–116, 130f.,
  136–138, 170, 173, 190, 220, 246,
  250, 258

Objektivität/Objektive/objektiv 46, 53, 59 f., 67, 113, 128 f., 131–134, 157
Offenbarung 142, 147–149, 166, 179, 197, 206, 209, 218, 224, 230, 252, 258
Opfer 98, 108, 136, 174, 176, 225, 273, 290
Organisation des Universums/ universale 137 f.
–, harmonische/schöne 128, 160
Organische Einheit 144
Organisieren/organisierendes Handeln 191 f., 196, 198 f., 201, 208, 250 f., 255
Oszillation 192, 196, 210, 251

Passionales Kontinuum 3, 43, 286
Passivität/passiv 150–152
Pathetische/Tragische 61, 66, 68, 93
Person 47, 51, 53 f., 59, 63
Pflicht/pflichtgemäß 6, 54–57, 60, 69, 87, 89, 92 f., 97, 109, 111, 113, 137, 142, 154, 169, 201 f.
Phänomenologie/phänomenologisch 2 f., 43, 289
Phantasie/Fantasie 152–155, 158, 160–163, 165–171, 174, 195, 198, 227, 229, 232–237, 241 f., 244 f., 247, 252, 254, 256, 278 f.
Philosophie 1, 5, 37, 41, 122 f., 139 f., 142–148, 153, 159 f., 162, 171, 176 f.
Physikotheologie 23
Poesie 118, 122 f., 142–147, 153, 158–166, 168–172, 175–177
– der Poesie 157, 165, 171, 175
–, griechische/antike *siehe* Kunst, antike
–, moderne *siehe* Kunst, moderne
–, romantische 156, 170 f., 173
Postulat/postulieren 7, 21, 23 f., 34, 37, 42, 266, 275, 281 f., 284, 306
Proteus 150
Prozeß, ethischer 191, 200 f., 204, 211, 214, 223, 255
Pygmalion 95, 147 f., 151

Raum 40, 254 f.
Reale 184, 187 f., 193, 195, 201
Realismus 161 f.
Realität *siehe* Wirkliche

Recht 46, 73
Rechtfertigung/gerechtfertigt 58, 70, 87, 111, 290 f.
Reflexion/reflektieren 3, 8, 15, 63, 85, 100, 103, 119 f., 122, 153, 162, 164, 166, 171, 190
Reich der Freiheit/Freiheitsstaat 49, 52, 70 f.
– der Schönheit/ästhetisches Reich 71, 96 f., 102, 108–113
– der Wahrheit und der Güte 101 f., 112
– des Ideales 96, 98
– Gottes (*siehe* auch Jenseits) 112, 210, 213–216, 220, 223 f., 244, 251, 255, 258
–/ Welt der Ideen 85, 99–101, 115
Reinmenschliche *siehe* Menschliche
Reiz/Reizend 129, 132, 148, 157, 168, 183, 193–195, 198, 227
Religion/religiös (*siehe auch* Kunst, religiöse) 34, 61 f., 69, 107 f., 122 f., 129, 139, 141–143, 145–147, 151–153, 159, 171, 187, 198, 209–213, 226, 230, 250, 282
Religiosität (*siehe auch* Frömmigkeit) 189
Revolution, ästhetische 127, 160
Rezeptivität/rezeptiv/Empfänglichkeit 4, 39, 49, 58, 60, 62, 69, 85, 93, 131, 141, 152 f., 184 f., 187, 199 f., 203, 225, 227
Romantisch 118, 147, 155, 169 f., 172

Schein 68, 86, 93, 99–102, 105 f., 255, 279 f.
Schema 182 f.
Schlaffheit 48, 58, 65, 81 f., 84
Schöne/Schönheit/schön 1, 3, 8–10, 14–17, 19 f., 22, 24, 26, 28–30, 32 f., 35 f., 39–43, 45, 49–52, 54, 57, 59–62, 64 f., 68, 70, 79 f., 84–90, 92–99, 101–103, 106–108, 110–114, 116, 125, 129–132, 136, 145, 148 f., 156 f., 163, 165, 170, 174, 183, 217–221, 223, 235, 253, 256, 259, 267–270, 280–282, 289–295
Schöne/Schönheit, höchste 125, 127–130, 157, 164–166, 174, 177
Schönheit, bewegliche 51, 53

–, energische 81 f., 84
–, fixe 51, 53
–, fixierte 28–30, 35
–, freie 28
–, ideale *siehe* Ideal des Schönen/der
  Schönheit
–, schmelzende 81 f., 84
Schöpfer/schöpferisch 27, 31, 33 f., 37,
  42 f., 53, 92 f., 98, 109, 114, 135, 153,
  215 f., 222 f., 249, 251 f., 287, 295
Schöpferin 94
Schöpfung/Schöpfertätigkeit 1, 21, 31,
  35, 43, 143, 164, 169, 190, 198, 207,
  215 f., 219, 222, 238, 240, 244, 256,
  266, 287
Schuld 59, 97, 103, 111
Seele 1 f., 5, 24, 32, 111, 148, 185, 194,
  231, 241, 246
–, schöne 54, 58, 149
Sehnsucht nach dem Unendlichen/Uni-
  versum 124, 137, 140, 154 f., 175
Selbst 136, 179 f., 208, 227, 234, 252 f.
Selbständigkeit 138, 143 f., 149
Selbstbeschränkung 120, 136, 138, 141,
  143, 152, 154, 174
Selbstbewußtsein 77, 114, 145, 151,
  186 f., 250
–, frommes 199 f., 204, 212, 219, 223,
  252, 263–266
–, höheres (*siehe auch* Gottesbewußtsein) 185, 190, 201, 203–206, 208, 211
–, niederes/sinnliches 184 f., 188–190,
  201–203, 205, 229, 249
–, reflektiertes 186
–, unmittelbares 179 f., 186, 188,
  197–199, 251, 264, 288
Selbstmanifestation/Selbstdarstellung 179,
  200, 206, 208, 210, 216 f., 219, 222,
  225, 238, 243, 245, 251, 253, 255, 257
Selbstschöpfung 136–138, 140, 149, 152,
  154
Selbsttätigkeit/selbsttätig 60, 63, 66, 70,
  85, 87 f., 91 f., 96, 99–101, 103, 108,
  114 f., 126, 140, 166, 177, 180, 187,
  200, 227
Selbstvernichtung 136–138, 149
Selbstzweck *siehe* Zweck an sich
Seligkeit/selig 191, 204, 223

Sensus communis/Gemeinsinn 14–16,
  20, 30, 35, 38
Sinn 151 f.
– fürs Unendliche/Universum 136,
  148 f., 152, 164, 169, 177, 223, 226
–, religiöser (*siehe auch* Kunstsinn) 152,
  221, 223 f., 229
Sinne 1, 18, 32, 39, 52, 64, 67, 75, 97 f.,
  100, 180, 224, 228, 230, 257
Sinnliche/sinnlich 14, 27, 30, 46, 53 f.,
  66, 74, 89, 95 f., 102 f., 105 f., 116,
  155, 161 f., 185, 190, 205, 247, 262
Sinnlichkeit 2, 11, 13 f., 16, 18–20,
  31, 39 f., 43, 45, 48–50, 52, 54 f.,
  57 f., 60–68, 70–72, 74, 76, 78, 80,
  82–91, 98 f., 115 f., 131, 144, 149, 229,
  261–264
sinnlich-objektiv 46, 50, 52
Sittlichgute/sittlichgut 13, 16, 20, 29 f.,
  32–36, 42, 76
Sittlichkeit/sittlich 5 f., 14 f., 21, 24, 28,
  30, 33, 35, 50, 54, 57 f., 63 f., 68, 73,
  83 f., 89, 92, 103, 107, 139, 188, 191,
  198–202, 204, 206, 212, 226, 254,
  262 f., 283
Spiel/spielen, ästhetisches/freies 13–15,
  20, 25–27, 39, 54, 76, 80, 87, 90, 92,
  94, 96, 100, 102, 104, 106–109, 113,
  128, 130 f., 165, 168, 195, 233, 236,
  240 f., 244–246, 248–254, 256, 258,
  271–273
Spieltrieb/ästhetischer Trieb 74–77, 79 f.,
  86, 89, 99, 101 f.
Spontaneität/spontan 39, 45, 85, 120,
  184 f., 187, 199, 203, 227
Sprecher der Gottheit 134, 144, 157, 174
Staat der Freiheit/Freiheitsstaat 71, 78,
  109, 112, 116
– der Natur/Naturstaat 49, 71 f., 74, 78,
  109 f.
– der Sittlichkeit/der Vernunft (ethischer
  Staat) 49, 71 f., 74, 109 f., 112
Stimmung (ästhetische) 13 f., 26, 41, 76 f.,
  88, 94, 105, 227, 229–233, 235–237,
  240 f., 244 f., 247, 276–278
Stoff/Materie 27 f., 64, 72–75, 77, 80,
  82, 86–92, 94–100, 102–106, 108, 110,
  113, 115, 168

Stofftrieb/sinnlicher Trieb 72, 74–77, 79, 83 f., 87, 90, 102, 105–107, 114
Subjektivität/subjektiv 11, 13, 26, 40 f., 46, 51 f., 104 f., 134, 136, 292
Sünde 98, 202 f., 215, 250, 292
Symbol 29 f., 32 f., 35 f., 53, 99, 114, 137, 168, 192 f., 197 f., 203, 244, 246, 254, 259, 279 f.
–, ursprüngliches 198
Symbolisieren/symbolisierendes Handeln/ Erkennen 191 f., 194, 198 f., 201, 205 f., 243, 251, 255
Symbolisieren/Erkennen, identisches 192–196, 213
–, individuelles 193, 195 f., 198, 204, 209, 211–213, 216, 227, 250

Theorie des Schönen 133
–, ästhetische 127
Transzendenter Grund/ewiger Ursprung 115, 176, 186–189, 197 f., 208, 212, 220, 238–240, 251, 270, 282, 284–288
Tugend/tugendhaft 56, 61, 65, 124, 139, 142 f., 170, 201–208, 211 f., 227, 229, 247

Übel 7, 24 f., 48, 64, 98, 191, 204, 271, 285
Übereinstimmung 14 f., 21 f., 24–26, 33, 43, 55, 57, 60 f., 64 f., 67, 71, 75, 78, 81–87, 90, 92, 94, 107, 113, 115
Übergang 7 f., 15 f., 19, 29 f., 32, 35 f., 38 f., 41 f., 45, 63 f., 66, 70 f., 74, 76, 78, 87, 96 f., 102 f., 109, 111–114, 116, 122, 186, 262–265, 276 f., 281 f., 284
Übersinnliches Prinzip 22, 36–38, 42, 77, 114
Übersinnliches 5, 22, 36–38
Unabhängigkeit/unabhängig 9, 11, 14, 16, 18, 20, 25, 30 f., 39, 56, 58, 63, 72, 100, 115, 120, 126, 130, 178, 234, 236, 245–247, 250–254, 262 f., 265, 270, 288
Unendliche/Unendlichkeit/unendlich 17, 86, 107, 119–122, 135–137, 140, 145 f., 149, 152–154, 166, 168–171, 174 f., 177, 187, 245, 253

Universalität/Universelle/universal 111, 135, 137 f., 140, 143, 146, 154
Universalpoesie, progressive/romantische 155–158, 170 f., 173–175, 177
Universum 119, 121–123, 135–138, 141–147, 149, 151–156, 161, 164, 166, 174, 176, 223 f., 238, 249
Unlust 8, 19, 41, 180, 190, 203 f., 212, 228, 231
Unsterblichkeit der Seele 24, 34, 37
Unverständlichkeit/unverständlich/unübertragbar 138, 175, 197, 257
Urbild/Urbildliche/Urbildung 125, 129 f., 167, 206, 217 f., 220, 224, 227 f., 230, 233–236, 238 f., 241, 243 f., 254, 257
Ursprüngliche/ursprünglich 140, 186, 199, 209, 220, 223, 236, 241
Urteil, ästhetisches 12–16, 19 f., 26, 29, 32, 35–38, 41 f., 59, 64, 85, 133 f.
–, moralisches/Urteil der Vernunft 16, 19 f., 32 f., 35, 39 f., 57, 64
–, teleologisches 12, 20, 26, 35
Urteilskraft, ästhetische 8, 14, 20, 22, 29–31, 35, 40, 42, 45, 85
–, bestimmende 8
–, reflektierende 7 f., 36, 38, 41
–, teleologische 8, 22, 29, 35–37, 45

Venus 50, 53, 64, 148, 293–295
Verähnlichung mit Gott 207, 259
Veredelung/veredeln 45, 49, 62, 65, 83 f., 86 f., 89 f., 92, 105, 109, 115
Vereinigung 58, 86, 99, 162, 175, 201, 212, 215, 221, 231, 258, 273, 275
Vereinigung des Antiken und Modernen 156, 173
Vernichten/Vertilgen 72, 74 f., 77, 80, 83, 88, 90–92, 94, 102 f., 106, 108, 110, 115 f., 127, 154, 168, 174, 244–246, 270, 273, 280, 290
Vernunft/vernünftig 2, 5, 8 f., 11, 14–24, 29, 31, 33, 35–40, 42 f., 46, 48–58, 60–64, 67 f., 71, 73–76, 78, 80, 82–84, 86–89, 91, 94, 102, 105, 111, 115, 184 f., 191–195, 198, 200 f., 204 f., 207, 261–265, 274, 278, 280, 285 f., 288

Vernunfttätigkeit 30, 63, 65, 74, 76, 84, 90, 94, 103, 108, 116, 121, 168, 237
Versöhntheit/Versöhnung/versöhnt 32, 54, 75, 78, 81, 83, 87 f., 90–92, 95–97, 111
Verstand 5, 8 f., 12–14, 17, 22, 26 f., 36, 39 f., 48, 52, 64, 66, 86, 124–128, 139 f., 150–153, 160, 165, 169, 171, 241
Verständlichkeit/Übertragbarkeit 175, 193, 197, 240
Vertilgen *siehe* Vernichten
Vielheit 129, 131–133, 146, 160, 241, 246
Vollkommene/Vollkommenheit/vollkommen 1, 9, 22, 25 f., 29 f., 33 f., 51, 75, 81, 93, 106, 113, 199, 215–221, 234, 236–238, 240–243, 253–259, 267–270
Vollkommenheit, ursprüngliche 199 f., 215, 219–222, 225, 230, 234, 237 f., 241, 244 f., 252, 257, 268
Vorbild 129, 156 f., 161 f., 165–168, 173
Vorschein 33, 102, 112, 169, 191, 223, 251, 255 f., 258, 279 f.
Vorstellung 11–15, 25–27, 51 f., 64, 85, 100, 140, 194–196, 198, 222, 227, 234–238, 240, 243, 245, 252, 266 f., 271, 273, 275 f., 278 f., 287

Wahrheit/Wahre/wahr 3, 43, 45, 50, 73 f., 76, 78, 85, 87, 92–94, 96 f., 99–103, 107–115, 145, 199, 221, 254–256, 281 f.
Wahrnehmung 152, 180, 195
Wechsel 121 f., 134–136, 138, 141–143, 146, 149, 152, 154, 161, 190 f., 204 f., 231
Wechselbestimmung 119, 121, 126, 135
Wechselbewegung 119, 158, 177
Wechselwirkung 119–121, 126, 132, 135 f., 146, 151, 159 f., 162, 171, 184
Weisheit 203 f., 206–208, 215 f., 219, 221 f., 226 f., 255
Welt 1, 21, 23, 28, 34, 42, 85, 129, 141, 143, 148, 150, 152–154, 161, 163–166, 176 f., 183 f., 189 f., 192–196, 199 f.,

215 f., 219 f., 227, 235, 241, 245, 249–251, 256 f., 265–267
– der Ideen *siehe* Reich der Ideen
–, zweite/zwei Welten 27, 196, 275, 279
Widerstand 55, 57, 89, 97, 203 f., 206 f.
Widerstreit 17 f., 20, 57, 97
Wilde/Wildheit 48 f., 60, 65 f., 73 f., 82
Wille 6, 16, 25 f., 34, 42, 54 f., 62 f., 74, 76–78, 97, 109
Wirkliche/Wirklichkeit/Realität 68, 73, 79, 81, 93, 99, 100–102, 106, 111 f., 115, 119 f., 122, 165 f., 168, 184, 204, 229, 234, 236 f., 240–242, 247 f., 251 f., 254 f.
Wirkung/Effekt 6 f., 29–31, 33, 36, 38, 63, 74, 82, 84 f., 93, 102, 151, 169, 255 f.
Wissen 121, 172, 174, 185 f., 250
Wissenschaft 26, 40 f., 127, 133, 143, 150, 159, 171, 173
Wohlgefallen/wohlgefällig 8–11, 13–16, 22, 27, 30–33, 35, 39, 50–52, 56, 63–65, 85, 90, 109 f., 130, 176, 181–184, 257 f.
Wollen 185 f., 189, 191, 198, 215, 250 f.
Würde/würdevoll 57–59, 69 f., 81, 86–89, 106, 116, 137, 249 f., 253
Würdigkeit 21

Zeichen (*siehe auch* Symbol) 29 f., 33, 42, 167, 245
Zeit 40, 72–74, 96, 101, 254 f.
Zentrifugal/zentripetal 119 f., 122, 146, 161
Zufall/zufällig 34, 51, 53, 73, 75 f., 133
Zugleich *siehe* Gleichzeitigkeit
Zusammenspiel/Zusammenstimmung (harmonische/s) 14, 17, 21, 26, 40, 54–57
Zwang 6, 57, 71, 75, 82, 94, 102, 128, 130
Zweck an sich 168, 170, 176
Zweck 6, 9–12, 14, 16, 21–26, 28 f., 31, 33–35, 37 f., 42, 51 f., 93, 100, 111, 128, 179, 206, 253, 256
Zwecklosigkeit/zwecklos 128, 130, 246, 250, 252, 254, 256, 258

Zweckmäßigkeit/zweckmäßig 9–17, 19,
22, 25–28, 30, 34 f., 37, 41 f., 128, 130,
170, 258
Zweckmäßigkeit der Natur 7 f., 19–21,
36–38

Zweckmäßigkeit des Menschen 21
Zweckmäßigkeit ohne Zweck 11, 14, 25,
30, 32, 35, 52, 267

Beiträge zur historischen Theologie

Herausgegeben von Albrecht Beutel

Alphabetische Übersicht

Albrecht, Christian: Historische Kulturwissenschaft neuzeitlicher Christentumspraxis. 2000. *Band 114.*

Alkier, Stefan: Urchristentum. 1993. *Band 83.*

Appold, Kenneth G.: Abraham Calov's Doctrine of Vocatio in Its Systematic Context. 1998. *Band 103.*

– Orthodoxie als Konsensbildung. 2004. *Band 127.*

Axt-Piscalar, Christine: Der Grund des Glaubens. 1990. *Band 79.*

– Ohnmächtige Freiheit. 1996. *Band 94.*

Bauer, Walter: Rechtgläubigkeit und Ketzerei im ältesten Christentum. [2]1964. *Band 10.*

Bayer, Oswald / Knudsen, Christian: Kreuz und Kritik. 1983. *Band 66.*

Betz, Hans Dieter: Nachfolge und Nachahmung Jesu Christi im Neuen Testament. 1967. *Band 37.*

– Der Apostel Paulus und die sokratische Tradition. 1972. *Band 45.*

Beutel, Albrecht: Lichtenberg und die Religion. 1996. *Band 93.*

Beyschlag, Karlmann: Clemens Romanus und der Frühkatholizismus. 1966. *Band 35.*

Bonhoeffer, Thomas: Die Gotteslehre des Thomas von Aquin als Sprachproblem. 1961. *Band 32.*

Bornkamm, Karin: Christus – König und Priester. 1998. *Band 106.*

Brandy, Hans Christian: Die späte Christologie des Johannes Brenz. 1991. *Band 80.*

Brecht, Martin: Die frühe Theologie des Johannes Brenz. 1966. *Band 36.*

Brennecke, Hanns Christof: Studien zur Geschichte der Homöer. 1988. *Band 73.*

Bultmann, Christoph: Die biblische Urgeschichte in der Aufklärung. 1999. *Band 110.*

Burger, Christoph: Aedificatio, Fructus, Utilitas. 1986. *Band 70.*

Burrows, Mark Stephen: Jean Gerson and 'De Consolatione Theologiae' (1418). 1991. *Band 78.*

Butterweck, Christel: 'Martyriumssucht' in der Alten Kirche? 1995. *Band 87.*

Campenhausen, Hans von: Kirchliches Amt und geistliche Vollmacht in den ersten drei Jahrhunderten. [2]1963. *Band 14.*

– Die Entstehung der christlichen Bibel. 1968 (unveränd. Nachdruck 2003). *Band 39.*

Claussen, Johann Hinrich: Die Jesus-Deutung von Ernst Troeltsch im Kontext der liberalen Theologie. 1997. *Band 99.*

Conzelmann, Hans: Die Mitte der Zeit. [7]1993. *Band 17.*

– Heiden – Juden – Christen. 1981. *Band 62.*

Deppermann, Andreas: Johann Jakob Schütz und die Anfänge des Pietismus. 2002. *Band 119.*

Dierken, Jörg: Glaube und Lehre im modernen Protestantismus. 1996. *Band 92.*

Drecoll, Volker Henning: Die Entstehung der Gnadenlehre Augustins. 1999. *Band 109.*

Elliger, Karl: Studien zum Habakuk-Kommentar vom Toten Meer. 1953. *Band 15.*

Evang, Martin: Rudolf Bultmann in seiner Frühzeit. 1988. *Band 74.*

Friedrich, Martin: Zwischen Abwehr und Bekehrung. 1988. *Band 72.*

Gestrich, Christof: Neuzeitliches Denken und die Spaltung der dialektischen Theologie. 1977. *Band 52.*

Gräßer, Erich: Albert Schweitzer als Theologe. 1979. *Band 60.*

Graumann, Thomas: Die Kirche der Väter. 2002. *Band 118.*

Grosse, Sven: Heilsungewißheit und Scrupulositas im späten Mittelalter. 1994. *Band 85.*

Gülzow, Henneke: Cyprian und Novatian. 1975. *Band 48.*

Hamm, Berndt: Promissio, Pactum, Ordinatio. 1977. *Band 54.*
– Frömmigkeitstheologie am Anfang des 16. Jahrhunderts. 1982. *Band 65.*
Hammann, Konrad: Universitätsgottesdienst und Aufklärungspredigt. 2000. *Band 116.*
Hoffmann, Manfred: Erkenntnis und Verwirklichung der wahren Theologie nach Erasmus von Rotterdam. 1972. *Band 44.*
Holfelder, Hans H.: Solus Christus. 1981. *Band 63.*
Hübner, Jürgen: Die Theologie Johannes Keplers zwischen Orthodoxie und Naturwissenschaft. 1975. *Band 50.*
Hyperius, Andreas G.: Briefe 1530–1563. Hrsg., übers. und komment. von G. Krause. 1981. *Band 64.*
Jacobi, Thorsten: „Christen heißen Freie": Luthers Freiheitsaussagen in den Jahren 1515–1519. 1997. *Band 101.*
Jetter, Werner: Die Taufe beim jungen Luther. 1954. *Band 18.*
Jorgensen, Theodor H.: Das religionsphilosophische Offenbarungsverständnis des späteren Schleiermacher. 1977. *Band 53.*
Jung, Martin H.: Frömmigkeit und Theologie bei Philipp Melanchthon. 1998. *Band 102.*
Käfer, Anne: „Die wahre Ausübung der Kunst ist religiös". 2006. *Band 136.*
Kasch, Wilhelm F.: Die Sozialphilosophie von Ernst Troeltsch. 1963. *Band 34.*
Kaufmann, Thomas: Die Abendmahlstheologie der Straßburger Reformatoren bis 1528. 1992. *Band 81.*
– Dreißigjähriger Krieg und Westfälischer Friede. 1998. *Band 104.*
– Das Ende der Reformation. 2003. *Band 123.*
Kleffmann, Tom: Die Erbsündenlehre in sprachtheologischem Horizont. 1994. *Band 86.*
Klein, Michael: Westdeutscher Protestantismus und politische Parteien. 2005. *Band 129.*
Koch, Dietrich-Alex: Die Schrift als Zeuge des Evangeliums. 1986. *Band 69.*
Koch, Gerhard: Die Auferstehung Jesu Christi. ²1965. *Band 27.*
Koch, Traugott: Johann Habermanns „Betbüchlein" im Zusammenhang seiner Theologie. 2001. *Band 117.*
Köpf, Ulrich: Die Anfänge der theologischen Wissenschaftstheorie im 13. Jahrhundert. 1974. *Band 49.*
– Religiöse Erfahrung in der Theologie Bernhards von Clairvaux. 1980. *Band 61.*
Korsch, Dietrich: Glaubensgewißheit und Selbstbewußtsein. 1989. *Band 76.*
Kraft, Heinrich: Kaiser Konstantins religiöse Entwicklung. 1955. *Band 20.*
Krause, Gerhard: Andreas Gerhard Hyperius. 1977. *Band 56.*
– Studien zu Luthers Auslegung der Kleinen Propheten. 1962. *Band 33.*
– siehe *Hyperius, Andreas G.*
Krauter-Dierolf, Heike: Die Eschatologie Philipp Jakob Speners. 2005. *Band 131.*
Krüger, Friedhelm: Humanistische Evangelienauslegung. 1986. *Band 68.*
Kubik, Andreas: Die Symboltheorie bei Novalis. 2006. *Band 135.*
Kuhn, Thomas K.: Der junge Alois Emanuel Biedermann. 1997. *Band 98.*
– Religion und neuzeitliche Gesellschaft. 2003. *Band 122.*
Lindemann, Andreas: Paulus im ältesten Christentum. 1979. *Band 58.*
Mädler, Inken: Kirche und bildende Kunst der Moderne. 1997. *Band 100.*
Markschies, Christoph: Ambrosius von Mailand und die Trinitätstheologie. 1995. *Band 90.*
Mauser, Ulrich: Gottesbild und Menschwerdung. 1971. *Band 43.*
Mostert, Walter: Menschwerdung. 1978. *Band 57.*
Nottmeier, Christian: Adolf von Harnak und die deutsche Politik 1890 bis 1930. 2004. *Band 124.*
Ohst, Martin: Schleiermacher und die Bekenntnisschriften. 1989. *Band 77.*
– Pflichtbeichte. 1995. *Band 89.*
Osborn, Eric F.: Justin Martyr. 1973. *Band 47.*
Osthövener, Claus-Dieter: Erlösung. 2004. *Band 128.*

Pfleiderer, Georg: Theologie als Wirklichkeitswissenschaft. 1992. *Band 82.*
– Karl Barths praktische Theologie. 2000. *Band 115.*
Raeder, Siegfried: Das Hebräische bei Luther, untersucht bis zum Ende der ersten Psalmenvorlesung. 1961. *Band 31.*
– Die Benutzung des masoretischen Textes bei Luther in der Zeit zwischen der ersten und zweiten Psalmenvorlesung (1515-1518). 1967. *Band 38.*
– Grammatica Theologica. 1977. *Band 51.*
Rieger, Reinhold: Contradictio. 2005. *Band 133.*
Sallmann, Martin: Zwischen Gott und Mensch. 1999. *Band 108.*
Schaede, Stephan: Stellvertretung. 2004. *Band 126.*
Schäfer, Rolf: Christologie und Sittlichkeit in Melanchthons frühen Loci. 1961. *Band 29.*
– Ritschl. 1968. *Band 41.*
Schröder, Markus: Die kritische Identität des neuzeitlichen Christentums. 1996. *Band 96.*
Schröder, Richard: Johann Gerhards lutherische Christologie und die aristotelische Metaphysik. 1983. *Band 67.*
Schwarz, Reinhard: Die apokalyptische Theologie Thomas Müntzers und der Taboriten. 1977. *Band 55.*
Sockness, Brent W.: Against False Apologetics: Wilhelm Herrmann and Ernst Troeltsch in Conflict. 1998. *Band 105.*
Spehr, Christopher: Aufklärung und Ökumene. 2005. *Band 132.*
Sträter, Udo: Sonthom, Bayly, Dyke und Hall. 1987. *Band 71.*
– Meditation und Kirchenreform in der lutherischen Kirche des 17. Jahrhunderts. 1995. *Band 91.*
Strom, Jonathan: Orthodoxy and Reform. 1999. *Band 111.*
Tietz-Steiding, Christiane: Bonhoeffers Kritik der verkrümmten Vernunft. 1999. *Band 112.*
Thumser, Wolfgang: Kirche im Sozialismus. 1996. *Band 95.*
Trelenberg, Jörg: Das Prinzip „Einheit" beim frühen Augustinus. 2004. *Band 125.*
Voigt, Christopher: Der englische Deismus in Deutschland. 2003. *Band 121.*
Wallmann, Johannes: Der Theologiebegriff bei Johann Gerhard und Georg Calixt. 1961. *Band 30.*
– Philipp Jakob Spener und die Anfänge des Pietismus. [2]1986. *Band 42.*
Waubke, Hans-Günther: Die Pharisäer in der protestantischen Bibelwissenschaft des 19. Jahrhunderts. 1998. *Band 107.*
Weinhardt, Joachim: Wilhelm Hermanns Stellung in der Ritschlschen Schule. 1996. *Band 97.*
Werbeck, Wilfrid: Jakobus Perez von Valencia. 1959. *Band 28.*
Weyel, Birgit: Praktische Bildung zum Pfarrberuf. 2006. *Band 134.*
Wittekind, Folkart: Geschichtliche Offenbarung und die Wahrheit des Glaubens. 2000. *Band 113.*
Ziebritzki, Henning: Heiliger Geist und Weltseele. 1994. *Band 84.*
Zschoch, Hellmut: Klosterreform und monastische Spiritualität im 15. Jahrhundert. 1988. *Band 75.*
– Reformatorische Existenz und konfessionelle Identität. 1995. *Band 88.*
ZurMühlen, Karl H.: Nos extra nos. 1972. *Band 46.*
– Reformatorische Vernunftkritik und neuzeitliches Denken. 1980. *Band 59.*

Einen Gesamtkatalog schickt Ihnen gerne der Verlag
Mohr Siebeck · Postfach 2040 · D-72010 Tübingen.
Neueste Informationen im Internet unter www.mohr.de